国家社科基金重点项目"宪法解释制度比较研究"(17AFX011)

宪法解释制度
比较研究

范进学　张玉洁　夏泽祥◎著

上海三联书店

目　录

第一章
宪法解释制度相关概念辨析

有宪法文本,则必有解释。任何通过语言写成的文本,皆具有模糊性与不确定性,在将普遍的文本规范适用于特殊事物或特定情形时,均需作出解释。目前,世界上 193 个成员国中,除了英国、以色列等个别国家没有成文宪法之外,绝大多数国家均颁布了成文宪法,在宪法实施与宪法监督过程中,都确立了各自的宪法解释制度,包括解释主体、解释对象、解释程序、解释方法等。然而,宪法解释制度自身与诸多相关制度,如宪法实施、宪法监督、司法审查、违宪审查、合宪性解释等,在内涵上存在着千丝万缕的联系,也有明显的差异。宪法实施、宪法监督、司法审查、违宪审查、宪法诉讼、宪法诉愿等均可导致对宪法的解释,因此,要理解与明晰宪法解释制度,就需对与之相关的概念或范畴作出必要的辨析,方可明了宪法解释制度之道。

一、宪法解释

从 20 世纪 80 年代开始,我国学者针对宪法解释的概念已经作出了解释,迄今为止,最具代表性的解释,总结如下:

第一,1983 年李全德对宪法解释的释义是:宪法解释只是对宪法规定的原有内容和涵义进行科学的、符合立法原意的阐明。[①]

第二,1984 年肖蔚云对宪法解释的释义是:宪法的解释就是对宪法条文的含义、内容和界限的阐明。[②]

第三,1990 年王玉明对宪法解释的释义是:宪法解释是指对宪法规范的基

---

① 中国法学会编:《宪法论文集》,北京:法律出版社 1983 年版,第 267 页。
② 肖蔚云:《论各国对宪法实施的保障》,北京:法律出版社 1984 年版,第 296 页。

本原则、具体内容和精神实质等问题所作的说明。①

第四,1993 年蔡定剑、刘星红对宪法解释的释义是:宪法解释是一项特殊的立法解释,与其他法律解释不同,宪法解释的机关是专一的。它不存在对宪法的立法解释和执行解释的区分问题,对宪法的解释都是立法性解释,具有最高权威;宪法解释机关专一性,并不意味着只能由立法机关进行解释。立法解释是指制定法律机关作出的,为使法律准确适用对其条款的立法含义的明确说明。②

第五,1994 年由张庆福主编、社会文献出版社出版的《宪法学基本理论》对宪法解释的释义是:宪法解释是法律解释的一部分。它是指宪法解释机关依据立宪精神对宪法规范的内容、涵义和界限所做的说明。从广义上说,在宪政实践中,解释和影响宪法的组织很多,立法机关的立法是解释宪法,行政首长甚至政党、社会团体也在解释和影响宪法。从狭义角度和直接意义上说,单指宪法解释机关对宪法规范含义的说明。③

第六,1997 年由中国方正出版社出版、莫纪宏的《宪政新论》对宪法解释的释义是:宪法解释,顾名思义,就是有权解释宪法的机构依照一定的解释程序对宪法的含义所作的解释和说明。④

第七,1998 年由法律出版社出版、周叶中主编的《宪法学》对宪法解释的释义是:宪法解释是指在宪法实施过程中,当人们对宪法的有关条文内容存在不同理解时,由有权解释机关阐明其含义的、具有法律效力的行为。⑤ 2001 年由高等教育出版社和北京大学出版社出版的周叶中主编的《宪法》对宪法解释的释义基本与上述定义相同,即宪法解释是指在宪法实施过程中,当人们对宪法的有关条文内容存在不同理解时,由有权解释机关依照法定程序阐明其含义并具有法律效力的行为。⑥

第八,1999 年由法律出版社出版、朱福惠主编的《宪法学新编》对宪法解释的释义是:宪法解释是指宪法规范的具体内容或对宪法的原则和精神所作的阐释。⑦

第九,2000 年由高等教育出版社出版、许崇德主编的《宪法学》对宪法解释

---

① 王玉明:《论宪法解释》,《现代法学》1990 年第 4 期第 31 页。
② 蔡定剑、刘星红:《论立法解释》,《中国法学》1993 年第 6 期第 36—38 页。
③ 张庆福主编:《宪法学基本理论》,北京:社会文献出版社 1994 年版,第 159 页。
④ 莫纪宏:《宪政新论》,北京:中国方正出版社 1997 年版,第 41 页。
⑤ 周叶中主编:《宪法学》,北京:法律出版社 1998 年版,第 40 页。
⑥ 周叶中主编:《宪法》,北京:高等教育出版社、北京大学出版社 2001 年版,第 374 页。
⑦ 朱福惠主编:《宪法学新编》,北京:法律出版社 1999 年版,第 129 页。

的释义是：宪法解释是指宪法解释机关根据宪法的基本精神和基本原则对宪法规定的含义、界限及其相互关系所作的具有法律效力的说明。[①]

第十，2001 年由中国人民公安大学出版社出版、徐秀义、韩大元主编的《现代宪法学基本原理》对宪法解释的释义是：宪法解释是指有权解释机关在宪法实施的过程中，对宪法的条文所作的理解与说明。[②]

第十一，2002 年由北京大学出版社出版、沈宗灵著作《比较宪法》对宪法解释的释义是：宪法解释泛指对成文宪法的意义作正确的说明。从一定意义上说，每一个阅读宪法条文的人都在解释该条文；但宪法解释的主体是有严格规定的，专指特定的国家机关对宪法的解释。至于是哪一个或哪一类机关，则要依各个国家宪法、法律规定或根据历史传统，特定的国家机关、官员或特定人有权对宪法作具有法律上有约束力的解释。[③]

第十二，韩大元认为：宪法解释是依据一定的程序，探求宪法规范内涵并使之与变化着的社会生活相适应的一种活动。[④]

第十三，宪法解释是有权机关在监督宪法的实施过程中对宪法条文的理解与说明。[⑤]

对上述十三种关于宪法解释的概念分析后发现，对于宪法解释的理解大致包括了四个基本层面之内容：

其一，宪法解释的主体，即谁有权解释宪法，第四种观点明确指出是"制定法律机关"即立法机关；第五和第九种观点认为是"宪法解释机关"，第六、第七、第十、十三种观点认为是有权（解释）机关或机构，而第一、第二、第三、第八、第十二种观点没有指明解释主体。

其二，宪法解释的客体或解释的对象，即针对什么进行解释，第一种观点认为是宪法内容，第二、第四、第七、第十、第十三种观点认为是宪法条文或条款，第三、第五、第八、第十二种观点认为是宪法规范，第六、第九和第十一种观点认为是宪法或成文宪法。

其三，宪法解释的条件场合，即在什么情况下需要对宪法进行解释，第七、第十、第十三种观点明确指出了宪法解释的条件是宪法实施，即在宪法实施的过程

[①] 许崇德主编：《宪法学》，北京：高等教育出版社 2000 年版，第 80 页。
[②] 徐秀义、韩大元主编：《现代宪法学基本原理》，北京：中国人民公安大学出版社 2001 年版，第 257 页。
[③] 沈宗灵：《比较宪法——对八国宪法的比较研究》，北京：北京大学出版社 2002 年版，第 312 页。
[④] 韩大元：《"十六大"后须强化宪法解释制度的功能》，韩大元等：《现代宪法解释基本理论》，北京：中国民主法制出版社 2006 年版，第 130 页。
[⑤] 韩大元、张翔等：《宪法解释程序研究》，北京：中国人民大学出版社 2016 年版，第 3 页。

中才能解释,其他观点皆未说明解释的条件。

从上述三个方面来看,我国宪法学界对宪法解释认识的共同之处在于:第一,都认为宪法解释是有权解释即法定解释,而非为任意解释,解释的主体是有权解释的机关,因而宪法解释都具有法律拘束力。第二,宪法解释的对象基本一致,都认为是对条文或规范的含义或宪法的含义的说明或阐明,即对宪法文本的意义之解释。但对宪法解释的认识却有差异:(1)表现在宪法解释的客体或对象上,有的认为是宪法条文,有的认为是宪法规范,有的认为是宪法或成文宪法。(2)表现在宪法解释的条件上,即多数学者都没有表明宪法解释需要在什么场合下进行。

那么如何认识宪法解释的概念以及怎样才能更好地理解和把握? 下面从三个方面作一说明:

第一,宪法解释的主体。宪法解释的主体所要回答的是由谁来进行宪法解释的问题,或者宪法解释权由国家哪一个机关来行使。就世界范围而言,基本上存在两种主体解释的模式,即立法机关解释和司法或司法性机关解释(主要包括普通法院解释和宪法法院解释)。由立法机关解释模式的国家中,英国的议会解释由于其特殊性而缺乏可资借鉴性,其他由立法机关进行解释的国家大都转向了司法性宪法解释模式,这一情况至少说明立法机关做宪法解释的主体已遭到了多数国家的舍弃而趋向了更符合宪政体制的司法模式。我国宪法解释的主体是全国人大常委会。

第二,宪法解释的对象,它所要解决的问题是解释什么,对什么进行解释,是宪法规范,或是宪法条文,或是宪法? 宪法解释的客体或对象究竟是什么?

宪法规范。何谓宪法规范? 周叶中教授认为:宪法规范是由民主制国家制定或认可的、宪法主体参与国家和社会生活最基本社会关系的行为规范。宪法规范的构成要素为条件假定、行为模式和法律后果三部分。[①] 韩大元教授认为:宪法规范是指调整国家最基本、最重要的社会关系的各种规范的总和。从逻辑结构上看,宪法规范与一般法律规范一样,由假定、处理和制裁三要素组成。[②] 还有学者指出:虽然宪法不同于普通法律,与普通法律有一定区别,但它仍然是一种法律,在本质上与其他法律一样都是统治阶级意志的反映,是统治阶级治理国家的工具。宪法规范与其他法律规范一样,也是由国家制定或认可、反

[①] 周叶中主编:《宪法学》,北京:法律出版社1998年版,第40页。

[②] 周叶中主编:《宪法》,北京:高等教育出版社、北京大学出版社2001年版,第124页、第130页。另参见徐秀义、韩大元主编:《现代宪法学基本原理》,北京:中国人民公安大学出版社2001年版,第138页、第146页。

映统治阶级意志和利益的、并以国家强制力保证实施的行为规范。在规范的逻辑结构上由假定、处理和制裁三部分组成。[①] 笔者赞同上述学者对宪法规范的理解与认识,说到底,宪法规范就是调整人们的行为规范或行为准则,具有条件假定、行为模式和法律后果三要素组成的逻辑结构。应当说,宪法规范是宪法典的主要构成部分,但宪法典除了宪法规范之外,还包括宪法原则、宪法概念、宪法序言等;宪法解释的对象不只是宪法规范,宪法原则、概念和序言等也都是宪法解释的对象,所以仅把宪法规范作为解释的对象,范围过窄。

宪法条文。条文是指分条说明的文字之意,它是宪法规范、宪法原则和宪法概念的外在形式和载体,也就是说宪法规范、宪法原则和宪法概念是以宪法条文来表达的,二者是形式和内容的关系,宪法规范、宪法原则和宪法概念为宪法条文的内容,宪法条文则为宪法规范、宪法原则和宪法概念的形式,但条文不等于宪法规范、宪法原则和宪法概念,一个宪法条文可以包括一个宪法规范、宪法原则或宪法概念,也可以包括几个宪法规范或宪法原则或宪法概念;反之,一个宪法规范、宪法原则或宪法概念可以体现在同一宪法条文中,也可能体现在几个条文中。如果把宪法条文作为宪法解释的对象,也同样会存在范围偏窄的弊端,因为宪法与普通法律不同之处还在于:宪法还包括宪法序言,而序言则不是以条文的形式体现。曾有学者指出法律解释的对象应该是法律条文,[②]这对于法律解释来说是正确的,但如果把它也作为宪法解释的对象则是片面的。

宪法解释的对象应当是什么? 笔者认为,宪法解释的对象应当是宪法文本(constitutional text)。文本,简言之,就是话语结构,按照被广为接受的法国哲学家利科尔的界定就是:文本就是任何由书写所固定下来的任何话语,它是语言实现的合理形式之一,是与言谈的话语相对应的书写的话语。[③] 在英语中,文本(Text)主要表示作者的原文或本文、正文之意。宪法只能以文字文本的形式存在,也就是以书写下来的话语而不是口头的话语存在,而任何解释都是对文字语言进行解释,是对文字文本所表述或表达不清楚、模糊的意义阐明清楚。所以,宪法解释的对象应当是宪法文本,宪法解释实际上就是解释者对宪法文本的意义的阐明。用宪法文本来说明宪法解释的对象,其优点在于:一是它避免了其他表达的不周延性和片面性;二是符合解释学的一般要求,解释本来就是基于对文字文本而言的,通过解释,使文字文本的意义揭示符合宪法原则和宪法精

---

① 张庆福主编:《宪法学基本原理》,北京:社会文献出版社1994年版,第117页。
② 张志铭:《法律解释操作分析》,北京:中国政法大学出版社1998年版,第31页。
③ [法]利科尔:《解释学与人文科学》,陶远华等译,石家庄:河北人民出版社1987年版,第148页。

神,从而达到解释之目的。

第三,宪法解释的条件场合。宪法解释是需要条件场合的,并不是任何时候或场合下都需要解释宪法。宪法解释存在于宪法生效后的实施过程中,即宪法在适用过程中所发生的疑问皆由宪法解释机关进行阐明。因此,宪法解释与宪法适用密不可分,宪法解释只能存在于宪法适用的场合,换言之,没有宪法的适用,就没有宪法的解释活动。在上述各种观点中,多数学者虽没有指明宪法解释在何种场合下才能存在,但在实际论证和表述时指的就是宪法适用领域,既然如此,我们认为还是在宪法解释的概念中明确界定出来好,以免使人对宪法解释作广义上的泛理解。第七种、第十种和第十三种观点虽明确说明宪法解释是在宪法实施过程中,但我们认为还是以"宪法适用"提法更准确,因为宪法实施的范围较广,按照周叶中教授的界定,宪法实施不仅包括宪法适用,也包括宪法执行和宪法遵守;[①]李龙教授也认为宪法实施包括宪法适用和宪法遵守两个方面。[②] 但是,在宪法的执行和遵守两个领域是不存在宪法解释问题的,只有在宪法的具体适用中即国家机关司法在适用宪法活动中针对具体事件、具体行为或具体主体的宪法适用发生模糊或不确切的情形需要阐明宪法文本的意义时才需要对宪法进行解释。既然宪法解释只发生于宪法的适用过程之中,我们就可以把宪法执行和宪法遵守排除在宪法解释之外,从而更加明确了宪法解释的场合,所以我们认为把宪法解释的条件场合界定为宪法适用阶段要比宪法实施更合理些。

根据对宪法解释所作的上述理解,笔者尝试把宪法解释的概念作如下定义:宪法解释就是宪法解释机关在宪法适用活动中对宪法文本意义所作的阐明。[③]

为了进一步理解与阐释宪法解释的概念,笔者就宪法解释的核心概念进行说明:第一,什么是"宪法"(constitution);第二,什么是宪法文本? 宪法文本的功能是什么? 为什么需要解释宪法文本? 第三,什么是立宪主义(constitutio-

---

① 宪法执行是指国家代议机关和国家行政机关贯彻落实宪法内容的活动,这不仅包括这些机构本身无论在设置、职权范围,还是在活动程序和活动方式上必须严格执行宪法的规定,也包括这些机构在组织其他国家机关、建立各种制度过程中必须严格执行宪法的规定。宪法的遵守是指一切国家机关、社会组织和公民个人严格依照宪法规定从事各种行为的活动,它通常包括三层含义:一是根据宪法享有并行使权利;二是根据宪法承担并履行义务;三是遵循宪法规定的禁止性命令。参见周叶中主编:《宪法学》,北京:法律出版社 1998 年版,第 300—301 页;周叶中主编:《宪法》,北京:高等教育出版社、北京大学出版社 2001 年版,第 349 页。

② 李龙:《宪法基础理论》,武汉:武汉大学出版社 1999 年版,第 249 页。

③ 范进学:《宪法解释的理论建构》,济南:山东人民出版社 2004 年版,第 25 页。

nalism)①？

宪法的含义有广、狭义之分。在狭义上，宪法指的是政府组成的方式：公共权力的范围、公共官员的选举及其制定政策的方法以及国家机构权力的分工。亚里士多德在此意义上指出："政体（宪法）是城邦一切政治组织的依据。其中尤其着重于政治所由以决定的'最高治权'的组织。"②在广义上，宪法的含义远远超出政府，还是意味着人民的生活方式。凡是把一个国家的全部公共权力以宪法的形式确立下来并按照宪法治理国家与社会，就可以说这个国家是立宪主义国家，是一个宪法民主（constitutional democracy）国家。尽管大多数国家都颁布了一部叫做"宪法"的文件，但有少数国家如英国、以色列、新西兰等没有一部成文的宪法，也被称为宪法民主的国家。他们具有关于基本政治安排的"理解"与传统。在某些国家，虽有宪法文本，但"宪法"可能没有完全在文本之中体现出来。事实上，宪法和宪法文本之间很少有联系或根本没有什么联系。一部宪法可能无法反映一个国家政治权力是如何规定的与如何行使的。"宪法"要真实描述政府的权力，同时要规定政府的权力，然而，这种规定与现实是不相符的，如在美国，司法审查、行政优位、隐私权、无罪推定等在宪法文本中是没有的，有些条款根据宪法文件的规定是"最高的法律"，但在现实中也不过是过眼云烟。因此，弄清楚宪法、宪法文本与立宪主义之间的相互关系，对于理解宪法解释具有重要的意义。

有宪法，并不等于有立宪主义。差不多每一个国家都有一部宪法，但不是每一个颁布宪法国家都标榜是"立宪主义"国家，也不是所有的宪法文件都表明是"立宪主义"。立宪主义的核心是有限政府，它"是对政府的法律限制；是对专政的反对；它的反面是专断，即恣意而非法律的统治。"因而，其最古老、最坚固、最持久的本质是法律对政府的限制。③

宪法解释是对宪法文本的解释，那么，宪法文本具有怎样的功能？在一个宪法民主的国家，宪法文本具有许多功能，但最明显的功能就是赋予公共权力机关职权，从而赋予其从事公共活动行为的合法性。宪法文本第二个功能是为社会公共政治价值提供保证。宪法文本在某些方面反映着社会的公共价值，如我国

---

① 韩大元教授认为：就 constitutionalism 原意来说，立宪主义与宪政主义的译法相对来说更准确一些，而其中立宪主义的译法更为合理。因为，立宪主义是依宪法监督国家权力和保障人权的政治原理，在制宪、行宪与修宪等不同环节上起着指导作用，立宪主义并非仅指立宪活动，其价值在于反映和实现宪法精神。参见《亚洲立宪主义研究》，北京：中国人民公安大学出版社 1996 年版，第 2 页。
② ［古希腊］亚里士多德：《政治学》，吴寿彭译，北京：商务印书馆 1965 年版，第 129 页。
③ ［美］C. H. 麦基文：《宪政古今》，翟小波译，贵阳：贵州人民出版社 2004 年版，第 16 页。

宪法中确立的国家的根本任务、社会主义法治、新发展理念、五位一体的文明体系、中国共产党的领导、社会主义核心价值观等,都凝聚着我国广大民众的公共价值与共识。同时,宪法文本还反映了全体人民对于实现美好生活的梦想,譬如对国家机关权力的约束与限制、对公民权利、义务、责任的安排规定,以及实现富强民主文明和谐美丽的社会主义现代化强国、实现中华民族的伟大复兴,提供了宪法的制度保障。为了实现这些价值,宪法文本还赋予了全国人大常委会通过"解释宪法,监督宪法的实施"的职责,解释者既依据宪法文本凝聚社会价值共识,又可以通过解释塑造"文本",甚至塑造宪法的"未来"。可见,宪法解释与政治理论与国家、民族、人民的理想密切相关,国家、民族、人民的根本价值都反映在宪法文本之中,用习近平同志的话说就是:"我国宪法以国家根本法的形式,确立了中国特色社会主义道路、中国特色社会主义理论体系、中国特色社会主义制度的发展成果,反映了我国各族人民的共同意志和根本利益,成为历史新时期党和国家的中心工作、基本原则、重大方针、重要政策在国家法制上的最高体现";"宪法与国家前途、人民命运息息相关。维护宪法权威,就是维护党和人民共同意志的权威。捍卫宪法尊严,就是捍卫党和人民共同意志的尊严。保证宪法实施,就是保证人民根本利益的实现。[①]"通过宪法解释,解释者可以对某些文本内容进行价值与共识的重构与丰富,以弥补宪法文本机械性之不足。

宪法解释为什么必须解释宪法文本?毕竟,宪法文本是全国人大代表全体人民起草、制定并通过的,其草案经过全国人民的共同讨论,文字的选择与表述都是经过反复推敲、斟酌,慎重使用的。同时,宪法要求所有国家工作人员就职时必须向宪法文本进行宣誓。可见,宪法文本是国家、民族、人民的价值载体,只有通过对宪法文本的解释,才能揭示宪法的真正含义。当然,任何宪法文本中,都有非常具体与清楚的条款,无须解释,如行政区域,全国分为省、自治区、直辖市;省、自治区分为自治州、县、自治县、市;县、自治县分为乡、民族乡、镇;全国人大每届任期五年,全国人大会议每年举行一次;委员长、副委员长、总理、副总理、国务委员连续任职不得超过两届;有选举权和被选举权的年满四十五周岁的中华人民共和国公民可以被选为中华人民共和国主席、副主席,等等,都是很明确的,无须进行解释。但是,多数条款可能存在着模糊的问题,或未预见到的新情况,或相互之间出现冲突以及重新确认等问题,这时就需要对宪法有关文本内容进行解释。

---

① 习近平:《在首都各界纪念现行宪法公布施行 30 周年大会上的讲话》,《十八大以来重要文献选编》(上),北京:中央文献出版社 2014 年版,第 86—87 页。

通过解释,达到文本含义的明确性。尽管宪法文本中的有些条款是具体的、明确的,但多数条款的语言是模糊。麦迪逊在《联邦党人文集》中指出:"一切新法律,虽然是以最大的技巧写成的,并且是经过深思熟虑的审议才通过的,但是在它们的意义通过一系列特殊的讨论和审断被取消和肯定以前,都被认为多少有点含糊不清的模棱两可。除了事物的复杂性和人的官能缺陷所造成的含糊外,人们相互传达思想的媒介也增加了新的障碍。""没有一种语言是如此丰富,以致能为每一种复杂的思想提供词汇和成语,或者如此确切,以致必会包括许多含糊表达不同思想的词汇和成语。因此必然发生这样的现象:不管事物本身可能有多么精确的区别,也不管这种区别被认为是多么正确,由于用以表达的词汇不正确,就有可能使它们的定义不正确。当上帝本人用人类的语言对他们说话时,他的意思虽然一定是明确的,但通过传达的朦胧媒介,也会给他的思想弄得含糊不清,疑问多端。因此,定义出现含糊和不正确情况的三个原因:对象难以辨认,构思器官不完善,传达思想的手段的不合适。这些原因中的任何一种,必然会造成一定程度的含糊。"[1]由于宪法文本需要应对未来可能出现的新情况,其语言必然具有一定的模糊性,立宪者也有意选取一些模糊的语词,德沃金曾说过:立宪者通常用一般的概念而非具体的概念进行描述,关于美国权利法案中的宪法性限制,其中一部分是以明确的规则形式,如禁止国家议会制定剥夺言论自由的法律的规则,但是,其他的限制则是以"模糊"标准的形式,如政府不得否认人们享有正当法律程序的规定,或者不得否认法律的平等保护的规定,德沃金强调:"这种'模糊'准则是其起草者和颁布者故意选择的,以取代那些他们可能制定得更具体和更有限制性的规则。"[2]

通过宪法解释,弥补可能的遗漏。宪法文本虽然是对国家的公民权利的保障与政府权力限制的叙说,但是有的具体权利的含义并未明确地说出来或写在文本之中,而是留给了解释者。譬如,我国宪法文本未对隐私权、环境权、生命健康权、堕胎权、学术自由权、平等选举权、迁徙自由权等均作明示性列举规定,但是通过"国家尊重和保障人权"的概括条款可以解释或推导出来,从而弥补宪法文本可能的遗漏性不足。

通过宪法解释,对立宪者未预见到的新情况作出法律适用。任何宪法文本都不可能对未来所发生的一切情况作出事先规制,因为立宪者所处时代的局限

---

[1]　[美]汉密尔顿、杰伊、麦迪逊:《联邦党人文集》,程逢如等译,北京:商务印书馆1980年版,第182页。

[2]　[美]罗纳德·德沃金:《认真对待权利》,信春鹰、吴玉章译,北京:中国大百科出版社1998年版,第179—180页。

性,对未来可能发生的事情不可能作出预判,因此,只有通过对宪法的解释,来应对未来的新变局。

通过宪法解释,不断确认宪法文本的效力。任何宪法文本都是当时的人民的承诺,它为什么能够约束后人? 首先通过对宪法的宣誓与承诺来承认其当代效力。其次,通过宪法修改承认其当代效力。再次,就是通过宪法解释承认其当代效力。通过解释,将宪法文本的含义适用于具体的当代问题与纷争的解决中,从而补充或丰富了立宪者制定的宪法文本的含义或意义。

在美国学者看来,宪法解释是一个回答"什么是宪法"的问题,因此,他们围绕三个问题展开:一是什么是宪法? 二是谁有权解释宪法? 三是如何解释宪法?[①] 第一个问题涉及解释的对象是什么,即通过解释什么来确定宪法的含义;第二个问题涉及宪法解释的主体是谁,是立法机关,还是普通法院或是特殊机关? 第三个问题涉及解释的方法,即运用什么方法解释宪法?

宪法解释到底解释什么? 史蒂文·D. 史密斯认为,宪法解释解释的是语词(the words)、原则(principles)和制定者的意图(Enactors' intentions)。[②] "原意主义者"(originalist)主张宪法解释所要解释的对象不是制定者的主观心理状态,而是历史语境中语词的客观含义。其前提是预设语词具有其含义,像"语言规则"一样,其含义已经被赋予,它们已经与作者的语义意图相脱离,宪法解释就是要解释语词的那些客观含义。因此,如果制定者的意图是 A,而语词的含义是B,那么按照 B 意图而非 A 意图进行适用。按照文本主义的观点,文本含义应当是宪法解释的目标和对象。第二个解释的对象是原则的含义,这些原则体现在宪法之中。正如布鲁斯·阿克曼所说:"宪法是原则的丰富宝藏。"[③]宪法解释所解释的正是这些原则。第三个解释的对象是制定者的意图。原意主义者主张我们解释的对象是宪法条款制定者的意图,解释的客体应当是那些立宪者或起草者的心理状态(意图或语义意图)。意图主义者(the intentionalist)认为,宪法解释是一个自我统治的过程,因为"我们,人民"是制宪者。史蒂文·D. 史密斯的观点属于原意主义。

在美国,宪法解释理论中的原意主义与非原意主义之争,直接关系到宪法解

---

① *American Constitutional Interpretation*, by Walter F. Murphy, James E. Fleming, Sotirios A. Barber, The Foundation Press, INC. 1995, p. 16.

② Steven D. Smith, *What Does Constitutional Interpretation Interpret? Expounding the Constitution: Essays in Constitutional Theory*, Edited by Grant Huscroft, Cambridge University Press 2008, pp. 27 – 32.

③ Bruce. A. Ackerman, "Constitutional Politics/ Constitutional Law", 99 Yale L. J. 453 at 525 (1989).

释的对象是什么，这也是美国宪法学者针对宪法解释所争议最大的理论问题。他们主要围绕宪法解释的对象与方法进行争论，几乎没有学者关注谁在解释、谁解释宪法，似乎已达成共识，但运用怎样的方法论，直接关乎解释的对象是什么。仅原意主义本身，就是貌似一个简单、实则内涵复杂并充满诡谲的概念。根据学者的分类与认知，原意主义的形式大致包括：严格原意主义、折中原意主义、原初意图主义、原初文本主义、新原意主义、自由原意主义。[①] 前四种划分是由保罗·布莱斯特（Paul Brest）提出来的；[②]新原意主义是由肯斯·威廷顿（Keith E. Whittington）提出来的；[③]自由原意主义则是由斯考特·道格拉斯-格伯（Scott Dougles Gerber）提出来。[④] 每一种方法的背后，对宪法解释对象的要求都是不同的。

二、宪法实施

宪法解释需要一定的场合与条件，宪法实施就是宪法解释存在的场域。宪法实施涉及宪法的适用，宪法解释只有在宪法的适用中才能发现宪法的语词或文字含义是否明确，从而决定了解释的可能性；同时在适用中，才能发现宪法以外的其他规范性文件是否与宪法相抵触，从而决定宪法解释的可能性。所以，宪法实施实际上是启动宪法解释的先决条件。

胡锦光曾指出：迄今我们在所能够看到的西方国家的宪法典中，还没有看到"宪法实施"这样的法规范上的用语，同时在西方的学术著述中，也没有找到"宪法实施"这样的学术概念。在社会主义国家的宪法中，第一次出现"宪法实施"提法的，应当是 1918 年的第一部社会主义宪法即《俄罗斯社会主义联邦苏维埃共和国宪法（根本法）》，胡教授的结论是："宪法实施"是社会主义国家的学者由社会主义宪法典中概括出来的一个宪法学上的学术概念。[⑤] 针对国外宪法实施研究问题，莫纪宏教授也认为：宪法实施问题在国外宪法学理论中一般没有专门涉及，世界上绝大多数法治国家一般不独立和专门地强调宪法实施的意义，而只是重点研究如何解决宪法适用问题，即怎样在具体的案件中将宪法作为判断案件所涉及的法律问题的依据。国外宪法学理论在研究宪法实施问题时，重

---

① 范进学：《法律原原主义解释方法论》，北京：法律出版社 2018 年版，第 39—52 页。

② Paul Brest, "The Misconceived Quest for Original Understanding", *Boston University Law Review* 60 (1980).

③ Keith E. Wittington, The New Originalism, *Georgetown Journal Of Law & Public Policy*, 2004.

④ Scott Douglas Gerber, *To Secure These Rights: The Declaration Of Independence and Consititutional Interpretation*, New York University Press, 1995.

⑤ 胡锦光：《违宪审查与相关概念辨析》，《法学杂志》2006 年第 4 期。

点探讨的是宪法实施中的最核心的部分,即宪法适用或者是违宪审查。①

我国 1954 年《宪法》第 2 章第 27 条规定,全国人大行使下列职权:"(三)监督宪法的实施";1975 年《宪法》关于宪法实施未作任何规定;1978 年《宪法》恢复了 1954 年《宪法》的规定。我国现行《宪法》中有三处对宪法实施作出了规定。一是《宪法》序言最后一段规定:"全国各族人民、一切国家机关和武装力量、各政党和各社会团体、各企业事业组织,都必须以宪法为根本的活动准则,并且负有维护宪法尊严、保证宪法实施的职责";二是《宪法》第 62 条第 2 项规定,全国人大"监督宪法的实施";三是《宪法》第 66 条第 1 项规定,全国人大常委会"解释宪

---

① 国外宪法实施实践主要围绕宪法的司法适用或司法审查进行,这与把宪法实施趋同于基本权利的保障有关,譬如劳伦斯·基恩·菲戈(Lawrence Gene Sager)1978 年在《哈佛法学评论》上发表的《未强制实施的宪法规范的法律地位》(Lawrence Gene Sager, The Legal Status of Underenforced Constitutional Norm, *Harv. L. Rev.* Vol. 91(1978). pp. 1212 - 1264)一文同样从联邦法院的角度探讨未被强制实施的宪法规范需要联邦法院的司法实施。理查德·法林(Richard. H. Jr. Fallon)1997 年发表在《哈佛法学评论》上的文章《实施宪法》(Richard. H. Jr. Fallon, *Implementing the Constitution*, 111 *Harv. L. Rev.* 54(1997). pp. 56 - 149)也是针对美国最高法院 1996 年的审理期所适用的宪法适用、宪法解释方法、标准、原则以及具体审理的案件进行的系统总结与梳理;2001 年哈佛大学出版社出版了理查德·法林的《实施宪法》一书(Richard. H. Jr. Fallon, *Implementing the Constitution*, Harvard University Press 2001),在书中,理查德主要就最高法院原意主义、作为原则论坛的最高法院、宪法实施、宪法裁判的标准、特别判决、麦迪逊反民主难题等问题进行了讨论,仍然把宪法实施局限于最高法院。当然,也有学者如约翰·克拉克·亚当斯(John Clarkr Adams)和保罗·巴里尔(Paolo Barile)1953 年在《美国政治科学评论》上发表了《意大利宪法的实施》一文(John Clarkr Adams, Paolo Barile, The Implementation of the Italian Constitution, *American Political Science Review*, Vil. 47, No 1 [1953], pp. 61 - 83),作者认为当时意大利民众的自由精神尚未确立,因此 1948 年 1 月施行的意大利宪法实施状况不好。20 年来,随着一些法治国家开始反思自身的法治状况以及一些发展中国家,也开始在宪法学理论上从总体和宏观的角度来把握宪法实施问题,出现了以宪法实施为题的专门性的理论专著。例如 J. De Groof、R. Malherbe & A. Sachs 编著的《南非的宪法实施》(*Constitutional Implementation in South Africa*, edited by: J. De Groof, R. Malherbe & A. Sachs, Mys & Breesch publishers, Belgium, 2003 - 2005)、Bezalel Peleg & Eyal Winter 著的《宪法实施》(*Constitutional Implementation*, Bezalel Peleg & Eyal Winter, Rev. Econ. Design 7, 187 - 204(2002)、本·西汀亚(Ben Sihanya)出版的《肯尼亚宪法实施(2010—2015):挑战与未来》(Ben Sihanya, *Constitutional Implementation In Kenya*, 2010 - 2015: *Challenges and Prospects*, FES Kenya Occasional Paper, No. 5,2011)、A. 哈龙·阿克拉姆·洛伊希(A. Haroon Akram-Lodhi)2016 年出版的《斐济面临的未来》(A. Haroon Akram-Lodhi, The Implementation of the FiJi Islanders Constitution, ANU Press 2016)中专门阐述了"斐济宪法的实施"等等。这些论著都直接采用了"宪法实施"的概念,对宪法实施的一般理论进行了全面和系统地阐述,填补了以往法治理论对宪法实施问题缺少系统研究的不足。从近年来国外的宪法实施的实践来看,一些国家为了强化宪法自身的权威,从立法的角度也开始强调宪法实施的重要性,制定和出台实施宪法的专门宪法性法律,以此来推动宪法实施。在这一方面比较突出的例子就是 2006 年塞尔维亚共和国制定了《保证塞尔维亚共和国宪法实施的宪法性法律》(Constitutional Law on Implementation of the Constitution of the Republic of Serbia, *The Official Gazette of the RS*, No. 98/06)。

法,监督宪法的实施"。现行宪法与 1954 年《宪法》和 1978 年《宪法》的规定相比较,增加了两项规定,一是《宪法》序言关于监督宪法实施的规定;二是增加了全国人大常委会作为监督宪法实施的机关的规定。

我国宪法学者对宪法实施的定义概括如下:

(1)宪法实施是指宪法在实际生活中的贯彻执行,其内容即是将宪法文字上的、抽象的权利义务关系,转化为现实生活中生动的、具体的权利义务关系,并进而将体现在宪法规范中的人民意志转化为人们的行为(包括积极的作为和消极的不作为)。[①]

(2)宪法实施内涵可以把握的"三个层面":即宪法实施在宏观层面上的概念是宪法保障和宪法实施;在中观层面的概念是宪法监督和宪法适用;在微观层面上或宪法实施操作层面上的概念是违宪审查(司法审查)和宪法诉讼。为此,就"宏观层面"的宪法实施给出了一个定义:"宪法实施是相对宪法制定而言的概念,是指把宪法文本转变为现实制度的一套理论、观念、制度和机制。宪法实施是很广义、宽泛宏观意义上的概念,它包括通过立法使宪法法律化,行政机关执行宪法,司法机关司行宪法等。"[②]

(3)所谓宪法实施,是指宪法在国家现实生活中的贯彻落实,是使宪法规范的内容转化为具体社会关系中的人的行为。法律实施是宪法实施的重要环节,就国家机关而言,立法机关依据宪法制定法律,将宪法原则和规定予以具体化,行政机关依据法律作出行政行为,司法机关依据法律作出裁判,如果其行为违反了法律,可以通过法律机制予以纠正并追究法律责任,使之严格依法行使职权。就社会组织和个人而言,如果其行为违反了法律,要承担相应的法律责任。法律得到实施,便意味着通过法律得到具体化的宪法实质上也得到了实施。[③]

(4)宪法实施通常是指宪法的主体按照成文宪法的规定来从事的一定行为,有时也指基于成文宪法的规定而形成的制度。[④]

(5)宪法实施包括遵循宪法惯例、宪法和法律解释,宪法修改、司法审查、宪法的发展。[⑤]

(6)宪法实施,又叫宪法适用,是指国家有权机关依照法定的方式和程序,从宪法规范的特点出发使其得以落实贯彻并发挥作用的专门活动。宪法实施具

---

① 周叶中:《宪法实施:宪法学研究的一个重要课题》,《法学》1987 年第 5 期。

② 蔡定剑:《宪法实施的概念与宪法施行之道》,《中国法学》2004 年第 1 期。

③ 马克思主义理论研究和建设工程重点教材《宪法学》,北京:高等教育出版社、人民出版社 2011 年版。

④ 蒋碧昆主编:《宪法学》(修订本),北京:中国政法大学出版社 1997 年版,第 60—61 页。

⑤ 龚祥瑞:《比较宪法与行政法》,北京:北京大学出版社 1984 年版,第 96 页。

有两种方式,一是立法实施,二是解释实施。①

关于宪法实施的概念,在学理上的理解也不尽一致。学者们关于宪法实施的概念依然存在着分歧,每个人在对宪法实施概念的理解上存在不同的侧重点:有的侧重于宪法适用;有的侧重于宪法执行;有的侧重于宪法实现;有的侧重于一套理论、观念、制度和机制;有的侧重于宪法的法律(立法)实施;有的则提出程序宪法实施与实体宪法实施;有的着重于宪法遵守与宪法适用;有的则侧重于宪法执行与宪法遵守;有的则注重于宪法治理,等等,不一而足。正如上官丕亮所指出:我国宪法文本并未对"宪法实施"概念进行界定,由此宪法学界对宪法实施的认识不一,有关定义也很多。原因在于:我国现行《宪法》文本中虽四次明确提及"宪法实施",但《宪法》本身对"宪法实施"等具体内容并未做明确、细致之规定,故而,引发学术界对宪法实施概念的争议。因此,研究宪法实施,必须要结合理论、文本与实践,澄清宪法实施的内涵,宪法实施与宪法监督、宪法遵守、宪法执行、宪法修改、宪法解释等之间的基本关系。

第一种观点把宪法实施侧重于宪法执行。宪法执行,不仅指国家行政机关对宪法的执行,也指司法机关执行宪法,这里的执行宪法则是宪法适用。纯粹执行宪法,不会导致宪法解释,同时行政机关一般不会直接执行宪法,只有两种情况下例外:一是委托立法,委托立法是在国家立法机关没有相关立法的情况下行政机关受其委托,"直接"依据宪法制定行政法规,而不是一般情况下依据法律制定法规;二是行政首脑直接依据宪法的具体条文行使职权,如总统、总理依据宪法发布行政命令等。②而司法机关的适用性执行则会导致宪法解释,此时可以通过宪法解释案移交制度,将需要解释的条款交给全国人大常委会作出解释。

第二种观点把立法实施、行政实施与司法实施都作为宪法实施看待。从实施的角度,立法机关通过制定法律把宪法的原则与条款具体化,自然属于宪法实施,这时会产生立法性宪法解释的情形。如,1982年《宪法》第100条规定:省、直辖市的人民代表大会和它们的常务委员会,在不同宪法、法律、行政法规相抵触的前提下,可以制定地方性法规。第90条规定:国务院各部、各委员会根据法律和国务院的行政法规、决定、命令,在本部门的权限内,发布命令、指示和规章。根据宪法的上述规定,除省、直辖市的人大及其常委会,其他机关没有制定地方性法规的权力;除国务院各部、各委员会以外的其他机关没有发布规章的权

---

① 董和平、韩大元、李树忠:《宪法学》,北京:法律出版社2000年版,第349页。

② 马岭:《"违宪审查"相关概念之分析》,《法学杂志》2006年第3期。

力。1986 年第六届全国人大常委会第十八次会议对 1982 年《地方各级人民代表大会和地方各级人民政府组织法》进行了修改，规定：省、自治区的人民政府所在地的市和经国务院批准的较大的市的人民代表大会及其常委会根据本市的具体情况和实际需要，在不同宪法、法律、行政法规和本省、自治区的地方性法规相抵触的前提下，可以制定地方性法规；省、自治区、直辖市及其省、自治区人民政府所在地的市和国务院批准的较大的市的人民政府，可以根据法律和行政法规规定规章。这就是全国人大常委会以立法的形式对宪法规定的地方立法权限作出的解释。而行政实施，即为行政宪法执行；司法实施则是宪法适用。

第三种观点当属主流观点，它是把宪法实施视为立法实施与法律实施，即首先通过立法使宪法具体化为法律，然后再实施法律，法律实施就是宪法实施。这种观点实际上将立法实施和法律实施等同于宪法实施，当然通过立法和法律实施只是宪法实施的一种方式而已，这种立法实施与法律实施仍不同于宪法实施，即使立法再完备或法律实施的再好，也不等于宪法实施得好。

第四种观点把宪法实施解释为宪法主体按照宪法的规定从事的一定行为。此种概念较为模糊，"宪法主体"是谁？是否包括国家机关之外的社会组织或个人？依照宪法规定从事的什么性质的"行为"？是立法行为、行政行为、司法行为或是遵守行为？

第五种观点范围比较广，首先是认为"宪法"包括宪法惯例，因此遵循宪法惯例也是宪法实施；其次，法律解释也是宪法实施；再次，把宪法修改、司法审查、宪法的发展都视为宪法实施。法律解释是对法律文本的解释，是法律实施的一种方式，但不是宪法实施的方式。不应当将宪法修改视为宪法实施，修改是立宪活动，立宪是实施的前提，实施宪法修改后的内容才是宪法实施，修改本身是宪法发展的一种方式，其本身不属于宪法实施。司法审查不是宪法实施，而是对宪法实施的监督。

第六种观点是把宪法实施等同于宪法适用。我国法理学界一般将"法的适用"界定为国家司法机关根据法定职权和程序，具体应用法律处理案件的专门活动。[①] 有学者也因此将"宪法适用"界定为"司法机关对宪法的适用"。[②] 司法机关运用宪法处理案件的活动应当属于宪法实施，但不能将宪法实施等同于宪法适用，因为宪法适用只是宪法实施其中的一种方式。也有学者认为"宪法实施"不包

①　马克思主义理论研究和建设工程重点教材《法理学》，北京：人民出版社、高等教育出版社 2010 年版，第 326 页。

②　李步云主编：《宪法比较研究》，北京：法律出版社 1998 年版，第 337—338 页、第 387 页。

括"宪法适用"，主张"宪法适用"应属于"宪法监督"而不属于"宪法实施"的范畴。"宪法适用"是"宪法监督"的一种形式，它们都是对"宪法实施"状况的监督。[①] 这是把宪法适用与司法审查等同起来了。司法审查属于西方国家宪法监督的范畴，但是宪法适用与司法审查并非完全相同，宪法适用包括宪法解释适用与非解释性适用，[②]非解释性适用不属于宪法监督；司法审查属于宪法监督，但宪法解释本身确是宪法实施的一种重要形式。司法审查权是宣布法律或规范性文件违宪的行为的权力，宪法解释则是对宪法文本的解释，是一种宪法内容的具体实施。

　　宪法实施的方式与宪法解释具有密切关联。张千帆提出了程序宪法实施与实体宪法实施两种方式；翟国强则提出了政治性宪法实施与法律实施两种方式。付子堂、张震提出：宪法的实施首先是政治实施，宪法的法律实施也主要强调的是宪法对部门法实施的根本依据，而并非在司法判决中具体直接适用。殷啸虎明确主张：自1954年宪法以来，我国的宪法实施始终是遵循着政治性实施与法律性实施的二元路径进行的，并且是以政治性实施引领和规范法律性实施。张友渔主张：宪法的贯彻实施，需要通过相应的法律。马克思主义理论工程教材《宪法学》也主张宪法实施主要是法律实施。上官丕亮认为宪法遵守和宪法执行是我国宪法实施的主要方式，宪法解释、宪法修改、依宪立法、依宪解释都是宪法执行的形式并各具特色，宪法监督是一种负责违宪审查的特殊的宪法实施方式。贾宇提出我国的宪法实施机制，主要包括宪法修正、宪法解释、宪法监督、成立特别委员会进行调查等。莫纪宏提出"宪法解释是更好推进宪法实施的重要措施"；刘国也强调宪法解释对于人们遵守和适用宪法、弥除宪法问题上的分歧和争议等具有无可替代的重要作用。上述关于宪法实施的方式中，只有实体性实施或法律性实施可能涉及宪法解释，当然这里的"法律性实施"与立法实施意义上的法律实施不同，立法意义上的法律实施强调的是通过立法制定法律而使宪法条文具体化，其中也可能涉及宪法解释，即立法性宪法解释。法律性实施是相当于政治实施而言的，这里的法律性实施包括立法实施、宪法执行、宪法遵守、宪法适用等法律性的具体实施。而在法律性实施中，宪法执行或宪法适用会涉及宪法解释的问题。同时，也有学者直接把宪法解释作为宪法实施的主要方式。可见，宪法实施与宪法解释直接具有密切的关系。

三、宪法监督

　　我国《宪法》使用了"监督宪法的实施"的表述，学者通常将其概括为"宪法监

---

① 马岭：《"违宪审查"相关概念之分析》，《法学杂志》2006年第3期。
② 关于宪法非解释性适用，参见范进学：《非解释性宪法适用论》，《苏州大学学报》2016年第5期。

督"概念。① 在我国宪法学界,关于宪法监督的概念,学者们的理解不甚一致,"往往与宪法保障、违宪审查、宪法诉讼、司法审查、宪法解释等概念交替使用。"②因此,从宪法解释的角度,需要将宪法监督的概念梳理清晰。从学者对这一概念的理解看,归纳起来主要包括以下几种观点:

第一,广义的宪法监督是对有关宪法的活动实行全面的监督,从监督的主体来说,除了宪法监督的专职机关以外,还包括其他国家机关、政党、人民团体、群众组织以及公民。从宪法监督的对象看,既包括国家机关的立法活动、行政活动、司法活动,也包括公民个人的活动以及公民的组织如政党、人民团体群众组织等的活动。狭义的宪法监督一般是指由国家专司宪法监督的机关实行的监督,在监督的对象上偏重于对国家立法机关的立法活动和行政机关的行政活动所实施的监督。③

第二,宪法监督,就是由各方面力量所形成的一种督促、监控宪法和法律实施的网络体系。与违宪审查相比,宪法监督的特点在于:(1)范围更为广泛。它不是专门机关行使的直接制裁违宪行为的国家权力,也不是针对有争议的宪法实施案件,而是对各种宪法主体行为的广泛监控和督促,从而形成了一种依照宪法办事的社会氛围。(2)没有直接的违宪处分权。宪法监督网络对宪法主体是督促力量,对违宪是一种监督,但它没有对违宪行为的直接处分权、制裁权,它只能通过启动违宪审查机制来达到制裁违宪行为的目的。④

第三,宪法监督也称违宪审查制度,是指特定国家机关,为保障宪法的实施,对国家的根本活动,主要是立法活动是否合宪进行审查,并对违反宪法的行为给予纠正和必要的制裁的专门活动。⑤

第四,宪法监督主要包括两种情况,一种是宪法监督专门机关对国家机关、特定个人或者其他组织的违宪行为或者有关机关在适用宪法过程中产生的争议进行监督和审查,并对违宪行为给予制裁;另一种是除宪法监督专门机关之外的其他国家机关、社会团体、政党组织和公民个人对宪法的监督和制约。其中,第一种情况是从制度的意义上论述宪法监督,我们可称之为"制度意义上的宪法监督"。第二种情况是从一般意义上论述宪法监督,我们可称之为"一般意义上的

---

① 胡锦光:《违宪审查与相关概念辨析》,《法学杂志》2006 年第 4 期。

② 李忠:《宪法监督论》,北京:社会科学文献出版社 1999 年版,第 1 页。

③ 陈云生:《民主宪政新潮》,北京:人民出版社 1988 年版,第 7 页。

④ 董和平、韩大元、李树忠:《宪法学》,北京:法律出版社 2000 年版,第 163 页。

⑤ 蔡定剑:《国家监督制度》,北京:中国法制出版社 1991 年版,第 24、114—115 页。

宪法监督"。①

第五,宪法监督是宪法制定者通过一定的制度和程序对依据宪法规定有权解释宪法、修改宪法和实施宪法的特定主体(主要是国家机关)所进行的宪法解释、宪法修改和宪法实施活动的过程和结果所进行的监督活动,其目的旨在使宪法的规定准确实施和完全实现,从而实现宪法制定者的立宪目的。②

第六,将宪法监督与违宪审查相区分,宪法监督视之为保证宪法实施所采取的各种办法、手段、措施和制度,宪法监督的概念不等于违宪审查,前者蕴涵后者。③

"宪法监督"的概念既然源自于我国《宪法》关于"监督宪法的实施"的规定,那么宪法监督的概念仅能且只能是狭义上的宪法监督,而不包括广义上的宪法监督。宪法监督的对象就是"宪法的实施"活动,一切与宪法实施无关的活动均不应在监督范围之内。因此,第一种观点中宪法监督只能在狭义上才能成立。第二种观点也是从广义上谈宪法监督,不是宪法文本中的宪法监督概念。第三种观点是将宪法监督等同于违宪审查,事实上,违宪审查只是宪法监督的一种形式。一般认为,宪法监督比违宪审查的范围宽泛,宪法监督的主体和对象具有多样性,既包括权力机关对议会立法行为的监督,如我国作为"最高国家权力机关的"全国人大审查作为"国家立法机关"的全国人大的立法;④也包括国家元首对议会立法的监督,如美国总统对议会立法行使否决权;还包括议会对政府宪法行为的监督,如议会对政府进行委托立法时对该委托立法的监督;甚至包括政府对政党的监督。比如在俄罗斯,当政党违反联邦宪法、联邦宪法性法律、联邦政党法以及其他联邦法律时,联邦政府登记机关有权向政党提出书面警告,并规定消除违法现象的期限。如果政党在两个月的期限内没有消除违法现象,又没有向法院提出控告,联邦最高法院可以根据联邦登记机关的请求,中止政党活动六个月。⑤ 同时,包括总统对其他国家机关宪法行为的监督,如俄罗斯总统有权就联邦议会、联邦委员会、国家杜马、俄罗斯联邦政府的规范性文件是否符合联邦宪法问题,向联邦宪法法院提出询问。⑥ 宪法监督既包括事先监督也包括事后监督。而违宪审查的主体和对象一般都是特定的,如审查主体是司法机关(或立法

---

① 李忠:《宪法监督论》,北京:社会科学文献出版社 1999 年版,第 4 页。
② 许崇德主编:《宪法》,北京:中国人民大学出版社 1999 年版,第 38 页。
③ 周叶中主编:《宪法》,北京:高等教育出版社、北京大学出版社 2005 年版,第 414 页。
④ 林来梵:《从宪法规范到规范宪法》,北京:法律出版社 2001 年版,第 342 页。
⑤ 刘向文:《俄国政府与政治》,台北:台湾五南图书出版公司 2002 年版,第 166 页。
⑥ 刘向文:《俄国政府与政治》,台北:台湾五南图书出版公司 2002 年版,第 170 页。

机关、或专门机关），审查对象是议会、总统、总理等立法行为或行政行为，一般都是事后监督。第四种观点把宪法监督理解为"制度意义上的宪法监督"与"一般意义上的宪法监督"，一般意义上的宪法监督属于广义的宪法监督，而制度意义上的宪法监督则大致属于狭义上的宪法监督。第五种观点将制宪者看作是宪法监督的主体，监督对象是特定主体（主要是国家机关）所进行的宪法解释、宪法修改和宪法实施活动。通说认为，人民是制宪者，若把人民作为宪法监督的主体，从理论上是正确的，但不准确，因为人民作为制宪者将宪法制定出来之后就隐退到权力机关背后，真正的监督主体是国家权力机关或普通法院或特定机关；宪法修改属于立宪行为，不是宪法实施行为，因此，宪法监督不会对宪法修改即立宪行为进行监督，宪法解释是宪法监督的手段与内容，而不是宪法监督的对象，我国《宪法》第 67 条第 1 款明确规定：全国人大常委会通过"解释宪法，监督宪法的实施"。第六种观点把宪法监督理解为"保证宪法实施所采取的各种办法、手段、措施和制度"过于宽泛而缺乏针对性。

正如胡锦光所说：在西方国家的宪法和宪法学上，较少使用"宪法监督"这一概念，绝大多数国家甚至可以说不使用这一概念。由于社会主义国家和我国宪法上使用了"监督宪法的实施"这一表述，因此，由社会主义国家的学者概括出"宪法监督"这一概念。[1] 因此，宪法监督应当具有特定的含义，在我国，宪法监督就是指全国人大及其常委会监督宪法实施的专门活动，如全国人大"改变或者撤销全国人民代表大会常务委员会不适当的决定"；全国人大常委会撤销国务院制定的同宪法相抵触的行政法规、决定和命令，撤销省、自治区、直辖市国家权力机关制定的同宪法相抵触的地方性法规和决议等。

四、司法审查

司法审查（judicial review）在总体上说，是由普通司法机关对公权力的行使进行的审查。由于公权力行使的主体主要是立法机关和行政机关，就内容而言，公权力主要是立法权和行政权，具体而言，司法审查包括对立法权行使的审查和对行政权行使的审查；就对立法权的司法审查而言，是对立法权行使的合宪性进行的审查，就对行政权的司法审查而言，是对行政权的行使的合宪性和合法性进行的审查。[2] 在我国，关于司法审查的理解，基本分为行政法上的司法审查与宪法上的司法审查。关于行政法上的司法审查，有学者认为，司法审查系指司法机

---

① 胡锦光：《违宪审查与相关概念辨析》，《法学杂志》2006 年第 4 期。
② 胡锦光：《违宪审查与相关概念辨析》，《法学杂志》2006 年第 4 期。

关运用司法审判权对政府行政行为的合法性进行审查的一种法律制度。① 也有学者认为,司法审查是指法院应行政相对人的申请,审查行政机构行为的合法性,并作出相应裁决的活动。② 另有学者认为,我国的司法审查可以表述为:人民法院依法对具体行政行为的合法性进行审查的国家司法活动。③ 胡锦光认为,行政法意义上的司法审查是指普通司法机关对行政权行使的合法性的审查,包括对抽象行政行为的合法性审查和对具体行政行为的合法性审查。④ 在我国,是由普通司法机关对行政权行使的合法性进行审查,包括对具体行政行为的合法性审查和对一定范围的抽象行政行为的合法性审查。不过,对一定范围的抽象行政行为的合法性审查,目前仅限于法院基于职权而进行的审查,当事人并不能主动请求法院进行。同时,由于我国的普通司法机关并不具有解释宪法的权力,因此,法院并不能对行政权行使的合宪性进行审查。宪法上的司法审查源自于 1803 年的"马伯里诉麦迪逊案",指司法机关或司法性的机关(如普通法院、宪法法院或宪法委员会)依据宪法对立法行为或政府行为(主要是抽象行政行为)进行审查的活动,而司法审查权是一种宣布国会的法律、州政府的法律以及行政机关的行为和规章违宪的权力。⑤ 也有学者认为司法审查是一个相对广义的概念,指任何司法性质的机构依据宪法审查法律或法规的制度。⑥

宪法意义上的司法审查概念与违宪审查既有一致性,又存在差异。胡锦光就指出:"在实行司法审查的国家,可以说,其宪法意义上的司法审查就是违宪审查,违宪审查就是司法审查。"⑦二者均为宪法监督最重要的形式,通过审查这种方式,监督宪法的实施;王振民也指出:"查处违宪现象都是保障宪法实施的主要途径和方法"⑧。二者一致性在于,审查的标准都是基于"宪法",即以宪法的规范、原则、精神作为审查的唯一标准;其次,审查的对象是一致的,都是对立法机关和行政机关的立法行为、制定政策的行为进行审查。但二者差异在于:司法审查的主体必然是司法机关如美国普通法院行使司法审查权;在设立宪法法院或宪法委员会的国家,其审查机构的性质并非像美国普通法院一样属于司法机关,严格说是一种具有司法性质的机关,欧洲国家的这种违宪审查,严格意义上

---

① 胡建淼:《比较行政法:20 国行政法评析》,北京:法律出版社 1998 年版,第 635 页。
② 姜明安主编:《外国行政法教程》,北京:法律出版社 1993 年版,第 282 页。
③ 罗豪才主编:《中国司法审查制度》,北京:北京大学出版社 1993 年版,第 3 页。
④ 胡锦光:《违宪审查与相关概念辨析》,《法学杂志》2006 年第 4 期。
⑤ 范进学:《美国司法审查制度》,北京:中国政法大学出版社 2011 年版,第 2 页。
⑥ 张千帆、包万超、王卫明:《司法审查制度比较研究》,南京:译林出版社 2012 年版,第 7 页。
⑦ 胡锦光:《违宪审查与相关概念辨析》,《法学杂志》2006 年第 4 期。
⑧ 王振民:《中国违宪审查制度》,北京:中国政法大学出版社 2004 年版,第 39 页。

称之为"宪法审查"更合适。在有立法机关作为审查主体的国家,这种审查是宪法审查或违宪审查,而非"司法审查"。有学者指出:从"违宪审查"和"司法审查"的含义来看,"当代中国只有行政法层面上的司法审查"(且只有具体审查,没有抽象审查),"违宪的司法审查制度尚未建立起来"。[①] 当然,我国宪法所确立的违宪审查制度不属于"司法审查"的范畴,因为最高法院没有违宪审查或合宪审查的权力。至于是否确立司法审查制度,也存在着争议,有学者就指出:"只有司法性质的审查,才能帮助这个国家完成从宪法到宪政的根本转变"。[②] 从2018年3月的宪法修改将全国人大"法律委员会"更名为"宪法和法律委员会"看,我国确立的合宪性或违宪性审查制度就是最高权力机关的宪法审查制度。

五、合宪性审查

根据韩大元的考察,"合宪性审查"一词最早出现于德国,当时的主要含义是审查法律等规范是否与宪法相抵触,其目的是保证法律与宪法保持一致,消除任何与宪法相抵触的规范性文件,包含下位规范符合上位规范。[③] "合宪性审查"的概念,在官方文件中最早提出的是1998年3月10日在第九届全国人民代表大会第一次会议上,时任全国人大常委会副委员长的田纪云所作的《全国人民代表大会常务委员会工作报告》,他在报告中指出:"监督宪法的实施,包括对行政法规、地方性法规等规范性文件进行合宪性审查,是全国人大常委会的一项重要职权。[④]"2017年10月中共十九大报告又提出了"加强宪法实施和监督,推进合宪性审查工作,维护宪法权威"的新要求。

"合宪性审查"与"违宪审查"是相对应的概念,有的学者径直将二者等同起来,如林来梵就主张:所谓"合宪性审查"与"违宪审查"一体两面,其实就是"违宪审查"的一种别称。二者基本上并无径庭之别,指的都是特定机关依据一定的法定程序对公共权力的行为(主要是规范性法律文件)是否符合宪法进行判断并作出相应处置的活动或制度。[⑤] 日本学术界也习惯将"司法审查"称作"违宪审查"。[⑥] 但正如胡锦光所言:虽然从表面上分析,对某项法律、法规、命令进行违宪审查,其结果大多数都是合乎宪法的,即通过违宪审查,最后得出是合宪的结

① 傅思明:《中国司法审查制度》,北京:中国民主法制出版社2002年版,第12页。

② 张千帆、包万超、王卫明:《司法审查制度比较研究》,南京:译林出版社2012年版,第8页。

③ 韩大元:《关于推进合宪性审查工作的几点思考》,《法律科学》2018年第3期。

④ 参见中国人大网,www.npc.gov.cn/wxzl/gongbao/1998-03/10/content_1480064.htm。

⑤ 林来梵:《合宪性审查的宪法政策论思考》,《法律科学》2018年第3期。

⑥ 赵立新:《日本违宪审查制度》,北京:中国法制出版社2008年版,第6—7页。

论,似乎违宪审查的另一个方面就是合宪性审查。但事实上,二者是不同的。[①]

违宪审查所强调的是某项法律、法规、命令存在违宪的嫌疑或者争议,才由违宪审查机关根据审查提请主体的要求,依据宪法进行的审查。在审查过程中,审查机关以合宪性推定原则尽可能作出合宪判断,但对法律或者条文中存在的违宪因素也给予必要的判断,提出纠正违宪的期限,可以解释为附条件的合宪。因此,在这种类型中所谓"合宪性"包含一定的违宪性因素,但不是处于完全的违宪状态。[②] 因此,合宪性审查强调的是审查机关以合宪性推定原则或方法尽可能作出合宪判断,而不轻言裁断为违宪。

在我国,全国人大和全国人大常委会虽然没有就法律、法规、命令等规范性文件进行过一次违宪审查,但曾经进行过两次合宪性审查。一次是 1990 年 4 月 4 日第七届全国人大第三次会议在通过了《中华人民共和国香港特别行政区基本法》的当日,全国人民代表大会通过《关于〈中华人民共和国香港特别行政区基本法〉的决定》,《决定》指出:"香港特别行政区基本法是根据《中华人民共和国宪法》按照香港的具体情况制定的,是符合宪法的。"另一次是 1993 年 3 月 31 日第八届全国人大第一次会议在通过了《中华人民共和国澳门特别行政区基本法》的当日,全国人民代表大会通过了《关于〈中华人民共和国澳门特别行政区基本法〉的决定》,该《决定》指出:"澳门特别行政区基本法是根据《中华人民共和国宪法》按照澳门的具体情况制定的,是符合宪法的。"

合宪性审查的功能在于审查法律或法规、规章等规范性文件是否与宪法相抵触,只要进行合宪性审查,就必须意味着对宪法的理解与解释,因为只有通过解释,才能确定审查的对象是否合乎宪法。因此,宪法解释是合宪性审查的不可缺少的方法与手段,没有对宪法的解释,就无法确定审查对象是否与宪法相抵触,从而无法发挥审查的功能。因此,合宪性审查是宪法解释的条件与场合,而宪法解释则是合宪性审查的方法与方式。

六、合宪性解释

从世界范围考察,宪法的司法适用具有全球化之趋势,[③]采取的主要方式就是由普通法院或特定机构(如宪法法院、宪法委员会)通过行使司法审查或违宪审查权,运用宪法解释方法,使宪法条款成为处理具体纷争的法律依据,从而实

---

① 胡锦光:《违宪审查与相关概念辨析》,《法学杂志》2006 年第 4 期。

② 韩大元:《关于推进合宪性审查工作的几点思考》,《法律科学》2018 年第 3 期。

③ Ran Hirschl, *Towards Juristocracy*: *The Origins and Consequences of the new Constitutionalism*, Harvard University Press 2004 & 2007, p. 1.

现宪法的司法适用。这种司法审查或违宪审查式的宪法司法适用,凭借对宪法条文的解释,以确定被审查的法律是否违反宪法。从这种宪法解释性适用产生并发展出了一种法律解释的方法——合宪性推定。合宪性推定方法,德国学者称之为"合宪的法律解释"或"合宪性解释",[①]日本学者称之为"合宪的限定解释"或"合宪的限制解释",[②]我国台湾学者称之为"合宪解释""符合宪法的法律解释"或"法律解释的合宪性"。[③] 既然合宪性解释是从违宪审查与宪法解释方法衍生出来的,那么合宪解释的场合就可能发生于两种情形之下:一是司法审查之场合,二为法律适用之场合,前者的合宪性解释,由于是运用宪法作为判断法律是否合乎宪法的标准,则必然涉及对宪法的解释,因而它属于宪法解释方法范畴;后者的合宪性解释,准确地说应当是"符合宪法的法律解释"或"法律的合宪解释",则属于法律解释方法范畴;作为宪法解释方法的合宪性解释,必然要求对宪法规范进行解释;而作为法律解释方法的合宪解释,其适用的情形在大多数情况下不涉及对宪法的解释,然而在某些情形下则存有解释宪法的潜在可能。

宪法方法的合宪解释本质上是一种司法适用中的宪法解释,由普通法院或宪法法院及宪法委员会通过宪法的解释而使宪法进行司法适用的模式虽为世界大多数国家所普遍采纳,却由于与我国现行宪制相背离,因此,域外解释性宪法司法适用在我国遭遇到了宪制性阻却,即我国宪法典将解释宪法及宪法监督的职权赋予了全国人大常委会。由此衍生出来的作为法律解释方法的合宪性解释。

作为法律解释方法的合宪解释首先源自于欧美国家的违宪审查制度以及宪法解释实践,其存在是与他们的司法性宪法解释实践经验紧密相联,并缺一不可。我国台湾学者苏永钦指出:"不论美国或欧陆法治先进国家,合宪法律解释都是在建立违宪审查制度以后才慢慢发现或开始重用的法律解释方法。"[④]韩大元持同样的看法,认为合宪性推定原则是在宪法解释实践中产生和发展的,它源于美国的司法审查制度的实践,而德国宪法法院有关合宪性推定原则的最初判

---

① [德]卡尔·拉伦茨:《法学方法论》,陈爱娥译,北京:商务印书馆 2003 年版,第 216 页;[德]伯恩·魏德士:《法理学》,丁小春、吴越译,北京:法律出版社 2003 年版,第 335 页。

② [日]芦部信喜:《日本违宪判断的方法》,于敏译,《环球法律评论》1985 年第 1 期。

③ 杨仁寿:《法学方法论》,北京:中国政法大学出版社 1999 年版,第 129 页;王泽鉴:《法律思维与民法实例》,北京:中国政法大学出版社 2001 年版,第 196 页;黄茂荣:《法学方法与现代民法》,北京:中国政法大学出版社 2001 年版,第 286 页。

④ 参见苏永钦:《合宪法律解释原则——从功能法上考量其运用界限与效力问题》,苏永钦:《合宪性控制的理论与实际》,台北:月旦出版社股份有限公司 1994 年版,第 111 页。

例是1953年,并于1970年联邦宪法法院法的修改中得到了最终确认。① 这一观点得到了学者们的普遍认同。柳建龙就合宪性解释的产生与发展作过考察,他认同合宪性解释最早源自美国的观点,但他认为单就术语而言,在美国法学论著中并不存在与之相应的专门概念,合宪性解释原则作为独立的宪法裁判原则是德国联邦宪法法院的判例和相关学说发展与完善的结果,就其实质而言是德国法上的概念。② 王书成也主张合宪性解释是从合宪性推定衍生出来的,在美国最初是作为"回避宪法方法"而出现的,直到1876年,合宪性推定概念在Munn v. Illinois案中被明确提出来。合宪性推定的原理和方法在20世纪初在欧陆得以发展,而最早使用合宪解释的案例是1953年德国联邦宪法法院的一项决议。之后经由实践的不断发展,德国联邦宪法法院在判例中明确宣示出来。③

由美国司法审查源起的并在德国宪法法院的宪法解释实践中发展而来的"合宪解释"方法,自始至终都与司法性宪法解释机关之司法审查活动密切相联,可以说,从学者们所采用的资料及其来源看,不是美国、德国的,就是日本或台湾地区的。为什么?因为只有这些国家和地区才存在司法性违宪审查的机构与宪法解释实践。可以说,合宪解释是与宪法解释相伴而生的,只有把"宪法"作为"法律"看待,才有可能从"宪法解释"方法衍生出"合宪解释"之类的法律解释方法,没有宪法解释以及合宪推定,就没有法律方法上的合宪解释,原因很明显,合宪的法律解释方法只是一种晚近才出现的法律方法,当欧洲国家有宪法而未建立宪法法院并将宪法作为法律适用之前,就不存在合宪解释方法。"合宪解释"概念及其方法发明,的确是德国法学家的贡献,其后才有借鉴和学习德国法学的日本、台湾地区的法学家所采纳并加以推广运用。而后,我国学者步尘其说,欲采欧美之方法以致其用,奈何无法摆脱橘枳之道的困境。刘练军曾分析过合宪性解释在我国被适用的可能性时指出:"由于具有实效的宪法审查制度在我国至今尚未真正建立,又由于我国的司法并没有解释宪法和法律的权力——根据现行宪法第67条之规定宪法和法律的解释权均属于全国人民代表大会常务委员会,因而,合宪性解释方法在我国的司法裁判中并不可能像在西方宪政国家的宪法裁判中那样有实际上的适用空间和适用需要。不宁唯是,任何在司法裁判中突破现行宪法之规定运用合宪性解释方法解释法律都难免名不正、言不

① 韩大元:《论合宪性推定的原则》,《山西大学学报》2004年第3期,第51页。
② 柳建龙:《合宪性解释原则的本相与争论》,《清华法学》2011年第1期,第110—111页。
③ 王书成:《论合宪性解释方法》,《法学研究》2012年第5期,第51—52页。

顺。"①或许会有人质疑说：即使从合宪推定的司法审查实践中发展而来的合宪解释方法，同样可以作为一般法律解释方法而为普通法院所适用。不过，这种运用之前提是该国家已经设立了司法型的违宪审查制度，因为没有最终的司法审查制度，那么由普通法院所解释的法律之合宪性就成为一个问题：假如法律违宪怎么办？所以，即使作为法律解释方法的合宪解释，也必须附之一个判断违宪的机构同时存在。所以，在未能启动司法型的违宪审查制实践的我国，即使作为一般法律解释方法，也不能由普通法院所运用。这种源自违宪审查又发展于宪法解释实践的合宪性法律解释方法，是与宪法法院司法审查与宪法解释的活动密不可分，没有司法型的司法审查与宪法解释的机构与实践，就没有作为法律解释方法的合宪解释。即使存在，也是形同虚设，没有其用武之地。

　　合宪性推定与合宪性解释之基本含义与逻辑推理是一致的。韩大元指出合宪性推定的基本含义是：任何一个违宪审查机关的权力都是相对的，特定机关行使违宪审查权时应考虑审查对象涉及的各种因素，要在合理的范围内有节制地行使违宪审查权，以减少可能引起的社会矛盾与社会震动。当判断某一项法律或行为是否违宪时，如没有十分确实、有效的依据认定其违宪则应尽可能推定其合宪，作出合宪性判断，避免违宪判决。即使审查对象存在一定的违宪因素，但仍存在合宪性判断余地时就不宜宣布其违宪，而应作出合宪性判决。② 其中合宪性推定的基本要素：一是适用主体是违宪审查机关；二是尽可能推定审查的法律具有合宪性；三是推定法律违宪，必须有十分确实、有效的依据；四是目的在于司法权的节制性，尊重人民的意志，避免司法逾权。合宪性解释的概念尽管理解各异，但概括看，无非包括：（1）以较高或宪法规范之意旨，解释位阶较低法规之方法。梁慧星、杨仁寿持此观点。③ （2）在依字义及脉络关系可能的多数解释中，应优先选择最符合宪法原则，因此得以维持的规范解释。德国学者拉伦茨与魏德士、我国台湾学者苏永钦等持该观点。④ 值得指出的是，魏德士的观点来自于法律层阶结构理论，即下层级规范的解释不能与上层级规范相抵触。而合宪性解释本身意味着规范可能出现歧义，只有根据规范的文义和历史可能产生

① 刘练军：《何谓合宪性解释：性质、正当性、限制与运用》，《西南政法大学学报》2010 年第 4 期，第 62 页。

② 韩大元：《论合宪性推定的原则》，《山西大学学报》2004 年第 3 期，第 51 页。

③ 梁慧星：《民法解释学》，北京：中国政法大学出版社 1985 年版，第 230 页；杨仁寿：《法学方法论》，北京：中国政法大学出版社 1999 年版，第 129 页。

④ ［德］卡尔·拉伦茨：《法学方法论》，陈爱娥译，北京：商务印书馆 2003 年版，第 221 页；［德］伯恩·魏德士著：《法理学》，丁小春、吴越译，北京：法律出版社 2003 年版，第 335 页；苏永钦：《民事立法与公私法的接轨》，北京：北京大学出版社 2005 年版，第 161 页。

多种含义,合宪解释才有用武之地,这是人们倾向于选择最符合宪法价值标准的解释。(3)瑞士学者将合宪解释概括为三种情形:一是单纯的解释规则,指宪法的相关规定应当在法律解释时直接发生一定的影响;二是冲突规则,指在数种可能的法律解释中应当优先选择与宪法内容相符的解释;三是保全规则,指当法律有违宪之嫌而有数种解释可能性时,应选择不违宪的解释。[①] 从上述学者对合宪性解释的基本含义理解看,其基本要素包括:一是适用的主体是违宪审查机关以及普通法院;二是依位阶最高的宪法解释法律;三是数种可能的法律解释中应当优先选择与宪法内容相符的解释;四是当法律有违宪之嫌而有数种解释可能性时,应选择不违宪的解释;五是目的在于尊重人民的意志。合宪性推定与合宪性解释看似分属不同的解释方法,一个是解释"宪法",一个是解释"法律",而实际运用中,都面临着相同的判断,即判断某一法律是否合乎宪法,前者是推定合乎宪法,后者是解释合乎宪法。因此,它们的依据标准是相同的,都是宪法;目的是相同的,都是尊重人民的意志;推理是相同的,皆尽可能选择合乎宪法的推定或解释。这种合宪推定与合宪解释的一致性导致单一的合宪性解释失去存在的根基。

作为法律解释方法的合宪解释存在解释宪法之潜在可能。譬如:2010 年 5 月 20 日南京秦淮法院对南京某大学副教授马某等人"聚众淫乱案"作出一审判决,22 名被告均以聚众淫乱罪被追究刑事责任。其中该判决可能涉及关于刑法第 301 条关于"聚众淫乱罪"[②]的解释就涉及解释宪法的问题。从宪法解释入手,有学者主张聚众淫乱罪具有合宪性;[③]也有学者反其道而行之质疑聚众淫乱罪之违宪性。[④] 前者主张应从《宪法》第 49 条规定关于:"婚姻、家庭、母亲和儿童受国家的保护。禁止破坏婚姻自由,禁止虐待老人、妇女和儿童"的角度来探讨聚众淫乱罪的存废问题,认为从制度性保障理论而言,无论私密性淫乱与公然性淫乱一样,都会对婚姻家庭制度核心功能造成严重的伤害,将私密性淫乱行为除罪化,不符合制度性保障的基本精神,存在违宪的嫌疑。后者则基于宪法第 33 条第 3 款关于"国家尊重和保障人权"之规定,主张聚众淫乱罪违反人民主权原则和人权保障原则。甚至还有学者从宪法第 37 条之人身自由推导出性自主权,是否入罪,应当以是否公然性淫乱还是私密性淫乱为判断标准。不管怎样,上述合宪或违宪性判断皆涉及宪法有关条款的解释。

---

① 苏永钦:《合宪性控制的理论与实际》,台北:月旦出版社股份有限公司 1994 年版,第 84 页。

② 该条规定:"聚众进行淫乱活动的,对首要分子或者多次参加的,处五年以下有期徒刑、拘役或者管制。"

③ 欧爱民:《聚众淫乱罪的合宪性分析——以制度性保障理论为视角》,《法商研究》2011 年第 1 期。

④ 杨春磊:《聚众淫乱罪的违宪性分析》,《湖北警官学院学报》2013 年第 2 期。

合宪解释方法毕竟是以"宪法"解释"法律"：或依宪法精神，或依宪法价值，或依基本权利原则，所以在运用合宪解释时，必然要涉及对何谓"宪法精神""宪法价值""基本权利原则"等理解或解释。我国台湾学者陈新民指出："合宪解释"虽名为"解释"，但实际上系合宪与否之"审查"。德国宪法学者比特曼（Betterman）教授干脆认为："合宪解释"就是一个"错误的措辞"。① 我国台湾学者吴庚指出："合宪性解释系以法律为对象，性质上属法律体系解释，在其具体化的过程中，须对宪法加以诠释，一方面在于保全法律，以维护法秩序的安定，他方面亦在开展宪法，以实践宪法的规范功能。"②德国学者史塔克教授也指出："所谓合宪解释者，并非在解释宪法，而是解释法律。不过由于以宪法为取向的法律解释，其前提在于解释宪法，于此观点之下，合宪解释亦属宪法解释所要探讨问题的课题。"③倡导合宪解释的上官丕亮教授也认为："合宪解释是依照宪法来解释法律，显然，如果我们不首先理解和解释宪法，那么就无法开展合宪解释。可以说，合宪解释离不开宪法解释，甚至不得不首先解释宪法。"④谢维雁对此指出："由法官或法院进行合宪性解释，必然使这种解释具有'立法'的性质，意味着法官不仅在行使着'立法权'，而且还在行使着'违宪审查权'和'宪法解释权'。"⑤诚然，既然是以"宪法价值""宪法精神""客观价值秩序""宪法目的"之标准解释"法律"，但又何尝不是对宪法的价值、精神、基本权利原则的解释呢？除非解释者在解释"法律"之前，所适用的宪法的价值、精神、基本权利原则是清楚明白的，否则就面临着需要解释宪法的问题。可见，合宪解释暗含着宪法解释之危险，甚至合宪解释必然触及宪法解释，因而若因合宪性解释而引发宪法解释的问题，需要在程序上设置移送转移解释案的机制，凡不具有宪法解释的机构须依照程序移送给全国人大常委会，并由其解释。

七、宪法诉讼

宪法诉讼与民事诉讼、刑事诉讼、行政诉讼、劳动诉讼等法律诉讼一样，都是诉讼的一种形式，如果说法律诉讼通过法律解释阐明法律的含义，那么宪法诉讼是通过宪法解释阐明宪法的含义，以准确地处理宪法纠纷的。因此，宪法诉讼就

① 陈新民：《法治国公法学原理与实践》（上），北京：中国政法大学出版社 2007 年版，第 438 页。
② 吴庚：《政法理论与法学方法》，北京：中国人民大学出版社 2007 年版，第 365—366 页。
③ ［德］Christian Slak：《宪法解释》，李建良译，1997 年 7 月《台大法学论丛》第 26 卷第 4 期，参见李建良：《宪法理论与实践》（一），台北：台北学林文化事业有限公司 2003 年版，第 210 页．
④ 上官丕亮：《什么是合宪解释》，《法律方法》（第九卷），济南：山东人民出版社 2009 年版，第 187 页。
⑤ 谢维雁：《论合宪性解释不是宪法适用的司法适用方式》，《中国法学》2009 年第 6 期，第 175 页。

必然涉及宪法条款的理解与解释。首先,我们应当明确宪法诉讼这一概念本身的含义,其实看似简单的概念问题,但学者们对宪法诉讼的理解却是不同的,归纳起来,主要有以下七种观点:

第一,宪法诉讼是指特定国家机关(宪法法院)为解决因宪法的实施引起的争议和纠纷而在当事人之间进行的诉讼活动。①

第二,宪法诉讼是指解决宪法争议的一种诉讼形态,是依据宪法的最高价值,由特定机关审查法律的违宪与否,使违宪的法律或者行为失去效力的一种制度。宪法诉讼具有四个特征,即宪法诉讼判断的依据是宪法的最高价值;宪法诉讼中行使违宪审查权的是特定的机关;宪法诉讼的对象是特定法律的违宪与否;宪法诉讼的结果是违宪法律无效。②

第三,宪法诉讼可以在多种意义上使用,一是与违宪审查在同一意义上使用,二是专指作为违宪审查制度一种形式的用以解决违宪争议的诉讼形态。应该在更广泛的意义上使用宪法诉讼的概念,即通过诉讼程序来解决涉及宪法的争议的审判活动都可以称作宪法诉讼。宪法诉讼可以是一种独立的诉讼活动,即由专门机关按照宪法诉讼专门程序进行的活动,如宪法法院体制下的宪法诉讼;也可以是与其他的具体法律诉讼并无严格程序区分的诉讼活动,如司法审查制下的宪法诉讼。③

第四,宪法诉讼是解决宪法争议的一种诉讼形态,即由特定的司法机关依据宪法,对于公民遭受公权力侵害的宪法权利,通过法院以一定程序提供最终司法救济的法律制度。宪法诉讼的特征可以概括为:宪法诉讼是违宪审查的司法模式;宪法诉讼是对抗公权力的终极司法职能;宪法诉讼是公民获得宪法救济的最终手段。④

与此相类似的观点,认为,宪法诉讼就是当公民的宪法权利受非法的或者不当的侵害后,公民可向有关机关提出消除侵害,给予救济的诉讼。⑤

第五,宪法诉讼是指宪法审判机关适用司法或者准司法程序解决宪事纠纷,制裁违宪行为,维护宪法秩序,保障公民基本权利的一整套程序与制度。因此,宪法诉讼是一个十分宽泛的范畴,从静态层面,它是一项宪法制度;从动

---

① 杨合理:《关于建立宪法诉讼制度若干问题的思考》,《政治与法律》1997 年第 6 期。
② 韩大元、刘志刚:《试论当代宪法诉讼制度的基本功能》,《法学家》1998 年第 2 期。
③ 费善诚:《试论我国违宪审查制度的模式选择》,人大复印资料《宪法学与行政法学》1999 年第 5 期。
④ 刘云龙:《也论宪法诉讼及其在我国的应用》,《法学评论》2002 年第 3 期。
⑤ 郑强、傅思明:《让宪法诉讼"活起来"——从新闻官司看宪法诉讼权利保护》,《公法评论》2001 年 8 月 17 日。

态层面,它是一项宪政活动;从规范层面而言,它是一套宪法性程序,是追究违宪责任的机制;从目的层面,它是:(1)维护宪政秩序与(2)保障基本人权的统一。①

第六,"宪法诉讼"应同时具备五个要件:一是原告认为自己的(而不是他人的)宪法权利受到侵犯,且已经穷尽了其他法律救济途径,向法院起诉要求宪法救济。二是被告应是公权力,而不能是私权利主体。三是法院判决的直接依据应是宪法规范。如果法院判决的直接依据是法律,宪法在其中只起间接作用,则仍然是普通诉讼而不是宪法诉讼。四是被告一旦被判侵权就应当承担违宪责任,如撤销违宪的规范性文件等。五是宪法诉讼应是一种独立的诉讼,如德国、奥地利、俄罗斯等国家在宪法法院所进行的诉讼,而美国等国家所进行的普通诉讼中附带进行的违宪审查,严格说不能称之为宪法诉讼,而仅仅是一种司法的违宪审查。②

第七,宪法诉讼是指司法机关在案件审理过程中适用宪法解决宪法争议的诉讼活动。这一定义意味着:一,宪法诉讼由司法机关进行,司法机关既可以是普通法院,也可以是特殊的或专门的法院如宪法法院;二,宪法诉讼是由法院通过诉讼程序对案件进行审理的过程;三,法院在审理案件过程中必须适用宪法处理宪法事务、解决宪法争议,这是宪法诉讼最为本质的特征,不适用宪法的诉讼决不能称宪法诉讼;四,宪法诉讼并非一定要进行违宪审查,也就是说,可以通过宪法诉讼进行违宪审查,也可以不进行违宪审查而仅仅是法院依据宪法判决。宪法诉讼的本质要素在于,法院以宪法为依据对具体案件作出裁决,也就是说,法院必须适用宪法处理宪法事务、解决宪法争议。③

以上论者针对宪法诉讼的本质是什么作出了不同的回答。顾名思义,宪法诉讼是针对宪法上的争议而由司法性机关审理的诉讼;宪法上的争议范围也就是法院的受理范围。④ 宪法诉讼的重要特征在于诉讼当事人必须直接针对宪法

---

① 胡肖华:《宪法诉讼原论》,北京:法律出版社2002年版,第39页。

② 马岭:《"违宪审查"相关概念之分析》,《法学杂志》2006年第3期。

③ 谢维雁:《论宪法进入诉讼的方式——兼论宪法诉讼的概念》,《政治与法律》2010年第5期,第98页。

④ 《德国联邦宪法法院法》第13条规定,联邦宪法法院裁判案件的范围包括:宣告剥夺基本权利之案件;宣告政党违宪之案件;对于联邦众议院就选举效力或就取得或丧失联邦众议院议员资格之决定所提起之异议案件;联邦众议院或联邦参议院对联邦总统提起之弹劾案;联邦及邦之权利及义务,尤其是邦在执行联邦法及[联邦在]行使联邦监督时所发生之歧见案;关于联邦与各邦间,各邦相互间,或一邦之内所生之其他公法上争议案;宪法诉愿案件;对联邦法官或邦法官提起之法官弹劾案;经由邦法将裁判权移转给联邦宪法法院时,就一邦内之宪法争议案件;联邦法或邦法是否符合基本法,或邦法律或其他邦法规是否符合联邦法,由法院提起申请者案;德国联邦众议院之决议成立调查委员会是否符(转下页)

上的权利、权力或义务等事项向特定法院提出的诉讼,而法院通过对宪法相关条款或原则、精神、价值的解释作出争议的解决。只要是司法性法院,无论是美国式的普通法院,还是欧洲式的宪法法院或是法国式的宪法委员会,都可能成为审理宪法诉讼的法院,但前提必须是当事人是否以宪法上的事项作为争议的诉讼标的。如果是以民事的或刑事的事项引发的一般法律诉讼,因而导致附带性的司法审查或违宪审查,则这种诉讼就不是宪法诉讼。因此,笔者基本赞成第一、第二、第六、第七种观点。第一种观点是把审理宪法诉讼的法院局限于宪法法院,胡锦光教授也主张:"宪法诉讼这一概念和涵义仅指设立宪法法院的国家依据宪法解决宪法争议的活动。"[1]其实普通法院虽然可能在审理其他非宪法争议的案件中涉及对宪法的解释与司法审查,但也审理纯粹宪法上的争议案件,这类案件就是宪法诉讼案件,例如 2015 年 6 月 26 日,美国联邦最高法院审理的欧伯格菲诉霍吉斯案[2]就是以同性恋者是否享有宪法上的结婚权而进行的宪法诉讼。第二种观点突出了宪法争议的案件,也就突出了宪法诉讼的基本特征,笔者所强调的是,该观点中主张特定法院审理宪法争议的诉讼案件依据的是"宪法最高价值",值得商榷。何谓"宪法最高价值"? 难道法院审理案件时需要区分宪法的最高价值、最低价值或是中等价值? 只要法院按照宪法规范或原则或者精神,审理宪法争议的诉讼,就是宪法诉讼,无须区别最高或最低宪法价值。第六种观点强调宪法诉讼是独立诉讼也突出了宪法诉讼的基本特征,但认为美国普通法院的司法审查案件,严格说不能称之为宪法诉讼,而仅仅是一种司法的违宪审

(接上页)合基本法规定的案件,经依调查委员会法第三十六条第二项提出申请者案;国际法上某项规则是否为联邦法之构成部分,或此项规则是否直接创设个人之权利及义务发生疑义,而由法院提起申请者案;邦宪法院于解释基本法时,欲背离联邦宪法法院或其他邦宪法法院所为裁判时,由该邦宪法法院提起申请者案;作为联邦法之法理规范是否仍持续有效发生歧见者案等等(参见刘兆兴:《德国联邦宪法法院总论》,北京:法律出版社 1998 年版,第 331—332 页);俄罗斯宪法法院的受理范围是:审查规范性法律文件和国家签订的条约的合宪性;审理国家机关之间的权限争议以及审理国家和国家组成部分之间的争议;审理宪法诉愿案件;审理公职人员及政党违宪案件(参见尤晓红:《俄罗斯宪法法院研究》,北京:中国社会科学出版社 2009 年版,第 101 页;另参见《俄罗斯宪法法院法》第 3 条)。

① 胡锦光:《违宪审查与相关概念辨析》,《法学杂志》2006 年第 4 期。

② Obergefell v. Hodges, 576 U. S. (2015). 在本案中,密歇根州、肯塔基州和田纳西州的法律规定婚姻是以一个男人与一个女人之间的结合。请愿者是 14 对同性夫妻与两个其同性伴侣已故的男人;应诉者是负责实施具有争议法律的州官员。请愿者声称州侵犯了宪法第 14 条修正案,因为州法律否定了他们的结婚权或拥有婚姻的权利;请愿者在他们家乡所在州向美国地区法院提起诉讼,每一个地区法院都作出了赞同他们意见的判决。而应诉者针对判决向美国上诉法院第六巡回法院提起了上诉,而上诉法院的判决推翻了地区法院的判决[Deboer v. Snyder, 772 F. 3d 388(2014)]。上诉法院认为,一州没有宪法义务许可同性婚姻或识别同性婚姻。请愿者向美国联邦最高法院寻求复审令,最高法院同意复审,从而导致了关于同性恋者能够享有宪法上的结婚权的判决。

查,也有待商榷,因为即使普通法院,如果针对纯粹的宪法争议案件进行审理并审查,也同样可以是宪法诉讼,问题的关键在于案件是否属于宪法上的争议案件。第七种观点针对宪法诉讼的基本含义与特征概括的比较准确,既突出了宪法诉讼审议的是宪法争议案件,也强调了审理主体是法院与审理的依据是宪法。

宪法诉讼可能会引起对宪法的解释,因为诉讼中法院会对宪法的相关条款进行理解和说明,如果宪法文字字义明确、清晰,无须解释即可直接适用,就无宪法解释的必要。只有宪法文字出现歧义或模糊,需要法官必须作出解释说明才能确定具体含义,则会引发宪法解释。因此,宪法诉讼不必然导致宪法解释。

八、宪法诉愿

宪法诉愿源于德语"Verafssungsbesehwerde"一词,起源于奥地利的个人诉愿制度,经过瑞士的国法诉愿制度的发展,最后成熟于德国。[1] 最初出现在 1818 年 5 月 26 日的巴伐利亚王国宪法规定的"宪法权利保护的诉愿",该宪法规定,公民在其宪法赋予的权利受到侵害时,具有诉愿权。不过,这种诉愿权的范围狭小,仅限于因行政行为的侵害而提起诉愿。尽管如此,在德意志却开创了公民权利受到公权力侵害时求助于独立的法院保护这种诉愿制度的先河。1849 年《法兰克福宪法》第 126 条中规定:帝国宪法有权制裁"侵害联邦宪法所规定的权利"的行为。[2] 1885 年,宪法学者马克斯·冯·西德尔(Maxvone Sydel)在其学术著作中使用"诉愿权"概念,宪法诉愿开始成为学术界使用的学术用语。[3] 在宪法诉愿制度建立初期,宪法诉愿的理念中不仅包含着对个人权利救济的内涵,同时也体现着宪法制度下各种权利救济的形式与功能。1919 年巴伐利亚的新宪法将诉愿权规定为宪法诉愿。该邦宪法中规定,宪法诉愿案可以向国事法院提起。经过历史的变迁,宪法诉愿作为严格的法律概念得到普及是 1949 年以后。1949 年 12 月,德国宪法法院法草案中曾使用"宪法诉愿"的用语。1951 年 3 月通过的《联邦宪法法院法》第 90 条规定了"宪法诉愿",并经过各个州的宪法实践活动,于 1969 年 1 月宪法修改时,补充了第 94 条第 2 款,将宪法诉愿制度规定在基本法中,使之正式成为具有宪法地位的制度。[4]

① [韩]丁泰镐:《宪法诉愿的概念与历史的发展》,《宪法研究》,韩国宪法学研究会,1996 年第 4 集,转引自韩大元:《论宪法诉愿制度的基本功能》,《宪政与行政法治评论》(第三卷),北京:中国人民大学出版社 2007 年版,第 18 页。

② 刘兆兴:《德国联邦宪法法院总论》,北京:法律出版社 1998 年版,第 308 页。

③ 韩大元:《论宪法诉愿制度的基本功能》,《宪政与行政法治评论》(第三卷),北京:中国人民大学出版社 2007 年版,第 18 页。

④ 刘兆兴:《德国联邦宪法法院总论》,北京:法律出版社 1998 年版,第 309—311 页。

在奥地利,1867 年在《国家基本法》第 3 条规定了类似诉愿审判的制度,即公民对宪法上保障的基本政治权利受侵害而提出诉愿时,帝国法院应予以受理。① 1920 年宪法将宪法诉愿制度得到了进一步具体化,第 144 条明确规定了市民提起宪法诉愿的具体程序。当时诉愿的范围主要限定在行政官厅的决定与处分。1975 年宪法修改扩大了宪法诉愿的范围,规定因法律的违宪而导致基本权利受侵害者可提起违宪审判请求。瑞士的宪法诉愿制度是整个宪法裁判制度的重要组成部分,早在 1848 年联邦宪法第 105 条就规定了相关的诉愿制度,并与议会功能结合在一起。1874 年宪法第 113 条进一步明确了宪法诉愿的范围与功能。1978 年 12 月 12 日通过的宪法,西班牙实行了宪法法院制度。韩国1987 年宪法引进了宪法诉愿制度,并通过《宪法法院法》进一步具体化,确立了个人通过宪法诉愿权对抗国家权力的制度。

何谓宪法诉愿? 德国联邦宪法法院法第 90 条第 1 款规定:"任何声称其基本权利或是其宪法上规定的反抗权、平等权、选举权、接受法定审判权、听证权、人身自由权等权利受到公共权力机构侵害的人可以向联邦宪法法院提出宪法诉愿。② 为此,德国联邦宪法法院的表述是:"宪法诉愿具有适法性的前提是,诉愿人诉称因公权力而使其基本权利受到了损害。这还包括,公权力行为必须直接和现实地影响了诉愿人本人的受基本权利保护的法律地位。"③刘兆兴概括为:宪法诉愿制度是公民权利及其相近基本权利受到侵害后,最后一致请求救济的方法。受到侵害的公民向联邦宪法法院提起宪法诉愿,联邦宪法法院具有保护公民个人权利、防止国家公权力任意侵害公民基本权利的功能。④ 宪法诉愿实质上是公民对抗国家公权力的特殊救济制度,韩大元指出:"在宪法法院的职权中,能够以个人名义提起基本权利救济的只有宪法诉愿制度。在这种意义上,宪法诉愿制度是个人通过宪法程序寻求基本权利救济的有效形式之一。"⑤只有公民的基本权利受到公权力的侵害,才能向宪法法院提起宪法诉愿,公民的非基本权利即使受到公权力的侵害也不得提起宪法诉愿,可以通过法律诉讼解决。

宪法诉愿与宪法诉讼很相似,都是由宪法法院依照法定程序进行审理。但是,诉愿与诉讼毕竟是不同的。《现代汉语词典》的解释,诉讼是"司法机关在案

① [韩]朴日唤著:《奥地利的宪法诉愿制度》,《宪法研究》第一卷,韩国公法学会(1989),第 257 页。
② 莫纪宏:《宪法审判制度概要》,北京:中国人民公安大学出版社 1998 年版,第 188 页。
③ [德]克劳斯·施莱希、斯特凡·克利奥特:《德国联邦宪法法院:地位、程序与裁判》,刘飞译,北京:法律出版社 2007 年版,第 217 页。
④ 刘兆兴:《德国联邦宪法法院总论》,北京:法律出版社 1998 年版,第 307 页。
⑤ 韩大元:《论宪法诉愿制度的基本功能》,《宪政与行政法治评论》(第三卷),北京:中国人民大学出版社 2007 年版,第 20 页。

件当事人和其他有关人员的参与下,按照法定程序解决案件时所进行的活动";诉愿是"指当事人遭受国家机关不当的处分时,依法向原处分机关的上级机关提出申诉,请求撤销或变更处分"①。宪法诉愿虽非汉语词典中的含义,但它确实具有申诉之义。诉愿的英文为 appeal,《法律词典》对 appeal 的解释是:"诉诸于上一级法院,目的是对下级法院的判决进行审查,以撤销下级法院的判决,或重新审判,一项诉愿不同于再审令状(a writ of error),诉愿是对提交的事实和法律都进行审查并重新审判。②"宪法诉愿并非是一般意义上的上诉,宪法法院也不是作为其他法院的上诉审的上级法院,宪法法院受理的宪法诉愿案具有特殊的要求,即(1)必须因基本权利受到公权力侵害;(2)必须穷尽一切法律救济途径之后,仍无法获得救济;(3)具有独立的诉讼程序;(4)诉愿人称之为申请人,被诉愿人称为参与人,而不是当事人。宪法诉愿是宪法诉讼的一种形式,宪法诉讼除了受理公民基本权利受到公权力侵害的宪法诉愿外,其他宪法争议案件均可构成宪法诉讼。宪法法院在审理宪法诉愿案过程中,必然涉及对宪法的解释。无论是艾尔弗斯案、吕特案、药店案、犯人通信案、大学招生案、堕胎案、终身自由案、性教育课程案、航空安全法案等均是对德国基本法相关条款的解释。③

宪法诉愿案的审理者一般是宪法法院,没有设立宪法法院或司法性法院的国家,宪法诉愿制度则会缺失。

依照我国《宪法》第 41 条第 3 款的规定:"由于国家机关和国家工作人员侵犯公民权利而受到损失的人,有依照法律规定取得赔偿的权利"。该规定对于确立中国特色的宪法诉愿制度具有重要意义。宪法赋予了公民提起诉愿权,个人的因"公民权利"受到公权力的侵犯时,有获得赔偿的权利。这里的"公民权利"不仅包括宪法第二章的"公民的基本权利",也包括公民的其他非基本权利;这里的"国家机关"自然包括全部国家机关,如立法机关、行政机关、司法机关、监察机关等等。我国的宪法上的诉愿制度是根据《国家赔偿法》确立的。《国家赔偿法》第 2 条规定:"国家机关和国家机关工作人员行使职权,有本法规定的侵犯公民、法人和其他组织合法权益的情形,造成损害的,受害人有依照本法取得国家赔偿的权利。"赔偿法中,仅规定了"行政赔偿"与"刑事赔偿",国家机关也只是行政机关及其工作人员,以及行使侦查、检察、审判职权的公安机关、检察机关、人民法

---

① 中国社会科学院语言研究所词典编辑室编:《现代汉语词典》,北京:商务印书馆 2005 年第 5 版,第 1301 页。

② Steven H. Gifis, *Law of Dictionary*, *Barron's Educational Series*, Inc. Sixth Edition, 2010, pp. 30 - 31.

③ 参见张翔主编:《德国宪法案例选释》,北京:法律出版社 2012 年版。

院以及看守所、监狱管理机关及其工作人员，未包括立法机关和监察机关。因此，我国国家赔偿法所确立的宪法诉愿制度可以视为是中国特色的宪法诉愿制度。

九、宪法保障

"宪法保障"这一概念是大陆法系确立宪法法院制度国家的宪法所使用，属于宪法学的概念。在我国，宪法保障概念最早出现于阮毅成所著《比较宪法》一书，该书第9章专门介绍了宪法保障理论，并给宪法保障下了一个定义：宪法保障指维护宪法的最高性、关于宪法的解释以及违宪制裁的各种形式。[①] 20世纪80年代以后，我国大陆学者广泛使用"宪法保障"一词。然而，关于宪法保障的理解，学界认识不一，主要观点概括如下：

第一，宪法保障即宪法的保障制度，是各国宪法制度的重要内容，是为了维护宪法的最高地位和权威而建立的一系列制度以及保证宪法实施的一切措施、手段的总和。它包括明文规定宪法的最高地位，规定修改宪法的特别程序，建立违宪审查制度与宪法诉讼制度，规定宪法监督的内容和方式。[②]

第二，宪法保障包括一系列制度和措施。"宪法守卫者"制度被认为是一种有效的保障，它要求行使公共权力的各级官员必须尊重和拥护宪法，宣誓对宪法忠诚，承担护宪义务。"宪法日"也是被认为是一种保障宪法的有效措施。从严格意义讲，宪法保障制度应该是指，依照一定的程序，审查和裁决一切法律、法令、命令和处分是否符合宪法，以维护宪法权威，保证宪法实施的制度。[③]

第三，宪法保障制度可以分为两个方面：一方面是宪法实施的自律，即国家机关、社会团体和公民个人自觉遵守宪法的活动；另一方面是宪法实施的他律，它等同于宪法监督，其性质是通过外部措施来保证宪法的实现。[④]

第四，宪法保障就是所有能够使宪法实施过程顺利进行、各类主体严守宪法、并使宪法规范得以实现的各项制度总称。作为一种理论体系，宪法保障应该包括违宪审查制度、宪法监督制度、宪法诉讼制度和宪法意识。[⑤]

第五，宪法保障或者称宪法保障制度，即指保障宪法实施的各项制度，属于

① 阮毅成：《比较宪法》，北京：商务印书馆1933年版，第116页。
② 俞子清主编：《宪法学》，北京：中国政法大学出版社1999年版，第35—37页；杨泉明：《宪法保障论》，成都：四川大学出版社1990年版，第23页。
③ 罗豪才、吴颉英：《资本主义国家的宪法和政治制度》，北京：北京大学出版社1997年版，第29—31页。
④ 李忠：《宪法监督论》，北京：社会科学文献出版社1999年版，第4页。
⑤ 董和平、韩大元、李树忠：《宪法学》，北京：法律出版社2000年版，第153页。

制度形态。它在内容上包括了一切保障宪法实施的制度、措施、手段和方法，又主要是指宪法自身所设定的各项制度性保障措施，不包括在法律层面上的保障措施、通过保障法律的实施而达到保障宪法实施的各项措施。[①]

胡锦光认为，"宪法保障"概念通常在大陆法系国家适用，在英美法系国家较为罕见。这与大陆法系国家普遍设立宪法法院以保障宪法的实施有关。在大陆法系国家，宪法保障是一个宪法概念，而在英美法系国家，至多是从学术意义上谈及，《奥地利联邦宪法》第6章的标题就是"宪法保护与行政保护"；《意大利宪法》第6章的标题就是"宪法保障"。[②] 宪法保障的概念没有在我国宪法中出现，因此，我国学者也是在学术意义上使用"宪法保障"这一概念。从《意大利宪法》关于"宪法保障"的内容看，是把宪法法院和宪法修改作为宪法保障的主要内容，而《奥地利联邦宪法》则是把宪法法院作为宪法保护的内容。因此，"宪法保障"本身并不是一个很严谨、明确的概念，可能不同的国家对此理解并未相同。这样就决定了宪法保障的概念在理解上必然存在不一致性，如第一种观点中就把明文规定宪法的最高地位、规定修改宪法的特别程序、建立违宪审查制度与宪法诉讼制度、规定宪法监督的内容和方式都作为宪法保障的内容；第二种观点中把公职人员的宪法宣誓、"宪法日"等纳入宪法保障的范围也未尝不可，因为宪法宣誓制度、宪法日都是保障宪法能够顺利实施的重要制度；第三种观点把国家机关、社会团体和公民个人自觉遵守宪法的自律行为视为宪法保障的内容，则值得商榷，因为遵守宪法的规定是宪法自身规定的宪法义务，宪法义务的履行不是宪法保障的内容，保障宪法义务的制度才是宪法保障的内容；第四种观点同样把遵守宪法和宪法意识纳入宪法保障的内容，宪法意识是认识问题，认识问题不是宪法保障的范畴。笔者赞同第五种观点，"宪法保障"实际上是对"宪法实施"的制度性保障，宪法制定颁行实施之后，所有能够保障"宪法"实施的制度、手段、措施与方法，都属于"宪法保障"的范畴。当然，在保障宪法实施的各种制度中，宪法审查制度包括司法审查、违宪审查、合宪性审查、宪法诉愿制度、宪法解释制度及其方法等监督宪法的实施制度是宪法保障制度最重要、最核心的内容，其他能够外在地保障宪法实施的制度则是宪法保障制度的次要制度，如宪法宣誓制度、宪法修改程序制度、宪法宣传制度（包括宪法日制度）、宪法教育制度等。

---

① 胡锦光：《违宪审查与相关概念辨析》，《法学杂志》2006年第4期。
②《世界各国宪法》（欧洲卷），北京：中国检察出版社2012年，第83页、第758页。

第二章

宪法解释制度模式比较

纵观世界各国，宪法解释制度模式无非四种：美国普通法院式宪法解释制度模式、欧洲宪法法院式宪法解释制度模式、法国宪法委员会式宪法解释制度模式和英国、中国最高权力机关式宪法解释制度模式。这四种宪法解释制度模式，每一个学习与研究宪法的人均耳熟能详。然而，四种宪法解释制度模式何以形成？其背后的原因是什么？谁才是宪法的守护者？这才是问题之所在。因此，只有对世界上存在的四种解释制度模式背后形成的原因进行比较研究，探讨其中的根由与原理，才能对中国的宪法解释制度模式作出正确的评价与判断，并为中国特色的宪法解释制度提供可选择的方案。

一、美国普通法院式宪法解释制度模式之偶然与必然

美国 1787 年宪法是世界上第一部成文宪法，对宪法的解释自然是建立在成文宪法基础之上的。然而，美国成文宪法并未就哪个机关有权解释宪法作出明文规定。一般认为是马歇尔通过马伯里诉麦迪逊案确立了最高法院即普通法院解释宪法的先河，换言之，如果没有马歇尔，如果没有马伯里诉麦迪逊案，就可能没有美国普通法院式宪法解释制度模式，因而其具有历史的偶然性；然而，从美国早期宪法判例、美国立宪者的初衷以及宪法文本的蕴涵与美国司法权的本质分析，美国普通法院式宪法解释制度的确立又具有其历史之必然性。

（一）马伯里诉麦迪逊案与普通法院宪法解释制度模式之偶然

美国普通法院式宪法解释模式是与美国司法审查制度紧密联系在一起的，司法审查必然意味着对宪法的解释，从某种意义上说，美国司法审查制度的历史，就是美国普通法院宪法解释史。在中国学术界，关于司法审查制度起源的普遍流行的观点是：认为美国的司法审查制度是由大法官马歇尔在 1803 年的马

伯里诉麦迪逊案中创设的。① 所以，中国国内的多数学者对美国司法审查的起源于马伯里诉麦迪逊案持肯定态度，这也意味着多数学者认同美国普通法院解释宪法的模式始于马伯里案。

　　首先梳理一下马伯里诉麦迪逊案是如何发生的？美国宪法规定，总统选举为间接选举，即先由各州选举出选举人，再由选举人选举总统。1800 年 11 月各州开始选举选举人，12 月 3 日选举人在各州选举总统。12 月底，总统选举结果揭晓。因杰弗逊和伯尔的选票相同，在汉密尔顿的努力下，杰弗逊最终赢得了总统职位。因此，众议院实际选出总统的时间为 1801 年 2 月 17 日。新旧总统的权力和平交接时间是 1801 年 3 月 4 日。在大选中失败的联邦党人为了日后能够与共和党人相抗衡，趁联邦党人仍在跛鸭（lame-duck）国会占多数之机，于 1800 年 12 月聚集开会迅速通过了 1801 年《司法法》，改造了低级联邦司法机

① 龚祥瑞在《比较宪法与行政法》（北京：法律出版社 1985 年版，第 116 页）中认为："美国联邦的司法审查开始于 1803 年最高法院的一个判例。从此就使美国司法机关不但可以与国会和总统鼎足而立，而且成为牵制国会和总统的有效工具，从而对美国政治制度的发展起了很大的作用。"韩大元主编的、由高等教育出版社 2006 年出版的《宪法学》中认为：联邦宪法生效不久，作为联邦党人的最高法院首席大法官马歇尔于 1803 年的"马伯里诉麦迪逊案"中，通过判例的方式将司法审查制确立下来。马歇尔对该案的判定，是最高法院成为联邦宪法的维护者，确立了联邦最高法院的司法审查权。2004 年，许崇德主编的、由中国人民大学出版社的《宪法学》认为：由普通法院作为宪法的守卫士最早起源于 1803 年美国最高法院对马伯里诉麦迪逊案件的处理。在该案件中，美国最高法院确立了有权对法律是否违宪进行审查的权力，自此，作为一种宪法惯例，美国最高法院便具有了违宪审查权。2004 年，莫纪宏主编的、社会科学文献出版社的《宪法学》认为：由普通的最高法院或者是专门的宪法法院来监督宪法的实施是宪法监督的最普遍的形式。由普通法院对马伯里诉麦迪逊案件的处理，在该案件中，美国最高法院确立了有权对法律是否违宪进行审查的权利，自此，作为一种宪法惯例，美国最高法院便具有了违宪审查权。1996 年，许崇德主编、韩大元副主编的、高等教育出版社的《宪法学》认为：最早确立司法审查权的判例是 1803 年马伯里诉麦迪逊案。2005 年，殷啸虎主编的、上海人民出版社与北京大学出版社出版的《宪法学教程》认为：违宪的司法审查。这种模式起源于美国，由美国联邦最高法院大法官马歇尔通过著名的 1803 年"马伯里诉麦迪逊案"创立的。2004 年，董和平主编、法律出版社出版的《宪法学》认为：1803 年美国联邦法院对"马伯里诉麦迪逊"一案的审理判决，开创了联邦最高法院审查国会立法是否符合联邦宪法的宪法惯例。2002 年，郑贤君主编、北京大学出版社的《宪法学》认为：违宪审查制度是由美国大法官马歇尔首创的。2005 年，周叶中主编、高等教育出版社出版的《宪法》认为：美国宪法虽然并未明文规定违宪审查机关，但美国联邦最高法院在马伯里诉麦迪逊一案中，通过解释宪法和阐述三权分立的宪政理论，认定联邦最高法院是违宪审查机关，进而确立了法院作为违宪审查机关的理论和实践。2002 年，俞子清主编、中国政法大学出版社出版的《宪法学》认为：综观世界范围内的违宪审查制度，最早源于美国。它是由 19 世界初美国联邦最高法院的首席法官马歇尔首创，通过裁判马伯里诉麦迪逊案，宣布《司法法》第 13 条与宪法冲突，故构成违宪而无效的司法判例而形成的一种司法审查违宪制度。2004 年，张千帆主编、法律出版社出版的《宪法学》认为：在 1803 年"马伯里诉麦迪逊案"中，联邦最高法院确立了由联邦最高法院承担审查联邦制定法合宪性的权力之原则，之后发展为美国各州法院都有违宪审查权。1982 年，萧蔚云、魏定仁编著、北京大学出版社出版的《宪法学概论》认为：违宪审查制度，最早起源于美国，虽然美国宪法虽然并未明文规定司法审查制度，但在约翰·马歇尔任联邦最高法院首席法官时（1801—1835 年），确立了司法审查制度。

关。新法律正式生效的时间为 1801 年 2 月 13 日。1801 年 2 月 27 日还通过了一部法令,在哥伦比亚特区设立了 42 名任期 5 年的治安法官。而这些新法官的任命都将由即将卸任的亚当斯总统提名完成,而亚当斯希望以奉行联邦党原则的人来担任,以达到由联邦党人控制司法机关的目的。所以,根据新法律,亚当斯总统任命了近 60 名法官,他们全部是联邦党人。由于这些法官的委任状实际上是在亚当斯总统任期的最后一天内午夜签发的,所以他们被嘲讽为"午夜法官"(Midnight judge)。[①] 1800 年 12 月,为了能够控制最高法院,亚当斯总统又将国务卿马歇尔提名为最高法院首席大法官。[②] 所以,马歇尔在 1801 年 3 月 4 日前的这段时间里,既是美国联邦政府国务卿,又同时兼任美国联邦最高法院的首席大法官。然而,根据《哥伦比亚特区组织法》增加的 42 名治安法官,在完成了总统提名、参议院批准并在委任状上加盖国玺之后,需要送达其本人。由于亚当斯行使总统的权力只能到 3 月 3 日晚上 12 点,新任命的法官必须在当天晚上 12 点前送出委任状。由于时间紧迫,至凌晨时分,仍有 17 份委任状未及发出。3 月 4 日杰弗逊总统上任后,以愤怒来迎接 1801 年的《司法法》,他们绝不能赞成联邦党人通过午夜法官的议案来盘踞终身任职的司法机关。所以,当国务卿麦迪逊发现还有一批法官的委任状没有发出,即向杰弗逊总统作了报告。杰弗逊总统命令麦迪逊扣发这些委任状。而威廉·马伯里(William Marbury)就是没有得到委任状的 17 人之一。并非所有联邦党人被动地接受杰弗逊政府的命运安排,马伯里与丹尼斯·拉姆齐·罗伯特(Dennis Ramsay Robert)、汤森德·霍欧(Townsend Hooe)、威廉·哈珀(William Harper)等未收到委任状的人[③]于 1801 年 12 月向美国联邦最高法院提起诉讼,寻求书面训令状,[④]强制要求新国务卿麦迪逊送达委任状,他们向联邦最高法院提起诉讼的依据是 1789 年国会制定的《司法法》第 13 条。该法第 13 条规定:"最高法院还将对来自巡回法院和各州法院的由本法规定的案件拥有上诉管辖;当它作为有海商和海事管辖权的法庭审理时将有权向地区法院颁发禁止令,并在有法律的原则和惯例保证的案件

---

① [美]阿奇博尔德·考克斯:《法院与宪法》,田雷译,北京:北京大学出版社 2006 年版,第 56 页。

② Melvin. Urofsky, *A March of Libery: A Constitutional History of the United States*, McGraw-Hill, Inc. , 1988, pp. 176 - 177.

③ 其中有两位证人证实了这件事,一个证人是首席大法官的兄弟 James Mashall,他当时充当信使在政府部门负责几个委任状的送达工作,他证实说他没能将全部委任状都送达到,其中两个人未送达,这二人就是 Hooe 和 Harper;另一个证人是 HazenKimball,1801 年 3 月 3 日在政府担任秘书,他证实说那天在办公室有总统签发的委任状,任命马伯里为华盛顿特区的治安法官,任命 Hooe 为哥伦比亚地区亚历山大特区治安法官。

④ 书面训令状(A writ ofmandamus)是一种由法院基于原告的利益而命令被告作出具体行为的书面文件。

中,依据合众国的权威,有权向任何被任命的法院或者公职人员发出书面训令状(A writ of mandamus)。"于是,马伯里诉麦迪逊案由此开始。当1803年2月马歇尔召集最高法院开会时,马伯里诉麦迪逊案已经放到了审判桌上。

其次,马歇尔法院面临的两难。应该说,马伯里案事实清楚,也不复杂。当委任状签署之后,对马伯里等人的任命已经完成,只是没有送达到本人,但从法律程序上说,马伯里等人拥有了获得治安法官任职的法律权利。委任状的送达纯粹属于执行行为,上届政府的行为是国家行为,既然麦迪逊政府是通过和平交接权力的政府,那么在委任状应送达而未送达的情况下,新政府有法律义务继续送达其本人,所以委任状被新政府扣押而不予送达是无法律依据的。在此情况下,依照1789年《司法法》第13条之规定,向法院申请发布书面训令状就是最佳与最有效的救济途径。因此,马伯里等人依法提起书面训令状的诉讼是合乎1789年《司法法》的。马歇尔首席大法官在受到起诉状后,以最高法院的名义致函国务卿麦迪逊,要求他解释扣押委任状的原因。但是,麦迪逊对首席大法官的信函根本不予理睬。这与最高法院当时的地位是有密切联系的,"司法部门既无军权,又无财权,不能支配社会的力量与财富,不能采取任何主动的行动。故可正确断言:司法部门既无强制,又无意志,而只有判断","它无可辩驳地证明:司法机关为分立的三权中最弱的一个,与其他二者不可比拟。"①在当时,美国最高法院缺乏应有的权威,可以通过几件事例说明:一是第一位首席大法官约翰·杰伊辞职做了纽约州州长,而汉密尔顿则为了急于在纽约州重新执业和进行政治活动而婉拒接替杰伊的职位;约翰·拉特里奇辞去第一届大法官职位去担任南卡罗来纳州民事诉讼法院的首席法官。法兰克福特曾说过:"自马歇尔时代以来,只有疯子才会辞去首席大法官的职位去做州长。"二是1800年秋天美国政府迁到新首都华盛顿之后,新首都已经为立法机关和行政机关建造好了大厦,但司法机关就没有,因为当初设计新首都时,最高法院被完全忽视了,没有为它准备议事场所,所以当政府迁至华盛顿时,最高法院灰溜溜地搬进了一间本来是设计作为众议院委员会的一个房间里。没有为最高法院提供充足的办公场所,更进一步证明了最高法院并没有被看作是联邦体系的重要机构。三是在亚当斯提名马歇尔为大法官之前,曾任命杰伊接替因健康原因辞职的首席大法官埃尔斯沃斯,参议院批准了杰伊的任命,但是杰伊拒绝了,因为他想退休回到纽约州的农场,即使早点退休也不愿意做最高法院的首席大法官,由此可见最高法院在当时的地位是多么的不重要。马歇尔就是在这种情况下被亚当斯提名当上最高法院

①　[美]汉密尔顿、杰伊、麦迪逊:《联邦党人文集》,程逢如等译,北京:商务印书馆1980年版,第391页。

的首席大法官这一职位的。所以,在这种情况下,马歇尔致函国务卿麦迪逊遭到了冷遇就不难理解了。其实马歇尔一直渴望把司法权建立在坚实的基础之上,并利用这一权力来保护国家的统一事业,因为马歇尔的目的是要建立强大高效的国家政府,而他的军旅生涯使他坚定了不顾一切忠于一个有效联邦的信念。[①] 所以他希望最高法院摆脱无权威、无地位、任人轻视的局面。

然而,马伯里案的提起却使马歇尔及其最高法院陷入了两难的境地(dilemma):既不能判马伯里胜诉,同时更不能判马伯里败诉。原因何在? 马伯里案之所以出现,恰恰是因为马歇尔一手造成的,是他作为国务卿时未及时送达委任状才导致马伯里等人失去了治安法官的职位,所以即使从马歇尔本人自私性与党派利益分析,他是最希望马伯里胜诉的,于己于党团,百利无害。因此,最简单的处理方式就是按照 1789 年《司法法》第 13 条的规定,直接向国务卿麦迪逊发送具有法律义务的书面训令状,责令国务卿麦迪逊立即将委任状送达给马伯里等人。不过,这样做的前提是:麦迪逊政府必须能够配合履行法院的命令,这也正是问题解决的关键所在,实际上马歇尔已经向令状诉讼迈出了第一步,即他以最高法院的名义指令国务卿解释为什么扣押委任状的原因,国务卿麦迪逊对这一致函却是不予理睬。其实,主要问题是最高法院没有执行自己命令的权力,汉密尔顿说过:只有判断权力的最高法院,为实施其判决的执行需借助于行政部门的力量。所以,表面上似乎是三权分立、相互制衡,最高法院拥有制约行政机关遵守法律的权力,但不过是纸上谈兵,这时的最高法院还没有真正普遍拥有今天所说的司法审查的权力。"与此同时,在新闻界与公共讨论中,政府发言人也坚持认为,任何法院都无权向根据合众国总统的直接指示而行动的国务卿发出司法命令,在这方面不存在司法干预的先例,事实上,如果要说哪一方具备优势,这当然是在全国选举中获得压倒性胜利的总统,而不是由已在全国选举中一败涂地的政党所指定的法官。在这一背景之下,马歇尔首席大法官和他的同事们必定知道,如果他们发布了要求国务卿麦迪逊交付马伯里的委任状的训令状,杰弗逊总统也将授意国务卿不要理会这一命令。两人都不会把法院的命令当回事"。[②] 换言之,马歇尔不是不想判决马伯里胜诉,他们最担心的是胜诉后,判决不会得到执行,何况这种担心并非多余,而很可能就是现实的结果,果真如此,那么就会让最高法院暴露自己的无能,判决得不到执行,最高法院的命令得

---

① [美]伯纳德·施瓦茨:《美国最高法院史》,毕洪海等译,北京:中国政法大学出版社 2005 年版,第 39 页。

② [美]阿奇博尔德·考克斯:《法院与宪法》,田雷译,北京:北京大学出版社 2006 年版,第 50—51 页。

不到服从,司法威严将受到严重挑战,司法威信必将遭到重大的打击,人们对司法的信心就可能荡然无存,更令最高法院本来就岌岌可危的地位变得愈发脆弱,从此以后就无法对其他两机关予以强有力的制约,这是马歇尔及其法院无论如何都不能接受的结果。所以,即使知道马伯里应当胜诉,也不能向国务卿发出正式书面训令状,即不能判马伯里胜诉。而马歇尔之困境还在于他所领导的最高法院也不能判马伯里败诉,因为一旦判决马伯里败诉,拒绝马伯里等人的合理合法的请求,等于马歇尔自己打自己的嘴巴,否定自己对午夜法官任命的正当性与合法性,所以正如麦克洛斯基所说:"如果他们不支持马伯里,他们就会帮了杰弗逊政府的忙,而且好像是支持杰弗逊对'午夜法官'的谴责。这后一种做法肯定会让党派情绪强烈的联邦党人法院大倒胃口。[1]"最可怕的还是如考克斯教授所担心的那样:"或许会永远地放弃法院制约执法越权的司法权力。[2]"David M. O'Brien 教授也指出了这一危险:"法院或许将永久地处于无权地位。[3]"因此,对马伯里案既不能判决他胜诉,也不能判决他败诉,这使马歇尔与其法院陷入了进退两难的困境之中。

马歇尔不愧是卓越的政治家,足智多谋,善于应变。他的卓越智慧在于:马歇尔干脆跳出了看来是无法摆脱的两难困境,而选择了一个看似无关,但又极具司法战略意义与富有挑战性的司法审查问题,进行了严密的法律论证,起到了一石三鸟的巨大意义,从而在美国司法史上留了浓墨重彩的华章。1803 年 2 月 24日,最高法院首席大法官马歇尔宣布了大法官对案件的判决一致意见,他不仅明智地声称司法审查的权力并推翻了国会颁布的法律的部分规定,而且还没有给予杰弗逊政府任何予以报复的机会,从而有助于缓和围绕在案件上的政治争议。尽管杰弗逊的共和党强烈地不满马歇尔的判决,但是对此也无能无力,因为马歇尔根本就没有裁判要国务卿送达马伯里的委任状。真是"哑巴吃黄连,有苦难言"。

再次,马歇尔的判决是如何进行法律论证的? 马歇尔一开始就首先阐明了他审理该案的正当性与合法性,即他对马伯里案有管辖权,这是启动本次诉讼程序的前提和出发点,否则还有什么资格在这里说三道四呢? 这是问题的根基。马歇尔是这样论证的,他指出:"他的书记员曾要求国务卿说明为什么没有就书面训令状所涉及的关于给马伯里送达担任哥伦比亚地区华盛顿特区治安法官的

---

[1]　[美]罗伯特·麦克洛斯基:《美国最高法院》,任东来等译,北京:中国政法大学出版社 2005 年版,第 30 页。

[2]　[美]阿奇博尔德·考克斯:《法院与宪法》,田雷译,北京:北京大学出版社 2006 年版,第 51 页。

[3]　David M. O'Brien, *Constitutional Law and Politics*, volume two, Sec. Ed., W. W. Norton & Company, 1991, p. 49.

委任状的原因理由。但是,国务卿却没有解释任何原因。当前的提议就是针对上述书面训令状而进行的。"马歇尔认为马伯里是申诉人(the applicant),而本次诉讼是对申诉案件的审理,最高法院自然有管辖权。因为宪法第三条第二款规定司法权所审理的全部案件包括了"in Law and Equity, arising under this Constitution)",即普通法和衡平法的案件、因宪法所引起的案件。而马伯里案就属于这两类情况的案件:一是衡平案件,二是涉及宪法问题。所以,马歇尔这种对管辖权的阐明无可挑剔,具有完全正当的充分理由。

接着他提出了三个紧密相关、层层相扣、逻辑严密的问题:一是申诉人是否有他要求获得委任状的权利?二是如果他有这种权利,而且这种权利受到了侵害,那么他的国家法律能够给补救吗?三是如果国家有关机构能够给他提供补救,那么这种补救是否是由最高法院发布的训令状(mandamus)?

马歇尔先审查并分析了第一个问题,即申诉人是否有他要求获得委任状的权利?判词认定的案件事实是:他的权利来源于 1801 年 2 月国会通过的涉及哥伦比亚地区的法律。该法律第 11 款规定:在每一个特区,将由美国总统随时任命一定数量的人作为治安法官,担任该职务的时间为 5 年。从起诉书上看显然是与这一法律相一致的,虽然马伯里作为哥伦比亚地区治安法官的委任状是由时任美国总统的约翰·亚当斯签署的,之后又在委任书上盖了美国国玺,但是这一委任书一直没有被送达到专门为其制作的人手中。

基于上述事实,为了确定马伯里是否有资格获得这一委任书,就有必要调查他是否已经获得了这一职位的任命。因为,如果他已经获得了任命,法律又规定他可以任职五年,那么他就有权利拥有这一上述文件所赋予的职位,各项法定任命程序业已完成,这一职位就成为了他的财产(property)。

马歇尔为此引证了宪法第二条第二款与第三款的规定。宪法第二条第二款规定:总统"得提名并根据或征得参议院之意见并取得其同意任命大使、其他使节、领事、最高法院法官及本宪法未就任命程序作出其他规定以及今后将以法律规定设置的合众国一切其他官员"。该条第三款规定:总统"委任合众国之一切官员"。同时,国会的法律直接委托国务卿保管美国国玺,"制作并记录以及在所有由美国总统任命的、经参议院批准与同意的或经总统单独同意的委任书上盖章。但是,在委任书未经美国总统签署之前,不得在委任书上加盖国玺印鉴。"这是马伯里案的法律根据。

判词认为:上述宪法条款与国会法律都对该案件具有影响。他们似乎完成了三个不同的环节:第一,提名。这是总统独立的行为,是完全自愿的。第二,任命。这也是总统的行为,也是自愿的行为,尽管它只有获得并经过参议院的同意。第三,委任书。给予任命的人以委任书是宪法赋予总统的必然的义务,宪法明确规定:总统可以委任美国所有的职员。最后一个需要总统做的环节是在委任书上签字。总统提名了,并听取了参议院的建议,最终参议院也同意了总统的提名,辩论的时间那时已经结束,总统作出了决定。总统的判断是建立在参议院同意他的提名基础之上的,因此这一职位已经批准任命。

对第一个问题即申诉人是否有他要求获得委任状权利的分析完成了。马歇尔代表最高法院对该问题作出了这样的结论:法院的意见书认为,委任书已经由总统签署,任命就已完成;委任书业已由政府国务卿加盖了美国国玺,即意味着委任随即完成。即使官员仍在其职位上,但是如果官员随行政机关意志而改变,那么即使作出了任命也是不重要的,因为这一行为随时可被撤销,委任书可能被阻止。当官员不能随行政机关的意志而撤销时,任命也不会被撤销,而且也不能被宣布无效。由于马伯里的委任书已经由总统签字并由政府国务卿加盖了美国国玺印鉴,那么他的任命已经完成;由于法律设置了这一职位,又赋予担任该职位的人以五年任期并独立于行政机关的权利,所以,这一任命非但不能撤销,而且因其职位所授予的法律权利受到他的国家法律的保护。因此,本法院认为:扣留马伯里的委任书不仅是一种未经法律授权的行为,而且构成了对法律赋予的合法权利的侵犯。

马歇尔通过上述对第一个问题的论证,得出了基本结论就是:申诉人马伯里有权利要求获得委任书,而且这种权利受到国家法律的保护。既然有权利获得委任书,自然而然引出了对第二个问题的论证:这一权利受到了国家机关的侵害,国家法律是否为受害者马伯里提供补救?

判词针对这一问题,首先指出:"公民自由的真正本质必然在于,每个人的权利无论何时受到了侵害,他都有权请求法律的保护。政府的首要责任就是提供这种保护。"法律只是规定了具体义务,而个人权利的实现则有赖于这一义务的履行,政府的主要职责就是履行这种保障的义务。判词接着说:"人们一直强调,称美国政府为法治政府而非人治的政府(a government of laws, not of men)。如果法律不能为受到侵害的法律权利(a vested legal right)提供补救,那么它将一定不配称这一崇高的称号。"换言之,既然美国政府是法治政府,那么公民个人的法定权利受到侵害,必然得到法律的救济。而法院能否审查行政部门首脑行为的合法性呢?马歇尔说:这通常取决于该行政行为的性质。而马歇尔的判决就是区分了政治行为与法律行为的性质。

判词认为:"根据美国宪法,总统被授予了某些重要的政治权力(political powers),在行使这些政治权力时,他可以运用自由裁量(discretion),他仅仅以其政治秉性(political character)向他的国家和个人的良心负责。为了协助总统履行这些义务,他有权任命某些官员,他们按照总统的权力行事,并服从他的命令。凡涉及这类案件,他们的行为属于总统行为,无论对行政裁量行为的行使方式有何种意见,都不存在、也不能存在任何权力对其进行控制。这类行为属于政治性的(The subjects is political)。它们尊重国家而不是尊重个人权利。这种行政行为因委托给行政机关,所以它们的决定具有最终性(conclusive)。因此法院不能审查这些行政官员的职务行为。但是,当立法机关将其他义务施加于官员,当法律要求他去从事某一行为时,当个人权利依赖于这些行为的实施时,他就是法律的官员(the officer of law),其行为向法律负责,在行使自由裁量时不能践踏其他人的法定权利(the vested rights)。"

判词认为:"由上述论证所得出的结论就是,凡是部门首脑是行政机关的政治性或心腹代理人,他们仅仅执行总统的意志,或进一步说是按照行政机关拥有的宪法上或法律上的自由裁量权而行为,再清楚不过的是,他们的行为只能进行政治性审查。但是,凡是由法律设定的义务,以及个人权利依赖于这些义务的实施,似乎同样清楚是,认为自己的权利受到了侵害的个人,有权利诉诸于他的国家的法律,寻求救济。"

因此,最高法院的意见是:"第一,根据马伯里委任书的签署之事实,证明美国总统已任命他为哥伦比亚地区华盛顿特区的一名治安法官;根据政府国务卿盖在委任书上的美国国玺印鉴之事实,证明对总统签署文件的最终确认以及对任命行为的完成;该任命赋予了他担任为期五年的公职的法律权利。第二,由于具有该职位所给予的法律资格,所以他有获得委任书这一附随结果的权利。拒绝送达委任书的行为,显而易见是对这种权利的侵害,为此他的国家的法律为他提供权利救济。"

这样看来,马伯里不仅具有法律个人权利,而且在他的个人权利因为政府的法律义务不作为遭到侵害时,有权利向国家法律提出权利救济。那么,按照逻辑,人们自然会问:国家法律如何向他提供这种救济?或者说,马伯里应该向哪个国家部门提出权利救济?具体而言,马伯里的这种补救是否通过最高法院向行政机关发布训令状(mandamus)而实现?所以,马歇尔判决的法律论证随即转入到第三个问题上,即这种补救是否是由最高法院发布的训令状?也就是他是否有权获得他所申请的那种救济?他申请的那种救济就是根据1789年司法法第13条要求最高法院向政府国务卿发布训令状,以迫使政府国务卿履行送达委任书的法律义务。而要论证这一问题能否成立,自然需要解决两个关键问题:一是马伯里所申请的这种令状的性质;二是检视法院是否拥有发布这种令状的权力。马歇尔判决正是按照这种论证逻辑展开的。

首先关于令状的性质。马歇尔引证了布莱克斯通对令状的定义：Mandamus 这种令状是一种以国王的名义由王座法院签发的命令，在国王的统治管辖内，它针对任何人、公司或低级司法机关，要求他们做一些特定的具体事务。为了给予这种令状适当的救济，收到令状的官员必须是在法律原则上受该令状直接约束的，同时申请这种令状的人必须是穷尽了任何其他具体的法律救济措施的情况下进行。那么具体到马伯里案上，政府麦迪逊对马伯里的委任书扣押不予送达是政治行为还是法律行为？马歇尔秉持在第二个问题所论证的原则，继续对政治问题和法律问题作了阐发，以达到和维护法院有权进行干预的真实目的。

判决书认为：法院的权限范围仅仅是对个人的权利问题进行审理和裁判，而不审查行政机关或行政机关公职人员如何在行使自由裁量过程中履行其职责的问题。性质上属于政治性问题（political questions）或那些依据宪法和法律提交给行政机关的问题，从来不能由法院来审查。但是，如果不属于这样的问题，就必须尊重按照法律以记录为依据的文件，尊重文件副本上所载的由法律赋予的权利。如果部门首脑依据法律规定作出一个影响个人权利的行为，他的这一行为并非是按照总统的命令行事，而且在法律上总统也无权加以禁止。记录一个已经具备法律神圣性的委任书，或者取得一块土地的特许状，或者发放这些记录的副本。在这些案件中，如果是一般工作人员作出的服务行为，我们想象不出法院可以根据什么理由对此不作出判决，因为对受到侵害的个人而言，最重要的应当是捍卫其权利，同样，对部门首脑作出的同一行为，我们也无法找出免除法院判决的职责理由。因此，显然本案是一起关于训令状的案件：或者送达委任书，或者送达委任书的副本，没有选择。剩下的工作仅仅是调查是否应由最高法院来签发 mandamus 这种令状的问题。

请注意，马歇尔的上述一切论证都是要合乎逻辑地推导出这最后一个问题，最后一个问题才是他的真实目的所在。对上述两个问题的论证虽然不是问题的实质，但是非常具有价值，因为没有以上问题的调查，就没有最后一个问题的阐明。由此解释了为什么法院对马伯里的权利侵害应该救济，也有权利进行救济，因为这是事关个人权利的法律问题而不是政治问题。既然马伯里的权利受到了侵害，也应当予以法律救济，那么这种救济的方式是什么？是马伯里要求最高法院向政府国务卿发布 mandamus 令状吗？也就是说，马歇尔法院有无法定职责去发布呢？由于马伯里案的律师是依照 1789 年司法法第 13 条之规定提起的，所以马歇尔判决书紧紧围绕这一规定的合宪性进行了论证。

判决书认为："美国 1789 年司法法授权最高法院'有权在关于授权的案件中，依据法律的原则和惯例，向在美国权力管辖之内（under the authority of the

United States)任命的全部法院或者担任公职的人员发布 mandamus 令状。'由于政府国务卿是在美国权力管辖之内担任公职的人员,所以显然在这一规定的文意之内。"如果按照司法法的规定,最高法院是有权向政府国务卿发布 mandamus 令状的。而如果法院无权向政府国务卿发布令状,一定是因为其他原因。什么原因导致最高法院无权发布呢? 马歇尔认为:"必定是因为这一法律违宪(the law is unconstitutional),因此绝对不能授予这样的权力以及该权力所赋予的职责。"

　　既然说《司法法》是违反宪法的,那么就必须解释为什么是违宪的? 其理由何在? 再接下来的问题就是:既然违宪,那么它还是法律吗? 法院能否遵守这样的法律? 判决书指出:美国宪法规定了最高法院的案件初审管辖权的范围是:"对所有涉及外交大使、其他公使及领事及以州为一方当事人的案件,最高法院都享有初审管辖权(original jurisdiction),而在所有其他案件中,最高法院享有上诉管辖权(appellate jurisdiction)。"马歇尔针对法庭上关于初审权的观点进行了反驳,这种观点是:将初审管辖权授予最高法院及下级法院是一般性授权,而授权最高法院初审权的具体条款中并不包含任何否定性或限制性语句,因此,除了上述条款具体列举的案件以外的属于美国司法权范围内的其他案件,将初审权授予给法院的权力属于立法机关。马歇尔对此指出:"如果宪法的意图是将最高法院和低级法院之间的司法权留给立法机关按照其意志进行分配的话,那么,进一步界定司法权以及授予法庭的规定一定是毫无意义的。如果宪法的上述条款是这样解释的话,那么条款的后半部分规定就是多余的,完全没有意义。如果国会自由地赋予最高法院的是上诉管辖权,而宪法规定的应该是初审管辖权;或者宪法规定的是上诉管辖权而国会分配的则是初审管辖权,这样一来,宪法对管辖的分配就是没有内容的形式而已。肯定性语言(affirmative words)往往与其说是肯定什么,倒不如说是否定什么。在本案中,这些肯定性语言就是要赋予它们以否定性或排他性的意义,否则这些肯定性语言根本就没有发挥其作用。宪法的任何条款都不能假定为没有什么效力,因此,这样的解释是不能接受的,除非宪法中有这样的明确规定。"马歇尔指出:"如果能够让最高法院发布训令状,就必须证明这是上诉管辖权,或者使其能够行使上诉管辖权是必要的。"最高法院"如果向一个负责文件送达的官员签发训令状,实际上是与对文件的初审管辖权,因此,它似乎不属于上诉管辖权,而是初审管辖权。在本案中,让法院行使上诉管辖权是没有必要的。因此,由建立美国司法机关的法律所赋予最高法院的权力即向公共官员签发 mandamus 令状,显然是未经宪法授权的,从而有必要审查这种由司法法赋予的管辖权能否行使。"

　　能否行使由司法法赋予的而未经宪法授权的管辖权,就意味着能否服从这一未经宪法授权的法律。无论是行使还是服从,都以承认它还是有效力的法律为前提的。那么,与宪法相冲突的法律能够成为国家的法律吗?

马歇尔对这一问题的回答是:"由于宪法是成文宪法(the constitution is written),立法机关的权力是被界定和限制的,而这些限制是不可以被错误的理解或者忘记的。如果这些限制随时被那些需要受到限制的人所逾越,那么为何还要限制权力的目的以及将这些限制写下来? 如果这些限制没有约束住那些需要限制的人,如果禁止的行为与允许的行为都具有相同的责任,那么权力有限的政府与权力无限的政府之间的差别就消失了。因此,一个被检验的、显而易见的结论就是:或者宪法控制与其相冲突的任何立法机关的法律,或者立法机关可以通过普通法律来改变宪法,只能是在它们二者之间进行选择,没有中间之路可走。要么宪法是优越的、至高无上的法律,不能被普通法律所改变;要么宪法与立法机关颁布的普通法律处于一个效力位级上,像其他法律一样,立法机关想改变它就可以改变它。如果选择前者是正确的,那么与宪法相矛盾的立法机关的法律就不是法律;如果选择后者是正确的,那么以人民的名义限制本质上自身无法限制的权力的成文宪法就是荒谬的努力。那些所有制定成文宪法的人一定是期望将宪法看作是国家根本的、至高无上的法律,因此,任何这种政府的理论是:立法机关的法律,一旦与宪法相冲突,就是无效的。"那么,"如果与宪法相抵触的立法机关的法律是无效,尽管它不具有法律效力,但是它还能约束法院并要求法院有义务赋予实施呢? 换言之,虽然它不是法律了,但是它还可以像它是法律一样构成一个规则实施呢? 如果坚持这种观点,事实上将会推翻建立起来的理论,一眼便知,这似乎是一种过于粗糙的谬论。"

应当说,至此马歇尔法院已经完成了案件的全部论证,最终的结论是:第一,司法法是与宪法相抵触的,因为它没有宪法的授权;第二,与宪法相抵触的法律,就是无效的;第三,对无效的法律不能约束法院并像具有法律效力的法律规则一样要求法院有义务去实施。因此,马歇尔应该到此为止,作出因最高法院无权向政府国务卿签发训令状,而驳回马伯里的诉讼请求,案件终结。麦克洛斯基指出:"很难想象(还有什么)比这样的决定更为机智巧妙地回避对抗了。通过否决管辖权,进而绕开了与杰弗逊迎头相撞的危险;但与此同时,宣布扣押委任状的法院声明,消除了法院纵容行政当局行为的任何印象。这样的消极战术以其独特的方式获得了巧妙的成功。"[①]这样的结果也与主流观点相一致,因为之前

---

① 〔美〕罗伯特·麦克洛斯基:《美国最高法院》,任东来等译,北京:中国政法大学出版社 2005 年版,第 31 页。

关于与宪法相抵触的法律即被法院视为无效的观点，连一些制宪者都承认过，其中最关键的问题应当由谁来审查、决定和判断法律的合宪性。虽然在制宪会议上讨论并争论过这个问题，但最终还是把这个问题留给了未来的人将在实践中去解决。马歇尔的天才表现在，他并不满足于一个合乎主流观点的结果，而是抓住时机重新提出了司法审查的原则。因此，马歇尔没有直接宣布案件的最终完结，而是将笔锋突然转向了法院是否对法律是否违宪进行审查的最关键问题，从而利用这次难得的机遇，适时地提出了最高法院是决定法律是什么的司法机关，它有权审查法律的违宪性。

马歇尔以近乎神谕的口吻指出："这里要强调的是，判断法律是什么，正是司法部门的职责范围与义务，将法律规则适用到特殊案件的法官，必须一定详细阐明和解释这一规则。如果出现两种法律相互冲突的情况，那么法院就必须决定选择其中一个法律进行适用。因而，如果一部法律与宪法发生冲突，而法律和宪法都适用一个特殊的案件，那么法院就必须判断要审理的案件是忽视宪法而服从法律，还是忽视法律而服从宪法。法院必须决定相互冲突的规则中，哪一个规则要适用到案件上。这是司法义务之最本质的特征。"

既然司法义务最本质的特征是法院有权在相互冲突的法律规则中判断并决定到底适用哪一个规则，那么马歇尔法院当然有权在宪法第三条与司法法第13条法律规则之间作出适用性法律选择。因此，马歇尔认为："如果法院要尊重宪法的话，如果宪法比任何立法机关制定的法律更优越的话，那么法院在它们二者之间进行选择和适用到案件中去的规则就是宪法而不是普通的法律。"换言之，法院要是不尊重宪法、宪法也不是比普通法律更优越，那么立法机关想怎么改变就怎么改变，法院也不能对此作出判断。然而一旦这种情况发生，将是一个怎样的结果呢？这将破坏全部成文宪法的基石。

马歇尔论证说："那些对法院将宪法视为最高法律作为原则予以考量而持反对意见的人，非得坚持这样的看法，即法院必须对宪法视而不见，法官眼里只有法律。这一理论观点将破坏全部成文宪法的基石。它将宣称的观点是：按照我们政府的原则和理论，一条法律是完全无效的，然而在现实中它却具有全部的强制性（obligatory）；如果一条要求禁止立法机关做什么的法律，尽管表达的是禁止的意图，然而这个法律在现实中是有效的。一方面规定了限制，一方面又宣布随意逾越这些限制。因此，这种观点将我们所认为的政治制度之最大进步——成文宪法变得毫无意义，这种解释自身在被人民已经视宪法为如此尊崇的美国就足以被拒绝接受。况且美国宪法的特殊表达也为赞成这种拒绝提供了另外一种理由，即宪法司法权扩展为一切依据宪法而提起的案件（arising under the constitution)。难道那些赋予司法机关这一权力的制定者的意图就是要法院在适用时将不必考量宪法吗？依据宪法而提起的案件就不必审查所依据的文件而直接进行判决吗？我们认为，这种观点太过分了，不能接受。因此，在某些案件中，法官必须考量宪法，如果法官一旦打开了宪法，宪法的哪一部分禁止法官进行阅读或遵守呢？"马歇尔通过对宪法一些条款的列举说明宪法是制宪者用以控制法院与立法机关的规则，否则宪法为什么规定法官要宣誓忠诚于它呢？此外，宪法宣布什么法律为美国的最高法律时，首先被提到的是宪法（This constitution），其次并非一般的美国法律而是只有根据宪法制定的美国法律（laws of the United States which shall be made in pursuance thereof）才能与宪法并列为最高法律（the supreme law of the land）。[1]

经过以上论证之后，马歇尔得出的最终结论就是：所有成文宪法的本质原则就是"与宪法相抵触的法律无效（A law repugnant to the constitution is void）；法院以及其他部门受宪法的约束。这一规则必须予以履行。"

最后，关于对马歇尔法院判决的评价与批评。

马歇尔的判决没有直接就马伯里的诉讼请求给予或胜诉或败诉的裁决。他首先认定马伯里有权利而且这一权利受到了政府国务卿的侵害，按照一般诉讼裁判，既然原告当事人的合法权利受到了被告非法侵害，那么就应该判被告停止侵害并给予法律救济。然而，马歇尔却将这一本来原告可以胜诉的问题，引向了另外一个"多余"问题的论证，即马伯里所依据的法律是否有效，如果有效，即意味着马伯里的诉讼请求是合法的，法院也拥有对该案的初审管辖权，从而才可以就案件本身作出胜诉与否的判决。经过司法审查发现，马伯里所依据的法条是无效的，因为它与宪法的规定相抵触，这样不仅导致了最高法院无权审理此案，而且也造成马伯里的诉讼请求是无效。这意味着马歇尔法院对于马伯里是爱莫能助，只能说："原告，你的权利遭到了杰弗逊政府的侵害，送达委任状就是对你的合法权利的法律补救，但是，对不起，本法院帮不了你这个忙，因为法院无权啊。换言之，你还是另做打算吧！"沃伦对此亦曾说过："显然，如果没有有效的制定法（statute），法院就没有管辖权。"[2]

在麦克洛斯基看来，马歇尔的判决则是"一项大师级的成就，间接地、精彩地证明了马歇尔的一种天资，即，在似乎可能招来危险时，却又规避了危险，他向一

---

[1] 美国宪法第六条最高条款是根据约翰·拉特利奇的动议补充进去的，凡是不根据宪法制定的法律，即与宪法不一致的法律就被排除在强制之外。

[2] Thomas J. Higgins, *Judicial Review Unmasked*, The Christopher Publishing House west Hanover, 1981, p. 33.

个方向推进,而他的对手们却向另外一个方向看去。"①考克斯也评价说:"通过在审理案件中主张司法审查的权力,最高法院能够维持联邦宪法的最高性,树立起自身的权力,同时以马伯里告错了法院为由驳回马伯里的诉讼,最终回避与杰弗逊总统的正面对抗。"②"就法院意见本身,它展示了长于论证的出色才能、大师般的战略眼光,这些均体现在马歇尔处理案件的整个过程中,它可能是马歇尔才能的顶峰。"③伯纳德·施瓦茨也认为:"从策略上看,最高法院不可能选择更好的案件以此来宣布那一权力。因为他的判决没有裁定支持马伯里,因此没有任何理由造成与杰弗逊政府的直接冲突。况且全部司法权中最伟大的审查法律的权力,是在裁判反对授权给法院以权力的案件中宣布的,杰弗逊政府发现,对法院拒绝由国会授予的而没有宪法授权的管辖权的做法难以进行抨击。"④马歇尔的最杰出的传记作家 Albert J. Beveridge 对案件中明显地没有私利倾向所震惊。但是,他抱怨说,马歇尔的第一个伟大的判决"在当时没有受到足够的重视,报纸极少有它的报道,甚至在全国的法院和律师界,至少来自华盛顿的反映,显得好像没有听说过,或者即使听说过,也忘记了"。⑤ 在某种程度上公众注意到了这一判决,但主要关心的是马歇尔关于法院有权在适当的情形下针对政府的执行令状论辩的阐明。⑥ 对于最重要的部分即法院拒绝执行 1789 年司法法第13 条既赞成又忽视。这其中的原因,戴卫相信是由于一般公众不了解判决的意见所致。⑦ 而 George Haskins 则认为判决没有引起足够重视的原因在于法院,因为在这一案件 6 天之后,最高法院在 Stuart v. Laird 案中,宣布撤销了 1801 年司法法。⑧

比克尔针对马歇尔的判决指出:"该判决书其实是非常脆弱的",他引用汉德

---

① R. G McClosky, *The American Supreme Court*, Chicago: University of Chicago Press, 1960, p. 40. 中译本参见[美]罗伯特·麦克洛斯基:《美国最高法院》,任东来等译,北京:中国政法大学出版社 2005 年版,第 30 页;这里的译文采用的是姚中秋在《最小危险部门》的中译本,参见[美]亚历山大·M. 比克尔:《最小危险部门》,姚中秋译,北京:北京大学出版社 2007 年版,第 2 页。

② [美]阿奇博尔德·考克斯:《法院与宪法》,田雷译,北京:北京大学出版社 2006 年版,第 52 页。

③ [美]罗伯特·麦克洛斯基:《美国最高法院》,任东来等译,北京:中国政法大学出版社 2005 年版,第 31 页。

④ Bernard Schwartz, *A History of Supreme Court*, Oxford University Press, 1993, p. 41.

⑤ Albert J. Beveridge, *The Life of John Marshall*, vol. 3, p. 153.

⑥ Donald O. Dewey, Marshall versus Jefferson: *The Political Background of Marbury v. Madison*, New York: Alfred A. Knopf, 1970, p. 140.

⑦ Donald O. Dewey, Marshall versus Jefferson: *The Political Background of Marbury v. Madison*, New York: Alfred A. Knopf, 1970, p. 135.

⑧ George Haskins and Herbert Johnson, *Foundations of Power: John Marshall 1801 – 1815*, New York: Macmillan, 1981, p. 217.

的话说就是"经不起仔细推敲",甚至在鲍威尔(Thomas Reed Powell)等人看来,简直是错漏百出。[①] Thomas J. Higgins 指出:马歇尔的经典式判决是矛盾的,"马歇尔认为宪法禁止法院签发马伯里所需要的那种令状。既然承认缺乏管辖权,马歇尔还是在美国最高法院上宣读了最具影响的判决。如果法院根本没有权力接受马伯里的诉讼请求,马歇尔怎么能针对该案件作出判决呢?虽已承认没有管辖权,但马歇尔仍然通过长篇宏论告诉行政机关法律是什么,好像他有管辖权似的。"[②]其实,马歇尔知道这样做就好比在一个未知的海洋中冒险,但是他必须这样做,因为当他觉察这是一种难得的机遇时,就已决定去宣布国会的法律无效,至于通过什么理由进行论证都已经变得不重要了,重要的是:任何砖头都将成为扔向反联邦党人这条狗上的利器。实际上,马歇尔是可以论证司法法没有违反宪法的,因为授予最高法院初审管辖权的是宪法第三条第二款,但是负责起草 1789 年司法法的艾尔斯沃斯以及其他 11 位国会议员都出席了制宪会议,是美国宪法的制定者,他们作为制宪者和司法法的起草者怎么没有发现司法法违宪呢?所以,查理斯·沃伦指出:"如果马歇尔有这样的倾向,以另一种方式解释司法法第 13 条,就不至于宣布它违宪。"时至今日,对这一条款的解释仍然存有两种可能,一种可能的解释认为是符合宪法,与宪法相一致;另一种可能的解释则恰恰相反。按照第一种解释,宪法第三条第二款规定的是法院初审管辖权的范围,该条款可以从积极意义上进行解释,它允许其他的事项作为法院初审管辖的内容;或从消极的意义上进行解释,而禁止其他事项纳入法院初审管辖权之中。马歇尔以一种纯粹专横的方式解释说这些规定必须按照在禁止的意义上作理解,即"肯定性语言与其说是一种肯定,莫如说是对其他事物的否定,在本案中,必须赋予它们以否定的、排他的含义,否则它们就根本不可能实施。"他的意思是说,除非语词作禁止性意义的理解,否则他没有理由坚持这样做。而美国国会和在当时的实践中是以积极意义来理解的。如果马歇尔的论证是依据宪法第三条第二款关于法院初审管辖权的规定以及由于签发训令状在宪法上不是白纸黑字(in black and white),因而就得出结论说它不是初审管辖权的一部分,那么同样的论据就能够驳倒他的全部观点——宪法也没有任何白纸黑字授予他宣布国会法律无效的权力,因此,他对国会法律是无效的宣布也是没有法律上的效力的。

---

① [美]亚历山大·M. 比克尔:《最小危险部门》,姚中秋译,北京:北京大学出版社 2007 年版,第 2 页。
② Thomas J. *Higgins*, *Judicial Review Unmasked*, *The Christopher Publishing House west Hanover*, 1981, p. 32.

对马歇尔的判决作出经典性司法辩驳的是来自宾夕法尼亚州最高法院的法官吉布森(John Bannister Gibson),他在1825年Eakin v. Raub[①]案中对马歇尔在马伯里案中的理论依据进行了逐一反驳。该案中涉及宾夕法尼亚州最高法院宣布州法律无效的权力问题,吉布森法官写了反对意见,目的在于拒绝首席大法官马歇尔在马伯里案中所主张的司法审查的权力。

吉布森认为:尽管司法审查的权力"长期以来为司法机关所声称,但是除了首席大法官马歇尔外,没有法官敢于讨论它。而且,如果人们发现一个如此杰出的法学家关于推理的观点没有说服力,那么就应该归咎于他所试图捍卫的那一立场存在着弱点"。简言之,吉布森逐一归纳为以下几个方面:

第一,吉布森认为,在美国,司法权被分为政治权力与纯粹司法权力,所谓政治权力是指那些被一个政府机关用来控制另一个机关或对其行为施加影响的权力;而法院的司法权力是指它那些通常、适度的权力,这些权力构成了司法权的根本。而法官通常的核心权力并不包括可以废止立法机关颁布的法律。

第二,必须承认,宪法是具有最高强制力的法律(superior obligation),因此,如果宪法与立法机关的法律发生冲突,那么后者必须服从宪法;但是认为它们之间的冲突应由法院来解决则是一种谬误。什么是宪法? 它是由人民确立他们政府结构和原理的特别立法(extraordinary legislation)的法律,人民在宪法中规定了基本规则以规制数个部门的行为;什么是法律? 它是由政府的相关机构制定的普通立法(ordinary legislation)的法律,它的规定是由行政机关或司法机关执行实施的,或者由官员隶属于它们。宪法不包含实施分配正义的实际规则,它们需要单独由司法机关加以实施,而普通法律所规定的分配正义则由那些被称为人民的代理人的政府组织加以提供实施。宪法的规定由立法机关立即就能予以实施,但最终还由中介的司法机关加以实施。宪法和立法机关通过法律的权利可能会发生冲突,但是由司法机关来判断决定难道是合法的吗? 如果合法,那么司法机关一定是一个特殊的组织,它可以修正立法机关的做法并改正它的错误。但是我们在宪法的哪一部分中可以找到这种地位优越的规定呢? 换一个相反的角度思考这一问题,如果立法机关的法律宣布最高法院在一个特殊案件中对美国宪法进行了错误解释,因而作出决定要改变这一解释,人们会怎样想呢? 毫无疑问,它一定被认为是对司法权的僭越。但是,人们一点也不清楚的是:宣布一个按照宪法规定的形式制定并已实施的法律无效却不是对立法权的僭越,这就有悖常理了吧。

第三,在理论上,政府所有机关都具有平等的能力,或者即使不平等,必须假

---

① Eakin v. Raub, 12 Serg. & Rawle (Penna.) 330[1825].

定每一个机关在其所专属的事情上具有更优越的能力。由于立法特别涉及对立法权限制的考量,当法律制定之后,法律的解释(the interpretation of the laws)仅仅涉及立法机关自己对法律的理解(the construction of the laws),因此宪法理解这一特定的事务属于立法机关,它应该对自己的法律的合宪性的判断具有更优越的能力。但是,假设所有的机关都具有相同的能力,都应彼此尊重,为什么其中一个机关行使的控制权要凌驾于其他机关之上? 尽管司法机关据说与其他机关具有同等地位,但是从来没有假定司法机关具有更优越的权力;然而令人难以理解的是,给所有其他机关制定法律的权力,怎么能与接受这一权力并向这一权力负责的权力处于相同的地位。立法本质上是主权的行为,但是由受制定的规则的统治并行使没有意志权力的机关执行法律本质上是另一回事。可以认为,立法机关的确也同样受到制定规则的限制,但它无疑是人民的权力,主权是没有边界的,它想扩展多远就多远,不能说仅仅因为司法机关是由宪法确立的就获得了相同的地位,如果仅凭这一点就成立的话,那么行政司法官、遗嘱登记员、契约记录员也都处于相同的地位了,因为这些官员的权威和行为也是由人民权力所支持的,但是没有假设他们与立法机关具有相同的地位。地位的不平等不是来自于各机关设立的方式,而在于它的本质和职能的性质。立法机关优越于其他一切机关,本质上它比负责执行和服从的权力具有更高的优越地位。

第四,维护宪法的宣誓不是法官的特有的义务,政府的每一个官员都无一例外。向宪法宣誓与其说是对官员义务的约束,不如说是对他的政治原则的检验,否则就难以确定宣誓对于一个与宪法毫无关系的契约登记员有什么作用。

第五,法律的制定与法律的解释是没有联系的两种行为,立法的错误归结于立法机关,实施的职责也在于立法机关。但是,有人认为这种解释会宣布立法机关的权力在实施中没有什么限制,并剥夺了公民基于成文宪法的好处。而人民最终是拥有完全绝对的主权,它可以去纠正立法过程中的错误,并通过命令他们的代表宣布恶法无效。

20 世纪 60 年代,耶鲁大学法学院的比克尔在《最小危险部门》中对马伯里案判决进行了考察,认为马歇尔为司法审查所奠定的基础欠深厚,不足以支撑司法审查这一大厦,他指出:由于它所提供的支柱是脆弱的,因而整个大厦是危险的;它们也支撑着一个与我们今天所看到的很不相同的结构,马伯里诉麦迪逊案从本质上说绕开了那个问题,而且是一个错误的问题。其实是绕开了最终由谁有权来决定违反宪法的法律无效问题。按照比克尔的分析,即便说让立法机关自身来审查法律的合宪性就可能导致其权力滥用,但是由法院来审查就不会导致法院的权力滥用吗? 因为宪法不仅仅是约束立法机关的,也同时约束法院的,所以允许法院来设定界限可能比允许立法机关自身来审查一样荒唐，可能更荒唐的是法院不受选民的限制，所以马歇尔没有提出真正的理由来证明，法院为何有权力废除与宪法相抵触的法律，因为该权力既可以赋予总统，也可以直接赋予选民。至于最高条款中所首先提到的宪法，也只是表达了宪法是最高的法律，而压根儿就没有提到联邦法院，因为本条款的主要目的在于制约州法院，指出联邦的宪法、法律是最高的，它超越了州政府，而直接对州法官说：执行至高无上的联邦法律而不执行与之相悖的州法律，是他们的职责所在，而对联邦法官却未置一词。所以，非常清楚，本条款的目的是强调联邦的权威优先于各州。[①]

马歇尔判决之论证的弊端的确是显而易见的。马歇尔所依据的理论主要是宪法是成文法律，而成文法就需要解释，这是事实，问题在于在解释过程中，当发现宪法与法律相冲突时，怎么办？最有可能的做法是停止审理，请求立法机关的解释；当然由于宪法也未规定最终由谁决定法律是什么，法院自己将最终决定何谓法律的权力解释进宪法文本之中，也不会违宪。所以，马歇尔是有意将解释法律的职责与谁最终决定法律是什么两个问题当作一个问题进行解读，从而以坚定而又明确的语气表达了对国会法律有权进行审查的意图，以至于从此之后都没有再根本动摇和否定这一由法院行使的权力。

综上所述，马伯里案是否开创了美国普通法院解释宪法的先例呢？中外大多数学者的观点是认为马伯里案开创了美国普通法院解释宪法的先例，笔者认为这一观点既有合理性，也有非理性。因为任何一个制度的创设不是一天就能够完成的，美国普通法院解释宪法制度尤为如此。我赞同施瓦茨的精彩分析，他指出：马歇尔在马伯里诉麦迪逊案中所作出的具有里程碑意义的法律意见不是写在白板之上，相反是他同时代的人和前代人对法律的理解和阐释是紧紧结合在一起的，司法审查作为法律的本质要素是当时法律传统的组成部分，它来自殖民地和独立战争时期的经验。在革命期间随着成文宪法的出现，审查权开始以现代术语来表达。从革命到马伯里诉麦迪逊案，州法院至少在 20 件个案中宣布或行使这一权力；宪法实施不久，有很多联邦法官也声称审查权。更重要的是，最高法院在其建立运作后不久就为司法审查开始奠定了基础，在这方面最具特殊意义的是 18 世纪 90 年代审理的三个案件，即 1796 年的威尔诉海尔顿（Ware v. Hylton）案、1796 年海尔顿诉美国（Hylton v. United States）案和 1792 年海伯恩案（Hayburn'case）。[②] 所以，普通法院解释宪法制度不是新的，早在马伯里

---

① ［美］亚历山大·M. 比克尔：《最小危险部门》，姚中秋译，北京：北京大学出版社 2007 年版，第 3—13 页。

② Bernard Schwartz, *A History of Supreme Court*, Oxford University Press, 1993, pp. 22 - 27.

案之前其实业已确立,只是还需要由法院尤其是最高法院的不断确认以固化它。因此,马歇尔的判决不具有革命性的意义,确切地说通过马伯里案最高法院只是审查了国会法律的合宪性,而这种审查在 1792 年海伯恩案中已经这样做过。由于这一判决缺乏革命性,所以当判决作出几年后,尽管杰弗逊私下里批评过这一判决,但当时却没有批评;马伯里一案判决时碰巧国会开会,但是国会也没有作任何批评。所以,总的说来,美国人接受了马歇尔的判决结果。因而马歇尔所作出的贡献,正如亚历山大·贝克尔(Alexander Bikckel)所指出的:"如果任何社会进步都是在特定时间并以特定的活动作出的话,那么马歇尔所取得的成就就证明了这一点。时间是 1803 年,活动是马伯里诉麦迪逊案的判决。"①

(二)宪法文本蕴涵法院宪法解释模式

翻遍整部 1787 年的美国宪法,也看不到有关普通法院司法审查式宪法解释的只言片语。1787 年美国宪法第三条第一项对司法权只是作了以下简单地规定,即"合众国之司法权,属于最高法院以及国会可能随时制定和确立的低级法院。最高法院及低级法院之法官如举止优良(good behaviour),将终身任职,并在规定时间领受俸薪,该俸薪在任期内不得减少"。第三条第二项则规定:司法权将扩延至全部案件,包括在美国宪法和法律以及缔结与即将缔结的条约之下所发生的法律案件和衡平案件。② 除确定了司法权受案范围以外,宪法文本对司法权再没有进一步的界定和说明。

被称作 20 世纪最著名的美国宪法学家的阿奇博尔德·考克斯(Archibald Cox)也承认:"如今由联邦最高法院所行使的巨大权力在宪法文本中没有一丝迹象,没有一个字眼指出最高法院可以审查国会或总统法案的合宪性,同样没有规定明确授权最高法院可以开庭审查州法院所作出的宪法判决。"③因此,考克斯认为:联邦宪法"没有具体与明确地指明谁有最终的发言权","联邦宪法的文本中没有关于最高法院现今角色的一点提示"④。另一位宪法学者史底芬·威斯柏承认:司法审查权"在宪法中没有提到,而是法院自己发展的"⑤。比克尔指出:司法审查权"在宪法上没有任何明文之规定。关于确定成文宪法的含

---

① Alexander Bikckel, *The least Dangerous Branch: The Supreme Court at the Bar of Politics*, Indianapolis: Bobbs-Merrill, 1962, p. 1.

② The judicial power shall extend to all Cases, in law and Equity, under this Constitution, the Laws of the United States, and Treaties made, or which shall be made, under their Authority.

③ [美]阿奇博尔德·考克斯:《法院与宪法》,田雷译,北京:北京大学出版社 2006 年版,第 37 页。

④ [美]阿奇博尔德·考克斯:《法院与宪法》,田雷译,北京:北京大学出版社 2006 年版,第 41—42 页。

⑤ Stephen L. Wasby, *The Supreme Court in the federal judicial System*, Fourth Ed. 1993 By Nelson-Hall Inc., p. 75.

义和适用的权威,宪法文件自身无一处界定或提及。这并非说司法审查的权力在宪法中不能占有一席之地,仅仅是说在宪法中没有发现而已"[①]。当代美国宪法学家巴奈特指出:"相对于总统的否决权而言,在宪法中没有一处明确地说过这样的话,'最高法院以及由国会建立的低级法院,如法律违宪,得享有宣布由国会实施的并由总统签署的法律无效之权力'。"[②]海奈曼(Charles Hyneman)持相同的观点:宪法明确授予总统以限制国会和司法机关的权力,也明确授予国会制衡总统和司法机关的权力,然而宪法却没有条款规定最高法院和其他法院限制总统或国会的具体权力。海奈曼从宪法对于司法机关之限制权力的沉默(silence about a restraining power)中所得出的最合理的推断就是:法院是不行使对其他两个部门重要限制权的部门。[③] 梅尔文·I. 乌洛夫斯基(Melvin I. Urofsky)在《自由的进步:美国宪法历史》中同样认为:"最高法院最重要的权力——对州和联邦立法的合宪性审查——在宪法中找不到。"[④]

事实上,的确如法仑德所指出的那样:"对于司法机关特别感兴趣的人来说,在制宪会议记录中所能够找到的资料令人吃惊地少。"[⑤]宪法学家和政治学家罗伯特·麦克洛斯肯(Robert G. Mccloskey)同样指出:"相对说来,宪法对最高法院和整个联邦的司法部门着笔极少";"至于最高法院的组成,包括其成员的数量,都有待于国会的决定。"[⑥]不过,在 1787 年的费城制宪会议(the Constitutional Convention)上,虽然没有对司法审查进行广泛的讨论,但在对相关问题的辩论中涉及有关司法审查的一系列评论。[⑦] 只是制宪会议的大多数代表没有认真地对待过。

由于宪法自身不能自我解释,所以其重要原则如权力分离、联邦主义和司法审查等都只能靠宪法解释加以确定而无法在宪法文本中加以明确与具体化。然而,一旦站在解释的角度上,宪法文本中有无关于司法审查的规定抑或隐含着司法审查之权力就可能仁者见仁、智者见智了。的确,如果以字义或平

---

① Alexander Bickel, *The least Dangerous Branch*, Bobbs Merrill, 1962, p. 1.

② Randy E. Barnett, *Restoring the Lost Constitution*, Princeton University Press, 2004, p. 131.

③ Charles Hyneman, *The Supreme Court on Trial*, Atherton Press, 1963, p. 125.

④ Melvin I. Urofsky, *A March of Liberty: A Constitutional History of the United States*, McGraw-Hill, Inc. , 1988, p. 133.

⑤ Bernard Schwartz, *A History of Supreme Court*, Oxford University Press, 1993, p. 11. 另参见中文译本:[美]伯纳德·施瓦茨:《美国最高法院史》,毕洪海等译,北京:中国政法大学出版社 2005 年版,第 11 页。

⑥ [美]罗伯特·麦克洛斯肯:《美国最高法院》,任东来等译,北京:中国政法大学出版社 2005 年版,第 3 页。

⑦ [美]西尔维亚·斯诺维斯:《司法审查与宪法》,湛洪果译,北京:北京大学出版社 2005 年版,第 36 页。

义解释方法,那么宪法条款没有清楚地包含着法院可以宣布国会的法律违宪的字句,从而导致一些学者在寻求司法审查之正当性时采用非原意主义的解释技术。

一般基于宪法文本中的两个条款推论而得出司法审查权。一是根据宪法第三条第一项关于司法权的范围而认为法院能够审查并解释宪法,因为既然司法权可以扩延至全部案件,包括宪法案件,所以法院就拥有对宪法的解释权,借助解释,宪法最终的裁决者就是法院,因为若非如此,法律的最终合宪性判断则在于国会和总统。但是,正如黑吉恩斯所指出的:"依宪审理案件与宣布法律违宪是两件不同的事情。说一部法律意味着什么与宣布它是无效的,是差距很大的诉求。如果法院发现了一部与宪法相冲突的法律,那么法院必须选择宪法而拒绝适用法律。对此的回应则是其他参与者——由宪法所设计的国会和总统在当下的案件中却发现该法律与宪法是相一致的。因此除非宪法明确赋予法院有超越国会判断的权力,否则对法院而言不能作出这种比较而只能接受国会的判断。"[1]比克尔针对由上述宪法条款而推断出法院所具有的司法审查权观点时指出:"法院的职能——即司法权——之性质与范围究竟是什么?假如最高法院在裁决一个案件时宣告一个以正常程序通过的制定法违反了宪法,并废止该法律,那么,法院获得这种授权了吗?宪法第三条并没有想描述法院的职能,它只是将可能存在的问题归入到了'司法权'这个短语之下,它并没有试图告诉法院将如何裁决案件,它只是规定了什么类型的案件是该法院所管辖的。因此,该条款将'由……法律'或'由……条约'引发的案件规定了管辖权,但却不能被解读为规定了进行裁决时应遵守的程序。这种程序是各不相同的。"[2]在比克尔看来,在"由……法律"引起的案件中,法院通常将决定事实之问题,有时甚至将决定什么可以算作"法律"的问题留给行政机构;而在"由法律和……条约"引起的案件中,有关含义和适用的裁决,多数系现成地得自于国会和总统。无论是黑吉恩斯还是比克尔,其质疑具有合理性,因为司法审查权意味着法院可以撤销在它看来是违宪的法律或行政命令的权力,这显然是一种消极立法,使司法机关处于高于立法机关或行政机关之上的立法地位,而对宪法适用性解释权则并不隐含着司法权高于立法权或行政权之意义,所以依宪判决的宪法解释与宣布法律违宪的司法审查是不同的两种判断,前者是技术性判断,而后者则是价值判断。

---

① Thomas J. Higgins, *Judicial Review Unmasked*, The Christopher Publishing House west Hanover, 1981, p. 20.

② [美]亚历山大·M. 比克尔:《最小危险部门》,姚中秋译,北京:北京大学出版社 2007 年版,第 6 页。

二是从宪法第六条第二项所谓的"最高条款"而推论出司法审查权。该条款规定:"本宪法、依照本宪法制定的合众国法律以及在以合众国之权力签订的或将要签订的条约,都是本国之最高法律;任何各州的法官必须遵守之,即使各州之宪法或法律与之相抵触。"①该条款包括两种法律:一是宪法、联邦法律和条约;二是各州宪法和法律。各州的法律从属于联邦法律,如果州法律违反了最高的法律,最高法院必须宣布为无效,这是不容质疑的。但是这一权力能否延伸至国会通过的法律或总统颁布的命令或法案? 这才是司法审查之关键所在。所有关于司法审查的论断都认为宪法的最高条款表明宪法将这一权力赋予给了法院。有些人武断地认为宪法只提到了合众国的法律要依照宪法制定而没有提及其他的法律,而最高法院的功能就是判断这一法律是否依照宪法。该条款在宪法中是最重要的条款之一,它是以极其谨慎地态度写就的。该条款的起草者理所当然地认为国会将制定有效的法律,在他们的语言中没有偶然性的规定。如果他们欲在此表达司法审查之观念,他们会在语言中采取一种并列的方式规定之。因此他们能够这样做却没有宣布联邦法院同样受制于宪法,即使国会的法令与宪法相抵触。如果从最高条款的字词中能够勉强地被解读出司法审查之含义,那么这也是以一种背后的、模糊的方式构成的。正如麦克洛斯肯所指出的:"宪法至高无上并没有解决谁来决定宪法含义的问题。司法审查的热情倡导者从来就没有能够解释清楚,为什么如此重要的权力在宪法中是用暗含而非直截了当的陈述来授予? 就对国会立法的司法审查而言,宪法语言中对它的支持更是猜想出来的,要想单纯从宪法语言中获得支持这一权威的观点,最终只能是逃避这一问题。"②当代美国著名政治学家罗伯特·达尔教授针对制宪会议上关于司法审查问题的处理时也指出:"代表们的想法将永久地成为谜团;也许许多代表自己的想法本身就是混乱不清的,以致当他们真的讨论这一问题时,也没有达成完全的一致。"所以,合理地解释是,也许代表们对于司法否决(judicial veto)与司法立法(judicial legislation)到底如何区分没有多少清楚的认识,毕竟司法体系尚属于纸上谈兵,尤其是最高法院及其大法官在未来的宪政架构中扮演怎样的角色是不清楚的,也不可能清楚,但至少有一点我是同意达尔教授的分析,

---

① The Supreme Clause of the Constitution, Article Ⅵ, section 2:"This Constitution, and the Laws of the United states which shall be made in Pursuance thereof; and All Treaties made, or shall be made, under the Authority of the Unites States, shall be the supreme Law of the Land; and the Judges in every States shall be bound thereby, any Thing in the Constitution or Laws of any State to Contrary notwithstanding."

② [美]罗伯特·麦克洛斯肯:《美国最高法院》,任东来等译,北京:中国政法大学出版社 2005 年版,第4—5 页。

这就是："当时没有谁会对法官自己应该有权立法、制定国家政策这一建议给予哪怕是些许支持。"①因此制宪会议否定了法院对国会的法案具有优越的任何权力就不足为奇了，因为宪法仅仅规定本宪法以及依照宪法制定的法律是本国最高之法律，其前提是国会的法令是依据宪法而宪法并没有给予法院反驳这一前提的权力。总之，"在1790年，既没有宪法的文字，也没有宪法制定者及其批准者的确切意图，能够令人信服地肯定最高法院监督各州和国会的权力范围及至上性。至多可以说，宪法的内容和他们的意图没有排除最高法院成为后来历史的强有力的仲裁者。"②因此，该问题早在1802年就被参议员Breckenridge中肯地追问过："如果这一权力为立宪者所欲之，它应该不会不在某处出现，而在文本中却无处发现，难道不感到异常吗？如此重要的权力从来没有由任何政府声称过和行使过。"③具有讽刺意味的是，约翰·马歇尔在Ware v. Hylton案中主张："司法权威没有权力质疑法律的有效性，除非这一司法权由宪法明确地赋予。"④汉德也承认："美国宪法没有赋予法院审查国会决定的权威。"⑤1893年塞耶在《美国宪法原则的起源与范围》一文中也承认："一个特殊的事实是，美国宪法没有将这一权力以明确表达的方式赋予法官，它是推知出来的。"⑥由此可见，司法审查式宪法解释制度并没有写进宪法最高条款之中。

问题是判断一部法律是否与宪法相抵触，并非是不言而喻的，相反，这是一个必须由某个机构或个人来决定的政策问题，而问题的关键所在是由谁来决定：是法院、立法机构、总统，还是刑事审判中的陪审团或者作为最后的途径由人民通过选举程序来决定？⑦譬如：先由国会判决并作出某一法律违宪的决定，然后法院自然不能适用并视为无效法律；或者法院自己作出判决法律违宪的决定，也同样不能适用该法律并视其为无效。因此，由谁来决定违宪的法律不是法律，才是司法审查式宪法解释问题之实质所在。而是否将这一权力赋予法院恰恰是制宪者们所担心的。所以由谁来宣布违宪的法律无效，实无定论。麦克洛斯基也认为：即使是宪法至上条款也"没有解决谁来决定宪法含义的

---

① [美]罗伯特·达尔：《美国宪法的民主批判》，佟德志译，北京：东方出版社2007年版，第17页。
② [美]罗伯特·麦克洛斯肯：《美国最高法院》，任东来等译，北京：中国政法大学出版社2005年版，第5页。
③ Quoted in A. J. Beveridge, *Life of John Marshall*, Houghton Mifflin, 1919, III, p. 69.
④ Calder v. Bull, 3 Dallas, 199 at 211(1796).
⑤ Learned hand, *The Bill of Rights*, Harvard University Press, 1958, p. 10.
⑥ James B. Thayer, *The origin and scope of the American doctrine of Constitutional law*, Harvard Law Review vol. vii, October 25,1893, p. 129.
⑦ [美]亚历山大·M. 比克尔：《最小危险部门》，姚中秋译，北京：北京大学出版社2007年版，第4页。

问题"。① 胡锦光也对此指出："美国宪法第 6 条中虽然确立了美国联邦宪法的最高法地位,但美国宪法中却留下了一个重大缺憾:它没有规定由哪个机关来进行违宪审查。换言之,它明确规定美国的联邦宪法在美国是最高法,实际上,也随之预见到了可能会出现违反宪法的情形,但在由哪个机关进行违宪审查这一重大问题上,由于在制宪过程中存在着极大争议,对此在宪法中也就没有定论。在制宪者对于这一问题无法进行妥协的情况下,无论制宪者是出于有意还是无意,事实上,这一问题只能留待宪法在实际运行中去消解。"② 即使宪法文本中找不到应由最高法院行使司法审查式宪法解释权的文字规定,但却可以从最高条款与法院受案范围条款中推导解释出来。

(三)司法权意味着普通法院宪法解释权是美国的独特产物

尽管人们可以从宪法的最高条款与受案范围的规定中推导出司法审查式宪法解释权,但 1787 年宪法毕竟没有对此作出明文规定。为此,学者们为司法审查所寻找的另一合法性来源就是将司法审查制度视为司法权之本质属性,换言之,司法审查是司法功能之自然组成部分,用巴奈特的观点说,就是"术语'司法权'的原初公开的意义包括宣布违宪立法无效的权力"。③ 制宪会议上有些人明确主张这一权力属于司法机关。来自康狄涅格州的罗杰·谢尔曼(Roger Sherman)就主张:国会否决州法律的权力是没有必要的,因为州法院不会把与英联邦主权相抵触的法律视为有效的法律。宾夕法尼亚州的古维纳·莫里斯(Gouverneur Morris)也认为立法否决权是没有必要的,因为一部应该被否决的法律将取决于司法部门。没有人就司法机关搁置州通过的违宪的法律之权力进行辩论。也没有人质疑联邦法官具有同样搁置由国会通过的但却违宪的法律的权力。一些代表认为:联邦法官宣布联邦法律违宪是其内在的权力。弗吉尼亚的乔治·梅森认为:在法官的解释权中有一种否决权,他们可以宣布违宪法律无效。宾夕法尼亚的詹姆斯·威尔森同样认为:法官,作为法律的解释者,具有维护他们宪法权利的机会。④ 制宪会议上反对复审委员会的那些人,其拒绝的意图主要是在他们看来,司法机关服从于立法机关的意志,但是很少提到他们之所以反对建立复审委员会的具有影响的原因是对违宪的立法进行司法否决早已存在。所以,在巴奈特看来,以上材料都强有力地支持了这样一个结论,即司法

---

① [美]罗伯特·麦克洛斯基:《美国最高法院》,任东来等译,北京:中国政法大学出版社 2005 年版,第 4 页。

② 胡锦光:《在必然与巧合之间——马伯里诉麦迪逊案解读》,《法学家》2006 年第 4 期。

③ Randy E. Barnett, *Restoring the Lost Constitution*, Princeton University Press, 2004, pp. 132 - 133.

④ Randy E. Barnett, *Restoring the Lost Constitution*, Princeton University Press, 2004, p. 133.

宣布违宪法律无效之权(judicial nullification)包含于"司法权"的原初公开的含义之中。[①] 具体而言,从以下几个层面展现了司法权之原初含义包含着 judicial nullification:

第一,在制宪会议上,法官所具有内在的宣布违宪法律无效的权力就露出端倪。古维纳·莫里斯之所以赞成新宪法交由各州人民批准,是因为立法机关的批准是受到邦联条款的禁止的,"立法选择不符合联邦契约,明显是无效的,法官将视它们为无效的。"[②]詹姆斯·麦迪逊则区分了州之间的盟约与作为限制法官的宪法,他说:"一部违反盟约的法律可以被法官视为法律而予以尊重,而一部违反由人民自己建立的宪法的法律,则将被法官视为无效的。"[③]在整个制宪会议期间,没有人争论宣布违宪法律无效的司法权存在问题。事实上,judicial nullification 被大多数制宪会议的代表认为是理所当然的,当然这不意味着人人都喜欢这一权力。对 judicial nullification 的主要反对者不是不存在而是力量微弱。詹姆斯·威尔逊就认为国会应当拥有宣布州法律无效的权力,因为"法官自身是不够坚强的"[④]。然而他又承认法官具有宣布"不适当"的法律无效对于防止不适当的法律通过是更好的选择。

第二,在宪法批准时期,"司法权"之原初公开含义包含着 judicial nullification 并非为秘密的意图,也不是仅仅为费城会议的代表所持有的一种观点。在各州批准宪法辩论过程中,充斥着 judicial nullification 之权。支持宪法的人将该权力看作是制约政府权力的手段。詹姆斯·威尔逊指出:"如果一部法律的制定与宪法文件所授予的权力相违背,法官将宣布这样的法律无效,因为宪法权力居优势。因此,任何被国会实施的而与宪法相冲突的事情,都将不会具有法律效力。"[⑤]在弗吉尼亚制宪会议上,未来首席大法官马歇尔公开主张 nullification 原则,他说,如果美国政府制定了一部未经宪法所授予的列举的权力的法律,这将被法官视为是对宪法的侵犯,他们在以后的判决中将不考虑它,并宣布该法律为无效。联邦法院撤销违宪的州法律的权力在北卡罗来纳州制宪会议上也为威廉姆·戴卫所主张,他认为:"每个成员都会同意实证的法规应当得到贯彻执行,消极的限制不应该被漠视或违背。没有司法机关,宪法的禁令就不会被遵守,实证

———————————

① Randy E. Barnett, *Restoring the Lost Constitution*, Princeton University Press, 2004, p. 134.

② Madison, Notes of Debates, 351.

③ Madison, Notes of Debates, 352 – 353.

④ Madison, Notes of Debates, 518.

⑤ Quoted in Randy E. Barnett, *Restoring the Lost Constitution*, Princeton University Press, 2004, p. 135.

的法规就会被忽视或违反。"①在宾夕法尼亚制宪会议上,后来被华盛顿总统任命为第一个大法官的詹姆斯·威尔逊也主张:"宪法之下,立法机关基于司法部门的否决可能受到限制,并将权力保持在既定的权限内。宪法的权力对于立法机关的权力而言是至高无上的,当立法机关活动时,有可能逾越其法定的权限,但是当它在法官面前进行讨论判断时,如果发现与宪法这一更优越的权力不一致时,法官就有义务宣布它无效。"②

第三,宪法的反对者也认可了 judicial nullification 的存在。譬如马里兰的卢瑟·马丁(Luther Martin)指出:"无论任何法律或是国会的规章,无论总统的法令还是其他机关的法令,是否与宪法相冲突,或者未经宪法授权,都由国会任命的法官决定,他们的决定任何州必须服从。"在弗吉尼亚批准会议上,佩垂克·亨利(Patrick Henry)也表达了相同的观点,他认为 judicial nullification 包含在"司法机关"的意义之中,他指出:"立法机关的法律如果是违宪的,司法机关有责任予以反对。"弗吉尼亚的另外一位宪法反对者威廉姆·格雷森(William Grayson)说:"如果国会不能制定一部与宪法相冲突的法律,那么,我知道他们也不能制定一部侵犯宪法的法律。法官会维护宪法的。"

第四,无论是麦迪逊还是杰弗逊,都认同 judicial nullification。1791 年众议院议员麦迪逊在众议院第一次会议上所发表的演讲中解释为什么他提出宪法修正案时,他承认 judicial nullification 的重要性,他说:"如果权利法案纳入到宪法之中,正义的独立法院将把他们自己视为这些权利的保护神;他们将是抵制立法机关或行政机关权力的牢不可破的壁垒;他们将自然担当起阻止对由权利宣言所宣布的并明确规定到宪法之中的权利的一切侵害的重任。"③在国会中没有任何人对这一"司法权"提出过反对。需要提及的是托马斯·杰弗逊的观点,因为在宪法的起草和批准期间,杰弗逊在法国,杰弗逊没有参加宪法的起草或辩论这一事实使他关于宪法文本的原初公开意义的解读更具客观与中肯。正如他自己所说:"我既不是联邦党人,也非反联邦党人,我不属于任何党派,也不是两派之间的骑墙者。"④他的主要观点集中于写给麦迪逊的两封信中。在第一封信中,杰弗逊试图说服麦迪逊接受《权利法案》的价值,在信中杰弗逊强调了 judicial

---

① Quoted in Randy E. Barnett, *Restoring the Lost Constitution*, Princeton University Press, 2004, p. 136.

② Quoted in David M. O'Brien, *Constitutional Law and Politics*, volume two, Sec. Ed., W. W. Norton & Company, 1991, p. 27.

③ Quoted in David M. O'Brien, *Constitutional Law and Politics*, volume two, Sec. Ed., W. W. Norton & Company, 1991, p. 137.

④ Julian P. Boyd, eds., The Papers of Thomas Jefferson, vol. 14, Princeton University Press, 1950, p. 651.

nullification 的重要性,他指出:"在辩论中赞成权利宣言,你忽略了在我看来具有重要价值的东西,法律的制衡交给司法机关的手中。它是这样一种机构:扮演独立的角色,为了他们的学识和廉正与诚实,他们严格保持他们自己本部门的优点和信心。"①所以,杰弗逊倾向赞成将违宪否决的权力交由司法机关行使。

基于上述认知,巴奈特不同意说司法审查是1803年马歇尔在马伯里诉麦迪逊案中所发明的,因为很多证据都证明了一个事实,司法审查包含着司法权之中,而那些持否定观点的学者极少考察"司法权"的原初含义,而仅仅从字面上解释宪法文本。②

此外,作为第五个例证,汉密尔顿在《联邦党人文集》中也集中论证了司法审查权是司法机关之特有职责之命题。汉密尔顿为说服纽约州对宪法的批准,对司法机关及其司法审查权作了经典性的解释与捍卫。汉密尔顿的论证逻辑是:第一,首先指出美国宪法是限权宪法,即为立法机关规定一定限制的宪法,如宪法规定:立法机关不得制定剥夺公民权利的法案,不得制定有溯及力的法律等,在实际执行中,此类限制须通过法院执行,因而法院必须有宣布违反宪法明文规定的立法为无效的权力。如无此规定,则一切保留特定权利与特权的条款将形同虚设。第二,驳斥了法院具有司法违宪审查权可能含有司法高于立法权的观点。他指出:代议机关的立法如违反委任其行使代议权的根本法自当归于无效是十分明确的一条原则,所以违宪的立法自然不能使之生效。但是,由谁来判断有无效力呢?是否由立法机关?针对这一问题,汉密尔顿认为:如果立法机关自身即为自己权力的宪法裁决人,其自行制定之法,其他部门无权过问,但是这种设想在宪法中找不到任何依据,因为不能设想宪法的原意在于使人民代表以其意志取代选民的意志,而更为合理的设想应该是使法院成为人民与立法机关的中间机构,以监督后者局限于其权力范围内行事。第三,从解释法律为法院所特有的和正当的职责出发,论证了判断宪法含义的权力属于法院。他指出:解释法律乃是法院的正当的和独有的职责。而宪法事实上而且必须被法官看作是基本法律。因此,判断宪法的含义以及由立法部门所制定的任何特殊的法令的含义,皆属于法院。如果碰巧在它们之间发生不一致情况,法院应当遵守更优越的义务和效力的一方,换言之,宪法应当具有比法律优先之地位,因为人民的意图优先于他们代理人的意图。"③换言之,宪法与法律相比较,以宪法为准;人民

---

① *Papers of James Madison*, vol. 11, University Chicago Press, 1961, p. 297.

② Randy E. Barnett, *Restoring the Lost Constitution*, Princeton University Press, 2004, p. 132, pp. 139–140.

③ Alexander Hamilton, James Madison, John Jay, The Federalist Papers,影印本,北京:中国社会文献出版社1999年版,第467页。

与其代表相比较,以人民的意志为准。既然法院是解释与适用宪法法律的机关,那么当立法机关通过的立法所表达的意志与宪法所代表的人民意志发生冲突时,法院法官自然受制于后者,即宪法所代表的人民意志,也就是说根据根本法宪法进行裁决而不是根据非根本法裁决。这种假定的背后是人民的意志至上,人民的意志高于司法与立法。所以,当基本法与派生法即宪法与普通法相冲突时,法庭应遵循宪法而无视普通法。第四,那么,在发生宪法与法律相冲突时,法院是否有可能歪曲立法机关的制宪原意?汉密尔顿进而解释说:解释法律是法庭的职责,如果认为法庭以主观意志取代客观判断,以一己之意志代替立法机关原意,那么无异于主张根本不应该设立独立于立法机关之外的法官了。① 换言之,如果认为法官会曲解立法机关之意志,那么干脆就不要法官算了。

　　问题在于:如果司法权之原初含义包含着 judicial nullification(司法宣布违宪法律无效之权),那么这一原理是否具有普世的意义?换言之,是否只有美国的司法权含有 judicial nullification,还是各个国家的司法权皆具有这一含义?一般而言,政府的权力是由不同的机构分别行使,立法权不能与司法权相混淆。政府的义务是确立公平正义并维护它。立法权的功能在于在抽象的意义上确立公平正义,即以公平的一般规范体现之,其中有两种法律,一是宪法,二是普通法律。无论是成文的还是不成文的宪法,它都是一种特殊的立法(lawmaking),它规定政府的结构和原理,确立政府各部门活动的根本规则。宪法的保障和宪法的解释常常属于国家立法机关的事情。在美国,最高法院声称拥有独有的最终宪法解释权。普通法是普通立法机关制定的法律,它规定公民日常生活的行为、威吓违法犯罪者以及诉讼的形式与程序,它是任何司法机关都可能实施的法律,在许多国家,它是司法机关唯一实施的法律。宪法和普通法律之间的差别对人们有时是模糊的,因为在美国法律体系中,宪法在上述两种意义上使用。它既是普通法规范的高级法,又是法院诉讼的基础。历史上第一次将宪法看作两个层面上的法律并付诸于实施:作为高级法的宪法,只有人民才能制定或者修改;而普通法依据宪法并在宪法范围内制定或废止。而在其他国家情况就不同了,宪法的规定在一般意义上不是法律,譬如在瑞士,人们就不能到法院进行宪法诉讼。司法机关的功能是在具体层面维护公平正义,法官在争诉中通过适用法律阐明公平正义,只有当某些实际的争议发生并转化为向法院提起的案件,司法程序才能启动,司法权才能运行。最初最高法院就意识到这一问题,即司法权在解

---

① [美]汉密尔顿、杰伊、麦迪逊:《联邦党人文集》,程逢如等译,北京:商务印书馆1980年版,第392—394页。

决案件中方可行使,所以当华盛顿总统要求最高法院对法律的某些问题提供咨询意见时,被最高法院礼貌地拒绝了,因为这种行为不具有司法性。

难道不具有主权资格的法官可以废除旧法律规范而创制新法律规范吗? 在许多国家是禁止这样做的。然而在美国却是允许的。当法官宣布一部法律无效时,他没有制定法律。一些美国人已经如此习惯地适应了法官行使司法审查权,以至于在他看来司法审查就是司法功能的组成部分。正如约翰·马歇尔所指出的:司法审查是"司法机关义务的最本质的特征。"考文指出:"法官在宣布立法机关的法律无效时没有行使革命性功能。"①

处理争议的功能不能是制定争议解决的规则的功能。大法官吉布森(Gibson)在1825年伊金诉罗布案中就注意到了美国司法机关与英国普通法中的司法机关的差异,在普通法中,司法机关的普通和本质的权力不能扩展到宣布议会的法令无效的权力上。在查士丁尼(Justinian)罗马法法典化之前,奥古斯丁曾说过:"法律一旦确立并实施,就不允许法官判断它们,而是依据法律进行判断(Judges must not be allowed to judge them: they are to judge according to them)。"凯尔森也指出:"宣布法律无效是立法机关的功能。能够废除法律功能的法院成为了消极的立法者。"②在教会法中具有普通权威的法官没有一个能够宣布地方或者宗教或普通法律为无效,圣托马斯代表着这一牢固的传统,他指出:"一个好的法官不是以个人判断而是按照法律和权利宣布判决。"③如果司法审查是司法功能的自然构成部分,那么所有的法官不仅在过去而且现在都将拥有它,而事实并非如此。考文试图发现在科克的学说中发现司法审查的历史与司法起源。按照科克的观点,自然法是最高的,法律必须通过法官的良心进行解释,如果法官发现法律与自然法相冲突,就可以拒绝任何普通法律的实施。1610年在 Bonham 案中科克指出:"当议会的法令与普通权利与理性相冲突时,它将受制于普通法,并宣布这样的法令无效。"④其实,考文的观点是错的,因为英国法拒绝了科克,它过去没有现在也没有容忍司法审查。1688年光荣革命确立了议会对王权的胜利。作为革命代言人的洛克认为:在共和国里,最高权力是立法机关,但必须服从人民这一更优越的权力,从而使人民自己免遭奴役(enslavement)。这是说英语的人民所普遍接受的学说,也被北美殖民地的人民

---

① E. S. Corwin, The Doctrine of Supreme Court, 1825,12 Sergeant and Rawle, p. 347.

② Hans Kelsen, *General Theory of Law and State*, Harvard University press 1949, p. 268.

③ Thomas J. Higgins, *Judicial Review Unmasked*, The Christopher Publishing House west Hanover, 1981, p. 16.

④ E. S. Corwin, *Court over Constitution*, New York: Smith, 1950, p. 22.

视为理所当然。18 世纪的布莱克斯通(Blackstone)说过:"即使议会积极地实施一件不合乎理性的事,法官也不可以拒绝它,因为那将司法权置于立法机关权力之上,这将是对全部政府的颠覆。"19 世纪的戴西说过:"不存在任何人或人的团体,行政机关、立法机关和司法机关,可以宣布英国议会通过的任何实施的法律无效,不论这种法律是建立在违宪基础之上或是其他基础之上,除非议会自己撤销它。"20 世纪的 McWhinney 说:"议会能够推翻司法机关的意志。"1975 年英国公职人员手册中指出:"英国议会实际上想怎么立法就怎么立法。"科克关于自然法赋予法官宣布与之违背的实在法无效的权力的思想在殖民地时期的美国很著名并有它的倡导者。凭借这一观点,大法官蔡斯(Chase)在 1798 年 Calder v. Bull 案中就声称过这一超乎寻常的宪法权力,但是这一意见则与大法官 Iredell 的意见正好矛盾,他说:如果宪法没有限制立法权,那么无论立法权怎样行为都是合法的,司法权从未主张宣布其行为无效。由于自然法具有很强的模糊性,有的大法官可能根据自然平等与正义宣布奴隶制是非法的,但也有人反对根据宪法之外的自然权利学说或者高级法理论使司法权拥有宣布法律无效的权力。所以这种建立在自然法学说之上的超宪法权力被庞德称之为"纯粹的个人化与专断"。[1] 而具有讽刺意味的是,科克自己后来反对司法审查学说。[2]

在历史上,司法审查起源于北美殖民地时期。当殖民地日益扩张时,英国政府提出对殖民地的立法进行制度性审查(a systematic review),以防止与英国法律相矛盾。这种控制部分通过皇室统治者实施,但最终通过伦敦的枢密院实施。例如 1699 年康狄涅克的一部关于遗嘱的法律就在 1727 年宣布无效,后来通过上诉又恢复了。因此,由此而产生了对立法机关的法令由更高的权威予以审查并宣布无效的思想。由枢密院行使审查的权力类似于后来新政府建立后由美国最高法院行使的司法审查权。当加拿大、澳大利亚、新西兰和南非摆脱英国统治独立后都普遍确立了最高法院,在很大程度上是步枢密院之后尘,并确立了非常有限的司法审查形式。所以,由枢密院行使的司法审查广泛存在于殖民地时期。美国的情况有些特殊,殖民地独立不是通过和平谈判而是通过战争。随着 1783 年和平条约的签订,外在的英国主权消失了,而取而代之的是卢梭主张的人民主权,主权在民写进了各州的宪法之中,最后写进了美国宪法中。然而,正如塞耶所指出的:人民这个主权被写到宪法之后,就消失在云彩之中了,只要当宪法需

---

[1] Roscoe Pound, "Common Law and Legislation", 21 *Harvard Law Review*, 1908, p. 393.

[2] Louis Boudin, "Lord Coke and the American Doctrine of Judicial Review", *New York University Law Review*, 6:223 (March, 1929).

要修改时他才重新出现。在常态过程中,除了将这种秩序写到这些文件中,主权的人民没有机构去实施他的意志,如果人民的代理人不遵守人民的意志,人民制定的成文宪法将如何实施?[①] 在已建立的三个政府部门中,哪一个具有最高的权威来实施和解释作为人民意志的宪法? 最终的选择落在了法院身上,这看起来是一个必然的结果。所以,如果说司法权自身蕴涵着司法审查式宪法解释权的话,那么这是美国实践的产物,而非各国司法权皆包含之。换言之,在一般意义上,司法审查不是司法权之本质。

二、欧洲宪法法院式宪法解释模式及其普遍化的原因分析

(一)美国宪法解释制度模式对欧洲大陆法系国家的影响

正如法国学者路易·法沃勒指出:"欧洲人对美国宪法法理最感兴趣之处,莫过于违宪审查思想及其基本权利的保护了。"[②]因此,欧洲国家一直想引进类似的制度及做法。美国宪法制度对欧洲国家有两大影响:一是成文宪法及其人权法案;二是司法审查式宪法解释制度。美国是世界上第一个制定成文宪法的国家,法国 1789 年《人和公民权利宣言》及 1791 年宪法的制定就是受到了美国的影响。曾在美国制宪期间逗留于美国的马基斯·德·拉斐特于 1789 年 7 月 11 日将美国《人权法案》的第一稿呈到法国的制宪会议上;尚皮翁·德·西塞 7 月 27 日向法国制宪会议建议,在法兰西宪法前加上一个人权法案的决定,他说:"这种高贵的观念是从另一半球传来的,并将在此第一个贯彻实施。我们参加了使北美获得自由的事件,它向我们表明了,为保持自由,我们应当依靠那些原则。过去我们奴役过的新世界,今天反过来告诉我们,怎样才能保护我们自己免受奴役。"[③]因此,法沃勒指出:"美国向欧洲输出了它的成文宪法概念和人权法案概念。可以毫不夸张地说,现代意义的宪法概念本身,就来自美国。"[④]

美国的司法审查式的宪法解释制度也对欧洲产生了强烈的吸引力。美国模式虽然是 19 世纪初诞生的,但直到 20 世纪初叶,尤其是在两次世界大战期间,

---

① James B. Thayer, The origin and scope of the American doctrine of Constitutional law, *Harvard Law Review* vol. vii, October 25,1893, pp. 131 - 132.

② [法]路易·法沃勒:《欧洲的违宪审查》,[美]路易斯·亨金、阿尔伯特·J. 罗森塔尔编:《宪政与权利》,郑戈等译,北京:生活·读书·新知三联书店 1996 年版,第 28 页。

③ Archives parlementaires Assemblee Nationale, séance du 27 juillet, 1789, p. 281,2d ed. 转引自[美]路易斯·亨金、阿尔伯特·J. 罗森塔尔编:《宪政与权利》,郑戈等译,北京:生活·读书·新知三联书店 1996 年版,第 56 页。

④ [法]路易·法沃勒:《欧洲的违宪审查》,[美]路易斯·亨金、阿尔伯特·J. 罗森塔尔编:《宪政与权利》,郑戈等译,北京:生活·读书·新知三联书店 1996 年版,第 29 页。

美国模式在欧洲特别是法、德、意各国，非常走红。法国 1789 年的《人权宣言》曾被公认为是世界人权和公民权利的历史源头，但正如德国学者格奥尔格·耶利内克所指出的："法国权利宣言，大概取法于美之权利章典及'权利宣言'。"[①]耶利内克这本小书，"实质上是德国关于基本权利一般理论的第一次认真的尝试，而这一尝试，受到了美国宪法思想的启发"。[②] 在法国，从 1902 年开始，比较立法协会会长拉尔诺德发起了一场旨在建立美式违宪审查制度的运动，许多知名作家和政治家都支持他的观点。这场运动甚至波及报界。《时代》杂志在 1925 年第 11—12 期上发表了一个调查报告。12 月，精神科学与政治科学学会举行了一个辩论会。当时最有名的公法专家如贝泰勒米、狄骥、欧里乌、梅斯特、罗朗等教授一直同意应该鼓动普通法院的法官，使他们"敢于"学习美国的榜样。意大利在战后也曾在一段时间内采纳过美国模式。意大利第一个、也是唯一一个美国模式的实验是最高法院 1947 年 7 月 28 日作出的判决，最后随着 1956 年宪法法院的建立而终结。关于美国模式对于德国的影响，德国联邦宪法法院法官、海德堡大学教授赫尔穆特·施泰因贝格在《美国宪政主义赫德国宪法发展》[③]一文中作了详尽的介绍。根据施泰因贝格的考察，直到十八世纪七十年代，德国社会对美国事实上一无所知，不过美国独立战争开始，情况就大为改观，几年之内，美国一下子成为德国战争报刊的头等报道对象。但是，在法国大革命之前，美国 1787 年宪法以及各州宪法、人权法案在德国并未受到足够的重视，直到 1789 年后，德国人对美国宪政的兴趣才被激发了。尤其是罗伯特·冯·莫尔于 1824 年发表了第一篇系统研究美国宪法的论著，他介绍了美国的违宪审查制度，并对此大加赞赏。1849 年 3 月 28 日，法兰克福议会通过的帝国宪法——《法兰克福宪法》，将宪法冲突交由一个联邦最高法院解决的想法无疑受到了美国模式的影响。因此，德国自 1925 年 11 月 4 日帝国法院的一个判决开始，普通法院就肩负起根据魏玛宪法第 102 条审查法律合宪性的重任。但是它们不能阻止议会违宪行为的频繁发生。[④]

可见，尽管欧洲未能选择美国模式的宪法解释制度，但它们却接受了宪法审查的思想及其精华，并选择了与本国文化、传统与制度相适应的宪法审查制度。

---

① ［德］格奥尔格·耶利内克：《人权宣言论》，林万里、陈承泽译，王建学主编：《1789 年人权和公民权宣言的思想渊源之争》，北京：法律出版社 2013 年版，第 22 页。

② 赫尔穆特·施泰因贝格：《美国宪政主义赫德国宪法发展》，［美］路易斯·亨金、阿尔伯特·J. 罗森塔尔编：《宪政与权利》，郑戈等译，北京：生活·读书·新知三联书店 1996 年版，第 265 页。

③ 同上注，赫尔穆特·施泰因贝格文，第 255—291 页。

④ 路易·法沃勒文，第 33—35 页。

（二）欧洲宪法法院式宪法解释模式何以确立？

在欧洲，尽管宪法审查式的宪法解释制度得以确立，但是选择的路径与方法依然有其差异。奥地利、德国、意大利等国以及 1989 年之后的东欧国家与苏联解体后的俄罗斯等都选择了宪法法院式宪法解释模式，而法国则选择了宪法委员会式宪法解释模式。其中的原因何在？

具体分析各国宪法审查式宪法解释模式的确立的原因，其实皆存在着不同。在此，笔者以下重点分析四个国家即奥地利、德国、意大利和俄罗斯确立宪法法院式宪法解释模式的内在原因。

1. 宪法法院何以首先在奥地利确立？

近代意义上的德国和奥地利宪法审查制度均产生于 19 世纪初的德意志联邦体制之下。1871 年统一之前的德意志是一个邦国林立的联邦国家，[①]其中奥地利和普鲁士两个国家最为强大，这两个国家之间的战争构成了 17、18 世纪德意志政治生活的主要内容之一。由于各邦国实行君主立宪制，所谓的宪法审查范围较为有限，仅审理"大臣弹劾案"。1820 年德意志联邦通过的《维也纳决议案》第 17 条规定：联邦会议具有对联邦政府行为的违宪审查权，但对各成员国的同类争议案件则由各国自行规定。直到 1834 年 10 月，德意志联邦在维也纳召开部长会议，通过了《维也纳联邦决议》，根据该决议和《维也纳决议案》，设立联邦仲裁法院，这样，对联邦各成员国内特定的某些宪法争议案则由联邦仲裁法院裁判，同时，仲裁法院也可裁判各成员国之间的宪法性争议案件。[②] 1849 年 3 月 28 日，各邦议会代表团组成的法兰克福议会最终通过了帝国宪法——《法兰克福宪法》，它规定建立了联邦法院，该联邦法院对联邦与各成员国之间有关违宪争议案、各成员国之间的争议案以及各成员国内部的宪法性争议案，皆有管辖权。

1866 年，普鲁士对奥地利的战争是德国统一的重要一步。普奥战争以普鲁士胜利而结束。1866 年 8 月 23 日，普奥两国在布拉格签订和约，其中规定奥地利退出德意志联邦。经过这次战争，普鲁士基本统一了德意志，1867 年成立了以普鲁士为中心的北德意志联邦。1867 年 5 月，奥地利与匈牙利达成协议，建立了奥匈帝国。1918 年第一次世界大战结束后，奥地利所属的奥匈帝国解体；1918 年 10 月 21 日，原奥匈帝国议会的 232 名德意志裔议员成立临时国民议

---

① 当时的德意志地区，出现了大大小小 360 个独立邦国。参见张延玲、隆仁主编：《世界通史》（第 3 卷），海口：南方出版社 2000 年版，第 1586 页。

② 刘兆兴：《德国联邦宪法法院总论》，北京：法律出版社 1998 年版，第 11 页。

会,最终宣布成立德意志奥地利共和国,①并于 11 月 12 日通过了《德意志奥地利临时宪法》。1919 年 1 月 25 日,奥地利临时国民大会通过了《关于设立德意志奥地利宪法法院的法律》,在原奥匈帝国的帝国法院和国事法院合并基础上成立了新的宪法法院。1920 年 10 月,奥地利国民议会通过了新宪法即《奥地利联邦宪法》,该宪法第七章第四节规定了"宪法法院",其中第 138 条规定了宪法法院受案范围,包括法院与行政机关的权限争议,普通法院与庇护法院或行政法院、庇护法院和行政法院以及宪法法院自身与所有其他法院之间的权限争议,联邦与州以及各州之间的权限争议等等。② 1921 年 7 月 13 日,国民议会通过了《关于宪法法院组织和程序的法律》的决议;7 月 15 日,国民议会选举产生了宪法法院法官。

奥地利何以首先在欧洲各国确立宪法法院式宪法解释模式? 归结起来,主要有以下两个方面的原因:

第一,存在一定的历史传统。依据古老的帝国传统,统治者可以被起诉至法院并要求出庭。帝国法院自 1869 年成为一个"基本权利法院",国民可以此"对抗任何肆意专断和政府权力之强制"并向帝国法院申诉。③ 同时,如前述,1834 年成立的联邦仲裁法院和 1849 年建立的联邦法院都审查宪法性争议案件,对此,刘兆兴认为,从联邦法院的管辖权范围看,"可称之为现代意义上的宪法法院"④。因此,从奥地利宪法裁判历史看,设立专门的宪法法院具有历史传统基础。

第二,学者的倡议与提出。学界一般认为,奥地利宪法法院首先是由汉斯·凯尔森提出的,奥地利学者埃瓦尔德·魏德林对此提出了质疑,他认为,有四个人对此作出了贡献,其中最早提出建立宪法法院思想的不是凯尔森,而是格奥尔格·耶利内克(Georg Jellnek),1885 年,耶利内克在《奥地利的一个宪法法院》中就提出了建立宪法法院的设想。其后,卡尔·伦纳是首先附设这一观点的政治家,并在其担任总理期间将此提上议事日程。凯尔森则对此进行了研究与实践。然而,正是凯尔森的实质性工作使奥地利宪法法院获得了成功,若没有凯尔森的工作,维也纳的宪法法院今天可能会像布拉格的宪法法院一样已被人遗忘。

---

① 1919 年 9 月 10 日战胜国与奥匈帝国的奥地利签署的《圣日耳曼条约》,在原奥匈帝国境内,成立奥地利、匈牙利、捷克斯洛伐克三个国家。

② 《世界各国宪法》编委会:《世界各国宪法》(欧洲卷),北京:中国检察出版社 2012 年版,第 85 页。

③ [奥]埃瓦尔德·魏德林:《奥地利宪法法院:凯尔森之创造及其模式特性》,[奥]罗伯特·瓦尔特:《宪法法院的守护者:汉斯·凯尔森法官研究》,王银宏译,北京:人民日报出版社 2016 年版,第 5—6 页。

④ 刘兆兴:《德国联邦宪法法院总论》,北京:法律出版社 1998 年版,第 12 页。

因此,汉斯·凯尔森被誉为宪法法院之父是不合适的。① 1992年,维也纳公法教授菲力克斯·厄马克拉(Felix Ermacora)也指出:"谁是实际上奥地利宪法审查制度设想的最早提出者,卡尔·伦纳还是凯尔森? 在我以前的书中,我曾经指出宪法法院这一机构的雏形最早来源于卡尔·伦纳的制宪筹备工作,而汉斯·凯尔森仅仅是把卡尔·伦纳的想法赋予法律的形式。"②1902年,卡尔·伦纳在《为奥地利成为联邦制国家而奋斗:国家的宪法和行政问题》一书中,结合耶林内克的观点,第一次提出了在君主立宪政体下建立奥地利宪法法院的设想。后来在组建法院系统时,即1918年11月13日,身兼国会议员和帝国法院候补法官的朱利斯·奥弗纳(Julius Ofner)提出应该设立一个新的机构取代帝国法院,以使其和行政法院能在同一法律体系下各行其职。最终,时任国务总理的卡尔·伦纳被国务委员会授权起草有关宪法法院的宪法草案,于是他邀请了维也纳大学法理学和宪法学教授的凯尔森起草该法案。凯尔森制定了《宪法法院法法案》,凯尔森在提交的法案中对此作出了说明,他指出:"伴随着原奥匈君主国的消亡,其国家机构和国家制度也随之在法律上停止存在。代替它们而来的新的国家机构必须建立在新的德意志奥地利宪法的基础上。通过新的创建行为所产生的国家机构与法律制度,必然要采用新的制度模式";"考虑到已经变化了的宪政环境,新设立的法院应该改称为'宪法法院',从而更好地反映该机构的主要职责。"③1919年1月8日,国务委员会通过了由凯尔森起草的、总理伦纳提交的草案,1月25日临时国民议会通过了关于建立德意志奥地利宪法法院的法律,几乎完全采纳了上述草案。因此,由原帝国法院向宪法法院的成功转变应该主要归功于总理卡尔·伦纳,而在宪法法院的具体制度设计上,凯尔森则起到了关键性作用。④ 需要指出的是,凯尔森关于宪法法院的理论,主要集中于1945年出版的《法和国家的一般理论》之中,换言之,凯尔森关于宪法法院的思想主要是在他负责起草奥地利宪法法院法草案的过程中接受并逐步形成的。他关于宪法法院的理论为后来德国宪法法院、乃至欧洲其他各国宪法法院的创建奠定了理论基础。

---

① [奥]埃瓦尔德·魏德林:《奥地利宪法法院:凯尔森之创造及其模式特性》,王银宏译,北京:人民日报出版社2016年版,第9页,第29页,第33页。

② Ermacora Felix, ed. Buchbesprechung. Osterreichische Juristen-Zeitung 16:1992, p. 560. 转引自胡骏:《奥地利宪法法院研究》,北京:法律出版社2012年版,第74页。

③ Georg Schmitz, The Constitutional Court of the Republic of Austria 1918-1920, *Ratio Juris*, Vol. 16 No. 2 June 2003,p. 245.

④ 胡骏:《奥地利宪法法院研究》,北京:法律出版社2012年版,第85—86页。

2. 德国何以确立宪法法院模式？

前文已述,1866 年 8 月 23 日,普奥两国经过 1866 年的战争,普鲁士基本统一了德意志,并于 1867 年成立了以普鲁士为中心的北德意志联邦。1867 年制定了《北德意志邦联宪法》。1870 年普法战争之后,俾斯麦于 1871 年 1 月 18 日在法国凡尔赛宫宣布统一的德意志帝国成立,德意志完成了国家统一。1871 年 4 月 16 日通过了德国统一后的第一部德意志帝国宪法。1918 年德国在第一次世界大战失败后,于 1919 年 1 月 19 日德国立宪会议通过了《魏玛宪法》,其中第 108 条规定:"联邦应依照联邦法律,设立德意志联邦高等法院。"①二战结束后,西德于 1949 年 5 月 8 日由制宪会议通过了《德意志联邦共和国基本法》,其中第 92 条、第 93 条和第 94 条确立了联邦宪法法院司法权的依据、权限和组成。1951 年 3 月 12 日,德国公布了《联邦宪法法院法》,该法和《基本法》共同构成了联邦宪法法院的法律基础。德国是继奥地利之后设立宪法法院的国家,德国何以确立宪法法院模式？ 具体分析,其原因在于以下几点:

第一,美国司法审查经验的影响与近代以来德国自身宪法审查实践的总结。

前文所述,包括德国在内的欧洲宪法审查制度源自于美国模式与经验,美国宪政经验对于德国的影响更加深远。譬如 1849 年德国法兰克福议会在立宪期间,西方世界已有 70 部左右的宪法如瑞士、英、法、比利时、挪威、荷兰、波兰等国宪法,这些宪法都是国民议会及专门委员会辩论的材料,而美国宪法的原则和条文是所有这些外国宪法中提到最多的、实际影响也最大。在国民议会看来,美国宪法生机勃勃,已证明是一个构思精巧的框架,从中引出国家统一、个人自由、经济成功以及民族独立,而这些正是德国两百余年一直缺乏的。在制宪会议期间,各种政治小册子充斥街头,许多小册子对美国宪法赞不绝口,并热情建议采纳美国模式。德国民众对美国宪法大多都很推崇,并且认为只要经过适当改动,对制定德国宪法就是一个非常有用的蓝本。因此,1849 年宪法草案中的每一个主要因素都受到了美国宪政原则的影响。其中一个影响就是:制定一个有宪法保证的基本权利目录的想法得到了公众舆论的广泛支持,这是除国家统一外,1848 年被称之为三月革命的最重要的诉求,1848 年 12 月 27 日,制宪会议宣布了《德意志人民基本权利法》。1849 年宪法规定了一个对公共权力施行的合宪性进行广泛地司法审查的制度,无论是联邦还是邦,也不管是立法、行政还是司法,统统

---

① 第 108 条设立的法院,目前有三种译法: 高等法院、国家法院、国事法院。刘兆兴翻译的是"国事法院",参见刘兆兴:《德国联邦宪法法院总论》,北京: 法律出版社 1998 年版,第 15 页;黄卉翻译为"国家法院",参见《世界各国宪法》,北京: 中国检察出版社 2012 年版,第 206 页;《世界宪法全书》译为"高等法院"(参见姜士林等主编:《世界宪法全书》,青岛: 青岛出版社 1997 年版,第 819 页)。

都要接受联邦最高法院的审查。用司法机构武装权利实施的思想正体现了美国宪政主义对德国制宪的决定性影响。1849 年宪法原则和观念,诸如基本权利、民主代表、法治、宪法至上、司法审查也一直渗透 20 世纪德国民主宪政中。1871 年德国统一之后,在俾斯麦宪法期间,法院有权决定判决所涉及的规范性文件的签署、颁行和发布是不是恰当。这种形式的司法审查权也扩展到联邦和邦的法律上。1879 年建立的帝国最高法院也对联邦法规进行实质性司法审查——审查这些法规是否需要一个制定法基础,如果要的话,它们有没有超出这个基础的界限。各邦制定法和法规也要接受司法审查,看其实质内容和联邦法律是不是相容。① 在 1919 年魏玛制宪会议上,自由派代表弗里德里希·诺曼指出:"自古以来,胜利者都会对战败者的政治形式产生某种影响,咱们打开天窗说亮话:我们面对的是一个政体样式导源于美国的世界。"②1919 年魏玛宪法设立了国事法院(国家法院或高等法院),魏玛宪法并未将法律合宪性审查权赋予国事赋予,而是由帝国最高法院行使③,这种由普通法院行使合宪性审查的制度安排显然是受到了美国模式的强烈影响。1925 年之后,联邦最高法院开始实行司法审查,但在魏玛共和国的政治生活中,司法审查并未成为主要因素,还没等它大展宏图,共和国就于 1933 年随着希特勒的上台而走到了末路。二战结束后,1948 年美国宪法研究专家、宪法学教授赫尔曼·冯·曼戈尔特成为起草联邦德国基本法的议会立法班子的成员。1949 年德国基本法继承了 1849 年和 1919 年的宪法传统,仍然把宪法冲突交由司法解决,但宪法解释的主体最终选择的是宪法法院而非普通最高法院。正如施泰因贝格所说:"的确,当代德国宪法管辖权的多数制度和程序特征,其根基和源头仍要到十九世纪的德国宪法传统、各邦宪法以及 1849 年宪法中去寻找。"④

从上述美国模式之于德国最终确立宪法法院式宪法解释制度的影响观之,德国的宪法审查制度深受美国经验的影响,尤其是 1849 年宪法和 1871 年宪法,都采取了美国普通法院式的宪法审查制度,先后由联邦最高法院与国事法院行使司法审查权。至二战结束后的 1949 年,德国则选择了不同于美国普通法院模

① 赫尔穆特·施泰因贝格:《美国宪政主义赫德国宪法发展》,[美]路易斯·亨金、阿尔伯特·J.罗森塔尔编:《宪政与权利》,郑戈等译,北京:生活·读书·新知三联书店 1996 年版,第 258 页、第 260 页、第 262 页、第 267 页。

② 赫尔穆特·施泰因贝格:《美国宪政主义赫德国宪法发展》,[美]路易斯·亨金、阿尔伯特·J.罗森塔尔编:《宪政与权利》,郑戈等译,北京:生活·读书·新知三联书店 1996 年版,第 268 页。

③ 根据 1921 年 7 月 9 日的民国法律,设立了最高法院。

④ 赫尔穆特·施泰因贝格:《美国宪政主义赫德国宪法发展》,[美]路易斯·亨金、阿尔伯特·J.罗森塔尔编:《宪政与权利》,郑戈等译,北京:生活·读书·新知三联书店 1996 年版,第 274 页。

式的宪法法院模式,正如路易·法沃勒所说:"美国式的'宪法司法'仍然具有一种神话般的性质——表面上简单至极,但却是一种理想的不可实现的制度"。① 也有欧洲学者认为:"违宪审查之于公法就像西部片和美国喜剧片之于电影一样,是一种地道的美国货。"②这就是为什么德国自 1925 年 11 月 4 日帝国法院的一个判决始,普通法院就肩负起审查法律合宪性的重任而仍不能阻止议会违宪行为的频繁发生的原因,最终还是回到了奥地利宪法法院模式上。

第二,汉斯·凯尔森关于宪法法院理论的影响。

汉斯·凯尔森不仅起草了奥地利宪法法院法,直接参与了宪法法院之制度设计,而且还担任了宪法法院设立后的第一任法官。他在宪法法院的审判实践中,对宪法法院理论作出了深入思考,1949 年由哈佛大学出版社出版了他的《法和国家的一般理论》。他在书中提出了规范等级体系理论。他指出,一个国家的法律秩序是一个不同级的诸规范的等级体系,这些规范的统一体是由这样的事实构成的:一个低级规范的创造为高级规范所决定,后者的创造又为另一个更高的规范所决定,而最终是以一个最高的规范即基础规范所决定,这一规范,作为整个法律秩序的效力的最高理由,就构成了这一法律秩序的统一体。③ 作为基础规范,宪法是国内法中的最高一级。既然宪法是具有最高效力的基础规范,那么宪法和法律之间可能发生冲突问题,这就是违宪法律问题。凯尔森对此指出:如果宪法规定了在制定法律时应遵守的某种程序,并且它还立下了关于这些法律内容的某些条款,那么,它就必须预见到有时立法者可能不遵循这些规定的可能性。宪法因而就可能指定这样一个机关,它必须决定调整立法功能的规定是否被遵守。如果这个机关不同于立法机关,它就成了一个凌驾于立法者之上的权威,这可能在政治上是不合适的,特别是如果这个机关有权废除一个它认为是违宪的法律。如果不要求立法机关以外的机关来审查法律的合宪性,法律是否合宪问题必须且只能由立法机关本身来决定,那么就没有一个由立法机关制定的法律可以被认为是违宪的。④ 所以,凯尔森主张,关于立法的宪法原则的适用只有在委托除立法机关以外的一个机关履行审查任务时,才能有效地保证。他认为,这一机关可能有两种:一是宪法法院,二是普通法院,尤其是最高法院。

---

① 路易·法沃勒:《欧洲的违宪审查》,[美]路易斯·亨金、阿尔伯特·J.罗森塔尔编:《宪政与权利》,郑戈等译,北京:生活·读书·新知三联书店 1996 年版,第 28 页.
② 转引自路易·法沃勒:《欧洲的违宪审查》,[美]路易斯·亨金、阿尔伯特·J.罗森塔尔编:《宪政与权利》,郑戈等译,北京:生活·读书·新知三联书店 1996 年版,第 30 页。
③ [奥]凯尔森:《法与国家的一般理论》,沈宗灵译,北京:中国大百科全书出版社 1996 年版,第 141 页。
④ [奥]凯尔森:《法与国家的一般理论》,沈宗灵译,北京:中国大百科全书出版社 1996 年版,第 176 页。

然而，对于两种模式，凯尔森更倾向于集权化的宪法法院模式，他指出："审查法律的合宪性以及使违宪法律归于无效的权力，可以作为一种多少是专属的职能而授予一个专门的宪法法院，其他法律只有权向宪法法院申请审查并废除它们所必须适用但却又认为是违宪的那些法律。这种解决问题的办法意味着对立法的司法审查的集权化[①]"。在同卡尔·施密特就"谁应该是宪法守护者"的争论中，凯尔森在维也纳举行的国家法学者年会的演讲中，非常明确地指出，他认为宪法法院机制在根本上是任何一部深思熟虑的宪法在逻辑上的必然推论。如果一部宪法虽然调整法律制定，但是却不关心这些规范是否被遵守，那么它就缺乏完整的法律约束力。未规定实施机构的宪法实际上放弃了自己的规范内涵，从纯粹法律学的立场来看，这样的宪法在法律上毫无意义。[②] 因此，凯尔森作为纯粹法学理论的奠基者和创始人以及作为宪法法院法官丰富的裁判实践经验，其宪法法院的理论对于德国最终选择奥地利宪法法院模式在理论上起到了理论证成的作用。

第三，卡尔·施密特对于美国司法审查模式的反对。

卡尔·施密特在 1928 年写的《宪法学说》中提出了这样一种观点："为了裁决一项法律或法规是否与宪法法规相符的问题，可以设立一种特殊的司法形式的程序，让一个被称为'最高法院'甚或'宪法法院'（Verfassungsgerichtsshof）的机关据此作出裁决。[③]"这里的"最高法院"不同于美国的最高法院，它不是一般的司法形式，而是像施密特所说的一种"特殊的司法形式"，其特殊性在于，它是作为德国的"复审制"（revision）制度而出现的。复审制是欧洲国家阻止法官解释法律的一种制度，该法院"为了法律的正确实施，不但有权审查下级法院的判决，撤销错误的判决，作出正确的指示，而且相应地还可以对被错判的案件进行'复审'"。[④] 因此，普鲁士设置的"最高法院"不是纯粹的司法机关，而是特殊的司法形式。1931 年施密特在《宪法的守护者》中则明确反对司法者作为宪法的守护者。他明确提出："精确地说，拥有民事、刑事及行政审判权而对诉讼作出裁判的法律并不是宪法的守护者。"[⑤]施密特之所以反对普通法院作为宪法的守护者，是因为在他看来，对于某些德国法学者而言，把美国联邦最高法院作为一种神话看待，对美国最高法院的理解不精确，把这种由普通法院保障宪法的做法，视

[①] ［奥］凯尔森：《法与国家的一般理论》，沈宗灵译，北京：中国大百科全书出版社 1996 年版，凯尔森书，第 298 页。

[②] ［德］迪特·格林：《论凯尔森的解释学说、宪法法院机制与民主原则之间的关系》，张龑编译：《法治国作为中道：汉斯·凯尔森法哲学与公法学论集》，北京：中国法制出版社 2017 年版，第 363—364 页。

[③] ［德］卡尔·施密特：《宪法学说》，刘锋译，上海：上海人民出版社 2005 年版，第 131 页。

[④] ［美］约翰·亨利·梅利曼：《大陆法系》，顾培东、禄正平译，北京：知识出版社 1984 年版，第 46 页。

[⑤] ［德］卡尔·施密特：《宪法的守护者》，李君韬、苏慧婕译，北京：商务印书馆 2008 年版，第 16 页。

为一种在所有大型民主国家都已经证明是有价值的实行的制度,从而加以模仿。然而,在施密特看来,美国联邦最高法院与德国的国事法院完全不同,而美国联邦最高法院的审判权也与今天我们在德国所习称的国事法院的审判权或宪法审判权毫无共同之处。他认为,原则上,只有在一个将公领域整体都置于普通法院控制下的司法国里,这种司法审查权或说对诉讼作出裁判的法院,才成为宪法的守护者。帝国法院若与美国最高法院所行使的司法审查权相比较,其主要差别在于,美国最高法院旨在维护一般性原则,因此具有当前社会经济秩序之守护者与捍卫者的地位。反之,由于帝国法院所行使的司法审查权必须严守法律与政治之界限,拒绝对于一般法律是否抵触一般宪法原则的问题加以审查,从而没有成为宪法守护者之可能。对于这种司法审查权而言,政治上的关键决定应该留在立法者手上。因此,整体而言,司法权仍然受立法权之拘束,而司法权将宪法拘束力置于法律拘束力之前的行为,并不当然就能让司法权成为宪法的守护者。司法者不能在一个并非司法国的国家里行使宪法守护者的功能。① 因而,宪法守护者的问题不会是通过虚构的司法形式,而会以其他方式出现。② 当然,施密特虽然出于政治考量,最终提出了"帝国总统作为宪法的守护者"的观点,但是他对美国司法审查模式的拒绝以及对在德国确立美国司法审查式宪法审查制度的否定,也为德国最终选择奥地利宪法法院模式、抛弃美国模式提供了理论支持。

3. 俄罗斯何以确立宪法法院模式?

1991 年 12 月 26 日,苏联最高苏维埃共和国院举行最后一次会议,履行了苏联停止存在的法律手续,意味着苏联解体,俄罗斯联邦成为完全独立的国家。1993 年 12 月 12 日,俄罗斯联邦以全民公决的形式通过了《俄罗斯联邦宪法》,该宪法第 125 条规定了俄罗斯联邦宪法法院的组成与审理范围。1994 年 7 月 21 日和 1996 年 12 月 31 日,俄罗斯联邦总统先后签署并批准了《俄罗斯联邦宪法法院法》和《俄罗斯联邦司法体系法》。上述两部法律都明确规定,俄罗斯联邦宪法法院是负责宪法监督的司法机关,也是宪法解释机关。这标志着俄罗斯联邦最终选择了欧洲宪法法院式宪法解释制度模式。那么,俄罗斯何以选择宪法法院模式?

众所周知,苏联解体之前,宪法解释制度模式实行是最高国家权力机关宪法审查与解释制度。1977 年《苏维埃社会主义共和国联盟宪法》是 1977 年 10 月 7 日由第九届苏联最高苏维埃非例行的第七次会议上通过的。该宪法比之前的三

---

① [德]卡尔·施密特:《宪法的守护者》,李君韬、苏慧婕译,北京:商务印书馆 2008 年版,第 18—24 页。

② [德]卡尔·施密特:《宪法的守护者》,李君韬、苏慧婕译,北京:商务印书馆 2008 年版,第 71 页。

部宪法即 1918 年宪法、1924 年宪法和 1936 年宪法更为明确规定了苏联宪法的最高法律地位和最高法律效力，首次宣布苏联宪法具有最高法律效力，第 173 条规定："一切法律和国家机关的其他文件都以苏联宪法为依据，并与苏联宪法相符合。"《苏联宪法（基本法）生效程序法》第 1 条进一步规定：1977 年苏联宪法颁布以前通过的苏联、加盟共和国和自治共和国的一切法律、国家机关的其他文件，凡是不同 1977 年苏联宪法相抵触的，就保留其效力。[①] 第 23 条规定：监督苏联宪法的遵守情况，保障加盟共和国宪法与苏联宪法相符合，属于联盟国家最高国家权力机关和管理机关。第 108 条规定：苏联最高苏维埃是苏联最高国家权力机关，它有权解决本宪法规定属于苏维埃共和国联盟权限内的一切问题。第 121 条明确规定：苏联最高苏维埃主席团有权"监督苏联宪法的执行，并保证各加盟共和国宪法和法律同苏联宪法和法律相符合"。在具体制度运行中，苏联最高苏维埃以例会的形式行使违宪审查权；苏联最高苏维埃主席团既可以根据自己的动议，又可以根据苏联部长会议、加盟共和国最高国家权力机关、苏联最高苏维埃委员会和苏联最高苏维埃两院委员会、苏联最高苏维埃代表、苏联人民监督委员会、苏联最高法院、苏联总检察长以及以全联盟机关为代表的社会组织的提议，审议国家机关、社会组织以及公职人员是否遵守苏联宪法问题。在查明加盟共和国宪法或法律同苏联宪法或法律相抵触时，苏联最高苏维埃主席团向加盟共和国最高苏维埃主席团提出使其宪法或法律同苏联宪法或法律相适应的问题，并在必要时就该问题发布命令。[②] 这种最高国家权力机关宪法审查式解释制度之弊端在于"自由审查自己"，缺乏客观公正性。重要的是，除了宪法条文的规定外，缺乏对违宪审查的方式和程序的具体规定，也没有制定相关法律，往往使这种审查流于形式。有俄罗斯学者指出："在我们国家，对保障宪法（权威）的评价，可以断定，就是不令人满意。宪法的规定经常被回避、不遵守，甚至被毫不客气地破坏。大量政府指示，许多部门命令随意改变，以至最终断送了宪法原则和宪法规范。根本法变成了一种虚构、一种假象，起着表面民主的虚假作用，这种表面民主遮蔽了不法行为、个人崇拜时代的恣意、唯意志论和萧条的景象。"[③]

由于宪法不受尊重是最高国家权力机关审查制流于形式的关键因素，所以，在 20 世纪 80 年代末期，随着戈尔巴乔夫发动社会变革，特别是法治国构想提出后，人们对待苏联宪法的态度发生了根本变化，使得改革最高国家权力机关审查

---

① 刘向文：《俄国政府与政治》，台北：五南图书出版有限公司 2002 年版，第 546 页。
② 刘向文、宋雅芳：《俄罗斯联邦宪政制度》，北京：法律出版社 1999 年版，第 454 页。
③ 尤晓红：《俄罗斯宪法法院研究》，北京：中国社会科学文献出版社 2009 年版，第 29 页。

制变得日益迫切。① 当时的俄罗斯人已经清醒地认识到,缺少专门的机构行使违宪审查权是最高国家权力机关审查制的一个很大缺陷,因此,这一时期,在现有的政治条件基础上建立一个专门行使违宪审查权的机构,成了当时改革和完善违宪审查制的目标所向。关于专门机构的设置,有三种方案:第一,最高法院行使违宪审查权;第二,创建一个特殊法院:宪法法院;第三,建立一个附属于苏联最高苏维埃主席团或苏联最高苏维埃某一院的宪法监督委员会。三种方案中,呼声最高的是建立宪法法院。然而,当时的政权体系仍是一切权力归苏维埃,如果选择宪法法院,就意味着可能对最高国家权力机关进行审查,这在当时是不可想象的,正如刘向文所说:"苏维埃至高无上的观念反对设立宪法法院。苏联时期的宪法都确认了议行合一原则。依照当时宪法的规定,仅苏维埃是国家权力机关。国家执行机关、审判机关和检察机关均由国家权力机关产生,向它负责,受它监督。上述三种国家机关都隶属于国家权力机关,而不能位于之上或与其处于相同地位。苏联宪法的上述规定,不允许设立宪法法院。就是到了1990年3月,三权分立原则得到普遍承认的时候,还有很多人不理解,为什么要设立宪法法院。在这种氛围下,1988年底规定设立苏联宪法监督委员会是适宜的。设立苏联宪法监督委员会,是在苏维埃至高无上的观念和必须对立法权的活动实施宪法监督的观念之间实行的某种妥协。所以,在当时建立起来的违宪审查机关体系中,苏联人民代表大会仍是违宪审查机关体系的重要组成部分。"② 因此,限于政治现实,宪法法院的方案被搁置。至于最高法院,不具有社会公信力,没有能力行使违宪审查权。因此,建立宪法监督委员会就成为当时最现实的选择。③ 刘向文曾分析过其中的原因,他认为主要原因在于:第一,苏联宪法监督机构的任务繁重,立法和监督任务繁重,不可能集中精力实施宪法监督;第二,宪法监督的任务繁重;第三,苏联最高苏维埃代表的法学专业素质低;第四,主要是通过规范性文件适用法律的实践表明,缺少应有的组织机制是规范性文件中违反现象难以克服的主要原因。④ 当然,可能苏联法学界的呼吁也是一个重要因素。苏联法学界人士不止一次地建议认真研究其他社会主义国家的宪法监督实践,建议成立专门的宪法监督机关(两院联合成立宪法委员会,或两院中一院成立的宪法委员会等)。在起草1977年苏联宪法草案时,由著名法学家组成的苏联宪法委员会秘书处直属工作小组曾提出设立苏联宪法监督委员会

① 尤晓红:《俄罗斯宪法法院研究》,北京:中国社会科学文献出版社2009年版,第24页。
② 刘向文:《俄罗斯联邦宪法司法制度的历史发展》,《黑龙江省政法管理干部学院学报》2006年第1期。
③ 尤晓红:《俄罗斯宪法法院研究》,北京:中国社会科学文献出版社2009年版,第19—32页。
④ 刘向文:《俄国政府与政治》,台北:五南图书出版有限公司2002年版,第551—552页。

这一专门宪法监督机关的方案。这一方案因未能得到以勃列日涅夫为首的苏联宪法委员会的支持而流产。① 苏联学者伊里伊斯基在《社会主义国家的宪法监督和宪法保障》一文中对此也有论述。②

1988 年 12 月 1 日,苏联最高苏维埃在总结本国宪法保障制度经验教训的基础上,借鉴其他社会主义国家的宪法保障制度经验,通过了第一个 1977 年苏联宪法的修改补充法。该法在坚持最高国家权力机关宪法保障制度的同时,增设一个独立的、专门的宪法监督机关——苏联宪法监督委员会,该委员会既可以受苏联最高苏维埃国家权力机关及其常设机构的委托,又可根据自己的动议实施宪法监督。③ 当时有学者指出:"建立一个专职的专门机构保障宪法会有一系列的优势,并且这具有现实上的可能性。这个专门机构的活动只是宪法监督,因此,宪法监督就会带有深入性和全面性"。④ 正是基于以上原因,在起草 1977 年苏联宪法时,由法学家提出的设立苏联宪法监督委员会的设想,在戈尔巴乔夫时期变成了现实。1989 年 12 月 23 日,第二次苏联人民代表大会通过了《苏联宪法监督法》,具体规定了苏联宪法监督委员会的组织与活动程序。1990 年 1 月,《苏联宪法监督法》生效;同年 4 月,苏联宪法监督委员会正式成立。《苏联宪法监督法》第 2 条规定:"苏联宪法监督由苏联宪法监督委员会以及各加盟共和国和自治共和国宪法监督机关负责实施。⑤"苏联宪法监督委员会被赋予某些专门的监督性权限。例如,有权对被监督文件的合宪性出具结论意见,但无权废除它们;在某些情况下只有有权中止被监督文件的效力,以及要求颁布文件的机关在 3 个月的期限内消除不符合宪法的情况。应当指出,苏联宪法监督委员会是在没有废除苏维埃全权的情况下进行工作的。它由苏联人民代表大会组建,并受苏联人民代表大会监督。在发现苏联人民代表大会的文件、加盟共和国的宪法与苏联宪法相抵触时,苏联宪法监督委员会无权中止它们的效力。它只能向苏联人民代表大会送达自己的结论意见,以便作出最终裁决。苏联人民代表大会可以以其全体代表三分之二以上多数通过决议撤销苏联宪法监督委员会的结论意见。⑥ 由

① 刘向文:《苏联宪法监督制度的发展变化》,《郑州大学学报》2003 年第 1 期。
② 伊里伊斯基:《社会主义国家的宪法监督和宪法保障》,《苏维埃国家与法》杂志,1969 年第 5 期,第 48 页。
③ 刘向文:《论苏联宪法监督委员会的成立与实践》,《宪政论丛》(第 1 卷),北京:法律出版社 1998 年版,第 271—289 页。
④ 尤晓红:《俄罗斯宪法法院研究》,北京:中国社会科学文献出版社 2009 年版,第 30 页。
⑤ 《苏联宪法监督法》,王向明译,《环球法律评论》1990 年第 6 期。
⑥ [俄]格里岑科·叶琳娜·弗拉基米罗芙娜:《俄罗斯联邦的宪法司法制度》,刘向文译,《河南省政法管理干部学院学报》2005 年第 6 期。

此,苏联初步实现了从最高国家权力机关的宪法审查到宪法监督委员会宪法审查体制的过渡。其意义在于:"建立法治国家思想的具体体现,是在最高权力结构中建立一个对我们来说是新的机关,即苏联宪法监督委员会。它的主要使命是公正地维护苏联根本法。要对遵守宪法和其他法律实行真正监督,需要作出共同努力,其中包括完善立法本身以及各国家机构强有力的活动。因此,建立一个专门机构——苏联宪法监督委员会,是一个意义十分重大的措施。"①而对于苏联宪法监督制度而言,这次改革只是"宪法改革的第一阶段",问题在于不要原地不动,要前进,积累经验,实现以后苏联宪法改革的各个阶段。不过,也有学者指出:"苏联宪法监督委员会的出现并没有彻底改变最高权力机关审查制,只能说是对它的一种改良",实际上,宪法监督委员会不具有独立地位。② 刘向文教授指出:苏联人当时把它看作是医治国家弊端和问题、捍卫宪法和法制的万灵丹,给予了过高的期望③。然而这一专门监督机构不是医治国家弊端的万灵丹。

随着苏联解体,1993 年俄罗斯宪法最终确立了欧洲宪法法院式违宪审查与宪法解释制度。欧式宪法审查与宪法解释制度之所以能够在俄罗斯出现,除了与苏联时期的宪法监督制度存在诸多弊端、不能适应现实需求外,主要是因为受到了西方法治国与公民社会理论的影响以及分权原则的确立。因为,"只有在分权原则确立的前提下,法院或宪法法院才有行使违宪审查权的可能"。④ 对分权理论由排斥到认可源于戈尔巴乔夫领导的改革。有俄罗斯学者把这种转变的原因归结为五大因素:第一,追求最大限度的、彻底的使用先驱者们创造的所有法律思想成就的这样一种人类价值观占据优先地位;第二,寻找一条具体的路径以消除对于政治体系而言最为有害的苏维埃社会的扭曲现象——党的机构拥有全权,党行使着许多国家权力的职能;第三,促成议会运作的进程已经开始,这要求对于议会和执行权关系问题、代议机关及执行指挥机关的权限范围问题作出回答;第四,在苏联共和国中,选举总统,甚至是创建专门的宪法监督机构;第五,致力于巩固司法,使它免受压制和干预,提高它在社会公众中的威望,使之成为有效的保护苏维埃公民权利和自由的武器。⑤ 俄罗斯学者米格拉尼扬指出:"我们的立法、行政、司法和党的机关之间的功能之所以不分,是因为我们的政治体制中没有对权力作明确的划分,通过权力的划分,一些权力成分在力量和对社会事

---

① [苏]拉扎列夫、A. H. 斯利瓦:《苏联宪法改革的第一阶段》,安平译,《法学评论》1989 年第 4 期。
② 尤晓红:《俄罗斯宪法法院研究》,北京:中国社会科学文献出版社 2009 年版,第 34 页。
③ 刘向文:《俄国政府与政治》,台北:五南图书出版有限公司 2002 年版,第 563 页。
④ 尤晓红:《俄罗斯宪法法院研究》,北京:中国社会科学文献出版社 2009 年版,第 59 页。
⑤ 转引自尤晓红:《俄罗斯宪法法院研究》,北京:中国社会科学文献出版社 2009 年版,第 65 页。

务的影响上可由其他成分予以平衡,从而就可建立类似于古罗马的政治实践中的制衡机制那样的机制";因此,"有必要从零开始建立真正的国家权力机构:立法机关、行政机关和司法机关。"①在这种背景下,20世纪90年代初期,俄罗斯官方首次确认了三权分立原则,在1990年6月12日通过的《俄罗斯苏维埃社会主义共和国主权宣言》中明确将国家权力划分为立法权、行政权和司法权三权。1993年《俄罗斯联邦宪法》第10条明确确认了三权分立原则:"俄罗斯联邦的国家权力根据立法权、执行权和司法权分立的原则来实现。立法权、执行权和司法权的机构是独立的。"分权原则的确立,为俄罗斯提供了建立司法性宪法审查制度的可能,诚如狄骥所说:宣示权力分立制度本身即可说已经蕴藏司法审查制度的认诺。②

　　针对司法性宪法审查制度,既有美国普通法院式机制,也存在欧洲宪法法院式机制,俄罗斯人虽钟情于美国模式,但"制度本身优良仅仅是移植和模仿的前提条件。如果只是简单地将这一制度移植过来,问题本身并不复杂,重要的是需考虑俄罗斯是否存在与美式违宪审查制度赖以生长的环境相似的条件,这是决定移植与否的关键因素"③。美国式违宪审查与宪法解释制度植根于司法权优越的英美法系传统,而俄罗斯司法权长期依附于最高国家权力而不具有优越地位,这种状况与欧洲法系各国的司法权地位相似,都不具有优势地位,因此在司法权缺乏优先地位与崇高威望的社会,皆不适宜移植建立美国式宪法审查制度。正如俄国学者拉·阿·沙拉尼特所指出的:"给予法院监督立法的权力只是在这种情形下才可以想象和可能发生,即司法权拥有很高的道德威望并且完全独立于其他机关,且司法权超脱于政党的疑惑以及就广泛意义而言的一些片面的言论的影响——考虑到俄罗斯政治和社会力量及本土条件,考虑到俄罗斯历史上创立的司法权的情况,在俄罗斯不能彻底地解决这个问题。"④我国台湾学者吴志光针对东欧国家民主转型时就曾指出:"就东欧国家在民主转型过程中,采集中式而舍分散式违宪审查模式,亦毋宁是一个务实的抉择,因为与其赋予在旧体制下培养的各级法院法官违宪审查权,自然不如精选之少数具有宪法意识者来独揽此一功能。"⑤因此,俄罗斯最终选择欧洲宪法法院式宪法审查与宪法解释

---

① [俄]安德兰尼克·米格拉尼扬:《俄罗斯现代化与公民社会》,徐葵等译,北京:新华出版社2003年版,第35页、第67页。

② 李鸿禧:《违宪审查论》,台北:东升美术印刷有限公司1990年版,第25页。

③ 尤晓红:《俄罗斯宪法法院研究》,北京:中国社会科学文献出版社2009年版,第74—75页。

④ 转引自尤晓红:《俄罗斯宪法法院研究》,北京:中国社会科学文献出版社2009年版,第75—76页。

⑤ 吴志光:《比较违宪审查制度》,神州图书出版有限公司2003年版,第119页。

制度具有历史之必然性。

（三）欧洲宪法法院式宪法解释模式普遍化的原因分析

在欧洲,1920 年奥地利最早建立宪法法院之后,意大利在 1947 年、德国于 1949 年建立了宪法法院。1989 年之后,随着东欧剧变与苏联解体,东欧国家与前苏联解体后新成立的国家,绝大多数都设立了宪法法院。因此,欧洲国家如阿尔及利亚、保加利亚、克罗地亚、捷克、匈牙利、拉脱维亚、立陶宛、波兰、罗马尼亚、斯洛伐克、斯洛文尼亚、亚美尼亚、阿塞拜疆、比利时、波斯尼亚和黑塞哥维那共和国、格鲁吉亚、列支敦士登、葡萄牙、西班牙、俄罗斯、土耳其、乌克兰等均设立宪法法院。在欧洲,除北欧各国、英国、爱尔兰、爱沙尼亚、法国等,其他欧洲各国皆采宪法法院之宪法解释模式。为什么欧洲大多数国家均设立宪法法院而不是其他模式? 这种宪法法院普遍化的原因何在?

法国学者路易·法沃勒在分析欧洲国家为什么嫁接美式制度而失败的原因时,曾提出了五大原因:一是不适应本国的制度与社会环境。那些试图引进美式制度而未成功的国家都强调,宪法"工程"并不是在任何地方都能运转,其技术还要适应当地的制度与社会环境。第二,在欧洲各国,法律具有主权性与神圣性。自 1789 年法国大革命以来,卢梭关于"法律是普遍意志的体现"的思想在欧洲国家被奉为金科玉律,因此法律不能从外部审查,只有立法机关才能审查和限制自己。第三,欧洲普通法院的法官无力实施违宪审查。这要归因于他们是"职业"法官的缘故。第四,欧洲国家缺乏统一的法院系统。欧洲国家的法院系统都是二元甚至是多元的,不利于嫁接成功。第五,欧洲一些国家的宪法实际上没有最高效力,对议会也没有约束力。[①] 这五个原因实际上直接导致了欧洲国家虽接受了美国司法审查的理念与价值但却无法移植美国模式、只能选择另外一种不同于美国模式的宪法审查制度之路径,这就是宪法法院模式。

从比较法的角度分析,尽管各国各有其制度与社会环境,但就美国与欧洲国家相比较,同属于资本主义国家制度,也具有大致相同的价值观与政治理念,它们的基本政治制度与意识形态一致,为什么不能移植美国模式呢? 笔者认为,欧洲大陆法系国家之所以普遍选择宪法法院,其主要原因在于分权制与司法权及法官的地位所致。欧洲国家的分权制强调的是权力分立,而缺乏美国制宪者设计的分权与制衡制。无论是孟德斯鸠的分权制,还是洛克的三权分立制,均强调权力之间的"分立。"尤其是欧洲大革命所产生的严格分权理论,使司法权受到

---

① [法]路易·法沃勒:《欧洲的违宪审查》,[美]路易斯·亨金、阿尔伯特·J.罗森塔尔编:《宪政与权利》,郑戈等译,北京:生活·读书·新知三联书店 1996 年版,第 36—37 页。

重大限制。革命者坚持主张,法律只能由代议制的立法机关制定,这就意味着法官不能直接或间接地创制法律。立法权同司法权严格分立的原则不允许法官对立法机关制定的法规中有缺陷、相互冲突或不明确的地方进行解释,这些问题总是留待立法者作权威性的解释。分权理论要求大陆法系的法官只能在其严格的审判期限内解释和适用法律。[①] 这导致了大陆法系的法官没有法律解释权。然而,正如凯尔森所说:法院被授权为具体案件创造它认为是令人满意的、公正的和公平的实体法规范,因而法院起着作为立法者的作用;法院在命令制裁时,始终是一个立法者,因为它创造了法律。[②] 法国比较法学家勒内·达维德也指出:"解释者事实上是至高无上的","所有国家的法官有办法从束缚他的条文中解脱出来,如果正义要求这样做的话。"[③]既然法院或法官在适用法律的过程中遭遇解释问题,而一旦解释法律,就将自己的意志取代立法者的意志,这正是崇尚立法权至上的欧洲大陆法系国家所不能接受的。所以,严格的权力分立原则只能要求法官适用法律而不能解释法律,更不可能接受法官宣布立法者制定的法律违宪。这是其一。其二,大陆法系的司法传统与法官的地位决定了不能接受或移植美国模式。梅利曼指出,生活在普通法系国家的人们,对于法官是熟悉的,在人们看来,法官是有修养的伟人,甚至具有父亲般的慈严。普通法系中有许多伟大的名字属于法官:科克、曼斯菲尔德、马歇尔、斯托里、霍姆斯、布兰代斯、卡多佐。普通法系的最初创建、形成和发展,正是出自他们的贡献。对普通法系的人们来说,普通法是由法官创造和建立起来的。任命或推选为法官,被看成是一生中姗姗来迟的辉煌成就,也是对随之而来的尊敬和威望的形式上的承认。如果担任了州最高法院或联邦法院系统高级职位的法官,那他的名字就将家喻户晓,他的观点将引起报界的注意,并受到法律杂志的分析和评价。总之,他成了一个非常重要的人物。而大陆法系的法官情况与之完全相反。大陆法系的法官只是人民的公仆,机关的职员。虽然高级法院的法官受到社会的尊敬,但这种尊敬是在其他为民服务的部门中工作的高级官员也能够赢得的。大陆法系法官的地位所以同普通法系有如此之大的差别,一个基本原因在于大陆法系有着独特的司法传统。大陆法系司法系统源于罗马。罗马的法官在法律活动中并不是重要人物。帝政时期以前,他们仅是根据裁判官所提供的程序主持争诉的解决。

---

① 〔美〕约翰·亨利·梅利曼:《大陆法系》,顾培东、禄正平译,北京:知识出版社 1984 年版,第 39 页、第 26 页。

② 〔奥〕凯尔森:《法与国家的一般理论》,沈宗灵译,北京:中国大百科全书出版社 1996 年版,第 164 页。

③ 〔法〕勒内·达维德:《当代主要法律体系》,漆竹生译,上海:上海译文出版社 1984 年版,第 117 页、第 110 页。

法官并不谙熟法律，权力也受到限制。为了征求法律意见，他们转向法学家求教。帝政时期，裁判争诉的权力越来越多地落在执政官的手中。执政官也懂法律，但他们的主要作用是执行皇帝的意旨。中世纪时，法官仍然受到同样的限制。法国的司法制度在革命前曾经是民众激烈抨击的对象，革命后，则成为改革的目标。当时人们对它的指责之一就是法官正在脱离传统的大陆法系司法工作的模式而仿效英国法官的活动，法官们创造性地解释并创建地方习惯法来同巴黎中央政府的法律相对抗，甚至发展了他们自己创立的"服从先例"的原则。大陆法系法官的形象就是立法者所设计和建造的机器的操作者，法官本身的作用与机器无异。大陆法系中伟大人物并不是法官，而是那些立法者如查士丁尼、拿破仑和法学家如盖尤斯、伊尔内留斯、萨维尼以及一大批 19—20 世纪欧洲和拉丁美洲的法学家。大陆法系的法官不是那种有修养的伟人，也没有父亲般的尊严，常常就和我们普通人一样。他的形象是一个执行重要的而实际上无创造性任务的公仆。[①] 德国比较法学家 K. 茨维格特也指出："法国的法官很难在其职业生涯中使自己声名显赫。只有在最低级法院里的最轻微案件才由法官独任审理；如果他是合议庭中的一名法官，那么他不能够表达不同的观点，甚至由他起草法院的判决，法国判决书严谨的风格也要求他抑制自己的全部天性。"[②]因此，大陆法系国家的法官不过就是一种谋生的职业而已，与其他政府官员没有多大差别，同样都是人民的公仆，普遍缺乏像英美国家的法官那样所具有的"父亲般"的威严、崇高的威望与令人尊敬的职业荣誉，由这样的法官组成的普通法院难以对抗代表大多数人民的议会立法权，更不可能审查议会通过的法律的合宪性。所以，美国模式建立在对司法权威高度信任与尊重的基础之上，而欧洲模式根植于欧洲大陆对司法的不信任。

然而，二战时期法西斯政府的崛起与专制独裁政府的出现，动摇了人们对议会至上性的绝对信任，并质疑民主的弊端。正如法国高等法院名誉首席法官皮埃尔·特鲁仕指出："经历了第二次世界大战之后，人们认识到法也会成为坏法，卢梭主义者关于法律至上的幻想在纳粹和法西斯主义制度下被发挥到了极致。"[③]譬如，希特勒从 1925 年起就希望通过合法的途径取得政权。1933 年通过合法的民主选举，他取得了政权。[④] 他通过国会的授权法获得了为期四年的立

[①] [美]约翰·亨利·梅利曼：《大陆法系》，顾培东、禄正平译，北京：知识出版社 1984 年版，第 38—40 页。

[②] [德]K. 茨维格特、H. 克茨：《比较法总论》，潘汉典等译，北京：法律出版社 2003 年版，第 192 页。

[③] [法]皮埃尔·特鲁仕：《法国司法制度》，丁伟译，北京：北京大学出版社 2012 年版，第 41 页。

[④] [德]迪特尔·拉夫：《德意志史——从古老帝国到第二共和国》，波恩 Inter Nationes 出版社 1987 年版，第 282 页。

法权,从而为法西斯政权的独裁统治奠定了合法基础。然而,当纳粹制度以德国人名义对犹太人和欧洲东部人民犯下的罪行被充分揭露出来后,许多人开始时难以相信这些滔天罪行是真的,当他们不得不承认这种现实时,都深感羞愧。[①] 因此,二战结束后,深受希特勒和墨索里尼极权主义伤害的欧洲国家对议会立法权力作出了限制,希望通过设立违宪审查机关防止悲剧的重演,在无法移植美国模式的前提下,他们另辟蹊径,借鉴欧洲国家的历史经验,[②]选择通过宪法法院进行审查法律的合宪性的路径。

三、法国宪法委员会式宪法解释模式及其变革

法国作为大陆法系的主要国家,没有选择奥地利与德国宪法法院模式,却于1958 年 10 月 4 日创建了不同于宪法法院模式的宪法委员会模式。法国既未简单移植美国模式,也未选择欧洲本土的宪法法院模式,而是另辟蹊径,选择了宪法委员会作为宪法审查的机构与宪法解释的主体。人们不免要问:其中原因何在? 尤其是 20 世纪 80 年代以后,法国宪法委员会司法性审查职能的变革何以发生? 其未来趋向是什么?

(一)法国选择宪法委员会模式之因分析

法国作为大陆法系中的主要国家,为何没有在宪法审查制度上选择欧洲宪法法院模式而独辟蹊径呢? 其中的深层次原因,除了与欧洲其他国家选择宪法审查的原因如人民主权与公意理论、法律至上理论、分权理论、法治国理论等因素[③]相同之外,笔者认为,这与法国历史上的宪法审查传统与法国 1958年制宪时期对于国家权力的构造设想具有直接的关系。

第一,法国具有悠久的宪法审查历史传统。

法国之所以不同于欧洲其他国家,很大原因在于它具有悠久的某种形式上

①　〔德〕迪特尔·拉夫:《德意志史——从古老帝国到第二共和国》,波恩 Inter Nationes 出版社 1987 年版,第 342 页。

②　日耳曼帝国时期的联邦参议院具有宪法法院的性质,因为它有权决定帝国内各州是否履行了它们宪法上的义务,同时还就宪法争议进行裁决。1799 年法国宪法中确立的"护法元老院"也具有类似现代宪法法院的特征与权限;19 世纪德意志国家的萨克森、法兰克福州的宪法,也曾规定建立特别的国事法院作为宪法监督机关。

③　参见方建中:《超越主权理论的宪法审查——以法国为中心的考察》,北京:法律出版社 2010 年版;他在第一章与第二章第一节中,从博丹和卢梭的主权理论、法律至上、人民主权理论的祛魅等方面,在理论上进行了深入思考与分析。另可参见吴天昊:《法国违宪审查制度》,北京:中国政法大学出版社2011 年版;他在第一章中,从孟德斯鸠的分权思想、卢梭的"公意"理论、西耶斯的"制宪权"理论、凯尔森的"法律位阶"理论、"法治国"理论,作出了详尽的分析与思考。笔者对此不再赘述。

的"宪法审查"传统,其形成是法国人长期不断探索与尝试的产物。

早在 1250—1252 年,法王路易九世从御前会议中分出了高等法院,作为全国最高上诉法院,受理大领主领土内的各种申诉。高等法院在其产生初期以国王之名行使司法权,并无宪法审查职能。但自此在路易九世(1214—1270 年)统治时期脱离王权体系成为独立机构后,高等法院逐渐反转,演变为某种意义上的王权审查者。① 根据法国的历史传统,国王所欲颁布的法令必须经高等法院注册,否则便不能产生法律效力。此外,国王若欲修改法律,也会要求高等法院检查其草案并呈报意见,正式修正案也要像法令一样在高等法院进行注册。如果高等法院认为提交注册的法令或修正案违反王国的法律或基本法,则会拒绝予以注册。此时,按照惯例,高等法院就必须以谏诤书的形式向国王说明拒绝注册的理由。对于法院的谏诤,国王可以接受,也可以通过钦判敕令要求推翻法院拒绝注册的决定。即使国王发出钦判敕令,高等法院仍可拒绝并再次谏诤,此时,国王可以采取最终性的反制措施——御临法院,通过国王亲自出庭,从而强制性地注册自己的法令。王建学把这种高等法院的注册与谏诤视为是"法院对国王法令进行的宪法审查,其中,拒绝注册是高等法院在结果形式上将国王法令认定为违宪,而谏诤书则是关于违宪理由的实质性阐述"②。笔者认为,这种直接将其视为"违宪审查"的观点过于乐观,最多仅算作是宪法审查或违宪审查的萌芽。首先,这种基于某种"基本法"的审查并非就是宪法审查,显而易见,"基本法"不是现代宪法,这种审查也与现代宪法审查不能直接等同。此类审查,中国古代社会也存在,自殷商与西周开始,中国古代社会就存在着"天"的观念,人间的帝王要服从于"天"。《周书·大诰》中就说:"予惟小子,不敢替上帝命。天休于宁王,兴我小邦周,宁王惟卜用,克绥受兹命。今天其相民,矧亦惟卜用。呜呼! 天明畏,弼我丕丕基。"意思是,上帝的命令不可违背,从前文王通过占卜接受了上帝授付大命,如今还应顺从占卜,敬畏上帝的意见。上帝是具有人格的最高主宰,人应通过占卜了解上帝的意志和命令,并敬畏服从上帝的命令。③ 这种上帝的天观念就是一种中国古代的"宪法"观。然而,谁也不认为这就是现代的宪法。同样,法国的高等法院尽管通过注册与谏诤书,对国王的权力进行某种程度的"审查",但这种审查与保障公民权利或人权的现代宪法审查具有本质的区别。正如王建学自己所说:国王

---

① 王建学:《法国式合宪性审查的历史变迁》,北京:法律出版社 2018 年版,第 9 页。
② 王建学:《法国式合宪性审查的历史变迁》,北京:法律出版社 2018 年版,第 12 页。
③ 陈来:《古代宗教予伦理——儒家思想的根源》,北京:生活·读书·新知三联书店 1996 年版,第 171 页。

的立法权虽受到注册权和谏诤权的制约，但国王的主权又最终制约着注册权与谏诤权，所以，无论是在历史上还是在逻辑上，高等法院的审查权都由国王的主权所派生，并需要保持对国王主权的服从。[①] 的确如此，在专制王权统治下，不可能存在真正的"宪法监督"，所谓的监督权都必须依附于王权，诚如路易十五于 1766 年 3 月 3 日御临高等法院在其发表著名的"鞭笞训辞"中所说："我个人独自拥有主权"，"我的法院从我这里获得司法权"；"由于我独自的权力，我的法院开会不是为组建机构，而是为了登记、公布、实施法律"，"立法权仅仅属于我个人"，"民族利益和权力实际上集中在我的手里。"[②]1770 年，在莫普主导的司法改革的著名的 12 月法令中就大大限制了高等法院的注册权与谏诤权："我们允许他们在注册我们的法令、宣言或诏书之前提出谏诤书或抗议……在我们认为有必要了解并判断他们的评论时，我们会听取其意见，在此之后，我们将坚持自己的意愿，并要求在我们或送信人面前注册我们的命令、法令、宣言和诏书，我们禁止其提出任何可能阻止、扰乱或延迟执行上述法令的决议。"[③]1788 年 5 月 5—6 日晚，部分高等法院法官遭到国王的逮捕，5 月 8 日，路易十六御临法院，并强行通过法令，解散了高等法院，建立新的"全能法院"，从而意味着高等法院及其某种审查权终于寿终正寝。可见，高等法院通过注册权与谏诤权审查国王权力的做法，只能说具备某种形式上的"宪法审查"的性质，而更准确地说是具有某种形式上的"法律审查"性质，它为后来的法国现代意义上的宪法审查埋下了种子。

　　法国大革命时期，在制定共和三年（1795）宪法时，西耶斯就曾提出过建立"宪法审查与衡平委员会"的建议。[④] 该委员会具有三种功能：一是保障宪法的

---

① 王建学：《法国式合宪性审查的历史变迁》，北京：法律出版社 2018 年版，第 13 页。

② 转引自方建中：《超越主权理论的宪法审查——以法国为中心的考察》，北京：法律出版社 2010 年版，第 23 页。

③ 转引自庞冠群：《莫普改革——法国旧制度末年的政治转折》，北京大学 2005 年博士学位论文，第 27 页。

④ 关于西耶斯提出的这个机构，国内学者翻译完全不同：由莫纪宏主编的《违宪审查的理论与实践》中将其译为"宪法评审委员会"(Jurie constitutionnaire)（法律出版社 2006 年版，第 181 页）；王建学译为"宪法审查会"（王建学：《法国式合宪性审查的历史变迁》，北京：法律出版社 2018 年版，第 30 页）；方建中译为"宪法审查委员会"（方建中：《超越主权理论的宪法审查——以法国为中心的考察》，北京：法律出版社 2010 年版，第 45 页）；陈云生译为"宪法性法律机构"（陈云生：《违宪审查的原理与体制》，北京：北京师范大学出版社 2010 年版，第 55 页）；李晓兵译为"宪法裁判机构"（李晓兵：《法国第五共和国宪法与刑法委员会》，北京：知识出版社 2008 年版，第 67 页）；吴天昊译为"宪法委员会"（吴天昊：《法国违宪审查制度》，北京：中国政法大学出版社 2011 年版，第 46 页）。笔者认为，西耶斯所设计的该机构肩负监督、审查与衡平裁判三种功能，故笔者采用了"宪法审查与衡平委员会"。

遵守;二是实现宪法的完善;三是提供自然衡平审判。① 西耶斯在起草的《宪法审查与衡平委员会组织草案》第 2 条规定了该委员会的组成:"由 108 名成员组成,每年更换 1/3,更换与立法机构同一时期";第 6 条规定了该委员会受理范围与提请主体:该委员会就违反或侵害宪法的行为进行宣判,此种行为可以来自于元老院、五百人院、选举会议、初级会议或高等法院,元老院、五百人院或特定公民以个人名义均可向该委员会提请告诉。第 7 条规定该委员会的决定采取"判决"的名称。第 14 条规定了自然衡平法庭的组成与裁判标准:该委员会每年以抽签的方式产生至少 1/10 的成员,组成自然衡平法庭,专门针对各类法庭提交的正式请求进行宣判,以便在法官因缺乏可适用的实定法而无法宣告判决时,或者在法官根据仅有的法律只能违反良心进行判决时,能够以自然衡平原则作出裁判。② 然而,该委员会的性质,西耶斯将其界定为"地道的代议机关",其特别职责在于受理并审查所有违反宪法的指控。他指出:"你们想为宪法提供保障,以便对特别委托的代议行动予以必要的限制吗? 成立一个宪法审查与衡平委员会吧。"③西耶斯建立"宪法审查与衡平委员会"的建议遭到了强烈的反对,著名的反对者蒂博多在议会辩论中指出:"如果在公共权力机关之上设立一个机构,以监督他们的行动,保障宪法的独立和完整",那么就会出现这样的问题:"这个被宪法赋予职权的宪法审查机构,如果越权行事,制止这种行为的又将是谁呢?""这一可怕的权力将成为国家中的一切,我们本想为公共权力提供一个卫护者,却为其找了一个束缚它们的主宰者。"另一反对者雷韦埃-勒波断言:"它将是一切宪法的摧毁者而非保护者。"④由于法国当时的政治环境仍然是议会制为主导,制宪者虽然已经注意到了多数暴政的问题,但他们对于政治问题还是采用政治的方式加以解决,即采用两院制的议会相互制约,因而西耶斯的建议遭到拒绝。⑤ 西耶斯的主张与建议虽然具有相当的理论价值与实践意义,但应当说它具有一定的超前性,试图在以议会制为主导的时代以凌驾于议会之上的另外一

① 方建中:《超越主权理论的宪法审查——以法国为中心的考察》,北京:法律出版社 2010 年版,第 45 页;李晓兵:《法国第五共和国宪法与刑法委员会》,北京:知识出版社 2008 年版,第 69 页;王建学:《法国式合宪性审查的历史变迁》,北京:法律出版社 2018 年版,第 61—64 页。

② 《西耶斯的宪法审查与衡平委员会草案》,王建学:《法国式合宪性审查的历史变迁》,北京:法律出版社 2018 年版,第 80—82 页。

③ 转引自方建中:《超越主权理论的宪法审查——以法国为中心的考察》,北京:法律出版社 2010 年版,第 45—46 页.

④ 转引自方建中:《超越主权理论的宪法审查——以法国为中心的考察》,北京:法律出版社 2010 年版,第 46 页。

⑤ 李晓兵:《法国第五共和国宪法与刑法委员会》,北京:知识出版社 2008 年版,第 70 页。

个机构限制议会的权力，必然是行不通的。正如当时法国著名的宪法学家马尔贝格指出：在法兰西共和国的法律制度中，建立任何形式的宪法审查制度都是不可能的。法官无权解释 1875 年宪法，惟有代表国民的议会被授权解释宪法的真实意思。因此，处理法律的合宪性问题的权力属于议会。在判断法律是否违宪问题上，议会拥有完全的自由裁量权。议会是法律合宪性最初的审查者，也是最终的决定者，议会的表决就是对法律合宪的确认。同时，议会的立法原则上都是合乎宪法的，最终，一旦议会通过了一部法律，也就意味着该部法律是完全合宪的。此后，任何机关尤其是法院都不能重新提起该法律的合宪性问题。通过立法机关，主权者自己处理和排除了违宪的可能。[①] 当人们还普遍接受议会主权或人民主权时，任何企图限制议会的努力皆不会成功。然而，西耶斯的宪法审查思想比法国高等法院审查的思想更趋进步，并在当时得到了一定的传播，因而对 10 年后作为宪法审查机构的元老院、参议院、宪法委员会的出现产生了深远的影响。

　　1799 年由西耶斯负责起草的宪法确立了元老院宪法审查制度。虽然最终起主导作用的是拿破仑，但作为起草者的西耶斯，却使该宪法体现了他"监督议会活动的思想"，[②] 在宪法中借助"元老院"（Senat conservateur），在法国确立了宪法审查机构。该宪法第二部分集中对元老院机关的组织、运作和程序作出了规定，其主要职责是审查立法院表决通过的立法案是否违反宪法，并最后将审查合宪的法律呈送第一执政公布。该宪法第 37 条规定："立法院制定的法律在完成一切法律程序后的第 10 天交第一执政公布，在此期间内，以违宪为由向元老院提出者除外。对公布后的法律不得进行审查。"因此，元老院被称为"护宪元老院"。设立正式的专门机构来负责合宪性审查并在宪法文本中以专门的章节来明确规定，是这部宪法的一大特色和突破，这在法国宪法史上是第一次；[③] 也有人认为，1799 年法国宪法确定的"护宪元老院"拥有撤销违宪的法律和命令的权力，因此它是西方国家最早的一个司法审查机构。[④] 不过，在拿破仑的独裁统治下，元老院作为宪法审查机构的功能并未发挥出来，合宪性审查的权力没有得到真正的实施，它没有宣布过任何的立法院表决通过的立法案违宪，对此，胡锦光分析指出：第一，元老院行使违宪审查权缺乏必要的独立性。根据宪法规定，法律只能由政府向议会提出议案，因此宣布法律违宪就是对政府的批评，而政府由

---

① 李晓兵：《法国第五共和国宪法与刑法委员会》，北京：知识出版社 2008 年版，第 68—69 页。

② 吴天昊：《法国违宪审查制度》，北京：中国政法大学出版社 2011 年版，第 47 页。

③ 李晓兵：《法国第五共和国宪法与刑法委员会》，北京：知识出版社 2008 年版，第 71 页。

④ 龚祥瑞：《比较宪法与行政法》，北京：法律出版社 2003 年版，第 111 页。

拿破仑一手操纵；同时，1802 年修改宪法后，元老院成员由拿破仑任命。第二，向元老院提出审查法律案的主体过于有限，仅限于政府和评议院。政府事实上不可能向元老院提出对法律的违宪审查；评议院议员虽然由元老院任命，但元老院被拿破仑所操纵，评议院中反拿破仑的议员遭到清除，1807 年评议院被废除，因而评议院也不可能向元老院提出法律的违宪审查。① 可见，元老院作为宪法审查机构虽然在法国确立了，但在专制主义下根本无法实现其监督审查的职能。然而，元老院毕竟作为一种宪法上所确立的违宪审查制度与宪法解释制度之载体得以宪法制度化，尽管未能发挥其应有的作用，但却将西耶斯宪法审查的思想从观念变成了现实，这标志着法国在建立宪法审查制度之路上又向前迈进了一大步。

1848 年 12 月 20 日，拿破仑一世的侄子路易·波拿巴当选总统；1851 年 12 月 1 日发动"雾月十八日"政变，解散了国民议会；1852 年 1 月 14 日，在 24 小时内制定了新宪法。该宪法以 1799 年拿破仑宪法为蓝本，建立了高度集权的政治体制，把全部行政权与立法权都授予任期 10 年的共和国总统路易·波拿巴。波拿巴在 1 月 14 日的公告中说："总统对人民负责"，"他始终有权号召你们作出权威的判断，你们能够继续给他以信任或者收回这种信任"，"一旦负起责任，他应该拥有毫无障碍的行动自由"；元老院应"独立地维持秩序"，即审查法令、解释宪法与保证宪法的实行。② 因此，1852 年宪法确立了元老院(Senat)是宪法审查与宪法解释机构，负责审查法律、解释宪法、解决宪法未规定的重要问题。该宪法第 25 条规定："元老院保障根本协约和公共自由的实现。任何法律在交付它审查之前不得公布。"1852 年宪法不仅规定了事前宪法审查，而且还规定了事后审查。第 29 条规定：当政府向元老院提交法律案时，元老院决定法律的保留、无效或废止；市民也可以基于同样的理由向元老院提出请求。陈云生教授对此评价说：该护法元老院"同法国历史上任何的宪法监督机关的职能一个显著的不同之处，就在于它不仅享有自行进行法案实施前的审查职能，而且还享有事后的审查和裁决的职能；不仅受理公权力机关提交的法案，也受理个人提交的宪法诉愿。看起来这在宪法监督理念和制度设计上都相当理念和完备，即使现代最先进的一些宪法监督理念也不过如此"③。然而，1852 年宪法随着波拿巴 12 月 2 日正式宣布法国为帝国，其宪法审查的功能并未实施，宪法本身沦为皇帝御用

---

① 胡锦光：《论法国宪法监督体制》，张庆福主编：《宪政论丛》，北京：法律出版社 1998 年版，第 243 页。

② 郭华榕：《法国这种制度史》，北京：人民出版社 2005 年版，第 343—344 页。

③ 陈云生：《违宪审查的原理与体制》，北京：北京师范大学出版社 2010 年版，第 55 页。

工具。① 也有学者指出了元老院未发挥其应有的作用的主要原因在于："对法律审查的控制权牢牢地掌握在政府手中，而元首是法律的倡议者，如果实施合宪性审查则实际上是对自己本来意愿的违背。"②总之，由于波拿巴皇帝的操控，加上缺乏实施的社会基础与政治基础，元老院宪法审查制度名存实亡。然而，1852年宪法所创建的事后宪法审查制度在世界宪法审查史上具有开拓性影响，为现代宪法诉愿制度的形成奠定了历史基础。

　　二战结束后的 1946 年 10 月 13 日，以公民投票的形式通过了第四共和国宪法。1946 年宪法创设了一个弱意义上的宪法审查机构——宪法委员会（Comite constitutionnel），负责宪法审查功能。法国为何二战后确立宪法审查制度？法国最高法院名誉首席法官皮埃尔·特鲁仕分析了其原因，他指出："经历了第二次世界大战之后，人们认识到法也会成为坏法，卢梭主义者关于法律至上的幻想在纳粹和法西斯主义制度下被发挥到了极致。宪法司法要求法律必须严格遵守宪法的规定：合宪性原则取代了合法性原则，法律也有其限制即宪法的约束。宪法拥有自己的法院即宪法委员会，负责监督法律是否超出其权限，致力于维护宪法的最高地位。"③1946 年宪法第 91 条规定了宪法委员会的组成和职权：宪法委员会的成员包括国民议会议长、共和议会议长和共和国总统以及其他 10 名（由国民议会选举 7 名和共和议会选举的 3 名）成员，共计 13 名成员组成；宪法委员会由总统主持。宪法委员会的职权是审查国民议会通过的法律是否含有修改宪法的内容。第 92 条规定：在法律公布期间，总统和共和议会议长联合向宪法委员会提出审查请求，共和议会议长在获得共和议会全体议员绝大多数同意的情况下，也可以向宪法委员会提出审查请求；宪法委员会审查法律并协调国民议会与共和议会达成一致的意见，如果两院不能达成一致，宪法委员会在 5 天内作出决定，在紧急情况下 2 天内可作出决定。第 93 条规定：如果宪法委员会认为审查的法律构成了对宪法修改的情况，则该法律被移送至国民议会重新讨论；如果议员坚持自己第一次投票的立场，则法律只有在现行宪法按照第 90 条规定的修宪程序进行修改之后才能公布。④ 从 1946 年宪法关于宪法委员会的规定看，尽管该宪法接受了法国传统意义上的宪法审查理念，但在制度设置上却抛弃了由议会中的元老院进行宪法审查的制度设计，而是明确在议会之

---

① 1852 年 12 月 25 日通过的元老院法令规定：公职人员宣誓词是："我宣誓服从宪法和忠于皇帝"。参见郭华榕：《法国这种制度史》，北京：人民出版社 2005 年版，第 352 页。
② 李晓兵：《法国第五共和国宪法与宪法委员会》，北京：知识出版社 2008 年版，第 75 页。
③ 〔法〕皮埃尔·特鲁仕：《法国司法制度》，丁伟译，北京：北京大学出版社 2012 年版，第 29 页。
④ 李晓兵：《法国第五共和国宪法与宪法委员会》，北京：知识出版社 2008 年版，第 76—77 页。

外单独设置了一个弱意义的宪法审查机构——"宪法委员会",从而为 1958 年宪法最终确立法国宪法委员会式宪法解释模式提供了制度基础。不过,依照 1946 年宪法的规定,宪法委员会的宪法审查功能过于弱化,不像是一个名副其实的宪法审查机构,因为 1946 年宪法并未明确赋予宪法委员会行使违宪审查的职权,宪法仅仅赋予其审查法律公布之前是否包含修改宪法内容的职权,因此有日本学者指出:"宪法委员会与其说是审查议会制定立法的机构,倒不如说本质上不过是行使宪法修改程序机能的机构。"[①]胡锦光教授也认为:"宪法委员会与其说是违宪审查机关,不如说是议会两院的调解机关和宪法修改的准备机关[②]"。法国学者罗歇·平托承认"这不是一种宪法审查的机制,它的目的就是迫使国民议会由直接修宪改为间接修宪";另一位法国宪法学家乔治·维代尔直言指出:"1946 年宪法根本就不愿正视国民议会可能实质违宪的假设,宁愿相信违反宪法只是立法程序上出现了疏漏。"[③]总之,不管宪法委员会有无实际宪法审查的权力,至少它在名义上被视为是一个"宪法审查"的专门机构,从而为 1958 年宪法确立具有真正意义上的宪法审查机构——宪法委员会提供了启示与借鉴意义。

从以上关于法国宪法审查的历史传统考察,我们发现,从 13 世纪路易九世的巴黎高等法院,到法国大革命时期西耶斯提出构建"宪法审查与衡平委员会"的设想;从 1799 年宪法确立元老院为宪法审查机构,到 1852 年护法元老院,再到 1946 年宪法创立的宪法委员会,宪法审查在法国具有悠久的历史传统与不断尝试的历史实践,而这种宪法审查的历史传统在欧洲的德国、意大利等其他国家是没有的,因此,法国 1958 年宪法最终选择宪法委员会作为其宪法审查与宪法解释模式,是存在着深厚历史基础的。正如"罗马不是一天建成的",法国的宪法委员会模式也不是 1958 年的某一天确立的,而是历经六七百年的历史承传逐渐演变而来。

第二,限制议会权力,扩张行政权,重振国家意识。

欧洲大多数国家在第二次世界大战中,饱受希特勒与墨索里尼法西斯集权主义之苦,所以二战结束后,为了限制议会主权而确立了奥地利宪法法院式宪法审查模式。然而,法国则由于早在二战开始不久的 1940 年 6 月 20 日就向法西斯德国投降了。二战给法国造成了严重的破坏:经济损失达 14000 多亿法郎,

---

① [日]中村义孝编:《法国的'法治国家论'与宪法法院——路易·法布奥罗与多米尼克·卢梭的理论》,莫纪宏译,张庆福主编:《宪政论丛》,北京:法律出版社 1988 年版,第 346 页。
② 胡锦光主编:《违宪审查比较研究》,北京:中国人民大学出版社 2006 年版,第 228—229 页。
③ 转引自方建中:《超越主权理论的宪法审查——以法国为中心的考察》,北京:法律出版社 2010 年版,第 76 页.

相当于战前法国三年全部国民生产总值；1944 年秋法国解放时，工业生产仅是战前 1938 年的 20％，农业则是战前的 50％，法郎价值仅及战前的 1/6。[①] 戴高乐对此说："法兰西成了一个烂摊子。[②]"可见，战后法国面临着繁重的国家重建、民族振兴的历史使命，而战后国家创建则需要一个强有力的政府，才能领导人民走出战争的阴霾，复兴民族大业。然而，1946 年颁布宪法并组建政府后，却面临着政府频繁更迭、政局不断动荡的问题。从 1947 年到 1958 年，法国更换了 25 届政府，每个内阁的寿命平均不到六个月，其中八个内阁仅维持一个月左右；更离谱的是，1948 年的舒曼内阁仅存在三天、1957 年莫勒内阁存在六天。难怪 1958 年初时任政府总理的盖耶尔疾呼："战后，英国有 4 人担任首相，美国有 2 人担任总统，苏联有 2 人担任总书记，联邦德国 1 人担任首相，而法国更换了 25 届政府，这种状况是不能长期继续下去的。[③]"这其中的原因在于 1946 年宪法关于议会与内阁权力的失衡性安排。

　　1946 年宪法确立了一个以议会为中心的议会内阁制。宪法授予议会以最高、全部权力，并且不得转让。议会由国民议会和共和院组成，前者通过全国选举产生，后者通过间接选举产生。国民议会在国家机构中居于首要的主导地位，共和院实际上没有多少权力，只能向国民议会就立法事务提供意见，意见采纳与否，完全由国民议会决定。在与政府的关系上，国民议会也处于绝对优势地位，国民议会对政府实施监督，决定政府的组成。其中第 45 条规定，总统提出总理的人选后，要经过国民议会的信任投票才能获得任命。同时，总理在组阁过程中，还需获得国民议会的信任投票才能组阁执政；此外，如果国民议会以多数票通过对政府的不信任案，或否决政府提出的信任案，内阁必须辞职。与议会相比，政府处于非常弱势的地位，难以与议会抗衡：首先宪法第 51 条在程序上对政府解散议会设置了重重限制，只有在一届国民议会任期 18 个月之后，并且在此期间已经发生了两次国民议会解散内阁的事件，在征得国民议会议长的同意之后，总统才能根据内阁的要求，下令解散国民议会；其次，宪法第 52 条对政府解散议会设置了实质性条件，即如果政府解散国民议会，那么政府自身也应同时进行改组，由国民议会议长担任临时政府总理。所以，"政府要继续执政，就不敢解散议会，这实际上等于剥夺了政府与议会抗衡的可能性。[④]"议会独大，政府孱弱，再加上议会中多党并存，势力又不相上下，故多数意见难以达成，最终造成内

---

① 张延玲、隆仁主编：《世界通史》（第 6 卷），海口：南方出版社 2000 年版，第 2570 页。
② ［法］夏尔·戴高乐：《战争回忆录》，陈焕章译，北京：中国人民大学出版社 2005 年版，第 224 页。
③ ［日］佐藤功：《比较政治制度》，刘庆林、张光博译，北京：法律出版社 1984 年版，第 297 页。
④ 吴天昊：《法国违宪审查制度》，北京：中国政法大学出版社 2011 年版，第 53—54 页。

阁频频更换,无法实现国家复兴、民族振兴的宏愿。"事实上,第四共和国期间,议会的权力过大,而当时的委员会对它无法行使控制,这也是导致政府换届频繁、政局动荡的原因之一。"①正如法国历史学家乔治·杜比所批评的那样:"议会和政府每日都在发生游击战争,党派之间进行着永无休止的争夺,这一切决定了政府不可能制定伟大的计划。这无疑造成了第四共和国的衰弱,然而,真正导致其死亡的则是它的对外政策,或者说它无力解决海外问题。"②1958 年 5 月 13 日,由于不满政府在处理阿尔及利亚问题上的软弱,法国驻阿尔及利亚军队将领发动军事政变,接管了当地政府。5 月 25 日,科西嘉岛也被叛乱分子所控制,法国处于内战的边缘。政府总理无力控制局面,被迫下台。1958 年 6 月 1 日,法国国民议会在别无办法的情况下,以 329 票对 250 票通过议案,授权戴高乐出任政府总理,全权处理阿尔及利亚问题,其中获得一项宪法修改的权力。戴高乐上台后,采取了一系列强有力的措施,以图"重整充满失败感、薄弱感的法国之国家意识"。③ 其中一项重要措施就是重新制定宪法,结束议会独大的权力结构,扩张行政权,重振国家意识。

戴高乐获得授权后,立即积极领导展开了重新制定宪法的工作,具体负责新宪法起草工作的是司法部长米歇尔·德勒雷(Michel Debre)主持。宪法草案于 1958 年 9 月 28 日被交付公民投票并获得通过。同年 10 月 5 日,由总统公布生效,这就是 1958 年宪法。1958 年宪法对 1946 年宪法确立的议会内阁制作出了重大调整,法国议会权力不再是权力无限,新宪法将立法权分属为立法机关(议会)和行政部门(政府),宪法第 34 条规定了议会以"法律"形式立法的权限,第 37 条规定由法律予以规定的事项之外的其他事项均属于行政立法的范围,凡以法律的形式介入行政立法事项,得在咨询最高行政法院的意见后以命令进行修改。在本宪法生效实施后所制定的法律文件,经宪法委员会确认其内容具有上款所述的行政立法性质,始得以行政命令进行修改。④ 即使是议会所管辖的事务,政府在下列两种情况下可以行使立法权:假如在一定的期限,议会授予它某些特殊领域内的立法权(第 38 条),或者共和国总统宣布处于紧急状态(第 16 条)。在这两种情况下,政府将以命令的形式进行立法。因此,"议会已不再享有一切权力并垄断法律的制定权,毫无疑问,法国宪法的新原则的初衷就旨在取消

---

① 朱国斌:《法国的宪法监督与宪法诉讼制度》,《比较法研究》1996 年第 3 期。

② George Duby, *Histoire de la France*, Larousse, 1987, p. 496.

③ [美]亨利·基辛格:《大外交》,林添贵译,海口:海南出版社 1998 年版,第 553 页。

④ 法国 1958 年宪法,李晓兵译,《世界各国宪法》(欧洲卷),北京:中国检察出版社 2012 年版,第 271—272 页。

议会的无限权力"。①

　　议会权力消弱的同时,总统的权力大大加强。总统由全民直接投票选举之,任期七年;总理由总统任命,并基于总理提议由总统任免政府部长;总统不对议会负责,但可以在咨询总理及国会两院议长后,宣告解散国民议会的权力;总统为三军统帅,是最高司法委员会主席。有权任命宪法委员会主席和其他部分成员。第 11 条规定:总统可以不经议会程序,直接将有关公权组织、国协协议之认可或国际条约之批准等任何法案,提交人民表决。第 12 条拥有的宣告解散国民议会的权力,也是总统制国家所不具备的。因此,有些西方政治学家认为,法国的总统制是"超级总统制""家长总统制"国家。② 还有的学者称第五共和国总统是"一个选举产生的君主",而议会则是"一个镶上框架的机构",只有"缩小了的立法权"与"有限控制的权力"。③

　　达维德指出:为了保证议会与政府之间的分权原则得到尊重,1958 年建立了一个特殊法院,名为宪法委员会,只有这一法院能够宣布议会的法律与宪法相抵触。④ 换言之,宪法委员会是基于限制强大的议会权力而设立的一个机构。对于建立这一机构的目的,具体负责新宪法起草工作的米歇尔·德勃雷在 1958 年 8 月 27 日将宪法草案提交给最高行政法院审查时作出了说明,他指出,建立这一机构一方面可以保证"合理化"议会体制,同时又不至于组建宪法法院:"宪法委员会的设立表明了一种使议会的决定——法律——服从于宪法确定的规则的愿望。将审查法律有效性的权力授予一个法院,既不符合议会制的精神,也不符合法国的传统。因此,该宪法草案设计了一个特别的机构,只有以下四个机关有权向它提请审查,即共和国总统、总理和两院议长,我们还赋予该机构一些其他职权,尤其是审查议会议事规则以及关于有争议的选举的裁决,以免发生选举无效的丑闻。该委员会的存在及其权威,代表着一个重大而必要的重构。从此,宪法装备了一个防止议会偏离议会制的武器。"⑤宪法委员会作为监督议会的机构是毋庸置疑的,但是否像有的学者认为"宪法起草者将它设计成一个行政机构

---

① [法]勒内·达维德:《英国法与法国法:一种实质性比较》,潘华仿、高鸿钧、贺卫方译,北京:清华大学出版社 2002 年版,第 92 页。

② 赵宝云:《西方五国宪法通论》,北京:中国人民公安大学出版社 1994 年版,第 280 页。

③ 郭华榕:《法国政治制度史》,北京:人民出版社 2005 年版,第 549 页。

④ [法]勒内·达维德:英国法与法国法:一种实质性比较》,潘华仿、高鸿钧、贺卫方译,北京:清华大学出版社 2002 年版,第 92 页。

⑤ 转引自方建中:《超越主权理论的宪法审查——以法国为中心的考察》,北京:法律出版社 2010 年版,第 84 页。

对立法机构进行监督的部门"①呢？根据法国司法部长于 1976 年 10 月 16 日在参议院作的声明，宪法委员会"尽管具有组织形式，但并不是一个司法审判机构，它是调整公共权力运行的组织"；根据 1962 年 11 月 6 日的裁决，委员会自认为是"公共权力机关活动的调整机关"，但未明确这种"调整是否属于司法性质的"。② 因此，严格意义上说，1958 年宪法的立宪者初衷可能不是将宪法委员会作为一个司法机关而设立的，它既非行政机关，亦非司法机关，而是一个专门的监督议会的机构。但正是这种超然的专门监督机构，才在后来的宪法审查实践中孕育了司法性审查功能。

（二）法国宪法委员会职能改革与未来发展趋向

从 1958 年法国宪法设计看，宪法委员会是一个具有浓厚政治色彩的协调议会与政府间的权力平衡的机构，其主要目的就是如何限制议会权力，至于宪法基本权利的保障被排除在制度设计之外。很多法国学者都认为。制宪者最初设计宪法委员会就是要通过其活动保障议会民主制的理性化和良性运作，特别是要防止议会侵越到宪法明确规定的政府的活动领域，也就是说宪法委员会起初是被设想为一个对议会越权的防御者，根本不涉及公民权利和自由的保障。③ 因此，从 1958 年宪法设计的宪法委员会到今日具有宪法基本权利保障功能的宪法委员会，期间经过了 1971 年及 2008 年的两次宪法修改以及宪法委员会自身的积极探索与努力。

1. 1971 年"结社自由案"

1971 年 6 月 30 日，法国国民议会通过了针对 1901 年制定的《结社自由法》的修改案。法律修改的直接原因是"人民事业之友"事件。1970 年，当时法国彭皮政府依照法律解散了名叫"人民事业之友"的左翼组织。1971 年萨特等知识分子又以"人民事业之友"之名成立一个新组织以此抗议政府解散行为。该组织发起人依据 1901 年《结社自由法》之规定向巴黎市警察局申请登记，以获得社团法人资格。警察局长认为新组织是被取缔的组织的翻版，根据内政部长的指示拒绝发放"申请回执"。"人民事业之友"组织发起人遂向巴黎行政法院提请诉讼。1971 年 1 月 25 日，巴黎行政法院作出判决，裁定巴黎市警察局的行为无效，予以撤销。④ 于是，政府就提出了修法的提议。1971 年 6 月 11 日，政府提出

---

① 吴天昊：《法国违宪审查制度》，北京：中国政法大学出版社 2011 年版，第 63 页。
② 转引自朱国斌：《法国的宪法监督与宪法诉讼制度》，《比较法研究》1996 年第 3 期。
③ 李晓兵：《论法国宪法委员会含宪性审查实践前创造性》，《东岳论丛》2008 年第 5 期，第 79—80 页。
④ 张千帆：《西方宪政体系》（下册），北京：中国政法大学出版社 2001 年版，第 79 页。

了关于补充 1901 年结社自由法的法律草案。新通过的法律对 1901 年 7 月 1 日的结社法的第 5 条和第 7 条进行了修改和补充,特别规定了司法机关可以根据警察局长或省长或大区区长的提议,对公民的结社活动进行事先审查。1971 年 7 月 1 日,根据宪法第 61 条第 2 款的规定,参议院议长阿兰·波埃(Alain Poher)向宪法委员会提出了对该法案进行合宪性审查的请求。1971 年 7 月 16 日,宪法委员会作出了宪法解释裁决,明确宣布该法案的第 3 条和第 1 条违宪,①其因是它们与宪法序言所规定的保障结社自由原则相违背。

　　法国宪法委员会 1971 年的言论自由案裁判解释的历史意义,在法国宪法解释史乃至世界宪法解释史上,无论怎样评价都不过分,因为它不仅开创了保障公民自由与权利免受立法权侵害的新时代,而且也为其他正在确立司法性解释模式的国家提供了可以借鉴的模式与经验。首先,在法国自身宪法解释的历史上开创了实体性审查法律是否违宪并解释宪法序言的先例,从而具有里程碑式的重大影响,无怪乎有法国学者将该案视为美国联邦最高法院"马伯里诉麦迪逊案"。② 还有的法国教授认为:"无论如何,通过结社法案裁决,宪法委员会为自己颁发了真正的和永久的出生证。"③法国宪法委员会作为宪法审查与解释机构,突破了自身仅仅进行程序性审查的局限,而进入实质性合宪性审查与解释的阶段。其历史启示在于,一旦播下合宪性审查与解释的种子,它早晚会结出保障公民自由与权利的果实。正如有学者指出:这样的判决解释在宪法委员会的历史上只需要一个就已足够。④ 的确,实质性审查的判决一旦作出先例,就对未来一国合宪性审查的影响至关重要,足以开启实质性宪法审查与宪法解释的新时代。法国宪法委员会 1971 年言论自由案的解释判决做到了。其次,为中国实质合宪性审查与解释制度的确立提供了有益的、可借鉴的宝贵经验。中国自 2018 年第五次宪法修改起确立了专责宪法监督与解释的机构即全国人大宪法和法律委员会,具体承担起了在中国进行合宪性审查与开展宪法解释的历史使命。人们同样期待宪法和法律委员会不仅仅进行合法性审查与法律解释,同时进入实质性合宪性审查与宪法解释,宣布与宪法相抵触的法律等规范性文件违反宪法,真正肩负起合宪性审查与开展宪法解释的重任。

---

① 具体裁判可参见李晓兵:《法国宪法委员会 1971 年"结社自由案"评析》,《厦门大学法律评论》2010 年卷;王建学:《法国式合宪性审查的历史变迁》,北京:法律出版社 2018 年版,第 123—125 页。

② Bernqrd Chqntebout, *Driot Constitutionel*; 22ᵉ *eition*, Armand Colin, 2005, p. 392.

③ Dominique Rousseau, *Droit du contentieux constitutionnel*, 7e ed, Montchrestien, 2006, p. 70.

④ 王建学:《法国式合宪性审查的历史变迁》,北京:法律出版社 2018 年版,第 106 页。

2. 1974 年宪法修改与宪法解释提请主体的扩展

1974 年 5 月 30 日法国总统德斯坦向议会发表的咨文中提出了宪法修改的建议,即"建议扩大宪法委员会的职权范围,特别是有资格提出审查请求的主体范围,以便更好地保障宪法所确定的公民的自由和权利"①。该修改建议被议会采取。1974 年 10 月 21 日,议会两院联席会议以多数通过了 1958 年宪法的第四次修改案,将宪法第 61 条第 2 款关于"各项法律在公布以前,可以由共和国总统、总理或者两院中任何一院的议长提交宪法委员会"之规定,修改为:"各项法律在公布以前,可以由共和国总统、总理、国民议会议长、参议院议长或由 60 名国民议会议员或参议院议员提交宪法委员会。"该宪法修改案核心要义就是扩大了提起宪法审查与宪法解释的主体范围,由原来的四种主体扩展为五种。有 60 名议员就可以向宪法委员会提起宪法审查与解释,无疑赋予了少数人以宪法审查与解释之名对抗多数人通过的法律,从而使得宪法委员会成为"一门议会中的在野党对准政府的大炮"。② 由于提请宪法审查解释请求主体的扩展,使得宪法委员会的解释活动更加频繁,例如,从 1959 年至 1974 年间的 14 年里,宪法委员会基于宪法第 61 条进行的合宪性审查的普通法律一共 9 部,年均 0.6 部,其中 6 部由总理提出,3 部由参议院议长提出;而宪法修改之后,仅在德斯坦总统任期 7 年内(1974—1981 年),宪法委员会就审查了 47 部法律,其中 45 部是由议员提出的。③ 根据法国宪法委员会的统计,自 1974 年修宪至 2006 年 3 月,宪法委员会共审查了 343 部普通法律,年均 10.7 部,绝大多数都是由议员提出的,内容多数涉及公民基本权利。可见,1974 年宪法修改对于宪法委员会参与合宪性审查的活动更加频繁,为其转向保障公民自由与权利的角色奠定了制度性基础。

3. 2008 年宪法修改与合宪性审查先决程序的确立

法国宪法委员会通过自身的努力以及 20 世纪 70 年代的宪法改革,其地位获得了较大的提高,角色也发生了重大改变。然而由于制度设计仍然存在着明显的内在缺陷:一是宪法审查与解释的提请主体将普通公民排斥之外,无法使公民获得提请宪法审查与宪法解释的资格;二是合宪性审查与解释依然局限于事前审查,对法律颁布后的合宪性审查依然缺失制度安排。普遍公民往往是法律规范性文件直接侵害者与利益相关人,公民对于受到侵害的法律缺乏救济途径,直接影响了宪法委员会作为宪法救济机构的保障功能的发挥。合宪性审查

---

① Pierre Avril et Jean Gicquel, *Le Conseil constitutionel*, 5^e editon, Montchrestien, 2005 p. 71.

② 胡锦光:《论法国宪法监督体制》,张庆福主编:《宪政论丛》第 1 卷,北京:法律出版社 1998 年版。

③ Pierre Avril et Jean Gicquel, *Le Conseil constitutionel*, 5^e editon, Montchrestien, 2005 p. 54.

与解释如是仅仅基于规范性文件的事前审查，那么一旦发现事后违宪，宪法委员会则无能为力，从而无法应对规范性文件生效后可能存在的违宪问题。鉴于此种状况，自 20 世纪 90 年代起法国政治家与学者曾做过努力与探索。如 1990 年 3 月 30 日，密特朗总统在宪法委员会前主席巴丹戴尔的建议下，向议会提交了关于建立事后宪法审查程序的提案，但由于保守派的反对，议会两院未获通过；时隔三年，宪法学家沃戴勒主持的"宪法修改咨询委员会"也提出了类似建议，也基于保守派的反对而不了了之。[①]

2007 年 7 月时任法国总统的萨科齐按照竞选承诺开启了新的宪法改革。首先任命了一个由前总理巴拉迪尔主持的专门委员会，即"第五共和国机构现代化与重新平衡之省思与建议委员会"，其研究并提出建议，后由政府以专家建议为基础拟定宪法性法律草案并提交议会。议会于 2008 年 7 月 23 日通过了宪法修改案——《关于第五共和国机构现代化的第 2008 - 724 号宪法性法》。[②]

关于宪法委员会的修改主要集中于修正案的第 27 至第 30 条。其中第 29 条规定："在普通诉讼程序中，诉讼多数人若认为法律之规定对宪法所保障的权利与自由构成了侵害，可经最高行政法院和最高法院向宪法委员会呈转宪法审查申请，由宪法委员会在确定期限内予以裁决。"换言之，在行政法院或普通法院受理的一般诉讼案件中，如果当事人认为案件所涉及的法律侵害了其宪法所保障的权利与自由，那么经当事人提出申请，审理案件的法院应中止案件的审理，将依据的法律提交最高行政法院或最高法院进行审查，如确有必要，则由最高行政法院或最高法院提交宪法委员会进行合宪性审查。由此可见，在这一程序设计中，合宪性审查先决程序是诉讼程序继续进行的先决条件。这种"将普通诉讼程序与合宪性审查程序连接在一起，对法国的宪法审查、基本权利保障和普通司法体制产生了重大影响"。[③]《德国法杂志》曾有专文评价法国宪法委员会的改革，认为这一改革使法国合宪性审查制度"回归到凯尔森的宪法司法模式，而与将公意绝对正确化的'雅各宾式'宪法传统决裂，并使基本权利进入宪法领域的中心"。[④] 宪法委员会主席德勒雷对此指出："宪法委员会职责的扩大，带来了新的前景，尤其是有利于公民享受依法治国的好处。借此机会，宪法委员会将在未来的 50 年内迎来第二轮发展。第一轮发展是在 1971 年判决和 1974 年宪法修

---

① 吴天昊：《法国违宪审查制度》，北京：中国政法大学出版社 2011 年版，第 90—91 页。

② 王建学：《法国式合宪性审查的历史变迁》，北京：法律出版社 2018 年版，第 131 页。

③ 王建学：《法国式合宪性审查的历史变迁》，北京：法律出版社 2018 年版，第 132 页。

④ Federico Fabbrini，"Kelsen in Paris: France's Constitutional Reform and the Introduction od A Posteriori Constitutional Review Of Legislation"，in *German Law Journal*，Vol. 09，No. 10，1312.

改之后,宪法委员会演变为基本权利的捍卫者。第二轮发展是宪法委员会将被允许以具体的方式,在逐个宪法案件中,发展对基本权利的保护。法兰西同样将赶上欧洲的宪法法院模式。"①

上述有关法国合宪性审查制度提请主体的扩大到合宪性先决程序的确立,意味着宪法委员会逐渐从事前程序性宪法审查与解释扩展到事后实质性审查与解释,提请审查与解释主体从五大主体扩展到诉讼过程中的普通公民个人,最终迈向了司法性宪法解释模式之道。因此,王建学指出:"结合最新情况,将法国的'Conseil Constitutionnel'译为'宪法法院'或'宪政法院'比'宪法委员会'的译法更为妥当。即使维持原来的译法,也不应继续将法国模式视为一种'例外'于专门司法机关审查的政治机构审查模式。"②

四、立法机关宪法解释模式及其发展趋势

(一)国家立法机关(议会)型宪法解释制度的域外考察

我们根据《世界各国宪法》③中所收录的 193 个联合国成员国的宪法文本作为考察分析的对象发现,在 193 个国家中,总共有 17 个国家采用了由立法机关(议会)作为宪法解释模式,占全部国家总数的 8.8%,其分布状况分别是:亚洲 7 个国家:中国、朝鲜、老挝、越南、土库曼斯坦、伊朗、斯里兰卡;欧洲 5 个国家:荷兰、英国、芬兰、瑞士、丹麦;非洲 2 个国家:埃塞俄比亚、几内亚比绍;美洲 2 个国家:秘鲁、古巴;大洋洲 1 个国家:新西兰。上述 17 个国家的宪法具体规定如下:

朝鲜 1972 年宪法第 116 条规定:最高人民会议常任委员会行使(1)解释宪法的权力;(2)监督国家机关守法、执法情况,并采取相应措施;(3)撤销同宪法,最高人民会议法令、决议,朝鲜民主主义人民共和国国防委员会委员长命令,国防委员会决议、指示,最高人民会议常任委员会政令、决议、指示相抵触的国家机关决议和指示,制止地方人民会议不适当的决议的执行。

老挝 1991 年宪法第 52 条第(13)款规定:国会行使"监督宪法和法律的遵守与实施";第 56 条第(2)款规定:作为国会常设机构的国会常务委员会行使解释宪法和法律的职权。

越南 1992 年宪法第 83 条、84 条规定:国会是惟一具有宪法权力和立法权

---

① http://conseil constitutionnel,fr,2008-10-14.
② 王建学:《法国式合宪性审查的历史变迁》,北京:法律出版社 2018 年版,第 147 页。
③《世界各国宪法》编辑委员会编:《世界各国宪法》(四卷本),北京:检察出版社 2012 年版。

的机关,国会对全部国家行为行使最高监督权;对宪法、法律和国会决议的执行情况行使最高监督权;撤销国家主席、国会常务委员会、政府、总理、最高人民法院和最高人民检察院发布的与宪法、法律和国会决议相抵触的规范性文件。第91条规定:国会常委会行使解释宪法、法律和法令的职权;监督宪法、法律、国会决议、法令和国会常委会决议的实施;监督政府、最高人民法院、最高人民检察院的工作;停止政府、总理、最高人民法院、最高人民检察院制定的与宪法、法律和国会决议相抵触的规范性文件的执行,并提请国会予以废除。

土库曼斯坦2008年宪法第63条规定:议会对土库曼斯坦宪法和法律的执行情况实施监督,并解释土库曼斯坦宪法和法律;确定各级国家权力机关和管理机关的规范性法律文件是否符合本宪法。

伊朗1979年宪法第72条规定:"宪法监护委员会负有依宪法第96条的规定裁定法律是否违背国教或宪法的职责。"第91条规定:"应成立宪法监护委员会,以便保护伊斯兰教规和宪法,同时确保伊朗伊斯兰议会通过的法律不违背伊斯兰教。"第94条规定:"伊朗伊斯兰议会通过的一切法律必须递交宪法监护委员会审查。"第96条规定:"判定伊朗伊斯兰议会通过的法律未违背伊斯兰教义,需经宪法监护委员会6名法理学家中的多数同意;判定它未违背宪法,须经宪法监护委员会全体成员的多数同意。"第98条规定:"宪法监护委员会有解释宪法之权。"

斯里兰卡1978年民主社会主义共和国宪法第84条规定:"非为修改宪法或废除、替代宪法的法案,与宪法任何规定存在冲突的,可作为违反第82条第(1)款或第(2)款要求的法案而被列入国会的议事议程。"

荷兰1815年宪法第120条规定:"法院无权审查议会法令和国际条约的合宪性";第94条规定:"王国现行的法律规范如果与具有普遍约束力的条约规定或国家机构的决定相抵触,不予适用。"

英国议会立法审查,由于英国是不成文法国家,奉行议会至上原则,议会制定的法律具有最高的法律效力,且不能被议会之外的其他机构进行合宪性审查。

芬兰1999年宪法第74条规定:"议会宪法委员会的职责是对交期审议的法律草案和其他事务是否违反宪法以及与国际人权法的关系发表意见。"

瑞士1999年宪法第169条第(1)款规定:"联邦议会对联邦委员会、联邦行政机构、联邦法院以及其他被授予联邦任务的机构或人员行使最高监督权。"第170条规定:"联邦议会得对联邦采取的措施的有效性进行监督,并得对此进行评价。"

丹麦的合宪性审查是国务委员会在法律草案起草过程中的合宪性审查。丹麦宪法第 17 条规定:"国务委员会由全体部长组成,国务委员会议应当由国王主持。所有法案和重要的政府措施应当在国务委员会讨论。"

埃塞俄比亚 1994 年宪法第 62 条第(1)款规定:"联邦议会有解释宪法的权力"。第 83 条第(1)款规定:"所有宪法争议应有联邦议会裁决。"

几内亚比绍 1984 年宪法第 56 条规定:作为最高国家权力机关的全国人民议会"对法律、法令和其他法律规范的合宪性作出裁决。"

秘鲁 1993 年宪法第 102 条规定:国会具有"监督宪法和法律的遵守情况,并作出适当的规定以切实追究违反者的责任。"

古巴 1976 年宪法第 75 条规定:作为最高国家权力机关的全国人民政权代表大会具有"解决关于法律、法令、指令和其他具有普遍性的决定是否违宪"的职权。

新西兰 1990 年《新西兰权利法案》第 7 条规定:"议案与《权利法案》不一致,司法部长向议会报告。"议案中与《权利法案》包含的任何权利和自由不一致的规定,由议会审议。

可见,世界宪法解释的模式是多元的,不仅存在美国普通法院式的以及宪法法院或宪法委员会式的宪法解释模式,也存在国家立法机关型宪法解释制度,尽管这些国家的数量不足世界上全部国家的十分之一,但作为一种由国家立法机构型宪法解释模式,仍被上述国家所采纳。

(二)苏联时期的宪法审查制度对我国宪法解释制度的影响

1949 年新中国成立之后,由于西方国家普遍不承认新政权的合法性,所以当时的中国一边倒地倒向了第一个社会主义国家——苏联,因此苏联时期所制定的宪法特别是 1936 年对我国宪法审查制度的影响是巨大的,其中合宪性审查就来自于苏联宪法。

1918 年 7 月 10 日在第五次全俄苏维埃代表大会上通过了世界上第一部社会主义类型的宪法——《俄罗斯苏维埃联邦社会主义共和国宪法(根本法)》,从而也在世界上第一次以成文宪法的形式确立了国家立法机构型宪法审查制度。根据该宪法,全俄苏维埃代表大会为俄罗斯社会主义联邦苏维埃共和国的最高权力机关;在代表大会闭会期间,全俄中央执行委员会为共和国的最高权力机关,其中第 31 条、第 32 条与第 33 条规定了宪法监督的机关与职权。全俄苏维埃中央执行委员会为俄罗斯社会主义联邦苏维埃共和国最高立法、号令及监督机关,具体负责:(1)统一协调立法工作和管理工作,并负责监督苏维埃宪法的实施情况;(2)审查和批准人民委员会或各主管部门所提交的法令草案及其他建议;(3)一切关于规定政治经济生活一般规范的法令以及根本改变国家机关工作现状的法令一定要由全俄中央执行委员会审查。

1924 年 1 月 31 日第二次全联盟苏维埃代表大会批准通过了《苏维埃社会主义共和国联盟根本法（宪法）》，这是 1922 年苏联成立后的第一部宪法。该宪法延续了 1918 年《苏俄宪法》所规定的最高权力机关型的宪法审查制度，第 8 条、第 29 条、第 30 条规定苏维埃代表大会为苏维埃社会主义共和国联盟的最高权力机关；在代表大会闭会期间，由联盟苏维埃和民族苏维埃所组成的苏维埃社会主义共和国联盟中央执行委员会为联盟的最高权力机关；在中央执行委员会闭会期间，苏维埃社会主义共和国联盟中央执行委员会主席团为苏维埃社会主义共和国联盟权力的最高立法、执行及指挥机关；苏维埃社会主义共和国联盟中央执行委员会主席团负责监督苏维埃社会主义共和国联盟宪法的实施情况以及一切权力机关对苏维埃社会主义共和国联盟代表大会及中央执行委员会一切决定的执行情况。值得注意的是，为了便于落实苏联最高国家权力机关常设机关的宪法监督职能，苏联最高法院负责作审查规范性法律文件的合宪性并提出初步结论意见的具体工作。①

1936 年 12 月 5 日第八次非常苏维埃代表大会通过了新的联盟根本法即《苏维埃社会主义共和国联盟宪法（根本法）》。该宪法承继 1918 年宪法与 1924 年宪法所确立的宪法审查制度，第 14 条第（四）款规定：苏维埃社会主义共和国联盟的最高国家权力机关和国家管理机关行使"监督对苏联宪法的遵守，并保证各加盟共和国宪法符合于苏联宪法"的职权。

上述三部苏联时期的宪法确立的宪法审查制度模式对我国第一部宪法即 1954 年宪法确立的国家立法机关型宪法审查制度产生了直接的影响。首先，在制定 1954 年宪法起草工作计划时，毛泽东同志就致信刘少奇等中央领导同志，要求他们阅看的主要参考文件资料中列在第一、第二的就是 1936 年苏联宪法与 1918 年宪法。② 其次，中国共产党中央委员会 1954 年宪法草案（初稿）与苏联 1936 年宪法众多条款都有相同或相似之处③，其中，国家立法机关型宪法审查制度的确立就直接来自于苏联 1936 年宪法的规定。

---

① 具体表现是 1923 年 11 月 23 日苏联中央执行委员会批准了《苏联最高法院条例》，依照该条例的规定，苏联最高法院根据苏联中央执行委员会主席团的要求，就各加盟共和国中央执行委员会和人民委员会的决议以及苏联人民委员会决议的合宪性提出结论意见。苏联最高法院得向苏联中央执行委员会主席团提出关于中止或者废除与苏联宪法相抵触的其他中央国家机关决议的书面报告。但是，苏联最高法院无权提出全苏维埃代表大会、苏联中央执行委员会及其主席团法律文件的合宪性问题。参见刘向文：《苏联宪法监督制度的发展变化》，《郑州大学学报》2003 年第 1 期，第 92 页。

② 《毛泽东文集》（第 6 卷），北京：人民出版社 1999 年版，第 320 页。

③ 韩大元：《1954 年宪法与新中国宪政》，长沙：湖南人民出版社 2004 年版，第 684—771 页。

苏联时期的宪法解释制度在其宪法文本中并未明确规定,但其宪法监督与审查制度即孕育宪法解释制度。

(三)中国宪法关于解释宪法制度的顶层设计

中国自 1954 年宪法开始就初步确立了国家立法机关型宪法审查制度。根据 1954 年宪法规定,全国人大是最高国家权力机关,也是行使国家立法权的唯一机关;第 27 条第(3)款规定:全国人大行使"监督宪法的实施";第 31 条第(6)款、第(7)款规定:全国人大常委会行使撤销国务院的同宪法、法律和法令相抵触的决议和命令以及改变或者撤销省、自治区、直辖市国家权力机关的不适当的决议。因此,1954 年宪法通过对违宪违法或不适当的规范性文件行使撤销权等的规定,初步确立了立法监督制度。① 实际上,这种立法监督制度就是国家立法机关型宪法审查与解释制度:第一,由最高权力机关即全国人大行使宪法监督权;第二,由全国人大的常设机关即全国人大常委会行使撤销与宪法、法律和法令相抵触的国务院的决议和命令,同时撤销省级国家权力机关的不适当的决议。这种撤销权蕴涵着宪法解释,对宪法的规范、原则与内容作出准确的理解与解释是行使撤销权的前提与理由。

1978 年宪法第一次赋予了全国人大常委会"解释宪法"的职权。其中第 25 条规定:全国人大常委会行使"解释宪法和法律,制定法令"职权。我国当下宪法解释制度是由 1982 年宪法确立的。"八二宪法"第 67 条第(1)款明确规定:全国人大常委会可以行使"解释宪法,监督宪法的实施"的职权。

十三届全国人大一次会议通过的《宪法修改案》第 44 条规定,宪法第 70 条第(1)款中"全国人民代表大会设立民族委员会、法律委员会、财政经济委员会、教育科学文化卫生委员会、外事委员会、华侨委员会和其他需要设立的专门委员会。"修改为:"全国人民代表大会设立民族委员会、宪法和法律委员会、财政经济委员会、教育科学文化卫生委员会、外事委员会、华侨委员会和其他需要设立的专门委员会。""宪法和法律委员会"名义上虽说是由"法律委员会"更名而来,但实际上可理解为是全国人大新设立的一个专门委员会。宪法修正案这次调整是在党的十九届三中全会审议通过的《深化党和国家机构改革方案》中首次提出的,《方案》指出:"全国人大法律委员会更名为全国人大宪法和法律委员会。为弘扬宪法精神,增强宪法意识,维护宪法权威,加强宪法实施和监督,推进合宪性审查工作,将全国人大法律委员会更名为全国人大宪法和法律委员会。全国人

---

① 全国人大常委会法制工作委员会法规备案审查室审定:《规范性文件备案审查制度理论与实务》,北京:中国民主法制出版社 2011 年版,第 6 页。

大宪法和法律委员会在继续承担统一审议法律草案工作的基础上,增加推动宪法实施、开展宪法解释、推进合宪性审查、加强宪法监督、配合宪法宣传等职责。"①《方案》与宪法修改,虽然对"法律委员会"仅增添了"宪法"二字,但对于落实党的十九大提出的"加强宪法实施与监督,推进合宪性审查工作,维护宪法权威"的新时代要求则具有重大现实意义与实践价值。《方案》不仅说明了为何要作如此调整的原因,同时也界定了全国人大宪法和法律委员会的功能定位。按照《方案》要求,全国人大宪法和法律委员会今后作为我国合宪性审查的专门机构,将担负起推动宪法实施、开展宪法解释、推进合宪性审查、加强宪法监督、配合宪法宣传的重要使命。

上述中国现行宪法确立的宪法解释制度的基本特征就是国家立法机关型宪法解释制度,与苏联时期以及当代社会主义国家的宪法解释制度同出一辙,均为由最高国家权力机关行使宪法解释权,以保证宪法的统一性与权威性。

（四）国家立法机关（议会）型宪法解释的正当性

黑格尔说:"凡是现实的东西都是合乎理性的。②"从历史唯物主义史观分析,国家立法机关型宪法解释制度是一种"谁立法、谁审查、谁解释"③的模式,既然当今各种宪法解释模式都是在历史长河中经过长期比较、博弈、选择的结果,那么其存在必然有其合理性与正当性。若以历史纵向维度进行考察,该模式的正当性有四大理论支撑:一是分权论;二是主权在民论;三是公意正确论;四是议会至上论。

分权理论强调的是立法、司法、行政三权分立,各司其职,权力之间不得相互僭越,立法机关负责制定法律,司法机关负责适用,行政机关负责执行,若司法机关对法律进行了解释,就是将自己的意图强加于立法者之上,等于司法者进行立法,所以自分权理论诞生伊始就排拒司法权对于立法者所创制的法律的解释。早在古罗马时期就已经存在着分权理论并排斥法官对法律的解释权,罗伯斯比尔对此曾指出:"罗马立法所遵循的规则是,法律的解释权属于创制法律者。罗马人懂得,如果不是立法者的权力才能解释法律,那么别种权力最终会变更法

---

① 中共中央印发《深化党和国家机构改革方案》,《光明日报》2018 年 3 月 22 日第 6 版。
② ［德］黑格尔:《法学哲原理》,范扬、张企泰译,北京:商务印书馆 1996 年版,第 11 页。
③ "谁立法、谁审查、谁解释"模式的正当性实际上是源自"谁立法、谁解释"的证成逻辑,因为"谁立法、谁解释"强调立法者自己有权解释自己的制定的法律,而审查就意味着对法律条款的理解与解释,合宪性审查必然伴随着对宪法的解释,故而"立法者解释法律"与"立法者审查法律"在逻辑上是一直的,只要立法者不愿意让其他机构解释自己制定的法律,就等于排斥其他机构对自己制定的法律的审查。

律,并将自己的意志置于立法者的意志之上。①"

主权在民的理论强调立法机关的民意性,即法律是由代表民意的立法机关制定的,若法律一经司法机关解释,司法机关就会把自己的意志塞进法律意图之中,从而取代了民意代表机关,民主之治、法律之治就会变成法官之治,甚或法官之专制。

无论是分权论,还是主权在民论,均否定司法机关的法律解释权。因此,在近代分权论与主权在民论的影响与传播下,排斥立法机关以外的机构尤其是法院或法官的解释成为 17、18 世纪法律政治思想界的主流观点,从霍布斯、洛克到孟德斯鸠、卢梭等思想家皆否定立法者之外的主体对于法律的解释权。

17 世纪中叶的霍布斯就主张,法律的解释权在于立法者,否则,其他解释者就变成立法者了;不仅如此,法律解释所有的知识最终存在于立法者的身上,因此,对立法者而言,"法律上没有任何结子是解不开的"。② 洛克认为:"只有人民才能通过组成立法机关和指定由谁来行使立法权",而"享有这种权力的人就不能把它让给他人"。③ 由于"这个立法权不仅是国家的最高权力,而且当共同体一旦把它交给某些人时,它便是神圣的和不可变更的;如果没有得到公众所选举和委派的立法机关的批准,任何人的任何命令,无论采取什么形式或以任何权力做后盾,都不能具有法律效力和强制性"。④ 按照洛克的观点,既然立法权是神圣的和最高的,那么对法律(包括宪法)的解释就不能由享有执行权的机关即司法机关的法官行使,法官只是"执行"立法机关制定的法律。因为一旦解释,就不免会导致解释性"立法",这种情形的出现是有悖立法权性质的,是反民主的。⑤ 58 年之后即 1748 年,深谙分权之道的法国人孟德斯鸠,在《论法的精神》中断然否定了法官的法律解释权,他说,"国家的法官不过是法律的代言人"。⑥ 其因在于:"如果司法权同立法权合而为一,则将对公民的生命和自由施行专断的权力,因为法官就是立法者。"⑦因此,受主权在民论与分权论的影响,所有的立法权都赋予了由人民选举出来的立法机关,进而就必然否认司法机关解释法律的可能性。美国法学家约翰·亨利·梅利曼总结说:"分权理论的极端

① [法]罗伯斯比尔:《革命法制和审判》,赵涵舆译,北京:商务印书馆 1965 年版,第 28 页。
② [英]霍布斯:《利维坦》,黎思复、黎廷弼译,北京:商务印书馆 1985 年版,第 214 页。
③ [英]洛克:《政府论》(下篇),叶启芳、瞿菊农译,北京:商务印书馆 1964 年版,第 88 页。
④ [英]洛克:《政府论》(下篇),叶启芳、瞿菊农译,北京:商务印书馆 1964 年版,第 82 页。
⑤ 范进学:《宪法解释的理论建构》,济南:山东人民出版社 2004 年版,第 72 页。
⑥ [法]孟德斯鸠:《论法的精神》(上册),张雁深译,北京:商务印书馆 1961 年版,第 163 页。
⑦ [法]孟德斯鸠:《论法的精神》(上册),张雁深译,北京:商务印书馆 1961 年版,第 156 页。

化,导致了对法院解释法律这一作用的否定,而要求法院把有关法律解释的问题都提交给立法机关加以解决,然后,由立法机关提供权威性的解释,用以指导审判实践。通过这种方法,纠正法律的缺陷,杜绝法院立法并防止司法专横对国家安全的影响。对大陆法系的教条者们来说,唯有立法者所作的权威性解释才是可以允许的解释。[①]"社会契约论的卢梭也明确主张:"制订法律的人要比任何人都更清楚,法律应该怎样执行和怎样解释。[②]"这种排斥司法权对于法律的解释、崇尚立法机关自我法律解释权的观点一直持续到19世纪晚期。[③] 如19世纪的法国,仍然奉行国民主权原则,国民议会权力独大,宪法审查完全被忽视。[④]

　　卢梭提出的"公意永远是正确的""公意永远是公正的"理论[⑤],对于深受卢梭理论影响的国家,几乎都排斥对立法机关的法律审查。因为,既然公意永远正确的,法律又是"公意的行为",就无须问法律是否会不公正,因为没有人会对自己本人不公正。[⑥] 公意正确或公正论意味着无需对代表公意的立法机关制定的法律的正当性进行审查,因为法律就是公意的体现,体现公意的法律,基于自身的永远正确而拒绝任何形式的合法性审查。

　　议会主权论是自1688年英国资产阶级革命后逐渐确立起来的宪法原则。何谓议会主权? 18世纪中期的布莱克斯通在《英国法释义》中就英国议会的地位指出:立法机关,作为事实上的最高权力者,始终拥有绝对的权威,它不承认世界上有比其地位更高的事物。[⑦] 19世纪晚期的英国宪法学家戴雪在1885年出版的《英宪精义》中对英国议会主权作了总结,他指出:议会在英宪之下,可以造法,亦可以毁法;四境之内,无一人复无一团体能得到英格兰的法律之承认,使其有权利以撤回或弃置议会的立法。这是议会主权原理的真谛。[⑧] 狄龙也在评价英国的议会时说过:除将男人变成女人又将女人变成男人外,议会无一事不能为。因此,有学者指出:根据议会主权原则,对议会立法的审查是由议会进行的,而议会主权则构成了议会对立法进行自我审查的宪法依据。[⑨] 英国议会的

---

① 〔美〕约翰·亨利·梅利曼:《大陆法系》,顾培东、禄正平译,北京:知识出版社1984年版,第43页。

② 〔法〕卢梭:《社会契约论》,何兆武译,北京:商务印书馆1980年版,第87页。

③ 范进学:《宪法解释的理论建构》,济南:山东人民出版社2004年版,第72页,第123—129页。

④ 方建中:《超越主权理论的宪法审查:以法国为中心的考察》,北京:法律出版社2010年版,第66页。

⑤ 〔法〕卢梭:《社会契约论》,何兆武译,北京:商务印书馆1980年版,第39页、第52页。

⑥ 〔法〕卢梭:《社会契约论》,何兆武译,北京:商务印书馆1980年版,第51页。

⑦ 〔英〕威廉·布莱克斯通:《英国法释义》,游云庭、缪苗译,上海:上海人民出版社2006年版,第103页。

⑧ 〔英〕戴雪:《英宪精义》,雷宾南译,北京:中国法制出版社2001年版,第116页。

⑨ 童建华:《英国违宪审查》,北京:中国政法大学出版社2011年版,第69页。

至高无上性对代表机关违宪审查产生了重大影响。[①] 19 世纪法国著名的宪法学家马尔贝格就认为,在判断法律是否违宪问题上,议会拥有完全的自由裁量权。议会是法律合宪性最初的判断者,也是最终的决定者。议会的表决就是对法律合宪的确认。[②]

除分权论外,上述三种理论对我国立法机关型宪法解释制度皆产生了重大影响。人民主权论、公意正确论与议会主权论在其实质上说是一致的,都是以人民民主为基础、以代表民意的立法机关作为载体,宣称立法机关为最高权力机关,在我国,上述理论最终凝结为宪法上确立的"议行合一"论。吴家麟教授在解释"议行合一"时指出:"它是社会主义国家民主集中制原则在国家权力机关间工作关系的体现。"1982 年宪法规定:"中华人民共和国的一切权力属于人民。人民行使国家权力的机关是全国人民代表大会和地方各级人民代表大会","全国人民代表大会和地方各级人民代表大会都由民主选举产生,对人民负责,受人民监督。""国家行政机关、审判机关、检察机关都由人民代表大会产生,对它负责,受它监督"。根据民主集中制的原则建立起来的中国国家机构,就是议行合一的国家机构。"议行合一"下的全国人大是最高国家权力机关(宪法第 57 条),其他国家机关均依附于全国人大这一最高国家权力机关,宪法是"人民"创制的,宪法的意图与精神的最好解释者当然是全国人大,因此在制度设计上,全国人大应当是解释宪法最佳的主体选择。然而,由于全国人大是一个近 3000 人的分散的、短暂集中的组织机构,每年举行一次会议,且会期短暂,因此由它来直接担当经常解释宪法的职责显然是不合适的,而全国人大常委会作为全国人大的常设机关,在全国人大闭会期间,代替全国人大行使最高国家权力,赋予它行使"解释宪法"的职权既是必要的,也是可能的。肖蔚云先生曾指出:全国人大常委会"每两个月举行一次会议,每次会期也不固定多长,它的组成人员比较专职化,由它来行使监督宪法实施的权力,比全国人大更为便利,更具有经常性"。全国人大常委会对宪法的解释集中体现了全体人民的共同意志,能够捍卫宪法的旨意与目的。

总之,我国宪法将"解释宪法"的职权授予全国人大常委会,其立宪意图就是出于维护人民主权原则,捍卫人民代表大会制度作为我国的根本政治制度,以防止其他国家机关僭越属于全国人大的宪法解释权。诚如蔡定剑所说:"我国采取立法机关解释宪法的制度,是我国全国人民代表大会是最高国家权力机关的性

---

① 林广华:《违宪审查制度比较研究》,北京:社会科学出版社 2004 年版,第 89 页。
② 方建中:《超越主权理论的宪法审查:以法国为中心的考察》,北京:法律出版社 2010 年版,第 67 页。

质决定的。"马克思主义理论研究和建设工程教材《宪法学》也认为："由最高国家权力机关的性质和地位所决定,社会主义国家均由最高国家权力机关或其常设机关解释宪法。"

当然,在我国,宪法上关于全国人大常委会具有宪法解释权之规定能否必然排斥其他机关对宪法的解释仍然存在学理上的争鸣,本书将在最后一章继续谈论这一问题,在此不再赘述。

五、战后全球司法性宪法解释模式的发展及其趋势

第二次世界大战结束之后,关于宪法解释模式的一个基本趋向就是司法性宪法解释(juristocracy),世界上绝大多数国家从议会宪法解释模式转型为司法性机关解释模式。这种解释模式的确立构成了全球司法立宪主义的基本基调与趋势,从前苏联与东欧各国到加拿大,从拉丁美洲到南非,从英国到以色列。这些国家的大多数制定了新宪法或进行宪法修改,其中都包括两项基本内容:一是包含权利法案;二是确立某种司法性审查的宪法解释制度。这种全球性迈向司法立宪主义的趋势是 20 世纪末期与 21 世纪早期国家治理的最显著的特色。[1] 在全世界 193 个联合国会员国之中,有权利救济的宪法实施制度的共有190 个,其中 96 个由普通法院实施,74 个由宪法法院实施,20 个由宪法委员会实施,3 个未确立的是阿曼、利比亚和沙特阿拉伯。一个十分有趣的现象是,法国的宪法委员会,通过 1971 年以来的改革,尤其是 2008 年宪法修改,其功能已经逐步转变为类似宪法法院的功能。

这种司法性宪法解释模式趋势的发展,是宪治与司法审查观念深入普及并日益被接受的结果。民主与多数规则并非是一回事,真正的民主是一种宪法性民主而不是由议会至上原则所支配的民主,在宪法民主下,少数人拥有成文宪法所保护的权利,这种权利保护即使由民主选举的机构也不能改变。正如德沃金所说:"欧盟的每一个成员国和其他成熟的民主国家都主张民主必须通过立宪与司法审查来保护少数人的权利,以反对多数专制而维护其自身。"[2]即使像英国、新西兰、以色列这样议会至上的国家也将宪法至上原则引入其代议专制制度之中。这种世界性立法主义的扩展源自二战之后的现代民主观,即民主远不是仅仅意味着多数决原则,它还包含着基本权利和公民自由的保障,目的在于保护易

---

① C. N. Tate and T. Vallinder, eds. , *The Global Expansion Of Judicial Power*, New York University Press, 1995, p. 5.

② Ronald Dworkin, *A Bill of Rights for Britain*, London: Chatto and Windus, 1990.

受到政治多数的潜在专制的侵害的组织或个人。因此,似乎具有非民主特征的司法审查与宪治常常被视为与民主是相协调的,或视为对民主的必要的限制。总之,借助权利的宪法化与司法审查的确立来建立司法性解释模式现在似乎被现代宪法思想所接受。

耶鲁大学布鲁斯·阿克曼(Bruce Ackerman)教授在 1997 年提出了"世界立宪主义"(World Constitutionalism)的概念,他说,把时钟拨回到 60 年前即 20 世纪 30 年代晚期,那时除了支离破碎的魏玛宪法及其奥地利开始的司法审查的实验外,无论法国还是英国对限制民主政治的成文宪法权力均不抱有过多的信任,拉丁美洲一个世纪的经验也没有显示出任何希望。然而,60 年之后,启蒙时期制定成文宪法的希望席卷世界,宪法法院在德国和法国、西班牙和意大利、以色列和匈牙利、加拿大和南非、欧盟和印度成为最具权力的力量。它们标志着"世界立宪主义的兴起"。[①] 2003 年芝加哥大学托马斯·金斯伯格(Thomas Ginsburg)教授也指出,战后宪法起草主要集中于两个方面:一是列举不允许被政府剥夺的个人基本权利,二是保障这些权利的特殊宪法法院的确立。随着"第三波"民主浪潮席卷全球,在业已确立的和新型的民主国家法官权力的扩张已经完成。按照他的统计,截至 2000 年,世界已有 72 个国家通过了新宪法或修改了宪法,并在宪法中确立了某种形式的宪法审查。[②] 2004 年加拿大多伦多大学宪政学家兰·赫施尔(Ran Hirschl)教授将二战以来出现的"世界宪政"归结为"新立宪主义"(the new constitutionalism),其显著特征是"迈向司法权威"(towards juristocracy),即新制定的宪法或修正的宪法皆包括权利法案和确立司法审查的一些形式。这种迈向司法的新立宪主义的全球化趋势是 20 世纪晚期和 21 世纪早期政府方面最重大的发展之一。赫施尔把后二战时代权利宪法化与国家层面司法审查确立的世界立宪主义归纳为六大图景:[③]

第一,"重建"浪潮,即司法权是二战后政治重建的结果,包括 1946 年日本宪法的制定、1948 年意大利新宪法的制定和 1956 年意大利宪法法院的确立、1949 年德国基本法的通过和联邦宪法法院的确立以及 1958 年法国宪法的通过和宪法委员会的确立。

第二,"独立"后去殖民化图景,即主要是前英国殖民地国家在去殖民化过程中权利宪法化和司法审查确立。最典型的模式是 1950 年印度根据《印度独立法

---

① Bruce Ackerman,The Rise of World Constitutionalism,83 Virginia Law Review,1997,pp. 771 - 772.

② Thomas Ginsburg, *Judicial Review in New Democracies* , Cambridge University Press,2003,p. 2.

③ Ran Hirschl, *Towards Juristocracy*：*The Origins and Consequences of the new Constitutionalism*, Harvard University Press 2004 & 2007, pp. 7 - 8.

令》颁布的新宪法和印度最高法院的建立。另外，英国一直不愿意将《欧盟人权公约》纳入其法律体系之中，2008 年终于通过了《人权法案》。之后，非洲的加纳于 1957 年、尼日利亚于 1959 年、肯尼亚于 1960 年紧随印度模式确立了权利宪法化。

第三，"单一转型"图景，即权利宪法化和司法审查是从准民主或威权统治转型为民主的结果。如南非 1993 年通过了过渡时期的权利法案，1996 年通过了最终的权利法案，1995 年建立宪法法院，从而在 20 世纪 90 年代中期转型为彻底的民主国家；几乎所有南欧国家如希腊于 1975 年、葡萄牙于 1976 年、西班牙于 1978 年以及拉丁美洲国家如尼加拉瓜于 1987 年、巴西于 1988 年、哥伦比亚于 1991 年、秘鲁于 1993 年、玻利维亚于 1994 年都通过了包括基本权利法案在内的新宪法并确立了实质性的司法审查制度。

第四，"双重转型"图景，即不仅转向西方民主，同时也转向为市场经济，主要是东欧国家和前苏联国家，如波兰于 1986 年建立了宪法法院，匈牙利于 1989—1990 年，俄罗斯于 1991 年建立了宪法法院，捷克与斯洛伐克共和国于 1993 年确立了司法审查制度。

第五，"合并化"趋势，即将国际或超国家的法律标准合并到本国法律之中而确立的司法审查制度。如丹麦于 1993 年、瑞典与 1995 年将欧洲制宪会议通过的人权法案纳入本国法律体系之中；英国于 1998 年通过了人权法案，亦将欧洲制宪会议通过的人权法案纳入到英国宪法之中，这是英国 300 年以来第一次权利立法。

第六，"非明显的转型"图景，即不是通过宪法革命而完成的，也没有任何明显的政治或经济的根本变化。如瑞典于 1979 年、墨西哥于 1994 年确立了实际的司法审查制度，新西兰于 1990 年权利法案；以色列通过了两部基本法以保护核心权利与自由；加拿大于 1992 年通过了权利与自由宪章。

从上述世界各国宪法解释模式向司法性解释模式转型状况分析，我们将世界宪法发展的共同特征概括为五大基本特征：（1）制定颁布载有人权法案和宪法保障机构的根本法——宪法；（2）核心是限制政府权力、保障人权；（3）法庭（普通的或特别的法院）充当宪法的守护者和解释者；（4）宪法作为法律而发挥法律的实际效力；（5）有专门的宪法律师，作为专门法律人才为实施宪法提供技术智慧支持。因此，从世界宪法发展看，其实质是"迈向司法权威"，确立宪法实施的机关即某种形式的司法审查制度：或由专门机构审查、或由法院审查。没有可诉的宪法，限制权力、保障人权还是停留于形式上。这种全球司法性宪法解释模式确立的发展趋势，意味着宪法法院或司法性专门机构是宪法的最终解释者。

第三章

宪法解释机构之组织比较[①]

世界 193 个主权国家的宪法,除了极个别的例外(如利比亚),均规定了宪法解释制度。从这些国家的宪法文本来看,世界上存在着四种宪法解释机关,分别对应着四种宪法解释模式——立法机关解释模式、普通法院解释模式、宪法法院解释模式、宪法委员会解释模式。

实行立法机关解释模式的国家大约有 17 个,分别是:中国、朝鲜、老挝、越南、斯里兰卡、土库曼斯坦、伊朗、英国、芬兰、荷兰、瑞士、丹麦、埃塞俄比亚、几内亚比绍、古巴、秘鲁、新西兰。比如,我国宪法第 67 条第(1)款规定,全国人民代表大会常务委员会的职权之一是"解释宪法,监督宪法的实施";芬兰在议会内设"宪法委员会"负责合宪性审查(宪法第 74 条);瑞典在议会内设"宪法委员会"负责宪法事务(政府组织法第 13 章及议会法);黎巴嫩在议会内建立"宪法委员会"以监督法律的合宪性(宪法第19 条);伊朗伊斯兰议会内设"宪法监护委员会"行使宪法解释职权;越南国会常务委员会负责解释宪法(宪法第 91 条),等等。由于立法机关解释模式在第二章已有所论述,故本章重点论述普通法院解释模式、宪法法院解释模式、宪法委员会解释模式。

一、普通法院解释模式之组织比较

(一)普通法院解释模式的起源与发展

普通法院解释模式是一种由普通法院对宪法进行权威解释的制度。一般认为,普通法院解释模式源于美国,是在 1803 年的"马伯里诉麦迪逊"案中形成的,然后,在普通法系的国家中得到推广。

[①] 本部分的宪法、宪法法院组织法条文,除非有特别的说明,均引自孙谦、韩大元主编:《世界各国宪法》(全四卷),北京:中国检察出版社 2012 年版;胡建淼、杜仪方编:《世界宪法法院法选编》,杭州:浙江大学出版社 2007 年版。

经查阅孙谦、韩大元主编《世界各国宪法》发现,实行普通法院解释模式的国家大约有 71 个:阿富汗、阿拉伯联合酋长国、阿曼、巴基斯坦、不丹、东帝汶、菲律宾、吉尔吉斯斯坦、[①]马尔代夫、马来西亚、孟加拉国、尼泊尔、日本、斯里兰卡、伊拉克、爱尔兰、爱沙尼亚、摩纳哥、挪威、希腊、阿根廷、安提瓜和巴布达、巴拉圭、巴拿马、巴西、伯利兹、多米尼克、哥斯达黎加、格林纳达、洪都拉斯、美国[②]、墨西哥、萨尔瓦多、圣基茨和尼维斯、圣卢西亚、圣文森特和格林纳丁斯、特立尼达和多巴哥、委内瑞拉、乌拉圭、澳大利亚、巴布亚新几内亚、斐济、基里巴斯、马绍尔群岛、密克罗尼西亚、瑙鲁、帕劳、萨摩亚、所罗门群岛、图瓦卢、瓦努阿图、博茨瓦纳、厄立特里亚、冈比亚、加纳、津巴布韦、肯尼亚、莱索托、利比里亚、卢旺达、马拉维、毛里求斯、纳米比亚、南苏丹、尼日利亚、塞拉利昂、塞舌尔、[③]斯威士兰、索马里、乌干达、[④]赞比亚。

根据学者的研究,由普通法院行使宪法解释权的主要根据是:对立法机关不抱绝对信任的政治理念;在多数决定原则下保护少数人的政治理念;三权分立与制衡原则下,法院制约其他国家机关的需要;司法权优越的政治理念;司法机关的特性——司法机关的活动规则决定了,适用与具有最高效力和作为最高规则的宪法相符的法律文件,属当然之事;自由放任主义原理。[⑤]

(二)普通法院解释模式的相似之处

实行普通法院解释模式的国家,绝大多数都在宪法中确立政治观念多元化原则和立法权、行政权、司法权分立原则。除此之外,这些国家还有如下相似之处:

1. 普通法院处于权威的地位[⑥]

实行普通法院解释模式的国家,其宪法大都确认普通法院作为司法机关的

① 吉尔吉斯斯坦宪法第 93 条第 3 款第 2 项规定,"在最高法院的组成中,设立宪法庭"。

② 美国宪法文本并规定宪法解释机关;美国普通法院解释制是在实践中发展起来的,恕不赘述。

③ 塞舌尔宪法第 129 条规定:"(一)最高法院就有关本宪法的申诉、冲突、实施或解释事项的管辖权和权力应由不少于 2 名法官共同开庭行使。……(三)本宪法中规定的宪法法院应为根据第(一)款而开庭的法院。"笔者认为,这里的"宪法法院"实际上是最高法院内设的"宪法法庭",故将塞舌尔归入普通法院解释模式而非宪法法院解释模式。

④ 乌干达宪法第 137 条第 1 款规定,"对宪法的解释问题由作为宪法法院的上诉法院决定";同时,宪法第 132 条第 1 款规定,"最高法院为终审上诉法院"。笔者认为,乌干达宪法中的"宪法法院"对宪法的解释不具有终局效力,其地位类似于最高法院内设的"宪法法庭",故将乌干达归入普通法院解释模式。

⑤ 许崇德主编:《宪法》,北京:中国人民大学出版社 2009 年版,第 64—65 页。

⑥ 只有 3 个国家在宪法中规定,最高法院的判决可以上诉。澳大利亚宪法第 74 条第 1 款规定,如果高等法院能够证明"关于联邦与州之间或各州之间,或任何两州或两州以上之间的宪法权限范围的任何问题所作出的判决"应由英国女王决定,则这些判决可以上诉至女王。根据毛里求斯宪法第 81 条、83 条和 84 条,最高法院拥有审理宪法争议的初审权,而上诉法院或者司法委员会拥有最终的宪法解释权。根据塞舌尔宪法第 120 条的规定,对最高法院对宪法的解释,可以向上诉法院提起上诉。

独立性及其判决的权威性。如：伊拉克宪法第 19 条第 1 款规定"司法独立，除法律之外，没有其他权力可凌驾其上"，第 88 条规定"法官独立。除法律外，没有其他权利得凌驾其上，任何权利不得干涉司法和司法事务"，第 94 条规定"联邦最高法院的裁决具有终局性，对所有政府具有约束力"。委内瑞拉宪法第 335 条规定，最高法院是宪法的最后解释者，并负责宪法的统一解释和适用；最高法院的解释具有最高法律效力；宪法庭对宪法规则和原则的内容与范围所作的解释对最高法院其他庭和共和国的其他法院均具有约束力。利比里亚宪法第 65 条规定，最高法院的判决应为最终判决且具有约束力，并且不应受限于政府的任何其他部门上诉或审查；第 66 条规定，最高法院应为宪法问题的最终裁决者，并且对所有案件有最终上诉管辖权，不论案件来自于有诉讼记录的法院、没有诉讼记录的法院、行政管理机构、自治机构或任何其他机关，均关于法律及事实，除了涉及大使、部长、或郡为诉讼一方当事人的案件以外；在所有的此类案件中，最高法院应当行使初始管辖权。立法机关不应制定法律或创立任何例外，以剥夺此处赋予的最高法院的任何权力。尼日利亚宪法第 235 条规定，除请求总统或州长行使赦免权外，对最高法院任何裁判都不能上诉。

2. 较为严格的法官任职资格

在普通法院解释模式下，只有个别国家（东帝汶、瓦努阿图）的宪法规定，最高法院法官的任职资格较为宽松。[①] 另有个别国家（马来西亚）的宪法规定，联邦（最高）法院法官与其他法院法官的任职资格相同。[②]

绝大多数国家的宪法规定，承担宪法解释任务的最高法院法官的任职资格，通常比下级法院或其他专门法院法官的资格更为严格。如：根据巴西宪法的规定，担任普通法官应具备基本的法律学位并从事法律实践 3 年以上，通过公开选拔考试，并提交职业资格证书，初始职位为候补法官，巴西律师协会应全程参与法官遴选，在任命时应遵守分类制（第 93 条第 1 款）。联邦最高法院法官，应从 35 岁以上、65 岁以下，具有卓越法律知识，声誉良好的巴西公民中选任。且应当由共和国总统提名，并经联邦参议院绝对多数通过（第 101 条）。尼泊尔宪法第 103 条第 2 款规定，担任最高法院法官 3 年以上的法官，有资格被任命为首席大法官；第 3 款规定，担任上诉法院法官或相当司法职务 7 年以上，或者在司法机

---

① 东帝汶宪法第 127 条："只有职业法官、公诉人或是品德得到东帝汶人民认可的法学家才能成为最高法院法官。除前款规定的条件外，其他要求由法律规定"；瓦努阿图宪法第 49 条第 4 款规定，具备律师执业资格即可被任命为最高法院首席大法官和其他大法官。

② 马来西亚宪法第 123 条规定，联邦法院、上诉法院、高等法院的法官任职资格相同：(1) 有国籍；(2) 在获任前曾在上述法院担任律师 10 年，或者在联邦和州的司法和法律服务机构任职。

构担任一级或以上职务 12 年以上,或者作为法科毕业律师或高级律师执业 15 年以上,或者在司法领域工作 15 年以上的知名法学家,有资格被任命为最高法院法官。巴拉圭宪法第 258 条第 2 款规定,最高法院法官的任命,须具有巴拉圭之自然国籍,年满 35 周岁,获得大学法学博士学位,享有崇高的声誉,并且从事律师职业、担任法官、大学法学院教职长达 10 年以上之资格。墨西哥宪法第 95 条第 1 款规定,担任国家最高法院法官的条件要求如下:(1)出生即为墨西哥公民,有能力履行其政治和民事权利。(2)至少为 35 岁。(3)至少 10 年前取得法律为该目的所合法授予的机构颁布的法律学位。(4)信誉良好,并不得犯可惩罚性监禁 1 年以上的犯罪。但是如果犯罪为抢劫、诈骗、伪造、失信或任何严重损害良好信誉的其他犯罪,无论该惩罚何时进行,其应不适合任职。(5)任职前在墨西哥居住至少两年。(6)任职前的一整年未担任过部长、总检察长、联邦特区司法法官、参议员、众议员、政府官员或联邦特区政府领导人;第 2 款规定,法官最好应为从事司法职业有效率、有能力和诚信的人,或者在法律领域信誉、能力和职业特别突出的人。委内瑞拉宪法第 263 条规定,作为最高法院法官应满足以下条件:(1)出生在委内瑞拉,具有委内瑞拉国籍。(2)被尊称为荣誉公民。(3)是具有公认学识的法学家;享有良好的声誉;至少 15 年的法律执业经验,具有法学研究生学历或担任大学法学教授 15 年以上,并获得终身教授职位;或是高等法院法官,且在与竞选最高法院职位相同的专业部门,任法官 15 年以上,在履职中享有公认的威望。(4)法律规定的其他条件。哥斯达黎加宪法第 159 条规定,出任最高法院法官的条件如下:(1)因出生获得哥斯达黎加国籍,或因入籍获得哥斯达黎加国籍后在共和国居住 10 年以上,但最高法院院长必须因出生获得哥斯达黎加国籍。(2)具有完全法律能力和行为能力。(3)非神职人员。(4)年满 35 岁。(5)具有哥斯达黎加颁发或合法承认的法律学位,并从事法律职业 10 年以上,或担任至少 5 年的司法官员。第 160 条规定,最高法院法官三代以内血亲或姻亲者,不得当选为法官。阿根廷宪法第 111 条规定,任职最高法院法官必须有国家律师资格,且实际从事律师职业 8 年以上,并具备与当选参议员相同的条件。

3. **大致相同的职业保障与从业限制**

实行普通法院解释模式的国家,除了规定司法独立原则外,还往往规定其他措施,以确保法院的独立性。比如菲律宾宪法第 8 条第 2、3 款规定:"国会有权界定、规定和分配各法院的管辖权,但不得剥夺最高法院对本条第 5 款所列举案件的管辖权。司法机关有财政自主权。立法机关对司法机关的拨款不得少于上一年的拨款,该拨款一经确定,则自动并定期拨付。"巴拉圭第 249 条(预算自主权)规定:"司法机构享有独立的预算自主权。国家财政预算分配给司法机关的数额不得低于中央政府总预算的 3%。司法机构的预算由国会审核通过,并由国家总审计长监督其执行。"

在保障法院独立性的前提下,绝大多数国家的宪法还对法官的职业保障作了较为明确、详细的规定,包括法律保障、工作条件、物质待遇等,以确保法官的中立和廉洁。比如,巴基斯坦宪法第 205 条及其附则规定:(1)巴基斯坦首席法官的工资为每月 9900 卢比,最高法院其他法官工资为每月 9500 卢比(或为总统可以随时决定的更高工资);(2)最高法院每位法官有权获得由总统决定的特权、津贴及与假期和退休金有关的权利;在总统如此决定前,其有权获得宪法生效前巴基斯坦最高法院法官有权获得的特权、津贴和权利;(3)最高法院退休法官的每月退休金根据其担任最高法院法官或高等法院法官的时长决定,不应少于或多于如下数额:首席法官 7000—8000 卢比,其他法官 6250—7125 卢比;(4)最高法院法官的遗孀有权根据以下比例获得退休金:如果法官退休后死亡——应付给他净退休金的 50%;如果法官在从事法官服务不少于 3 年后且仍在服务时死亡——可以给他退休金最低额的 50%;(5)退休金应支付遗孀终身,或如果她再婚,支付到她结婚;(6)如果遗孀死亡,退休金应付给——法官的小于 21 岁的儿子,直到他们达到那个年龄;和法官的小于 21 岁的未婚女儿,直到她们达到那个年龄或结婚,取决于先发生的。日本国宪法第 76 条第 3 款规定:"所有法官依良心独立行使职权,只受本宪法及法律的约束。"第 78 条规定:"法官除经法院认定为因身心的障碍不适合执行职务情形外,非经正式弹劾不得被罢免。对法官的惩戒处分不得由行政机关作出。"第 79 条第 4 款规定:"最高法院法官定期获得一定数额的报酬。此报酬在任期中不得减少。"爱沙尼亚宪法第 153 条第 2 款规定:"只有根据司法部长的提议,并在征得议会全体代表的 1/2 以上多数同意后,国家法院的院长和法官才能被追究刑事责任。"墨西哥宪法第 94 条第 11、12款规定,最高法院法官、巡回裁判官、地区法官和联邦司法顾问以及选举裁判官对其服务所收取的报酬在其任期内不能减少。最高法院的法官任职 15 年,仅可因本宪法第四编①规定的条件予以免职,并在其任期结束时有权获得退休金。

同时,为了减少和避免最高法院法官腐败的可能,许多国家的宪法规定了他们不能从事的职业和活动。比如:巴基斯坦宪法第 207 条规定:(1)最高法院或高等法院法官不应该——在巴基斯坦政府部门履行公务时担任任何有收益的从而使其收入增加的职务;或担任任何有权在提供服务时获得报酬的职位。(2)担

---

① 墨西哥宪法第四编为"公务员职责",其中第 110 条规定,国家最高法院法官等公务员可以被弹劾。

任最高法院或高等法院法官的人,不应在其离职后 2 年内在巴基斯坦政府部门担任任何有收益的职务,但担任司法性或准司法性官职、首席选举委员、法律委员会的主席或成员或伊斯兰思想理事会的主席或成员除外。(3)担任常任法官之人——在最高法院任职的,不得在巴基斯坦任何法院或机构起诉或应诉……。孟加拉国宪法第 99 条规定了"法官退休后的禁止事项":(1)曾担任法官者(第 98 条规定的临时法官不包括在内),在退休或被免职后,不得在任何法院或有关机构从事辩护或代理,也不得在共和国公职部门担任任何营利的职务,但担任司法职务或准司法职务者除外。(2)尽管有第 1 款的规定,曾担任高等法庭法官者在其退休后或被免职后可在上诉法庭从事辩护。[①] 墨西哥宪法第 101 条第 1、2 款规定:最高法院法官不得接受或履行私人公司、联邦、国家政府,或联邦特区政府中任何其他工作或任务,担任科学、教育、文学或慈善协会的免费工作或任务的除外。最高法院法官在其任务完成后两年内,在任何情况下都不得在从属于联邦司法权力的机构从事律师、事务律师或法律代表工作。委内瑞拉宪法第 256 条规定:为确保公正、独立地履行职责,……法官……在任职期间,除行使选举权外,不得参与党派政治、专业协会、工会或类似活动;不得直接或通过代理人参与和职业身份不协调的私人性营利活动;除教学活动外,不得承担其他公共职务。禁止法官组建协会。

(三)普通法院解释模式在各国的差别

1. 解释模式——有的采取集中模式,有的采取分散模式

所谓集中模式,是指根据宪法规定,最高法院独享宪法解释权,排除其他国家机关行使宪法解释权的可能。实行集中解释模式的国家有:马来西亚、斯里兰卡、巴布亚新几内亚、瑙鲁、厄立特里亚、冈比亚、东帝汶、巴西、洪都拉斯、马绍尔群岛、图瓦卢、瓦努阿图、博茨瓦纳、厄立特里亚、加纳、塞拉利昂、巴基斯坦、孟加拉国、帕劳。比如:马来西亚宪法第 128 条第 1 款规定,"联邦法院有权根据管辖权行使的法院规则,对下列事项进行审理,并排除其他法院的管辖:(1)因牵涉国会或者各州立法机关有无制定该法律的权限,而对国会和各州立法机关所制定法律的效力提出的疑问;(2)各州之间、联邦与各州之间的任何争议。"斯里兰卡宪法第 120 条规定,"最高法院在裁定法案或规定是否违反宪法方面具有惟一和专属的管辖权……";第 126 条第 1 款规定:"对于侵害或危及第三章和第四章宣告和承认的基本权利或言论权利的执行行为或行政行为,最高法院具有惟一和专属的管辖权进行审理和裁决。"巴布亚新几内亚宪法第 18 条第 1 款规

---

① 关于"高等法庭"和"上诉法庭",孟加拉国宪法第 94 条第 1 款:国家设立最高法院,称为孟加拉国最高法院。最高法院由上诉法庭和高等法庭组成。

定："根据本宪法,对于宪法性法律条款的解释或适用,最高法院拥有其他法院不具有的初审管辖权。"瑙鲁宪法第 54 条第 1 款："……仅最高法院拥有对解释和实施本宪法任何条款方面所产生或涉及的任何争议事项的初审管辖权。"厄立特里亚宪法第 49 条第 2 款第(a)项规定,最高法院的权力之一是"对宪法和任何制定的法律的合宪性或由政府所采取的任何措施作出惟一解释"。冈比亚宪法第 127 条第 1 款规定,最高法院对宪法条文的解释,享有排他管辖权。东帝汶宪法第 124 条第 2 款规定："有关法律、宪法和选举类的司法专属最高法院管辖。"

所谓分散模式,是指宪法规定最高法院具有宪法解释权,但并不排除其他国家机关也可行使宪法解释权。在这种模式中,最高法院的解释是终局性解释。实行分散解释模式的国家有:不丹、马尔代夫、纳米比亚、尼日利亚、斯威士兰、乌干达、菲律宾、尼泊尔、日本、阿根廷、多米尼克、墨西哥、圣卢西亚、圣文森特和格林纳丁斯、肯尼亚、莱索托、毛里求斯、爱尔兰。比如不丹宪法第 1 条第 11 款规定："最高法院是本宪法的守护者,是拥有宪法最终解释权的机构";第 21 条第 9 款规定："最高法院可主动或基于总检察长或政党关于某案的申请,撤销或亲自审理任何高等法院未判决的案件,并亲自处理该案。该类案件包含涉及宪法解释的具有普遍重要性的实体性法律问题";第 31 条第 2 款规定："依据宪法,宪法性机构的负责人包括:(1)不丹首席大法官和最高法院法官;(2)高等法院的首席法官和法官……"。根据以上规定可知,最高法院和高等法院都有权解释宪法。马尔代夫宪法第 143 条第 1 款规定:"最高法院与高等法院有权调查与裁决人民议会制定的任何法规或其部分内容的合宪性。"根据纳米比亚宪法第 79 条、80 条的规定,高等法院和最高法院均有宪法解释权。尼日利亚宪法第 6 条第 6 款规定,联邦最高法院、上诉法院、联邦高等法院、首都直辖区高等法院、各州高等法院、各州的习惯法上诉法院等所有法院,有权审查任何与本宪法第二章所列的国家政策指导原则和基本目标不一致的政府机构或个人的行为,法律或司法判决。在斯威士兰,根据宪法第 139 条、148 条、151 条的规定,最高法院、高等法院均享有宪法解释权。菲律宾宪法第 8 条第 5 款规定,最高法院有权对"涉及条约、国际和政府协定、法律、总统令、宣告、命令、指令、条例及其他规章的合宪性或合法性争议的案件"的终审判决和裁决进行复核、改判、推翻、缓和或维持。根据该款的规定可知,在菲律宾,最高法院和下级法院都有权进行宪法解释。日本国宪法第 81 条规定:"最高法院为有权决定一切法律、命令、规则以及处分是否符合宪法的终审法院。"①阿根廷宪法第 116 条规定:"国家最高法院和地方法院

---

① 日本在实践中形成了分散模式。

负责审理、判决一切涉及宪法和法律的案件……"。多米尼克宪法第 104 条第 1 款规定,在多米尼克的法院(不包括上诉法院、高等法院或军事法院)中产生本宪法如何解释的任何问题,该法院认为问题涉及法的实体问题,该法院应将该问题提交高等法院。第 105 条第 1 款规定:根据本宪法第 40 条第 7 款①的规定,如下情况的上诉,不由高等法院而由上诉法院作出裁决:(1)任何民事或刑事诉讼的最终判决中涉及的对本宪法进行解释的问题;(2)由本宪法第 16 条②赋予高等法院行使的司法权作出的最终判决。由此可知,在多米尼克,高等法院和上诉法院均有宪法解释权。在墨西哥,根据宪法第 103 条的规定,对于因"违反本宪法授予保护人权的权利和保障的机构的一般规范、行为或不作为,以及墨西哥合众国作为一方的国际条约"而产生的任何纠纷,由联邦法院进行解决,而不限于最高法院。因此,包括最高法院在内的联邦法院都有宪法解释权。在圣卢西亚,宪法第 106 条第 1 款规定,不管在圣卢西亚任何法院提出的对宪法的任何问题(除上诉法院、高等法院或者军事法院之外),而且该法院认为该问题涉及实质的法律问题,法院都应该将其交给高等法院。根据此规定,则可推定,上诉法院和军事法院也享有宪法解释权。根据第 108 条的规定,"刑事或者民事涉及有关宪法解释的最终决定"需"向女王陛下的枢密院申诉",那么,英国枢密院亦享有宪法解释权。由此可见,在圣卢西亚,高等法院、上诉法院、军事法院和英国枢密院均有宪法解释权。根据肯尼亚宪法第 163 条、165 条的规定,高等法院和最高法院都有宪法解释权。根据莱索托宪法第 128 条、129 条的规定,高等法院和上诉法院都有宪法解释权。根据毛里求斯宪法第 81 条、83 条和 84 条,最高法院拥有审理宪法争议的初审权,而上诉法院或者司法委员会拥有最终的宪法解释权。根据爱尔兰宪法第 34 条第 3 款第(三)项,只有最高法院具有事先审查权,其他任何法院均无审判权。但是,根据爱尔兰宪法第 34 条第 4 款第(四)项,③最高法院和其他法院具有事后审查权。因此,在爱尔兰,最高法院和其他法院均享有宪法解释权。

2. 终局解释机构——多数国家由最高法院进行终局性的宪法解释,少数国家在最高法院内部设置宪法法庭专门行使终局性的宪法解释权

实行普通法院解释模式的国家,绝大多数由最高法院进行终局性的宪法解

---

① 多米尼克宪法第 40 条第 7 款:关于议员身份问题的裁决,"在上诉法院行使本条第六款授予的权力作出的判决不得再上诉。其中不包括裁决本条中第一款中任何争议的最后判决。"
② 本条涉及多米尼克宪法关于基本权利和自由的保护规定的执行。
③ 爱尔兰宪法第 34 条第 4 款第(四)项:"任何法律不得将涉及与本宪法条款有关法律效力问题的案件排除于最高法院的上诉管辖权之外。"

释,兹不一一列举。

少数国家在最高法院内部设置宪法法庭,专门行使终局性的宪法解释权。从宪法的规定来看,在最高法院内部设置宪法法庭行使宪法解释权的国家有:巴拉圭、萨尔瓦多、委内瑞拉、瑙鲁、吉尔吉斯斯坦、巴拉圭、洪都拉斯。比如:巴拉圭宪法第 260 条规定,最高法院的宪法解释权由内设的宪法法庭行使。萨尔瓦多宪法第 174 条规定,最高法院设宪法法庭,以受理并判决法律、命令与规则违宪案、人身保护程序、人身保护令案、宪法第 138 条规定的立法机构与行政机构争议案以及宪法第 182 条第 7 项①规定中涉及的案件。委内瑞拉宪法第 266 条第 1 款规定,最高法院享有下列职权:(1)依据本宪法第八编行使宪法审查权。②(2)裁决是否有理由弹劾共和国总统或由他人代理总统职位。如果有理由弹劾总统,经国民会议同意,保留诉讼管辖权直到作出最终决定。(3)裁决是否有理由弹劾共和国副总统、国民会议代表、最高法院法官、部长、总检察长、总公诉人、共和国审计长、人民卫士、州长、国家军队将领和委内瑞拉外交官。如果决定弹劾,向共和国总公诉人或案件负责人提交相关记录文件。如果被弹劾者是普通犯罪,在最终决定作出前,最高法院暂停行使相关案件的管辖权。(4)解决共和国和州、市或其他公共部门之间的行政争议。除同一州内不同市之间的争议外,同一部门内的行政争议依法由其他法院管辖。(5)依据法律规定,宣布国家行政部门的规章,普遍性行政行为或具体行政行为全部或部分无效,宣布法律文本的适用无效。(6)对法律条文和法律中的术语的内容和范围进行解释。(7)决定法院之间的管辖权冲突。在两个不同级别序列的法院之间,如果没有共同的上级法院或共同的管辖法院,决定由普通法院或专门法院管辖。(8)针对违法的上诉管辖权。(9)法律规定的其他职权。第 2 款规定,第(1)项规定的权力由宪法庭行使;第(2)(3)规定的权力由全体法官出席的大法庭行使;第(4)(5)项规定的权力由政治或行政庭行使。其他权力由依据本宪法和法律规定的不同部门行使。委内瑞拉宪法第 334 条第 3 款规定,最高法院设宪法庭作为宪法管辖法院,享有宣布法律和直接依据宪法制定的具有法律地位的其他组织法无效的专有权力。委内瑞拉宪法第 336 条规定,最高法院宪法庭具有下列职权:(1)宣布与宪法相冲突的国家法律和国民会议制定的具有法律效力的其他法案全部或部分无效。(2)宣布与宪法相冲突的州宪法、市政条例和各州及市有关部门直接

① 萨尔瓦多宪法第 182 条第 7 项规定,最高法院的职权之一是“审理宪法第 74 条第 2 项与第 4 项、第 75 条第 1 项、第 3 项、第 4 项与第 5 项规定的中止、丧失和恢复公民资格案件”。

② 委内瑞拉宪法第八编为“宪法保护”。其中,第一章为“宪法保障”,包括第 334 条、336 条等条款;第二章为“例外状态”。

依据宪法制定的其他法案全部或部分无效。(3)宣布与宪法相冲突的国家行政部门具有法律效力的法案全部或部分无效。(4)宣布行使公权力的其他政府部门直接依据宪法发布的法令全部或部分无效。(5)应共和国总统或国民会议要求,对共和国签署的国际条约在批准前审查其合宪性。(6)在所有案件中,审查共和国总统宣布进入紧急状态的命令是否合宪。(7)宣布市、州、国家或立法机关因疏忽未依据宪法的要求制定相关法律或公布必要的措施,或是因制定的法律和公布的措施不完全符合宪法的要求而构成违宪,也可以确定一个时间界限,必要时为如何纠正这种不足提供指导。(8)解决不同法律条款之间的冲突,宣布哪一个法律条款具有优先效力。(9)解决公权组织之间的宪法争议。(10)审查包含宪法内容的判决,监督共和国法院依据相关组织法确立的法律或司法规则的合宪性。(11)宪法和法律规定的其他职权。瑙鲁宪法第48条第3款:最高法院由一个审判庭、一个宪法法庭和一个上诉法庭组成。吉尔吉斯斯坦宪法第93条第3款规定,"……吉尔吉斯共和国的司法体系,由最高法院和地方各级法院组成。在最高法院的组成中,设立宪法庭……"。巴拉圭宪法第258条第1款规定:"最高法院由9名大法官组成,并组成各专门法庭,其中一庭为宪法法庭。大法官拥有部长头衔,每年开会推举最高法院院长。"洪都拉斯宪法第316条规定,最高法院由各分庭组成,其中包括宪法法庭,并规定了宪法法庭的职权。

3. 成员人数不等

世界各国最高法院的组成,大致为5—15名(大)法官,其中包括首席大法官1人。

人数最多的,为15名成员,比如:菲律宾宪法第8条第4款规定,最高法院由首席法官1人和联席法官14人组成。最高法院得以全体法官出庭,或酌情由3人、5人或7人组成分庭审理案件。尼泊尔宪法第102条第5款规定,最高法院,除了尼泊尔首席大法官外,由最多14名其他法官组成。当现有法官的人数不足以应付最高法院审理案件的增加时,可以任命固定期限的临时法官。

人数最少的,为5名成员,比如:阿拉伯联合酋长国宪法第96条规定,联邦最高法院由1名主席和多名法官组成,总数不超过5人。

其他国家的最高法院,人数在5人以上、15人以下,且为单数,比如:阿富汗宪法第117条第1款规定,最高法院由9名法官组成。马来西亚宪法第122条第1款规定,联邦法院由1名法院院长(称为联邦法院首席大法官)、上诉法院院长、高等法院首席法官和(除非最高元首另有规定外的)11名其他法官以及根据

(1A)款①规定任命的增补法官组成。墨西哥宪法第 94 条第 3 款规定,最高法院由 11 位法官组成,并应在全体会议或法庭中履行职责。

还有个别国家,其宪法并未规定最高法院的人数,比如:巴基斯坦宪法第 176、177 条规定,最高法院由 1 名首席大法官和其他若干名法官组成(人数由议会法案确定),其人选由司法委员会(根据宪法第 175 条的规定,司法委员会由首席大法官、其他法官代表、司法部长、总检察长、律师协会推荐的代表组成,但没有立法机关的代表。引者注)选举产生,并由总统任命。澳大利亚宪法第 71 条规定,高等法院应由 1 名大法官和 2 名以上的其他法官组成,其他法官的人数由议会规定。挪威宪法第 88 条第 2 款规定,最高法院由 1 名院长和不少于 4 名其他成员组成。

4. 法官的任命机关差别较大

世界各国的最高法院,其组成人员不尽相同,大致通过以下 6 种方式任命:

(1) 行政、立法、司法三机关共同任命。比如:马来西亚宪法第 122B 条规定:"(1)联邦法院首席大法官、上诉法院院长和高等法院首席法官和(除第 122C 条的规定外)联邦法院、上诉法院和高等法院的其他法官,由最高元首在与统治者会议协商后,根据总理的建议任命。(2)总理在对第(1)款规定的任命(联邦法院首席大法官除外)提出建议前,应当征询联邦法院首席大法官的意见。"卢旺达宪法第 147 条第 1 款规定,最高法院的院长、副院长和法官,在参议院批准后,由总统法令任命。共和国总统应事先咨询部长会议和最高司法委员会的意见。

(2) 行政机关任命。比如:孟加拉国宪法第 95 条第 1 款规定,最高法院的首席法官和其他法官应当由总统任命。澳大利亚宪法第 72 条第 1 款规定,高等法院和由议会建立的其他法院的法官应由委员会中的总督任命。②瑙鲁宪法第 49 条第 2 款规定,最高法院的法官,由总统咨询内阁后任命。

(3) 行政机关和司法机关任命。比如:尼泊尔宪法第 103 条第 1 款规定,总统根据宪法委员会的建议,任命最高法院的首席大法官;首席大法官根据司法委员会的建议,任命其他最高法院法官。博茨瓦纳宪法第 96 条规定,首席大法官由总统任命,高等法院其他法官由总统按照司法人员叙用委员会的意见任命。毛里求斯宪法第 77 条第 1—3 款规定,首席大法官由总统和总理协商后任命。高级陪席法官由总统依照首席大法官的建议任命。陪席法官由总统依照司法和

---

① 马来西亚宪法第 122 条(1A)款:尽管本宪法另有规定,最高元首根据联邦法院首席大法官的建议,可以在马来西亚司法高官中为此目的和期限任命联邦法院的增补法官,但该增补法官年满 66 周岁时不得继续任职。

② 这里的委员会,应当是澳大利亚宪法第 62 条所规定的"联邦行政委员会"。

法律服务委员会的建议任命。纳米比亚宪法第 79 条第 1 款规定,最高法院由首席大法官和其他法官组成,由总统根据司法委员会推荐任命。在马尔代夫,首席大法官与法官人选,由总统与司法事务委员会商议任命。

(4) 行政机关和立法机关任命。如:爱沙尼亚宪法第 150 条第 1 款规定,"国家法院院长,由国务委员会根据共和国总统的提名予以任命。"密克罗尼西亚宪法第 11 条第 3 款规定,最高法院的首席大法官和大法官由总统根据议会 2/3 多数批准而任命。利比里亚宪法第 68 条规定,最高法院的首席大法官及首席大法官以外的法官,经参议院同意,应由总统任命及委任……

(5) 立法机关和司法机关任命。比如爱沙尼亚宪法第 150 条第 2 款:"国家法院的法官,由国务委员会根据国家法院院长的提名予以任命。"

(6) 立法机关任命。如:哥斯达黎加宪法第 158 条规定,最高法院法官由立法议会全体议员 2/3 以上票数选任,任期 8 年。洪都拉斯宪法第 311 条规定,最高法院法官由国会从提名委员会提交的候选人名单中选定。乌拉圭宪法第 236 条规定,国会两院各以全体议员 2/3 的多数同意任命最高法院法官……伊拉克宪法第 92 条规定,"联邦最高法院是一个财政和行政独立的司法机构。联邦最高法院由一定数量的法官、伊斯兰法学和法律方面的专家组成,议会以 2/3 的票数决定其人数、选拔方式和法院的工作。"

二、宪法法院组织之比较

(一) 宪法法院解释模式的起源与发展

宪法法院解释模式最早于 1920 年在奥地利出现。1920 年 10 月,奥地利国民议会通过了新宪法——《奥地利联邦宪法》。该宪法规定,设立"宪法法院",以维护宪法和法律。奥地利宪法法院一开始并不引人注目。相反,由于美国政府在两次世界大战中起了重要作用,20 世纪初尤其是在两次世界大战期间,美国的普通法院解释模式在欧洲特别是法、德、意各国非常地走红。许多欧洲国家都想引进美国模式,功夫下了不少,"嫁接"却未成功。路易·法沃勒认为,"嫁接"失败的原因有:(1)欧洲国家流行的是立法权的主权性与神圣性观念。自 1789 年法国大革命以来,卢梭的"法律是普遍意志的体现"的理念在主要的欧洲国家被奉为玉律金科。根据这一观念,宪法解释属于主权问题,法院不能解释宪法;宪法解释应由议会执行,议会才是审查自己法律合宪与否的机关。这种"法律"神圣不可侵犯的观念与美国的"宪法"神圣不可侵犯的观念是不同的。(2)欧洲普通法院的法官无力实施宪法审查。在美国,法官是选拔出来担当任务的,至少是联邦法官,在任命后享有终身任期,基本上可以免受政治压力。欧洲法官差不多全是"职业"法官,他们年纪轻轻就进入司法机关,大半是资历熬到才被提升到上级法院。他们的职业训练主要是发展适用成文法律的技术而非政策取向方面的技能。在有些国家,比如德国、意大利、法国、西班牙、希腊,法官不能豁免于整肃或其他强制措施。所以,欧洲普通法院的法官在心理上似乎不能胜任司法审查中有价值取向的、准政治的宪法解释功能。(3)欧洲不像美国那样存在统一的法院系统。美国模式可能只会在最高法院权威之下有一个统一的司法制度的地方才能运转良好,因为在这种制度下,宪法问题的最终解决者是最高法院,这就使得宪法争端可以在任何法院的任一案件中提出,勿须区别对待,也没有面临有关基本法律合宪性的意见纷纭的风险。欧洲国家的法院系统都是二元的甚至是多元的,不利于"嫁接"的成功。(4)某些欧洲国家当时的宪法实际上没有最高效力,对议会也没有约束力。①

　　第二次世界大战后,德国、意大利、西班牙、土耳其等国相继设立宪法法院作为宪法解释机关。据学者考察,上述国家之所以采用了宪法法院解释制而非其他模式,可能是出于以下的原因:(1)法律亦须接受宪法审查的理念得以确立。欧洲大陆国家在资产阶级革命过程中一度形成过立法权优越的理念,与此理念相应的是法律不受审查的政治传统。这种传统在进入现代社会过程中开始发生转变,转变的基本原因有四:①法律规范的等级性。凯尔森关于法律规范有着等级之分而宪法处于法律规范的最高等级的理论,在欧洲大陆国家中有着广泛的影响。②制宪权与立法权分立理论。欧洲大陆国家在制定成文宪法之初,受议会至上传统的影响,宪法和法律的制定主体、解释主体是同一的,制定程序和修改程序也是完全相同的。这样,宪法和法律的效力难以区分,宪法审查的必要性也就不存在。进入近代社会以后,宪法和法律的效力被区分开来,制宪权与立法权发生分离,以解释宪法、进行宪法审查作为专门职能的宪法法院就有了创设的可能。③社会发展及民主化。奥地利首先设立宪法法院,与当时社会的发展和进步以及政治的民主化有很大关系。特别是第二次世界大战后,世界民主国家对法西斯独裁政治的反思,使得防范立法机关等国家机关滥用国家权力成为一种不可逆转的历史潮流,而做到这一点的有效途径是设立专门机构进行宪法审查。④大陆法系国家借鉴了美国式的宪法审查制度下的保护少数的理论。(2)立法机关审查制和普通法院审查制受到排斥。立法机关进行自我审查存在着难以发现违宪问题、自我袒护、易为政党所操纵等缺陷,故排斥立法机关审查

---

① [法]路易·法沃勒:《欧洲的违宪审查》,[美]路易斯·亨金等编:《宪政与权利》,郑戈等译,北京:生活·读书·新知三联书店1996年版,第33—37页。

制;同时,因为欧洲一些国家曾经试图借鉴美国式宪法审查制度,但由于政治传统、宪法理念、司法机关的政治心理、法院系统的设置等方面与美国存在差异而没有成功,故欧洲大陆国家没有采纳普通法院审查制。[①]

20 世纪 90 年代前苏联解体后,欧洲一大批国家政治转型后也采纳了这种模式。曾有学者统计,世界上约有 40 余个国家实行宪法法院解释模式。[②] 胡建森教授主编的《世界宪法法院制度研究》一书中进行专门研究的国家则有 34 个。[③] 经查阅孙谦、韩大元主编的《世界各国宪法》(全四卷,北京:中国检察出版社 2012 年版)发现,实行宪法法院解释模式的国家大约有 73 个:阿尔及利亚、安道尔、奥地利、白俄罗斯、保加利亚、比利时、波兰、波黑、德国、俄罗斯、黑山、捷克、克罗地亚、拉脱维亚、立陶宛、列支敦士登、卢森堡、罗马尼亚、马耳他、马其顿、摩尔多瓦、葡萄牙、塞尔维亚、塞浦路斯、斯洛伐克、斯洛文尼亚、乌克兰、西班牙、匈牙利、意大利、阿塞拜疆、巴林、格鲁吉亚、韩国、[④]蒙古、缅甸、塔吉克斯坦、泰国、土耳其、文莱、[⑤]乌兹别克斯坦、叙利亚、亚美尼亚、印度尼西亚、约旦、秘鲁、玻利维亚、多米尼加、厄瓜多尔、哥伦比亚、苏里南、危地马拉、智利、埃及、安哥拉、贝宁、布隆迪、多哥、佛得角、刚果(布)、刚果(金)、几内亚、加蓬、科摩罗、马达加斯加、马里、摩洛哥、南非、尼日尔、圣多美和普林西比、苏丹、坦桑尼亚、中非。这些国家采纳宪法法院解释模式,大致可分为几种情形:(1)两次世界大战之后在民主化改革过程中采纳宪法法院解释模式的某些欧洲国家,如:奥地利、德国、意大利、葡萄牙、西班牙、土耳其;(2)原本实行一元化意识形态、一党领导制的国家,在实行现代化改革后,转向多党议会制,实行宪法法院模式,包括:前苏联解体而成的国家(如俄罗斯、白俄罗斯、乌克兰、立陶宛、亚美尼亚、格鲁吉亚、拉脱维亚),前欧洲社会主义国家(如波兰、匈牙利、罗马尼亚、保加利亚、捷克、阿尔及利亚),前南斯拉夫联盟的组成单位(克罗地亚、波黑、斯洛文尼亚);(3)一些奉行政教合一原则的伊斯兰国家也在政治多元、权力分立、司法独立原

---

① 胡锦光:《宪法监督与宪法保障研究》,张庆福主编:《宪政论丛》(第 2 卷),北京:法律出版社 1999 年版,第 102—115 页。

② 胡锦光:《宪法监督与宪法保障研究》,张庆福主编:《宪政论丛》(第 2 卷),北京:法律出版社 1999 年版,第 92 页。

③ 这些国家是:奥地利、德国、意大利、葡萄牙、西班牙、俄罗斯、乌克兰、白俄罗斯、波兰、匈牙利、土耳其、罗马尼亚、保加利亚、捷克、韩国、印度尼西亚、泰国、南非、智利、秘鲁、阿尔及利亚、克罗地亚、波黑、斯洛文尼亚、立陶宛、亚美尼亚、格鲁吉亚、吉尔吉斯斯坦、哥伦比亚、蒙古、危地马拉、列支敦士登、拉脱维亚、巴林。参见胡建森主编:《世界宪法法院制度研究》,杭州:浙江大学出版社 2007 年版。

④ 韩国的宪法解释机关,译名为"宪法裁判所"。孙谦、韩大元主编:《世界各国宪法》(亚洲卷),北京:中国检察出版社 2012 年版,第 244 页。

⑤ 文莱的宪法解释机关,译名为"宪法解释裁判庭",参见文莱宪法第 86 条。

则基础上设立宪法法院作为宪法解释机关(如巴林);(4)原本实行种族隔离的国家在实现民族和解后也设立宪法法院作为宪法解释机关(如南非);(5)某些亚洲国家在实现民族独立后实行宪法法院解释制(如韩国、印度尼西亚、泰国)。

(二)宪法法院解释模式在机构组织方面的相似之处

路易·法沃勒曾经将欧洲大陆流行的宪法法院模式和以美国为代表的普通法院模式进行比较,认为两种宪法解释殊途而同归,都得完成同样的任务:一是保护基本人权免受政府机关尤其是立法机关的侵犯;二是试图在国家及其组成实体之间保持平衡;三是试图保护权力分立即不同国家机关之间的职权划分,如行政机关与立法机关之间的职权划分,议会两院之间的职权划分,等等;四是对国家最高职务的选举争议进行裁决,或对向最高政治当局提出的控告进行裁决。总之,两种模式的宪法解释都是用法律措辞处理政治问题。[1] 其实,这四个方面也可视为世界各国所实行的宪法法院解释模式的共同点。路易·法沃勒所谓的"用法律措辞处理政治问题"也可以换言为"用司法程序解决政治问题"。从法律与政治的互动关系着眼,可以归纳出宪法法院解释模式的一些相似之处。

实行宪法法院解释模式的国家,绝大多数都在宪法中确立政治观念多元化原则和立法权、行政权、司法权分立原则。除此之外,还存在如下相似之处:

1. 大致相同的解释目的

宪法法院解释模式是在消解"立法机关至上"理念之后建立才建立起来的,其主要功能是防范立法权、行政权以及其他公共权力,维护宪法的权威,以保障人权。如:白俄罗斯宪法第 7 条规定:"白俄罗斯共和国确认法律至高无上的原则。国家、所有的国家机关及其公职人员均应当在本宪法以及根据本宪法通过的法律文件的范围内活动。依照法律规定程序被宣布与本宪法条款相抵触的法律文件或法律文件的个别条款,将丧失法律效力。"土耳其宪法第 11 条规定,"宪法条款为根本法准则,对立法机关、行政机关、司法机关、管理部门和其他机构及个人均有约束力。法律不得同宪法相抵触";第 148 条第 1 款规定,"宪法法院应个人请求,负责审查法律、具有法律效力的命令和土耳其大国民议会议事规则在形式和实质上的合宪性……"。

2. 大致相同的机构设置

世界各国的宪法法院,内设机构十分相似,一般都包括下列组成部分:一是设院长 1 名,作为整个宪法法院的最高指挥者;二是设全体法官会议,作为宪法

---

[1] [法]路易·法沃勒:《欧洲的违宪审查》,[美]路易斯·亨金等编:《宪政与权利》,郑戈等译,北京:生活·读书·新知三联书店 1996 年版,第 32—33 页。

法院内部的最高决策机构;三是设数量不等的审判(解释)机构,有的称为审判庭,有的称为审判部,等等;四是设置各种行政部门,以处理案件分类、学术研究、信息处理、财务管理以及为法官服务等事项。试列举数例予以说明:

德国联邦宪法法院设院长、副院长各 1 人,设两个审判庭,院长、副院长分别兼任第一庭、第二庭庭长。

韩国宪法法院设院长 1 名,对外代表宪法法院,统一管理宪法法院内部事务;设法官会议,作为宪法法院的议事机关;设审判部,议决宪法案件;设指定审判庭,对宪法诉愿案件进行事前审查,筛选案件;设事务部,处理宪法法院内部行政事务;设宪法研究官,从事案件审理的调查与研究;设院长秘书室,按照院长的命令,管理有关机密事宜;设书记及法警,前者按照审判长的命令,承担有关文书的制作、保管及送达事务,后者负责维持审判庭的秩序及执行审判长的其他命令。

奥地利宪法法院设院长、副院长各 1 名;设院长办公室,由秘书长负责安排宪法法院的日常工作;设立案处,负责对所有在本院提起诉讼的案件进行登记,并负责送达本院的裁判文书;设档案处,作为宪法法院的资料中心,以其丰富的馆藏资料为法官的审判工作和研究活动提供信息资料服务。

意大利宪法法院的负责人为院长。宪法法院设若干内部机构处理日常事务,如:书记官室、研究室、图书中心、财务室、人事管理办公室。

西班牙宪法法院设院长、副院长各 1 人,主要工作机构包括:(1)全体会议,由宪法法院 12 名成员共同组成,其职权由宪法法院法第 10 条作了规定;(2)审判庭,共两个,审理全体会议管辖范围之外的那些与宪法审判有关的案件,宪法法院院长、副院长分别担任第一庭和第二庭庭长;(3)工作组,共 4 个,第一、第二工作组隶属于第一庭;第三、第四工作组隶属于第二庭。每个工作组由 3 名成员组成。划分工作组的目的是提高工作效率。

俄罗斯联邦宪法法院内设机构包括:院长、副院长、秘书处、事务局、财务局、干部处等管理机构。院长,对外代表宪法法院,对内部管理进行决策和指挥,副院长、法官秘书协助院长工作。设有全体法官会议,由宪法法院的所有法官组成,它既是一个审判组织,又是联邦宪法法院的权力机关,负责有关从事任免和案件分配事宜。此外,俄罗斯联邦宪法法院设有两个审判庭,第一庭由 10 名法官组成,第二庭由 9 名法官组成。两个审判庭在审判权限上没有区别,一般情况下分别开庭处理案件。但是,对于某些特殊案件,则需要两个庭联合开庭处理。

白俄罗斯宪法法院设有院长、秘书处、全体法官会议、审判庭、学术咨询委员会等机构。

3. 大致相同的权威地位

宪法法院解释模式是一种在立法机关、行政机关、普通法院之外设立专门法院，以特定的程序审查法律等权力行为是否符合宪法的制度。这种专门法院同普通法院和其他专门法院相比具有一个共同特点，即：地位更高，权威性更强。

宪法法院的权威地位，有时会通过其地位的独立性表现出来。比如，德国《基本法》第 92 条规定，"司法权委托法官行使。联邦宪法法院和本基本法规定的各联邦法院和各州法院行使司法权"。但是，《联邦宪法法院法》第 1 条第 1 款规定，联邦宪法法院是独立于所有其他宪法机构的联邦法院，这就表明了联邦宪法法院的独特地位。联邦最高法院在行政上隶属于联邦司法部，联邦行政法院在行政上隶属于联邦内政部，联邦劳工法院和联邦社会法院在行政上隶属于联邦劳工与社会秩序部，联邦财政法院在行政上隶属于联邦财政部。只有联邦宪法法院在行政上是完全独立的。①

宪法法院的权威地位，有时通过其法官的特殊入选条件体现出来。在许多国家，宪法法院法官与最高法院法官的入选条件是不同的。比如，根据意大利宪法第 104、135 条的规定，最高法院法官可以从各级法官中选任，而宪法法院的法官则从高等普通法院或高等行政法院的法官（包括退休人员）中选任；就职最高法院的律师，需要有 15 年以上的工作经历，而就职宪法法院的律师则需要具有20 年以上的工作经历。

宪法法院的权威地位，在世界各国普遍体现为宪法法院的自治性，即自我管理内部事务。宪法法院的这种自治性，集中体现在宪法法院院长是由法官互选产生的。比如，意大利宪法法院院长是宪法法院的最高长官，主管宪法法院的日常事务，任命案件报告人，安排案件审理日程、管理日常工作，对宪法法院的正常运转负责，对外代表宪法法院。但是，其选任过程体现了很强的自治精神。意大利宪法第 135 条第 5 款规定，"根据法律规定的准则，宪法法院在其成员中选举1 名院长，院长任期 3 年，可连选连任，但若其作为宪法法院法官的任期届满则应终止该职务的履行"。根据相关法律的规定，意大利宪法法院的院长，在 15 名法官中每隔 3 年互选一次，经过秘密投票，以获得绝对多数（15 人中须得 8 票以上）者当选。若第一轮投票中无人获得半数以上选票，则立即进行第二轮投票，以获得绝对多数票者当选。如果两人票数相同，则资历较深者当选；若资历相同时，则年长者当选。为了避免外界知晓投票结果，在投票结束后即将选票投入壁炉中焚毁。《俄罗斯联邦宪法法院的联邦宪法性法律》第 23 条规定，宪法法院设

---

① 胡建淼主编：《世界宪法法院制度研究》，杭州：浙江大学出版社 2007 年版，第 14 页。

院长、副院长和法官秘书;在俄罗斯联邦宪法法院全体会议上,法官以个人秘密投票的方式,按照相对多数计票在法官中选举俄罗斯联邦宪法法院院长、副院长和法官秘书,当选者任期 3 年;俄罗斯联邦宪法法院院长、副院长和法官秘书于任期届满后可连选连任;俄罗斯联邦宪法法院院长、副院长和法官秘书可以提出免除其职务的个人书面申请。对其职务的免除由联邦宪法法院决定;根据 5 名联邦宪法法院法官的要求,对被视为工作不力或者滥用职权的俄罗斯联邦宪法法院院长、副院长和法官秘书可以考虑提前解除其职务;有关提前解除以上人员职务的问题由 2/3 以上联邦宪法法院法官以秘密投票的方式决定;俄罗斯联邦宪法法院院长、副院长和法官秘书的职位出现空缺的时候,在出现空缺之日起 2 个月内,根据本条有关规定举行选举。西班牙宪法第 160 条规定,宪法法院院长经法院全体会议提名,由国王任命。斯洛文尼亚宪法第 163 条第 3 款规定,宪法法院院长由法官从宪法法院的法官成员中选出,任期 3 年。

　　宪法法院的权威地位,在世界各国的另一个普遍体现是对宪法法院提供特殊的保障。比如:《俄罗斯联邦宪法法院的联邦宪法性法律》第 7 条规定:(1)俄罗斯联邦宪法法院在组织、财政、物资以及技术方面独立于其他任何机关。联邦宪法法院的经费由联邦预算提供,并且应能保障其独立而有效地开展宪法诉讼活动。为保障俄罗斯联邦宪法法院的活动,联邦每个年度的预算应单列项目以保证俄罗斯联邦宪法法院开展活动所需并由俄罗斯联邦宪法法院自行管理。与上年度相比,俄罗斯联邦宪法法院的预算不得减少。(2)俄罗斯联邦宪法法院应当自行和独立地为开展活动提供情报和人事服务。(3)俄罗斯联邦宪法法院开展活动所需并由其管理的财产应当是联邦财产。联邦宪法法院有权将管理上述所提及的财产的权力赋予由它的职员所组成的管理机构。(4)不得许可对俄罗斯联邦宪法法院所开展的活动进行法律的、组织的、财政的、情报的、物资的、技术的和其他条件的限制。乌克兰宪法第 148 条第 4 款规定,"乌克兰宪法法院院长在乌克兰宪法法院专门举行的全会上,采取无记名投票方式从乌克兰宪法法院法官中选举产生。格鲁吉亚宪法规定的法官独立原则适用于宪法法院法官。格鲁吉亚《宪法法院组织法》第 3 条第 2 款规定,"财政上必须足以保障宪法法院功能的正常运转和法官的独立。宪法法院的财政纳入格鲁吉亚国家财政预算的独立部分。与宪法法院组织和功能相关的支出不得低于上一年度标准。资金的范围与结构由宪法法院院长起草后,按照法律规定的程序递交给财政部部长。减少宪法法院的支出预算是不被允许的";第 3 款规定,"将宪法法院功能运转所需的前提和其他必要的资产转让给宪法法院"。第 4 条第 3 款规定,"为保障宪法法院的组成成员独立行使职权,国家有义务为他(她)们提供合适的工作和生活条件"。

4. 大致相同的任职资格和去职条件

关于宪法法院法官的任职资格,各国宪法或宪法法院组织法大都规定了较普通法院和专门法院法官更为严格的条件。一般而言,除应具有法学或政治学教育背景外,宪法法院法官须达到的法定最低年龄更高,应具备的法律职业经历更长。比如德国《联邦宪法法院法》第 3 条:(1)法官应年满 40 岁,具有联邦众议院议员之候选资格,并以书面形式表示愿意担任联邦宪法法院法官;(2)法官应具有法官法所规定的资格;(3)联邦宪法法院法官不得在联邦众议院、联邦参议院、联邦政府或各州之相应机构兼职;(4)除在德国大专院校担任法律教师外,法官不得从事其他职业。联邦宪法法院法官之职务优先于大专院校之职务。在韩国,根据宪法法院法的规定,宪法法院的法官必须具备以下资格:(1)年满 40 周岁;(2)从事法官、检察官、律师职业 15 年以上;或者具备律师资格的人,在国家机关、国家公营企业、政府投资机关等其他法人中从事法律业务 15 年以上;或在公立大学具有法学副教授以上职称者,并在该行业从事法律业务 15 年以上。如果同时从事上述两种以上职业者,其在职期限可以通算。但是,根据其他法令不能被任用为公务员、被判处徒刑以上刑罚者、因弹劾罢免后未至 5 年者,不得被任命为宪法法院法官。[1] 根据奥地利宪法第 147 条第 3 款规定,宪法法院院长、副院长和其他正式成员及候补成员,必须完成法律科学或法律和政治科学的学习,并且担任要求上述学历的专业职务至少 10 年。但是,第 4、5 款规定:联邦政府、州政府、一般代议制机关或欧洲议会成员,不得兼任宪法法院成员;当选为一般代议制机关成员或欧洲议会成员,在规定期限内行使立法权或其他权限的人员,即使提前放弃议员席位,在上述任期届满以前亦不得担任宪法法院成员。受雇于政党或在政党任职的任何人员,均不得被任命为宪法法院成员。凡在过去 5 年中担任过上述职务的人员,均不得被任命为宪法法院院长或副院长。意大利宪法第 135 条第 2 款规定:宪法法院法官在高等普通法院或高等行政法院的法官和行政法学(包括退休人员)、大学的法学专业正教授和执业 20 年以上的律师中进行选拔。在俄罗斯,关于宪法法院法官的任职资格,《俄罗斯联邦宪法法院的联邦宪法性法律》第 8 条规定,俄罗斯联邦的公民在任命时已经至少年满 40 周岁,享有崇高的威望,接受过较高的法律教育,具备在法律职业岗位上至少 15 年的工作经历,并且在法律领域中被认为具有较高的资格,可以被任命为

---

[1] 关于韩国宪法法院法官任职资格的叙述,参见胡建森主编:《世界宪法法院制度研究》,杭州:浙江大学出版社 2007 年版,第 346 页。

俄罗斯联邦宪法法院法官。乌克兰宪法第 148 条第 2 款规定,任命之日年满 40 岁,具有高等法律教育程度和 10 年专业工龄,近 20 年在乌克兰居住并掌握官方语言的乌克兰公民,可以担任乌克兰宪法法院法官。白俄罗斯宪法第 116 条第 2 款规定:白俄罗斯共和国宪法法院由 12 名法官组成。法官应从法学界里精通法律并通常具有学位的专家中产生。在罗马尼亚,根据宪法第 143 条规定,宪法法院的法官必须为法律专业毕业,有很高的业务能力,并在法律领域或专业学术活动中有不少于 18 年的经验。斯洛文尼亚宪法第 163 条第 2 款规定,"宪法法院的法官从法学专家中选出"。

实行宪法法院解释模式的国家都在宪法或宪法法院组织法中规定了宪法法院法官的去职条件,主要有:达到退休年龄、任期届满、死亡、辞职、因违反了职业禁止规定或犯罪而被辞退或开除。比如:意大利宪法第 135 条第 3、4 款规定,宪法法院的法官任期为 9 年,从各自宣誓之日起算,期满后不得连任。宪法法院法官在任期届满时应离职且终止执行其职务。奥地利《关于宪法法院的联邦法》第 10 条第 1 款规定,在下列情形下,宪法法院可以通过判决免除其成员或替补成员的职务:(1)根据宪法第 147 条第 4 款的规定出现了禁止其成员或替补成员继续属于宪法法院成员的情况;[①](2)符合宪法第 147 条第 7 款所规定的情况;[②](3)当宪法法院的成员或替补成员在其履行职责过程中或在履行职责之外,通过他的态度表示他已经缺少履行他的职责所需要的关心和信心,或者是他已经严重地侵犯了履行他的职责所要求的职业责任心;(4)当宪法法院的成员或替补成员由于体力上或精神上的缺陷而不能履行他的职责时。俄罗斯联邦宪法法院法官任期有限制。《俄罗斯联邦宪法法院的联邦宪法性法律》第 12 条规定,俄罗斯联邦宪法法院法官任期为 12 年;俄罗斯联邦宪法法院法官的任职最高年限为 70 岁。俄罗斯联邦宪法法院法官的任期从其宣誓就职之时起算。其年满 70 岁当月的最后一天或者达到 70 岁当月的最后一天为该法官卸任之日。乌克兰宪法第 149 条规定,宪法第 126 条规定的法官独立和不受侵犯的保障、解除职务的事由……适用于乌克兰宪法法院的法官。宪法第 126 条第 5、6 款规定,在下列情况下,法官由选举产生或任命他的机关解除职务:(1)他当选的或被任命

---

① 《奥地利联邦宪法》第 147 条第 4 款:联邦政府、州政府、一般代议制机关或欧洲议会成员,不得兼任宪法法院成员;当选为一般代议制机关成员或欧洲议会成员,在规定期限内行使立法权或其他权限的人员,即使提前放弃议员席位,在上述任期届满以前亦不得担任宪法法院成员。受雇于政党或在政党任职的任何人员,均不得被任命为宪法法院成员。

② 《奥地利联邦宪法》第 147 条第 7 款:宪法法院的任何成员或候补成员,在经连续 3 次通知后无故不参加宪法法院听审活动的,宪法法院应在听取其陈述后加以核实。上述情况一经核实,其成员资格或候补资格即行丧失。

的任期届满;(2)法官年满 65 岁;(3)由于健康原因不能履行自己的职责;(4)法官违反了关于不得兼职的规定;(5)法官违背了自己的誓言;(6)法院对法官作出的有罪判决已经发生法律效力;(7)法官的乌克兰国籍已经终止;(8)法官被宣告失踪,或者被宣告死亡;(9)法官提交辞职声明或根据本人意愿解除其职务。保加利亚宪法第 148 条第 1 款规定,宪法法院法官职务在下列情况发生时终止:(1)任期届满;(2)向宪法法院递交辞呈;(3)因故意刑事犯罪被处以限制人身自由的最终判决生效;(4)实际上 1 年以上永久不能履行其职责;(5)从事第 147条第 5 款所列的职务或活动而与法官身份不相容;①(6)死亡。格鲁吉亚《宪法法院组织法》第 16 条第 1 款规定,宪法法院成员有下列情形之一的,其职位将提前终止:(1)无正当理由,他(她)连续 6 个月内不能履行职责,或者他(她)1 年内有 3 个月不能履行职责;(2)他(她)占据了一个不适合宪法法院成员地位的职位或从事本法第 17 条规定的禁止的活动;②(3)他(她)违背了本法第 48 条规定的要求;③(4)他(她)从事了与法官地位不符合的行为;(5)他(她)失去了公民资格;(6)法院确认他(她)法律上无能力;(7)最后的针对他(她)的有罪判决;(8)他(她)死亡,或法院确认他(她)失踪或死亡;(9)他(她)从职位上离退。

5. 大致相同的职业保障和从业限制

实行宪法法院解释模式的国家,几乎都在宪法和(或)宪法法院组织法中明确规定,宪法法院法官须保持政治独立,并规定了较为充分的职业保障和从业限制。

宪法法院法官的职业保障,是为了确保其身份独立,以便行使宪法解释权。根据韩国现行宪法第 112 条以及宪法法院法第 8 条的规定,宪法法院法官的身份受宪法和法律保障,非因弹劾或受徒刑以上刑罚,不得违背其意志而将其强行解职。宪法和宪法法院法规定的其他保障包括:(1)法官独立审判。宪法法院法第 4 条规定,宪法法院的法官根据宪法和法律规定,依良心独立审判。(2)政治中立。宪法第 112 条第 2 款禁止法官加入政党或者参与政治。(3)待遇。宪法法院法第 15 条规定,宪法法院院长的待遇相当于最高法院院长,常任法官的

---

① 保加利亚宪法第 147 条第 5 款:宪法法院法官不得兼任代表职务、国家或公共职务、政党或工会组织成员以及从事自由的、商业性的或任何其他有报酬的职业。

② 格鲁吉亚《宪法法院组织法》第 17 条:宪法法院成员职位不适合从事任何其他的活动,除非是从事科学的或教育教学的活动。宪法法院成员不隶属于任何一个政治党派,也不从事任何政治活动。一旦成为宪法法院的成员,其必须辞去其他职位或停止本条禁止的活动。

③ 格鲁吉亚《宪法法院组织法》第 48 条:宪法法院成员无权透露宪法法院成员在采用判决时关于案件的考虑的主旨,也无权透露宪法法院各成员在投票时的立场。

待遇相当于最高法院的大法官。[①] 在奥地利,宪法法院法官一旦上任,其行为就完全独立,保持政治中立。在其任职期间,除非遭到宪法法院的辞退,任何机关和个人都不能罢黜宪法法院的法官。意大利宪法第 137 条第 1 款规定,应有一部宪法性法律保障宪法法院法官的独立。为了保障宪法法院法官的自由,法律规定,非经宪法法院许可,不得对法官进行刑事司法调查或剥夺其人身自由。为了保障法官独立,法律规定,在其任期内,法官负有特殊义务,他们不得接触任何与所审理案件有利害关系的人,也不能对公益活动和选举公开发表意见。法院为法官提供为其工作所必需的条件。法官的薪水由法律确立,其薪金与最高法院院长相同。在任期届满时,法官停止所有在宪法法院的活动,不能连续任职。退休法官被授予"荣誉法官"称号,可领取退休金和离职补偿金,继续享有与在职宪法法院法官相同的物质待遇。[②] 关于宪法法院法官独立性的保障,《俄罗斯联邦宪法法院的联邦宪法性法律》第 13 条规定,俄罗斯联邦宪法法院法官的独立性由下列制度予以保证:在任职期间不得随意被免职,豁免权和法官平等的权利,依据本联邦宪法性法律所规定的中止和约束法官权力的程序,辞职权,宪法司法诉讼所确立的程序中的职责,禁止任何对司法活动的干涉,给予法官物质和社会保障以及与其社会地位相适应的社会安全保障。俄罗斯联邦宪法法院法官所受到的物质方面的物质应当与联邦立法所确定的其他高等联邦法院法官所享有的保障相一致,包括:工资、年假、社会保障、提供住房、社会和消费服务、国家强制性人身与健康保险以及属于法官本人及其家庭成员的财产。如果其他法律有提高保障法官生活水平的规定,这样的规定应当适用于俄罗斯联邦宪法法院法官。第 14 条规定,俄罗斯联邦宪法法院法官不得随意被免职。俄罗斯联邦宪法法院法官的权力只有依据本联邦性法律所规定的程序和理由才能被结束或者中止。第 15 条规定,俄罗斯联邦宪法法院法官应当享有豁免权。第 16 条规定,俄罗斯联邦宪法法院法官应当享有平等权。保加利亚宪法法院法官享有充分的制度保障。保加利亚宪法法院的法官,地位与国会主席相同,和国会主席一样配备若干名助手;和国会议员一样享有豁免权,不得对其提起刑事诉讼。宪法法院法官还有权视察所有国家机构、商业机构和公共组织,并收集他们认为必要的信息。宪法法院法官在履行职务时,国家机关必须提供完全的协助。宪法法院法官的待遇优厚。院长每月得到的补贴,相当于共和国总统和国会主席补贴的平均数;其他法院每月补贴为院长补贴的

---

① 关于韩国宪法法院法官的独立性保障的论述,参见胡建淼主编:《世界宪法法院制度研究》,杭州:浙江大学出版社 2007 年版,第 347 页。

② 关于意大利宪法法院法官的独立性保障的论述,参见胡建淼主编:《世界宪法法院制度研究》,杭州:浙江大学出版社 2007 年版,第 83 页。

90%。不论是否达到退休年龄,宪法法院的法官任期届满后都享受退休金。[1] 在格鲁吉亚,为保障宪法法院的组成成员独立审理案件,根据宪法法院组织法的规定,宪法法院的组成人员享有豁免权。该法第 15 条第 1 款规定,"宪法法院的组成人员享有个人豁免。除非明显的犯罪行为,未经宪法法院的同意,宪法法院的组成人员将不受起诉、逮捕或拘留,他(她)的公寓、汽车、工作场所也不受搜查。如果宪法法院不予同意,则被逮捕或拘留的宪法法院的组成人员则应该马上被释放";第 2 款规定,"在宪法法院同意对宪法法院成员进行刑事程序或对其逮捕或拘留的情形下,宪法法院成员的权力将予以中止,一直到法院作出最后的判决。如果法院的判决为无罪判决或针对宪法法院组成成员的案件已经被撤销,则宪法法院组成成员的权力从当日起恢复";第 3 款规定,"全体会议参加成员的过半数支持,方可适用本条第 1 款之规定"。多米尼加宪法第 151 条规定"司法权独立":司法机关成员独立、公正、负责地开展工作,其职位固定,并受到宪法和法律约束。除特殊原因或法律另有规定,不得对其强制调动、解雇、停职、调离或退休。乌克兰宪法第 149 条规定,本宪法第 126 条规定的法官独立和不受侵犯保障、解除职务的事由,适用于乌克兰宪法法院的法官。乌克兰宪法第 126 条第 1—4 款规定:法官的独立和不受侵犯权,由乌克兰的宪法和法律予以保障。禁止以任何方式对法官施加影响。非经乌克兰最高拉达同意,在法院作出有罪判决之前,法官不得被拘留或被逮捕。法官终身任职。但是,乌克兰宪法法院法官和首次被任命为法官的法官除外。第 7 款规定,国家保障法官及其家庭成员的人身安全。

宪法法院法官的从业保障,主要是为了避免其遭受外来诱惑,或者免于陷于政治纷争。比如,德国《基本法》第 94 条第 1 款规定:联邦宪法法院由联邦法官和其他成员组成。联邦宪法法院的成员,半数由联邦议院选举产生,半数由联邦参议院选举产生。他们既不得为联邦议院、联邦参议院、联邦政府,亦不得为州相应机关的成员。德国宪法法院法第 14 条规定,宪法法院法官不得兼任国会或地方议会的议员,不得兼任国会及政府或法院的公务员,不得兼任法人及其他团体的顾问、负责人或职员,不得从事以营利为目的的事业。《俄罗斯联邦宪法法院的联邦宪法性法律》第 11 条规定了与宪法法院法官职务不相称的职业与活动:(第 1 款)俄罗斯联邦宪法法院法官不得作为联邦议会的成员、国家杜马和他代表机关的代表,不得拥有或者保留其他公共或者社会职务,不得服务于私人

---

[1] 关于保加利亚宪法法院法官的独立性保障的论述,参见胡建淼主编:《世界宪法法院制度研究》,杭州:浙江大学出版社 2007 年版,第 288、294 页。

机构从事企业经营活动或者其他有酬劳务,除非是教学、科研和其他创造性的活动。但从事这些活动也不得妨碍履行俄罗斯联邦宪法法院法官的义务,如果俄罗斯联邦宪法法院没有同意的话,也不得以此为缺席审判活动的理由。(第 2 款)俄罗斯联邦宪法法院法官不得在法院、仲裁法院或者其他机构中担任辩护人或者提供不仅仅是法律代理,还旨在以保护人的身份使任何人获得权利以及免除责任的服务。(第 3 款)俄罗斯联邦宪法法院法官不得附属于政党及党派团体,不得给予政党以支持,参与政党活动,从事政治宣传或鼓动,参与政府机构以及地方自治政府机构的竞选,出席政党及党派团体的会议,从事其他政治活动。他们也不得担任任何社会团体的领导职务,即便这样的社会团体不具有政治倾向。(第 4 款)俄罗斯联邦宪法法院法官当其出版著作、利用其他大众传媒,或者是在公众面前,对涉及俄罗斯联邦宪法法院的审议事项,以及正在审议或者已经决定予以审议的事项直至对该事项作出决定时不得公开发表自己的观点。(第 5 款)本条的规定不得视为限制俄罗斯联邦宪法法院法官作为参与投票和全民公决的公民和投票人所享有的表达自己意愿的权利。在意大利,宪法法院的法官须保持政治中立,他们既不能参加政党,也不能参与任何政治活动。他们不能公开表明自己的政治立场,不得对政治事件或审理案件中涉及的政治问题发表公开的评论。为了确保宪法法院法官的中立地位,宪法和法律都禁止其从事任何与其职业有关的活动。意大利宪法第 135 条第 6 款规定,宪法法院法官不得兼任议会成员、地区议会成员、执业律师及法律所指出的任何一种职业与职务。1953 年第 87 号宪法性法律规定,宪法法院法官不得兼任其他公法上或私法上的职务,也不得同时从事自由职业或朝廷商业活动或担任营利性团体的董事或监事职务。不得兼任(国家)考试委员,或在大专院校兼任任何职务,不得当选为中央或地方选举的候选人。[①]　西班牙宪法第 159 条第 4、5 款规定,宪法法院成员不可兼任:任何代表性职责、任何政治性或行政性职务、政党或工会的领导以及为它们服务的其他职务、现职法官和检察官工作以及任何职业性或商业性行为。此外,享有司法权的人员与宪法法院成员不可兼任。宪法法院成员在执行职务期间内是独立的和不可变动的。乌克兰宪法第 149 条规定,本宪法第 127 条第 2 款规定的关于不得兼职的要求,适用于乌克兰宪法法院的法官。乌克兰宪法第 127 条第 2 款规定:职业法官不得是政党党员和工会联合会的成员,不得参加任何政治活动,不得兼任任何代表职务,不得担任其他任何有报酬的职务,也

[①] 关于意大利宪法法院法官的从业限制的论述,参见胡建淼主编:《世界宪法法院制度研究》,杭州:浙江大学出版社 2007 年版,第 83 页。

不得从事其他有报酬的工作。但是,从事科学工作、教学工作和创作工作的除外。在罗马尼亚,根据宪法规定,罗马尼亚宪法法院的法官除学术活动外,不得兼任其他公私职务。保加利亚宪法法院的成员不得担任国会代表,不得担任国家和社会、政党、工会等机构的职务,不得从事商业及其他有报酬的职业活动。被任命为宪法法院的法官,须自任命之日起 7 日内,以书面形式宣布辞去前述职务或停止前述活动。① 根据斯洛文尼亚宪法法院法的规定:除了担任大学教师、科学家和大学合作者等活动外,宪法法院法官不应从事以下职责:在国家主体、地方团体、政党和商业联盟中行使职责;在国家主体、地方团体和法律机关中工作;作为商业公司、研究所和合作社中的成员;参与任何商业或利益活动。② 格鲁吉亚宪法法院组织法第 17 条规定,"宪法法院成员职位不适合从事任何其他的活动,除非是从事科学的或教育教学的活动。宪法法院成员不隶属于任何一个政治党派,也不从事任何政治活动。一旦成为宪法法院的成员,其必须辞去其他职位或停止本条禁止的活动"。

(三)宪法法院解释模式在机构组织方面的主要差别

1. 机构性质——是否司法机关

有学者曾经提出,"有权解释机关,无论在制度上属于哪一种形态,其职权本质之为司法,是无可置疑的。"③但是,宪法法院所作宪法解释,事实上并不总是遵循两造对质的诉讼程序。因此,在各国宪法上,作为宪法解释机构的宪法法院就存在着是否属于司法机关的分野。从相关国家的宪法文本来看,约有半数国家的宪法法院属于司法机关,其余半数国家的宪法法院则不明确。

有些国家,在宪法中明确规定宪法法院是司法机关,或者将宪法法院列于"司法机关"或"法院"篇章结构之下,这意味着,宪法法院属于司法机关。比如:《俄罗斯联邦宪法》第 118 条规定,俄罗斯联邦的司法权只能由法院行使;司法权的行使,必须遵守宪法诉讼程序、民事诉讼程序、行政诉讼程序和刑事诉讼程序。《俄罗斯联邦法律体系法》第 4 条规定,联邦宪法法院是联邦法院系统的一个组成部分;第 18 条第 1 款规定,俄罗斯联邦宪法法院是宪法监督的司法机关,通过宪法诉讼程序独立行使司法权。乌克兰宪法第 124 条规定,乌克兰的司法权只能由法院行使;诉讼程序由乌克兰宪法法院和普通法院系统的法院予以实施。

---

① 关于保加利亚宪法法院法官的从业限制的论述,参见胡建淼主编:《世界宪法法院制度研究》,杭州:浙江大学出版社 2007 年版,第 288、294 页。

② 胡建淼主编:《世界宪法法院制度研究》,杭州:浙江大学出版社 2007 年版,第 483 页。

③ 荆知仁:《宪政论衡》,台北:台湾商务印书馆 1983 年版,第 74 页。

在波黑,根据宪法第 6 条的规定,宪法法院对波黑任一法院的判决享有上诉审判权,即宪法法院同时也是最高法院。将宪法法院视为司法机关的国家有：安道尔、白俄罗斯、波黑、德国、俄罗斯、捷克、拉脱维亚、列支敦士登、卢森堡、马耳他、塞浦路斯、斯洛伐克、乌克兰、阿塞拜疆、巴林、格鲁吉亚、塔吉克斯坦、泰国、土耳其、乌兹别克斯坦、亚美尼亚、印度尼西亚、约旦、玻利维亚、厄瓜多尔、哥伦比亚、埃及、布隆迪、佛得角、刚果(金)、加蓬、马里、南非、尼日尔、圣多美和普林西比、苏丹。

另外一些国家,其宪法在"法院"或"司法机关"篇章结构之外规定"宪法法院"的相关内容,也没有明确宣示宪法法院究竟是否属于司法机关或法院。在这种情况下,即不能肯定宪法法院是否属于司法机关。比如：意大利的司法机关包括法院和检察院,实行审检合署制。在法院系统中,除了普通法院外,还包括行政法院、审计法院、军事法院等特别法院。[①] 在意大利宪法中,关于宪法法院的设置,是规定在第六章"宪法保障"中,而非规定在第四章"司法"中,因此,人们对于宪法法院是否属于司法机关存在分歧。韩国宪法第五章规定了"法院",第六章规定了"宪法法院",并没有对宪法法院的性质作出明确的规定。韩国宪法还规定,最高法院和宪法法院均为宪法保障机关。所以,学术界对于宪法法院是否属于司法机关存在争议。西班牙宪法第六章规定"司法权",不仅没有"宪法法院",而且在第 117 条第 6 款规定"禁止成立特别法院"。但是,宪法第九章单独规定"宪法法院"。这种篇章结构似乎意味着,在西班牙制宪者看来,宪法法院不是"特别法院",行使的也不是司法权。保加利亚宪法第 6 章规定"司法机关",第8 章规定"宪法法院",这表明,保加利亚宪法法院既独立于立法和行政机关,也不属于司法机关。属于此类情形的国家有：阿尔及利亚、奥地利、保加利亚、比利时、波兰、黑山、克罗地亚、立陶宛、罗马尼亚、马其顿、摩尔多瓦、葡萄牙、塞尔维亚、斯洛文尼亚、西班牙、匈牙利、意大利、韩国、叙利亚、秘鲁、多米尼加、贝宁、多哥、几内亚、摩洛哥、中非。

2. 宪法法院的设置模式——集中还是分散

设置唯一的宪法法院独享宪法解释权的,可称为集中解释模式;设置一个宪法法院行使最终的宪法解释权,同时设置下级宪法法院行使宪法解释权的,可称为分散解释模式。

实行集中解释模式的国家,设置唯一的宪法法院行使宪法解释权。如：乌克兰宪法第 147 条规定,"乌克兰宪法法院是乌克兰惟一的宪法司法机关。乌克兰宪法法院解决关于法律和其他的法律文件是否符合乌克兰宪法的问题,并对

---

① 胡建淼主编:《世界宪法法院制度研究》,杭州：浙江大学出版社 2007 年版,第 74 页。

乌克兰宪法和乌克兰法律作出止式解释"。罗马尼亚《宪法法院组织和活动的法律》第 1 条第 2 款规定,宪法法院是罗马尼亚唯一有权进行宪法裁决的机构。除了乌克兰和罗马尼亚外,实行集中解释模式的还有比利时、波黑、摩尔多瓦、塞尔维亚、塞浦路斯、乌克兰、埃及、南非。

有些实行联邦制的国家,除了设置联邦宪法法院外,还设置地方宪法法院,宪法解释权由中央和地方两级宪法法院共同行使,如:德国,除了设置联邦宪法法院外,各州都分别设置自己的宪法法院。俄罗斯,除了联邦宪法法院外,各组成单位都分别设立各自的宪法法院(宪章法院)。联邦宪法法院与组成单位的宪法法院之间,不存在隶属关系。波黑,除了有联邦宪法法院外,穆克、塞族两个共和国也各有自己的宪法法院。

3. 宪法法院法官的选任方式形形色色

在有的国家,宪法法院法官由立法机关、行政机关、司法机关共同推举产生,如:在韩国,根据宪法第 111 条的规定,宪法裁判所由具有法官资格的 9 名裁判官组成,由总统任命;其中,3 人从国会选出的人选中任命,3 人从大法院院长提名的人选中任命。意大利宪法第 135 条第 1 款规定,宪法法院由 15 名法官组成,其中 1/3 由共和国总统任命,1/3 由议会联席会议任命,1/3 由最高普通司法机构和最高行政司法机构任命。西班牙宪法第 159 条第 1、2 款规定,宪法法院由国王任命的 12 名成员组成。其中 4 名由众议院以 3/5 多数提名,4 名由参议院以同样多数提名,2 名由政府提名,2 名由司法权最高委员会提名。从大法官、检察官、大学教授、公务人员和律师中任命宪法法院成员。以上这些人员均应是具有公认才干并至少从业 15 年的法律工作者。乌克兰宪法第 148 条第 1 款规定,乌克兰宪法法院由 18 名法官组成。乌克兰总统、乌克兰最高拉达和乌克兰法官代表大会分别任命乌克兰宪法法院的 6 名法官。在保加利亚,宪法第 147 条第 1 款规定,宪法法院由 12 名法官组成,其中 1/3 由国民议会选举产生、1/3 由总统任命、1/3 由最高上诉法院和最高行政法院的法官联席会议选举产生。在格鲁吉亚,宪法法院由 9 名法官组成,其中,3 名由总统任命,3 名由 3/5 以上参加投票的议员的多数票选举产生,3 名由最高法院任命。在拉脱维亚,宪法法院由 7 名法官组成。根据宪法法院法第 4 条的规定,其中 3 名法官由 10 名以上的议员提名,2 名由内阁提名,2 名由最高法院全体会议提名,提交议会常委会表决通过,由总统任命。

在有的国家,宪法法院法官由行政机关和立法机关共同任命,司法机关无缘参与。如:德国《基本法》第 94 条第 1 款规定,联邦宪法法院由联邦法官和其他成员组成。联邦宪法法院的成员,半数由联邦议院选举产生,半数由联邦参议院选举产生。他们既不得为联邦议院、联邦参议院、联邦政府成员,亦不得为州相应机关的成员。根据德国《联邦宪法法院法》第10条,宪法法院法官当选人由联邦总统任命。白俄罗斯宪法第116条第2、3款规定,白俄罗斯共和国宪法法院由12名法官组成。法官应由法学界里精通法律并通常具有学位的专家组成。6名宪法法院法官由白俄罗斯共和国总统任命,另外6名法官由共和国院选举产生。根据奥地利宪法第147条第1、2款的规定,宪法法院由1位院长、1位副院长、12名正式成员和6名候补成员组成。宪法法院的院长、副院长、6名正式成员和3名候补成员,由联邦总统根据联邦政府的提名任命,上述成员和候补成员应均应从法官、行政官员和大学法学教授中选拔产生。其余6名正式成员和3名候补成员,由联邦总统根据国民议院的提名任命3名正式成员和2名候补成员,根据联邦议院的提名任命3名正式成员和1名候补成员。3名正式成员和2名候补成员的长期住所必须在联邦首都维也纳之外。在俄罗斯,通过总统提名、立法机关选举的方式任命宪法法院法官。关于宪法法院法官的任命程序,《俄罗斯联邦宪法法院的联邦宪法性法律》第9条规定,俄罗斯联邦宪法法院法官的候选人可以由联邦议会的成员(代表)和国家杜马的代表以及俄罗斯联邦各成员的立法(代表)机构,最高司法机构和联邦司法部门,全俄司法联盟,法律研究和教育机构向俄罗斯联邦总统提出建议;联邦议会在收到俄罗斯联邦总统的提名后最迟不超过14天的时间内考虑任命俄罗斯联邦宪法法院法官的问题;俄罗斯联邦宪法法院的每个法官应当各自通过秘密投票的方式予以任命。获得联邦议会全体成员(代表)绝对多数选票的候选人始得当选。如果法官从俄罗斯联邦宪法法院中离职,提名任命另一个填补空缺的法官应当在空缺产生最迟不超过1个月的时间内由俄罗斯联邦总统向联邦议会提出。斯洛文尼亚也是如此,宪法法院法官候选人由总统提名,经议会通过秘密投票,按照多数原则选出。

在有的国家,宪法法院法官由立法机关选举产生,行政机关和司法机关无缘参与。如:葡萄牙宪法第222条第1、2款规定,宪法法院由13名法官组成,其中10名由共和国议会任命,3名由前述10人共同指定。13名法官中的6名必须从其他法院的法官中选出,其余7名法官必须从法学家中选出。

在有的国家,宪法法院法官由专门的选举委员会选举产生。如:在秘鲁,根据《宪法法院组织法》第8条规定,国会全体会议选派5—9名议员组成特别委员会,负责选拔并选择委员会认为值得选任的宪法法院法官候选人。特别委员会须在秘鲁官方报纸上公布宪法法院法官的标准、候选人的简历和社会关系。然后,由国会法定人数的2/3选举通过,并由国会通过立法决议而任命。[1] 在南

---

① 胡建淼主编:《世界宪法法院制度研究》,杭州:浙江大学出版社2007年版,第411页。

非,为了使新设立的宪法法院免受旧政策的污染,专门成立了一个多领域多党派性质的特殊组织——司法服务委员会,筛选候选人。[1]

三、宪法委员会组织比较

(一)宪法委员会解释模式的起源与发展

宪法委员会解释模式首创于法国 1946 年宪法,在 1958 年宪法中得到进一步的完善,并在实践中发挥了重要作用,成为一种典型的宪法解释模式。

法国是一个宪法多产的国家,但是,由于"立法权优越"的政治理念根深蒂固,其 1791 年宪法、1793 年宪法、1795 年宪法、1799 年宪法、1814 年宪法、1830 年宪法、1848 年宪法、1852 年宪法和 1875 年宪法都规定普通法院不得干预立法权的行使,而将宪法解释权赋予立法机关。1799 年宪法和 1852 年宪法规定,由元老院监督宪法实施,而元老院是议会的组成部分。因此,在 1875 年之前,法国的宪法解释模式其实是立法机关解释制。实践中,这种解释模式遭到了行政权的挑战。行政部门经常运用暴力驱散议会,使立法机关屈从于行政部门。1877 年"5 月 16 日危机"[2]之后,法国正式走上了议会政治道路,即通过投票箱而非诉诸暴力改变议会的组成。从此,"议会至上"成为法国的政体原则。但是,立法权一权独大,又导致了内阁频繁改组的局面。这表明,立法机关解释模式并不适合法国。

早在法国大革命时期,西耶斯曾经提出建议,设立"宪法委员会",监督宪法的实施。但是,他的主张遭到反对,未被采纳。19 世纪末 20 世纪初,法国著名宪法学家狄骥等人曾建议采纳美国式的普通法院解释模式,但是,这种主张也遭到了强烈的反对而未被采纳。[3] 第二次世界大战以后,法国于 1946 年制定了新宪法,这部新宪法设立了"宪法委员会"作为宪法解释机关。但是,它并没有发挥多少实际作用。立法权一权独大、行政权软弱无力的局面并未改观。1958 年,法国颁布"第五共和国宪法",仍然设立"宪法委员会"作为宪法解释机关,并对其职权进行了必要的加强。根据戴高乐总统的制宪思想设计的宪法委员会被比喻为对准议会的"一门大炮"。在此后的实践中,法国宪法委员会逐步演化为平衡立法权与行政权以及保障公民权利自由的机关。

---

[1] 胡建淼主编:《世界宪法法院制度研究》,杭州:浙江大学出版社 2007 年版,第 383 页。

[2] 1877 年 5 月,保守派总统麦克马洪与共和派主导的议会发生尖锐矛盾。麦克马洪企图运用军队驱散议会,但掌握军队实际控制权的领导人拒绝干预政治,麦克马洪不得不与议会达成妥协。

[3] 胡锦光主编:《违宪审查比较研究》,北京:中国人民大学出版社 2006 年版,第 223 页。

除法国外,实行宪法委员会解释模式的主要是法国的前殖民地国家。经查阅孙谦、韩大元主编《世界各国宪法》(全四卷,北京:中国检察出版社 2012 年版)发现,实行宪法委员会解释模式的国家大约有 14 个:法国、哈萨克斯坦、柬埔寨、海地、阿尔及利亚、布基纳法索、赤道几内亚、吉布提、喀麦隆、科特迪瓦、毛里塔尼亚、莫桑比克、塞内加尔、乍得。

(二)宪法委员会解释模式的相似之处

实行宪法委员会解释模式的国家,除了在宪法中确立政治观念多元化原则和立法权、行政权、司法权分立原则外,还存在如下相似之处:

1. 大致相同的机构性质

确立宪法委员会解释模式的国家,都是设立一个宪法委员会作为专门的宪法解释机关,这个宪法解释机关是独立于立法机关、行政机关和司法机关之外的第四个国家机构。比如:在法国宪法上,宪法委员会是与立法机关、行政机关、司法机关并列的机构,[①]可以称为"第四国家机构"。在海地,宪法委员会属于宪法(第六编)确立的"独立机构"之一。在阿尔及利亚,宪法委员会属于"权力机构"(第二章)——行政权、立法权、司法权——之外的"监督机构"(第三章"监督与咨询机构"第一节"监督")。

2. 大致相同的权威地位

确立宪法委员会解释模式的国家,其宪法都规定,宪法委员会对宪法的解释具有最高的法律效力,即宪法委员会具有最高的法律地位。比如:法国宪法第62 条规定,宪法委员会宣告违宪的法律不得公布,也不得适用。宪法委员会的裁决,不得上诉,并对公权机关及所有行政机关、司法机关具有拘束力。哈萨克斯坦宪法第 74 条第 3 款规定,宪法委员会的决议,在共和国全境必须执行。宪法委员会的决议,是终局裁决,不得上诉。柬埔寨宪法第 142 条规定,由宪法委员会确定的违宪条款不得公布或实施;宪法委员会的判决具有终局性。海地宪法第 190 条规定,宪法委员会是负责确保法律合宪性的机关;它裁决法律的合宪性以及行政权的条例和行政行为的合宪性;其判决不得上诉。吉布提宪法第 81 条规定,宪法委员会的裁决具有既判力,不得进行任何的上诉,并对公共权力机关和所有的行政机关、司法机关以及所有的自然人和法人具有拘束力。科特迪瓦宪法第 98 条规定,宪法委员会之判决不可上诉;宪法委员会判决适用于所有公共权力机构、行政机关、司法机关、军队、自然人或法人。毛里塔尼亚宪法第

---

① 法国宪法的篇章结构为:第一章"主权",第二章"总统",第三章"政府",第四章"议会",第五章"议会与政府的关系",第六章"国际条约与协定",第七章"宪法委员会",第八章"司法机关"……

87 条规定,宪法委员会的裁决具有普遍的拘束力;宪法委员会的裁决不得进行任何上诉;宪法委员会的裁决拘束公权力和所有的行政机关和司法机关。

3. 大致相同的任职资格

确立宪法委员会解释模式的国家,其宪法所规定的宪法委员会成员的任职资格,相对于普通法院解释模式和宪法法院解释模式而言更加宽泛,既可以具有法律教育背景、法律职业经验,也可以是其他知识背景、其他职业经验。比如:在法国,宪法和宪法委员会机构设置法都没有规定宪法委员会成员的任职资格。柬埔寨宪法第 138 条规定,宪法委员会成员应当从获得法律、行政管理、外交或经济高等教育学位并具有丰富工作经验的显赫者中选拔。还有些国家,其宪法规定的宪法委员会成员的任职资格,甚至没有知识背景、职业经历方面的要求,显得更为宽松。如海地宪法第 190 条规定,担任宪法委员会成员必须具备下列条件:(1)出生时为海地人且在任命时未保有任何其他国籍;(2)在任命之日年满 40 周岁;(3)享有民权和政治权,且从未因普通法上的犯罪而被判定为身受刑和加辱刑;(4)在海地拥有不动产或从事一种职业或工作;(5)在任命之日以前连续 5 年以上居住于本国境内;(6)如系公共资金管理人,须已解除职务并获得解职证书;(7)品德高尚且正直廉洁。

4. 大致相同的职业保障和从业限制

确立宪法委员会解释模式的国家,其宪法所规定的宪法委员会成员的职业保障和从业保障十分相近。

职业保障,通常包括身份保障、物质保障。比如:关于职业保障,法国《1958 年宪法委员会机构设置法》第 6 条规定,宪法委员会主席和成员应当各自得到相当于无类别国家职位中最高两类工资的一份津贴⋯⋯;第 7 条规定,基于宪法委员会提议由部长会议颁发的一项命令应当确立宪法委员会成员的职责以保证他们履行职务的独立性和尊严。[①] 哈萨克斯坦宪法第 71 条第 5 款规定,未经议会同意,宪法委员会主席和宪法委员会委员在其任期内不得被逮捕、传讯,不得依照司法程序处以行政处罚措施,也不得被追究刑事责任。但是,在犯罪或者严重犯罪现场被拘留的除外。

关于从业限制,法国宪法第 57 条规定,宪法委员会委员不得兼任部长或议会议员(其他不得兼任的职务由组织法予以规定)。哈萨克斯坦宪法第 71 条第 4 款规定,宪法委员会主席和宪法委员会委员不得兼任代表机关的代表,不得担任其他有报酬的职务。但是,从事教学活动、科研活动或者其他创作活动的情况

---

① 胡建淼、杜仪方编:《世界宪法法院法选编》,杭州:浙江大学出版社 2007 年版,第 31 页。

除外。宪法委员会主席和宪法委员会委员也不得从事企业家活动,不得担任商业组织领导机构或者监事会的组成人员。柬埔寨宪法第 139 条规定,宪法委员会成员不得担任参议员、议员、王室政府成员、政党主席或副主席、工会主席或副主席,不得在任何公共服务部门任职。毛里塔尼亚宪法第 81 条第 3 款规定,宪法委员会的成员不得属于政党的领导层;第 82 条规定,宪法委员会委员不得兼任各部部长或议会成员。莫桑比克宪法第 243 条规定,宪法委员会法官不得从事任何其他公共或私人活动,除参加教学、法律研究或其他科学、文学、艺术和技术的传播或公开活动之外,但须事先得到相关机构批准。

(三)宪法委员会解释模式在各国的差别

1. 绝大多数国家的宪法委员会是立法机关、行政机关、司法机关之外的独立机构,但个别国家的宪法确认宪法委员会是司法机关

有学者认为,"有权解释机关,无论在制度上属于哪一种形态,其职权本质之为司法,是无可置疑的"①。但是,宪法委员会所作宪法解释,并不遵循两造对质的司法程序。作为一种理论上的通说,无论从人员构成还是从职权范围、工作方式来看,宪法委员会都是一种政治机构,不是司法机关。比如:法国宪法第七章规定"宪法委员会",第八章规定"司法机关"。哈萨克斯坦宪法第六章规定"宪法委员会",第七章规定"法院和司法权"。

但是,个别国家的宪法规定,宪法委员会属于司法机关。比如,塞内加尔宪法第 88 条规定,"司法权由宪法委员会、最高法院、审计法院、法院和法庭行使"。

2. 宪法委员会成员的任命方式不尽一致

确立宪法委员会解释模式的国家,其宪法规定的宪法委员会成员的任命方式不尽相同,大致包括三种方式:(1)由行政机关与立法机关任命。比如:法国宪法第 56 条规定,宪法委员会成员 9 名,其中,3 人由总统任命,3 人由国民议会议长任命,3 人由参议院议长任命。宪法委员会主席由总统任命。哈萨克斯坦宪法第 71 条规定,哈萨克斯坦共和国宪法委员会由 7 名成员组成,每届任期 6 年;共和国前总统依照法律规定是宪法委员会的终身成员;宪法委员会主席由总统任命;宪法委员会中的两名成员由共和国总统任命;参议院和议会下院分别任命宪法委员会的两名成员。赤道几内亚宪法第 95 条第 1 款规定,宪法委员会包括 1 名主席和其他 4 名成员,由共和国总统任命;其中 2 名成员由人民议会提出。科特迪瓦宪法第 89 条规定,宪法委员会除主席、各前任总统外,还包括 6 名法官。6 名法官中,3 名由共和国总统指定,另 3 名由国民议会议长指定。毛里

---

① 荆知仁:《宪政论衡》,台北:台湾商务印书馆 1983 年版,第 74 页。

塔尼亚宪法第 81 条第 1 款规定,宪法委员会的成员为 9 名,其中,4 名由总统任命,3 名由国民议会议长任命,2 名由参议院议长任命。(2)由行政机关、立法机关与司法机关共同任命。比如:柬埔寨宪法第 137 条第 1 款,宪法委员会由 9 名成员组成……;3 名成员由国王任命,3 名成员由众议院任命,其他 3 名成员由法官最高委员会任命。海地宪法第 190 条第 1 款规定,宪法委员会由 9 名成员构成,其中 3 名由行政权任命,3 名由国民大会以两院每院成员 2/3 多数加以任命,3 名由最高司法权委员会任命。吉布提宪法第 76 条规定,宪法委员会由 6 名成员组成,其中,2 名成员由总统任命,2 名成员由国民议会的议长任命,2 名成员由高级司法委员会任命。喀麦隆宪法第 51 条规定,宪法委员会由 11 名成员组成;宪法委员会的成员按照以下方式选出,并由共和国总统任命——共和国总统选定 3 名成员,其中包括宪法委员会主席;国民议会议长在征求主席团意见后选定 3 名成员;参议院议长在征求主席团意见后选定 3 名成员;最高司法委员会选定 2 名成员。海地宪法第 190 条第 2 款规定,宪法委员会成员包括:3 名具有至少 10 年经历的司法官,其中 1 名由行政权任命,1 名由国民大会以两院每院成员 2/3 多数加以任命,1 名由最高司法权委员会任命;3 名具有至少 10 年经历的高级法学家、教授或律师,其中 1 名由行政权任命,1 名由国民大会以两院每院成员 2/3 多数加以任命,1 名由最高司法权委员会任命;3 名具有至少 10 年经历的职业知名人士,其中 1 名由行政权任命,1 名由国民大会以两院每院成员 2/3 多数加以任命,1 名由最高司法权委员会任命。

第四章

宪法解释机构职权比较

关于宪法解释的含义,理论上存在着广义说、中义说和狭义说。广义说把关于宪法的学理解释和有权解释都视为宪法解释。由于本书是从制度的角度研究宪法解释,而学理解释是制度之外的解释,故不采纳广义说。狭义说,有的把宪法诉讼等同于宪法解释。比如,有学者认为,"审判就是解释,是法官推断并表达一个权威性法律文本的含义及文本所包含的价值的过程。"[①]这种界定对于普通法院解释模式是适宜的,但不适于宪法法院解释模式和宪法委员会解释模式。在某些国家的宪法或宪法法院组织法中,关于宪法法院的职权,有"宪法解释"的规定,这里的宪法解释其实是关于宪法事项的咨询的答复。这种关于宪法解释的界定,适用于宪法法院解释模式和宪法委员会解释模式,但不适用于普通法院解释模式,所以,也不采纳狭义说。中义说把宪法审查机关关于宪法的有权解释视为宪法解释。根据这种界定,宪法解释既包括宪法审查机关在宪法审查过程中对宪法的解释,也包括其对有关宪法事项的咨询的答复。这种界定,适于普通法院解释模式,也适于宪法法院解释模式和宪法委员会解释模式,故本章采纳中义说。

一、普通法院职权比较

(一)普通法院职权配置比较

1. 一些国家的最高法院,在享有宪法解释权的同时,也享有普通民事、刑事案件的初审管辖权和上诉管辖权;另外一些国家的最高法院,在享有宪法解释权的同时,还享有普通民事、刑事案件的上诉管辖权,但不享有普通民事、刑事案件的初审管辖权

前一类型的国家,包括美国、日本、澳大利亚、孟加拉国、所罗门群岛、津巴布

---

① 〔美〕欧文·M.费斯:《客观性与解释》,夏泽祥译,韩大元主编《比较宪法——宪法文本与宪法解释》,北京:中国人民大学出版社 2008 年版,第 49 页。

韦、毛里求斯、塞舌尔等国。比如：澳大利亚宪法第 75 条规定"高等法院的初审管辖权"包括：(1)在条约适用中产生的事项；(2)影响外国领事或其他代表的事项；(3)一方当事人是联邦或代表联邦起诉或被诉的人的事项；(4)各州之间，各州的居民之间，或一州的居民与他州之间的事项；(5)请求执行职务令、禁止令或禁制令，以对抗联邦官员的事项。第 76 条规定"附加的初审管辖权"，议会可以制定法律，授予高等法院在下列事项上享有初审管辖权：(1)在宪法适用中产生的，或涉及宪法解释的事项；(2)在议会法律的适用中产生的事项；(3)海军部和海事管辖权的事项；(4)根据不同州的法律主张同一诉讼标的的事项。毛里求斯宪法第 76 条第 1 款：毛里求斯设置最高法院，依据除纪律法以外的其他所有法律管辖并审裁民事或刑事诉讼……

后一类型的国家，包括马来西亚、伊拉克、巴基斯坦、爱沙尼亚、希腊、巴西、阿根廷、巴拉圭、洪都拉斯、墨西哥、委内瑞拉、萨尔瓦多、圣卢西亚、斐济、肯尼亚等。比如：伊拉克宪法第 93 条规定，"联邦最高法院行使以下权力：(1)对生效的法律的合宪性进行监督；(2)解释宪法；(3)裁决产生于实施联邦法律、决定、法规、指令和联邦政府所引发的程序问题；法律保证每个内阁成员的权利和其他有关个人在法庭上的抗辩权；(4)裁决联邦政府和地区政府与各省、市之间产生的争端；(5)裁决地区政府和各省政府之间产生的争端；(6)依据法律规定裁决对共和国总统、总理和部长的指控；(7)批准议会成员大选的最终结果；(8)裁决联邦司法和地区省份司法机构之间的权限争端；裁决地区和省份司法机构之间的权限争端。"巴西宪法第 102 条第 1 款规定，最高法院作为初审法院，审理针对共和国总统、副总统、国会议员、联邦最高法院法官及共和国总检察长的普通刑事诉讼。从以上条款可以看出，伊拉克和巴西两国的最高法院无权作为初审法院审理普通民事、刑事案件。马来西亚宪法第 121 条第 2 款规定，联邦法院的管辖范围如下：(a)管辖对上诉法院、高等法院和法官的判决提出的上诉；(b)第 128 条、①第 130 条②规定的初始管辖

---

① 马来西亚宪法第 128 条"联邦法院管辖权"：(1)联邦法院有权根据规范其管辖权行使的法院规划，对下列事项进行审理，并排除其他法院的管辖：(a)因牵涉国会或者各州立法机关有无制定该法律的权限，而对国会和各州立法机关所制定法律的效力提出的疑问；(b)各州之间、联邦与各州之间的任何争议。(2)在不妨碍联邦法院上诉管辖权的情形下，当其他法院在任何诉讼程序中对本宪法任何条款的效力产生疑问，联邦法院有权(根据规范其管辖权行使的法院规则)对此疑问作出决定，并送交有关法院按照其决定进行审理。(3)联邦法院对上诉法院、高等法院和法官判决的上诉管辖权，由联邦法律规定。

② 马来西亚宪法第 130 条"联邦法院的咨询管辖权"：最高元首可以将涉及本宪法任何条款之效力的任何问题，无论其已经发生或者认为有可能发生，提交联邦法院征询其意见；联邦法院对所提交问题应当在法庭公开宣告其意见。

权和咨询管辖权；(c)联邦法院规定的其他管辖事项。巴基斯坦(宪法第184条)最高法院对政府间的争议和基本权利的实施享有原始管辖权。爱沙尼亚宪法第149条第2款："国家法院是国家的最高司法审级，依照第二上诉审程序的规定，审查法院的判决。国家法院同时也是宪法监督法院。"阿根廷宪法第117条："……对涉及外国大使、公使和领事的案件和涉及某省为当事人的案件，最高法院有初审和专属管辖权。"

2. 多数国家的最高法院享有宪法诉愿的审判权，只有个别国家的最高法院不享有宪法诉愿的审判权

根据宪法的规定，多数国家的最高法院享有宪法诉愿的审判权，即有权受理公民个人直接提起的宪法诉讼案件并解释宪法。如：爱沙尼亚宪法第15条规定，"在自己的权利和自由受到侵犯的情况下，每个人都有诉诸法院的权利。在法院审理其案件的情况下，每个人都可以提出关于审议该案件正在适用的任何法律、其他法律文件或行为是否符合本宪法的请求。"萨尔瓦多宪法第183条规定，通过宪法法庭，最高法院享有专有司法权以一般的或法定的方式宣告法律、命令及规则的形式或内容违宪。任何公民都可以请求违宪宣告。第247条第1款规定，任何人可以因本宪法所赋予的权利遭到侵害而向最高法院宪法法庭寻求救济。圣基茨和尼维斯宪法第96条第1款规定，任何人如其有相关利益，声称本宪法的规定已经或正在被违反，其可以根据本条向高等法院申诉并要求救济。圣卢西亚宪法第16条"保护条款的实施"第1款规定，如果有任何人声称本宪法第2条至第15条的任何规定，①正在或者可能会被违反并侵害其权利(或一个人被羁押时，其他人声称被羁押者的权利受到侵害)，其既可以其他同样合法可用的方式申诉，亦可由本人或其他人直接向高等法院提出申诉。圣文森特和格林纳丁斯宪法第16条"保护性条款的实施"第1款规定，如果任何人声称本宪法第2条至第15条涉及他的规定②已经或正在或可能会被违反(或涉及被羁押人的，如果其他人声称涉及该被羁押人的上述规定被违反)，那么，在不影响涉及同一事实且合法成立的其他诉讼的情况下，此人(或其他人)可以申请高等法院予以权利救济；第96条"高等法院在涉宪问题上的初审管辖权"第1款规定，任何声称本宪法的规定已经被违反或者正在被违反之人，如果他有相关利益，可以根据本条的规定向高等法院递交申请以获判决及救济。菲律宾宪法第8条第5款规定，"最高法院拥有下列权力：(1)对涉及大使、驻外国的高级外交使节和领

---

① 圣卢西亚宪法第2—15条是关于"根本权利和自由"的具体规定。
② 圣文森特和格林纳丁斯宪法第2—15条是关于"基本权利和自由的保护"的具体规定。

事的案件及调卷令、禁止令、执行令、权利开示令和人身保护令的申请,行使初审管辖权。(2)依照法律规定或法院规则,依上诉或调卷令申请,对下级法院关于下列案件的终审判决和裁决进行复核、改判、推翻、缓和或维持:a.涉及条约、国际和政府协定、法律、总统令、宣告、命令、指令、条例及其他规章的合宪性或合法性争议的案件;b.涉及税收、进口税、估税、费或与此有关的所有罚款合法性的案件;c.对下级法院的管辖权均存在异议的案件;d.科处无期徒刑或更重刑罚的刑事案件;e.仅涉及法律错误或问题的案件。(3)因公共利益需要,暂时指派下级法院法官到其他岗位工作,但未征得法官本人同意的,其期限不得超过6个月。(4)为避免审判不公而下令变更审判地。(5)颁布关于在一切法院中的宪法权利的保障和救济、辩护及诉讼程序,律师执业的准入、统一律师协会和对穷人的法律援助的规则。其应提供一种简便、低廉、高效的程序;并适用于所有同级法院,不得减少、扩大、改变实体权利。特别法庭和准司法机构的程序规则除被最高法院否决外,继续有效。(6)依《公务员法》任命司法官员和雇员。"第6款规定:"全部法院及其人事的行政监督权属于最高法院。"瑙鲁宪法第14条第1款规定,本章(指宪法第二章"基本权利和自由的保护",引者注)所赋予之权利或自由,通过最高法院,依对该项权利或自由实施存在利害关系的人的诉讼请求而得以实施。

从宪法文本来看,只有个别国家的最高法院不享有宪法诉愿的审判权。阿富汗宪法第121条规定,"最高法院依政府或法院的要求依法审查法律、立法法令、国际条约以及国际协定的合宪性,并解释上述文件。"巴西宪法第103条规定,违宪行为的直接诉讼和合宪性的确认之诉,可以由下列人员提起:共和国总统;联邦参议院执行委员会;众议院执行委员会;立法机构或联邦特区立法议会的执行委员会;州长或联邦特区行政长官;共和国总检察长;巴西律师协会联邦理事会;国会中占有议席的政党;工会联盟或全国性阶级组织。从这两个国家宪法的规定来看,公民个人无权直接向最高法院提起宪法诉讼。

3. 多数国家的最高法院不享有顾问管辖权,少数国家的最高法院则享有顾问管辖权

在以美国为代表多数国家,最高法院不享有顾问管辖权,以显示政治中立立场,兹不赘举。相反,一些国家的宪法授予最高法院以顾问管辖权,兹列举如下:阿拉伯联合酋长国宪法第99条第4款规定,最高法院的职权之一是"如果某联邦机构或酋长国政府要求时,则必须对宪法条款进行解释……"。巴基斯坦宪法第186条规定,"在任何时候,总统如认为某问题具有公共重要性有必要获得最高法院的意见,则其可将该问题提交最高法院。最高法院应考虑提交的问题,并将对问题的意见报告总统。"不丹宪法第1条第11款规定,"最高法院是本宪法

的守护者,是拥有宪法最终解释权的机构";第21条第8款规定,"凡法律或事实问题在性质和公共重要性上需要最高法院解释时,国王可以将该问题交由最高法院考虑。最高法院应听取该问题的相关意见并将该意见呈报给国王。"巴基斯坦宪法第186条规定,"在任何时候,总统如认为某问题具有公共重要性有必要获得最高法院的意见,则其可将该问题提交最高法院考虑。最高法院应考虑提交的问题,并将对问题的意见报告总统。"不丹宪法第21条第8款规定,"凡法律或事实问题在性质和公共重要性上需要最高法院解释时,国王可以将该问题交由最高法院考虑。最高法院应听取该问题的相关意见并将其意见呈报给国王。"吉尔吉斯斯坦宪法第97条第6款第(2)(3)项规定,最高法院宪法庭作为实施宪法监督的机关,享有两项顾问管辖权:(1)对尚未发生法律效力的、吉尔吉斯斯坦共和国作为缔约国所签署国际条约的合宪性出具结论意见;(2)对本宪法的修改补充法草案出具结论意见。马来西亚宪法第130条规定,"最高元首可以将涉及本宪法任何条款之效力的任何问题,无论其已经发生或者认为有可能发生,提交联邦法院征询意见;联邦法院对所提交问题应当在法庭公开宣告其意见"。孟加拉国宪法第106条(最高法院的建议权):"如果总统认为已经产生或可能产生对国家意义重大且有必要征询最高法院意见的法律问题,总统可将此问题提交上诉法庭考量,上诉法庭经认真考量后,得向总统汇报其对此问题的意见。"印度宪法第143条第1款规定,"如果总统认为出现了或者即将出现对公众而言具有重要的法律或事实问题,宜咨询最高法院意见的,得将该问题移送最高法院考量;在举行其认为必要的聆讯之后,最高法院得将其意见呈交总统。"斐济宪法第123条规定,"总统可以为了公共利益,根据内阁建议,向最高法院提起本宪法引起的或将要引起的会产生影响的任何问题,最高法院须对此问题公开发表意见。"挪威宪法第83条款对"最高法院咨询地位"作了规定,即"议会可以要求最高法院就法律问题发表意见"。哥斯达黎加宪法第167条规定,立法议会讨论与通过有关司法机关的组织与职权的法案必须向最高法院咨询。瑙鲁宪法第55条规定,内阁可以就宪法争议提交最高法院。最高法院应当在公开法庭上宣布对该项争议的意见,并且此意见应当是有约束力和决定性的,不得上诉。南苏丹宪法第126条第2款(a)项规定,最高法院的管辖权之一是"应总统、南苏丹政府、任何州政府,或两院中任何一院的请求,解释宪法条文"。卢旺达宪法第109条第1款的规定,共和国总统基于政府的建议且在咨询最高法院的意见后,可将任何事关国家利益的问题、普通法律草案、组织法草案以及有关虽不违背宪法但影响国家机构运行的条约的批准的法律草案,付诸全民公决。卢旺达宪法第111条第1款规定,共和国总统在法律规定的条件下并在咨询最高法院的意见后行使赦免权。此外,塞拉利昂(宪法第 122 条第 1 款)、萨尔瓦多(宪法第 102 条第 13 项)、萨摩亚(宪法第 73 条第 3 款)的最高法院也享有顾问(咨询)管辖权。

特别值得注意的是,卢旺达最高法院还享有主动向政府提出司法改革建议的权利。卢旺达宪法第 145 条规定,最高法院"可向政府提出有关司法组织的符合整体利益的各种改革建议"。

(二)普通法院职权行使方式比较

1. 共性

(1)合宪性与合法性审查相结合

实行普通法院解释模式的国家,最高法院既可在合宪性审查过程中解释宪法,也可在合法性审查过程中解释宪法。比如阿拉伯联合酋长国宪法第 101 条规定:"联邦最高法院的裁决为最终裁决,所有人都必须遵守。如果法院在审查法律、立法和法规的合宪性时,认定联邦立法与联邦宪法不一致,或者当地的立法或法规包含与联邦宪法和法律不一致的内容时,联邦或酋长国相关的机构应采取必要措施消除或改正与宪法不一致的内容。"其中,"法院在审查法律、立法和法规的合宪性时,认定联邦立法与联邦宪法不一致",此种审查为合宪性审查;"当地的立法或法规包含与联邦……法律不一致的内容时",此种审查为合法性审查。

(2)以附带审查为主

附带审查是指普通机关在审理案件过程中,因涉及拟适用的法律文件是否违宪的问题,而对该法律文件所进行的合宪性审查。附带审查的条件是,拟审查的法律已经生效实施,发生了与该项法律有关的具体案件,该项法律是案件审理的依据,当事人已经向法院提起诉讼。

2. 差异

(1)绝大多数国家的最高法院实行事后审查,但是,有个别国家的最高法院也同时实行事先审查,比如:委内瑞拉宪法第 336 条第(5)款规定,最高法院宪法庭的职权之一是"应共和国总统或国民会议要求,对共和国签署的国际条约在批准前审查其合宪性"。爱尔兰宪法第 26 条规定:"……总统在最高法院公布其裁决前不得签署按本条规定提交最高法院的任何法案。至少由 5 名法官组成的最高法院应审议总统依本条规定提交其裁决的每一个问题。法院在听取总检察长或其指定的法律顾问辩论后应尽快在公开法庭宣布其对该问题的裁决,且该裁决的宣布无论如何不得迟于该问题提交后的 60 日。"

(2)绝大多数国家的最高法院实行具体解释,但是,有个别国家的最高法院也同时进行抽象解释,比如:阿拉伯联合酋长国宪法第 99 条第 4 款规定,最高法院的职权之一是"如果某联邦机构或酋长国政府要求时,则必须对宪法条款进行解释……"

(3)绝大多数国家的最高法院实行被动解释,但是,有个别国家的最高法院也同时进行主动解释,比如不丹宪法第 21 条第 9 款:"最高法院可主动或基于总检察长或政党关于某案的申请,撤销或亲自审理任何高等法院未判决的案件,并亲自处理该案。该类案件包含涉及宪法解释的具有普遍重要性的实体性法律问题。"

二、宪法法院职权比较

关于宪法法院的职权,可以从配置方式和行使方式两个方面进行比较。

(一)宪法法院职权配置比较

宪法法院是一种高度专业化、中立性、权威性的宪法解释机关。就宪法法院职权的配置而言,各国既有共性,也有差异。

1. 共性

就宪法法院解释模式在职权配置方面的共性而言,各国宪法法院一般都具有如下职权:法律的合宪性审查权、国家机构权限争议裁决权、弹劾案审判权、政党违宪裁判权、选举诉讼审判权、国际条约的合宪性审查权、宪法诉愿案审判权。[①] 现以德国、韩国和俄罗斯三国为例予以说明。

德国联邦宪法法院是宪法法院解释模式中最典型的代表。根据德国《基本法》第 93 条第 1 款规定,联邦宪法法院裁决下列案件:(1)联邦最高权力机关或由本基本法和某一联邦最高权力机关通过议事规则授予自有权利的其他关系人就其权利和义务范围发生争议时,要求对本基本法进行解释的;(2)就联邦法律或州法律与本基本法在形式上和实体上是否一致产生分歧或疑问时,联邦政府、州政府或联邦议院 1/4 的议员请求裁判的;(2a)就某项法律是否符合第 72 条第 2 款[②]的条件产生意见分歧时,联邦参议院、州政府或州代议机关请求裁判的;(3)就联邦和各州权利和义务,尤其是就各州执行联邦法律和联邦实施监督权发生意见分歧的;(4)联邦和州之间、各州之间或一个州内部发生其他公法争议,且

---

① 胡建淼主编:《世界宪法法院制度研究》,杭州:浙江大学出版社 2007 年版,第 267 页。

② 《基本法》第 72 条第 2 款:在第 74 条第 1 款第(4)(7)(11)(13)(15)(19a)(20)(22)(25)和(26)项的范围内,如为在联邦境内建立同等的生活关系或在全国利益下维护法制和经济的统一而有必要由联邦法律规定,则联邦享有立法权。

无其他诉讼手段的;(4a)认为公共权力机关侵犯个人基本权利或侵犯本基本法第20条第4款①、第33条②、第38条③、第101条④、第103条⑤和第104条⑥规定的权利时,任何人所提起的违宪申诉;(4b)乡镇和乡镇联合区依据本基本法第28条⑦的自治权受到法律侵害而提起的违宪申诉,当该法律是州法时,它必须是无法在州宪法法院提起诉讼的案件;(4c)在联邦参议院的选举中不被认可为政党的组织对此所提起的申诉;(5)本基本法规定的其他情形。《基本法》第93条第2款规定,联邦宪法法院还将在联邦立法授权的其他情况下进行活动。因此,《联邦宪法法院法》第13条规定,"联邦宪法法院应当决定基本法所规定的案件,也就是:(1)剥夺基本权利(基本法第18条)。(2)政党违宪(基本法第21条第2款)。(3)对联邦议院关于一项选举有效性所作出的决定或者是对取得或者是丧失联邦议院一个代表席位所作出的决定提出的申诉(基本法第41条第2款)。

---

① 《基本法》第20条第4款:对于任何企图废除这一秩序的人,如不存在其他救济方式,所有德国人均有反抗权。

② 《基本法》第33条:(1)在任一州内,所有德国人均享有同等的国民权利与义务。(2)所有德国人根据其资格、能力与专业水平享有同等担任公职的机会。(3)市民权与国民权的享有、进入公职的录取以及在公共服务中所获得的权利不受宗教信仰的影响。任何人不得因信奉或者不信奉某种宗教教义或者世界观而受到歧视。(4)主权的行使作为持之任务通常应委托给处于公法的勤务与忠诚关系中的公共勤务部门的成员。(5)制定与发展有关的公共勤务法应考虑职业公务员制度的传统原则。

③ 《基本法》第38条:(1)德国联邦议院的议员由普遍、直接、自由、平等以及无记名的方式选举产生。他们是全体人民的代表,不受委托与命令的约束,仅遵从其良心。(2)年满18周岁者均有选举权;达到成年人年龄者,享有被选举权。(3)具体细则由联邦法律加以规定。

④ 《基本法》第101条:(1)不得设立特别法院。不得剥夺任何人接受法定法官审判的权利。(2)只有依照法律才得设立审理专门案件的法院。

⑤ 《基本法》第103条:(1)在诉讼中人人享有听证权。(2)对行为的刑事处罚,以作出该法律已规定的处罚为限。(3)依据普通刑事法律,任何人不得因同一行为遭受多次刑罚。

⑥ 《基本法》第104条:(1)只有依据正式法律,并按照法律中规定的方式,方可限制人身自由。不得在精神上或身体上虐待被拘禁的人员。(2)只有法官才得就是否准许剥夺自由和剥夺自由的期限作出裁决。未依据法官命令剥夺自由的,应立即取得法官裁决。警察依据自己的绝对权力予以拘留的,拘留时间不得超过逮捕后次日的结束。具体细则由法律予以规定。(3)凡因涉嫌犯罪而暂时被拘留的,最迟在拘留后次日提交法官,法官须告知拘留理由,作为审讯并给予受拘留人辩护的机会。法官须立即颁布说明逮捕理由的逮捕令,否则命令释放。(4)法官就有关剥夺自由的命令和剥夺自由的期限所作出的任何裁判,均应立即通知被拘留人的亲属或其信任之人。

⑦ 《基本法》第28条:(1)各州的合宪性秩序必须与基本法意义上的共和、民主以及社会法治国原则相符合。在州、县和乡镇中,人民必须拥有一个由普遍、直接、自由、平等且无记名方式选举出来的代表机构。在县和乡镇的选举中,根据欧共体的法律规定,拥有欧洲共同体成员国国籍的人同样享有选举权和被选举权。在乡镇中,乡镇公民大会也可取代由选举产生的公法团体。(2)应保障乡镇在法律框架内自主管理本地区所有相关事务的权利。在法律规定的任务范围内,根据法律规定,乡镇联合也享有自治权。自治之保障同样包含了财政上自我负责的基础;乡镇凭借营业税稽征率的调整而拥有的与经济实力相关的税源,即属此类。(3)联邦应保障各州的合宪性秩序与基本权利相吻合并符合第1款和第2款的相应规定。

（4）由联邦议院或者是联邦参议院提出的对联邦总统的弹劾（基本法第 61 条）。（5）对基本法进行解释，当涉及一个联邦最高机构的权利和义务内容出现了争议时或者是由基本法或者是该联邦最高机构的程序规则规定了自己拥有权利的其他当事人（基本法第 93 条第 1 款第 1 项）。（6）应联邦政府、一个州政府或者是联邦议院 1/3 的请求，对联邦法律与基本法或者是州法律与基本法、州法律与任何其他联邦法律在形式上和实体上是否相一致产生了不同意见或者是疑义（基本法第 93 条第 1 款第 2 项）。（7）对联邦与州的权利和义务产生了争议，特别是由州执行联邦法律和行使联邦监督权时（基本法第 93 条第 1 款第 3 项和第 84 条第 4 款第 2 句）。（8）涉及在联邦与州之间、不同的州之间或者是同一州有关公法的其他争议，除非可以向其他法院提起诉讼（基本法第 93 条第 1 款第 4 项）。（8a）宪法诉愿（基本法第 93 条第 1 款第 4 项第 1 目及第 2 目）。（9）对联邦和州法官的弹劾（基本法第 98 条第 2 款和第 5 款）。（10）一个州内的宪法争议，如果这样的争议是由州立法授权给联邦宪法法院处理的（基本法第 99 条）。（11）一个法院提出请求要求决定一个联邦或州法律与基本法，或者是一个州的法规或者是其他法律与联邦法律是否相一致（基本法第 100 条第 1 款）。（12）一个法院提出请求要求决定一个国际公法规则是否是联邦法律的一个组成部分以及这样的规则是否直接创设了个人的权利和义务（基本法第 100 条第 2 款）。（13）一个法院提出请求要求决定一个州的宪法法院在解释基本法时，是否与联邦宪法法院或者是另一个州的宪法法院的决定相背离（基本法第 100 条第 3 款）。（14）对作为联邦法律的一个法律的持续性产生了疑义（基本法第 126 条）。（15）由联邦立法所授予联邦宪法法院审议的其他案件（基本法第 93 条第 2 款）。"

　　韩国是东亚"儒家文化圈"中成功实现现代化转型的国家，其宪法法院在宪法实施中的作用十分引人注目。在韩国，宪法法院（宪法裁判所）管辖的事项包括：由法院提请的法律违宪与否的审判；弹劾的审判；政党的解散审查；关于国家机关之间、国家机关和地方自治团体间及地方自治团体之间权限争议的审判；法律规定的有关宪法诉讼审判。具体而言，其职权包括：（1）违宪法律审查权。这是宪法法院的主要职权之一，是其发挥宪法审查功能的基本方式。韩国宪法第 107 条第 1 款规定，在具体案件中，当某一项法律的违宪与否成为裁判的前提时，审理该案件的法院可依职权或当事人的申请，以决定的形式提请宪法法院进行宪法审查。宪法法院依该法院的提请，对该项法律是否违反宪法进行审查。此时，对该诉讼案件的审判应中止，直到宪法法院的宪法审查决定作出之后再重新开始。审查对象为法律，包括与法律具有同等效力的其他规范，如总统紧急命令、经国会批准的国际条约。另外,审查的对象包括立法不作为,即当宪法规定进行一定的立法事项或从宪法解释上能够推导出这一结论但立法机关却不进行立法时,宪法法院可以对立法机关的不作为是否违宪进行裁判。1997 年 7 月,韩国宪法法院裁决,民法第 809 条第 1 款"同姓同本禁婚制"与宪法不一致,引起了强烈的社会反响。一直以来,受儒教传统的影响,韩国法律不仅禁止近亲结婚,而且禁止同一祖系内同一姓氏的男女进行婚配。批评者认为,该制度仅仅禁止父系血统内的婚姻,没有考虑母系血统,是旧家长制下的世界观的代表,违反了宪法规定的男女平等原则,不符合现代人权保障精神。而且,这一制度没有优生学上的科学依据,更为重要的是它侵害了宪法赋予韩国人民的追求幸福的权利。支持者则认为,"同姓同本禁婚制"是韩国的传统文化的一部分,是一种醇美风俗;宪法上规定的人权只有在传统文化的继承范围内才能予以保障。宪法法院的判决认为:个人的人格权与幸福追求权的保障是人类的固有价值与本质,这种价值与本质的前提是个人自我命运的决定权,它包括婚姻自由与选择伴侣的自由。婚姻制度与家庭制度应遵循人的尊严和民主主义原理。"同姓同本禁婚制"源于家长制、等级制和男尊女卑的思想,已经不符合现代两性平等的理念。因此,不宜保留已失去社会妥当性和合理性的旧习惯。这一判断尤其受到女性团体的普遍欢迎,称赞它顺应了男女平等的时代潮流。[①] (2)弹劾案审判权。韩国宪法规定,对于总统、行政部长、法官等高级公务员在职务上的重大违法,宪法法院有权对其进行弹劾审判。弹劾分为弹劾追诉和弹劾审判。弹劾追诉由国会承担,弹劾审判由宪法法院进行。对国务总理、国务委员及行政各部长官、宪法法院法官、法官及中央选举管理委员会委员、监察院长及监察委员等高级公务员的弹劾追诉必须经国会在籍议员的三分之一以上发议,且经在籍议员过半数通过。对总统的弹劾追诉必须经国会在籍议员的过半数发议,且经在籍议员的三分之二以上通过。追诉由国会法制司法委员会委员长任追诉委员,作为提出弹劾的控方代表。根据宪法法院法第 50 条规定,受到弹劾追诉的人在宪法法院作出审判之前,停止行使职权。对于国会提出的弹劾审判请求,宪法法院依据正义与平衡原则进行裁判,原则上采取口头辩论形式。请求成立的,作出罢免被请求人公职的宣告,但该宣告须经 9 名法官中的 6 人以上通过。罢免被请求人公职的决定,并不意味着免除其民事或刑事责任。被罢免者自罢免决定生效之日起 5 年内不得担任公务员。2004 年 5 月 14 日,韩国宪法法院对总统卢武铉弹劾案

[①] 该案介绍参见《同姓同本禁婚制度与追求幸福权》,韩大元、莫纪宏主编:《外国宪法判例》,北京:中国人民大学出版社 2005 年版,第 52 页。

作出终审宣判。宪法法院的判决指出,卢武铉尽管在选举问题上没有严守中立,但他没有支持特定的政党,弹劾理由不充分,故驳回弹劾申请。这是韩国历史上首例总统弹劾案。通过该案,宪法法院作为解决政治争端的司法机构的地位凸显出来,宪法审查制度在韩国政治体制中的地位大大提高。(3)政党解散案审判权。韩国宪法第8条第4款和宪法法院法第55条规定,当政党的目标和活动违背基本的民主秩序时,政府经国务会议审议,有权向宪法法院起诉,请求解散该政党。宪法法院接受政府请求后,采取口头辩论形式进行审理。自接受请求之日起,宪法法院可根据请求人的申请或依职权,作出停止被请求人活动的决定(临时处分决定)。作出解散政党的决定需经9名法官中的6人通过。宪法法院的决定具有创设性效力。在宪法法院作出解散决定后,由中央选举管理委员会依据政党法的规定予以执行。被解散的政党失去政党资格,其党员失去党员资格。(4)权限争议审判权。权限争议,指国家机关之间以及地方自治团体之间,就权限的有无或者范围的大小所发生的积极性或消极性的纷争。韩国宪法法院法第62条规定,宪法法院有权对下列争议进行审判:国家机关相互间的权限争议,包括国会、政府、法院以及中央选举管理委员会相互间的权限争议;国家机关与地方自治团体间的权限争议;地方自治团体相互间的权限争议。国家机关或地方自治团体有权向宪法法院提出请求,对权限争议进行审判,但请求只能在被请求人的处分或不作为侵犯了宪法或法律赋予请求人的权限或者存在侵害的显著危险时才能提出。对于权限争议的审判请求,宪法法院的法官应以过半数同意作出裁判。(5)宪法诉愿审判权。韩国宪法法院法第68条规定,因公权力的行使或不行使,宪法上保障的基本权受侵害者,除法院审判外,可向宪法法院请求宪法诉愿审判,但其他法律上有救济程序的,须经其他程序后才能提起。另外,当关于法律违宪的审判请求被驳回时,提起申请的当事人可以向宪法法院提起宪法诉愿审判。自1988年到1996年间,韩国宪法法院共受理了宪法诉愿案件2573起,占受理案件总数的88%。尽管相当一部分案件被驳回或者不予受理,但这个数据足以说明宪法诉愿制度在韩国的重要性。2004年7月12日,韩国"首都迁移违宪宪法诉愿代理人团"向宪法法院提起了关于《新行政首都建设特别法》是否违宪的宪法诉愿。该代理人团由汉城市(现译首尔)50名议员大学教授、公务员以及大学生等共169人组成。代理人团认为,卢武铉政府为推进迁都计划而出台的《新行政首都建设特别法》存在四处违宪:其一,依据宪法,首都迁移是应当进行国民投票的重大案件,未经国民同意而强行迁都,侵害了国民的参政权;其二,"误用"国民税金,侵害了国民的纳税权;其三,制定该特别法时未与汉城市方面协商,侵害了汉城市公务员的公务担任权;其四,该法在经国会同意之前,未举行听证会,违反了国会有关规定。代理人团同时甲请法院作出临时处分决定,在判决作出前,全面中止新行政首都建设推进委员会的活动。10 月 21 日,宪法法院作出终审判决:决定首都变更是国家的核心大事。尽管韩国宪法没有明文规定汉城为首都,但它是为宪法习惯认可的韩国正统的首都。要废除汉城的首都地位,必须按照宪法规定的程序,对宪法进行修改。韩国政府不经修宪程序就拟订特别法,这侵害了宪法 130 条保障国民基本权利即国民投票权的规定。因此,判决《新行政首都建设特别法》违宪。①

俄罗斯是前苏联解体后实现政治转型的国家,其宪法法院制度完备而有效。关于宪法法院的职权,《俄罗斯联邦宪法法院的联邦宪法性法律》第 3 条规定,为了保证宪法制度的基础和个人与公民的基本权利和自由,确保俄罗斯联邦宪法在俄罗斯联邦所有领土上具有最高和直接的效力,俄罗斯联邦宪法法院:(1)应当决定下列事项是否与俄罗斯联邦宪法相一致:联邦法律,由俄罗斯联邦总统、联邦议会、国家杜马、俄罗斯联邦政府颁布的法令;共和国宪法、宪章以及由俄罗斯联邦各成员颁布的与俄罗斯联邦政府机构之间的权限和俄罗斯联邦政府与俄罗斯联邦各成员政府机构之间的共同权限有关的命令;俄罗斯联邦政府机构与俄罗斯联邦各成员政府机构之间的协定以及俄罗斯联邦各成员政府机构之间的协定;尚未生效的俄罗斯联邦参与的国际条约。(2)应当解决权限争议:在联邦政府机构之间的;在俄罗斯联邦政府机构与俄罗斯联邦各成员政府机构之间的;在俄罗斯联邦各成员政府最高机构之间的。(3)根据侵犯宪法权利和自由的诉愿以及法院的请求,应当确定在一个特殊案件中已经提出或者是应当提出的一个法律是否合宪的问题。(4)应当对俄罗斯联邦宪法作出解释。(5)对遵守指控俄罗斯联邦总统犯有叛国罪或者其他严重犯罪的既定程序提供咨询意见。(6)就其职权范围内的事项提出立法动议。(7)应当履行俄罗斯联邦宪法、联邦条约和联邦宪法性法律所赋予的其他权力;也可以履行依据俄罗斯联邦宪法第 11 条关于解释俄罗斯联邦政府机构与俄罗斯联邦各成员政府机构的管辖权和权力的规定所产生的协定赋予它的权利,只要这些权利不违反作为宪法审查的司法机构的法律性质和宗旨。俄罗斯联邦宪法法院应当是唯一享有对法律事项进行裁决权力的机构。在进行宪法审判过程中,俄罗斯联邦宪法法院应当避免对属于其他法律或者是其他机构职权范围内的事实进行确认和调查。关于其内部活动,俄罗斯联邦宪法法院应当制定俄罗斯联邦宪法法院内部规则。亦有学

---

① 关于韩国宪法法院职权的介绍,参见胡建淼主编:《世界宪法法院制度研究》,杭州:浙江大学出版社 2007 年版,第 350—354 页。

者依照 1994 年《俄罗斯联邦宪法法院法》第 3 条的规定,将俄罗斯联邦宪法法院的职权概括为 7 种:规范性法律文件合宪性案件的审理权,国家权力机关之间职权纠纷案的审理权,具体案件中所适用法律合宪性案件的审理权,宪法解释权,与弹劾指控总统相关案件的审理权,立法动议权,其他权限。[①]

2. 差异

以世界各国宪法法院职权配置的共性——法律的合宪性审查权、国家机构权限争议裁决权、弹劾案审判权、政党违宪裁判权、选举诉讼审判权、国际条约的合宪性审查权、宪法诉愿案审判权——为参照可以发现,各国宪法法院的职权范围宽窄不一。有学者指出,土耳其宪法法院主要受理前 3 类案件而不受理后 4 类案件,审查范围明显偏窄。[②] 与此形成鲜明对比的是匈牙利宪法法院。按照匈牙利宪法和宪法法院法,任何人可以要求宪法法院对法律规范或者行政法令的合宪性请求审查,而不需要证明他的宪法基本权利或者其他受法律保护的权益受到了侵害。[③] 有学者指出,匈牙利宪法法院的职权几乎涵盖德国、奥地利宪法法院及法国宪法委员会的所有主要功能,宽广无比,或可谓系法、德体制之统合。[④] 列支敦士登宪法法院除了行使上述管辖权外,还可以对国际条约所规定的权利受到侵害而提起的诉讼案审查,[⑤]也属于职权范围宽泛的典型。世界各国宪法法院职权范围之宽窄不一,于此可见一斑。笔者在梳理世界各国宪法文本的过程中发现,各国宪法法院在职权配置方面,最明显的差异主要有:

(1)绝大多数国家的宪法解释权由宪法法院独享,少数国家的宪法解释权则由宪法法院和普通法院或其他专门法院共享。

在多数国家,宪法通过列举的方式规定宪法法院享有的宪法解释权。尽管宪法并没有明确禁止普通法院或其他专门法院行使宪法解释权,但因为缺少宪法的明确授权,所以,仍可推定普通法院或其他专门法院不享有宪法解释权。不过,有个别国家的宪法明确规定,宪法解释权仅仅归属宪法法院,如:巴林宪法法院法第 16 条规定,"宪法法院拥有解决有关法律、规章的合宪性争议的排他性审查权力"。摩尔多瓦宪法第 134 条第 1 款规定,"宪法法院是摩尔多瓦共和国惟一的宪法司法机关"。在这两个国家,宪法解释权均由宪法法院独享。

---

① 刘向文等:《俄罗斯联邦宪法司法制度研究》,北京:法律出版社 2012 年版,第 101 页。

② 胡建淼主编:《世界宪法法院制度研究》,杭州:浙江大学出版社 2007 年版,第 267 页。

③ 胡建淼主编:《世界宪法法院制度研究》,杭州:浙江大学出版社 2007 年版,第 246 页。

④ 法治斌:《人权保障与司法审查:宪法专论》(二)。转引自胡建淼主编:《世界宪法法院制度研究》,杭州:浙江大学出版社 2007 年版,第 245 页。

⑤ 胡建淼主编:《世界宪法法院制度研究》,杭州:浙江大学出版社 2007 年版,第 608 页。

在少数国家,宪法规定,在通常情况下,宪法解释权由宪法法院行使,但是,在个别情况下,普通法院或其他专门法院也可以行使宪法解释权。比如:在葡萄牙,除了宪法法院在宪法审查过程中解释宪法外,普通法院也可以在个案中进行附带性解释(第 280 条第 1 款第 1 项)。捷克宪法第 87 条第 3 款规定:"法律可以规定由最高行政法院在下列事项中代替宪法法院作出裁决:(1)废除违背法律的法规或其个别条款;(2)有关国家机关和地方自治机关权限范围的争议,但上述争议属其他机构管辖者除外"。在智利,宪法法院是对宪法事项进行最后裁决的法院,但是,最高法院具有禁止违宪法律适用的职权(最高法院此项职权的行使只能是在一个具体案件中,基于一方的请求,或政府的主动请求,才有权宣称与宪法相抵触的法律规则不能适用)。① 捷克宪法第 87 条第 3 款规定,"法律可以规定由最高行政法院在下述事项中代替宪法法院作出裁决:(1)废除违背法律的法规或其个别条款;(2)有关国家机关和地方自治机关权限范围的争议,但上述争议属其他机构管辖者除外"。斯洛伐克宪法第 125 条第 1 款第(4)项规定,宪法法院有权裁决"地方国家行政机关发布的具有普遍约束力的法律规章与地方自治行政机关依第 71 条第二款发布的具有普遍约束力的法令是否符合宪法、宪法性法律以及国民议会赞成且以法定方式批准颁布的国际条约,除非其他法院已就此作过判决"。据此可知,在斯洛伐克,其他法院也享有宪法审查权并进行宪法解释。

(2)有些国家的宪法法院享有对选举的合法性进行审查的权力,有些国家的宪法法院则享有对低位阶规范性文件进行合法性审查的权力,个别国家的宪法法院则不享有合法性审查权。

在有的国家,宪法法院享有选举诉讼的审判权,即享有对选举进行合法性审查的权力。如:德国联邦宪法法院对联邦议院关于一项选举有效性所作出的决定或者是对取得或者是丧失联邦议院一个代表席位所作出的决定提出的申诉(基本法第 41 条第 2 款)。保加利亚宪法第 149 条第 1 款规定,宪法法院除了有权就相关事项的合宪性作出裁决外,还有权"对总统和副总统选举的合法性的质疑作出裁决","对国民议会议员选举的合法性的质疑作出裁决"。克罗地亚宪法第 129 条规定,宪法法院的职权之一是"监督选举和国家公投的合宪性和合法性,并就不在各法院管辖范围内的选举争议作出决定"。

有些国家的宪法法院则享有对低位阶规范性文件进行合法性审查的权力。

---

① 关于智利宪法解释权的介绍,参见胡建淼主编:《世界宪法法院制度研究》,杭州:浙江大学出版社 2007 年版,第 399 页。

宪法法院行使宪法解释权,是为了保障宪法的权威和有效实施。绝大多数国家都把宪法法院作为专门的宪法保障机关,仅仅赋予宪法法院合宪性审查职权。在宪法文本中,通过职权分配或案件管辖的方式,对此予以规定,同时将合法性审查的职权赋予普通法院或其他专门法院。但是,由于某些国家对于宪法权威和宪法实施作广义的理解,即将中央政府的行政命令和地方立法机关的规范性文件合乎中央立法机关的法律视为宪法问题,故将合法性审查的职权一并赋予宪法法院,使宪法法院不仅能够在合宪性审查过程中解释宪法,而且在合法性审查过程中也有权解释宪法。如:葡萄牙宪法第 281 条第 1、2 款规定,应共和国总统、共和国议会议长、总理、申诉专员、总检察长、共和国议会 1/10 的议员的请求,由宪法法院审议并作出下列具有普遍约束力的宣告:宣告任何规定合宪或者违宪;以违反上位法为理由,宣告立法中的任何条款违法;以违反自治区规章为理由,宣告地区法案的任何条款违法;以侵犯自治区规章规定的一项或多项自治区权利为理由,宣告由主权机关颁布的规章或法案中的任何条款违法。奥地利联邦宪法第 139 条规定,宪法法院可以对"法令"的合法性进行审查并作出裁决。佛得角宪法第 280 条规定,宪法法院基于共和国主席、国会主席、总理、共和国总检察长和至少 1/4 代表的请求,审查并宣布"规范或带有实质性规范内容或者具有特别和具体内容的决议……违法"。克罗地亚宪法第 129 条规定,宪法法院的职权包括"就其他法规与宪法和法律的一致性作出决定","就法律的合宪性和已经失效法规的合宪性、合法性作出决定"。斯洛文尼亚宪法第 160 条规定,宪法法院不仅有权裁决法律的合宪性,而且有权裁决"行政法规的合宪性和合法性","地方共同体法规的合宪性和合法性","行使公共权力而发布的一般文件是否符合宪法、法律和行政法规"。匈牙利宪法法院享有广泛的审查权。根据匈牙利宪法法院法第 1 条的规定,违反上位法的下位法会成为宪法审查的对象。因此,匈牙利宪法法院的审查范围,包括违法审查。如决定、指令、中央银行发布的指令、统计信息、法律指导等行政管理性法律文件,其效力低于议会制定的法律。如果行政管理性法律文件有违反议会制定的法律的嫌疑,它们就会成为宪法院审查的对象。① 属于这种情形的国家还有:黑山、立陶宛、列支敦士登、马耳他、马其顿、斯洛伐克、塞尔维亚、阿塞拜疆。

　　个别国家的宪法仅仅授权宪法法院进行合宪性审查,并未授权其对下位阶规范性文件进行合法性审查。比如:匈牙利、哥伦比亚、波黑等国。

　　(3)一些国家的宪法法院不享有解答有关宪法事项的咨询的职权,一些国

---

① 胡建淼主编:《世界宪法法院制度研究》,杭州:浙江大学出版社 2007 年版,第 232—233 页。

家的宪法则授予宪法法院该项职权。

在许多国家,宪法并不授予宪法法院以解答有关宪法事项的咨询的职权(或称"宪法解释"权)。德国、韩国即属于此种情形。在另外一些国家,宪法授予宪法法院以解答有关宪法事项的咨询的职权。比如:《俄罗斯联邦宪法》第125条第7款:"俄罗斯联邦宪法法院根据联邦委员会的询问,作出国家杜马对俄罗斯联邦总统犯有叛国罪或其他重罪的指控是否遵守法定程序的结论意见。"立陶宛宪法第105条第3款规定,宪法法院有权就"共和国总统的健康状况是否允许其继续履行自己的职责"出具结论性意见。斯洛文尼亚宪法第160条第2款规定,"在批准国际协议的过程中,根据国家总统、政府或者1/3以上国民议会议员的提议,宪法法院应对此类协议的合宪性出具意见。国民议会受到宪法法院意见的拘束。"乌克兰宪法第151条规定,"乌克兰宪法法院根据乌克兰总统或者乌克兰内阁的请求,可以出具乌克兰现行国际条约或者那些提交给乌克兰最高拉达以便同意履行义务的国际条约是否符合乌克兰宪法的结论意见。根据乌克兰最高拉达的请求,乌克兰宪法法院可以出具关于遵守调查和审议乌克兰总统弹劾案的宪法程序的结论意见。"阿塞拜疆、亚美尼亚两国宪法也有此类规定。

(二) 宪法法院职权行使方式比较

就宪法解释权的行使方式而言,宪法法院解释模式可以说是普通法院解释模式和宪法委员会解释模式的混合或折衷——前者主要在事后审查中行使宪法解释权,后者主要是在事先审查中行使宪法解释权,而宪法法院模式既在事后审查也在事先审查中行使宪法解释权;前者主要进行具体解释,后者主要进行抽象解释,而宪法法院模式既作具体解释也作抽象解释。另外,宪法法院模式一般是依申请被动地行使宪法解释权,极个别情况下则依职权主动地行使宪法解释权。本章拟从这三个角度展示宪法法院模式下宪法解释权的行使方式。

1. 宪法法院解释模式通常在具体审查中解释宪法,但许多国家的宪法法院也在抽象审查中解释宪法

世界各国的宪法法院,一般都享有对宪法进行具体解释的权力。具体解释一般包括:在宪法诉愿案件中,依当事人请求对法律的合宪性进行审查时,宪法法院对宪法进行解释;在普通诉讼案件中,依当事人依法申请,或者依受诉的普通法院、其他专门法院申请,就适用法律的合宪性进行审查时,宪法法院对宪法进行解释;宪法或宪法法院法规定的特定公职人员请求对法律的合宪性进行审查时,宪法法院对宪法进行解释;宪法法院在政党解散案中对宪法进行解释;宪法法院在弹劾案中对宪法进行解释;宪法法院在选举诉讼中对宪法进行的解释;在权限争议中对宪法进行解释。可以说,对宪法进行具体解释,是宪法法院解释

模式与宪法委员会解释模式的主要区别，与普通法院解释模式的主要相似之处。关于宪法的具体解释，仅以奥地利宪法法院为例予以说明。

　　奥地利宪法法院是欧洲历史最悠久的宪法法院，于1920年根据凯尔森的建议而设立。1938年3月因德国入侵而被禁止活动，1945年重建。其职权范围为：（1）根据宪法第144条的规定，宪法法院可对行政机关作出的决定不服而提出的申请进行审查。（2）根据宪法第139条和第140（a）条的规定，宪法法院有权审查法规、规章法律的执行、法律和国家签订的条约的合宪性。（3）根据宪法第138、126（a）和148（f）条的规定，在发生管辖权冲突时，宪法法院必须确定所争议的事件究竟属于联邦还是州政府管辖。宪法法院也受理普通法院间或普通法院与行政机关间的管辖冲突。此外，宪法法院也对审计机构和监察机构的审查权限冲突进行裁决。（4）根据宪法第137条的规定，宪法法院可对向联邦、州、乡镇和乡镇联合体提出的赔偿金请求进行审查。（5）根据宪法第141条的规定，宪法法院可以对下列争议事项作出裁决：有关联邦总统选举、各州代议制机构选举以及法定专业代理立法机关的选举的争执；有关州政府选举和行使执行权的乡镇机关选举的争执；应某一代议制机构的请求，有关某位议员的代表资格的丧失；应某一法定专业代理立法机关的请求，有关对某一机关的委托的丧失；如果联邦选举法或州选举权规定以某一行政机关的裁定宣布委托的丧失，有关在上诉程序结束后，对上述裁定所宣布的代议制机构、行使执行权的乡镇机关、或法定专业代理立法机关中的委托丧失的争执。（6）根据宪法第142、143条的规定，宪法法院有权审查共和国最高机关的贪赃枉法行为。如对联邦总统、总理和政府其他官员的指控进行审查。[①] 奥地利宪法法院的所有职权都是对"申请""冲突""请求""争执""指控"进行裁决，即是在审理具体案件的过程中对宪法进行解释。因此，这种解释都是具体解释。

　　关于具体解释，需要特别说明的是，审理宪法诉愿案件是宪法法院进行具体解释的重要方式之一，世界上多数国家的宪法法院有权受理公民的宪法诉愿。这些国家包括：阿尔及利亚、安道尔、奥地利、波兰、波黑、德国、俄罗斯、黑山、捷克、葡萄牙、罗马尼亚、克罗地亚、马耳他、塞尔维亚、塞浦路斯、斯洛伐克、斯洛文尼亚、西班牙、阿塞拜疆、格鲁吉亚、蒙古、泰国、土耳其、亚美尼亚、玻利维亚、多米尼加、厄瓜多尔、哥伦比亚、贝宁、布隆迪、摩洛哥、南非、苏丹。但是，在少数国家，宪法法院无权受理公民的宪法诉愿。这些国家包括：意大利、保加利亚、安

[①] 关于奥地利宪法法院职权范围的归纳，参见胡建淼主编：《世界宪法法院制度研究》，杭州：浙江大学出版社2007年版，第43—44页。

哥拉、多哥,等等。比如:多哥宪法第 104 条第 6 款规定:"在司法庭审中,所有自然人、法人在诉讼开始时均可提出法律的违宪抗辩。在此种情况下,法庭暂停审理并向宪法法院提交该请求。"在泰国,普通公民只能通过宪法第 264 条规定的法院或者第 198 条规定的监察专员,间接地向宪法法院起诉。

许多国家的宪法法院有权对宪法进行抽象解释。抽象解释一般包括:对法律等规范性文件进行事先审查时对宪法所作的解释;宪法法院对有关宪法事项的咨询进行答复时对宪法所作的解释。关于宪法的抽象解释,是宪法法院解释模式与普通法院解释模式的主要区别,与宪法委员会解释模式的主要相似之处。兹举数例。

保加利亚宪法法院的职权包括:(1)宪法解释权。宪法法院对宪法的解释,对于国会、法院均有约束力。(2)法律、法令的违宪审查权。一是应请求对国民议会通过的法律和法规及总统法令是否违宪进行审查;二是在保加利亚缔结的国际条约被批准之前,裁决其是否与宪法相符合;三是对国内法是否与公认的国际法准则及保加利亚缔结的国际条约相符合进行裁决。(3)国家机构权限争议的裁决权。(4)对总统、国会选举合法性争议的裁决权。(5)审理国民议会对总统、副总统的弹劾案件。(6)政党、团体合宪性案件的裁决权。① 其中,第(1)项职权即抽象的宪法解释。

捷克宪法第 87 条第 1 款规定,宪法法院对下述事项作出裁判:(1)废除违背宪法秩序的法律或其个别条款;(2)废除违背宪法秩序或法律的法规或其个别条款;(3)有关地方自治机关反对国家不合法干涉的宪法性申诉;(4)有关公共机构的终局决定或其他侵犯宪法保护的基本权利和自由的宪法性申诉;(5)有关参议员或者众议员选举确认事务的上诉;(6)对众议员或参议员根据第 25 条的规定丧失被选举权及不得兼职提出的质疑;(7)参议院根据宪法第 65 条第 2 款的规定对共和国总统提出弹劾;(8)共和国总统建议取消众议院和参议院依据第 66 条的规定所作的决议;(9)为执行对捷克共和国有拘束力的国际法院判决而采取必要措施,但可以通过其他方式执行者除外;(10)解散政党的决定或者有关政党活动的决定,是否符合宪法性法律或者其他法律;(11)有关国家机关和地方自治机关权限范围的争议,但上述争议属其他机构管辖者除外;(12)对共和国总统有关捷克共和国加入欧盟不需召开全民公决的决定提出的上诉;(13)捷克共和国为加入欧盟而举行的全民公决是否符合关于捷克共和国加入欧盟之全民公

---

① 关于保加利亚宪法法院管辖范围的具体叙述,参见胡建淼主编:《世界宪法法院制度研究》,杭州:浙江大学出版社 2007 年版,第 289—290 页。

决的宪法性法律和实施性法律。其中,第(1)(2)(8)(9)项职权的行使方式既可能涉及具体解释,也可能涉及抽象解释,第(3)(4)(5)(6)(7)(10)(11)(12)(13)职权的行使方式涉及具体解释。

乌克兰宪法第150条规定,乌克兰宪法法院的职权范围包括:(1)解决下述法律和法律文件是否符合乌克兰宪法的问题:法律和乌克兰最高拉达的其他法律文件;乌克兰总统的文件;乌克兰内阁的文件;克里米亚自治共和国最高拉达的法律文件……(2)对乌克兰宪法和乌克兰法律作出正式解释……其中,第(2)项中的"正式解释"一般是指不结合具体个案的解释,即抽象解释。

根据宪法第116条和宪法法院法的规定,白俄罗斯宪法法院的职权包括:(1)法律文件合宪性案件的审查权。(2)具体案件所适用的法律合宪性的审查权。(3)提案权。宪法法院有权就法律的制定、修改、补充向总统、议会或其他国家机关提出建议;在其职权范围内,还可以向就相关问题向上述国家机构提出建议。(4)其他权力。宪法法院有权根据总统的建议,作出议会有经常或粗暴违反共和国宪法的事实的结论;宪法法院在某些情况下有权进行罚款,如无正当理由在限定的时间内不执行裁决,向其提供错误的信息和文件,无正当理由不出庭或拒绝出庭,不遵守法庭秩序,等等。[①] 其中,第(3)(4)项职权的行使,就包含对宪法的抽象解释。

根据宪法第134条的规定,摩尔多瓦宪法法院的主要职权是进行宪法解释、确认选举和全民公决的结果、出具咨询意见。虽然宪法规定摩尔多瓦宪法法院为"宪法司法机关",但其职权范围与行使方式与宪法委员会模式非常相似,即主要进行抽象解释。

2. 宪法法院通常在事后审查中解释宪法,但有些国家的宪法法院也在事前审查中解释宪法

意大利宪法第134条规定,"宪法法院审理:对国家和大区颁布的有关法律及拥有法律效力的行为的合宪性争议;国家权力之间,国家和地区间以及地区之间的权限冲突;根据宪法规定提出对共和国总统的弹劾。"具体而言,意大利宪法法院的管辖范围包括:(1)对法律、法规的违宪审查。分为具体审查和抽象审查。具体审查——根据意大利宪法第134条第1款、1948年第1号宪法性法律第11条、1953年第87号宪法性法律第23条,普通法院在审查案件时,如果对其适用的法律、法规是否抵触宪法或宪法性法律有疑义,可依职权或根据当事人

---

① 关于白俄罗斯宪法法院管辖范围的具体叙述,参见胡建淼主编:《世界宪法法院制度研究》,杭州:浙江大学出版社2007年版,第195页。

的申请,请求宪法法院对该法律、法规的合宪性进行解释。抽象审查——宪法法院直接对法律、法规的合宪性进行审查。按照法律、法规是否生效,可将抽象审查分为事前审查和事后审查。事前的抽象审查对象,仅限于省法律;事后的抽象审查对象,既包括联邦法律、法规,也包括省法律、法规,还包括县法规。(2)对机关争议的审查,联邦机关之间、联邦与地方之间、地方机关之间的关系引起的争议进行审查,都可归入事后的抽象审查。(3)对总统或政府成员弹劾案的审查。(4)对允许公民复决引起的争议的审查。宪法第75条第1款规定,当有五十万选民或五个区议会要求全部或部分废除某项法律或某项具有法律效力之法令时,得举行公民投票公决。据此,1953年第1号宪法性法律规定,宪法法院必须对任何公民复决的许可作出裁决。但是,在最高法院作出复决请求符合程序要求的决定后,宪法法院方可对允许公民复决的决定进行审查。这就是说,宪法法院不能审查宪法诉愿。在意大利,当事人不能直接向宪法法院提出违宪审查的请求,而是需要在个案中由审理案件的普通法院法官主动提起,或者由当事人申请、经审理案件的普通法院法官审查同意后提起。[①] 可见,意大利宪法法院既可以进行具体解释,也可以进行抽象解释。其具体解释,因其无权受理宪法诉愿,故不包括在审理宪法诉讼案件中的解释。其抽象解释,既包括事前解释,也包括事后解释。

匈牙利宪法法院也有权进行事前审查(宪法第24条第2款第(a)项)。根据匈牙利宪法法院法第1条,宪法法院审查案件的范围包括:(1)事前审查,即对国会制定的未公布的法律、国会议事规则、国际协定的合宪性进行审查;(2)事后审查,即对已经公布的法律规则、政府行政管理的其他法律文件进行合宪性审查;(3)对法律规则、政府行政管理的其他法律文件与国际协定的一致性进行审查;(4)审理宪法诉愿案件,即审理个人基于宪法所保障的权利受到侵害而提起的申诉;(5)对立法不作为进行合宪性审查;(6)审理政府机构之间、政府机构与地方政府之间、地方政府之间的权限争议;(7)解释宪法条款;(8)处理法律规定的其他事项。[②] 由此可见,匈牙利宪法法院既可在事先审查中解释宪法,也可在事后审查中解释宪法。

安哥拉宪法明确规定了宪法法院进行"事先抽象性审查"(第228条)和"事后抽象性审查"(第230条)的事项,但是,不允许公民个人提起。

---

① 关于意大利宪法法院管辖范围的具体叙述,参见胡建淼主编:《世界宪法法院制度研究》,杭州:浙江大学出版社2007年版,第84—87页。

② 关于匈牙利宪法法院管辖范围的具体叙述,参见胡建淼主编:《世界宪法法院制度研究》,杭州:浙江大学出版社2007年版,第232页。

叙利亚宪法第 147 条第(1)项(a)规定:"如果在法律颁布前,共和国总统或 5 位人民议会议员反对该法律的合宪,则停止颁布该法律,直到法院在记录上述反对后 15 日内对其作出裁决⋯⋯"根据这一规定,宪法法院可以在对法律进行事先审查中解释宪法。

捷克宪法第 87 条第 2 款规定,宪法法院还应在批准第 10 条和第 49 条所述的国际协议之前,[①]就上述国际协议是否符合宪法秩序作出裁决。在宪法法院作出裁决前,不得批准上述国际协议。根据这一规定,宪法法院可以在对法律进行事先审查中解释宪法。

其他国家,如:葡萄牙宪法法院可以对国际条约、法律、法令进行事先审查(第 278 条)、对合宪性与合法性进行抽象审查(第 281 条)中进行宪法解释;塞尔维亚宪法法院有权对法律进行生效前的合宪性评估(宪法第 169 条);斯洛伐克宪法禁止宪法法院进行事前审查(宪法第 125 条第 4 款)。

3. 宪法法院一般是依请求被动地行使宪法解释权,但有个别国家的宪法法院可以依职权主动地行使宪法解释权

不管在宪法上被明确规定为司法机关的宪法法院,还是没有被确认为司法机关的宪法法院,都是依照司法程序解释宪法。在这个意义上,宪法法院只能被动地行使宪法解释权。但是,1920 年《奥地利联邦宪法》曾经规定,如果宪法法院对其在另一程序中必须适用的法律规定的合宪性产生质疑时,便可由宪法法院自身启动审查程序。[②] 这是目前笔者发现的唯一例外,作为特殊情况予以列举,作为研习者的参考。

三、宪法委员会职权比较

(一)宪法委员会职权配置比较

总起来看,世界各国宪法委员会的职权大都包含如下诸项:(1)法律、组织法、议会议事规则的合宪性审查;(2)国际条约的合宪性审查;(3)选举事项的合法性裁决;(4)裁决国家机构之间、地方机构之间、国家机构与地方机构之间的权限争议;(5)为国家元首、政府首脑、议会等机构提供有关宪法事项的咨询。不同国家的宪法在此基础上略加损益,从而使宪法委员会在职权配置方面呈现出不

---

① 捷克宪法第 10 条和第 49 条所述的国际协议,包括将捷克共和国的某些权力交由国际组织或者国际机构行使的条约、影响个人权利或者责任的条约、有关联盟和平等政治性条约、使捷克共和国成为一个国际组织成员的条约、一般性经济条约等。

② 胡骏:《奥地利宪法法院研究》,北京:法律出版社 2012 年版,第 55 页。

同的面貌。

与上述范围大体接近的,例如法国宪法委员会,其职权包括:(1)监督总统选举的合法性,审理选举争议并宣布投票结果(宪法第 58 条);(2)国民议员及参议员选举发生争议时,裁定其合法性(宪法第 59 条);(3)监督有关公权力组织、国家经济、社会或环境政策与促进公共服务的改革、授权批准国际条约方面的公民投票表决(宪法第 11 条,引者注),监督有关宪法修改的公民投票合法进行(宪法第 89 条,引者注),并宣布其结果(宪法第 60 条);(4)组织法在公布之前,有关公权力组织、国家经济、社会或环境政策与促进公共服务的改革、授权批准国际条约方面的公民投票表决之前,议会两院议事规则在实施之前,均须提请宪法委员会审查并就其合宪性作出宣告;(5)法律实施后,关于立法的违宪审查权(宪法第 61-1 条)。再比如,哈萨克斯坦宪法第 72 条第 1 款规定,宪法委员会根据哈萨克斯坦共和国总统、参议院议长、议会下院议长、议会 1/5 的代表、总理的请求:(1)在发生争议的情况下,确定共和国总统选举、议会代表选举是否正确的问题,确定共和国全民公决的举行是否正确的问题;(2)在总统签署议会通过的法律之前,审议法律是否符合共和国宪法;(2-1)审议议会及其两院通过的决议是否符合宪法;(3)在批准共和国国际条约之前,审议上述条约是否符合本宪法;(4)对本宪法的规范作出正式解释;(5)在本宪法第 47 条第 1 款①和第 2 款②规定的情况下,出具结论意见。第 2 款规定,在本宪法第 78 条③规定的情况下,宪法委员会审议法院的请求。

有的国家的宪法对委员会职权的规定较为笼统,职权范围较窄。比如,科特迪瓦宪法第 88 条规定,宪法委员会是法律合宪性的裁判者;宪法委员会是公权力运作的规制者。

有的国家的宪法对宪法委员会职权的规定较为详细、具体,职权范围较宽,比如:喀麦隆宪法第 46 条规定,宪法委员会是管辖宪法案件的机关;宪法委员会对法律的合宪性作出裁决;宪法委员会是机构运作的调整机关。第 47 条规定:(1)宪法委员会对以下事项作出最终裁决:法律、国际条约和国际协定的合宪性;在国民议会和参议院的内部规则实施前,裁决其与宪法的一致性;国家机

---

① 本款规定,对于总统因病长期不能履行职责的情况,议会得作出解除总统职务的决议,而宪法委员会则对该决议进行程序性审查。

② 本款规定,对于总统的叛国罪,议会得进行调查并弹劾,而宪法委员会则对进行调查并弹劾的决议以及调查活动进行程序性审查。

③ 本条规定:"各级法院均无权适用损害本宪法确认的人和公民的权利与自由的法律以及其他规范性法律文件。如果法院认为,应当适用的法律或者其他的规范性法律文件损害了由本宪法确认的人和公民的权利与自由,则法院有义务中止该案件的诉讼,并请求宪法委员会认定该文件违宪。"

构之间、国家机构与地方机构之间、地方机构之间的权限冲突。（2）宪法委员会受理共和国总统、国民议会议长、参议院议长、1/3 的国民议员或者 1/3 的参议员提出的案件。地方行政首长可以向宪法委员会提出与地方利益相关的案件。（3）在法律以及国际条约和国际协定公布前，共和国总统、国民议会议长、参议院议长、1/3 的国民议员或者 1/3 的参议员可以向宪法委员会提起关于法律、国际条约和协定的诉讼。地方行政首长可以根据第 2 款的规定提起诉讼。（4）宪法委员会对属于其权限的问题发表意见。第 48 条规定：（1）宪法委员会监督总统选举、议会选举和全民公决的合法性，并公布选举和全民公决的结果。（2）在对第 1 款规定的选举的合法性有争议的情况下，参加相关选区内选举的所有候选人、政党或者所有具有公务员身份的人均可向宪法委员会对有争议的选举提起诉讼。（3）若对全民公决的合法性有争议，共和国总统、国民议会议长、参议院议长、1/3 的国民议员或者 1/3 的参议员均可向宪法委员会提起诉讼。

（二）宪法委员会职权行使方式比较

1. 原则上不受理公民的宪法诉愿，但有个别例外

绝大多数国家的宪法委员会一般不采取双造对质的诉讼方式解决公民权利受侵害而涉及的法律合宪性问题，即受理特定主体提起的宪法诉讼，但不接受公民个人提出的宪法诉愿。比如：法国宪法第 61 - 1 条规定，法院在受理诉讼过程中，如认为一项立法构成对基本权利和自由的侵犯，得由最高行政法院或最高法院提请宪法委员会进行审查，宪法委员会应在一定的期限内作出裁决。柬埔寨宪法第 141 条规定，柬埔寨公民有权通过众议员或众议院议长或参议员或参议院议长就已经公布的任何法律的合宪性提出上诉。海地宪法第 1905 tev. 5 条第 3 款规定，……一般意义上的法律得在其颁布以前由共和国总统、参议院议长、众议院议长、15 名众议员或 10 名参议员申请宪法委员会予以审查。

但是，也有例外，如：赤道几内亚宪法第 95 - 1 条第 2 款规定，任何自然人或有理由应用合法权益的人、财政部都可以诉诸宪法进行保护。

2. 原则上采取事先审查与事后审查相结合的方式，但也有个别例外

绝大多数国家的宪法委员会一般采取事先审查与事后审查相结合的方式，行使宪法解释权。比如：法国宪法规定，法律、组织法在颁布前须经宪法委员会进行合宪性审查。同时，法国宪法第 61 - 1 条规定，法院在受理诉讼过程中，如认为一项立法构成对基本权利和自由的侵犯，得由最高行政法院或最高法院提请宪法委员会进行审查，宪法委员会应在一定的期限内作出裁决。柬埔寨宪法委员会也有权对法律进行事先、事后的合宪性审查，但须由特定主体提起。柬埔寨宪法第 140 条第 1、2 款规定，国王、首相、众议院议长、1/10 的国会议员、参议

院议长或 1/4 的参议院成员可将国会通过的法律在公布前送交宪法委员会进行审查。众议院内部规则、参议院内部规则和其他组织法在公布前送交宪法委员会进行审查。第 141 条第 1 款规定,任何法律公布后,国王、参议院议长、众议院议长、首相、1/4 的参议员、1/10 的众议员或法院可以要求宪法委员会审查法律的合宪性。海地宪法第 190 tev. 5 条第 1 款规定,宪法委员会就下列事项接受申请,并进行监督和裁决:(1)关于法律的合宪性,在其颁布以前;(2)关于参议院和众议院之内部规程的合宪性,在其实施以前;(3)关于政令。海地宪法第 190 tev. 8 条第 1 款规定,在司法机关审理案件的过程中得提出违宪抗辩,由宪法委员会基于最高法院之层转而受理之。吉布提宪法第 77 条规定,宪法委员会监督所有选举的合法性及公民投票的实施并宣布其结果;第 78 条规定,组织法在颁布之前、国民议会议事规则在适用之前,须提请宪法委员会对其合宪性作出裁决;第 79 条规定,法律在公布之前,得由总统、国民议会主席或 10 名议会议员将其提请至宪法委员会进行合宪性审查;第 80 条规定,在法院受理管辖的诉讼过程中,如果法律的规定涉及宪法规定的所有个人基本权利,则可以通过排除性审查提交至宪法委员会。所有诉讼当事人在所有法院都可以提出排除性合宪审查。被提出的法院应当中止审判并将案件移交至最高法院⋯⋯以上都是宪法委员会同时享有事先审查权与事后审查权的适例。

但是,有个别国家的宪法,只授权宪法委员会进行事先审查,不授权其进行事后审查,如:毛里塔尼亚宪法第 86 条规定,各组织法在公布之前以及国会两院议事规程在实施之前,必须提请宪法委员会对其合宪性进行审查。基于同样的目的,法律在公布之前,得由总统、国民议会议长、参议院议长、1/3 的国民议会成员或 1/3 的参议院议员向宪法委员会提请审查。从上述规定来看,毛里塔尼亚宪法委员会只享有事先审查权,不享有事后审查权。

四、宪法解释机构行使职权的例外: 政治问题或统治行为、国家行为

普通法院解释模式下的政治问题不审查原则通称为"政治问题原则",意谓当宪法解释(宪法审查)涉及政治问题时,法院即回避该问题,不做审查或宪法解释。这一原则,在欧洲大陆和日本被称为"统治行为(不审查)"原则,在英国则被称为"国家行为(不审查)"原则。这一原则虽然是三大模式下,宪法解释职权行使的例外,但是,对于这一原则,存在着两个质疑:其一,究竟什么是"政治问题"(统治行为、国家行为)? 其二,这一原则究竟是否堪称正当?

"政治问题原则"肇始于"马伯里诉麦迪逊案"(参见本书第二章)。在该案

中,对于法院能否判令总统给马伯里颁发委任状这个问题,马歇尔认为,这个问题的答案取决于这一问题的性质。他说:"行政部门的行为的合法性问题是否应由法院审查,应当取决于行为的性质","根据美国宪法,美国总统被授予了一些重要的政治权力。他行使这些权力时可以运用他的自由裁量权,他仅根据他的政治性格对美国负责,对他的良心负责。为了帮助他履行这些职责,他有权任命一些官员。这些官员依他的职权行事,听命于他的指示。在这种情形下,这些官员的行为就是总统的行为。"马歇尔的结论是:"法院的唯一职责是裁决个人权利,而不应调查行政部门或行政官员是如何用自由裁量权履行其职责的问题。这种问题在性质上是政治问题,根据宪法和法律应由行政部门处理,不应由法院处理。"①

"政治问题原则"在"马伯里诉麦迪逊案"中得到确立以后,又在一系列案件中得到重申,到19世纪后半叶,这一原则不但获得法院的普遍肯定,其内涵和外延也逐渐明确起来。② 在 Baker v. Carr(1962)案中,美国最高法院的多数意见对于该原则的内涵和外延首次作出了较为完整的解释,认为显然有下列情形者,即属于"政治问题":(1)从宪法条文可知,该问题应由与法院居于同等地位之政治机关办理者。(2)因欠缺法律规范,以致所应解决之问题无裁判之准据者。(3)除非先经属于"非司法底裁量"一类之政治决定,问题显然不可能解决者。(4)除非表明对同等地位之政府机关欠缺应有之尊重,否则法院无法试行独立解决问题者。(5)基于特殊之必要,对于既已作成之政治决定,不经议论就须遵从者。(6)就有关之同一问题,因各种不同机关各自宣示杂然不同之意见,以致有产生混杂紊乱之可能性者。③ 但是,这一意见在最高法院内部也存在不同意见。在学术界,也有不少学者试图归纳出具有一般意义的判断基准。

小林直树教授综合其他学者的观点,认为"政治问题",一是有关内政方面者,包括:(1)有关国会及内阁之基本事项,像总理大臣之任命、国务大臣之任命、国会议员之资格审查、议会之惩罚、议会职员之任命等;(2)有关内阁及国会运作之基本事项,像内阁会议之组成、内阁会议之议事或议决方式、内阁会议之决裁、内阁之同意与承认之方法或内容、内阁总理或首席部长之临时代理、国会各议院之议事程序、议决方式、议会出席之最低人数、议会各委员会之议事或议决方式、两院联席会议等;(3)有关内阁与议会之关系的事项,像召集国会、解散

---

① 关于"马伯里诉麦迪逊案"(Marbury v. Madison,5 U. S. 137[1803])的相关描述,参见徐炳:《美国司法审查制度的起源——马伯里诉麦迪逊案述评》,《外国法译评》1995年第1期,第39—41页。

② 详细的阐述,参见李鸿禧:《违宪审查论》,台北:台湾元照出版公司1999年版,第166—170页。

③ 李鸿禧:《违宪审查论》,台北:台湾元照出版公司1999年版,第173页。

众议院、由政府作成法律案或预算案、国会开会中之政府报告等；（4）有关发动紧急权之措施，像由总理大臣命令军队执行防卫或治安任务、宣布紧急状态、宣告戒严等，二是有关对外关系者，包括：①有关领土之处理及其结果，像领土之割让与合并等；②有关一般外交活动者，像对外交官之训令、对在外国侨民之保护、派遣特命全权大使等；③有关条约之缔结及其适用行为；④国家之承认或不承认；⑤有关战争之行为，如宣战、停战、媾和等。① 横田喜三郎认为，"政治问题"大概是有关政治权力行使事项、政治上非常重大问题事项、应考虑政治要素而加以决定之事项、依宪法规定赋予政治部门职掌之事项、无适当准则以供司法裁判之事项等。② 诚如芦部信喜教授所言："宪法本就是政治底法，所有的宪法诉讼均或多或少带有政治意义，要在宪法诉讼中，区分出'具有高度政治性之行为'，相当困难；尤其在'政治'这一概念无法以法律予以确定之现实下，这种困难亦将倍增。因而，纵令政治问题之存在，能作成构成理论，政治问题之具体如何，亦应就各个具体的案件，衡量各种因素而加以决定。"③

关于宪法解释职权的例外，有的学者称为一种"案件筛选机制"。这种"案件筛选机制"在原理上体现为对宪法解释（宪法审查）的司法性的要求。④ 而所谓"政治问题"，是确保宪法解释（宪法审查）的"司法性"的准则之一。⑤ 但是，对于这种例外的正当性，也存在着质疑。比如，李念祖认为，"政治问题"理论具有逻辑上的困难，即：司法者解释宪法的结果，是以不解释宪法的方式解释了宪法，却还解除了宪法对政治部门的控制，这是否合乎宪政原理，不能无疑。⑥ 此外，"政治问题"理论的宪法根据不明确，因而存在如下疑问："政治问题"一般被归纳为不具有"司法性"的问题，但为何"政治问题"不构成具体案件或争议？法院"不

---

① ［日］小林直树：《憲法講義》（下），東京大學出版會 1968 年版，第 724 页。转引自李鸿禧：《違憲審查論》，台北：台湾元照出版公司 1999 年版，第 180 页。

② ［日］横田喜三郎：《違憲審查》，有斐閣 1968 年版，第 615 页。转引自李鸿禧：《違憲審查論》，台北：台湾元照出版公司 1999 年版，第 181 页。

③ ［日］芦部信喜：《統治行為与行政事件訴訟》，田中二郎、雄川一郎编：《行政法演習》（第二卷），有斐閣 1963 年版。转引自李鸿禧：《違憲審查論》，台北：台湾元照出版公司 1999 年版，第 183 页。

④ 所谓司法性，包括诸项要求：一是被动性，即"不告不理"，非经当事人申请，法院不得主动提供法律救济；二是案件性，意谓除非有当事人之意的具体利益冲突而引发的案件，法院不应对法律作宪法审查，即法院一般不得作抽象性审查；三是独立性，法院和法官超然于系争案件，不偏不倚；四是明确性，即法院必须明确表明自己的态度，不应留下不清楚的问题；五是拘束性，即司法判决应具有既判力，一经作出就不得再作变动。参见张翔：《宪法释义学：原理·技术·实践》，北京：法律出版社 2013 年版，第 69 页。

⑤ 张翔：《宪法释义学：原理·技术·实践》，北京：法律出版社 2013 年版，第 70 页。

⑥ 李念祖：《美国宪法上"政治问题"理论与释字第 328 号解释》，《律师通讯》（1994 年 6 月号）第 177 期，第 22 页。

愿裁判"或"能力不足以裁判"是否可与"不应裁判"划上等号？司法者有依宪法裁判的义务,创设"政治问题"理论以拒绝裁判某些问题有无违背其宪法义务?[①] 他进而断言：政治问题理论确实不是司法释宪应该轻易援用的理论;运用"政治问题"理论应当遵守某些原则,方可有助于问题的解决:(1)政治问题理论,只能在司法并无理由宣告政府行为违宪时加以使用;如果司法认为政府部门的措施业已违宪,即不可视宪法为无物,运用政治问题理论为其开脱。(2)司法运用政治问题理论,必须明确指出宪法何项规定已将系争问题交由其他政治部门决定,从而得到司法应该自制、尊重其他政府部门的结论。(3)司法运用政治问题理论,应该明确指出系争问题依宪法规定究竟是哪一个政府部门应为终局的决定。(4)司法运用政治问题理论时,应同时检讨为此运用与宣告政府行为合宪之意有无差异。若无差异,则应宣告政府合宪;如有差异,则应权衡得失后有所选择,并应审慎考量如何避免使用政治问题理论可能弱化司法审查、引起权力蠢动的可能效应。[②]

---

① 李念祖:《美国宪法上"政治问题"理论与释字第 328 号解释》,《律师通讯》(1994 年 6 月号)第 177 期,第 22 页。

② 李念祖:《再论"政治问题"理论在我国宪法解释上之运用》,《台大法学论丛》(第 29 卷)2000 年第 2 期,第 60—61 页。

第五章

宪法解释程序比较

宪法解释往往与宪法审查纠缠在一起。在大多数国家,宪法解释机构与宪法审查机构同一,宪法解释的程序与宪法审查的程序也在很大程度上同一,因为除非由立法机关同时进行法律制定和宪法审查工作,对于由普通法院、宪法法院或宪法委员会进行宪法审查与解释的国家,相关机构只在有必要对立法或行为进行合宪性审查之时方才对宪法进行解释。换句话说,就是宪法解释只在宪法审查的过程中出现。在这个意义上,对这些国家宪法解释程序的展开和比较就是对宪法审查程序的展开和比较。由立法机关进行宪法审查与解释的国家与此稍有不同。立法机关对宪法的解释在广义上展现为两种方式,一种是通过立法对宪法条文和精神予以具体化,在这个过程中,宪法解释的程序等同于立法的程序本身;另一种是与前述国家相同的宪法审查中的宪法解释,本章所关注的仅仅是这个意义上的宪法解释。

本章依次阐明几种典型宪法审查及解释模式运作的程序。由普通法院进行宪法审查和解释的程序集中关注最早确立这一制度的美国和日本的法院裁判程序,其中以最高法院的裁判程序为主。由宪法法院进行宪法审查和解释的国家集中关注最具代表性的德国和首创这一制度的奥地利。由宪法委员会进行宪法审查和解释的国家以法国为代表;当然法国的最高行政法院(有的译为平政院)和最高法院也有审查政府条例和命令、维护公民基本权利的职能,但由于篇幅所限,本章仅仅关注宪法委员会的宪法审查和解释程序。由立法机关进行宪法审查和解释的国家关注英国和瑞典;同样,英国的最高法院、瑞典的法律参议会也拥有一定的宪法审查和解释的权力,但本章也只关注这两个国家议会——尤其是常设委员会——的宪法审查和解释程序。此外,由于本章考察的国家大多系欧洲国家,在欧共体成立到逐步形成类似邦联之欧盟的今天,这些国家的内部司法程序在很大程度上与欧盟法院联系在一起——尤其是涉及欧盟法的初步裁决程序——因此本章最后一节将欧盟法院的宪法审查和解释程序纳入。当然在欧盟创制宪法之条约从未获准通过的层面上,欧盟法院所进行的并非公认的宪法审查和解释,但是在许多基础性条约已经被视为欧盟之根本法的意义上,实质上的宪法审查和解释是成立的。

在各个程序中,每个国家的宪法审查与解释模式都分为启动主体、启动方式、实施过程和作出形式等四个部分分别进行阐释。尽管实施过程是宪法审查与解释程序的核心,但是启动主体和方式、作出形式等无疑也是使程序得以完整的必要组成部分。

一、普通法院解释程序

在由普通法院进行宪法解释的制度中,法官作出宪法解释的程序与作出普通法律解释的程序一致,即经由起诉—审理—裁判的过程,最终在其判决或裁定中作出为解决具体争诉案件所需要进行的对宪法某些条文或精神的解读。将宪法解释和合宪性审查权力赋予普通法院的国家例如美国、日本、印度和斯里兰卡等,它们彼此之间的解释程序虽大致相同,但仍有细微差别。这里仅就其中具有代表性的美国和日本的解释程序予以展开。

(一)美国法院宪法解释程序

美国宪法与法律体系分为联邦和州两个层面。各州关于宪法解释和宪法审查的法律规定、惯例和实施组织均不尽相同,本章主要集中于联邦层面。自马伯里诉麦迪逊案件以来,美国联邦层面的合宪性审查权力被赋予各级法院,最终审查权力掌握在联邦最高法院手里。

1. 宪法解释启动主体

由普通法院解释宪法、进行合宪性审查制度的特色之一,就是启动主体范围的广泛性。只要某个主体能够就某个事项提起诉讼,其就能够作为合宪性审查的提起主体,因而也就是宪法解释的启动主体。根据美国宪法第 3 条第 2 款的规定,在美国范围内,能够提起诉讼的主体包括公民、法人、各州、各国家机关、社会团体、企业组织等等。

当然,作为宪法解释启动主体,当事人必须具有诉讼资格。这一资格要求当事人需要满足四个条件,有的来源于宪法关于"案件或争讼性"(cases and controversies)的规定,有的源于法院的自我谦抑,[①]其核心是满足"可裁判性"

---

① Kenneth F Ripple, *Constitutional Litigation* (Michie Co., 1984)100。

(justiciability)条件。① 首先,当事人受法律所保护的权利或利益受到侵害。早期,诉讼资格还要求当事人所受到侵害的权利或利益必须是法律所明确规定的人身或财产利益,但是 20 世纪 50 年代以后,非人身或财产损失的诉讼、其他法律没有明确规定的利益以及公益诉讼也逐渐获得承认。② 其次,受到侵害的权利或利益必须是真实具体的,而不能是想象的或抽象的。例如 1947 年的 United Public Workers v. Mitchell 案,最高法院就以公民服务工作委员会(Civil Service Commission)的 Hatch 法案尚未真正限制其雇员的言论、出版和集会权利为由,驳回了其中 11 人的起诉;仅有 1 人的起诉获得支持,因为其政治活动被指控违背该法案,因而面临着被解雇的切实危险。这一要件也被称为“成熟性”要件(ripeness)。再次,受到侵害的当事人必须是具体的、可辨别的。例如 1923 年最高法院在 Frothingham v. Mellon 案中对联邦国会向州分配财政金涉嫌违反宪法第 10 条关于州权力保留规定的裁判,认为提起诉讼的纳税人的利益受影响情况轻微,因而不具有诉讼资格。但是在 1968 年的 Flast v. Cohen 案中,沃伦法官指出,只要纳税人能够证明其身份与受到质疑的国会法律以及该法律和合宪性问题之间具有关联,就具备起诉的资格。只不过此案中涉及纳税的事项属于政治判断的内容,不应受到司法的限制,因而驳回了起诉。这一要件和第一个要件也统称为“原告适格”要件(standing)。③ 最后一点即当事人所诉之事是适合通过司法权运作予以解决的,而不是政治事务。政治问题不审查,是自最高法院开始享有合宪性审查权力之时就已经秉承的标准——因为正是这一原则,使得马歇尔带领的最高法院能够在 1803 年避免因为马伯里诉麦迪逊案件卷入政治风波。基于这一前车之鉴,美国法院在此后均奉政治问题不审查原则为圭臬——这一要件并非基于宪法的规定,而是美国法院自我谦抑的结果。据学者的统计,被美国法院以涉及政治问题拒绝审查的事项主要包括涉及共和政体的问题、修宪程序和国会只有裁量权问题、外交和战争行为、选区划分和紧急状态问题等。④ 在很大程度上也正是由于这一原因,具有深刻反民主倾向的普通法院进行宪法解释与审查制度能够在美国生长并扎根下来。

尽管法院对诉讼资格的规定看似严格,但事实上,有学者认为这只不过是法

---

① 韩大元、张翔等:《宪法解释程序研究》,北京:中国人民大学出版社 2016 年版,第 118 页。
② 范进学:《美国司法审查制度》,北京:中国政法大学出版社 2011 年版,第 222 页。
③ 韩大元、张翔等:《宪法解释程序研究》,北京:中国人民大学出版社 2016 年版,第 122 页。
④ 李毅:《美国联邦最高法院的司法审查权》,《法学杂志》1999 年第 1 期。

院排除对某些案件进行审理的策略,尤其是联邦最高法院。[1] 例如在 1997 年的一个案件中,最高法院判决驳回立法机关的成员以国会通过的立法扩大了总统权力因而限制了立法机关成员权力为由提起的诉讼,[2]但是在 1998 年却接受并审理了由另一个立法机关成员因几乎相同的理由提起的诉讼。[3]

2. 宪法解释启动方式

在由普通法院进行宪法解释的制度中,宪法解释的启动随着涉及宪法条文之案件的审理而开始。宪法解释的启动,在于面对案件的法官开始思考应当如何作出裁判;因此只有在案件进入审理阶段,且案件涉及宪法条文之时,宪法解释方能够启动。

处于不同诉讼程序之中的宪法解释,其启动方式也不尽相同。在民事初审程序中,根据 1938 年美国联邦最高法院根据国会授权制定的《美国联邦地区法院民事诉讼规则》的规定,诉讼分为庭前程序和审理两大部分。庭前程序主要由当事人之间交换诉状和答辩状的诉答程序,和当事人相互获取对方或者案外第三人持有的与案件有关的信息和证据的证据开示两个阶段组成。法官参与诉答程序、帮助当事人交换诉状和答辩状,但原则上不参与庭前程序,因而尽管诉讼从这里开始,当事人在诉答状中也有权提出合宪性审查请求,法官却并未介入案件的实质部分,宪法解释并未开启。只有经过庭前程序无法和解,进入到审理阶段的案件,才对法官提出了解释宪法的要求。此外,该民事诉讼规则还规定,在当事人提出对联邦或州法律合宪性审查要求的案件中,如果联邦或州政府及其机构,以及能够代表联邦或州政府的官员或雇员没有参加到诉讼中来,那么当事人的诉答状也应当送达联邦或州的总检察长,总检察长有权提供相关证据并介入诉讼。

类似的,在刑事初审过程中,根据《美国联邦刑事诉讼规则》,诉讼分为审前程序、审理程序和审后程序三个部分。[4] 审前程序包括控告、逮捕、预审、起诉、传讯和被告人答辩等。法院在这个过程中不起决定性作用,因而宪法解释并不会启动。在审前程序过程中,大多数案件就会获得解决,例如通过辩诉交易或转处程序;但仍有一些案件无法解决,因而进入审理程序。审理程序包括选定陪审

---

① Mark Tushnet, 'The United States: Eclecticism in the Service of Pragmatism'in Jeffrey Goldsworthy ed., *Interpreting Constitution: A Comparative Study*, Oxford University Press, 2007, 8, 14。

② Rains v. Byrd 521 US 811(1997)。

③ Clinton v. New York 524 US 417(1998)。

④ 刑事诉讼的具体程序参见《美国联邦刑事诉讼规则和证据规则》,卞建林译,北京:中国政法大学出版社 1998 年版。

团、开场陈述、举证与辩论、陪审团评议与裁决等。在这个过程中,虽然法官大多不参与事实部分的审理,但是在指示陪审团应当适用或考虑的法律规定时,法官实际上表明了他/她对相关法律条文是否合乎宪法的观点。因而同样是在审理阶段,宪法解释在事实上得以开启。审后阶段则包括课刑和上诉两个部分。

如果当事人不服法官的审理结果,那么他/她可就裁决以及法官的其他决定,包括有关程序方面的决定提出上诉。在联邦范围内,不服地方法院一审判决的当事人可以向联邦巡回法院上诉;涉及宪法问题的案件,在巡回法院仍然败诉后,还可以向美国最高法院上诉。在州法院系统中,在一审法院败诉后,可以向上诉法院和州最高法院上诉;涉及宪法问题的案件,在州最高法院败诉后还可以向美国最高法院上诉。上诉法院对初审法院提交的事实证据和法律依据进行审查,作出决定。在大多数情况下,上诉法院只对初审法院适用的法律依据的正误进行判断,除非事实部分存在明显的错误。[1] 因此在涉及宪法条文案件的上诉审过程中,对宪法作出一定的解释几乎是难以避免的。

由于大多数涉及联邦宪法的问题最终都上诉至联邦最高法院,因此对于宪法的解释,联邦最高法院的启动方式更为重要。美国联邦最高法院,主要作为上诉法院发挥作用,作为初审法院受理案件有限。《美国宪法》第 3 条第 2 款第 2 段规定,"涉及大使、其他使节和领事以及以州为当事人的一切案件,其初审权属于最高法院。对上述的所有其他案件,无论是法律方面还是事实方面,最高法院有上诉审理权,但须遵照国会所规定的例外与规则。"根据宪法的规定,宪法解释的启动因此至少有两种方式,其一,通过当事人的起诉而启动。这里的当事人,除满足前述诉讼资格外,还必须有一方是大使、其他使节和领事或州。其二,通过当事人根据前述程序的直接上诉而启动。

根据 2007 年通过实施的《美国最高法院规则》,通过上诉请求联邦最高法院对宪法进行解释的方式有三种:第一,在较低级别联邦法院进行初审的案件可以直接向联邦最高法院提起上诉。这种方式仅限于涉及州立法权区域划分时被重新指定管辖权的案件。第二,败诉方可就联邦上诉法院作出的最后判决向最高法院提起上诉,这一程序也被称为"调卷令申请"。第三,败诉方可就州法院作出的涉及联邦争议问题案件的最后判决上诉至联邦最高法院,这一程序也适用调卷令申请。但是与第二种方式不同,这种申请的前提是败诉方已经穷尽州内部的救济途径仍然无法获得问题的解决,且联邦最高法院仅仅能够就联邦问题

---

[1] Robert Wyness Millar,'New Allegations and Proof on Anglo-American Civil Procedure'(1952)47 *New York University Law Review* 427.

进行审理。此外,最高法院还有权自行决定联邦上诉法院未审决的案件是否有上诉到最高法院的重要性,并据此获得该案的管辖权;但是由于此种方式跨越了审级、容易侵入上诉法院的权力范围,因而极少使用。

绝大多数上诉到联邦最高法院的案件都是通过调卷令申请程序。调卷令(writ of certiorari)源于英国传统的令状制度,调卷令属于令状中的非常令状,其是否颁发依赖于法官的裁量——另一种令状是权利令状,专为保障公民之权利而设。美国在 1938 年废除了英国的令状制度,唯联邦最高法院仍行使之。[1] 1988 年之前,通过上诉申请联邦最高法院审理案件和调卷令申请是两个不同的程序,但是在 1988 年之后,联邦国会决定最高法院有权通过调卷令形式审理任何其他法院所审理的案件,调卷令申请与上诉程序逐渐合而为一。[2]

在调卷令的申请中,首先,由上诉方提交关于案件主要法律争议点、案件事实和争议点重要性的调卷令申请。被上诉方同样可以提交答辩状对该申请予以反驳。根据规定,调卷令申请必须在判决作出的 90 日内提出,如果有特殊理由可以延长,但是延长期限不得超过 60 日。[3] 其次,最高法院在每周一次的秘密会议上审查调卷令申请和答辩状,如果 9 位大法官中的 4 位同意签发调卷令,该申请即视为被接受;如果有超过半数的法官反对,则调卷令不被接受。[4] 在最高法院决定是否接受调卷令申请的过程中,已经公布的裁判不停止执行。[5] 在批准调卷令的过程中,宪法解释已经在事实层面上悄然展开,因为判断一个案件是否应当由最高法院重新审理,在很大程度上在于该案所涉及宪法条文的重要性以及对宪法条文的理解与所涉规范之间的冲突程度——这些无疑都需要对宪法进行一定程度的解释。

3. 宪法解释实施过程

在美国联邦层面,有权解释宪法的机构是各级法院,具体实施宪法解释的是审理涉及宪法条文之案件的法官。联邦法院分设三级,最高法院、巡回上诉法院和地区法院,此外还有税务法院、权利申诉法院、国际贸易法院等专门法院。美国联邦地区法院现有 94 个,作为联邦刑民事案件的初审法院。在地区法院中,

---

① 屈文生:《论非常令状》,http://quwstrans.bokee.com/5921068.html,最后访问日期:2020 年 3 月 23 日。

② [美]杰罗姆·巴伦、托马斯·迪恩斯:《美国宪法概论》,刘瑞祥等译,北京:中国社会科学出版社 1995 年版,第 16 页。

③ *The Rules of the Supreme Court of the United States 2007*, Rule 13.

④ *The Rules of the Supreme Court of the United States 2007*, Rule 16.

⑤ *The Rules of the Supreme Court of the United States 2007*, Rule 16.

案件一般由独任法官审理,重大案件由 3 名法官组成合议庭并召集陪审团进行审理。

联邦巡回法院有 13 个,其中 11 个按照地区处理地区法院的上诉案件,另外两个处理对专门法院的判决和某些具有部分司法权的行政机构的裁决不服而上诉的案件。对于具体案件的审理,上诉法院一般由 3 名法官组成合议庭进行,无需召集陪审团。

联邦最高法院是美国联邦系统中的最高审级。最高法院根据美国宪法设立,最初由首席大法官 1 名和大法官 5 名组成,后来几经增减,形成了由首席大法官 1 名和大法官 8 名的基本组成模式。在对具体案件的审理过程中,需要至少 6 位法官出席方能启动正式程序;如果大法官未达到法定人数,则由出席法官或书记员宣布程序暂缓,直到能够出席的大法官达到法定人数。在调卷令申请程序中,如果申请被接受,那么书记官会发布法院批准的决定,并立即通知案件相关当事人和下级法院。其中,下级法院的审理记录应当提交给最高法院,上诉方和被上诉方也需提交书面诉答状。有时最高法院会要求上诉方和被上诉方进行口头辩论,但一般时间较短,各方以半小时为限。① 如果申请未被接受,那么下级法院——州法院或联邦巡回上诉法院——的判决就是最终判决。大法官们根据书面答辩状以及口头辩论的情况,在每周五的秘密会议上根据资历深浅依次发表观点,随后以相反的顺序投预决票,经由这一实质上的审理过程正式进行宪法解释。在联邦上下级法院关系中,最高法院是有关宪法案件的最终裁断者,因而其也是宪法解释的最权威主体。

4. 宪法解释作出形式

在由普通法院解释宪法、进行合宪性审查的制度中,宪法解释往往同法院的裁判同时作出。例如在前述美国联邦最高法院在接受调卷令申请、收到下级法院案卷和当事人诉答状并进行观点表达与预决投票之后,将由首席大法官撰写意见书,如果首席大法官的意见与多数意见不同的,那么由持有多数意见的法官中的年长者撰写意见书。这一意见书经由各位大法官审阅和修改、增加附随或反对意见后,即公开形成最终判决。判决书由法官宣布或作出指令后书记员公布。② 各个法官对宪法条文的解释以及对这一解释与待审查法律规范或行为之间是否冲突的判断和论证,均体现在最终的裁判意见书中。因此,宪法解释所采取的形式是呈现在判决书中的法官意见与判决理由。

---

① 韩大元、张翔等:《宪法解释程序研究》,北京:中国人民大学出版社 2016 年版,第 129 页。
② *The Rules of the Supreme Court of the United States 2007*, Rule 41.

（二）日本法院宪法解释程序

日本宪法的解释权在最早的《明治宪法》之时，规定由天皇行使。此后《1946年日本宪法》仿效美国体制，在第 81 条规定，"最高法院，是拥有一切法律、命令、规则或处分是否符合宪法之权限的终审法院"。这一规定赋予了日本最高法院以合宪性判断的最终权力，也暗含了普通法院也享有对这些规范或处分的审查权力——只不过最终权力归属最高法院。这一条建立了日本如今由普通法院解释宪法、进行合宪性审查的制度。

1. 宪法解释启动主体

与美国采取同样的由普通法院进行宪法解释和合宪性审查制度的日本，其宪法解释启动的主体与美国有许多相似之处，即只要是能够提起诉讼的主体都能够成为宪法解释的启动主体。根据日本的诉讼法，能够提起诉讼的包括公民、外国人、社团和财团（包括法人和非法人）等等。

一般情况下，当事人只要提出以自己的权利或法律保护的利益受到侵害，属于法律上所能够解决的争诉，就能够进入诉讼程序。这其中包含几个要求：第一，当事人所提出的诉讼请求必须有具体案件作为依托。如果没有具体案件发生、当事人的权利并没有受到切实的侵害威胁，仅仅提出对法律条文进行解释或审查的要求，无法启动诉讼程序，例如日本最高法院大法庭在 1952 年驳回的日本社会党代表铃木茂三郎请求确认作为自卫队前身的警察预备队违宪无效的诉讼，就是基于司法权不对规范性文件或行为作抽象性判断的理由。① 但是法律也规定了对这一要求的例外情形，例如公职选举法第 203 和 204 条的选举诉讼、地方自治法第 242 条之二的居民诉讼、行政诉讼法第 5 条和第 6 条的民众诉讼和机关诉讼，就允许公民、国家或公共团体对与自己的权利或法律上利益无关的行为或权限，提起不符合宪法或法律的诉讼。这些诉讼在日本学理上称为"客观诉讼"。② 第二，当事人所提起的诉讼必须适宜法院运用司法权进行裁断。仅仅涉及事实问题、资格评定或与宗教教义紧密相关的事项不属于法院审查的范围，例如最高法院 1966 年的裁判指出，对国家考试成绩合格与否的判定应当由考试机关进行，而非法院。③ 1981 年和 1988 年在"曼佗罗板"案件和日莲正宗莲花寺案件中的判决则指出，以宗教教义上的争议为实体或核心的纠纷，同样不是诉讼管辖的范围。④ 第三，当事

---

① 日本最高法院大法庭 1952 年 10 月 8 日判决，民集 6 卷 9 号 783 页。

② ［日］芦部信喜：《宪法》（第六版），林来梵等译，北京：清华大学出版社，第 268 页。

③ 日本最高法院 1966 年 2 月 8 日判决，民集 20 卷 2 号 196 页。

④ 日本最高法院 1981 年 4 月 7 日判决，民集 35 卷 3 号 443 页；最高法院 1988 年 9 月 8 日判决，民集 43 卷 8 号 889 页。

人所诉请的必须是法律问题,而非政治问题。与美国相同,政治问题不审查也是日本法院在司法过程中——尤其是宪法解释和审查过程中——所奉行的基本原则。属于国会或各议院自主权范围之内的行为、属于行政机关或国会自由裁量范围内的行为以及统治行为等,尽管形式上涉及法律上的争诉,但其实质却是政治问题,[1]例如著名的苫米地案件,最高法院在1960年作出的判决指出,解散众议院的行为属于统治行为,法院因此没有审查的权力。[2]

2. 宪法解释启动方式

在日本,法院对宪法作出解释的可能性随庭审的开启而展开。从地方法院到高级法院,庭审开始以及宪法解释启动的方式不尽相同。对于民事诉讼程序而言,诉讼开始于起诉,由当事人提交书面诉状(或口头向简易法院起诉)和答辩状为起点。但是诉讼的开始不等于宪法解释的启动,因为对于简易案件,法院可能通过督促支付或庭前和解等程序直接解决纠纷,无须法官全面考察事实和规范。只有进入到庭审——日本民事诉讼法称为口头辩论——阶段的诉讼方具有启动宪法解释的可能性,还必须在当事人提出对所涉法律条文之合宪性问题的质疑的情况下。

日本的刑事诉讼起始于侦查活动的展开,经由公诉到公审和再审,至执行终了。与民事诉讼类似,刑事诉讼也同样需要进行到审理阶段,且当事人提出了所涉法律之合宪性问题,宪法解释才有可能展开。在侦查和公诉阶段,法院尚未介入,因此也未能就规范依据问题进行考虑。经历了侦查和公诉阶段的案件也未必都能够进入公审,因为犯罪行为告诉人可能撤回告诉,检察院也可能作出不起诉的决定。只有最终被诉至法院、进入公审阶段的刑事案件,方能开启法院对规范的找寻和诉诸,也才有可能启动宪法解释。

对于一审判决结果不服的,日本诉讼法还规定了控诉和上告等救济程序。对一审法院判决不服的,民事无论基于任何理由、刑事基于违反法律或事实认定有误,[3]都可以向上级法院控诉。如果对简易法院判决不服,当事人可以控诉至地方法院;如果对地方法院判决不服,可以控诉至高等法院。上级法院对控诉的审理既审查事实部分,也审查法律依据,程序与一审类似。因此,只有进入到口头辩论部分的控诉,方有开启宪法解释的可能。

如果当事人对控诉判决仍然不服的,还可以提出上告。上告主要针对裁判

---

① [日]芦部信喜:《宪法》(第六版),林来梵等译,北京:清华大学出版社,第269—272页。
② 日本最高法院大法庭1960年6月8日判决,民集14卷7号1206页。
③ 《日本刑事诉讼法》第377—382条。

违宪的情况,[①]因此只要上告被接受,上级法院往往会对宪法相关条文作出解释。对高等法院作出的二审或一审终局判决,当事人可以向最高法院提起上告;[②]对地方法院作出的二审终局判决,当事人可以向高等法院提起上告;在有些情况下,对地方法院的判决可以向最高法院直接上告,对简易法院的判决也可以向高等法院直接上告,称为"越级上告";[③]对于作为上告法院的高等法院作出的判决,如果同样存在违宪问题的,当事人还可以向最高法院再次上告,称为"特别上告"。[④]上告需要当事人提交申请书,其中载明上告者主张法律违反的宪法具体条文,[⑤]由原审法院先予审查后决定是否移送上告法院;上告法院对申请再次审查,决定是否接受。上告程序只审查法律依据及其宪法问题,不审查事实。

最高法院一般经由上告程序开启宪法解释和审查。如果最高法院审查决定不予受理,则驳回上告;如果决定受理,则依据不同情况作出撤销原判、发回重审、向其他同级法院移送或直接改判的决定。在刑事诉讼法中,即便在当事人被准许上告的情形之外,最高法院也有权自行开启宪法解释和审查。根据日本刑事诉讼法第406条的规定,最高法院对认为关涉某些法令解释重要方面的案件,可以在该案件判决生效之前,自行确定自身为上告法院受理该案件,对相关问题进行审查,并作出宪法解释。此外,刑事诉讼中还有一个"非常上告"制度,赋予检察总长在判决生效后,如果发现违宪问题的,仍然可以向最高法院提起上告申请,[⑥]要求最高法院解释宪法重新审查。

《日本最高法院审判事务处理规则》第247条、248条和249条还规定,如果当事人申请控诉时的理由仅仅记载为违反宪法或者宪法解释有错误时,控诉审法院可以把案件移送到最高法院,只要听取当事人意见并获得最高法院的许可即可。这种制度被称为移送上告。但是由于日本法院采取与美国相同的附随性审查模式,法学界一般认为如果对宪法的解释不影响实体案件的判决,那么这种审查就是不必要的,因而在实际司法过程中仅仅主张宪法问题的控诉非常少见。[⑦]

---

① 《日本新民事诉讼法》第312条,《日本刑事诉讼法》第405条。

② 《日本新民事诉讼法》第311条,《日本刑事诉讼法》第405条。

③ 《日本新民事诉讼法》第311条。

④ 《日本新民事诉讼法》第327条。

⑤ 《日本最高法院审判事务处理规则》第253条。

⑥ 《日本刑事诉讼法》第5编。

⑦ [日]松尾浩也:《日本刑事诉讼法》(下册),张凌译,北京:中国人民大学出版社2005年版,第237页、第266页。

3. 宪法解释实施过程

具体实施宪法解释的主体是各级法院中裁断案件的法官。地方法院由法官和助理法官组成,合议庭一般由3名法官或2名法官1名助理法官组成,或由1名法官独任,审理民刑事初审案件或不服简易法院判决的上诉案件。在初审程序中,如果涉及宪法问题的案件进入到口头辩论过程中,双方当事人以及第三人将就证据事实和规范依据进行质证和论辩,有时也可以以书证代替当面辩论。从这个时候开始,可能涉及宪法的规范就进入法官的视野,宪法解释已经在事实上开始。不仅如此,日本法官在诉讼中享有"释明权",类似我国的法庭调查权力,是法官在寻求事实或法律之时进行调查或处分相关证据的权力。[①] 这种权力的行使意味着法官已经形成了对案件情况和规范依据的一定预测,如果案件涉及宪法,那么法官对宪法的解释很可能已经在一定程度上形成。

高等法院的法官由法院长官与若干名法官组成。高等法院的合议庭一般由3—5名法官组成,审理控诉和上告案件。对于控诉,地方法院和高等法院既审查事实部分,也审查法律依据,宪法解释的程序因而与一审类似。

最高法院对案件的审理一般分为大法庭(全体15名法官组成的合议体)和小法庭(5名法官组成的合议体)两种模式,究竟使用哪种形式,由最高法院自行决定。但是,一般在涉及宪法解释和合宪性审查、或变更先前判例之时,大多数时候由大法庭进行审理和裁判。[②]《日本最高法院审判实务处理规则》第9条第3项还规定,如果最高法院要作出违宪判决,必须有8名以上法官一致意见方可作出。

4. 宪法解释作出形式

日本宪法解释也是跟随判决一起作出的,因而主要体现为判决中的判决理由。日本仿美国例,在经由合议庭审判的案件进入判决书撰写阶段时,由一个法官主笔意见书,其他法官可以在传阅判决书草稿过程中加入补充意见或反对意见,以从不同角度论证或反驳裁判结果。如果案件涉及宪法问题,那么在补充意见和反对意见中,对宪法的解释同样存在。

但是与美国不同,在日本最高法院审理的诸多案件中,并非所有包含宪法解释的判决都会公开。只有刊登在《最高法院判例集》的案例方能够获得公开,其判决理由及其中的宪法解释才能够对此后的案件提供指引。判例集由最高法院自己编纂。最高法院设置判例委员会,由最高法院的7名法官加由最高法院调

---

① 《日本新民事诉讼法》第149条。
② 《日本法院法》第10条。

查官和事务总局职员担任的干事组成,专门负责挑选需要刊登的判例。判例委员会每月开会一次,讨论决定由调查官所提出的判例及判示事项、要旨、解说、参照条文等内容。此外,《日本最高法院审判实务处理规则》第9条第3项还规定,如果最高法院作出违宪判决,那么此判决的中心要旨必须在官方报纸上公布,而且应将判决书的正本抄送内阁;若对法律违宪进行判决时,则应将判决书的正本抄送国会。

二、宪法法院解释程序

由专门法院解释宪法之制度的提出,源于奥地利法学家凯尔森对美国普通法院进行宪法解释和审查模式的批评和对奥地利宪法格局的深刻剖析。如其所愿,奥地利在1920年采取了这一制度;尽管在二战期间遭到全面破坏,但是在二战之后,奥地利和德国都重新回到了凯尔森的制度设想。如今,世界上许多国家和地区都仿效这一制度建立自己的宪法解释和审查机制,例如意大利、南非、泰国、埃及、塞浦路斯、希腊、列支敦士登等国。各个国家对专门法院的称呼不同,例如埃及和塞浦路斯称为最高宪法法院,希腊称为最高特别法院;但是,这些法院的性质是一样的,即都是在一般法院系统之建立的外专司宪法审查的法院。本章因而将这些国家统一纳入宪法法院模式,择其代表——德国和奥地利——介绍之。

(一)德国宪法法院宪法解释程序

鉴于第二次世界大战期间议会和法院的拙劣表现,二战之后,联邦德国没有选择由立法机关或普通法院解释宪法、进行宪法审查的模式,而是选择将这些权力赋予在普通法院和专门法院体系——行政法院、财税法院、劳动法院和社会法院——之外的一个独立法院体系,即宪法法院。德国基本法第9章"司法"确认了宪法法院的组织机构和基本职权,且在1968年通过修宪加入的第115条指出,即便在防御状态下,联邦宪法法院及法官的地位和对宪法任务的履行都不能被侵犯。《德国联邦宪法法院法》(本节此后简称《法院法》)对联邦宪法法院的具体职权和程序进行了规定和细化。德国宪法法院分为联邦和州两个层次,联邦宪法法院是本节介绍的重点。

1. 宪法解释启动主体

宪法法院与普通法院和专门法院分属不同的法院体系,尽管根据基本法第92条的规定同样行使司法权,但是由于管辖范围不同,能够启动审查程序的主体也不同。因而能够在宪法法院触发宪法解释的主体,与能够在普通法院触发法律解释主体亦不同。

根据《德国基本法》第 93 条和《法院法》，能够提请宪法审查进而引发先法解释的主体，区分不同类型的申请；这种区分同时确立了宪法审查申请资格。具体而言，对于抽象审查申请，一般局限于特定机关；例如公权力机关如欲对基本权利进行剥夺，由联邦众议院、联邦政府和各州政府直接向宪法法院提出。① 对于行使公权力机构之间职权职责确认的问题，申请主体可以是联邦总统、联邦参众议院、联邦政府以及参众议院中依基本法或议院规范被赋予某些固有职权的机构，这些机构中的个体以及基本权责遭受这些机构行为侵害的其他主体；如果该案件之裁判对其他主体权责亦有影响，这些主体也可以参与成为诉讼申请人或相对人。② 对于联邦或州的权力义务问题，审查申请人和相对人仅限于代表联邦的联邦政府和代表州的州政府。③ 对于联邦和州之间、各州之间以及州内其他公法争议，诉讼主体和相对人仅限于联邦政府、州政府、州内最高机关和对最高机关职权有直接影响的内部机构。④ 对于由州转移给联邦最高法院的该州内部的宪法案件，必须是该州最高机关或该机关内部机构为一方当事人。⑤ 对于申请宣告法律违背基本法而无效、或申请恢复被宣告无效法律之效力的诉请，请求主体是联邦政府、州政府、联众众议院四分之一议员或各级法院。⑥ 实践中，大部分抽象规范审查申请是由州政府（由联邦层面的反对党执政的州）和四分之一的联邦议院议员（反对党议员）提起的。抽象规范审查申请在历史上较少，从 1951 年成立到 2017 年底，联邦宪法法院 66 年来只受理了 180 件抽象规范审查申请，作出了 117 个裁判；过去十年间，宪法法院有五年未收到任何抽象规范审查申请，其余年份多为 2、3 件；审结的抽象规范审查案件，每年大概在 1 至 3 件之间。⑦

对于一些特殊政治问题的审查，同样由特定主体提出：对于政党是否违宪，也可以由联邦众议院、联邦政府或各州政府提出；其中，各州政府对政党违宪之申请，仅限于该州境内之政党。⑧ 对于联邦众议院就选举效力或议员资格丧失之决议，提出宪法诉愿的主体为资格处于争议之中的议员、有超过百名选举权人附议但被众议院驳回的异议提请者、党团组织、或众议院少数议员法定人数十分

---

① 《德国基本法》第 93 条 4a 项，《德国联邦宪法法院法》第 36 条。
② 《德国基本法》第 93 条 1 项，《德国联邦宪法法院法》第 63、64、65 条。
③ 《德国基本法》第 93 条 3 项，《德国联邦宪法法院法》第 68 条。
④ 《德国基本法》第 93 条 4 项，《德国联邦宪法法院法》第 71 条。
⑤ 《德国联邦宪法法院法》第 73 条。
⑥ 《德国基本法》第 93 条 2、2a 项，《德国联邦宪法法院法》第 77、80 条。
⑦ 田伟：《宪法和法律委员会规范合宪性审查的程序类型》，《华东政法大学学报》2018 年第 4 期。
⑧ 《德国基本法》第 93 条 4c 项，《德国联邦宪法法院法》第 43 条。

之一以上。[①] 对于联邦总统或法官的弹劾申请,提请主体为参众两院。[②]

宪法法院同时对涉及具体问题的法律进行合宪性审查,主要通过宪法诉愿制度。任何主体在其基本权利遭受公权力侵犯的情况下都可以提出宪法诉愿,只不过此类诉愿的提出,必须是在其他法律救济途径已经用尽、或案件所涉问题具有普遍重要性、或当事人诉诸其他救济途径会给其带来损害之时,方可向宪法法院提出。[③] 由于这一穷尽司法救济的限制,在实践中,案件当事人所提出的宪法诉愿大多数是直接针对裁判本身的合宪性的,只有少数在直接针对裁判的同时间接涉及裁判所依据的法律规范。为了控制宪法诉愿的数量,宪法法院也持这一观点,认为只有特定的法律执行或法律适用活动会对当事人权利产生直接影响,因此当事人只能够针对此类活动提起宪法诉愿,只有在例外情况下——例如刑法规定——才能够提出直接针对法律规范本身提起宪法诉愿。[④] 对于乡镇和乡镇联合团体的基本宪法制度和自治权受到法律侵害的,乡镇或乡镇联合体亦可向宪法法院提起宪法诉愿,但是如果提请的对象是州法,那么必须是在州的宪法法院无法提起诉讼的案件情况下,方可向联邦宪法法院起诉。[⑤]

如果在具体裁判过程中各级法院发现所涉法律有违宪问题的,也可以提请宪法法院就该问题作出裁判。不过其他法院提请宪法法院就规范的合宪性问题进行审查也有两个前置条件,一个是审理法院应当先试图对争议规范进行合宪性解释,只有在合宪性解释不能的情况下方才可以提请宪法法院进行审查;[⑥]另一个是争议规范必须是审理法院作出裁判所必须依据的条文,如果该条文被宣告无效,那么裁决结果将有所不同,即具有"裁判上重要性"。[⑦] 从 1951 年成立到 2017 年底,联邦宪法法院共收到了 3656 件由法院提交的规范审查申请,作出了 1342 个裁判;近十年来,每年收到的具体规范审查申请大约在 20 至 30 件之间,审结的大概在 10 至 20 件之间,仅次于当事人提请的宪法诉愿案件。[⑧] 此外,如果某州的宪法法院欲作出与联邦宪法法院或他州宪法法院不同之裁判,需要

---

① 《德国联邦宪法法院法》第 48 条。

② 《德国联邦宪法法院法》第 49、58 条。

③ 《德国联邦宪法法院法》第 90 条。

④ 田伟:《宪法和法律委员会规范合宪性审查的程序类型》,《华东政法大学学报》2018 年第 4 期。

⑤ 《德国基本法》第 93 条第 1 款第 4b 项,《德国联邦宪法法院法》第 91 条。

⑥ [德]斯特凡·科里奥特:《对法律的合宪性解释:正当的解释规则抑或对立法者的不当监护?》,田伟译,《华东政法大学学报》2016 年第 3 期。

⑦ 田伟:《宪法和法律委员会规范合宪性审查的程序类型》,《华东政法大学学报》2018 年第 4 期。

⑧ 田伟:《宪法和法律委员会规范合宪性审查的程序类型》,《华东政法大学学报》2018 年第 4 期。

就宪法予以解释的,由该州法院申请。①

2. 宪法解释启动方式

在由宪法法院进行宪法解释和审查的程序中,宪法解释随着申请或诉愿进入审理阶段而开始。一般情况下,普通诉讼程序适用于宪法诉愿和申请程序。例如,一般宪法审查都是经由起诉、调取和交换证据与诉答状之后进入言词审理阶段,最后是宣判与意见书发布。宪法解释自言词审理阶段开始。《法院法》规定,一般情况下宪法诉愿都需要进行言词审理,除非所有当事人都放弃这一权利,或法律规定可以不经言词审理直接裁判。② 但是基于不同理由所提起的申请或诉愿,其启动方式稍有不同。关于确认政党违宪之案件,增加了政党代理人应当有机会在法院决定是否审理或驳回起诉之前表达意见的规定。③ 关于联邦众议院就选举效力或议员资格丧失之决议合宪性问题的提请,在一般程序外,还要求应在决议后两个月内提出。④ 关于弹劾总统或法官的申请,需要由参议院或众议院在决议作出后一个月内制作弹劾状寄送法院,在宣判之前,弹劾案可以撤回。⑤ 对于公权力行使机构之间权责的划分和确认,或者联邦或州职权职责之问题,法官可以对系列案件合并或分离;《法院法》还规定,此类案件在某些情况下,法官也可以不经言词审理直接裁判。⑥ 不经言词审理直接裁判的案件,宪法解释自书面审理开始。

对于公民提起的基本权利遭受公权力侵害、或乡镇和乡镇联合团体的基本宪法制度和自治权受到法律侵害而提起的宪法诉愿,《法院法》规定联邦宪法法院应经过受理程序进入审理过程。受理过程一般是由宪法法院审判庭内部的三人小组针对宪法诉愿是否成立进行裁断。每个事务年度期间,法院两庭分为数个小组,每一小组由三位法官组成,各小组成员不得超过三年没有变动。在事务年度开始前,各庭就应当就这些案件分配裁判制作人,决定组数及其组成人员以及各小组之代理人。这是宪法法院针对逐年增长的宪法诉愿案件所作出的妥协性安排。三人小组仅仅能够在宪法诉愿所涉请求是否成立已经经由联邦宪法法院裁判的情况下进行裁定。如果三人小组认为根据判例诉愿理由成立,那么此案件转入正式审判庭进行审理,宪法解释由此方才开启。如果宪法诉愿具有重

① 《德国联邦宪法法院法》第 85 条。
② 《德国联邦宪法法院法》第 25 条。
③ 《德国联邦宪法法院法》第 45 条。
④ 《德国联邦宪法法院法》第 48 条。
⑤ 《德国联邦宪法法院法》第 49、53、54、55、58 条。
⑥ 《德国联邦宪法法院法》第 66 条、第 66 条之一、第 69 条。

大的宪法意义、有助于贯彻宪法权利、或如果驳回将导致诉愿人遭受重大损害时，则宪法法院必须予以受理。相反，如果三人小组认为诉愿理由不成立，也可一致决定不予受理。不予受理的诉愿如果是经由法院提出的，仅仅限于提出法院是州最高法院、联邦行政、财税、劳动和社会法院以外的其他法院；如果是由州和联邦最高级别的法院提出的，则必须由审判庭进行裁断。对于宪法诉愿的不予受理裁定，无须进行言辞辩论即可作出，且此类裁定可以不附理由；例如在1999年，三人小组总共作出4766件不受理的裁判，其中只有1169件附上了不受理的理由。对于受理或不予受理的裁定，三人小组作出的与正式审判庭作出的效力相同。

如果当事人在其他法院裁判过程中所提出的对所适用法律的合宪性疑问，那么审理法院可以同意当事人的申请，中止审判并将法律的合宪性问题提交宪法法院，经由上述程序后再行审判；审理法院也可以不同意当事人的申请，当事人在裁判作出后再就其中的法律合宪性问题提交宪法法院进行裁判。

3. 宪法解释的实施过程

在德国的司法体系中，只有宪法法院拥有解释宪法和审查合宪性问题的权力。宪法法院由联邦和州两个层面组成。根据《德国基本法》和《法院法》的规定，联邦宪法法院分为两个庭，第一庭主要负责涉及具体案件的宪法解释，例如审理联邦或州的法律与基本法第33条规定的平等权、第101、103和104条规定的不受非法拘禁和诉讼中的权利相抵触而提出的宪法诉愿以及除涉及基本法第28条规定的各州基本宪法制度和基于选举法所提出的诉愿以外的宪法诉愿。第二庭则主要负责抽象审查和政治问题审查事宜，例如涉及基本法第18条、第93条公权力行使机构权责确认、第21条第2项政党合宪性、第41条第2项众议院选举效力或议员资格确定、第61条议院对总统制弹劾、第98条对法官之弹劾、第99条各州内部宪法争议、第100条众议院调查委员会、国际法规则、各州宪法法院解释宪法申请等案件以及其他不属于第一庭审查范围的各种规范与基本法之间抵触的宪法诉愿案件。由于第一庭管辖之宪法诉愿占据了所有宪法案件的绝大多数，[①]导致两庭间工作量差异过大，《法院法》在第14条第4款赋予了

---

① Donald P. Kommers，'Germany：Balancing Rights and Duties' in Jeffrey Goldsworthy ed.，*Interpreting Constitution：A Comparative Study*（Oxford University Press，2007）161，175. 据统计，从1951年成立到2017年底，联邦宪法法院共审结了220816件宪法诉愿。近十年来，每年收到的宪法诉愿申请大约在6000件，近三年来每年审结的宪法诉愿程序大概在5000至6000件之间。2017年，共收到宪法诉愿申请5784件，审结宪法诉愿程序5456件。参见田伟：《宪法和法律委员会规范合宪性审查的程序类型》，《华东政法大学学报》2018年第4期。

两庭联合就各自管辖权进行协调之权力,经由联邦法律公报公告之后于次年生效。① 在具体审理案件过程中,一般情况下必须有 6 名以上法官出庭才能进行,由联邦宪法法院院长和副院长担任所属庭之庭长。案件评议开始后,不得再加入其他法官。② 如果两庭就某一问题彼此之间意见不同,那么由两庭联合审判,每庭均须由三分之二法官出庭时方得进行。③

在宪法诉愿案件中,经由三人小组裁定诉愿理由成立的,将进入正式审判庭的审理阶段。审判庭会指定一名熟悉案件所涉专业的法官作为报告起草人,具体负责案件审理结果报告的起草,在相关审理程序结束后提交审判庭讨论。《法院法》允许此类案件不需经过言辞辩论、得以书面材料直接裁判,但法院应当赋予当事人以陈述意见的机会。④ 审判庭应当及时将该事实通知给宪法诉愿的利害关系人,与宪法诉愿申请书的指控有利害关系的国家机关、组织以及特定政府人员可以向宪法法院提交其对本案的法律意见。如果案件所涉法律将被宣布违宪或无效,则必须由庭进行审理和裁判,不得由三人小组进行。在宪法诉愿受理之后裁判作出之前,如果联邦宪法法院认为其他法院的裁判对自己的裁判有重要影响的,可以决定在其他法院宣判之前暂停审理。联邦宪法法院也可以以其他法院已生效之判决作为其裁判的基础。⑤ 在 2017 年宪法法院审结的宪法诉愿案件中,由三人小组裁决的有 5359 件,其中只有 91 件被支持,其余 5268 件被直接拒绝受理;由两庭审理的只有 17 件,其中驳回 8 件,支持 9 件;另有 80 件被诉愿人撤回或以其他方式结案。在 2017 年度实际作出裁判的 5376 件宪法诉愿程序中,有 100 件最终被支持,成功率为 1.86%。⑥

对于其他法院提出的针对法律与基本法相抵触的疑问,或州宪法法院欲进行与联邦宪法法院或他州宪法法院不同之裁判时,联邦宪法法院仅仅处理其中的法律问题,事实问题不涉及,在判断完法律是否违宪的问题之后,交由原法院进行裁判;但同样应当在言词审理阶段赋予涉及该法律之诉讼案件的当事人或提请法院以陈述意见的机会。⑦ 1993 年以前,法院提请的规范审查一律由宪法法院两庭裁决;1993 年之后,部分由两庭中由三名法官组成的小组裁决;除个别年份外,两庭和三人小组审结的案件数量大致相当。在迄今为止的 1342 份具体

---

① 《德国联邦宪法法院法》第 2、13、14 条。

② 《德国联邦宪法法院法》第 15 条。

③ 《德国联邦宪法法院法》第 16 条。

④ 《德国联邦宪法法院法》第 94 条。

⑤ 《德国联邦宪法法院法》第 33 条。

⑥ 田伟:《宪法和法律委员会规范合宪性审查的程序类型》,《华东政法大学学报》2018 年第 4 期。

⑦ 《德国联邦宪法法院法》第 81、82、85 条。

规范审查裁判中,有 1086 份是由两庭作出的,256 份是由三人小组作出的。[①] 对于联邦参议院、联邦政府和州政府提出的申请宣告法律违背基本法而无效、或申请恢复被宣告无效法律之效力的诉愿,联邦宪法法院也必须赋予这些机构以及州议会以陈述意见的机会。[②]

此外,关于联邦众议院就选举效力或议员资格丧失之决议合宪性问题的提请,联邦宪法法院有权决定不公开审理,[③]在秘密状态下对宪法进行解释并对相关问题予以判断。关于弹劾总统或法官的申请,法院可以在案件提起后暂停总统或法官职权的行使;就案件的具体情况,法院可以先行进行调查,但必须经过言词审理,期间总统或法官具有最后发言权。[④] 对于公权力行使机构之间权责的划分和确认,或者联邦或州职权职责之问题,宪法法院在某些情况下也可不经言词审理就进行裁判——在这种情况下,宪法解释实施于裁判的作出过程。[⑤]

4. 宪法解释作出形式

经由联邦宪法法院进行宪法审查,对宪法的解释呈现在其裁判中。联邦宪法法院的裁判分为两种,对于经过言词审理案件的裁判称为判决(Urteil)——这种情况非常少——而未经言词审理所作出的大多数裁判称为裁定(Beschluss)。[⑥] 一般情况下,判决或裁定作出之前的评议过程是秘密的,尽管言词辩论和宣判可以公开。裁判由指定的起草人撰写,经由整庭合议通过后形成最终的法院意见。《法院法》规定,裁判应当附理由,宪法解释就主要体现在裁判理由之中。作出多数意见的法官不会在最终裁判中签名,以表示裁判是基于非个人意见作出的、具有法律地位的判决结果。[⑦] 自 1971 年《法院法》修改之后,对于裁判结果或裁判意见持有不同意见的法官可以提出不同意见书作为裁判之附件。[⑧] 不同的宪法解释也会体现在这些不同意见书中,尽管在联邦宪法法院的历史上,不同意见出现的情况非常少,而且大多是基于个人的道德立场,并非不同意法院多数意见的逻辑判断。[⑨]

---

① 田伟:《宪法和法律委员会规范合宪性审查的程序类型》,《华东政法大学学报》2018 年第 4 期。

② 《德国联邦宪法法院法》第 77 条。

③ 《德国联邦宪法法院法》第 48 条。

④ 《德国联邦宪法法院法》第 49、53、54、55、58 条。

⑤ 《德国联邦宪法法院法》第 66 条、第 66 条之一、第 69 条。

⑥ 《德国联邦宪法法院法》第 25 条。

⑦ Donald P. Kommers,'Germany: Balancing Rights and Duties'in Jeffrey Goldsworthy ed., *Interpreting Constitution: A Comparative Study* (Oxford University Press, 2007)161,176.

⑧ 《德国联邦宪法法院法》第 30 条。

⑨ Donald P. Kommers,'Germany: Balancing Rights and Duties'in Jeffrey Goldsworthy ed., *Interpreting Constitution: A Comparative Study* (Oxford University Press, 2007)161,176.

对于不同类型的宪法案件，《法院法》还就其裁判的内容进行了差异化的规定。例如对于基本权利受到剥夺的案件，如果法院认为剥夺是合理的，那么在支持的同时还应当就剥夺的期限和方式等作出裁判。[①] 对于政党是否违宪的判断，如果法院同意的，可以就政党之全部或部分宣布违宪，并解散组织、没收财产。[②] 对于弹劾总统的案件，法院应在判决中明确总统是否负担违宪或违法之责任，但不得宣告总统丧失其职位，总统制宣判时丧失其职位。[③] 对于弹劾法官的案件，法院可以直接宣告将其撤职，被撤职法官自宣判时丧失其职位。[④]

对于公权力行使机构之间权责的确认或划分、或联邦或州之职权职责确认，法官需在判决中确认公权力、联邦或州之行为是否违背基本法以及违背的具体条文。[⑤] 对于联邦和州之间、各州之间以及州内其他公法争议，除是否违背基本法某条具体规定以外，判决中还应载明联邦、州或机关的行为是否合法，就这一行为相关主体是否负有停止、撤销、继续完成、容忍或给付的义务。[⑥]

对于由州转移给联邦最高法院的该州内部的宪法案件，一般情况下裁判的内容及其效果依据州法；若州法未规定的，则与公权力行使导致个体基本权利遭受侵害的案件相同。[⑦] 对于申请宣告法律违背基本法而无效、或申请恢复被宣告无效法律之效力的诉愿，法院若认为法律应属无效的，应在判决中宣告；同一法律中其他条文基于同样理由也与基本法相抵触的，法院可以同时将其宣告无效；[⑧]但是此种裁判仅仅限于法律的合宪性问题，如果该法律是因涉及具体案件而由其他法院提请宪法法院进行审查的，宪法法院不得就事实部分或案件本身进行裁判，此类裁判仍应由原审法院进行——这与美国最高法院之裁判内容存在重大差异。[⑨] 对公民提起的因基本权利受到公权力侵害或乡镇和乡镇联合团体提起的其基本宪法制度和自治权受到法律侵害的宪法诉愿，法院应在裁判中明确具体哪些行为违背基本法的哪条规定，并同时警示任何类似行为都将被视为违背基本法；如果违宪行为基于先前裁判提起，那么法院应撤销该裁判或将案

---

① 《德国联邦宪法法院法》第 39 条。
② 《德国联邦宪法法院法》第 46 条。
③ 《德国联邦宪法法院法》第 56 条。
④ 《德国联邦宪法法院法》第 59 条。
⑤ 《德国联邦宪法法院法》第 67、69 条。
⑥ 《德国联邦宪法法院法》第 72 条。
⑦ 《德国联邦宪法法院法》第 72 条。
⑧ 《德国联邦宪法法院法》第 78 条。
⑨ 马岭：《德国和美国违宪审查制度之比较》，《环球法律评论》2005 年第 2 期。

件发回管辖法院;对于相关法律违宪的,裁判中还应当宣布该法律无效。[1] 在大部分经由当事人提请的关于法院裁判违宪的宪法诉愿中,宪法法院都只会判定裁判违宪;具体类型包括:法官在解释适用法律时,没有考量基本权利的影响或对基本权利的意涵认知错误;法官恣意裁判;法官逾越宪法界限进行法的续造;诉讼程序或事实认定不符合宪法规定等等。[2] 无论是明确宪法具体条文依据,还是宣告无效、宣布违宪、撤销或同意剥夺权利,法官都必须在其裁判中对宪法进行解释,以阐明裁判作出的理由。

(二)奥地利宪法法院宪法解释程序

在奥地利设立宪法法院的想法,自 1885 年耶利内克写下《奥地利设置宪法法院论》就已经开始。1918 年底,原奥匈帝国内莱塔尼亚地区社民党领袖卡尔·伦纳在组建帝国战败后第一届奥地利政府之时,再次提出这一想法。经由国会讨论,新的奥地利国家继承旧帝国法统和法院的提案被否决,代之以新宪法和以宪法法院取代帝国法院的最终决定。伦纳被国务委员会委托起草与宪法法院相关部分的宪法条文,时任维也纳大学教授汉斯·凯尔森则被委托来具体执笔。1919 年 1 月 25 日,相关立法机构通过了凯尔森主笔的《宪法法院法》,规定德意志奥地利帝国设立宪法法院,履行帝国法院的职能;在此基础上,立法机构部分修改了《关于设立帝国法院的国家基本法》《关于帝国法院组织、程序及其裁决执行的法律》,从而使得帝国法院平稳过渡为宪法法院。1920 年 11 月 10 日,奥地利联邦宪法正式生效,尽管政体从帝国改为联邦,并经过 1934—1944 年期间的动荡,但宪法法院的制度却自 1945 年留存至今,一直是奥地利联邦层面负责监督宪法实施、审判违宪案件、撤销违宪的法律的重要机构。1953 年,奥地利还通过了《宪法法院法》,对宪法法院的组织和工作流程作了详细规定。

1. **宪法解释启动主体**

根据《奥地利联邦宪法》的规定,宪法解释的启动主体主要包括以下几类,他们根据不同的事项向宪法法院提出宪法解释与审查的要求:

第一,特定机关可以直接提起对立法的审查。根据奥地利联邦宪法的规定,这里的立法包括法律、法令、国际条约、法律或国际条约重审令等。在最初的奥地利联邦宪法文本中,能够提出对立法进行审查的权力仅仅赋予了联邦政府对州或省的立法、州政府针对联邦的立法。联邦政府或州政府所能够提起的宪法审查,不仅仅限于立法违背联邦与州之间的权力分配;事实上,只要立法违反宪

---

[1]《德国联邦宪法法院法》第 95 条。
[2] 田伟:《宪法和法律委员会规范合宪性审查的程序类型》,《华东政法大学学报》2018 年第 4 期。

法,宪法审查诉求都是允许的。[①] 经过几次宪法修改,能够对立法提起审查要求的主体范围逐渐扩充至包括最高法院、二审主管法院、庇护法院、行政法院、行政审判委员会、联邦招标办公室等;[②]能够对联邦立法是否违宪提出审查要求的主体,也扩充至包括国民议院 1/3 议员或联邦议院 1/3 的议员;对州立法提请审查的主体,在州宪法有所规定的情况下,也可包括州议会 1/3 议员。[③]

第二,联邦议会、国民议会、州议会和联邦政府可以提出对联邦最高机关和州最高机关之公务违法行为追究宪法责任的指控。《奥地利联邦宪法》第 142 条规定,联邦议会可以指控联邦总统违反联邦宪法;国民议院可以指控联邦政府成员违法或欧盟理事会的奥地利代表违反联邦立法权;州议会可以指控欧盟理事会的奥地利代表违反州立法权、州政府成员违法;州政府可以指控州长、代州长、州政府成员违反法律、法令,维也纳各机关违反法律等。

第三,宪法法院自身可以启动宪法审查与解释的程序,如果宪法法院在某未决案件中必须适用的法律规定的合宪性问题产生质疑的时候。即便在这个案件中当事人的请求已经获得满足,宪法法院也仍应当继续对涉及法律进行合宪性审查。[④]

第四,任何个体都能够间接提起对立法的审查。根据《奥地利联邦宪法》第 144 条规定,所有主体都能够就其受到宪法保护的权利遭到行政机关的侵害、或遭到依据某项具有违宪可能的法律而作出的行政决定的侵害,向宪法法院提起针对行政机关决定的诉愿。但是根据这一条所提出的诉愿必须是在穷尽其他法律救济之后方可进行。

第五,特殊主体可以提起对特殊事项的审查要求。奥地利宪法法院除审查立法、厘定各机关之间的权力界限、保障公民权利以外,还承担选举法院的职责,对涉及选举的重大事宜进行裁判。《奥地利联邦宪法》第 141 条规定,宪法法院裁决对联邦总统、一般代议制机关、州政府和受托行使行政权的市镇机关的选举异议和议员丧失席位申请等案件。相关选民、议员或选举机构等可以提出此类审查要求,例如对代议机关议员丧失席位的请求,由代议机关提请;对欧洲会议议员提出的丧失席位请求,由 11 名议员提出。

第六,奥地利宪法法院有权处理法院与行政机关之间、行政法院与其他法院(包括宪法法院)、普通法院与其他法院、联邦与各州或各州之间的管辖

---

① [法]米歇尔·弗罗蒙:《欧洲宪法司法的多样性——兼及法国之例外》,金邦贵、施鹏鹏译,《厦门大学法律评论》2010 年第 18 辑。
② 《奥地利联邦宪法》第 139、140 条。
③ 《奥地利联邦宪法》第 140 条。
④ 《奥地利联邦宪法》第 139、140 条。

冲突。[①] 对管辖权冲突审理程序的申请,由处于管辖权冲突之中的法院或涉案行政机关之联邦或州的最高行政主管机关提起。[②] 在具体案件当中的当事人也有权提起管辖权异议,例如行政机关和法院之间存在管辖权冲突时,如果当事人要求最高行政机关提起争议之诉,但后者未在四周内提起,则当事人得以自行提起;在行政法院和其他法院、普通法院和其他法院之间存在管辖权冲突时,当事人也得以通知宪法法院争议之存在;在联邦与州或各州之间行政机关就同一行政事件均认为无处分权或决定权之时,被驳回行政申请的当事人可以申请宪法法院予以裁断;如果联邦与州或各州之间行政管辖权冲突,相关行政机关并未提出管辖权异议之诉,那么案件所涉当事人亦有权直接向宪法法院提起申请。此外,联邦和州行政机关还有权就某项立法或议案及其执行属于联邦权限还是州权限提请宪法法院进行判断,这其中虽然涉及立法,但裁决的内容是针对行政机关是否拥有管辖权的。[③]

2. 宪法解释启动方式

奥地利宪法法院对宪法进行解释的启动,分为两种基本方式,主动启动和被动启动。主动启动,如前所述,是宪法法院自己启动对法规的审查并对宪法进行解释。《奥地利联邦宪法》第 139 条规定,如果宪法法院在审理其他案件过程——可能是宪法法院自己的裁判程序或因上诉而启动案件审理——中发现可能适用的法规有违宪问题时,应当中止对未决案件的审理,先行对法规合宪性问题进行审查和解释后,再行裁判具体案件。[④] 奥地利宪法法院的主动启动因而与宪法委员会或立法机关的主动启动不同,其仍然必须是在法律已经生效实施之后且有具体案件涉及这一规范时方可进行。

被动启动方式是在由其他机构或个体提出审查请求之后方才启动宪法解释和审查的程序。对于立法合宪性的审查和解释,在相关主体——例如最高法院、二审主管法院、庇护法院、行政法院、行政审判委员会、联邦招标办公室、国民议院 1/3 议员或联邦议院 1/3 的议员、州议会 1/3 议员等——提出审查要求之后,进入到宪法法院的审理阶段方才开始。例如,行政法院、最高法院或任何上诉法

---

① 此外,宪法法院还有权处理涉及审计法院和监察机关权限的冲突,此类冲突与其他权限争议处理程序大同小异,只不过提请和参与主体是特定的,其中增加了许多专业化的规定。本章篇幅所限,这两部分内容予以省略,具体程序可参见胡骏,《奥地利宪法法院研究》,北京:法律出版社 2012 年版,第 158—160 页。

② 《奥地利联邦宪法》第 138 条。

③ 胡骏:《奥地利宪法法院研究》,北京:法律出版社 2012 年版,第 158 页。

④ 可参见班迪翁:《奥地利的法律保护机构》(下),《法学家》1995 年第 2 期。

院在其进行案件审理的过程中,如果发现所适用的法律有违宪之嫌,则该法院必须将相关宪法争议移送宪法法院审理;在宪法法院未就宪法争议作出裁判前,原诉讼程序暂时中止,待宪法裁判作出后继续进行。①

对联邦最高机关和州最高机关公务违法行为提出的违宪指控和追责要求,需要经由相关有权部门决议后方可向宪法法院提出,如果是州议会提出的指控,还需经州议会一致决议方可。② 此类指控如果牵涉到刑事犯罪,同样也可向宪法法院提出,在这种情况下仅有宪法法院拥有管辖权,已经在普通刑事法院立案的全部材料应当移送宪法法院,由宪法法院一并审理。③

对于个人因其基本权利受到行政机关或行政审判委员会的决定、法律、法令、法律(国际条约)重审令侵害而提出的宪法诉愿,只有在穷尽所有行政程序之后方能提出,且必须通过宪法法院认可的律师提交书面申请书。④ 宪法法院如果认为原告没有胜诉可能,或认为不适宜由宪法裁决解决的,可以驳回原告的请求;但是如果所涉案件不属于行政法院管辖范围,则宪法法院不得驳回。如果原告并没有权利受到侵害,所涉案件也属于行政法院管辖范围,那么宪法法院应当将案件移交至行政法院,由行政法院对案件进行审理裁判。⑤ 对于个人权利因庇护法院决定、法律、法令、法律(国际条约)重审令侵害而提出的宪法诉愿,宪法法院亦可裁决,但是如果认为原告没有胜诉可能,或认为不适宜由宪法裁决解决的,可以驳回原告的请求。⑥

联邦宪法还规定,对于联邦总统、一般代议机关、欧洲议会等组织机构议员的选举,只要相关主体提出程序违法或违背法律规定的其他事宜,就能够启动宪法法院的审查程序;但是对于经联邦或州法规定可以由行政机关以决定方式宣布一般代议机关、受托行使行政权的市镇机关代表席位丧失的,需要穷尽所有行政救济之后,方可向宪法法院提出宪法诉愿。⑦ 对选举的审查的申请,需要在选举程序结束后或行政救济结束后四周内提起。

对于管辖权冲突处理申请,如果是普通法院和行政机关的冲突,那么涉及争议的法院应当继续其诉讼程序,而行政机关必须立即停止相关程序并将案件移交所属最高行政主管机构,由最高行政主管机构在知悉争议的四周内向宪法法

---

① 《奥地利联邦宪法》第 89 条。

② 《奥地利联邦宪法》第 142 条。

③ 《奥地利联邦宪法》第 143 条。

④ 胡骏:《奥地利宪法法院研究》,北京:法律出版社 2012 年版,第 149 页。

⑤ 《奥地利联邦宪法》第 144 条。

⑥ 《奥地利联邦宪法》第 144 条之一。

⑦ 《奥地利联邦宪法》第 141 条。

院提出申请。在提出申请的同时,最高行政机关应当通知所涉法院,如果裁判尚未作出,法院得以中断诉讼程序。如果基于当事人申请最高行政主管机构提出的管辖权争议之诉,其未能在四周内提出的,当事人有权在此后的四周内自行向宪法法院申请。如果是普通法院和其他法院或行政法院与其他法院之间的冲突,那么只有尚未作出裁判的案件方可诉请管辖权争议;如果案件已经有一方法院作出裁判,那么这个法院就视为享有管辖权者。对于联邦与州或各州之间行政管辖异议,申请者应当在知悉存在异议后的四周内向宪法法院提出申请,与此同时通知有关部门立即中止所涉之案件。

　　3. 宪法解释实施过程

　　由于在奥地利,只有宪法法院拥有解释宪法作出宪法审查决定的权力,因此只有宪法法院的法官有权解释宪法。根据《奥地利联邦宪法》第147条的规定,宪法法院由1位院长、1位副院长、12名正式成员和6名候补成员以及秘书处组成。

　　在被动审查中,宪法法院在收到申请之后,相关案件材料将由秘书长交由法院院长,由院长指派报告人作为承办法官。报告人在接手案件后,首先审查管辖权和诉请的合法性,如果报告人认为形式方面有待修正的,可以退回申请并要求当事人更正。诉请在报告人处正式受理后,报告人将对案件的基本情况、核心争议、相关证据等进行调查和总结,这一过程称之为预审程序;如果案情简单,报告人可在预审程序结束后直接作出决定。但是如果遇到疑难复杂案件,报告人将案件基本情况、调查结果和相关证据形成报告并提交法院全体会议,由全体会议决定由合议庭审理或满席审理。宪法法院每年处理的案件在3000件左右,90%的案件较为简单,只有10%较为复杂。对这复杂的10%,其中10件左右是由全体14名法官满席审理的,剩余大多数经由合议庭评议作出判决。根据《宪法法院法》,一般情况下审理应当有庭审阶段,每年的3、6、9和11月都是法院的开庭期,专门处理此类疑难案件。宪法法院的庭审过程,从报告人向会议宣读报告开始。但是遇有涉及隐私、当事人拒不出庭或口头陈述无益于案件审判的情况,也可以不进行言词审理。在审理过程中,宪法法院可以传唤相关申请人和利害关系方出庭表达意见,例如其裁决或决定被诉至法院的行政机关、宣称权利受到侵犯的当事人等。

　　审理之后是评议阶段。根据《宪法法院法》,宪法法院的评议和表决都是不公开的,院长一般不参与投票,除非赞成票和反对票数量相等。如果有两种不同的案件处理意见获得票数相同,那么院长也可以采取两种意见之融合版本。[①] 经过讨

---

① 胡骏:《奥地利宪法法院研究》,北京:法律出版社2012年版,第152页。

论和投票——有时会经过多轮——判决将形成一个大多数法官都同意的版本，最终裁决就按此版本撰写。

其中对于选举撤销申请和管辖权异议的审查，与一般程序稍有区别。对于选举撤销申请，宪法法院在收到申请之后，应当将该申请转送到最高选举机关，委托其一定期限内提交所涉选举的相关证明文件。在提供证明文件时，选举机关也可以提交答辩状。此类诉讼也经过言词审理，需要出庭的有撤销之诉的诉请当事人、参与所涉选举之候选人所属团体或政党、可能被宣告无候选资格或被剥夺候选资格者，最高选举机关亦可派人参加。对于管辖权异议申请，宪法法院在受理案件后，有关法院应当中止审理所涉案件（行政机关会在申请提交时就中止案件的处理），直至宪法法院作出判决。在言词审理过程中，宪法法院应当传唤当事人到场，行政机关是否到场可以自由决定。

主动审查的程序与被动审查基本类似，只是没有宪法法院接受申请这一步骤。无论是因主动启动还是被动启动而审查，即便某项法律在宪法法院作出裁判时已经失效，也并不因此终止宪法审查程序，宪法法院必须就该项法令是否违宪作出裁判。[①] 即便在这个案件中当事人的请求已经获得满足，宪法法院也仍应当继续对涉及法律进行合宪性审查。[②]

4. 宪法解释作出形式

宪法解释随着宪法法院的裁判作出而作出。奥地利宪法法院的裁判根据多数意见撰写。根据奥地利联邦宪法的规定，针对不同的案件，裁判作出的方式有所不同。对于经由不同主体提出的联邦和州的法律、法令、国际条约以及法律和国际条约的重审令违宪的案件，宪法法院有权宣布违宪并予以废除该项规范。但是如果宣布废除，必须有明显的必要，或者宪法法院在未决案件中将要适用这一规范，且该规范缺乏依据，由无权机关颁布或以违法的方式公布。[③] 对于对联邦最高机关和州最高机关之公务违法行为所提出的违宪指控，宪法法院的裁决可以宣布剥夺相关人员职务，情节特别严重时还可宣布暂时剥夺其政治权利；如果仅仅存在轻微违法行为，宪法法院也可以仅仅确认行为的存在。[④] 对于当事人就行政机关或行政审判委员会决议而提请宪法法院审理的上诉请求，如果宪法法院发现该决议违反宪法，可以撤销决议，将案件退回至行政审判委员会，要求其再次审理并重新作出决议。对于选举异议，宪法法院可能会判决撤销整个

---

① 《奥地利联邦宪法》第 139、140 条第 4 款。

② 《奥地利联邦宪法》第 139、140 条第 2 款。

③ 《奥地利联邦宪法》第 139 条第 3 款。

④ 《奥地利联邦宪法》第 142 条。

或部分选举程序、宣告当选无效以及有必要进行全国或部分的再次选举,在被新选出之人担任议席之后,代议机关原成员即丧失该席位。[①] 对于管辖权争议,宪法法院会在判决中确定相关立法或即将通过的法律草案所规定之事项是否属于行政机关的权力范围,或者这些法案是否应当由行政机关予以执行;尽管管辖权争议案件中也涉及对立法的审查,但此类案件的判决并不对立法进行合宪性或合法性判断。

三、宪法委员会解释程序

由宪法委员会解释宪法的制度,是法国第五共和国宪法的产物。宪法委员会在职能运作上类似于行政机构,主要对立法进行事前审查和合宪性控制,并维系政府和代议机构选举的正常进行,但是在地位上,宪法委员会并不隶属于行政机关,而是与行政机关互相独立、与内阁平行的一个国家机构。近年来,随着国内私主体诉求的增加和宪法诉愿制度影响的扩大,宪法委员会也逐渐将部分事后审查的职能纳入,呈现综合态势。当今世界,宪法委员会模式主要影响法语国家,例如阿尔及利亚、海地、喀麦隆、塞内加尔和柬埔寨等,但是这些国家的宪法委员会设置、职权与工作程序,大多是在翻版法国模式的基础上进行轻微改进,本节因而主要介绍法国宪法审查过程中解释宪法的程序。

法国除宪法委员会外,最高行政法院和最高法院也享有宪法解释和审查的权力,例如最高行政法院有权审查政府条例和命令是否符合宪法,并宣布违宪的条例或命令无效,最高法院则有权以宪法为直接依据裁断普通民刑事案件;而且最高行政法院、最高法院和宪法委员会之间不存在隶属关系。最高行政法院和最高法院虽然经常遵循宪法委员会对宪法的解释,但这并不是必须的,有时三者或其中两者也会作出对宪法条文的相悖解释。[②] 但是本节主旨所限,仅讨论法国宪法委员会宪法解释的程序。

法国宪法委员会的创立,主要是为了解决法国行政机关权威不足、行政权力难以有效运行导致国家内外交困的情境。1946 年制定的《第四共和国宪法》赋予了立法机关制约行政机关的过多权力,而行政机关却没有有效途径进行抵御;在 1947 年国民议会形成六边形格局之后更是不信任案频发,导致内阁频频解散。[③] 二战所带给法国的经济和社会问题,政府根本无力解决。1958 年 5 月,法

---

① 《奥地利联邦宪法》第 141 条。

② 李滨:《法国违宪审查制度探析》,《北方法学》2008 年第 3 期。

③ 郭华榕:《法国政治制度史》,北京:人民出版社 2005 年版,第 521、526 页。

国驻阿尔及利亚军队甚至因不满政府的疲软发动了军事政变,危及法国境内。在这种困境下,临危受命的戴高乐总统决定修改宪法,以增强行政机关权威。1958 年的《第五共和国宪法》相较《1946 年宪法》,不仅削弱了议会对政府的控制,更新设了宪法委员会。宪法委员会最早的职能是为了维护政府存续和有效运转的选举委员会和制约议会的立法审查委员会,是历史的需求。

尽管最初定位是"政府机构联盟",但自 1971 年"结社法案"以来,宪法委员会逐渐承担起法国境内宪法解释和审查的任务,对政府和议会活动同时制约。经过几次宪法和《法国宪法委员会组织法》(本标题此后正文部分简称《组织法》)的修改,宪法委员会的职权范围不断扩大,最近一次的修改还使其获得了依据私主体申请对宪法进行解释并对立法进行事后审查的职权。

(一)宪法解释启动主体

根据法国现行《1958 年宪法》和《组织法》的规定,能够提起宪法审查程序、启动宪法解释的主体根据不同的提请事项而范围不同。

对已经过议会投票但未生效法律提请合宪性审查,可以由总统、总理、国民议会议长、参议院议长,或由 60 名国民议会议员或 60 名参议员提交宪法委员会。[1] 其中,组织法公布前、涉及公权力组织、国家经济、社会或环境政策与促进公共服务的改革或授权批准国际条约等可能影响现行制度运行的法律草案在提交公民投票前以及议会两院议事规程在实施前,必须提交宪法委员会接受审查。[2] 这意味着只要组织法、改革法律和议会两院议事规则经由法定程序通过,宪法委员会就必须对其进行审查,无须经过相关主体的提请,因而在这种情况中,审查的启动主体是宪法委员会自己。只不过一般情况下,相关主体会主动将规范提交给宪法委员会,组织法由共和国总理提交宪法委员会审查,议会两院议事规则由各自的议长提交审查。[3]

除此之外的其他法律,在已经过议会投票但未公布实施之前,可以由前述六种主体中的任一种提出。只有经过提请,宪法委员会才对相关法律进行审查。因此对于其他法律来说,这六种主体就是宪法解释与审查的启动主体。1958 年的法国宪法开始只规定由总统、总理、国民议会议长和参议院议长能够提出对其他法律的合宪性审查要求,但 1974 年宪法修改后,增加了 60 名国民议会议员或 60 名参议员联署。有权提出违宪审查的主体从原来的 4 个增加到了 6 个。在

---

[1]《法国 1958 年宪法》第 61 条。

[2]《法国 1958 年宪法》第 11 条第 1 款、第 61 条第 1 款。

[3]《法国宪法委员会组织法》第 17 条第 1 款。

法国历史上,总统几乎没有就法律的合宪性问题提交至宪法委员会进行审查,1974年以前提请的主体主要是两院议长,在此之后主要是议员联名提请。例外的一次典型情况是2020年5月9日,法国总统和参议院议长将关于延长卫生紧急状态并完善关于应对新冠肺炎卫生紧急状态的2020-290号法律的第2020-546号法律提请宪法委员会审查;当然,随后也有60名国民议会议员和60名参议员联名将该法律提请审查。①

对于尚未批准或认可的国际条约或协定,由总统、总理、两院议长或两院各60名议员提交宪法委员会进行审查。启动对国际条约或协定审查程序的主体因而与启动对其他法律进行审查的主体相同。起初,1958年宪法也仅仅规定了4个主体,即总统、总理、两院议长。1992年的宪法修正案扩充为6个。

对于已生效的法律,私主体可以在涉及该法律的诉讼中经由法院提交宪法委员会进行合宪性审查。在法国宪法委员会设立之后的很长时间内,普通公民是无权就法律提出审查要求的,例如在1982年和1984年,宪法委员会就两次拒绝了公民的审查要求。②但在2008年和2009年,法国先后修改《1958年宪法》和《组织法》,赋予了诉讼当事人得以法律侵犯其受到宪法保障的权利和自由向宪法委员会提出合宪性审查要求的权利;③只是这一申请必须通过审理案件的法院提交给最高行政法院或最高法院,由二者提交给宪法委员会,而不能由当事人直接提交。④私主体也仅能够就已生效立法中的部分条款提请审查,不能就整部法律要求审查。⑤《组织法》允许私主体在各种案件中提出合宪性审查要求,即民事、刑事、行政或其他专门法院的诉讼当事人,都可以通过这一程序开启宪法解释和宪法审查。这一"违宪先决问题"制度是学习欧盟"欧盟法优先问题"制度的结果。⑥

对于已经生效的地方性法律,可以由高级督察员、政府、地方议会议长、省议会议长或者地方议会的18名议员提交宪法委员会进行合宪性审查。这是《组织法》1999年修改所加入的内容。但是需要注意的是,迄今为止,宪法委员会坚守

①　王建学:《法国抗击新冠疫情法律部分违宪案》,中国宪治网,来源网址:http://www.calaw.cn/article/default.asp?id=13714,最后访问日期:2020年6月4日。

②　宪法委员会82-146DC号、84-178DC号裁决。

③　法国宪法委员会通过先前裁判制度将"宪法所保护的权利和利益"拓展至一般法律原则和客观法律秩序所保障的各种权利和利益,并不限于宪法之明确规定。参见[法]杰哈·马库:《法国"违宪先决问题"之制度与实务》,李鑫澂译,《交大法学》2014年第1期。

④　《法国1958年宪法》第61-1条。

⑤　《法国宪法委员会组织法》第23-2条。

⑥　[法]杰哈·马库:《法国"违宪先决问题"之制度与实务》,李鑫澂译,《交大法学》2014年第1期。

其针对议会立法进行审查的一贯定位,对行政法规和命令等合宪性问题的审查由法国境内的行政法院体系进行,由最高行政法院作为终审。因此,行政法院也是法国宪法解释的主体之一。① 此外,宪法委员会也拒绝审查经过全民公决的立法,对立法的审查仅仅限于议会通过的,因为经过全民公决通过的立法被视为国家主权的直接体现,作为国家主权之下的宪法委员会无权就主权行为进行审查。②

宪法委员会还有立法行政分权裁判委员会、选举委员会和咨询委员会的职责,其中也涉及对宪法的解释,也由相关主体启动相关程序。例如对于在立法过程中——即在议会讨论过程中、尚未投票通过——的法律案,法国宪法也允许相关议院的议长或政府向宪法委员会提出异议,但是前提是议会和政府对正在讨论的法律提案或修正案是否属于立法范围或立法授权政府以法令方式规定意见不一致。③ 对于《1958年宪法》生效以后制定的立法,如果政府欲通过政府条例的形式对其进行修改,必须先提交宪法委员会就其所涉事项属于立法还是行政范畴进行判断。④ 此一提请事项是宪法委员会自设立之初就具备的管辖范围,即对代议机关制定法律的范围和行政机关颁行条例的范围进行裁断。

对总统、国民议员和参议员选举的争议,除可以由总统、总理、国民议会议长、参议院议长、60名国民议会议员或60名参议员提交至宪法委员会以外,选民和候选人也可以向宪法委员会投诉;此外,省长可以提出对总统选举和全民公决的审查请求,议会办公厅和司法部部长可以就议员、政府成员兼职问题提请审查。⑤

对于共和国总统行使宪法第16条规定的紧急权力的必要性,必须在行使之前由总统向宪法委员会寻求建议。在总统行使紧急权力30日后,国民议会议长、参议院议长、60名国民议会议员或60名参议员可以将此事提交至宪法委员会审查其行使的合宪性。总统行使紧急权力60日后的任何时间,宪法委员会都可以主动审查其行使的合宪性。⑥《1958年宪法》第7条第4款还规定,如果共

---

① 但是本节以讨论宪法委员会解释程序为主,故不对最高行政法院的宪法解释程序予以详述。法国行政法院体系对政府条例和命令的审查范围和程序可参见[法]米歇尔·弗罗蒙:《欧洲宪法司法的多样性——兼及法国之例外》,金邦贵、施鹏鹏译,《厦门大学法律评论》2010年第18辑;李滨:《法国违宪审查制度探析》,《北方法学》2008年第3期。

② [法]安德烈·鲁:《新宪法委员会:法兰西例外之终结?》,王蔚译,《公法研究》2010年卷。

③《法国1958年宪法》第41条。

④《法国1958年宪法》第37条。

⑤《法国1958年宪法》第58、59条。

⑥《法国1958年宪法》第16条第6款。

和国总统无法履行职权,可以由政府提请宪法委员会进行确认。

(二) 宪法解释启动方式

宪法解释的启动与对相关立法或行为审查程序的启动同步进行。对于组织法、改革法和议会两院议事规则,在其公布实施或提交公民投票之前,一旦经过相关立法程序获得通过,就必须提交宪法委员会进行审查。宪法审查和解释因此在此两类规范通过之时就已经开始,只不过一般正式解释开启于相关主体将载有相关内容的信函提交至宪法委员会主席。关于宪法解释的启动文本格式,《1958 年宪法》和《组织法》都没有进行规定,致信委员会主席即可开启解释是多年实践所形成的宪法惯例。[①]

对于总统、总理、国民议会议长、参议院议长、60 名国民议会议员或 60 名参议员提请的关于其他尚未公布实施的法律、或尚未批准认可的国际条约协定的审查要求,这些主体首先将相关规范或条约文本以及相关证据递送至宪法委员会,从而提出正式审查申请。根据《1958 年宪法》第 10 条的规定,共和国总统于法律最后通过并送交政府后 15 天内予以公布。因此,相关主体对普通法律审查的提请,需要在此期限内提出。《1958 年宪法》和《组织法》并未就国际条约和协定的审查提请期限进行规定,在 1992 年宪法委员会"关于欧洲联盟条约"的裁决中指出,只要条约或协定还未获批准或认可,审查要求都可以提出。[②] 宪法委员会受理并开始审查之时,宪法解释由此开启。据统计,出于政治因素的考虑,总统从未将普通立法提请宪法委员会进行审查,对国际条约和协定提请审查的次数也寥寥无几。国民议会议长和总理除将必须审查的法律提交宪法委员会外,也只有少数几次将普通法律提交审查的记录。启动宪法解释和审查次数最多的是参议院议长、60 名国民议会议员团体以及 60 名参议员团体。

对于当事人在诉讼中提出的对立法的合宪性审查要求,首先由诉讼进行法院的主审法官(行政法院由院长或负责审判的法官小组,刑事法院负责审理、调查、执行和羁押的法官均可)对要求进行初步审查,这种审查主要是一种形式审查。只要主审法官认为当事人所诉请审查所涉问题具有重要性,就必须作出准予移送的裁决,并在 8 日内将此申请连同其对提请审查的法律是否确系本案作出裁判的依据或进行审理的程序是否尚未被宪法委员会宣布为合宪等问题的报告提交给最高法院或者最高行政法院,由后两者在三个月内决定是否提交给宪

① 钟国允:《论法国宪法委员会之组织及其合宪性审查程序》,《宪政时代》,第 28 卷第 1 期。
② 宪法委员会 92 - 312DC 号裁决。

法委员会进行审查。① 准予移送的裁决一旦作出，法院应当立即暂停诉讼程序，直到收到最高法院或最高行政法院拒绝移送之裁决或宪法委员会之判决为止，暂停期间调查和诉讼保全程序不受影响。② 但是如果在刑事案件中当事人被剥夺自由且诉讼程序之进行将使其恢复自由，在其他案件中诉讼程序的进行对当事人权利非常重要，那么原审法院的审理过程毋须中止，当事人可在上诉程序中提请对所涉法律的合宪性审查。最高法院和最高行政法院同样就申请进行涉案性、重要性、是否已被判断等方面进行审查，无论是否决定移交宪法委员会，都应当作出附理由的裁决送达委员会。如果决定移交，还应当将案卷一并送达宪法委员会，并在移送裁决作出后的 8 日内，将此裁决送达移送法院并通知当事人；最高行政法院方面还需通知政府相关部长和总理，允许他们就申请提出意见。如果最高法院和最高行政法院在 3 个月内未作出裁决，则宪法委员会直接受理此案的先行审查申请。③ 宪法解释和审查在该审查申请提交至委员会、后者决定受理并开始审理之时开始。此外，《组织法》还对刑事诉讼中当事人所提起的审查要求作出了一些特别规定，例如该申请提起时必须通知检察官使其得以表达意见，重罪法庭不得提起此类审查，刑事预审过程中此类审查向预审法院的上一级提出等；但是对重罪法庭判决之上诉可以提起合宪性审查，上诉法院毋须审查此申请，直接递送至最高法院，由其提交宪法委员会进行审查。④

　　总理因内阁欲修改已生效的政府条例而提交宪法委员会就其调整范围进行判断的申请，在此申请送达宪法委员会时程序开启。值得注意的是，此项启动模式仅仅限于《1958 年宪法》生效以后所制定的法律。政府或议会依据《1958 年宪法》第 41 条提出的对法律提案或修正案是否属于立法范围或法令范围的审查要求，只能在立法过程中提出，即在议会投票结束之前。

　　基于选举争议向宪法委员会提出的申诉要求，宪法解释自宪法委员会处理相关争议开始。此前有权提请的主体须将正式申请和相关证据递至宪法委员会。根据《法国 1958 年宪法》和《组织法》第 6 章"关于国民议会议员和参议员选举的争议"的规定，基于选举的申诉要求必须在选举进行的 10 天之内提出；超过该期限提出的申诉，宪法委员会无权受理。请求宪法委员会审查须向委员会的总秘书处、省长或者领地首长提出书面诉请，诉状中应写明诉请人的姓名、身份、认为缺乏候选人资格的当选者的姓名及请求撤销其职务的理由等。在收到申诉

① 《法国宪法委员会组织法》第 23-2 条。
② 《法国宪法委员会组织法》第 23-3 条。
③ 《法国宪法委员会组织法》第 23-7 条。
④ 《法国宪法委员会组织法》第 23-1 条。

申请之后,宪法委员会可以给予诉请人一定期限用于提出部分证据;同时应通知受指控的议员,也给予一定期限使其了解诉请的内容和证据,并且提出有关证据。

总统基于行使紧急权力向宪法委员会咨询时,宪法委员会对宪法的解释开始于该咨询申请送达委员会。国民议会议长、参议院议长、60 名国民议会议员或 60 名参议员在总统行使紧急权力 30 日后将此事提请宪法委员会,或者宪法委员会在总统行使紧急权力 60 日后欲审查此事,那么宪法审查和宪法解释自县委员会受理提请或决定审查之后开始。内阁基于总统无法履职而向宪法委员会请求确认时,宪法审查和宪法解释自该提请送达委员会且委员会决定审理之时开始。

（三）宪法解释实施过程

具体实施宪法解释、进行宪法审查的是宪法委员会内部的成员。宪法委员会包括 9 名任命制成员,除此之外还可能包括若干法定委员,即已卸任总统。《法国 1958 年宪法》第 56 条明确规定,已卸任总统为宪法委员会终身委员。但事实上,在宪法委员会设立之后,只有第四共和国的最后两位总统曾担任宪法委员会委员,第五共和国的总统并未担任任何职务;自 1962 年至 2004 年,没有任何法国总统参与宪法委员会的事务,因此在此期间宪法委员会的 9 名成员全部是依任命的方式产生。2004 年之后,于 1981 年卸任的德斯坦总统开始参加宪法委员会的活动,[1]2007 年希拉克离开总统职位之后也成为宪法委员会的一员,法定委员条款方才重新启动。

在宪法委员会成员中有一名主席,由总统任命。一般情况下,法定委员并不会被任命为主席,现任总统会选择由其任命的宪法委员会成员作为主席,但有时也有例外。主席在宪法委员会的宪法解释和审查工作中具有重要作用,例如领导委员会的工作,负责召集并主持委员会会议,选任案件助理报告人,决定会议议程和内容等。其中最重要的,是在某个案件中如果出现赞成票与反对票相同的情况时,主席有决定性的投票权。[2]

经由特定主体提出或递交的对处于立法过程中、通过立法过程但未生效的法律、未被批准或认可的国际条约与协定,宪法委员会会立即通知政府秘书长、由其通知总统府秘书长推迟法律的公布,或立即通知总统推迟国际条约与协定

---

[1] 德斯坦总统在 1981 年卸任后,一直从事与宪法委员会的职务相冲突的其他政治活动,因此没有出席宪法委员会的会议。直到 2004 年参加地方选举失败后,才于 4 月 26 日宣布参加宪法委员会的活动。

[2] 《法国 1958 年宪法》第 56 条。

的批准或认可。根据《1958 年宪法》第 10 条的规定,共和国总统于法律最后通过并送交政府后 15 天内予以公布。但是,如果是普通法律在 15 天内被合法主体提请审查,那么公布期限随即中止;当宪法委员会作出裁定以后,该公布时效继续计算。① 审查申请受理后,宪法委员会主席将从委员中选定 1 人担任该事项的报告人,并确定审查日程,并就被审查法案与总统、政府秘书长、国民议会和参议院议长进行沟通。被主席任命的报告人在秘书长的协助下工作,有权开展必要的调查、举行听证会、强制政府提供必要证据等。报告人在经过必要的调查研究之后,组织审理委员的内部会议并撰写报告,列明被提交审查的法律在议会中的讨论情况、已有相关判例和比较法上的内容、欧洲人权法院在相关问题上的判例、最高行政法院就草案发表的咨询意见、政府秘书处的意见等所有相关参考资料。该报告与一份裁决草案会提交给宪法委员会,由主席召集并主持全体会议对两份材料进行讨论、投票和最终确定。如果主席缺席,则由委员中最年长者主持。根据《组织法》第 14 条的规定,宪法委员会最终确定裁决的会议应当至少有 7 名委员出席,除非有不可抗力发生,否则视为无效。报告人理应就提交审查法律的全部内容之合宪性进行审查,因此在全体会议中,当所有委员依次发言并商议是否对裁决有修改之后,先就法案进行逐条表决,最后就整体裁决表决。表决采取少数服从多数的方式,以多数意见为宪法委员会的意见,当票数相同时,由宪法委员会主席作出最终决定。

经由特定主体提出或递交的对未生效法律或对未获批准或认可的国际条约协定的合宪性审查,一般情况下,宪法委员会应在 1 个月内作出裁决。对于组织法、改革法和议会两院议事规则,考虑到宪法所规定的公布期限,宪法委员会一般会在 15 天期限内审查结束。如果情况紧急应政府的要求,或者所审查立法是处于立法过程中、由政府或议长提出、二者对该立法究竟属于立法机关还是行政机关权属范围意见不一致的,此期限缩短为 8 日。② 实际上,宪法委员会的审查一般在较短的时间内完成,一日之内受理申请并作出裁决的先例也是有的。但有时也需要更长的时间,在这种情况下,宪法委员会可能会采用"预报告人"的做法,即如果一项法律案在政府提案或议会审议阶段遇到困难,会被判定为有可能被提请审查,那么宪法委员会主席就会预先告知可能被选为报告人的委员开始案件的准备工作。事实上,在立法过程中,宪法委员会就会密切关注立法的进程并评估其被提交审查的可能性,并在定期的全体会议上更新该法案的情况,为此

---

① 《法国 1958 年宪法》第 61 条第 3、4 款。
② 《法国 1958 年宪法》第 41 条、第 61 条第 3 款。

后的审查可能做好准备。[①]

对于总统、国民议员和参议员选举的争议，在宪法委员会受理后，会委托其中一个分会进行审理。宪法委员会成员根据随机抽票结果分为三个小组，每组三人，每个小组都各有一名由总统、国民议会议长和参议院议长任命的成员，在最高行政法院或审计院的协调下决定争议。宪法委员会或各小组可以在审理案件过程中要求各方提供证据，也可以命令进行调查和调阅任何与选举有关的文件和报告。

对于总统行使紧急权力所提出的咨询申请，宪法委员会在接到申请时，应当立即举行会议，就总统权力行使的必要性和限度进行审议。

在一般情况下，宪法委员会的审查活动以书面审查和秘密审查为主，口头报告和辩论使用很少，即便以电话形式询问某些意见，也只能作为非正式的证据。审查阶段从受理到裁决作出期间的任何活动——包括报告人和委员投票比例——原则上保密，但从 1983 年起，凡是向宪法委员会提请对法案的合宪性进行审查的信件均要求在《政府公报》上予以公开，从 1994 年开始还公布审查过程中政府秘书长的报告和请求人的答辩内容，有时投票比例也会向媒体公开。

对于当事人通过法院提交的对已生效法律的合宪性审查申请，宪法委员会受理之后，应当立即通知总统、总理和议会两院议长，他们均可就该问题提出意见书。此后的审查程序与对未生效立法之审查程序类似，也是由委员会主席指定报告人、确定日程并进行后续审理。但与前述程序不同之处也有几处重要地方：其一，此类审理程序设立了类似庭审的口头对立答辩程序；[②]其二，口头辩论程序公开，除非涉及公共秩序、保护青少年利益或涉及隐私等情况；[③]其三，此类审理仅仅涉及当事人所提出的合宪性存疑的部分条款，不对整部法律进行审查。经由当事人提出、法院递交的对诉讼中涉及的已生效法律的合宪性审查，宪法委员会应当在三个月之内裁定相关法律是否合宪。[④] 即便在宪法委员会审理过程中，原审诉讼因各种理由消灭，委员会均应就提请条款进行审查。[⑤]

（四）宪法解释的作出形式

法国宪法委员会的裁判由宪法委员会主席签署，以全体委员的名义署名。

[①] 张丽：《试论法国宪法委员会的司法性》，《欧洲法通讯》（第 1 辑），北京：法律出版社 2001 年版，第 100 页。

[②] 《法国宪法委员会组织法》第 23 - 10 条，《法国宪法委员会处理违宪先决问题内部规则》第 10 条。

[③] 《法国宪法委员会组织法》第 23 - 10 条，《法国宪法委员会处理违宪先决问题内部规则》第 8 条。

[④] 《法国 1958 年宪法》第 61 - 1 条。

[⑤] 《法国宪法委员会组织法》第 23 - 9 条。

不管是否有委员对裁决持有反对意见,均不会体现在判决中,这一点与美国最高法院或德国宪法法院的作法完全不同。

对于已通过议会投票但并未生效的法律、已经生效的法律、未被批准或认可的国际条约协定以及总统紧急权力存续必要性的审查,宪法委员会都应当就其合宪性问题作出宣告,并附理由。[①] 对于法律,宪法委员会一般不轻易判决其整体无效,仅就法律中的部分条款进行撤销或限制,但更多的是通过解释宪法将立法纳入合宪范畴——例如宪法委员会可以限制法律的适用范围,对法律整体或其中条款附加条件,进行合宪的立法解释等。[②] 对于已生效的法律,宪法委员会还可以自行确定"撤销法律条款已产生之效力的条件及限制"。[③] 如果审查的法律是立法过程中所提出、涉及《1958 年宪法》第 34 条和第 37 条所规定的立法和行政分权问题,根据《组织法》第 26 条的规定,宪法委员会应当决定向其提交的条款应当属于法律(立法)或规章(行政)职权范围内,此类判决不涉及违宪问题。对总统、国民议员和参议员选举的争议,宪法委员会应当裁决选举的合法性,并公布选举和投票结果;如果诉请的理由成立,宪法委员会可根据情况撤销受到质疑的选举,或者撤销计票委员会的公告并宣布合法的候选人。对于总统履职能力的判断,宪法委员会应当作出明确通告;如果判断结果是总统不具有履职能力,并因此导致总统职位空缺,那么新的总统选举必须在宣告之日起 20 日至 35 日内举行。[④] 对于总统行使紧急权力所诉求的建议,宪法委员会应当向总统提出意见,阐述理由并予以公布。

宪法委员会以不同的符号标记不同裁决:符号"DC"代表对普通法律、组织法、改革法律、国际条约和协定以及议会议事规则的裁决;符号"D"代表对国会议员丧失任职资格的裁决;符号"I"代表对关于议员任职冲突的裁决;符号"FNR"代表根据宪法第 41 条作出的裁决,即政府与议会之间就某法案归属问题的裁决;符号"LP"代表对地方法律的合宪性审查;符号"AN"代表对国民议会选举案的审查;符号"SEN"代表对参议院选举案的审查;符号"REN"代表对全民公决案件的裁决;符号"PRD"代表对有关总统选举案件的裁决;符号"L"代表的是根据宪法第 37 条第 2 款作出的裁决,即对特定事项是否具有条例的性质审查;符号"LOM"代表对海外领地法律的合宪性审查。[⑤]

---

① 《法国 1958 年宪法》第 16 条第 6 款、第 61 条第 1 款。
② 张千帆:《法国宪政院与人权的宪法保护》,《公法研究》2002 年第 1 辑。
③ [法]安德烈·鲁:《新宪法委员会:法兰西例外之终结?》,王蔚译,《公法研究》2010 年卷。
④ 《法国 1958 年宪法》第 7 条第 5 款。
⑤ 吴天昊:《法国宪法委员会的组织与活动研究》,上海交通大学博士学位论文,2007 年,第 65 页。

宪法委员会的裁决除送达当事人之外,还应当告知其他所有法定申诉权主体。判决通常在作出后的 2 天内刊载在政府公报上。为了便于公众了解委员会的最新裁决,委员会还会将裁决信息通报新闻界,文稿通常都由委员会秘书长起草。宪法委员会还定期出版委员会裁决汇编,每隔三个月出版一本。

四、立法机关解释程序

由立法机关进行宪法审查、解释宪法的制度,源自于"议会至上"的英国。当今世界秉承这一传统的有越南、古巴、瑞典、芬兰等,只不过瑞典和芬兰是由议会中常设或专门的宪法委员会具体承担宪法审查和解释的工作。我国也承袭了由立法机关进行宪法审查和宪法解释的传统。此部分主要探讨英国和瑞典的立法机关宪法解释程序。

(一)英国议会宪法解释程序

英国是一个不成文宪法国家,并没有一部法典集中承载宪法之功能。关于国家权力配置、政府组织架构和公民自由与权利的规定散布于议会立法、判例法、从司法判决中推断出的法律原理以及习惯法之中。[①] 英国由此形成了两套宪法解释机制,一套是由议会主导的,主要体现为通过制定法律和对法律案或已生效立法进行是否与基本法律相抵触的审查,对宪法的原理进行解释;另一套是由法院主要承担的,通过在个案的审判中对法律的诉诸和解读,事实上解释其中所蕴含的宪法内容。在 20 世纪末以前,英国的最高司法权力归属于议会的上议院和枢密院司法委员会,因而法院系统对宪法的解释最终仍由议会也就是立法机关决定。但是自 1998 年通过《人权法案》(Human Rights Act)赋予高等法院和上诉法院与议会上院和枢密院司法委员会一样的宣布立法与《欧洲人权公约》相冲突的权力以及审查侵犯公约权利的行政与司法行为的权力,并在 2005 年颁布《宪法改革法》(The Constitutional Reform Act)将上议院的司法职能剥离形成独立的最高法院之后,英国开始逐渐转向立法机关和司法机关共同解释宪法的双轨制模式。尽管如此,这里仅仅涉及英国议会的宪法解释程序,这是本节的主旨所在。

1. 宪法解释的启动主体

英国议会对法律的审查和在此过程中对宪法的解释分为事前和事后两个部分。事前审查是立法过程中的一个必要程序,事前审查的启动主体因而就是议会自己。英国议会由君主、上议院和下议院三个部分组成,因此议会事前审查的

---

① 〔英〕W. Ivor·詹宁斯:《法与宪法》,龚祥瑞、侯健译,北京:生活·读书·新知三联书店 1997 年版,第48 页。

具体启动主体可能包括君主和议会两院以及其中具有表决权利的每个议员,但是具体启动审查的以议会两院中的相关委员会为主。君主虽然在理论上享有拒绝批准议会立法的权力,但是自 1707 年以来这一权力从未使用,"国王统而不治"的传统导致在事实上君主只是形式上法律通过的一环,并无实质上审查的现实可能性。上下两院的议员作为决定法案是否通过的实际决策者,本应是法案合宪性控制的核心力量,但是由于各种政治性事务缠身,他们往往没有时间和精力对法案进行有效的合宪性审查。这一责任就落在有义务审查相关法案的议会各个常设委员会身上。

经常启动合宪性审查的委员会包括委任权力与规制改革委员会、宪法委员会、行政立法性文件委员会、欧盟特别委员会和人权联合委员会等。其中,上议院委任权力与规制改革委员会审查法律案的条款是否将立法权力不恰当的交由行政等机关行使,以及这种委托是否会对立法机关自身造成不恰当的限制。上议院宪法委员会审查公法议案的宪法含义,根据其他委员会和自身的审查,判断议案是否涉及对英国宪法规范和原则的修正和调整,从而确保此类活动全部由议会作出。行政立法性文件联合委员会审查根据议会立法授权制定的行政立法性文件,但是地方当局及其下属机构制定的行政立法性文件不在其审查范围内,除非被要求在议会中提出;如果立法性文件是在下议院提出的,那么只能由联合委员会下议院议员组成的行政立法性文件特别委员会进行审查。人权联合委员会是上下议院议员联合组成的委员会,负责法律案是否与《人权法案》的要求相抵触。当议会所审议的法案涉及相关内容,这些委员会就会主动启动审查程序,并开启对宪法的解释。

对立法的事后审查,即对已经生效之法律的审查,在英国一方面可以由议会自己进行;但是由于所有国家的立法机关都有权力对自己颁行的法律进行审查、修改和废除,因此这一点并无特殊之处,笔者不将其视为一种宪法审查模式。英国议会的另一种审查,由一个独立的议会委员会进行——法律委员会。法律委员会的职责主要是进行法律改革,即在大法官批准或政府部门委托之下研究修改或废止既有法律、创制新法律,以实现英国法律体系的简化和革新。[①] 能够向法律委员会提出审查建议的主体范围十分宽广,因为法律委员会每隔 3 或 4 年就会向公众征集他们认为需要革新的法律和相关问题领域。但是此种征集并不

---

① *Law Commissions Act* 1965 Art. 3.涉及苏格兰法律体系有专门的苏格兰法律委员会 Scottish Law Commission,但是其与法律委员会的职责与工作程序类似,因而本标题不就苏格兰法律委员会作另外介绍。

能直接开启法律委员会的工作,委员会仍需对这些改革建议进行必要性、重要性、可行性和恰当性的判断,并遴选其中通过这些判断的建议形成改革计划,报上议院御前大臣(Lord Chancellor)批准后方可进行。此外,法律委员会也接受政府部门的委托,就其所认为应当革新的法律进行审查并提出建议。因此,启动法律委员会对立法进行事后审查并在其间进行法律解释的主体是委员会自己和政府部门——在御前大臣的批准下。

2. 宪法解释启动方式

宪法解释在对法案进行事前合宪性审查过程中的启动,往往在议会讨论法案的二读程序之后。根据英国议会的议事程序,一个法案从提出到最后通过并颁布施行,需要经过上下议院的讨论通过并获君主御准。上下议院审议法案通常经过五个基本步骤:第一个步骤是一读,这是法案首次正式进入议会的立法程序;在这个阶段,议会并不会对法案条款进行讨论,而仅仅提出该法案以供议员参考。在一读阶段,议长还会指定二读的日期,从而进入第二个步骤。在二读阶段,法案的原则性规定会予以公布,由议员进行讨论以决定确认或否决。通过了二读的法案将自动进入第三个步骤,即提交相关委员会,由这些委员会对法案的各个条款进行仔细审查和讨论。这是立法的最关键阶段,往往一部法案究竟是通过、修改还是否决,会在这个阶段中决定。这个阶段中上议院和下议院的做法有所不同,下议院的委员会审议通常由委员会单独进行,而上议院的委员会审议阶段通常在全院大会上进行。此后的第四个步骤是委员会将其审议的法案和建议的修改报告议会,由议会全院进行审议,决定是否接受法案、委员会的修改以及是否作出进一步的修改。通过报告阶段且没有进行修改的法案将进入最后一个步骤,即三读。此一阶段是法案议会讨论的最后一个阶段,由议院整体对法律进行详细审议和辩论,并最终决定是否通过。下议院通过的法案将被提交至上议院审议,上议院可以通过法案,也可以就法案进行修改并送回至下议院重新审议,但是无权否决法案。下议院如果接到重新审议的修正法案,则可以选择接受、进一步修改或拒绝修改,从而分别启动通过修正法案、将进一步修改的法案再次提交上议院审议、或就拒绝修改发表声明、再次开会通过并寻求御准的程序。获得上下议院一致通过的法律将被送至君主处获得御准,御准之后的法律将获得公布实施,正式生效。对法案合宪性问题的审查和对宪法的解释往往集中在委员会审议阶段进行,宪法解释的启动因而以法案通过二读为节点;换句话说,就是宪法审查与启动的方式是法案通过立法之二读程序。当然在广义上,进入到议会立法程序的所有法案,无论是在一读、二读阶段还是在此后的报告和三读阶段,都需要经过议会的合宪性控制,因此在议会审议法案的所有过程中,事实上都有可能启动对宪法的解释。

议会法律委员会对立法事后审查和改进过程中所进行的宪法解释,启动于委员会的法律改革计划经过上议院御前大臣的批准、委员会正式开始进行改革方案的准备。经由各种主体提出的审查建议或者政府部门委托的审查事项,因而在法律委员会提出改革计划并经过御前大臣批准后,就完全成为委员会的工作对象。在这个过程中,有一个重要程序是法律委员会会对相关建议和委托进行审查,这是决定委员会是否向御前大臣提出法律改革计划的关键,因而也就是宪法解释启动之关键。具体来说,法律委员会将会审查建议和委托革新的立法需要予以改革的必要性,即现行法律是否已经达到令人十分不满的状态,急需予以废除或修改;其次,审查改革立法的重要性,即该法律是否涉及广泛的利益群体;再次,可行性,即在法律委员会及其工作人员现有经历、资金支持、经验和相关材料的获得方面,是否有可能对立法进行有效的改进;最后,恰当性,即由独立、非政治性的法律委员会审查法律并提出改革建议是否恰当。

3. 宪法解释实施过程

英国议会对法案事前审查的实施主体主要是议会各常设委员会,其中尤其是上议院委任权力与规制改革委员会、宪法委员会、行政立法性文件委员会、欧盟特别委员会、人权联合委员会等。在二读之后,相关委员会便开始审查工作,由委员会成员对法案涉及该委员会审查职权的方面表达意见、进行辩论。在审查过程中,为了更加全面深入的了解法案的相关情况,委员会经常会启动咨询程序,收集专家、民众和利益团体的意见。这些意见的表达是公众直接参与到立法过程的重要途径之一。在此之后,委员会将根据议员们的意见和咨询的结果,提出法案可能涉及违背立法授权、宪法秩序或《人权法案》等问题,并将这些问题提交负责法案的政府部门。在收到这些问题之后,部门负责人将在一定期限内——往往很快,但有时也会有所拖延——向委员会作出解释或说明,并提供该法案不存在相关问题的理由。这一程序使得议会委员会能够和法案提出部门进行有效沟通,避免因理解或专业性问题导致对法案的否决,从而提升法案提出部门以及议会自身的权威。在人权联合委员会设立及《人权法案》实施之后,负责法案的部门长官被要求在法案二读之前就必须作出一个法案各条款不与公约权利相抵触的书面"相容声明"或即便不能作出此种声明但仍希望议会继续审议该法案的声明,[①]此类声明在很大程度上承担了政府部门应委员会之要求对相关问题作出解释和说明的工作。但是两种程序并不冲突,因为其一,二读之前的声明仅仅涉及法案与

———————————————

① 英国《人权法案》第 19 条。

《人权法案》是否冲突之问题，属于人权联合委员会审查职权，对其他委员会审查范围内的事项并没有进行说明，其他委员会仍有可能发现法案存在其他问题，并据此要求政府部门提供解释说明；其二，即便是涉及《人权法案》的事项，政府部长的声明也可能未尽所有存疑之处，人权联合委员会仍可就尚未说明之事项要求解释。在听取相关部门的解释或说明后，委员会将对法案进行进一步的审查和讨论，最终形成报告提交给议院。

议会审议的某个议案可能涉及众多委员会的审查范围，在这种情况下，各个委员会主席和工作人员将加强彼此之间的联系和交流，尽量做到各个委员会在自身的职权内对法案的相关部分或相关问题进行审查，一方面促使交叉部分由一个委员会主要审查，并将结果知会其他委员会供其参考使用，避免工作的重复无效率；另一方面避免审查的遗漏，使委员会的审查能够遍及法案的各个方面。例如在 2001 年，下议院内政委员会、上议院委任权力与规制改革委员会和上议院宪法委员会就都提出了关于《反恐、安全与犯罪法案》的报告，但审查角度依据各个委员会的职权而不同。其中下议院内政委员会就法案的一般政策、移民和治安方面作出报告，上议院委任权力与规制改革委员会就法案提议赋予部长制定委任立法的权力作出报告，上议院宪法委员会就法案的宪法含义作出报告。

议会对立法的事后审查和改革主要由法律委员会进行。法律委员共有 5 名委员，包括 1 名主席和 4 名委员；此外法律委员会还有委员会秘书、约 15 名政府法律服务机构的成员、4 名或 5 名议院律师以及约 15 名研究助理和图书馆管理员以及别的行政人员。在具体的审查过程中，由委员会内的工作小组进行，一个小组集中负责一个特定的法律领域。每个小组都有 1 名委员、1 名律师组负责人、2 名有资格的律师和 3 名研究助理。在法律改革计划获得上议院御前大臣批准或在接受政府委托之后，法律委员会首先对改革领域国内外判例法、制定法、学术理论和相关报告等资料进行广泛的收集和详细的研究，旨在发现英国法律目前存在的缺点和可供解决的办法，形成咨询文件。其次，咨询文件会在英国国内公开发表，并邀请公众——包括政府、利益团体、法律行业和所有公众——提出意见。从 1997 年开始，委员会所有的公开文件都在网上可查。咨询期间委员会还可能召开专家会议征求专家意见、进行社会学、经济学调查等。如果委员会进行的工作源于政府委托，在咨询阶段，委员会还会积极与政府部门沟通，例如通知相关部门就咨询问题发表意见、召集与部长级或高级职员的会议、及时向政府部门通知项目的进程等等。再次，在收到各种意见和建议并进行分析、研究和讨论之后，法律委员会会起草并提交给上议院大法官或委托的政府部门一份报告,包括可能的新的法律案。最后,大法官会将这一报告和附随提案提交议会,由议会通过立法程序决定是否接受并通过。据悉,迄今为止法律委员会提出议案的70%经由议会通过成为正式法律。如果报告是提交给政府部门的,政府部门还会在一定期限内反馈其答复,决定是否接受、修改或拒绝法律委员会的改革建议。

4. 宪法解释作出形式

议会各委员会对法律案所进行的审查和解释,以报告的形式向议会提出。各个委员会根据职权范围在报告中写明对相关事项进行审查的依据、证据、部长答复和委员会对此事项的考虑和建议等内容。为了公共使用的目的,委员会的报告也会在议会网站上进行公开。一般情况下,委员会报告不会对政府法案正确与否、合宪与否等问题得出结论,即便委员会发现政府立法有违法或违宪嫌疑时,也仅仅在其报告中表达这种可能性。委员会审查法案的目的是提醒议会两院并警告相关政府部门他们可能没有发觉的法案存在的问题,并非终局性的判定法案的合宪性。因此,即便行政立法性文件联合委员会认为所提议制定的委任立法超出授权法所授予的权力,它也仅仅会在其报告中提醒议会两院注意。人权联合委员会的报告也是一样,即便其发现政府法案与《人权法案》之要求相悖,也只能够表达对这种可能性的看法。最终决定是否接受委员会此类报告并判断相关议案是否存在违宪或存在其他问题的是议会,尤其通过议会全院大会对法案的通过、修改或否决等形式作出。

议会法律委员会对立法作出的事后审查和解释,同样也以报告的形式向上议院御前大臣和政府部门、进而向议会提出。报告中会列明所审查的法律、其中存在的必须修正的问题、本国和他国相关立法、判例和学说理论等参考证据资料以及委员会所提出的建议。报告最后一般会附上委员会所起草的新的法案,以作为法律委员会为议会提出的解决方案。法律委员会的法律改革建议报告同样也会在其网站上公开。

(二)瑞典议会宪法委员会宪法解释程序

瑞典同英国一样,也是一个不成文宪法国家,主要由1810年《王位继承法》、1949年《出版自由法》、1991年《表达自由基本法》、1974年《政府组织法》(本节后简称《组织法》)和同年的《议会法》承担宪法的功能。其中,《组织法》和《议会法》对宪法审查与解释的机构、职责与程序作出了详细规定。在瑞典,对立法进行事前审查的主要有两个机构,一个是议会,一个是法律参议会。与英国不同,在议会内部对法律案宪法问题的审查主要由议会常设的宪法委员会进行;议会监察专员在有权处理公权力行使机关或个人对私主体的不公正待遇的情况下,也可能会在某些问题上涉及对基本法的解释。法律参议会则是一个由最高法院法官和最高行政法院法官组成独立机构,根据《组织法》第 8 章第 21 条,法律参议会就法律案和基本法之间的关系提出意见和建议,供宪法委员会以及其他议会委员会参考。此外,《组织法》第 11 章第 14 条和第 12 章第 10 条还规定,瑞典的所有法院和政府机构都有不适用与基本法相抵触之法律的义务,在这个意义上,瑞典的法院和政府也享有一定的对立法进行事后审查与解释的权力,但是此种权力仅仅限于"不予适用",不能宣告无效。本节以议会宪法委员会的宪法解释程序为主。

1. 宪法解释启动主体

瑞典议会宪法委员会对立法的审查主要是一种事前审查,即在法律案通过议会投票正式成为法律之前对提案的审查。能够启动此类审查促使宪法委员会解释宪法的主体几乎都是特殊主体。根据《议会法》和《组织法》的规定,首先,宪法委员会有权自己提出或筹备由内阁、其他委员会、非常设委员会或议员个人向议会提出的议案或动议(个人提出称之为动议),其中涉及宪法和一般行政法和表达自由的立法问题、国家审计办公室的事务、议会以及除瑞典银行之外的一般议会下属机构的事务、县政府管理以及县行政区的划分、地方自治、议会对起诉议员或干涉议员人身自由措施的批准以及政府行使治理职权所需要的拨款事务等方面的问题,属宪法委员会筹备范围内。[①]　其中,宪法委员会自己提起的相关方面的议案,其启动主体就是宪法委员会自己;由内阁、其他非常设委员会或议员个人提出的议案或动议,启动主体为他们。此外,对于议会有待最后通过的决议案,由宪法委员会提出,[②]这意味着在所有议案表决之前,宪法委员会的审查都是必须的,也是自动的。在这种情况下,宪法委员会是审查和解释的启动主体。宪法委员会还有权决定限制公民政治权利和人身自由的议案如果并未遭到议会的否决,是否应当适用委员会向议会提交第一次关于该法案的审议报告应当推迟 12 个月的程序规定。[③]　在基本法问题上,宪法委员会也掌握着决定程序的权力:根据《议会法》的规定,基本法提案必须以两次语言完全一致的文本通过方被认定为正式通过,一般情况下在第一次通过之后需要历时至少 9 个月进行议会选举之后再次通过;宪法委员会可以免除这一程序,即在其对提案审议过程中以 5/6 以上多数委员表决同意。[④]

① 《瑞典议会法》第 4 章,第 6 条。
② 《瑞典议会法》第 3 章,第 14 条。
③ 《瑞典政府组织法》第 2 章,第 22 条第 3 款。
④ 《瑞典政府组织法》第 8 章第 14 条。

其次,议长有将涉嫌违宪的法案提交宪法委员会审议的权力,在议长认为将要提交表决的议案有合宪性问题,但议会仍然要求将其提付表决的情况下。[①] 议长还有权将对内阁的质询动议和书面询问动议提交宪法委员会进行合宪性审查,提交的条件与前面相同,即同样是在议长与议会就是否合宪的问题拥有不同意见时。[②]

再次,宪法委员会有权对一些国家公务人员的行为进行监督,例如委员会有权监督内阁成员的行为并就其可能违宪违法的行为提出质询;委员会可以自行提出质询,也可以会同议会其他委员会、任何议员一起提出此类质询。[③] 宪法委员会还有权要求议会在届满前解除议会督察专员和审计总长的职务,就议会理事会成员、选举检查委员会委员、议会上诉委员会委员、议会督察专员、审计总长以及议会秘书长的职务违法行为进行起诉等等。[④]

最后,宪法委员会还有一项特殊的职权,就是督促辅助性原则的使用并提交该原则适用的年度报告。[⑤] 辅助性原则是瑞典在加入欧盟之后所奉行的根本原则,对其的适用进行监督、调查和报告也必然需要对这一原则进行理解和解释,因此此一项也是涉及宪法解释的职权。

2. 宪法解释启动方式

宪法解释的启动有的依特定主体启动,有的则是议案审议过程中的一个必经程序,由宪法委员会自己启动。对于宪法委员会自己提出的议案,在委员会决定启动这一议案的准备之时开始;对于内阁、其他委员会、非常设委员会或议员个人提出的提案或动议,经由议会某次会议列入议程之后,将由相关委员会进行筹备,涉及宪法委员会职权范围内的提案和动议,由宪法委员会进行筹备。[⑥] 对于宪法委员会自己所启动的对有待最后通过的决议案的提出,其间的宪法审查与解释在议会普遍同意议案即将进入最后表决阶段之时开启。对于限制公民政治权利和人身自由的议案是否应当适用委员会向议会提交第一次关于该法案的审议报告应当推迟 12 个月的程序规定,或基本法第二次通过是否需要在第一次通过之后 9 个月议会选举之后才能进行,宪法委员会的工作在相关议案进入到委员会审议阶段开始。

---

① 《瑞典议会法》第 2 章第 9 条。
② 《瑞典议会法》第 6 章第 1、4 条。
③ 《瑞典政府组织法》第 13 章第 1 条。
④ 《瑞典议会法》第 8 章第 11、13 条,第 9 章第 8 条。
⑤ 《瑞典议会法》第 10 章第 6 条。
⑥ 《瑞典议会法》第 4 章第 1 条。

就议长将可能不合宪的法案、对内阁的质询动议和书面询问动议提交宪法委员会所启动的宪法审查和解释，必须在议长与议会就法案或动议是否合宪的问题上有不同意见的情况下。如果议长认为法案或动议违宪而不愿提交议会决议时，并不直接启动宪法审查和解释，即如果议会同意议长的这一决定，则提请决议的动议不再继续进行；只有议会不同意议长的决定，仍然坚持提请动议时，议长方才将法案或动议提交至宪法委员会审查。[①] 宪法委员会对公职人员的监督和对辅助性原则适用的监督和报告，在宪法委员会的日常工作中进行，随时判断是否有违宪或违反原则的行为，并进行纠察和检举。

3. 宪法解释实施过程

宪法委员会是瑞典议会常设委员会之一，人数由不少于 15 人的议员组成，其议员总数必须为奇数。瑞典常设委员会有 15 个，议会在其任期内还可以设立其他临时委员会。根据《瑞典议会法》第 4 章第 7 条的规定，除预算案之外，所有其他议案或事务一般情况下均由一个委员会进行筹备或审议，只有特殊情况之时方由两个或两个以上委员会分工进行。这意味着如果经由特定主体提交给宪法委员会的事项，将由宪法委员会集中进行审理。当然，如果宪法委员会在审理之前或审理之中发现其审议事项需要其他委员会的专业意见的，其可以向其征求意见；如果有 5 名以上委员会成员提出征求意见要求的，则宪法委员会必须向其他委员会征求意见，除非征求意见将导致对审议问题的延误因而带来严重后果，那么宪法委员会可以拒绝此类要求并在报告中说明情况；遇到比较复杂的问题时，宪法委员会也可以与其他委员会组成联合委员会，以共同筹备或审议某项事务。[②]

宪法委员会可以要求内阁提供与审议事项相关的资料、证据并阐明意见；如果有 5 名以上委员要求时，则委员会必须要求内阁提供；如果委员会要求提供的证据涉及欧盟事务，则其可以直接向内阁内部机构要求提供；[③]如果法案涉及公民的政治权利、人身自由或税收事宜，则宪法委员会必须征询法律参议会的意见。[④] 委员会的会议由委员会主席召集，如果有超过 5 名委员要求召集会议的，则委员会主席必须召集。[⑤] 委员会会议一般秘密举行，如果为了搜集信息的需要，可以将会议部分或全体公开；对于公开的会议，允许旁听或录音录像，除非委

---

① 《瑞典议会法》第 2 章第 9 条，第 6 章第 1、4 条。

② 《瑞典议会法》第 4 章第 8 条。

③ 《瑞典议会法》第 4 章第 11 条。

④ 《瑞典政府组织法》第 2 章第 21 条。

⑤ 《瑞典议会法》第 4 章第 12 条之一。

员会决定拒绝如此。① 尽管会议本身通常秘密举行,但是表决是公开的,以少数服从多数的规则决定审议结果;如果赞成票与反对票相等,那么主席所支持的意见获得通过。②

在委员会向议会提交报告之后,议会投票议员的1/3以上可以一致同意将委员会提出的报告退回复议,同一事项此种退回程序只能进行一次;议会也可以将某一事项交给另一委员会进行进一步审议,如果退回和移送请求同时出现,那么应当先考虑退回的请求,如果退回被准许,则移送请求即为无效。③ 如果一个议案在两次就主要问题进行投票时都出现了赞成票和反对票相等的情况,则议长应向议会提起退回委员会复议的动议,该动议有超过半数的议员支持时,该议案必须退回。④

对于一些特殊事项,《议会法》和《组织法》还规定了一些特殊的程序。例如限制公民政治权利和人身自由的议案如果并未遭到议会的否决,且有10名以上议员联名提议宪法委员会向议会提交第一次关于该法案的审议报告应当推迟12个月,那么宪法委员会需要遵循这一延迟决定,除非议会以5/6多数通过该法案。⑤

4. 宪法解释作出形式

宪法委员会对于相关主体向其提交且没有撤回的事项,必须向议会提出报告。⑥ 如果宪法委员会向议会所作的报告是有关基本法或议会法的有待最后通过的决议案问题,那么该报告应当同时附上委员会自己的意见和建议。⑦ 对于委员会的报告,瑞典《议会法》允许持反对意见的委员保留其意见和动议,并附入委员会的报告之中;委员会成员还可以与报告一起提出单独声明,以详细解释其立场。⑧

委员会的报告将在议会通过两次辩论后,方可付诸表决;但是委员会或议长也可以建议议会只通过一次辩论即交付表决,在此之前需要与委员会主席或副主席磋商。⑨ 对内阁的质询或书面询问,如果宪法委员会宣布为不违宪的,则议

---

① 《瑞典议会法》第4章第13条及之一和之二。
② 《瑞典议会法》第4章第15条第1款。
③ 《瑞典议会法》第4章第10条。
④ 《瑞典议会法》第5章第7条。
⑤ 《瑞典政府组织法》第2章第20、22条,《瑞典议会法》第4章第9条。
⑥ 《瑞典议会法》第4章第9条。
⑦ 《瑞典议会法》第3章第14条、第4章第9条。
⑧ 《瑞典议会法》第4章第15条第2款、第16条。
⑨ 《瑞典议会法》第5章第1条及之一。

长不能拒绝批准质询或询问的提出。① 对于限制公民政治权利和人身自由的议案、或基本法议案是否适用搁置程序的，宪法委员会审议之后应当宣布该程序是否适用。若宪法委员会宣布的结果是适用，则议会再次审议是否以绝对多数通过或否决该议案。②

五、欧盟法院解释程序

欧盟发展到今天已经超越了一般意义上松散联合的国际组织，成为一个类似于美国早期邦联的"类国家"体系。在此欧洲一体化的过程中，欧盟法院起到了非常重要的作用，其中之一就是欧盟法院对欧盟法律的排他性解释权：欧盟成员国在其内部案件中如果涉及需要对欧盟法进行解释，那么成员国法院或法庭应当暂停其诉讼程序，提请欧盟法院就欧盟法进行解释后，再行就案件涉及国内法和实体部分进行裁判。这一制度中欧盟法院解释欧盟法的程序称为"初步裁决程序"（preliminary ruling procedure），成员国法院或法庭申请裁决的程序被称为"初步裁决请求"（the preliminary reference）。这种制度学习于意大利的宪法法院。③ 在意大利，普通法院如果在审理案件中涉及宪法问题，则中止诉讼提请宪法法院就所涉条款作出解释后，方再次启动诉讼程序，就案件进行裁决。既然欧盟已经形成了某种"类国家"体系，欧盟内部也形成了对一些法律文件是欧盟之宪法或基本法——例如三个《共同体条约》《欧共体条约》和《欧洲人权宣言》等——的普遍看法，欧盟法院面对成员国所扮演的角色，就类似于意大利之宪法法院。此外，在欧盟法院具有直接诉讼管辖权的案件中，其也当然有权解释欧盟法律——包括对基本法律的解释。欧盟法院所进行的对欧盟法之解释，也能够视为一种宪法解释。

欧盟法院对欧盟法解释权力经历了 1952 年的《欧洲煤钢共同体条约》《欧洲经济共同体条约》（本节此后正文简称《欧共体条约》）《欧洲原子能共同体条约》《单一欧洲法令》《欧盟条约》（即《马斯特里赫特条约》）和《阿姆斯特丹条约》《尼斯条约》和《里斯本条约》等，从对欧洲共同体法令之有效性判定的最初建立，到今天已经能够对欧盟条约、法令和相关措施进行解释以及判定其有效性。欧盟法院的宪法解释因而与对欧盟其他条约和法令的解释融合在一起，共用一套程序。此外，一些公约，例如《布鲁塞尔公约》（即《民商事判决的管辖权和强制执行

---

① 《瑞典议会法》第 6 章第 1、4 条。

② 《瑞典议会法》第 5 章第 4 条之一。

③ 王玉芳：《先决裁判制度：欧洲一体化进程中的一张王牌》，赵海峰、金邦贵编：《欧洲法通讯》（第四辑），北京：法律出版社 2003 年版，第 56 页。

公约》》《相互承认公司和法人公约》和《关于欧洲专利的协议》等,将欧盟法院的初步裁决程序拓展到欧盟成员国之间订立的公约之上。

(一)宪法解释的启动主体

欧盟法院经过了最初经由三个《共同体条约》创建的共同体法院、《欧共体条约》改制的欧洲法院(European Court of Justice)、《单一欧洲法令》增设初审法院(Court of First Instance),到今天《里斯本条约》将初审法院改为综合法院(General Court)并经过一系列议定书和修正案不断扩充其职能,形成了新的欧盟法院(Court of Justice of European Union)。欧盟法院包括欧洲法院和综合法院,二者的管辖有所不同。

综合法院的职权和地位相当于初审法院,主要审理由成员国个人、政府,有时也由欧盟机构提起的对某些立法或决定直接影响他们权利的诉讼。对于此类诉讼,能够提请的主体较多,例如成员国可以在综合法院提起针对欧洲委员会的诉讼,在涉及国家补贴、贸易保护措施方面针对欧洲理事会的诉讼。成员国的任何自然人或法人对于对他/她直接作出的决定,或者对他人作出但对其有实际影响的决定,以及欧盟机构未能采取在条约和立法的规定和建议之外但是被要求采取的行为,也有权直接向综合法院提起诉讼。对于欧盟机构及其成员所造成的损害、涉及合同和知识产权问题,成员国或成员国内的自然人和法人也可以起诉要求赔偿。随着欧盟司法体制的改革,2016 年 9 月 1 日,欧盟的公务员法庭(Civil Service Tribunal)的职权也转入综合法院,因此综合法院也受理欧盟机构及其雇员之间的劳动争议和社会保障问题。[1]

如果对于综合法院的判决不服,那么诉讼当事方可以将其中的欧盟法问题上诉至欧洲法院。欧洲法院因此是综合法院的上级法院,前述能够提起诉讼的主体均能够提起上诉。此外,如果综合法院所裁决案件与其他未参与案件的成员国或欧盟机构有关,那么他们也可以提起上诉。[2] 如果佐审官认为综合法院的判决极大程度的影响了欧盟法的一致性,那么其也可以提请欧洲法院对综合法院的判决进行审查。[3] 不过欧洲法院还承担一些上诉法院之外的其他职权,即有些案件直接由欧洲法院初审并终结,不经过综合法院。例如欧盟委员会和成员国有权提起涉及欧盟法的诉讼,主要是针对成员国未能履行条约和立法规

---

[1] 'Court of Justice of the European Union', https://curia.europa.eu/jcms/jcms/Jo2_7024/en/, latest visit on August 14,2019.

[2] *Protocol on the Statute of the Court of Justice of the European Union* 2010,Art 56.

[3] *Protocol on the Statute of the Court of Justice of the European Union* 2010,Art 62.

定的义务。这里的条约和立法包括三个不同的《共同体条约》《欧盟条约》《单一欧洲法令》《阿姆斯特丹条约》《尼斯条约》和《里斯本条约》，欧盟机构颁布的二次立法，包括根据各条约或者根据其他的法律文件的授权而由欧盟机构颁布的法律文件。如果是欧洲议会、欧盟理事会或委员会未能履行条约规定的义务，则成员国和欧盟其他机构都有权向欧洲法院提起诉讼；如果未履约的行为造成了成员国损失，其还有权诉请欧盟承担赔偿责任。在一些案件中，欧盟法院也认可了欧洲议会提起此类诉讼的主体地位。就未能采取被要求采取之行为，欧洲中央银行也享有起诉的权利。成员国、欧盟委员会、理事会和欧洲议会有权就影响其法律地位或职权的任何具有法律拘束力的法令或决定，向欧盟法院提起有效性的判定之诉并要求废除法令或决定。此外，欧盟理事会、委员会或某成员国还可要求欧盟法院对拟缔结的条约是否符合本条约的规定发表咨询意见。

　　欧盟法院还有一个重要功能，就是针对成员国在诉讼过程中所遇到的欧盟法问题进行初步裁决。初步裁决程序的启动主体与直接诉讼不同。根据《欧共体条约》，欧盟法院的预先裁决程序并非所有主体都能够启动，有两个条件，一个是启动的主体必须是成员国的法院或法庭。对"法院或法庭"的解释，欧盟法院的判例中所采用一贯是"功能论"标准，即只要是具有裁判功能的机构、组织或个人都能够提起申请。例如荷兰的关税委员会、荷兰国务委员会的专家小组、仲裁庭甚至非成员国法院都曾经成功启动欧盟法院的初步裁决程序。① 第二是成员国必须明确发表一项同意接受欧盟法院管辖权的声明；不过根据《阿姆斯特丹条约》的规定，无论成员国是否作出这一声明，其都可以将案件提交欧盟法院进行初步裁决。②

　　欧盟成员国之间签订的《布鲁塞尔公约》之议定书与《欧共体条约》不同，其将启动主体限定为成员国所指定的上诉法院，与此同时授权成员国可以指定有权机关（a competent authority）在国内法院作出与欧盟法院之判决或裁决相反之判决以及国内法院作出与另一成员国上诉法院相反之判决时提出预先裁决申请。《关于合同责任法律适用公约》第一议定书也承袭了《布鲁塞尔公约》的初步裁决提请主体范围。

　　在《欧洲专利公约》建立起统一的欧洲专利制度之后，《关于欧洲专利的协议》设立了成员国专利法院的共同上诉法院（Common Appeal Court），该法院同样有权、事实上也有义务请求欧盟法院就该协议与《欧共体条约》不一致之处进

---

① 张英：《论欧洲法院的初步裁决程序》，《法商研究》2001 年第 4 期。

② *Treaty of Amsterdam*，signed in 1997，entered into force in 1999，Art K7(2)(4).

行解释。该协议还规定,如果欧洲委员会或成员国认为上诉法院没有履行这一义务,它们可以直接向欧盟法院作出书面陈述。此外,成员国内的任何法院都有权就其待审案件中涉及有关欧洲专利、《欧洲专利公约》和诉讼议定书中有关管辖权的规定,向欧盟法院提出解释请求。

值得注意的是,欧盟法院的初步裁决程序中,案件所涉当事人并没有提请的权利,只能够通过法院、法庭或成员国指定的其他机构进行。

(二)宪法解释的启动方式

在向欧洲法院提起的直接诉讼中,如果欧盟委员会基于成员国未遵守条约义务提起诉讼,必须在调查该成员国确实未履行义务且在给予申辩或纠正机会后仍未能履行这一义务的前提下方能进行。只有成员国充分享有其申辩权利的基础上,欧洲法院才会受理此类诉讼。在委员会调查之后,将对此类事项发表一份意见,说明被调查的成员国违反欧盟法的事实和有关的法律依据,并且告知该成员国纠正违法行为的期限;如果成员国对该意见中所列明的期限持异议,可以直接向欧洲法院起诉请求审查。如果是成员国对另一成员国未履行条约义务之行为提起诉讼,那么该成员国应当首先将此事项提交至欧盟委员会,先行通过委员会的斡旋和监督尝试解决争端,如未能解决再行诉至欧洲法院。但是如果争端不能由条约规定的其他程序解决,则该成员国可以在欧洲法院直接对其他成员国提起诉讼。

对于向第三人直接作出的决定,受到影响之成员国自然人或法人在综合法院所提起的诉讼,只有该起诉主体本身"直接并且个别"的遭受影响之时方能直接提起诉讼,而且此类诉讼必须在决定作出之后的 2 个月内提起方为有效。由于时限规定过短,起诉条件又规定严苛,此类诉讼在欧盟历史上并不多见。对于综合法院的决定,在 2 个月内,可以向欧洲法院上诉,但是仅仅涉及欧盟法问题——主要是综合法院不具有审理资格、违反程序规定并对当事方权利产生不利影响、或者违背欧盟法——对于事实问题,除非特殊情况不得上诉。[①]

欧盟法院在初步裁决程序中对欧盟基本法所进行的解释,自成员国法院、法庭或成员国指定的其他机构之程序申请送达欧盟法院开始。对于初步裁决请求的形式,《欧洲法院规约》要求其中一般需要包括要求欧盟法院初步裁决的问题、对案件当事人的详细介绍、争议的来龙去脉、诉讼程序的进展状况、当事人之间事实与法律争议的性质等等。[②]

[①] *Protocol on the Statute of the Court of Justice of the European Union 2010*,Art 58.

[②] *Protocol on the Statute of the Court of Justice of the European Union 2010*,Art 21.

　　能够启动初步裁决程序的事项,还必须在欧盟法院管辖范围之内。欧盟法院能够进行解释的条约和公约范围从开始至今有较为明显的变化,主要体现为拓展。在《欧洲煤钢共同体条约》阶段,初步裁决的管辖范围仅仅涉及在成员国诉讼中对于高级机关和理事会的决定效力发生争议时,①《欧洲经济共同体条约》将其管辖权拓展至对法令的解释,②《单一欧洲法令》进一步拓展至包括欧盟各种条约及其修正案或补充条约,③《阿姆斯特丹条约》增加了理事会的框架性决定或行动决定、基于该条约所订立的其他公约以及实施条约和其他公约的各种措施,④《布鲁塞尔公约》《相互承认公司和法人公约》和《关于欧洲专利的协议》又进一步拓展至这些公约本身。当然,能够启动初步裁决程序的欧盟法,必须是成员国法院或法庭认为对案件裁判之作出实属必须的;如果案件的裁判仅仅可能涉及欧盟法,那么成员国法院或法庭不能提请裁决。

　　对于成员国法院、法庭或其他机构可以在何时申请启动初步裁决程序,《欧共体条约》及涉及欧盟法院的条约和公约都没有作出详细的规定,因而一般认为,这意味着成员国法院在审理案件的任何阶段都有权就欧盟法申请欧盟法院进行解释和裁决。例如,成员国法院可以在作出临时禁令之前就对其中涉及的欧盟法问题申请解释,也可以在质证、答辩或判决作出过程中提出申请。⑤　此外,《欧共体条约》还规定,如果案件当事人除此之外无法寻求任何其他司法救济之时,成员国法院有义务向欧盟法院请求初步裁决。但是初步裁决程序仅仅适用于已经诉至法院尚未作出裁判的案件,如果案件尚未开启在成员国法院的诉讼程序、或者已经作出生效判决,那么初步裁决程序不能启动。⑥

　　在启动初步裁决申请的方式上,成员国及其法院有完全的自由裁量权,这意味着各个国家在何种情况下、以何种方式提起初步裁决申请,答案各不相同。例如在法国,如果"违宪先决问题"和"欧盟法先决问题"同时存在,即某一立法或行为既存在合宪性问题,也存在合欧盟法问题,那么法国一般通过二元双轨制进行处理。详言之,就是该立法的合宪性问题将交由宪法委员会予以审查,合欧盟法

---

① *Treaty establishing the European Coal and Steel Community*, signed in 1951, entered into force in 1952, Art 41.

② *Treaty establishing the European Economic Community*, signed in 1957, entered into force in 1958, Art 173,174.

③ *Single European Act*, signed in 1986, entered into force in 1987, Art 4.

④ *Treaty of Amsterdam*, signed in 1997, entered into force in 1999, Art K7(1)(6).

⑤ 张英:《论欧洲法院的初步裁决程序》,《法商研究》2001 年第 4 期。

⑥ 吕国平:《论欧洲联邦的先决裁决制度》,《中外法学》1996 年第 1 期。

问题则交由最高行政法院或最高法院提请欧盟法院启动初步裁决程序。[1]

（三）宪法解释的实施过程

欧洲法院和综合法院在具体审理案件或进行初步裁决的过程中对欧盟的基本法律进行解释。欧洲法院主要人员包括法官和佐审官（Advocate General），由各成员国推选、经成员国政府共同协议任命产生。目前，欧洲法院有 27 名法官（各成员国推选 1 名）和 11 名佐审官。

欧洲法院以合议庭形式审理案件，根据不同的案件，法院可以组成由 13 名法官组成的大法庭或由 3 名法官或 5 名法官组成的小法庭进行审理。大法庭在成员国或欧盟机构作为案件一方当事人提出要求时、或遇到复杂重大案件时召集，大法庭的庭长由欧洲法院的院长担任。在解雇欧盟监察专员（Ombudsman）、解除未履行义务之成员国身份或其他极端重要案件中，法院还可以召开全体法官组成的合议庭开庭，全体法官组成的合议庭的法定人数必须达到 15 人方为有效。[2]

在直接诉讼程序中，案件首先启动于当事人向法院书记官处递交诉状的起诉程序开始。对于在诉状中已明确了的当事人的诉讼请求，在以后的诉讼程序中，当事人不能再提出新的请求或对原诉讼请求予以变更。此后，书记官处对符合形式要求的诉状予以登记，并将诉状副本送达被诉方，同时在欧共体公报上公告该案件受理情况，以便有利害关系的第三方知晓该诉讼并决定是否介入诉讼。在这一过程中，法院院长会同时指定报告人，负责对案件证据和文件进行全面研究提出报告。被诉方在接到诉状之后应在 2 个月内向法院提交初次答辩书，起诉方可提交补充诉状，被诉方也可提交再次答辩书。经过庭前的诉答状交换过程后，报告人一般会在 4 个月内就已有材料撰写初步报告，阐明案件是否符合受理条件、其中涉及的法律问题以及建议案件被分派到哪一类法庭。根据报告人的建议，法院院长会决定可能需要采取的调查措施，并召集全体会议对案件进行讨论并决定审理的法庭类型，一般情况下，报告人的意见往往都会被接受。是否对案件采取口头审理程序，《欧洲法院规约》赋予了法院和当事人以一定的自由，如果符合一定的条件且当事人未要求，则经报告人之建议可不进行口头程序。[3] 如果口头程序仍然进行，那么佐审官可以当庭向法庭提交对案件的处理

---

[1] ［法］杰哈·马库：《法国"违宪先决问题"之制度与实务》，李鍏澂译，《交大法学》2014 年第 1 期。

[2] 'Court of Justice of the European Union', https：//curia.europa.eu/jcms/jcms/Jo2_7024/en/, latest visit on August 14,2019.

[3] *Protocol on the Statute of the Court of Justice of the European Union 2010*，Art 20,59.

意见和理由;但事实上,佐审官意见一般在庭审后 6 周内提交。口头程序或经由法院决定不进行口头程序的案件在全体会议之后,审判庭将作出裁决。裁决之前审判庭会对案件进行评议。评议过程秘密举行,一般情况下只有参与审理的法官才能参与,佐审官不参与评议阶段。在评议过程中,每个法官均有权发表自己的意见并与其他法官进行讨论,随后进行投票表决。判决依多数意见作出。

初步裁决程序与直接起诉程序类似,只不过更偏向于书面审理。根据《欧洲法院规约》的规定,在成员国法院的裁决申请到达欧盟法院以后,案件登记处将申请分别送达给在该成员国法院所涉诉讼的当事人、成员国、委员会和理事会(如果涉及理事会通过的法规)。他们有权——不是必须——在两个月的期间内提交书面意见,也可以在审理时发表口头意见。一般情况下,被通知者均会提出书面意见,因为欧盟法院审理案件主要是根据书面意见,而不是口头听审。在具体审理过程中,欧洲委员会总是出席先决裁决案件的审理,案件当事人通常也会参加,有时候还有成员国政府。在审理后,由佐审官发表意见,最后由欧盟法院作出裁决。尽管当事人得以参加初步裁决程序的审理,但是其不是该程序的当事人,其无权直接要求欧盟法院对案件中的新的问题作出裁决,也无权要求欧盟法院扩大裁决的范围。如果提出先决裁决申请的法院撤回申请,或者其申请被上级法院否决时,欧盟法院终止先决裁决程序。[①]

综合法院的法官由每个成员国推选 2 名组成,与欧洲法院不同,综合法院没有佐审官的设置,在大多数情况下均由法官进行审理。综合法院审理案件的形式一般也是 3 至 5 名法官组成的合议庭,但也可能是由独任法官进行审理;在有些情况下,如果案件较为重要或者复杂,那么综合法院也可能组成 15 人的大合议庭进行审理。综合法院拥有自己的案件登记处,但是行政机构和语言翻译机构等与欧洲法院共用。综合法院审理案件的程序与欧洲法院基本类似。

如果当事方所提交给欧洲法院或者综合法院的案件属于对方管辖的范围,并不会导致案件被驳回,而是由欧洲法院或者综合法院或者二者的登记处将案件交给对方进行审理。如果成员国和欧盟机构针对同一欧盟机构的行为提起诉讼,那么案件由欧洲法院进行审理。[②]

(四) 宪法解释的作出形式

直接诉讼和初步裁决程序过程中的宪法解释均以判决或裁定为作出形式。

[①] L. Neville Brown, *The Court of Justice of the European Communities* (3rd ed) (Sweet & Maxwell, 1977)243,245.

[②] *Protocol on the Statute of the Court of Justice of the European Union 2010*, Art 54.

直接诉讼的判决的内容包括实体裁决和费用承担两大部分;由于在欧盟法院进行诉讼是免费的,因此这里的费用是指当事人因参加诉讼而额外支出的费用。判决的强制执行力由成员国国内法院以下达执行令状的形式确保实现。在判定法令效力的诉讼中,欧盟法院可以认定某项法规为有效或宣布某项法规无效。在宣布法令无效的情况下,由于法令的效果已经产生,欧盟法院也可以裁决某个已经被认定无效的法律文件的全部或者某一部分继续生效,直到被新的法令所取代。无论是基于法令或行为无效或基于应采取却未采取行为而提起的诉讼,如果欧盟法院认为其涉及欧盟的过失,且导致个体或法人因此遭受损失,那么法院可以判决欧盟委员会采取措施、给予赔偿以补救或弥补损失。

在基于由成员国法院或法庭提出的初步裁决请求而作出的裁判中,以对欧盟法的解释为主。尽管欧盟法院在初步裁决中仅限于对法律问题——在这里即欧盟法问题——的解释,不涉及具体案件的实体判决,但是欧盟法问题的提出毕竟是以具体案件为依托的,欧盟法院所作出的解释也必须能够对具体案件的判决具有指导力。因此,欧盟法院的初步裁决结果在事实上暗含了具体案件的判决结果。这在一定程度上引起了初步裁决结果效力的问题。在 1969 年的一个案件中,欧洲法院判决指出初步裁决对作为裁决请求机关的成员国法院或法庭具有拘束力,但是根据 1997 年签订的《阿姆斯特丹条约》,欧洲法院初步裁决的结果对成员国法院或法庭并没有强制力。尽管条约与欧洲法院的判例有所龃龉,但是成员国法院在一般情况下仍然会接受欧盟法院的裁决结果,并根据这一结果中所暗含对实体案件的审理建议进行最终裁判。例如在德国 OMT 案件中,关于欧洲银行的货币政策是否与德国联邦主义或民主原则相抵触的问题,尽管其中涉及对德国不可修改之宪法条款的解释,德国联邦宪法法院还是遵从了欧盟法院就货币政策并非经济政策因而暗示欧洲银行之举措不与联邦和民主原则相冲突的裁决。[①] 许多成员国还倾向于承认欧盟法院判决在类似情况的判例效应。在这个意义上,欧盟法律制度已经在很大程度上改变了成员国内部的法律运行状况。

此外,值得注意的是,在欧盟法院的裁决中仅仅体现多数意见,即裁决直接根据多数意见作出,少数不同意见并不公开,而且由于法庭评议的过程是秘密的,少数意见亦无法从公开途径获取。[②]

---

① 杨国栋:《欧盟反危机措施的司法审查研究——兼论后危机时代欧洲一体化模式的博弈》,《欧洲研究》2019 年第 2 期。

② *Protocol on the Statute of the Court of Justice of the European Union 2010*,Art 35.

六、小结

各国宪法解释程序的设置和发展对我国完善宪法解释程序机制有一定的启发意义。在本章所考察的程序内容中,对我国最重要的借鉴有两个方面:一个是解释机构的独立,另外一个是具体程序的设计。

在全国人大常委会的"法律委员会"更名为"宪法和法律委员会"并被赋予"开展宪法解释、推进合宪性审查"的职责之后,我国学界已经基本上形成了由这个专门委员会具体行使《宪法》第 67 条赋予全国人大常委会"解释宪法"权力的共识,对程序的设计也围绕这一机构展开。但是从前述各个国家宪法解释机构发展和改革的经验来看,宪法和法律委员会并不适于承担宪法解释工作。宪法解释与对法律的事后合宪性审查工作紧密相关,连一向只对未生效的法律案进行抽象审查的法国宪法委员会也纳入了"违宪问题先决程序",对在具体案件中出现的规范违宪问题进行处理。在 2008 年修宪、2009 年修改组织法确立这一程序之后,该程序的启动次数逐年上升,已经大大超过了抽象审查的启动频率。由此可以看出,对宪法进行解释的需要更多地出现在事后合宪性审查过程中。如果是这样,那么对宪法作出解释的工作就应当由对法律进行事后合宪性审查的机构承担。在我国现有的法律法规规定中,宪法和法律委员会的定位和职责类似于瑞典的宪法委员会,主要负责对法律案的统一审议和合宪性控制。这意味着宪法和法律委员会在立法过程中已经对法律案中的合宪性问题进行过一次判断。因此不宜由其再行承担对法律的事后合宪性审查工作,也就不宜由其承担对宪法的解释工作。在大多数国家,对法律案进行事前合宪性控制的机构与对法律进行事后合宪性审查并在这个过程中作出对宪法的权威性和终局性解释的机构互相独立。曾经由议会常设委员会解释宪法的英国也已经设立了最高法院,将对法律案事后合宪性审查的功能与议会常设委员会承担的事前控制功能相区分。有鉴于此,我国也应当以新设立机构开展宪法审查和宪法解释,而不应当依靠已经承担了合宪性控制职能的宪法和法律委员会。这个新设立机构可以是全国人大常委会之下的国家合宪性审查委员会。

不过,在我国的特殊语境中,宪法解释并非只有在合宪性审查过程中以附随性解释这一种形式出现。由于我国已经存在的立法解释和司法解释模式,宪法解释也可能以单独的宪法解释案形式出现。这一形式的宪法解释为宪法和法律委员会临时性地承担解释案的起草工作提供了依据,毕竟在事前合宪性控制的过程中也可能发现出台宪法解释案的必要。宪法和法律委员会也可以通过宪法解释案的方式解决"涉及重大制度或政策调整,在一时难以启动宪法修改而又需要广泛凝聚共识的情况","为重大改革决策部署提供合宪性支撑,以适应新时代改革发展的要求"。①

在宪法和法律委员会临时性地承担宪法解释具体工作的时候,宪法解释的启动方式包括主动启动和被动启动。在合宪性控制过程中,宪法和法律委员会可能会发现对宪法某一条文或概念的不同解释意见。例如在《物权法》的制定过程中,就公共财产和私有财产之间的定位和关系问题,就存在不同的观点甚至引发了激烈论战。在这种情况之下,宪法和法律委员会可以主动形成宪法解释草案,交由常委会会议通过。当然,更有可能的情况是,宪法和法律委员会根据党中央的政策和常委会制定的立法规划和年度立法计划,对相关的《宪法》条文和概念主动作出解释。这是宪法解释的主动启动方式。

宪法和法律委员会也可以承担宪法解释被动启动的职能。宪法解释的申请主体可以参考《立法法》确立的宪法和法律审查申请主体,包括国务院、国家监委、最高法、最高检、中央军委和省级人大常委会等。此外,全国人大、国家主席和党中央也应当可以作为宪法解释的申请主体。不过,全国人大和党中央提出的解释申请应当定位为解释要求,即与《立法法》规定的审查要求一样,一旦申请必须作出解释。其他机关的解释申请则可以定位为解释建议,是否适宜通过宪法解释案的方式予以回应,需要由常委会进行进一步的判断。由于我国现阶段宪法审查和解释的功能主要是客观法秩序维护,因此暂时不宜赋予除上述国家机关之外的其他国家机关或其他组织、单位和个人以直接向常委会提起宪法解释案出台建议的权利。可以借鉴法国的经验,随着相关问题不断凸显,需要通过其他主体提出宪法审查和解释建议才能够使这些问题呈现在常委会面前的时候,再通过修改相关规范纳入这些主体即可。

法工委新设立的宪法室可以作为宪法解释申请的登记机构。宪法室在接到解释申请之后,应当对申请进行登记,并对申请的形式进行审查。形式审查的内容主要包括申请是否满足书面形式、是否附上了必要的证明材料、是否属于宪法解释申请、常委会是否已经出台过相关的宪法解释案等。如果解释申请满足形式要件,那么宪法室应当尽快转交宪法和法律委员会。如果解释申请不满足形式要件,例如不属于宪法解释申请或者常委会已经就相关问题作出过解释,那么宪法室可以在向申请机关说明的基础上驳回申请;如果解释申请不符合书面形

---

① 《法制日报》2019年12月10日的报道"党的十九届四中全会要求'落实宪法解释程序机制'首个正式宪法解释案值得期待",法制网,来源网址:http://epaper.legaldaily.com.cn/fzrb/content/20191210/Articel06002GN.htm,最后访问日期:2020年6月12日。

式要求或者缺乏相关证明材料,那么宪法室应当要求申请机关在一定期限内补齐材料,不能以这两个理由直接驳回申请。对于宪法室转交的解释要求,宪法和法律委员会直接进入起草和审议宪法解释案的程序。对于宪法室转交的宪法解释建议,宪法和法律委员会应当就该建议的重要性、必要性和可行性进行初步评估,将评估意见报告提交给常委会委员长会议。委员长会议根据评估意见报告作出是否应予作出宪法解释的决定。如果委员长会议决定应予作出宪法解释的,宪法和法律委员会就转入起草和审议宪法解释案的程序。如果委员长会议决定无需作出宪法解释的,那么宪法和法律委员会应当以咨询意见的形式说明情况、回复申请机关,宪法解释程序就此终止。此外还有一种可能经常会出现的情况是,委员长会议发现无需作出宪法解释、但应当作出法律解释的,那么应当在告知申请机关的基础上,转入法律解释程序。

在过渡期间由宪法和法律委员会以宪法解释案的形式作出对宪法的解释,解释的实施过程可以参考这该机构起草和审议法律案、法律解释案的程序。首先由宪法和法律委员会起草宪法解释草案,由常委会委员长会议列入常委会议程,经常委会全体会议(三次、两次或一次)审议之后,再由宪法和法律委员会根据审议过程中的意见进行修改,最终提出宪法解释草案表决稿,经由常委会全体会议通过,形成正式的宪法解释案。①

在国家宪审委和事后合宪性审查机制建立起来之后,宪法和法律委员会应当退出宪法解释工作,两种形式的宪法解释均由国家宪审委进行。除解释机构变更之外,宪法解释案的启动程序和申请主体可以继续沿袭过渡期间的安排。国家宪审委在事后合宪性审查过程中作出的附随性宪法解释,则可以参考宪法解释案的解释程序进行,并适时纳入法国的"违宪问题先决程序"。具体来说,个人可以在具体案件中提出对相关法律条文的合宪性审查申请,由个人申请提出所在法院和最高法院依次对该申请的重要性、必要性和可行性进行判断,如果可以通过司法解释或者司法解释性质的答复解决的,就无需启动宪法解释程序;如果司法解释或答复无法触及申请所涉宪法问题,那么由最高法院向常委会提出宪法解释建议。人大、政府、检察院和监察委系统的解释建议提请程序也可以参考这一过滤机制。

国家宪审委内部应当确立起报告人制度。德国和奥地利的宪法法院和法国

---

① 类似观点可参见王旭:《论我国宪法解释程序机制:规范、实践与完善》,《中国高校社会科学》2015 年第 4 期;《宪法解释程序法(专家建议稿)》第 20 条,韩大元、张翔等:《宪法解释程序研究》,北京:中国人民大学出版社 2016 年版,第 174—178 页。

的宪法委员会均有报告人制度,即由熟悉相关领域的报告人具体组织宪法审查并提出宪法解释和审查结果的草案。考虑到我国特殊的政治制度,或许建立"双报告人"制度更为妥当,即在起草宪法解释和宪法审查决定的时候,由一名相关领域法学专家与一名相关机构领导共同进行。报告人在报告撰写过程中有权咨询专家意见、进行调查研究、召开座谈会、听证会等。初步报告应首先提交国家宪审委全体会议进行审议,由国家宪审委全体会议讨论通过。宪审委主任根据报告的形式——宪法解释案或与合宪性审查决定一同提交的宪法解释——和篇幅,决定采取逐条讨论投票或"一揽子"讨论投票的方式。报告应在纳入重要意见之后,经宪审委除主任之外的其他组成人员的过半数通过。主任负责组织和主持报告审议和投票活动,一般情况下自己不参与投票;但是如果对某份报告的投票出现了赞成票与反对票平局的情况,那么应以主任的意见为准。经宪审委通过的报告形成宪法解释决议案或合宪性审查决定决议案,在交由全国人大常委会全体会议讨论通过后,最终以常委会的名义对外发布,成为正式的宪法解释和合宪性审查决定。其中,宪法解释案还应经国家主席签署,以主席令的方式公布,在事后合宪性审查中进行的附随性宪法解释则无需国家主席签署,直接在常委会公报上刊载即可。

由于我国国家机构秉承民主集中制的基本原则,我国宪法解释的作出形式更宜借鉴法国模式,决议案和最终发布的正式文件应当仅仅体现多数意见。无论是国家宪审委成员和常委会全体成员为报告草案和决议案所投之票,还是投票背后的个人理由,都不应当对外界公开,避免公开不同意见持有者的身份。

第六章

宪法解释效力比较

关于宪法审查和宪法解释的效力主要包括两个方面：一个是裁决对国家机关和公民个人的拘束力，另一个是在相关法律和行为上的溯及力。在拘束力问题上，世界上各个国家所采取的宪法审查和宪法解释模式不同，对实施宪法审查和宪法解释机关的定位以及赋予该机关的职权职责也不同，因此，这些机关所作出的对宪法解释的拘束力也不尽相同。例如，以普通法院在具体案件中对宪法问题进行附随性审查并作出宪法解释为主要模式的美国和日本，它们的最高法院所作出的宪法解释拘束力就与德国和奥地利专司宪法问题并可以对相关立法进行抽象审查的宪法法院所作出的宪法解释拘束力不同。在大多数情况下，德国和奥地利宪法法院对宪法的解释更会被视为对宪法含义的权威性和终局性解释，而美国和日本的最高法院对宪法的解释则经常只被视为权威性解释中的一种，而不具有终局性。即便是采取同一种宪法审查和宪法解释模式的国家，由于宪法对行使审查和解释权力机关的定位和赋予其职权职责不同，它们所作出的宪法解释的拘束力也不尽相同。例如，采取立法机关审查和解释模式为主的英国和瑞典，同样经由议会常设委员会作出的包含对法案和相关动议是否合宪问题解释的报告，其拘束力就具有很大差别。英国议会各常设委员会提交议会的报告仅仅具有建议效力，而瑞典宪法委员会所提交的报告或者作出的决定却具有劝诫性效力——广义上来说也属于建议性效力，但是其影响力更大。

总的来说，宪法解释的拘束力有三种主要模式。第一种是类似于宪法的即类宪法效力，这意味着相关机构对宪法所作出的解释具有相当于宪法本身含义的地位，其他国家机关都会予以遵守；但是由于解释始终并非完全是宪法文本本身，因此只能具有类宪法效力，不能将其视为完全等同于宪法。对宪法的解释具有类宪法拘束力的国家及其机构包括奥地利的宪法法院、德国的宪法法院以及欧盟的欧洲法院。第二种拘束力是解释性效力，主要呈现为相关机构在宪法审查过程中对宪法所作出的解释仅仅是具有权威性的解释中的一种,并不必然具有终局性效力;换句话说,解释仅仅是一种解释,无法宣称自己相当于宪法本身的含义。美国和日本主要以普通法院对宪法含义进行的解释就以解释性效力为主。值得注意的是,法国宪法委员会,概因之产生时的特殊定位和近年来向公民权利保护方向的不断倾斜,宪法委员会所作出的宪法解释兼具类宪法效力和解释性效力。宪法解释的第三种效力是建议性效力,采取此种效力的主要是以立法机关内部机构审查宪法问题、解释宪法的英国和瑞典。建议性效力也分为一般建议性效力和劝诫性效力,分别由英国议会的各个常设委员会和瑞典议会的宪法委员会分享。

关于宪法解释的溯及力问题,本章主要讨论德国和奥地利的宪法法院以及欧盟法院在对相关立法或行为违反宪法的裁决中所进行的宪法解释的效力自何时出现。关于这个问题,理论界和实务界主要有两种观点,“撤销无效说”和“自始无效说”。后者认为,既然相关法律或行为是违背宪法的,那么鉴于宪法本身的效力,违宪的法律和行为应当从发生开始就是无效的。但是这一观点在实务中不利于法律和政府治理稳定性的维护,因此现今大多数宪法审查机构都更加倾向于“撤销无效说”,仅就宪法诉愿等特殊情况规定例外。由普通法院审查立法和行为并就宪法含义进行解释的美国和日本,法院无权直接宣布法律废除或撤销,只能宣布违宪并使其在司法系统内部丧失直接适用的可能性。被普通法院宣布违宪的法律并不必然失去效力,因此也无实际的溯及力问题。英国和瑞典由立法机关内部机构以及法国宪法委员会对立法进行的事前审查也不涉及溯及力的问题,因为事前审查所审查的是尚未生效实施的法律案。法国宪法委员会在违宪先决问题中所作出的审查决定和宪法解释的溯及力则类似宪法法院和欧洲法院。

一、类宪法效力

由于宪法法院是《德国基本法》和《奥地利联邦宪法》中所明确规定的对宪法和政治问题进行审查并对宪法作出解释的结构,因此由宪法法院进行宪法审查和宪法解释被视作是德国和奥地利的基本宪法秩序的一个组成部分。德国和奥地利宪法法院对宪法所作出的解释也被视为具有类宪法的效力。与德国和奥地利宪法法院类似,欧盟的欧洲法院是欧盟相关条约所明确规定的欧盟法问题的权威解释机构,因此欧洲法院对欧盟法的解释也相当于欧盟法的含义本身。在欧盟的一些基础性条约可以视为该联盟宪法的前提下,欧洲法院对这些基础性条约的解释也具有类宪法效力。

（一）奥地利宪法法院的宪法解释效力

1. 拘束力

奥地利宪法法院对宪法的解释具有类似宪法规定的效力。一方面，宪法法院对涉及宪法的重要问题进行审查并就所涉的宪法根本性条款进行解释，这些解释对其他的国家机构具有拘束力。首先来看宪法法院的管辖权。奥地利宪法法院几乎可以说是现代独立司法审查和解释机构中享有最广泛管辖权力的机构。宪法法院不仅可以主动或被动审理具体案件中所涉立法是否违宪，并经由特定主体的提请对联邦和州的法律、法令、国际条约以及法律和国际条约的重审令是否违宪进行审查，还有权处理各种法院之间的权限争议、某个立法事项属于联邦还是州的权限争议、联邦最高机关和州最高机关之公务违法行为以及选举争议事项。[①] 关于相关立法、法令、国际条约及其重审令是否违宪的审查必然会涉及对宪法相关条文的解释，处理法院之间或联邦与州之间的权限争议则必然会触及对《奥地利联邦宪法》所明确规定的各个法院的基本职权和联邦主义这一被普遍认为是奥地利宪法制度之根本原则之一的解释。[②] 此外，关于公务行为是否违法的判断和选举争议的处理，也必然会涉及对宪法相关条文的解释。因此，首先从奥地利宪法法院广泛的管辖权来看，其就已经掌控了对宪法的大部分及重要内容进行解释的职权。

其次，宪法法院的裁决结果及其中对宪法的解释对相关国家机构具有拘束力。根据《奥地利联邦宪法》的规定，对于经由不同主体提出的联邦和州的法律、法令、国际条约以及法律和国际条约的重审令违宪的案件，宪法法院有权宣布部分条款违宪并予以废除该项规范。[③] 在大多数情况下，宪法法院如果宣布某条规范违宪，也会同时对其进行废止，除非此条的效力已经停止，在这种情况下，宪法法院仅仅会宣布条文违宪。[④] 例如在涉及对《奥地利避难法》的审查中，宪法法院就宣布限制对行政决定进行司法审查的范围的条款、对某些申请避难者立即驱逐条款和拘留避难申请未获得通过者条款等违宪并对其进行废除。[⑤] 对于此类裁决，《奥地利联邦宪法》也规定，立法机关及其他国家机关和个人也必须予以遵守。具体来说，如果宪法法院废除某项法令，则联邦最高主管机关或州最高

---

① 《奥地利联邦宪法》第 139、140 条。

② 联邦主义被普遍认为是奥地利宪法制度的一个基本原则。参见胡骏：《奥地利宪法法院研究》，北京：法律出版社 2012 年版，第 189—190 页。

③ 《奥地利联邦宪法》第 140、141 条。

④ 胡骏：《奥地利宪法法院研究》，北京：法律出版社 2012 年版，第 187 页。

⑤ 胡骏：《奥地利宪法法院研究》，北京：法律出版社 2012 年版，第四章第一节。

主团机关应立即公布该项废除令；①如果宪法法院以违宪为由废除某条法律，那么联邦总理或有关州州长应立即公布该项废除令。② 如果宪法法院对废除令的生效日期未作规定，则废除令自公布之次日起生效；如果宪法法院对废除令的生效日期有所限定，那么最长不得超过 18 个月。③ 如果某项法令或法律条款被废除，或者被宪法法院宣布为违宪，那么所有的法院和行政机关均应受到宪法法院该项裁决的拘束，除宪法法院在废除令中另有规定外，该项法令对于在其废除前即已发生的事实情况应继续适用，但不包括导致该项法令启动合宪性审查程序的事实；如果宪法法院在废除令中规定了废除的期限，那么该项法令在规定期限届满前已发生的实施情况应继续适用，但不包括导致对该项法令启动合宪性审查程序的事实。④ 除此以外，对于因宪法法院所颁布的废除令所废除的法律条款，如果该条款的规定是废止其他法律条款，那么被该条款所废止的其他条款在宪法法院发布废除令之时恢复效力，除非废除令另有规定。⑤ 如果宪法法院所废止的法律或法令涉及行政机关的裁决，那么行政法院也应当根据宪法法院的决定对行政机关的裁决进行撤销；行政机关根据相关情况作出新的裁决是，不得再依据已经被撤销的法律或法令。⑥ 对于宪法法院作出裁决的相关国际条约，也适用上述规定。⑦ 如果宪法法院所作出的裁定是关于选举异议的，那么如果选举异议得到支持，并因此有必要全部或部分的再次举行一般代议制机关选举、欧洲议会选举或法定职业代表机构的规章制定机关选举，那么该选举应当在宪法法院作出裁决后 100 日内举行，代议制机关的有关成员于席位被新选出之人担任之时即丧失该席位。⑧ 针对联邦最高机关和州最高机关及其成员的公务违法行为，宪法法院的裁决可以直接剥夺公务员的职务，情节特别严重时还可宣布暂时剥夺其政治权利；对于轻微违法行为，宪法法院可以仅仅确认违法现象的存在。⑨ 此外《奥地利联邦宪法》还规定，对于宪法法院的裁决，普通法院、联邦总统或联邦总统委托的联邦机关或州机关（包括联邦军队）应当执行。⑩ 在实践

---

① 《奥地利联邦宪法》第 139 条第 5 款。
② 《奥地利联邦宪法》第 140 条第 5 款。
③ 《奥地利联邦宪法》第 139 条第 5 款、第 140 条第 5 款。
④ 《奥地利联邦宪法》第 139 条第 6 款、第 140 条第 7 款。
⑤ 《奥地利联邦宪法》第 140 条第 6 款。
⑥ 班迪翁：《奥地利的法律保护机构（下）》，《法学家》1995 年第 2 期。
⑦ 《奥地利联邦宪法》第 140 条之一一。
⑧ 《奥地利联邦宪法》第 141 条第 2 款。
⑨ 《奥地利联邦宪法》第 142 条第 4 款。
⑩ 《奥地利联邦宪法》第 146 条。

中,大多数情况下相关国家机构和民众都对宪法法院的裁决及其中的宪法解释表示了遵从和理解。

之所以在奥地利会形成这一局面,一个很重要的原因是,奥地利宪法法院是1920年《联邦宪法》自制定之初就确立的对立法和政治问题进行宪法审查与宪法解释的机构,因此由宪法法院进行宪法审查和宪法解释被视作是奥地利基本宪法秩序的一个组成部分。根据奥地利宪法法院在其裁决中创立并不断加强一个理念,对宪法的基本原则进行修改属于对宪法的全面修改。因此,如果相关国家机构或民众不遵从宪法法院的裁决,那么这些不遵从不断累积的效果就会事实上剥夺宪法法院审查相关问题并对宪法进行解释这一职权,从而形成对宪法基本原则的实质性修改。而根据《奥地利联邦宪法》的第4条第3款的规定,对宪法进行全面修改(或称整体性修改),必须经过全民公决方可实施。这意味着通过相关国家机构或不特定的民众的单个不遵循行为的逐渐累积而起到实质性修改宪法规定的目标,是不符合宪法规定的。①

但是另一方面,宪法法院对宪法的解释仅仅具有类宪法效力,其与宪法并不等同。这一点尤其体现在对立法的审查过程中。与前述对法律部分条文或法令宣告违宪并废除不同,如果宪法法院要废除整部立法,那么必须有明显的必要,例如宪法法院在未决案件中将要适用这一立法,且该立法缺乏依据,或由无权机关颁布或以违法的方式公布。② 这意味着奥地利宪法法院如果要直接宣布废除整部立法,只有在该立法完全缺乏依据、由无权机关颁行,或者立法公布的方式违反法律的禁止性规定之时方可。换句话说,就是只有在程序明显违法违宪或者立法目的根本无法正当化的情况下,宪法法院才有权直接宣布废除整部立法。一般来说,宪法法院仍然会尊重立法机关的裁量,很少会判定整部立法违宪并废除,而是仔细甄别立法中的个别条款,对其中与宪法相抵触的宣布违宪并废止。这一宪法制度在一定程度上体现出宪法法院在面对立法机关的时候所必须秉承的某种谦抑态度。

不仅如此,《奥地利联邦宪法》也赋予了立法机关一项权力,使得其可以通过特殊的程序将立法上升为宪法性法律,从而实现与宪法法院裁判结果的对抗。第44条规定,在有半数议员出席并有三分之二多数投票赞同的情况下,国民议院可以通过宪法性法律,或者在单行法中通过宪法性条款,对宪法的非原则性规定进行部分的调整和修改。因此如果宪法法院基于对某条宪法条文的理解作出

---

① 胡骏:《奥地利宪法法院研究》,北京:法律出版社2012年版,第208—209页。
② 《奥地利联邦宪法》第139条第3款。

的对某项立法、立法条文或法令的违宪裁决严重侵犯了立法机关的权威和判断，那么立法机关完全可以通过宪法性法律对宪法条文进行修改，从而使得宪法法院的裁决实质上无效。

此外，通过全民公决的程序可以对宪法的基本原则进行修改从而启动宪法的全面修改甚至重新制宪的活动。在奥地利，尽管民主形式更加倾向于代议制民主，[1]但是在宪法问题上确实以直接民主和全民意志的表达为根本取向的。因此如果直接民主认为宪法法院对宪法的解释和相关问题的审查违背了他们的意志，那么他们也完全可以通过宪法性法律或宪法修正案的方式实现对宪法法院理解的责难和否定。通过全民公决的方式甚至可以直接修改或废止宪法法院作为相关问题审查和宪法解释机构这一具有根本性的规定。根据《奥地利联邦宪法》的规定，以有效投票之绝对多数通过的全民公决，具有终局效力。[2] 换句话说，宪法及其解释最终仍然——事实上也必须——掌握在民众的手中，奥地利宪法法院所享有的宪法解释和审查权力尽管重要，却并不完全等同于宪法，只具有类宪法的效力。

2. 溯及力

奥地利宪法法院总体上采取"撤销无效说"，即在违宪文件被宣布废除或撤销之后才丧失效力，对于此前的行为该违宪文件的拘束力不受影响。换句话说，就是在大多数情况下，违宪决定不具有溯及力，只对该决定或废除命令之后的法律或行为发生效力。《奥地利联邦宪法》规定，如果宪法法院废除某项法令，则联邦最高主管机关或州最高主管机关应立即公布该项废除令；[3]如果宪法法院以违宪为由废除某条法律，那么联邦总理或有关州州长应立即公布该项废除令。[4] 对于因宪法法院所颁布的废除令所废除的法律条款，如果该条款的规定是废止其他法律条款，那么被该条款所废止的其他条款在宪法法院发布废除令之时恢复效力，除非废除令另有规定。[5] 如果宪法法院所废止的法律或法令涉及行政机关的裁决，那么行政法院也应当根据宪法法院的决定对行政机关的裁决进行撤销；行政机关根据相关情况作出新的裁决是，不得再依据已经被撤销的法律或法令。[6] 对于宪法法院作出裁决的相关国际条约，也适用上述规定。[7]

---

① 胡骏：《奥地利宪法法院研究》，北京：法律出版社 2012 年版，第 199 页。

② 《奥地利联邦宪法》第 45 条第 1 款。

③ 《奥地利联邦宪法》第 139 条第 5 款。

④ 《奥地利联邦宪法》第 140 条第 5 款。

⑤ 《奥地利联邦宪法》第 140 条第 6 款。

⑥ 班迪翁：《奥地利的法律保护机构（下）》，《法学家》1995 年第 2 期。

⑦ 《奥地利联邦宪法》第 140 条之一。

当然,宪法法院也可以自行选择让违宪的法律在废除决定或废除令公布之时失效或在未来的某个时间段之后方才失效。《奥地利联邦宪法》规定,如果宪法法院对废除令的生效日期未作规定,则废除令自公布之次日起生效;如果宪法法院对废除令的生效日期有所限定,那么最长不得超过 18 个月。[①]

尽管在原则上采取撤销无效说,但是对于引发合宪性审查的具体案件,即宪法诉愿案件,《奥地利联邦宪法》却作出了例外规定。如果某项法令或法律条款被废除,或者被宪法法院宣布为违宪,那么所有的法院和行政机关均应受到宪法法院该项裁决的拘束,除宪法法院在废除令中另有规定外,该项法令对于在其废除前即已发生的事实情况应继续适用,但不包括导致该项法令启动合宪性审查程序的事实;如果宪法法院在废除令中规定了废除的期限,那么该项法令在规定期限届满前已发生的实施情况应继续适用,但不包括导致对该项法令启动合宪性审查程序的事实。[②] 除宪法诉愿之外,奥地利国内也在考虑将违宪结论的回溯力扩展至其他案件。[③]

(二)德国宪法法院的宪法解释效力

1. 拘束力

《德国联邦宪法法院法》第 31 条第 2 款明确规定了宪法法院裁判的效力,即"具有法律效力",但是在事实上,宪法法院的裁判形成了类似宪法的效力。

首先,在德国,宪法法院设立的最重要的目标是解决关于法律或者行为是否合宪以及政府的运作和权力配置等问题,[④]这并非一般法律所能够解决的。因此从宪法法院所承担的职能来说,其裁决应当具有类似宪法的效力。根据《基本法》和《德国联邦宪法法院法》的规定,宪法法院不仅仅处理私主体在具体案件中所涉及相关立法违宪或基本权利遭到侵犯的情况,也接受特定国家机关在立法之前或之后所提出的法案或法律合宪性问题的质疑。[⑤] 宪法法院也就《基本法》对联邦和州之间权力划分或者不同公权力机构之间的权力划分规则进行解释,并解决它们之间的争议。[⑥] 此外,宪法法院还处理直接涉及政治问题的政党违

[①] 《奥地利联邦宪法》第 139 条第 5 款、第 140 条第 5 款。

[②] 《奥地利联邦宪法》第 139 条第 6 款、第 140 条第 7 款。

[③] Konrad Lachmayer, "Austria", in: Allan R. Brewer-Carias (ed), Constitutional Courts as Positive Legislators: A Comparative Law Study, Cambridge University Press, 2011, p. 258.

[④] Donald P. Kommers, 'Germany: Balancing Rights and Duties' in Jeffrey Goldsworthy ed., *Interpreting Constitution: A Comparative Study* (Oxford University Press, 2007)161,176.

[⑤] 《德国基本法》第 93 条 2、2a、4a 项,《德国联邦宪法法院法》第 36、77、80 条。

[⑥] 《德国基本法》第 93 条 1、3、4 项,《德国联邦宪法法院法》第 63、64、65、68、71 条。

宪、选举争议、对总统或法官的弹劾申请等。①

其次,德国宪法法院的裁决对于所有法院和所有其他国家机构均具有拘束力,这体现出其具有类似宪法的效力,而不仅仅是具有法律效力。宪法法院针对其所审查法律的不同情况,作出的裁判主要有违宪无效、不一致宣告、吁请裁判以及合宪性解释几种。对于违宪的法律,宪法法院作出裁判有两种形式,一种是违宪无效的裁判。根据这一裁判,违宪的法律直接被宣布无效。第二种是不一致宣告,即宣告法律与宪法不一致,但并不作出无效或撤销的判决。根据这一裁判,立法者负有立刻修改或废除法律以符合宪法的责任。在不一致宣告中,宪法法院还往往在裁判结果中直接为立法者设定纠正期限,具体期限从 9 个月到 4年不等。② 不一致宣告主要适用于两类案件。第一类是平等权案件,尤其是立法中对相关群体进行授益,但是却不平等的排除了其他一些群体。在这种情况中,立法者可以自行选择废除法律、修改法律或将相关群体纳入的方法,并不需要宪法法院必须宣布法律无效。对于此类宣告不一致的裁决后果是,相关机关不得继续适用相关法律;如果是在宪法诉愿程序中被宣告不一致的法律,那么宪法法院会撤销原审裁判或要求原审法院中止审理,待立法机关对法律进行处理之后再行审理。第二类案件是涉及预算法、税法、公职人员工资待遇、大学招生录取办法等,在这些领域中如果宣告法律废除会导致立法真空状态,因此允许其尽管与宪法不一致但仍然可以在一段时间内适用。对于此类案件中对相关法律作出的不一致宣告并不会导致法律立即失效。

对于合宪的法律,宪法法院作出裁决的方式主要包括吁请裁判和合宪性解释两种。吁请裁判指立法机关的法律虽然是合宪的,但是可能存在一定的违宪可能——无论是理解上还是适用上——因此宪法法院在判定合宪的基础上,提醒立法机关注意并考虑通过修改法律的方式予以避免。尽管这一提醒并不具有法律上的拘束力,但是在实践中,立法机关总是积极回应宪法法院的此类判决。③ 吁请裁判主要在两种立法中出现,一种是因社会变迁导致立法有未来违宪之风险。例如,在 20 世纪 70 年代,宪法法院就曾经建议立法机关修改既有立法,体现社会中逐渐风行的男女平等观念。另一种是选区划分案件,由于人口的变化使得选举法对既有选区的划分和代表名额的分配出现了一个选票在不同选区的价值不同的情况,也可称为投票价值不平衡。在这种情况中,因为情势变更

---

① 《德国基本法》第 93 条 4c 项,《德国联邦宪法法院法》第 43、48 条。
② 田伟:《规范合宪性审查决定的类型与效力》,《中国法律评论》2020 年第 1 期。
③ 田伟:《规范合宪性审查决定的类型与效力》,《中国法律评论》2020 年第 1 期。

而宣告选举法或某次选举违宪并不合适,所以宪法法院也通常会作出合宪但吁请立法机关及时修订选举法的裁判。合宪性解释也是宪法法院所经常采取的对法律作出合宪裁判的方式,即在对所涉法律所能够作出的诸种解释中选择符合宪法的那种,排除可能对法律作出的违宪解释。

宪法法院在各种裁判类型中对宪法的解释,在很大程度上会得到法院和其他机构的遵行,例如如果在经由宪法诉愿程序上升到宪法法院、后者从而对宪法进行解释的案件中,宪法法院对宪法的解释会被案件所涉法院视为对宪法含义的正确解释并遵从。宪法法院对联邦和州之间以及不同的国家机构之间的权限争议的裁决,也具有拘束效力。对于某项立法是否违宪的裁决,总统、联邦议院和联邦参议院也会予以认可。例如在涉及一部移民法案的判决中,尽管当时的联邦议院和参议院已经通过且联邦总统已经签署该法案并认可其正式颁行实施,但是由于《基本法》要求参议院对法案进行表决时,必须以州的代表之间形成的完全一致的意见进行表决。[①] 在对该移民法案进行表决时,某个州的代表中间出现了分歧,因此该表决程序无效。由于该法案是经由抽象程序提请的,而且是明显的程序瑕疵,因此宪法法院判决整部立法无效。宪法法院的这一判决导致该法案最终未能实施。

最后,尽管《德国联邦宪法法院法》规定,宪法法院的裁决具有法律效力,但事实上许多重要的宪法解释原则或原理均是由宪法法院所创设的,例如《基本法》作为一个整体、客观价值秩序、宪法的私法效力和宪法的整合功能等,均来自于宪法法院,而并非《基本法》的明确规定。这些解释原则或原理已经成为大多数德国人理解《基本法》所必然会诉诸的理念,因此它们成为事实上生长在《基本法》内部的重要组成部分。德国学者鲁道夫·西蒙德(Rudolf Smend)即指出,"《基本法》现在已经几乎等同于联邦宪法法院对它的解释了。"[②]此外,《基本法》第100条第2款还规定,如果其他法院在诉讼中对某一国际法规定是否构成联邦法的组成部分或者是否直接产生涉及个人的权利和义务发生疑问时,应当征求联邦宪法法院的裁判意见。这也意味着,宪法法院的裁决可以直接将某些国际法的规定纳入德国的宪法秩序。在这个意义上,德国宪法法院的解释具有类似宪法的效力。

那么问题就在于如何解释《德国联邦宪法法院法》第31条第1款规定的

---

① 《德国基本法》第51条第3款。

② Cited in Donald P. Kommers, 'Germany: Balancing Rights and Duties'in Jeffrey Goldsworthy ed., *Interpreting Constitution: A Comparative Study* (Oxford University Press, 2007)161,213.

"法律效力"。科默斯认为,这一条意味着宪法法院的裁决享有一般意义上的法律的效力,或者在以制定法为主的德国来说具有制定法的效力。[①] 但是,这仅仅是对该条文的字面含义的解释。或许更合理的解释是,宪法法院的裁决具有法律性质的效力,即具有法律性质的拘束力——这里所强调的是,宪法法院的裁决不只具有宣示或声明效力,也不是像英国议会常设委员会作出报告中的建议效力,而是提出了相关机构和个人应当如何行为的命令与要求。也即,裁判的效力是有国家强制力作为执行后盾的,并非单纯的道德呼吁或者学者建议。

与奥地利的情况一样,德国的宪法法院也是《基本法》自己所选定的解释者,这一规范既然规定在《基本法》的条文中,那么宪法法院对《基本法》的解释——与奥地利宪法法院对《奥地利联邦宪法》的解释一样——是具有宪法依据的,也是德国宪法秩序当中必不可少的一个环节。

但是,与奥地利宪法法院的裁决类似,德国宪法法院的裁决和宪法解释也仅仅具有类似宪法的效力,而不可能是等同于宪法的效力。一方面,德国的立法机关也可以通过修改宪法的方式与宪法法院对宪法的解释相对抗。例如在1994年,德国议会就通过了修改《基本法》第3条第2款的修正案,在"男女平等"之后增加了一句"国家促进男女事实平等的实现,并致力于消除现存不足"。这一修正案提出的机缘是1992年宪法法院在夜间雇佣案中的裁判。在此案中,宪法法院认为禁止蓝领女性夜间工作的联邦立法违宪,因为第2款所要求的男女平等也包括二者在现实社会中面临机会的平等。[②] 为了厘清此款中"男女平等"的含义,并排除宪法法院所认定的形式平等内涵,德国的议会才通过了上述修正案,强调其中的平等主要是指实质平等。

另一方面,宪法法院的裁决虽然对所有法院和国家机关均具有效力,即在德国境内的所有国家机构都必须遵循宪法法院对立法无效和废止以及其他方面的判决并认同其中的宪法解释,但是德国宪法法院的裁判却并没有正式的判例效力。宪法法院自身也拒绝承认自己的判决理由对此后法院的裁决具有拘束力。[③] 但是,根据《基本法》所规定的法治国要求,宪法法院对宪法条文的解释应当具有前后一致性、可预测性和确定性,因此宪法法院在自己的判决中也会援

---

① Donald P. Kommers, 'Germany: Balancing Rights and Duties' in Jeffrey Goldsworthy ed., *Interpreting Constitution: A Comparative Study* (Oxford University Press, 2007)161,176,193.

② 85 BVerfGE 191,206(1992).

③ Donald P. Kommers, 'Germany: Balancing Rights and Duties' in Jeffrey Goldsworthy ed., *Interpreting Constitution: A Comparative Study* (Oxford University Press, 2007)161,194.

引曾经作出的裁决中对宪法的解释，以证明法院对宪法的态度是始终如一的——宪法法院的判决理由因此在事实上具有了判例的效力。

2. 溯及力

对于被直接宣告无效的法律，德国宪法法院早期采纳自始无效说，即被宣告违宪的法律或条文自始无效。但是这一观点会影响法律和政府行为的稳定性，因此后来宪法法院开始倾向于撤销无效说，即被宣告违宪的法律或条文自被废除或宣告撤销之日起方才失去效力。例如，根据德国《联邦宪法法院法》第 79 条规定，一般情况下，法院根据被宪法法院后来宣告无效的法律作出的不可撤销的裁判的效力不受影响，但是如果刑法规范被宣布无效，那么此前根据该条款被判处刑罚者，可依据刑事诉讼法的规定提起再审。后一句是对前一句所秉承的撤销无效说设立的例外。在德国学者看来，之所以规定这一例外的原因在于，刑罚对公民人身和财产权利的影响尤其严重，"如果一个刑罚是基于违宪的刑法条文作出的，那么任何人都不应被强迫带上这样一个污点"。[①]

对于不一致宣告裁决的溯及力，德国联邦宪法法院的见解也经历了一定的变迁。早期，宪法法院认为，被宣告与宪法不一致的规范不同于被宣告无效的法律，可以暂时性地继续适用，直到立法机关根据宪法法院的建议对立法进行的废除或修改。但是在 1974 年的一个裁决中，宪法法院却令人意外的指出，"无论法院是宣告一个规范无效还是仅确认其与宪法不一致，对未来和过去都具有相同的效力。"自此之后，宪法法院在不一致宣告裁决的溯及力问题上的态度与直接宣告无效裁决保持了一致，即原则上被宣告与宪法不一致的规范禁止适用，但是在例外情况可以允许违宪的法律作为过渡时期的规则全部或者部分继续适用，以避免出现法律真空状态。[②]

（三）欧盟法院的宪法解释效力

1. 拘束力

欧盟发展至今天已经形成了一种超越一般国际组织的类国家结构，欧盟的基础性条约——主要是三个《共同体条约》《欧盟条约》《单一欧洲法令》《阿姆斯特丹条约》《尼斯条约》等——在欧盟范围内获得了类似宪法的效力。欧洲法院及其初审法院是在欧盟层面上就这些条约进行解释并就相关问题作出裁决的主要机构，它们的裁决及对欧盟基本法的解释同样具有类宪法效力。

在开创欧洲共同体《欧洲煤钢共同体条约》的同时设立欧洲法院前身的初

---

① 田伟：《规范合宪性审查决定的类型与效力》，《中国法律评论》2020 年第 1 期。
② 田伟：《规范合宪性审查决定的类型与效力》，《中国法律评论》2020 年第 1 期。

始，该法院就享有执行条约、确保共同体成员国和机构遵守条约的职责。例如按照条约的规定，根据成员国或共同体高级机关申请，共同体法院可以审查议会或理事会的决定，如果决定违反条约或适用条约的任何法律准则、无权管辖，或违反实质条件，那么法院可以判决予以撤销。[1] 对于撤销的决定，共同体高级机关应当采取执行撤销判决的措施。[2] 对于共同体法院的裁决，可以在各成员国根据本国裁决的执行效力而产生效力。[3] 共同体法院在初步裁决程序中所作出裁决的效力，也适用前款规定，但是在《欧洲煤钢共同体条约》阶段，初步裁决的管辖范围仅仅涉及在成员国诉讼中对于高级机关和理事会的决定效力发生争议时。[4] 尽管在这个阶段，共同体法院的管辖范围仍然相对较窄，但是就其效力来说，法院所作出的对相关问题的裁决及其中对共同体条约和法令的解释就已经被视为对相关条文的权威理解。

随后的《欧洲经济共同体条约》和《欧洲原子能共同体条约》也分别设立了自己的共同体法院，这些法院也享有类似于煤钢共同体法院的管辖权和裁决效力。例如《欧洲经济共同体条约》和《欧洲原子能共同体条约》在《欧洲煤钢共同体条约》的基础上，更加明确的赋予了法院受理由共同体机构、成员国以及成员国个人提请的关于共同体颁布的条例和指令的审查职权，如果条例和指令是越权、违反基本程序、违背基础条约或滥用权力的结果，那么法院可以判决其无效。[5] 条约还更加详细的规定了初步裁决程序，即如果成员国法院在具体案件审理过程中发现涉及共同体法律的问题，可以提交共同体法院对共同体法律进行解释，随后再根据这一解释对案件进行判决，如果涉案当事人除诉诸共同体法律之外别无其他救济途径，那么成员国法院必须提请共同体法院进行初步裁决。[6] 对于法院的职权，条约首先直接规定，共同体法院具有确保对条约解释和适用遵守条

---

[1] *Treaty establishing the European Coal and Steel Community*, signed in 1951, entered into force in 1952, Art 33.

[2] *Treaty establishing the European Coal and Steel Community*, signed in 1951, entered into force in 1952, Art 34.

[3] *Treaty establishing the European Coal and Steel Community*, signed in 1951, entered into force in 1952, Art 44.

[4] *Treaty establishing the European Coal and Steel Community*, signed in 1951, entered into force in 1952, Art 41.

[5] *Treaty establishing the European Economic Community*, signed in 1957, entered into force in 1958, Art 173,174.

[6] *Treaty establishing the European Economic Community*, signed in 1957, entered into force in 1958, Art 177; *Treaty establishing the European Atomic Energy Community*, signed in 1957, entered into force in 1958, Art 150.

约规定的职权。^① 其次,共同体法院的裁决整体对于裁决作出的对象来说都具有效力:^②对于法院宣布其条例或指令无效的共同体机构,应当采取必要措施以实现对法院裁决的执行;^③对于裁判所涉成员国,其应当通过本国的民事诉讼程序执行共同体法院的裁决。^④ 1957 年的《关于欧洲各大共同体的某些共同机构的公约》将基于三个条约项下所设立的各大共同体法院合并为一个,统一的欧洲法院模式就此确立。

欧洲各国组建共同体的步伐在六七十年代停滞又再次启动之后,1986 年的《单一欧洲法令》对前述三个《共同体条约》进行了重述和修正。涉及欧洲法院的职权范围和裁决效力,《单一欧洲法令》基本上是确认了之前三个条约的规定,并没有太多改动。最大的不同在于《单一欧洲法令》在欧洲法院之下设立了初审法院,分担部分共同体法院的职权,不过关于共同体机构和成员国提起诉讼的审理以及在初步裁决程序中对共同体法律的解释,仍然由欧洲法院进行。^⑤

让欧洲共同体成为欧盟的《欧盟条约》同样是在修正和调整三个《共同体条约》并通过一系列议定书的基础上对新欧盟秩序进行规定的,对于欧洲法院职权范围和裁决效力也并没有太多的调整,只不过是在欧盟新设立相关机构的基础上详细规定了能够在欧洲法院提起诉讼和审查要求并受到法院裁决拘束、应当通过必要措施实现裁决的执行的各个机构,并将初步裁决解释权的范围拓展至欧洲议会设立机构制定的条例或指令。^⑥

对《欧盟条约》和三个《共同体条约》进行修订的《阿姆斯特丹条约》进一步将欧洲法院在初步裁决程序中对规范的解释权和判定是否有效的权力范围拓展至包括理事会的框架性决定或行动决定、基于该条约所订立的其他公约以及实施条约和其他公约的各种措施。^⑦ 该条约还规定,各成员国在签署条约之时或者之后应当作出接受欧洲法院初步裁决结果约束的声明;不过无论成员国是否作

---

① *Treaty establishing the European Economic Community*, signed in 1957, entered into force in 1958, Art 164.

② *Treaty establishing the European Economic Community*, signed in 1957, entered into force in 1958, Art 189.

③ *Treaty establishing the European Economic Community*, signed in 1957, entered into force in 1958, Art 176.

④ *Treaty establishing the European Economic Community*, signed in 1957, entered into force in 1958, Art 192.

⑤ *Single European Act*, signed in 1986, entered into force in 1987, Art 4.

⑥ *Treaty on European Union*, signed in 1992, entered into force in 1993, Art E(56).

⑦ *Treaty of Amsterdam*, signed in 1997, entered into force in 1999, Art K7(1)(6).

出这一声明，其都可以将案件提交欧洲法院进行初步裁决。① 对于欧洲法院裁决的效力，《阿姆斯特丹条约》的规定与之前类似。

随后对《阿姆斯特丹条约》进行进一步调整的《尼斯条约》将确保在解释和执行条约的时候遵守其规定的职权明确拓展至初审法院，②并赋予初审法院在一些特殊案件中的欧盟法问题进行初步裁决的权力。③ 再之后的《里斯本条约》将《单一欧洲法令》所创立的初审法庭改为综合法院（General Court），与原先的欧洲法院（Court of Justice）一同构成了新的欧盟法院（Court of Justice of European Union）。④ 随着欧盟司法体制的改革，2016 年 9 月 1 日，欧盟曾经的专门法院公务员法庭（Civil Service Tribunal）的职权也转入综合法院。综合法院和欧洲法院一起承担起对主要的欧盟基本法进行解释并对相关问题进行审查和裁决的职能。

综上可以发现，从欧洲共同体建立之初到今天欧盟内部各成员国之间联系的愈发紧密，欧洲法院以及今天的欧盟法院都一直是关于共同体或联盟自己所选择的对于共同体或欧盟法律的权威解释者——这是通过法院实现欧盟法制统一的必要途径——这意味着从制度上来说，欧盟法院对欧盟基本法的理解应当被视为或推定为法律的本意。

对于欧盟法院裁决的效力，各个成员国也倾向于接受，具体由成员国国内法院以下达执行令状的形式确保实现。在判定法令效力的诉讼中，欧盟各成员国也倾向于承认欧盟法院判决的先例效力。例如法国法院和德国联邦层面的法院在审理与欧洲法院先前已经判决案件情况存在类似问题的案件时，就会直接引用欧洲法院的判决作出自己的裁决。⑤ 欧盟法院自己也倾向于认可自己初步裁决效力的先例效力，即如果对于某一个欧盟法问题，欧盟法院已经根据一个成员国的申请作出了裁决，那么这一裁决对于其他成员国类似的问题也具有拘束力。⑥ 例如在 Da Costa 一案中，欧洲法院认为，自己在先前 Van Gend en Loos 案件中所作出的对《欧共体条约》第 20 条的解释对提出类似问题的意大利法院具有拘束力。⑦

---

① *Treaty of Amsterdam*，signed in 1997，entered into force in 1999，Art K7(2)(4).
② *Treaty of Nice*，signed in 2001，entered into force in 2003，Art 220.
③ *Treaty of Nice*，signed in 2001，entered into force in 2003，Art 225.
④ Treaty of Lisbon，signed in 2007，entered into force in 2009，Art 9 F.
⑤ 张英：《论欧洲法院的初步裁决程序》，《法商研究》2001 年第 4 期。
⑥ 'Court of Justice of the European Union'，https：//curia. europa. eu/jcms/jcms/Jo2_7024/en/，latest visit on August 14，2019.
⑦ 张英：《论欧洲法院的初步裁决程序》，《法商研究》2001 年第 4 期。

在基于由成员国法院或法庭提出的初步裁决请求而作出的裁判中,尽管欧盟法院在初步裁决中仅限于对法律问题——在这里即欧盟法问题——的解释,不涉及具体案件的实体判决,但是欧盟法问题的提出毕竟是以具体案件为依托的,欧盟法院所作出的解释也必须能够对具体案件的判决具有指导力。因此,欧盟法院的初步裁决结果在事实上暗含了具体案件的判决结果。这在一定程度上引起了初步裁决结果效力的问题。在 1969 年的一个案件中,欧洲法院判决指出初步裁决对作为裁决请求机关的成员国法院或法庭具有拘束力,但是根据 1997 年签订的《阿姆斯特丹条约》,欧洲法院初步裁决的结果对成员国法院或法庭并没有强制力。尽管条约与欧洲法院的判例有所龃龉,但是成员国法院在一般情况下仍然会接受欧洲法院的裁决结果,并根据这一结果中所暗含对实体案件的审理建议进行最终裁判。例如在德国 OMT 案中,关于欧洲银行的货币政策是否与德国联邦主义或民主原则相抵触的问题,尽管其中涉及对德国不可修改之宪法条款的解释,德国联邦宪法法院还是遵从了欧洲法院就货币政策并非经济政策因而暗示欧洲银行之举措不与联邦和民主原则相冲突的裁决。①

欧盟各成员国也倾向于承认欧盟法院判决的先例效力。例如法国法院和德国联邦层面的法院在审理与欧洲法院先前已经判决案件情况存在类似问题的案件时,就会直接引用欧洲法院的判决作出自己的裁决。② 在这个意义上,欧盟法律制度已经在很大程度上改变了成员国内部的法律运行状况。

但是,欧盟法院对共同体和欧盟法律解释的权威性并不意味着其解释就能够成为基本法律本身。一方面,欧盟的机制和法律体系仍然在不断推进和发展过程中,很难说欧盟法院对于某个条约条文的解释以及据此作出的对具体案件的判决不会在未来被成员国以公约甚至新条约的形式推翻。欧盟法院的地位和职权也是欧盟基本条约所赋予的,如果成员国在未来通过条约一致同意——尽管可能性很低——剥夺欧盟法院解释欧盟法、确保其正确实施的权力,那么欧盟法院的解释也将不再具有拘束效力。换句话说,欧盟法院对欧盟基本法解释的效力基于欧盟各成员国所签署同意的条约之上,因此不可能完全等同于条约效力。

另一方面,如果欧盟法院的裁决超出了成员国请求的范围或者其本身所享有的权限,那么成员国也可能会拒绝接受。例如在 the French Derived Products 案中,法国的法院向欧洲法院提请审查某个条例是否符合欧盟法并据此判定其

---

① 杨国栋:《欧盟反危机措施的司法审查研究——兼论后危机时代欧洲一体化模式的博弈》,《欧洲研究》2019 年第 2 期。

② 张英:《论欧洲法院的初步裁决程序》,《法商研究》2001 年第 4 期。

是否有效,欧洲法院在其裁决中认为,此条例与欧盟法抵触因此无效,并且指出"该法令自欧洲法院判决之日失效"。① 法国接受了欧洲法院判定法令无效的结论,但是对于其判处的法令失效日期,法国认为应当属于成员国所享有的法律适用和裁判执行权限。因此法国法院拒绝接受欧洲法院在失效起始日期的裁决,重新判决法令自公布之日起就无效。有鉴于此,欧盟法院对欧盟基本条约的立法的解释仅仅具有类宪法效力。

2. 溯及力

欧盟法院宪法审查和宪法解释的溯及力也主要采取"撤销无效说"。从《欧洲煤钢共同体条约》开始,就规定共同体法院可以审查议会或理事会的决定,如果决定违反条约或适用条约的任何法律准则、无权管辖,或违反实质条件,那么法院可以判决予以撤销。② 对于撤销的决定,共同体高级机关应当采取执行撤销判决的措施。③ 对于共同体法院的裁决,可以在各成员国根据本国裁决的执行效力而产生效力。④ 共同体法院在初步裁决程序中所作出裁决的效力,也适用前款规定。⑤《欧洲经济共同体条约》也承袭了这一原则,规定对于法院宣布其条例或指令无效的共同体机构,应当采取必要措施以实现对法院裁决的执行;⑥对于裁判所涉成员国,其应当通过本国的民事诉讼程序执行共同体法院的裁决。⑦ 这意味着在欧洲法院的裁决作出之后,相关法律、法规或指令才在欧盟范围内失效,在此裁决之前相关规范的效力并不受影响。不过欧盟法院宪法审查和宪法解释自撤销之后的无效在欧洲法院和综合法院方面有所不同。如今的综合法院是欧洲法院的初审法院,根据相关条约和《欧盟法院法》的规定,如果对综合法院的裁决不服,可以在两个月内向欧洲法院上诉。⑧ 因此对于综合法院宣告相关规范无效的裁判,一般在两个月上诉期届满或欧洲法院驳回上诉之日

---

① Henry G. Shermers, The French Monetary Compensatory Amounts Case, 23 CML Rev. (1996)473.

② *Treaty establishing the European Coal and Steel Community*, signed in 1951, entered into force in 1952, Art 33.

③ *Treaty establishing the European Coal and Steel Community*, signed in 1951, entered into force in 1952, Art 34.

④ *Treaty establishing the European Coal and Steel Community*, signed in 1951, entered into force in 1952, Art 44.

⑤ *Treaty establishing the European Coal and Steel Community*, signed in 1951, entered into force in 1952, Art 41.

⑥ *Treaty establishing the European Economic Community*, signed in 1957, entered into force in 1958, Art 176.

⑦ *Treaty establishing the European Economic Community*, signed in 1957, entered into force in 1958, Art 192.

⑧ *The Statute of the Court of Justice of the European Union*, Art 56.

起产生效力。[1] 欧洲法院宪法审查和宪法解释的效力一般自判决之日生效,被宣布违宪的规范则自判决之日失效。[2] 不过欧洲法院和初审法院也可以根据相关规范的特殊情况,宣布在一段时间之内停止效力直到相关机构颁行新的规范,也可以规定在规范失效阶段内的过渡措施。[3]

欧盟法院在成员国提请的初步裁决请求中所作出的裁决和宪法解释的生效时间也遵循前述规定,只不过由于初步裁决所涉及的通常都是在成员国内部的具体诉讼,因此欧盟法院初步裁决的效力及于该个案。初步裁决程序仅仅适用于已经诉至法院尚未作出裁判的案件,如果案件尚未开启在成员国法院的诉讼程序,或者已经作出生效判决,那么初步裁决程序不能启动。[4] 在初步裁决过程中,成员国法院通常会中止案件的审理,直到欧盟法院作出对欧盟法律的解释之后方才根据这一解释继续审理案件。有鉴于此,欧盟法院在初步裁决中所作出对欧盟法解释的效力也并不突破撤销无效说。

二、解释性效力

采取普通法院解释宪法并进行宪法审查制度的美国和日本,由于普通法院在国家机构中所处的位置及司法的特性,其对宪法条文的含义所作出的解释具有权威性却非终局性的效力。我们将这种效力称为"解释性效力",意指普通法院所作出的对宪法条文和概念含义的解释是各种权威性解释中的一种,因此尽管是一种权威性解释,却也仅仅是一种解释,不具有宪法或类宪法的终局性效力。普通法院对宪法作出的解释的效力高于一般法律但是低于宪法,因为普通法院对立法或行为所作出的违宪判决往往能够产生使其在事实上丧失各个方面拘束力的结果,因而普通法院的宪法解释的效力高于法律,但是这种解释不等于宪法本身,宪法的效力仍然高于宪法解释。

其中,美国联邦最高法院和日本最高法院对《1787 年宪法》和《1946 年宪法》作出的解释更加具有代表性,因此本节集中讨论这两个法院宪法解释的效力。

(一)美国联邦最高法院的宪法解释效力

美国联邦最高法院在对相关行为和立法进行合宪性审查的过程中作出的对

---

[1] *The Statute of the Court of Justice of the European Union*, Art 60.

[2] Henry G. Shermers, The French Monetary Compensatory Amounts Case, 23 CML Rev. (1996)473。

[3] *The Statute of the Court of Justice of the European Union*, Art 60.

[4] 吕国平:《论欧洲联邦的先决裁决制度》,《中外法学》1996 年第 1 期。

宪法含义的解释就具有解释性效力。最高法院对宪法的解释能够使违先的立法和行为无效，因此具有一定的权威性。但是，最高法院的解释却并非美国政治运作中的终局性解释：相较于德国、奥地利的宪法法院和欧洲法院所作出的宪法解释对这些国家其他国家机构的拘束力来说，美国联邦最高法院对宪法的解释为美国其他国家机构所接受的程度较低，处于不同时期的最高法院也经常不能秉承对宪法条文或概念含义的具有一贯性的解释。因此，最高法院对宪法的解释仅仅是一种解释，不能等同于宪法本身。

美国联邦最高法院对宪法的解释具有一定的权威性。尽管由普通法院进行宪法审查和宪法解释的权力源自于最高法院在马伯里诉麦迪逊案件中的自我确认和自我赋权，但是到今天为止，最高法院的绝大多数判决都为美国民众所接受。即便个别案件的裁决结果曾经引发国内学者和民众广泛的争论——马伯里诉麦迪逊案就是如此——其中大多数也很快消弭。[1] 在民众对最高法院裁决的不断接受过程中，最高法院行使宪法解释和宪法审查权力的正当性也逐渐获得了民众的认可，这也反过来加强了最高法院宪法解释的权威性。

美国联邦最高法院在一些问题上的明确态度并据此确立的重要宪法原则也巩固了自身的地位并强化了作出的宪法解释的权威性。最典型的布朗诉教育委员会案，在此案中，联邦最高法院推翻了普莱西案件中"隔离但平等"的原则，创立了隔离就是不平等的宪法理念。在当时，该案件的裁决结果遭到了南方州的强烈抵抗，但是正是这一案件推动了美国境内各种种族隔离措施的废除，促进了种族平等观念的生长。当代美国人无疑都会感谢联邦最高法院在这一案件裁决中的强硬态度，若非如此，美国现代仍然是一个种族歧视观念横行的国家。[2] 在布朗案中，联邦最高法院并没有遵循宪法文本的原意——制宪者在南方州蓄奴问题上的妥协是众所周知的——也没有遵循先例所已经确立起来的对宪法第十四修正案中"平等保护"的含义的理解，但是这一对宪法的"超时代"的解读仍然被认为是权威性的。

联邦最高法院宪法解释的权威性也来自于遵循先例原则和最高法院自己对先例予以遵循的实践。在相关案件的裁决中，美国联邦最高法院依赖先例较依

---

① Mark Tushnet，'The United States：Eclecticism in the Service of Pragmatism'in Jeffrey Goldsworthy ed.，*Interpreting Constitution：A Comparative Study*，Oxford University Press，2007，8，55.

② Mark Tushnet，'The United States：Eclecticism in the Service of Pragmatism'in Jeffrey Goldsworthy ed.，*Interpreting Constitution：A Comparative Study*，Oxford University Press，2007，8，41.

赖宪法文本更多,[1]这一方面源自英国的普通法传统,一方面是由于宪法文本本身的模糊性。对遵循先例原则的遵守能够使得最高法院对宪法的某种解释在历史中不断强化。而且鉴于最高法院在司法体系中的地位,下级法院也负有遵守其判例的责任。因此在最高法院不断强化先例的过程中,这些判例在整个司法体系中也将会不断获得确认和巩固,并最终通过裁判依据对国家机构和私主体行为模式的影响,实现在整个国家中的权威性效力。

不过,美国联邦最高法院对相关立法和行为的审查以及在这一过程中对宪法所作出的解释仅仅是一种解释——尽管是权威性解释——并不等同于宪法本身。原因主要是两方面的,一方面是联邦最高法院宪法解释自身所具有的局限性,另一方面是其他国家机构或宪法机制对最高法院权力的行使存在一定的制约。最高法院宪法解释自身的局限性又体现为三个方面。其一,尽管美国联邦最高法院的大多数裁决都为民众所接受,但是其中也不乏极具争议性且至今仍无定论,或者因裁判中所隐含的价值观而至今仍被唾弃的。前者如承认妇女堕胎权利的罗伊诉韦德案。在此案裁决公布之后,涉案的德克萨斯以及加利福尼亚、康涅狄格、夏威夷、马里兰和华盛顿等州都遵循其结果立法将堕胎合法化,一些案件的裁决结果也遵循了罗伊案的结论。[2] 但是与此同时也有一些案件的裁决拒绝适用罗伊案的判决理由,[3]阿肯色斯、伊利诺斯、肯塔基、路易斯安那和密西西比等州甚至制定了触发性法律(trigger law),旨在在罗伊案被推翻的时候立刻将堕胎宣布为非法。近几年来,美国多个州更是再次开启了全面禁止堕胎的立法进程,例如阿拉巴马州、佐治亚州、密西西比州和俄亥俄州等,对妇女堕胎限制的规定较罗伊案之前更加严苛。除立法和司法层面,普通民众直接参与的pro-life 和 pro-choice 两大阵营的游行和抗议从未消弭。后者的例子如斯科特案,在此案中,首席大法官罗杰·特尼(Roger Taney)代表多数意见撰写的司法意见认为有色人种并非《独立宣言》"人人生而平等"中的"人",他们因此不享有美国宪法第 3 条和第 4 条所规定的能够在联邦法院提起诉讼的权利[4]——这一案件的裁决结果是美国联邦最高法院在历史上作出的臭名昭著的案件之一。在

---

① Mark Tushnet,'The United States:Eclecticism in the Service of Pragmatism'in Jeffrey Goldsworthy ed.,*Interpreting Constitution:A Comparative Study*,Oxford University Press,2007,8,48.

② *Planned Parenthood of Southeastern Pa v Casey* (1992)505 US 833 和 *Stenberg v Carhart* (2000)530 US 914.

③ *Webster v Reproductive Health Services* 492 US 490(1988)和 *Gonzales v Carhart* 500 US 124 (2007).

④ *Scott v. Sanford* 60 US 393(1857).

这些案件中,联邦最高法院对宪法的解释并没有被社会所接受,因此很难说其具有足够的权威性——至少在相关问题上不具有终局性。

其二,尽管联邦最高法院在大多数案件中都遵循了先例,但是不遵循先例的情况也并不少见。例如普莱西案就被布朗案所推翻。此外,在哈珀诉弗吉尼亚州选举委员会案中,联邦最高法院也推翻了先例。该案件所涉及的是弗吉尼亚州关于"人头税"——即在参加选举之前必须每年缴纳 1.5 美元——的规定是否违背宪法第十四修正案所规定的"平等保护"要求。在此案发生以前,联邦最高法院曾经在 1937 年的一个案件中判处关于人头税的立法合宪有效。但是在此案中,道格拉斯大法官认为,对于平等的理解不应当局限于历史上的理解,"关于平等保护条款项下的平等究竟包括哪些内容的观念的确发生了变化"。[①] 据当时所持的这一变化之后的平等观念,联邦最高法院判决弗吉尼亚州的立法因违宪而无效。在劳伦斯诉德克萨斯州案中,联邦最高法院也推翻了该法院在 17 年前的一个判决,理由主要是之前的判决是错误的。[②] 在此案中,联邦最高法院的多数意见认为,17 年前法院的法官误解了当事人所提出的诉请,因此错误的判决禁止同性恋之间性行为的州制定法合宪。在 1922 年的计划生育委员会诉凯西案中,奥康纳、肯尼迪和苏特大法官在附随意见中推翻了 1905 年的洛克纳诉纽约州案,理由是 17 年前的这一案件对完全自由的经济市场促进人类福祉的能力作出了错误的判断。[③] 以先例所依据的理由错误为由对其进行的推翻,事实上也暗含了作出先例裁决的当时的最高法院在裁决中对宪法的解释是有误的,可能是理解本身的错误,也可能是适用的错误。这意味着当时对宪法的解释并不具有持久的权威性。如果曾经的裁决能够为现在的法官以错误为由推翻,那么当下的法官作出的裁决也可能在后世被推翻——在这个意义上,联邦最高法院对宪法的解释也并不具有终局性。

其三,由于缺乏先例且缺乏能够明确据以得出宪法规定含义的依据以及宪法规定的原则性和抽象性,联邦最高法院对宪法条文及其中概念的解释经常呈现左右摇摆的不确定状态。例如关于联邦国会有权就贸易问题进行立法的"贸易条款"——《宪法》第 1 条第 8 款第 3 项规定联邦国会有权"管理合众国与外国的、各州之间的以及与印第安部落的贸易"——在不同的时期不同的法官的眼中,其含义就完全不同。制宪者心中的贸易与农业和制造业相对,主要指商品的

---

① Harper v. Virginia State Board of Election 383 US 633,669(1966).

② Lawrence v. Texas 123 S Ct 2472,2484(2003).

③ Planned Parenthood v. Casey 505 US 833,855(1992).

买卖。① 但是在联邦最高法院在涉及州际蒸汽船经营业务的吉本斯诉奥登案中第一次遭遇这一条款时，就已经偏离了制宪者的原意。在此案中，马歇尔大法官将贸易解释为："包括运输，但是贸易比运输的含义更加广泛，贸易是一种交往。贸易所描述的是国家之间、国家的各个地区之间以及国家的各种机构之间的商业交往。"②在此后的半个世纪——从 1887 年到 1937 年——最高法院对贸易权力的解释则采取了一种更加限缩的路径，尽管在这个阶段由于经济的发展，联邦国会更加积极的行使这一权力。例如在 1895 年涉及《谢尔曼反托拉斯法》（Sherman Antitrust Act）的美利坚合众国诉 E. C. 奈特公司案中，联邦最高法院几乎将贸易与运输完全等同起来。在此案中，最高法院认为，"贸易紧随制造，但并非制造的一部分……一个物品经过制造之后送往他州的事实，并不意味着这个物品本身就是贸易的一个部分。"③在 1935 年的施赫特家禽公司诉美利坚合众国案中，联邦最高法院重申了奈特公司案中的观点，认为家禽的养殖不属于贸易条款赋予联邦国会的权力，因此宣布赋予总统以实施地方商业组织颁行的竞争法律权力的《全国产业复兴法》（National Industrial Recovery Act）无效。④ 这一限缩的态度在罗斯福新政及最高法院组成人员改组之后得以改变，法院对"贸易条款"含义的解释逐渐采取更加开放的态度。例如在 1942 年的魏卡德诉费尔伯恩案中，最高法院就回到了马歇尔大法官在吉本斯诉奥登案中对贸易条款的分析并更进一步认为，只要某种行为对州际贸易有影响——在此案中是费尔伯恩超出配给种植小麦的行为——那么联邦国会就有权就其进行立法并授权行政机关采取相关措施。⑤ 此后的半个世纪，联邦最高法院一向以开放解释的态度几乎默许了联邦国会在贸易方面的所有立法。在各州是否负有不得侵犯辖区内公民基于宪法所享有的基本权利的问题上，最高法院裁决所依据的解释也不尽相同。1823 年，最高法院大法官布什罗德·华盛顿（Bushrod Washington）在科菲尔德诉科伊尔一案中秉承了宪法第十四修正案起草者的观点，认为该修正案禁止各州政府歧视其他州的居民。⑥ 但是，在 1873 年的屠宰场案件中，最高法

---

① Mark Tushnet，'The United States：Eclecticism in the Service of Pragmatism'in Jeffrey Goldsworthy ed. ，*Interpreting Constitution：A Comparative Study* (Oxford University Press，2007)8,19.

② Gibbons v. Ogden 22 US 1189‐190(1824).

③ United States v. E. C. Knight Co. 156 US 1(1895).

④ Schechter Poultry Corp. v. United States 295 U. S. 495(1935).

⑤ Wickard v. Filburn 317 U. S. 111(1942).

⑥ Corfield v. Coryell 6 Fed Cas 546 no 3230 (CC ED Pa 1823). Mark Tushnet，'The United States：Eclecticism in the Service of Pragmatism'in Jeffrey Goldsworthy ed. ，*Interpreting Constitution：A Comparative Study* (Oxford University Press，2007)8,21.

院的大法官们认为这一解释过于宽泛,将第十四修正案的效力限制在仅仅涉及作为联邦公民所必须享有的那些权利范围之内。① 不过,最高法院并没有拒绝州政府应当承担保障公民基本权利义务的观点,他们所做的,不过是将义务的依据从第十四修正案直接关于公民"特权和豁免"的规定改为第五修正案,即"正当程序条款"。② 在这一系列的判决中,第十四修正案、第五修正案以及"特权和豁免"的概念,也处于不断变化之中。有鉴于此,关于宪法条文及其中概念的解释,很难说联邦最高法院在其裁判过程中给予了"澄清和明确";相反,最高法院不断变迁的解释更像是各个在特定时期持有法庭多数意见的法官个人的观点。③ 正如马歇尔大法官在迈凯伦诉马里兰州一案中写到的,"规定国家最重要权力划分之所有精确细节并规定这些权力付诸实施的所有途径的宪法必然像法典一样冗长,很难为人类所理解。极有可能的是,公众永远都无法理解宪法。"④相反,"我们只能描绘其大致轮廓、标识其重要目标、并从这些目标的本质属性中推衍出构成这些目标的细枝末节。"⑤在这个意义上,马歇尔说出了他那句广为流传的话,"我们永远不能忘记,我们所解释的是一部宪法。"⑥有鉴于此,联邦最高法院对宪法的解释同样难以攀附宪法的终局性和权威性效力,只能够呈现为一种解释。

除联邦最高法院在宪法解释过程中自身的局限性之外,美国的政治运作模式和宪法体制对法院裁决效力的掣肘也不容小觑。首先,联邦最高法院作为司法机关的定位使得其裁判的执行必须依靠其他机关的服从,如果其他机关不予服从,那么这一裁决的权威性及其中对宪法的解释就无法获得权威性。行政机关和各州政府无视法院判决的情况并不少见。除罗伊案之外,在 1962 年的安琪儿诉威泰勒(Engel v. Vitale)案件中,联邦最高法院推翻了某州规定在公立学校内推行祈祷仪式的法律,但是在 20 年之后,该州的学校仍然每天继续要求学生进行祈祷。1954 年布朗诉教育委员会案件推翻了学校的种族隔离措施之后,1956 年联邦国会 19 名参议员和 77 名众议员联合签署了《南方宣言:宪法原则宣言》,宣称要诉诸一切合法的手段推翻这一判决,此外,还有 8 个南方州的立法机关明确宣布布朗案无效并敦促州内各级政府不得遵循。在布朗案作出后的

① The Slaughterhouse Cases 83 US 36(1873).

② Mark Tushnet, 'The United States: Eclecticism in the Service of Pragmatism'in Jeffrey Goldsworthy ed. , *Interpreting Constitution: A Comparative Study* (Oxford University Press, 2007)8,21.

③ Mark Tushnet, 'The United States: Eclecticism in the Service of Pragmatism'in Jeffrey Goldsworthy ed. , *Interpreting Constitution: A Comparative Study* (Oxford University Press, 2007)8,20.

④ McCulloch v. Maryland 17 US 316(1819)407.

⑤ McCulloch v. Maryland 17 US 316(1819)407.

⑥ McCulloch v. Maryland 17 US 316(1819)415.

10 年,只有大约 1‰ 至 2‰ 的黑人儿童能够在废除种族隔离措施的南方州学校就读,直到 1964 年联邦国会和行政机关以强有力的手段干预之后,种族隔离制度才得以普遍废止。[①] 正如托克维尔所说,"只要人民同意服从法律,他们(最高法院的大法官)就力大无比,而如果人民无视法律,他们就无能为力。"[②]

其次,修改宪法也是对抗联邦最高法院对宪法所作出的解释的有效途径。尽管美国修宪的程序相当繁琐,这在一定程度上也解释了为何迄今为止美国宪法只有 27 条修正案,其中的前 10 条还是在宪法颁布后不久就通过的。但是,修改宪法也并非不可能,其中许多修正案的通过都是为了推翻联邦最高法院的某个裁决。例如,1795 年第十一修正案推翻了 1793 年的一项允许个人在联邦法院控告州政府的判决;1868 年的第十四修正案推翻了 1857 年声名狼藉的斯科特案;1913 年批准生效的第十六修正案就撤销了 1895 年法院在 Pollack v. Farmers' Loan and Trust Co. 案中关于征税的判决;1971 年的第二十六修正案则部分推翻了 1970 年一项关于国会无权赋予 18 至 20 岁公民在各州选举中选举权的判决。[③]

再次,《1787 年宪法》所确立的政治体制也赋予国会和总统控制最高法院的相应权力,这也在一定程度上使得它们能够左右法院对宪法的解释。例如国会可以控制法院规模的大小,在总统的提名下,国会可以通过填充更多的新任法官职位和任命新法官报复法院的某些判决结果。在历史上,1789 年国会确定法院的人数为 6 人,按照 1801 年的《司法法》减为 5 人,1802 年恢复为 6 人,自 1869 年之后人数固定为 9 人。[④] 根据宪法第 3 条第 2 款第 3 段的规定,国会控制最高法院的上诉管辖权以及下级法院的所有管辖权。例如在 20 世纪末,国会就在强大的舆论压力下,不得不取消了联邦最高法院在堕胎、学校以校车接送学生、在学校内进行祈祷等极具社会争议性的问题上的上诉管辖权。[⑤] 尽管宪法规定法官的薪水不得降低,但是国会仍然可以通过缩减法院预算的方式产生对法官薪水的实质性影响,例如在通货膨胀的时候,如果国会不增加法院预算,那么事实上法官的薪资水平就被降低了。[⑥] 不过,对法院解释最大的制约在于总统经参议院同意任命法官的权力,这一权力使得总统可以将那些司法哲学更加符合自

---

① 范进学:《美国司法审查制度》,北京:中国政法大学出版社 2011 年版,第 202 页。

② [法]托克维尔:《论美国的民主》(上卷),董国良译,北京:商务印书馆 1997 年版,第 169 页。

③ 范进学:《美国司法审查制度》,北京:中国政法大学出版社 2011 年版,第 197,203 页。

④ 范进学:《美国司法审查制度》,北京:中国政法大学出版社 2011 年版,第 201 页。

⑤ Louis Fisher, *Constitutional Dialogues*, Princeton University Press, 1988, p. 215.

⑥ Mark Tushnet, 'The United States: Eclecticism in the Service of Pragmatism' in Jeffrey Goldsworthy ed., *Interpreting Constitution: A Comparative Study*, Oxford University Press, 2007, 8, 16.

己的政治纲领的人任命为联邦最高法院的大法官,从而实际上影响法院解释的方向。[1] 罗斯福总统在新政时期的做法可谓其中的典型。在 1937 年,罗斯福总统为了推动新政的实施试图对法院进行填塞,将 9 人扩充至 15 人,但是未能如愿。但是此后随着坚持中间路线的大法官转向以及 4 名保守派法官相继退休,历史赋予了罗斯福在最高法院践行自己意志的机会,新的对新政抱有同情态度法官的上任彻底地改变了法院裁决和宪法解释的走向。

最后,联邦最高法院宪法解释并不具有类宪法效力还有一个重要原因,就是美国的宪法或宪法性法律并未明确赋予其解释宪法、进行宪法审查的权力,这一权力由其自己解释而来。尽管美国民众现在接受了法院的这一自我定位,但是如果民众和立法机关愿意,他们完全可以在未来通过一条宪法修正案剥夺最高法院的宪法解释和宪法审查权力。或许正如霍姆斯在投票支持那些被多数民众所反对的个人权利时说的,"这就是一个实验,正如整个人生也是一场实验。"[2]由联邦最高法院对宪法进行解释也是一个实验,其具有一定的权威性,但未必具有终局性——终局性的决定最终还是要由人民直接作出。

(二)日本最高法院的宪法解释效力

日本《1946 年宪法》是在美国的深切影响下制定的,因此在因历史原因继承了英国的立宪君主制和内阁责任制的同时,也确立了最高法院的宪法审查和宪法解释权力。《1946 年宪法》第 81 条即规定,"最高法院,是拥有一切法律、命令、规则或处分是否符合宪法之权限的终审法院"。但是日本又与美国不同,美国联邦最高法院宪法审查和宪法解释的权力是其自行在判例中通过解释司法权和宪法的性质得来的,尽管没有宪法文本的直接支撑,但是经过多年的实践和发展,已经基本得到了民众的认可。与此相反,日本在 1946 年前后制定并颁布宪法之时,国内尚未形成由普通法院解释宪法并据此对立法和行政进行监督的共识。在《1946 年宪法》之前的《明治宪法》,是将宪法解释的权力赋予天皇行使。有鉴于此,尽管日本最高法院的宪法审查和在这个过程中对宪法进行解释的权力经由成文宪法确认,其所作出的宪法解释的效力却尚不如美国联邦最高法院,因而也是一种解释性效力。

日本法院的作出对相关立法和行为是否合宪的判决主要有几种:第一种是合宪判决,在日本历史上,此类判决占据绝对多数。根据学者的统计,每年日本

---

[1] Mark Tushnet, 'The United States: Eclecticism in the Service of Pragmatism'in Jeffrey Goldsworthy ed., *Interpreting Constitution: A Comparative Study*, Oxford University Press, 2007,8,16.

[2] [美]伯顿·凯恩:《美国的违宪审查——坏设计,好结果?》,王鑫译,《清华法律评论》第六卷第二辑。

最高法院所收到的涉及宪法判断的案件约为 300 件左右,但是从 1947 年现行宪法施行截止到 2015 年,日本最高法院作出的立法违宪的判决一共只有 10 例。其中合宪判决的数量和比例可见一斑。

第二种裁决方式是直接判定法令本身违宪。例如在 1987 年的森林法共有林分割限制案中,最高法院指出,为了防止森林所有权过分分散而禁止森林共有人分割共有森林产权的《森林法》第 186 条的规定违宪。① 在 1974 年杀害尊亲属加重刑罚规定违宪判决一案中,日本最高法院就有 8 位大法官认为对于杀害尊亲属的刑罚加重的规定虽然合宪,但是《刑法》的加重过于极端,另外 6 位大法官则认为加重的规定本身就存在目的违宪的情况,因此判决该规定违宪。② 在 1975 年的药店距离限制案中,日本最高法院认为,国会制定的《药事法》想要达到避免药店出售假药的目的,并不一定必须采取规定各个药店之间必须相隔一定距离这一做法,而且这一规定与国会立法之目的之间的因果关系过于遥远,因此该规定不符合宪法。③ 在 1976 年的众议院议员名额不均衡案中,日本最高法院裁决,在不同的选区之间投票价值高达 5∶1 的差距违反了宪法上的选举平等的要求,因此判决国会的众议院议员名额分配规定在整体上属于违宪。④ 在 2002 年的特别送达邮件损害赔偿责任免除案件中,最高法院判决指出,国会制定的《邮政法》第 68 条和第 73 条限制或免除了特别送达邮件丢失和损坏的损害赔偿责任,这与《1946 年宪法》第 17 条规定的国家赔偿请求权相违背。⑤ 在 2005 年的海外日本国民选举权案中,最高法院认为,国会于 1998 年修改的《公职选举法》允许海外日本国民在参众议院比例代表选举中能够行使选举权,但是否认他们在众议院小选举区和参议院选举区选举中行使选举权的规定违反了《1946 年宪法》第 15 条第 1 款关于公民选举权利的规定。⑥ 在 2008 年后出生的非婚生儿童被否认国籍案件中,最高法院裁决,《日本国籍法》第 3 条第 1 款要求父母一方为日本人的儿童必须在父母已婚的情况下出生方才能够获得国籍的规定违反了宪法。⑦

第三种是判定法令本身合宪,但是在法院所审理的具体案件情况中适用违宪。适用违宪的裁判又分为几种。其一是针对某个法律规定不可能作出合宪解

---

① 日本最高法院大法庭 1987 年 4 月 22 日判决,民集 41 集 3 号 408 页。
② 日本最高法院大法庭 1974 年 9 月 26 日判决,刑集 28 集 6 号 329 页。
③ 日本最高法院大法庭 1975 年 4 月 30 日判决,民集 29 卷 4 号 572 页。
④ 日本最高法院大法庭 1976 年 4 月 14 日判决,民集 30 卷 3 号 223 页。
⑤ 日本最高法院大法庭 2002 年 9 月 11 日判决,民集 56 卷 7 号 1439 页。
⑥ 日本最高法院大法庭 2005 年 9 月 14 日判决,民集 59 卷 7 号 2087 页。
⑦ 日本最高法院大法庭 2008 年 6 月 4 日判决,民集 62 卷 6 号 1367 页。

释的情况,或者说该法律规定中可以合宪的适用的部分与有可能被违宪的适用的部分不可区分的情况下,所作出的法律在当下案件中适用违宪的裁决。例如在涉及邮局职员因在公告栏中张贴并分发众议院议员选举海报而被起诉猿拂案中,一审的旭川地方法院就以《日本公务员法》第 110 条第 1 款第 19 项无法在此案件中作出符合宪法的解释为由,裁断该款项"不能对被告人适用"。[1] 这与法国宪法委员会所作出的裁决不同,在法国,如果合宪部分与违宪部分不可分割,那么宪法委员会会裁决指出违宪的条款,并解释该条款与整部法律之间的不可分割关系。法国宪法委员会此类裁决的结果最终是整个法律无效,而不仅仅是适用违宪。值得注意的是,猿拂案的裁决结果被日本最高法院推翻,最高法院作出了合宪的判决并指出,此种违宪裁决模式无法将法律适用的违宪与法律本身的违宪区分开来。[2] 这实际上意味着最高法院并不倾向于作出此种裁决。第二种适用违宪的裁决形式是尽管相关立法存在合宪解释的可能,但是执行相关立法的机关却以违宪的方式适用,因此裁定相关立法适用违宪。例如在因对公务员的政治行为进行惩戒处分而引发的邮政总局案件中,一审的东京地方法院裁决指出,公务员参与反对政府的游行示威活动虽然违反《日本国家公务员法》第102 条第 1 款的规定,但是对该条应当作出符合宪法第 21 条第 1 款关于保护集会、结社、言论和出版自由规定的解释,因此以公务员法的该条款惩罚公务员的游行示威行为是一种违宪的适用,尽管该条款本身并不必然违宪。[3] 第三种适用违宪的形式是法律本身合宪,但是执行机关却以一种侵犯他人基本权利的方式进行解释和适用。例如在因东京教育大学教授家永三郎撰写的《新日本史》教科书被检定为不合格而提起的教科书案中,一审的东京地方法院裁决指出,对教科书的检定制度本身是符合宪法的,但是如果相关机构以审查思想内容的方式检定教科书,那么这种适用是违背宪法的。[4] 在因没收某被告走私货物之时没收了属于第三人货物而被提起诉讼的没收第三人所有物的案件中,日本最高法院认为,在没有给予告知、辩解和抗辩机会的情况下没收第三人所有物是对刑法和刑事诉讼法的违反宪法的适用。[5]

关于最高法院裁决及其中所附带之宪法解释的效力,日本国内存在两种不同观点:一般效力说和特别效力说。特别效力说所认可的裁决的效力仅仅及于

---

① 日本旭川地方法院 1968 年 3 月 25 日判决,下刑集 10 卷 3 号 293 页。
② 日本最高法院大法庭 1974 年 11 月 6 日判决,刑集 28 卷 9 号 393 页。
③ 日本东京地方法院 1971 年 11 月 1 日判决,判例时报 646 号 26 页。
④ 日本东京地方法院 1970 年 7 月 17 日判决,行裁例集 21 卷 7 号别册。
⑤ 日本最高法院大法庭 1962 年 11 月 28 日判决,刑集 16 卷 11 号 1593 页。

个案,即如果相关法律被最高法院认为违宪,那么该违宪的效果仅仅及于裁决所针对的具体案件,相关法律并不据此失去效力。特别效力就类似于本章所述之司法系统内部的权威性效力。由于最高法院是日本境内的最高层级法院,因此其判决具有司法系统内部的权威性是毋庸置疑的。《1946年宪法》第81条"最高法院,是拥有一切法律、命令、规则或处分是否符合宪法之权限的终审法院"的规定为最高法院裁决和宪法解释效力之权威性提供了文本依据。下级法院也认可这一点,例如在一个刑事案件中,日本关东地区刑事法院指出,如果最高法院对于某项立法作出了合宪的裁决,那么除非有其他特殊情况出现,下级法院应当尊重最高法院的判断。① 不过如果法律被最高法院宣告为违宪,尽管法院不会直接作出废止的决定,一般情况下各个国家机关也不会再适用这一法律,以免因为相同的理由被再次诉至法院。如果国会或行政机关没有废止相关的法律法规,那么该法律法规的效力就将处于休眠状态。②

一般效力指最高法院的裁决及其中的宪法解释不仅仅约束司法系统和个案,也对其他国家机关具有拘束力,即前述终局性效力。如果最高法院的裁决在整个国家层面具有终局性,那么在裁决作出后,国会应当立即修改或废止被宣布为违宪的法律,行政和检察机关也应当立即停止适用该法律。例如在1987年《森林法》关于共有林分割限制的规定被最高法院裁定违宪之后,③国会很快就启动了废止相关条款的程序。在1974年日本最高法院作出杀害尊亲属加重刑罚规定违宪的判决之后,日本的《刑法》在1995年修改废除了涉及这一规定的第200条和第205条第2款。在1976年日本最高法院作出众议院议员名额在不同选区之间分配不均衡违宪的裁决之后,国会对名额分配进行了调整。尽管2010年之前,对于因参议院议员名额不均衡而提起的诉讼中,日本最高法院最终作出的都是合宪的裁决,但是裁决结果中反对意见的存在和社会争议的不断,使得国会开始主动调整参议员在不同选区的名额分配。例如1994年、2002年、2006年和2013年,国会都对各选区参议员名额进行了调整,在一定程度上回应了不同选区之间投票价值差距过大的问题。在2008年后出生的非婚生儿童被否认国籍案件中最高法院裁决《日本国籍法》第3条第1款要求父母一方为日本人的儿童必须在父母已婚的情况下出生方才能够获得国籍的规定违反宪法之后,④国会对该条款进行了修正,规定非婚生子女出生后只要得到其享有日本国

---

① 裘索:《日本违宪审查制度》,北京:商务印书馆2008年版,第31页。
② [日]芦部信喜:《宪法》,林来梵等译,北京:清华大学出版社,第307页。
③ 日本最高法院大法庭1987年4月22日判决,民集41卷3号408页。
④ 日本最高法院大法庭2008年6月4日判决,民集62卷6号1367页。

籍的父或母的承认,也同样可以获得国籍。

但是,日本最高法院的宪法审查决定及其中对宪法的解释的终局性效力,在于其他国家机构是否愿意服从,如果其他国家机构选择拒绝服从,那么这一终局性效力就化为乌有。例如对于历次参众议院议员名额不均衡案件中的裁判,即便日本最高法院认为名额分配违反了选举平等的要求,也仅仅确认分配规定本身违宪,并不据此宣布选举无效或要求重新选举。[①] 此种判决形式并不能有效的约束国会,其结果可能就是国会对参众议院议员名额分配规定被最高法院反复确认违宪,但国会依然我行我素,继续如此行为。[②] 事实上,尽管国会多次修改《公职选举法》以在不同选区之间重新分配名额,但投票价值不均衡的问题从未得到实质上的解决,相关诉讼也不断再次提起。《1946 年宪法》也并未就这一问题作出规定。第 81 条仅仅规定最高法院是终审法院,这意味着其仅仅是司法系统内部的终局性权威,而不是所有国家机构中关于宪法问题的最终裁断者。在这个意义上,最高法院的裁判和宪法解释也仅仅能够宣称自己是权威性解释中的一种,并不能宣称具有终局性效力。

其他国家机关对最高法院宪法裁判和解释的掣肘还体现在最高法院法官的选任权力上。根据《1946 年宪法》第 79 条第 1 款和《日本法院法》第 39 条规定,最高法院的大法官由内阁任命、天皇确认。《1946 年宪法》第 6 条第 2 款规定,最高法院的院长由天皇根据内阁的提名进行任命。在责任内阁制度之下,天皇并没有左右大法官人选的权力,提名大法官的权力在于掌握行政权力的内阁手中。除内阁的控制外,最高法院的大法官还需要接受国民审查。这一制度借鉴于美国密苏里州,其目的是为了确保大法官选任的民主性质。[③] 具体操作方法是,日本国民在审查过程中对希望予以罢免的法官标记 X 号,除此之外不作任何标记。无论是内阁的选任权力还是民众的罢免权力,都意味着如果最高法院作出的裁决或对宪法的解释不符合执政党或民众的期待,那么他们可以选择不予任命或直接投票的方式对法官进行罢免,从而将自己的意志灌输至最高法院的裁判和解释中。

日本最高法院裁判及其中宪法解释终局性效力的缺失,还体现在对于同一问题的解释在历史上的不一贯上。一方面,最高法院可能推翻自己先前的判例。

---

① 日本最高法院大法庭 1976 年 4 月 14 日判决,民集 30 卷 3 号 223 页;日本最高法院大法庭 1985 年 7 月 17 日判决,民集 39 卷 5 号 1100 页;日本最高法院大法庭 1993 年 1 月 20 日判决,民集 47 卷 1 号 67 页。

② [日]芦部信喜:《宪法》,林来梵等译,北京:清华大学出版社,第 109 页。

③ [日]芦部信喜:《宪法》,林来梵等译,北京:清华大学出版社,第 276 页。

例如 1974 年日本最高法院作出杀害尊亲属加重刑罚规定违宪的判决,就推翻了该法院在 1950 年作出的关于《刑法》第 205 条第 2 款中有关伤害尊亲属致死罪加重刑罚规定合宪的裁决。[①] 那么《1946 年宪法》对于亲属之间伦理关系的态度究竟为何,就显得暧昧不明。另一方面,对于同一宪法条文的解释,日本最高法院所采取的标准也不尽统一。例如在涉及不同选区之间参众议员名额分配问题上,在 1976、1985、1993 年关于众议院议员名额不均衡裁判中,最高法院判决投票价值差距达到 5:1、4.4:1、3.18:1 属于违反宪法规定的选举平等要求的名额分配方式,[②]在 1983 和 1999 年的裁判中则认为 3.94:1,2.3:1 的投票价值差距符合宪法;[③]在关于参议院议员名额不均衡裁判中,1983、1996、1998、2004、2006、2009 的判决认为 5.26:1、6.59:1、4.97:1、5.06:1、5.13:1、4.84:1 的投票价值差距合宪,[④]但是在 2010 年裁决中,认为 5:1 的投票价值差距违宪。[⑤] 究竟不同选区之间同一投票价值差距达到何种程度方才属于违反宪法规定的选举平等要求的名额分配方式以及参众议院的议员名额分配对投票价值差距的容忍程度是否有所不同,至今仍无法从最高法院的裁决中总结出一个具有一贯性的结论。

最后,宪法修改权力在国民和立法机关手中掌握,也在一定程度上限制了最高法院宪法审查和宪法解释的终局性。根据日本《1946 年宪法》第 96 条规定,国会经过参众议院议员三分之二以上多数赞成票提议并在全民公决中获得过半数以上多数赞成票通过,可以修改宪法。尽管该条文所规定的宪法修改程序严苛且因此导致日本宪法至今尚未通过一条修正案,但是仍然保留了这种可能性。如果国会和民众不同意最高法院对宪法的解释,可以诉诸修宪的程序予以澄清。在这个意义上,最高法院无法宣称自己对宪法的解释等于宪法的含义本身,相反,其仅仅是一种司法系统内部的权威性解释而已。

[①] 日本最高法院大法庭 1950 年 10 月 11 日判决,刑集 4 卷 10 号 2037 页。

[②] 日本最高法院大法庭 1976 年 4 月 14 日判决,民集 30 卷 3 号 223 页;日本最高法院大法庭 1985 年 7 月 17 日判决,民集 39 卷 5 号 1100 页;日本最高法院大法庭 1993 年 1 月 20 日判决,民集 47 卷 1 号 67 页。

[③] 日本最高法院大法庭 1983 年 11 月 7 日判决,民集 37 卷 9 号 1243 页;日本最高法院大法庭 1999 年 11 月 10 日判决,民集 53 卷 8 号 1441 页。

[④] 日本最高法院大法庭 1983 年 4 月 27 日判决,民集 37 卷 3 号 345 页;日本最高法院大法庭 1996 年 9 月 11 日判决,民集 50 卷 8 号 2283 页;日本最高法院大法庭 1998 年 9 月 2 日判决,民集 52 卷 6 号 1373 页;日本最高法院大法庭 2004 年 4 月 1 日判决,民集 58 卷 1 号 56 页;日本最高法院大法庭 2006 年 10 月 4 日判决,民集 60 卷 8 号 296 页;日本最高法院大法庭 2009 年 9 月 30 日判决,民集 63 卷 7 号 1520 页。

[⑤] 日本最高法院大法庭 2012 年 10 月 17 日判决,民集 66 卷 10 号 3357 页。

（三）美日普通法院宪法解释的溯及力

由普通法院解释宪法并对立法和行为进行宪法审查的美国和日本，其最高法院作出的裁决拘束力主要体现在个案上。尽管国会会在一定程度上遵循最高法院的裁决撤销、废除或修改被宣告为违宪的法律或条文，但是此类决定只有立法机关可以作出，法院本身并不能直接宣告违宪法律。如果立法机关坚持抵抗最高法院的违宪判断，那么相关立法或条文仍然属于有效的法律体系的组成部分，并不会因法院的宣告而全面丧失效力。最高法院的违宪宣告只能发生在司法系统之内不再适用该法律的效果——而且在先例裁判理由拘束力不确定的情况下，即便这一效果也存在很大疑问。既然违宪宣告之后法律都未必失效，那么该宣告的效力自然也不及于此前该法律的效力。

三、类宪法与解释性效力共存

根据法国《1958 年宪法》第 62 条的规定，宪法委员会通过审查程序宣告为违宪的法律，不得公布，也不得予以适用；宪法委员会的裁决对公权机关及所有行政机关、司法机关都具有拘束力；对于个人在具体案件中所提出的审查申请、经由违宪先决程序作出的裁决，宪法委员会也可以在其中宣布法律的某些条文违宪，并裁决该条文自判决公布之时或者判决确定的最后期限之前予以废除。该条文是宪法对宪法委员会裁决效力的明确规定，等于在宪法上承认了宪法委员会的裁决及其中对宪法所作出的解释具有终局性的权威性——这就等于承认宪法委员会宪法解释的类宪法效力。但是由于法国特殊的司法体制和宪法委员会的历史定位，宪法解释终局性和权威性的效力只能及于立法机关和行政机关，对于司法机关——普通法院和行政法院——效力的终局性和权威性尚不明显，更加类似于解释性效力。因此法国宪法委员会宪法解释的效力属于类宪法效力和解释性效力共存的状态。

（一）法国宪法委员会宪法解释的类宪法效力

《1958 年宪法》第 62 条第 3 款规定，"宪法委员会的裁决，不得上诉，并对公权机关及所有行政机关、司法机关具有拘束力"，第 1 款规定"宪法委员会宣告违宪的法律不得公布，也不得适用"。这意味着如果被宪法委员会裁决为违宪，那么立法机关必须放弃法律案或相关条文，或者对法律案或相关条文进行修改，不能以原法律案或者与原法律案没有实质差别的议案继续进行审议通过和颁布实施程序。即便立法机关想要忤逆宪法委员会的意见并试图继续推进法律案的颁布实施，承担法律案公布职责的总统也应当拒绝公布。如果是对已经生效实施的法律作出的违宪判决,那么行政机关和司法机关不得再适用这一法律或被判决违宪的条文,立法机关也不得再次通过类似的立法。通常,宪法委员会在作出违宪裁决的时候,会在裁决中解释判定法律案或法律违宪的理由,据此提醒立法机关再次类似行为是禁止的;一般情况下,立法机关会谨慎考虑宪法委员会所提出的理由。但是,如果立法机关没有领会宪法委员会的意思或者虽然领会但决意违背之,那么新的类似法案仍然可能被提请审查——这种情况被称为"双重控制"(cotrôle à double détente)。①

　　根据审查的法律案的不同情况,宪法委员会所作出的裁决种类分为几种:第一种是合宪判决,即如果宪法委员会认为自己所审查的法律案并不存在违宪之处,那么可以作出"符合宪法""不违背宪法"或"附保留合宪"的裁决。当然三种表述所展现出的宪法委员会对其所审查的法律案与宪法之间关系的判定并不相同,但是总的来说,结论都是合宪的。②《宪法委员会组织法》第 11 条规定,"宪法委员会宣告确认法律条文不违宪者,该宣告之公布,使公布法律之期间继续进行。"附保留合宪裁决较为特殊,是指在确保合宪解释的前提下作出的合宪判决。例如宪法委员会在 2020 年 5 月 11 日作出的"关于延长卫生紧急状态并完善其原有规定的第 2020-546 号法律"一案的裁决中,对于该法律所规定的隔离措施是否违反比例原则侵犯人身自由和司法救济权利这一问题的答案是,只有在确保法官能够尽快介入的情况下,隔离措施才被认为不与宪法相抵触。③ 同样在此案中,对于负责处理传染链的特定专业人员搜集新冠肺炎患者及其接触者的医疗数据是否侵害个人私生活受尊重权的问题,宪法委员会的答案是,在采取足够的隐名化措施以保障该权利的前提下,对数据的搜集不与宪法相违背。④ 第二种判决类型是全部违宪判决,即在整部法律案或法律全部违宪或者虽然只有部分条文违宪,但是这些条文与整部法律属于不可分之状态之时,宪法委员会所作出的违宪裁决。这种类型中又分为两种,一种是整部法律违宪,这种裁决主要出现在法律制定程序违背宪法或者立法宗旨违宪的情况中。例如宪法委员会就曾经在 1979 年 12 月 24 日裁决,议会准备于 1980 年颁布实施的

---

① 张莉:《法国违宪审查制度的历史发展与特征》,莫纪宏主编:《违宪审查的理论与实践》,北京:法律出版社 2006 年版,第 225—228 页。

② 吴天昊:《法国宪法委员会的组织与活动研究》,上海交通大学博士学位论文,2007 年,第 66 页。

③ 王建学:《法国抗击新冠疫情法律部分违宪案》,中国宪政网,来源网址:http://www.calaw.cn/article/default.asp?id=13714,最后访问日期:2020 年 6 月 4 日。

④ 王建学:《法国抗击新冠疫情法律部分违宪案》,中国宪治网,来源网址:http://www.calaw.cn/article/default.asp?id=13714,最后访问日期:2020 年 6 月 4 日。

财政法整体违宪,因为其立法过程违反宪法。[①] 另一种是法律案的部分条款违宪,但是这些条款与该法律案之间存在不可分割之关系,因此宪法委员会裁决整部法律案不得颁布实施。在这种情况下,宪法委员会的裁决会明确指出违宪的条款,并解释该条款与整部法律之间的不可分割关系。尽管裁决不会直接判决整部法律违宪——在形式上,此类判决仍然是部分违宪判决——但是其后果却是整部法律都无法生效。《宪法委员会组织法》第 22 条规定,"宪法委员会宣告其受申请审查之法律包含违宪之条文而且该条文与该法律系不可分者,该法律不得公布。"例如在 1982 年 1 月 16 日,宪法委员会判决议会提出的"国有化法案"不得公布,理由是其中关于国有企业交易行为的条款违宪,而这一条款与法律的整体不可分割。[②] 宪法委员会的第三种裁决是部分违宪裁决,即被申请审查的法律案或法律的部分条款违宪,但法律整体并不违宪。《宪法委员会组织法》第 23 条第 1 款规定,"宪法委员会宣告其受申请审查之法律包含违宪之条文,而未同时确认该条文与该法律之体系是不可分的,共和国总统得公布除该条文以外之法律,或要求两院重新进行读会程序。""当宪法委员会宣布议会议事规则包含违宪条款,那么该条款不得适用于议会。"在部分违宪裁决的情况下,只有被判决违宪的条款不得公布并不得生效,其余条款的效力并不因此受到影响,仍然可以由总统颁布生效;不过议会也可以撤回整部法案,对违宪条款进行修改调整并就整部法律的内容进行增删之后再行寻求公布实施。第四种是违宪并废除裁决,这一裁决形式主要针对的是经由违宪先决程序所审查的法律。《1958 年宪法》第 62 条第 2 款规定,经由违宪先决程序"被宣告违宪的法律,应于宪法委员会裁决公布之时或该裁决确定的最后期限前予以废除"。在此类裁决中,宪法委员会应当宣布由当事人申请审查的条文违宪,并因此在裁决公布之时立即废止,或者在某一时间废止。例如在 2010 年 5 月 28 日的一项判决中,宪法委员会就裁决指出,规定支付给不同国籍退休公务员不同退休金的立法因违反宪法的平等原则而无效,但该法律的废止日期始于 2011 年 1 月 1 日。[③] 第 62 条第 2 款还规定"宪法委员会得决定由此法律而产生的后果接受重新审查的条件或限制",这意味着立法机关、行政机关和司法机关也应当遵从宪法委员会根据这一条文所作出的法律废止判决,不得在废止之后再行适用该条文,或者制定类似的法律,否则就会面临宪法委员会的再次审查。

---

① 宪法委员会 79 - 110DC 号裁决。

② 宪法委员会 81 - 132DC 号裁决。

③ [法]杰哈·马库:《法国"违宪先决问题"之制度与实务》,李锺澂译,《交大法学》2014 年第 1 期。

法国宪法委员会的裁决之所以具有权威性效力、要求行政机关和立法机关予以遵从，源于宪法委员会的定位。《法国1958年宪法》之所以选取宪法委员会模式，而没有选择普通法院、宪法法院或立法机关进行宪法审查和宪法解释的制度，一个最重要的原因是，当时的政治体制是议会权力过大而行政权力过小。宪法委员会的初始任务因此是限制立法机关的权力，增强行政权威，确保行政机关的各项事务能够正常进行，实现行政权力行使的畅通化和国家制度运行的常态化。在这个意义上，宪法委员会的裁决必然对行政机关具有拘束力，而行政机关也乐于遵循委员会的意见。宪法委员会的裁决对于立法机关也具有拘束效力，否则如果立法机关可以不顾委员会的裁决而径行通过并公布违背宪法所规定的立法和行政分权的法律，那么宪法委员会保障行政权力正常运作的功能也就无法实现。宪法委员会自设立之初就享有的职权包括，对已经过议会投票但尚未颁行生效法律、尚未批准或认可的国际条约或协定进行审查，[①]对议会和政府就某一尚在审议过程中的法律案所涉事项属于行政还是立法的问题进行解答，[②]解决总统、国民议员和参议员选举争议，[③]为总统行使紧急权力提供咨询意见并予以监督等。[④] 这些职权的有效履行必然意味着宪法委员会对相关宪法条款的解释被行政机关和立法机关视为权威性的。除前一段涉及的关于法律案是否合宪的裁判结果对于行政机关和立法机关具有拘束力之外，根据《1958年宪法》的规定，如果宪法委员会宣布某项国际条约或者协定含有违反宪法的条款时，必须在修改宪法之后，才可以授权批准或者通过该项国际条约或者协定；[⑤]换句话说，如果不通过修宪的程序，那么违宪的条约或协定不得批准或通过——这意味着宪法委员会对国家条约和协定所涉及的宪法条文的解释具有权威性。《宪法委员会组织法》规定，对总统、国民议员和参议员选举的争议，宪法委员会应当裁决选举的合法性，并根据情况撤销受到质疑的选举，或者撤销计票委员会的公告并宣布合法的候选人，且宪法委员会的裁决对选举各方均具有效力——这意味着宪法委员会对涉及选举的宪法条文的解释也具有权威性。此外，对于某个事项属于立法还是行政范畴的判断，以及判定并允许行政机关通过行政命令的方式对《1958年宪法》生效之前的属于行政事项的条例进行修

---

① 《法国1958年宪法》第11条第1款、第61条。
② 《法国1958年宪法》第41条。
③ 《法国1958年宪法》第58、59条。
④ 《法国1958年宪法》第16条。
⑤ 《法国1958年宪法》第54条。

改,[1]都体现出宪法委员会对宪法关于行政和立法之间权力划分的条文的解释具有权威性。随着历史的发展和行政机关权威的增强,委员会不再单纯充当"政府机构联盟"的角色,而开始向保障公民权利的方向演化。从 1971 年的"结社法案"到 2008 年修宪和 2009 年修改《宪法委员会组织法》增加允许个人提请宪法审查的违宪先决程序,宪法委员会的职权逐渐拓展。宪法委员会裁决的辐射范围也更加广泛。

不过,宪法委员会裁决的效力也仅仅是类宪法效力,不完全等同于宪法本身。首先从理论上来看,宪法委员会不认为自己能够直接代表人民表达意志。比如,宪法委员会拒绝审查经过全民公决的立法,对立法的审查仅仅限于议会通过的,因为经过全民公决通过的立法被视为国家主权的直接体现,作为国家主权之下的宪法委员会无权就主权行为进行审查。[2] 根据这一逻辑,《1958 年宪法》也是人民意志的直接表达,宪法委员会仅能执行人民意志并就意志进行解释,这一解释不等于人民的意志本身。其次从宪法的和法律的规定来看,宪法委员会的裁决可以被推翻,往往通过全民公决或者议会联席会议 3/5 多数议员投票通过宪法修正案的方式。[3] 对于宪法委员会的裁决,如果议会大多数议员或者大多数公民都认为不符合宪法的规定,那么他们可以诉诸宪法修正案的形式直接表达自己的意见。例如在 1993 年 11 月 25 日,法国就通过全民公决的方式通过了一条宪法修正案,否定了宪法委员会在 8 月 13 日作出的关于移民法案违宪的判决。[4] 在 2003 年,宪法委员会更是直接在裁决中明确宣告,自己没有审查宪法修正案是否合宪的权力。[5] 最后从实践来看,法国宪法委员会秉承了大多数宪法审查和宪法解释机关的基本态度,即面对立法机关的谦抑性,并不倾向于过多挑战立法机关的权威。尽管宪法委员会曾经判处某些法律案违宪,但是违宪的判决在所有判决中所占比例很小,全部违宪的判决比例仅为 2.55%。根据学者就宪法委员会网站公布的案例所做的统计,从 1959 年至 2007 年 6 月 1 日,宪法委员会的裁决一共有 449 个,其中合宪裁决 216 个,部分违宪裁决 211 个,整体违宪裁决 14 个,此外还有无权审查的 5 个和驳回审查请求的 3 个。[6] 在大多数情况下,宪法委员会会通过特殊的解释方法将宪法的规定纳入法律案,以使其

---

① 《法国 1958 年宪法》第 37、41 条。

② [法]安德烈·鲁:《新宪法委员会:法兰西例外之终结?》,王蔚译,《公法研究》2010 年卷。

③ 《法国 1958 年宪法》第 89 条。

④ 宪法委员会 93 - 325DC 号裁决。

⑤ 宪法委员会 2003 - 469DC 号裁决。

⑥ 吴天昊:《法国宪法委员会的组织与活动研究》,上海交通大学博士学位论文,2007 年,第 67 页,注释 216。

获得符合宪法的含义——这种解释方法被统称为"解释性保留"(réserves d'interprétation)。从 2002 年以来,宪法委员会主要诉诸的解释性保留有三种模式,第一种是纠正性保留或排除性保留(réserves d'interprétation neutralisantes),即引入宪法条文,从而明确排除法律案中可能不符合宪法的理解;第二种是建议性或建设性保留(réserves d'interprétation constructives),为法律案所规定的行为增加条件和程序,或者明晰其内涵,以确保行为的实施符合宪法;第三种是指令性保留或指导性保留(réserves d'interprétation directives),即以符合宪法的方式指导司法机关或行政机关在未来适用法律案的方式。[①] 通过这些解释方法,宪法委员会得以将近一半的法案纳入合宪的范畴。此外,对于《1958 年宪法》第 34 条和第 37 条所规定的判定某个事项属于立法还是行政范畴的职权,《宪法委员会组织法》第 26 条规定,宪法委员会应当通过附理由的裁判,决定向其提交的条款应当属于法律(立法)或规章(行政)职权范围内;如果宪法委员会认为某一事项不属于立法事项,其后果仅仅是政府可以条例的形式修改这些内容,而不产生违宪无效的后果。[②] 这也在一定程度上维护了立法机关的权威。

(二) 法国宪法委员会宪法解释的解释性效力

法国宪法委员会的裁决虽然对于行政机关和立法机关具有类宪法效力,但是对于普通法院和行政法院却不具有这一效力。法国的宪法委员会并非唯一能够对宪法进行解释并对违宪问题进行裁决的机构,除宪法委员会之外,行政法院可以宣布行政法规、条例或命令无效,普通法院也有权在民刑事案件中直接依据宪法裁断。宪法委员会的主要职能在于区分立法和行政的权属范围、解决国会法律案可能违宪的问题,对于行政机关的法规、条例、命令和行为,并不由宪法委员会进行监督;相反,监督行政机关的主体是行政法院——这是法国精密区分行政和立法问题的结果。行政法院可以以政府制定的条例或命令超越权限为由,在具体案件中判处相关条例或命令无效。例如最高行政法院曾经就以政府僭越议会职权就公务员的罢工和结社自由权利进行规制为由,判处相关政府条例无效。[③] 2000 年 6 月,法国议会更通过一项专门立法,赋予了行政法院的法官在公民的

[①] 张千帆:《法国与德国宪政》,北京:法律出版社 2011 年版,第 39 页;韩大元、张翔等:《宪法解释程序研究》,北京:中国人民大学出版社 2016 年版,第 154—155 页;张莉:《法国违宪审查制度的历史发展与特征》,莫纪宏主编:《违宪审查的理论与实践》,北京:法律出版社 2006 年版,第 226—228、230、235 页。

[②] 胡锦光:《论法国宪法监督体制》,《宪政论丛》(第 1 卷),北京:法律出版社 1998 年版。

[③] 法国最高行政法院 1950 年 7 月 7 日 Dehaene 案,1965 年 7 月 11 日 Amicale des Annamites de France 案。转引自李滨:《法国违宪审查制度探析》,《北方法学》2008 年第 3 期。

宪法权利受到行政机关侵害且情况紧急的情况下,通过快速审理程序要求行政机关停止行为并消除影响,以为当事人提供紧急司法救济的权力。在此规定之前,行政法院仅仅能够判断行政机关的法规或者行为是否违宪违法,并不能直接要求行政机关采取行为或不行为,这一规定事实上赋予了行政法院要求行政机关采取行为或不行为的权力。[①] 换句话说,行政法院在涉及行政机关的案件中对宪法进行解释并对行政机关的行为作出是否合宪的裁决的权力正在逐渐扩大。

除行政法院之外,管辖民刑事案件的普通法院也能够解释宪法,并将宪法条文直接作为具案的裁判依据。根据学者的观察,普通法院依据《1789 年人权和公民权宣言》处理刑事案件的情形很多,以宪法规范裁断私人之间民事法律纠纷的判例也并不少见。比如最高法院就曾经以所有权是宪法保护的基本权利为由,得出了对土地所有权的限制如果损害了所有权人的自由处分权就属于违反宪法的裁决。[②]

正如宪法委员会对自己定位的判定,其"并不处在普通法院体系和行政法院体系的顶端,从这个意义上来说,其并非最高法院。"[③]因此宪法委员会的裁决对普通法院和行政法院并没有直接拘束力。《1958 年宪法》第 62 条的规定,事实上要依靠行政法院和普通法院的自愿遵守,方才能够成为在实践中具有实效的法律规范。

如果行政法院和普通法院不打算遵循宪法委员会的裁决,那么委员会也无计可施。这种情况主要出现在最高法院、最高行政法院与宪法委员会之间。比如宪法委员会和最高法院曾经就"拥有适当住房"这一权利的可诉性问题作出了截然相反的解释。法国《1958 年宪法》明确承认了国际条约和协定"经正式批准或认可,自公布之日起具有优于法律的效力"[④],根据这一条款,"拥有适当住房"被视为一项由宪法所保障的基本权利。在 1995 年 1 月 19 日作出的一项裁决中,宪法委员会认为这一权利尽管重要,但是并非一项具体人权,其所提出的是针对立法和行政机关的、应当通过制定法律或行政条例保障公民拥有适当住房的义务。换句话说,适当住房的权利不具有可诉性,不能够作为裁断具体案件中当事人是否享有权利或承担义务的依据。[⑤] 在 2000 年的一项裁决中,宪法委员

---

① 李滨:《法国违宪审查制度探析》,《北方法学》2008 年第 3 期。
② 法国最高法院 1995 年 1 月 4 日 92 - 20013 号案件。转引自李滨:《法国违宪审查制度探析》,《北方法学》2008 年第 3 期。
③ 这句话源自宪法委员会的官网:http://www.conseil-constitutionnel.fr/langues/francais/fra1.htm,参见吴天昊:《法国宪法委员会的组织与活动研究》,上海交通大学博士学位论文,2007 年,第 66 页。
④ 《法国 1958 年宪法》第 55 条。
⑤ 宪法委员会 98 - 403 号裁决。

会再次重申了这一立场。① 但是在 2004 年,最高法院却将适当住房的权利直接适用于解决承租人和出租人之间的法律纠纷。在这个案件中,最高法院认为将没有安装饮水设施的房屋出租给承租人侵犯了后者享有的"拥有适当住房"的权利,因此判决出租人败诉并承担根据承租人要求修缮房屋以增设饮水设施的责任。② 最高法院在这个案件中的态度必然是适当住房权利具有可诉性,因此直接与宪法委员会的解释相冲突。鉴于在法国体制中,最高法院和最高行政法院完全可以作出和宪法委员会对宪法解释不同的解释且不会面临任何的审查或撤销后果,那么宪法委员会在裁决中对宪法所作出的解释就仅仅是一种解释而已,并不具有终局性或权威性的效力。

不过根据学者的统计,近年来普通法院和行政法院越来越倾向于接受宪法委员会的裁决和对宪法的解释。③ 尤其是 2008 年和 2009 年违宪先决程序的引入,将普通法院和行政法院也纳入作为这一程序中的一环,使得宪法委员会的裁决对它们的拘束力越来越强。在违宪先决程序中,具体案件的当事人首先向审理案件的法院——可能是普通法院也可能是行政法院——提出将案件所涉法律条文提交宪法委员会进行合宪性审查的申请,经由审理法院进行初步审查之后将申请递交至自己隶属的最高法院或者最高行政法院;最高法院或者最高行政法院对申请进行再次审查——主要是形式上的审查,不涉及法律条文是否真的违宪这一实质问题的审查——之后,提交宪法委员会,由委员会最终作出案件所涉法律条文是否合宪以及是否继续有效的判断。④ 在宪法委员会作出裁决之后,具体案件的审理法院才能够根据委员会对相关法律条文是否合宪的判决作出具体案件的判决,除非在申请提请之时,当事人处于权利遭到较为严重侵害的情况之下。⑤ 根据这些规定,在涉及违宪先决问题的程序中,普通法院和行政法院必须遵循宪法委员会的裁决和对宪法的解释,不能在接到委员会裁决之后以理解不同为由拒绝执行。《宪法委员会组织法》还规定,委员会的裁决除应当送达当事人之外,还应当通知移送违宪先决问题的最高裁判机关,即最高法院和最高行政机关,并于必要之时一并通知作出移动判决的审理法院。⑥ 这意味着一

---

① 宪法委员会 2000 - 436 号裁决。
② 法国最高法院 2004 年 12 月 15 日 02 - 20614 号案件。参见李滨:《法国违宪审查制度探析》,《北方法学》2008 年第 3 期。
③ 李滨:《法国违宪审查制度探析》,《北方法学》2008 年第 3 期。
④ 《法国宪法委员会组织法》第 23 - 2 条。
⑤ 《法国宪法委员会组织法》第 23 - 3 条。
⑥ 《法国宪法委员会组织法》第 23 - 11 条。

般情况下,宪法委员会的裁决直接送达当事人和最高法院或最高行政法院,由当事人或这两个最高裁判机关将裁决结果通知案件的审理法院。这一程序设计也提出了最高法院和最高行政法院遵守宪法委员会裁决及其中对宪法的解释的要求,二者不能因为与宪法委员会的意见不同就拒绝将裁决通知它们的下级法院。有鉴于此,在违宪先决程序中,宪法委员会实际上成为了所有普通法院和所有行政法院的上级法院,在普通法院和行政法院的管辖范围之内如果涉及宪法问题,那么宪法委员会就是最终的裁决者。自 2010 年 3 月违宪先决制度正式生效至 2012 年 10 月 12 日,宪法委员会已经经由这一程序作出了 242 个裁决,这一数量远远超过了经由其他特定主体提出的对法律进行抽象审查的裁决数量。① 可以预见,随着违宪先决程序适用越来越多,宪法委员会将在宪法审查和宪法解释方面承担越来越重要的作用,甚至可能在未来成为类似德国和奥地利的宪法法院,其裁决无论是对于行政机关、立法机关,还是所有司法裁判机关,都具有终局性和权威性的类宪法效力。

(三) 法国宪法委员会宪法解释的溯及力

法国宪法委员会宪法审查和宪法解释的溯及力问题主要涉及事后的违宪先决问题裁决。在 2010 年之前,宪法委员会的职能主要是对法律案进行生效之前的合宪性控制,即在法律颁行生效之前判断其合宪性并据此掌控其最终成为正式法律的进程。既然在事前审查中相关议案尚未生效,也就不存在审查结果和宪法解释的溯及力问题。在 2010 年违宪先决制度正式运行之后,宪法委员会对已经生效的正式法律的审查及在这一过程中对宪法的解释才出现溯及力的问题。根据《1958 年宪法》和宪法委员会自己的理解,委员会的裁决同样遵行"撤销无效说"。《1958 年宪法》第 62 条第 3 款规定,"宪法委员会的裁决,不得上诉,并对公权机关及所有行政机关、司法机关具有拘束力",第 1 款规定"宪法委员会宣告违宪的法律不得公布,也不得适用",第 2 款规定,经由违宪先决程序"被宣告违宪的法律,应于宪法委员会裁决公布之时或该裁决确定的最后期限前予以废除"。这意味着宪法委员会在宣布相关法律条文违宪的基础上,可以选择该条文在裁决公布之时立即废止、或者在某一时间废止——无论如何都是在裁决作出之后。例如在 2010 年 5 月 28 日的一项判决中,宪法委员会就裁决指出,规定支付给不同国籍退休公务员不同退休金的立法因违反宪法的平等原则而无效,但该法律的废止日期始于 2011 年 1 月 1 日。②

---

① 〔法〕杰哈·马库:《法国"违宪先决问题"之制度与实务》,李鏸潋译,《交大法学》2014 年第 1 期。
② 〔法〕杰哈·马库:《法国"违宪先决问题"之制度与实务》,李鏸潋译,《交大法学》2014 年第 1 期。

四、建议性效力

采取立法机关进行宪法审查和宪法解释模式的英国和瑞典,立法机关之内的常设委员会、法律委员会或宪法委员会所作出的宪法解释仅具有建议性效力,对于任何的相关机关都没有拘束力。不过瑞典议会宪法委员会对宪法解释的效力较英国议会常设委员会或法律委员会的宪法解释效力要强,可以称之为劝诫性效力——只是这种劝诫性也终究没有强制拘束效力。

无论是英国的常设委员会或瑞典的宪法委员会,对宪法的解释和对相关法律案的合宪性问题建议都是在法律通过生效之前进行的,因此不存在溯及力的问题。

(一)英国议会常设委员会和法律委员会宪法解释效力

英国采取对立法进行议会常设委员会事前审查和由议会法律委员会和法院对立法进行事后审查的双规模式,其中议会常设委员会对立法的事前审查和法律委员会对立法的事后审查结论以及其中对宪法的解释所具有的效力主要是建议性的。

对立法进行事前审查的英国议会常设委员会主要包括上议院委任权力与规制改革委员会、上议院宪法委员会、行政立法性文件联合委员会、欧盟特别委员会和人权联合委员会。这些委员会在议案通过二读程序后,对议案进行逐条的、详细的审查,其中如果涉及宪法问题,就提出自己的意见或看法以及对相关宪法规则的解释,以报告的形式向议会提出,由议会在三读和随后的通过过程中予以考量。尽管各个委员会根据职权范围在报告中写明对相关事项进行审查的依据、证据、部长答复和委员会对此事项的考虑和建议等内容,但是一般情况下,委员会报告不会对政府法案正确与否、合宪与否等问题得出结论。即便委员会发现政府立法有违法或违宪嫌疑时,也仅仅在其报告中表达这种可能性。委员会审查法案的目的是提醒议会两院并警告相关政府部门他们可能没有发觉的法案存在的问题,并非终局性的判定法案的合宪性。因此,即便行政立法性文件联合委员会认为所提议制定的委任立法超出授权法所授予的权力,它也仅仅会在其报告中提醒议会两院注意。人权联合委员会的报告也是一样的,即便其发现政府法案与《人权法案》之要求相悖,也只能够表达对这种可能性的看法。最终决定是否接受委员会此类报告并判断相关议案是否存在违宪或存在其他问题的是议会整体,议会整体通过对议案的通过、修改或否决表达其对于议案合宪性问题的最终判断。

议会法律委员会对立法作出的事后审查和解释,同样也以报告的形式向上议院御前大臣和政府部门报告。报告中会列明所审查的法律、其中存在的必须修正的问题、本国和他国相关立法、判例和学说理论等参考证据资料以及委员会所提出的建议。报告最后一般会附上委员会所起草的新的法案，以作为法律委员会为议会提出的解决方案。政府部门在收到法律委员会的报告后，一般应当在 6 个月以内作出是否接受的答复；如果 6 个月无法作出完整答复，那么应当作出临时答复，以表明是否接受的大概意见；答复的作出最迟不能晚于收到报告之后的两年半。在政府接受法律委员会的报告之后会提交给议会，由议会通过。在大多数情况下，政府都会接受法律委员会所提出的法律改革建议，根据学者的统计，在 20 世纪初之前，法律委员会所提出的改革建议有超过 2/3 已经被政府部门接受并通过议会的立法程序成为正式的英国法律体系的一个组成部分。[1] 但是，法律委员会报告对于政府和议会的这种事实上的影响力并不意味着其具有法律程序上的效力，换句话说，就是尽管在现实中英国的政府和议会经常会遵循法律委员会报告所提出的结论和建议，但是政府和议会并非必须如此。从法律程序的角度来说，法律委员会所提出的报告和立法建议稿仅仅具有建议的效力，即提醒政府和议会对于相关问题的解决可以从这些方面进行；真正使得法律改革方案产生对法律的修改、调整、废除或者新立法效力的，是政府接受方案、提请议会考虑并最终获得议会通过。

（二）瑞典议会宪法委员会宪法解释效力

瑞典虽然与英国相同，也采取了以立法机关进行宪法审查和宪法解释工作的模式，且立法机关内部相关机构所作出的报告与决定也只具有建议的效力，但是，瑞典议会的宪法委员会对宪法的解释和对相关宪法问题的审查的结果，却比英国常设委员会的报告具有更强的效力。这种效力可以称之为"劝诫性"效力，不同于英国常设委员会宪法解释的一般的建议性效力。

瑞典议会宪法委员会的职权范围较英国常设委员会来说更多，涉及对宪法问题的审查和解释范围也更加宽广。这意味着在宪法问题上，瑞典议会的宪法委员会是具有权威性的判断机构。根据承担宪法职能的《瑞典政府组织法》和《瑞典议会法》的规定，瑞典议会的宪法委员会首先有权自己提出议案，也有权筹备由内阁、其他委员会、非常设委员会或议员个人向议会提出的涉及宪法和一般行政法和表达自由的立法问题、国家审计办公室的事务、议会以及除瑞典银行之外的一般议会下属机构的事务、县政府管理以及县行政区的划分、地方自治、议会对起诉议员或干涉议员人身自由措施的批准以及政府行使治理职权所需要的

---

[1] 董建华：《英国违宪审查》，北京：中国政法大学出版社 2011 年版，第 134 页。

拨款事务等方面的议案或动议。① 其次,宪法委员会对所有其他的议案进行合宪性审查,因为根据《瑞典议会法》的规定,如果一项议案已经经过了相关程序有待议会最后表决通过,那么该议案的表决案由宪法委员会提出。② 再次,宪法委员会有权在议长和议会整体就某个议案或者对内阁提出的质询动议和书面询问动议是否存在违宪问题存在争议的时候进行裁决。③ 最后,宪法委员会还有权对一些国家公务人员的行为进行监督,例如委员会有权监督内阁成员的行为并就其可能违宪违法的行为提出质询;委员会可以自行提出质询,也可以会同议会其他委员会、任何议员一起提出此类质询。④ 宪法委员会还有权要求议会在届满前解除议会督察专员和审计总长的职务,就议会理事会成员、选举检查委员会委员、议会上诉委员会委员、议会督察专员、审计总长以及议会秘书长的职务违法行为进行起诉等等。⑤ 此外,瑞典议会宪法委员会还享有一定的程序性决定权利。例如,根据《瑞典议会法》的规定,在一般情况下,涉及基本法的提案必须在第一议会通过之后需要历时至少9个月进行议会选举之时以和第一次语言完全一致的文本再次通过方能最终生效,但是如果宪法委员会有5/6以上多数的委员都同意,那么宪法委员会可以决定对某个涉及基本法的提案免除这一程序;宪法委员会还有权决定限制公民政治权利和人身自由的议案如果并未遭到议会的否决,是否应当适用委员会向议会提交第一次关于该法案的审议报告应当推迟12个月的程序规定。⑥ 尽管宪法委员会在瑞典是议会的重要常设委员会之一,但是其职权范围已经在一定程度上超过了一般国家议会的常设委员会,开始向法国的宪法委员会靠拢。

瑞典议会宪法委员会所提出的报告或决定对议会整体有一定的影响力。例如宪法委员会针对由议长提交的涉嫌违宪的议案以及内阁的质询动议和书面询问动议所作出的合宪性审查结论,《议会法》规定,议长应当遵循宪法委员会的决定,即如果决定是相关议案和动议不违宪,那么议长不能拒绝交付表决也不能阻止质询和书面询问的提出。⑦《议会法》还规定,如果宪法委员会向议会所作出的报告是关于基本法或议会法的有待最后通过的决议案的问题,那么该报告应

---

① 《瑞典议会法》第4章第6条之一。
② 《瑞典议会法》第3章第14条。
③ 《瑞典议会法》第6章第1、4条。
④ 《瑞典政府组织法》第13章第1条。
⑤ 《瑞典议会法》第8章第11、13条,第9章第8条。
⑥ 《瑞典政府组织法》第2章第22条第3款。
⑦ 《瑞典议会法》第2章第9条。

当同时附上委员会自己的意见和建议。① 如果宪法委员会的委员对最终的报告持反对意见,那么还可以在报告中提出保留或者撰写一份单独声明以解释自己的立场和观点。② 相较于英国议会常设委员会仅仅能够在报告中提出自己的观点却不能提出有效的立法意见和建议来说,瑞典宪法委员会的报告具有更强的劝诫性影响。更直白地说,就是瑞典宪法委员会的报告所提出的不仅仅代表委员会的观点,仅供议会整体参考,而是宪法委员会作为宪法授权的机构所作出的关于议案和相关问题的解释和决定具有客观性和权威性,议会有义务将其纳入考量——尽管并不必然认同并遵守。

但是,瑞典议会宪法委员会对宪法问题的审查和据此对宪法作出的解释却并不具有终局性效力。宪法委员会所提出的议案或者针对其他主体提出议案的合宪性审查报告都必须经过议会最终辩论、同意和通过,方才得以成为正式的法律或者获得正式的接受;针对内阁成员的违法违宪行为所提出的质询、解除议会督察专员和审计总长的职务要求等,也仅仅是质询和要求,需要经过议会的讨论和通过;针对由议长提交的涉嫌违宪的议案以及内阁的质询动议和书面询问动议所作出的合宪性审查结论,尽管议长应当遵循宪法委员会的决定,③但是最终议案和动议是否通过的决定仍然由议会整体作出;此外,就限制公民政治权利和人身自由的议案,如果议会并未否决,那么宪法委员会是否启动 12 个月的暂缓通过期限,需要首先经由 10 名以上议员的联名提议,此后才由宪法委员会向议会提交暂缓通过的报告。④ 不仅如此,对于宪法委员会所提出的报告,议会可以通过一次或两次辩论后予以表决通过,也可以以投票议员的 1/3 以上一致同意退回报告给委员会进行复议,也可以移交给另一个委员会进行进一步审议;⑤对于委员会所提出的议案或者最终交付表决的议案,如果在议会两次就主要问题进行表决时均出现了赞成票和反对票相等的情况,那么如果有半数议员支持,也可以将该议案退回。⑥ 以上这些程序都意味着,宪法委员会的报告和决定尽管具有劝诫性——《瑞典政府组织法》和《瑞典议会法》赋予了宪法委员会报告和决定较高的地位,议会在大多数情况下会接受宪法委员会的建议和对宪法的解释——可是这一劝诫无法自行生效执行,必须经过议会的首肯。如果议会不予

① 《瑞典议会法》第 3 章第 14 条、第 4 章第 9 条。
② 《瑞典议会法》第 4 章第 15 条第 2 款、第 16 条。
③ 《瑞典议会法》第 2 章第 9 条。
④ 《瑞典政府组织法》第 2 章第 20、22 条,《瑞典议会法》第 4 章第 9 条。
⑤ 《瑞典议会法》第 4 章第 10 条。
⑥ 《瑞典议会法》第 5 章第 7 条。

首肯,那么宪法委员会的报告和决定就无法获得正式效力。换句话说,使得宪法委员会的报告和决定获得实在效力的是议会整体并通过正式程序,而不是宪法委员会本身提出这些报告或决定的过程。因此,瑞典宪法委员会宪法审查和解释的劝诫性效力归根结底仍然是一种建议性效力,尽管其对议会的影响力较英国常设委员会的审查和解释要大。

五、小结

宪法解释的效力与宪法解释的机构和程序紧密相关。迄今为止,我国学界对机构与程序的研究较多,对效力的关注较少。对其他国家宪法解释效力的厘定和梳理有助于确定我国在未来出台的宪法解释的可能效力。

宪法解释的效力问题包含三个基本方面,宪法解释的权威性和终局性以及宪法解释的溯及力。权威性问题考察的是宪法解释在一国的法律体系中的效力位阶。在对宪法解释效力为数不多的国内研究中,学者通常将宪法解释的效力等同于宪法、等同于法律,或者赋予其高于法律、低于宪法的特殊效力。[1] 不过,从前述对世界各国宪法解释效力的梳理中可以看出,宪法解释不太可能具有与宪法相同或与法律相同的效力。德国和奥地利宪法法院、欧盟法院对宪法性文本的解释虽然具有相当的权威性,被认为应当被其他国家机构推定为是对宪法的正确理解,但是"推定"并不能等同于宪法本身。在任何国家,宪法的制定和修改都需要经过民主程序,大多数国家还对宪法的制定和修改提出了绝对多数通过、甚至议会和全民投票双绝对多数通过的要求。因此从程序角度来看,由宪法法院、欧盟法院、宪法委员会、普通法院或议会常设委员会内部的几个或几十个国家公职人员作出的宪法解释,不能宣称自己有着与宪法一样的地位。从现实角度来看,尽管在大多数情况下宪法法院或欧盟法院对宪法的解释都为其他国家机构和民众所接受,但是历史上也不乏立法机关或民众通过全民公决的方式推翻宪法法院对宪法的解释,欧盟成员国抵抗过欧盟法院对基本法律的解释和裁决,成员国法院也对欧盟基本法律作出过与欧盟法院不同的解释。在这个意义上,宪法解释也并不被视为与宪法具有相同的效力。

宪法解释也不应当被降级为与法律效力相同,因为无论是宪法解释案还是附随性宪法解释,它们所要承担的一个重要的任务就是为立法作出指引或对法律作出判断。这就要求宪法解释的效力应当高于法律。因此,尽管《德国联邦宪法法院法》规定宪法解释"具有法律效力",但是这一规定所要表达的应当是宪法

---

[1] 韩大元主编:《比较宪法学》,北京:高等教育出版社 2003 年版,第 117—119 页。

解释具有法律性质的拘束力,而不是宪法解释的地位与法律相同。这一逻辑对于将宪法解释的效力等同于基本法律的观点也是适用的,[①]因为宪法解释也应当对全国人大制定的基本法律具有拘束力,解决"全国人大"谁来监督的问题。综上所述,宪法解释的效力只能是一种特殊性效力,高于基本法律,低于宪法。那么问题就在于全国人大常委会作出的宪法解释具有的应当类宪法效力、解释性效力还是建议性效力。对这一问题的回答还需要考察宪法解释的终局性问题。

终局性问题探讨宪法解释机构作出的宪法解释是否应当以及必须为其他国家机构所尊重。具有权威性的宪法解释未必具有终局性,因为权威性可能仅仅在作出解释的机构所在体系内部呈现,对体系之外的其他国家机构不具有效力。例如法国宪法委员会对宪法的解释在理论上和实践中只能约束立法机关和行政机关,对普通法院和行政法院体系没有直接的约束力。美国联邦最高法院对宪法的解释也只对司法系统具有某种先例约束力,并不具有对立法和行政机关的直接拘束力。这些机构作出的宪法解释因而只能宣称自己具有一定的权威性,但并不能将自己视为在所有国家机构作出的解释之间具有最终效力的解释。

对于我国来说,终局性问题在全国人大常委会和其他国家机构之间的关系问题上并不突出。全国人大常委会是最高国家权力机关的常设机关,其有权监督其他国家机关,常委会作出的宪法解释应当也能够为其他国家机关所尊重。因此相对于其他国家机关来说,全国人大常委会的宪法解释具有终局性效力。除此之外,笔者认为,全国人大常委会作出的宪法解释在面对全国人大的时候也应当具有终局性效力,能够约束全国人大的立法行为。如前所述,如果全国人大常委会应当享有通过宪法解释和宪法审查制度实现对全国人大制定的基本法律的监督的权力,那么常委会作出的宪法解释就必然应当对全国人大产生直接拘束力。常委会的宪法解释对全国人大具有拘束力并不与全国人大对常委会的监督权相冲突,前者是在正常宪法秩序之下的终局性,而后者是超出正常宪法秩序的民意直接表达的结果。

综上所述,全国人大常委会作出的宪法解释应当具有类宪法效力。不同的解释机构作出的宪法解释在权威性和终局性上的不同,使得宪法解释的特殊效力呈现出三种不同样式,即本章所总结的类宪法效力、解释性效力和建议性效力。类宪法效力的权威性和终局性兼具,解释性效力是具有体系内的权威性但

[①] 持有这一观点的学者包括于文豪:《我国宪法解释的效力三题》,《中国社会科学院研究生院学报》2020年第2期;马岭:《我国宪法解释的程序设计》,《法学评论》2015年第4期。

不具有终局性的拘束力,建议性效力则是既不具有完全的权威性、又不具有终局性的建议性或劝诫性效力。

　　宪法解释效力的第三个问题是宪法解释的溯及力。根据学者的推测,我国未来的宪法解释可能出现两种形式,一种是与立法解释、司法解释形式类似的宪法解释案,另一种是在事后合宪性审查过程中作出的对宪法的附随性解释。不同的宪法解释形式的溯及力不同。宪法解释案在一般情况下应当不具有溯及力,遵循法不溯及既往的原则,即仅仅对宪法解释案正式颁行之后的立法和行为产生拘束力。不过,全国人大和常委会自身以及其他国家机构也可以参照宪法解释,自行对法律和其他规范进行废止或修改——鉴于全国人大常委会宪法解释的权威性和终局性,这种自觉受到约束的情况可能会经常出现。

　　与宪法解释案不同,附随性解释作出的目的就是解决当前规范的合宪性问题,在未来合宪性问题优先移送机制建立起来之后,附随性解释对当前规范合宪性的判断还牵涉具体案件的处理。因此,附随性解释的效力更宜采取大多数国家宪法解释机构——例如前述德国和奥地利宪法法院、法国宪法委员会以及欧洲法院——作出的宪法解释的效力,即应当具有针对当前规范或案件的溯及效力,否则宪法解释和宪法审查的目的就无法达成;对于其他在宪法解释颁布之前已经作出的合宪性审查决定和案件裁决,则不应当具有溯及力。全国人大常委会在合宪性审查中作出的法律违宪裁决——尽管这一可能性在我国当前几乎不可能出现,但是——则应当采取各国通认的"撤销无效说",即在审查裁决作出之后法律才失去效力,在此之前的法律效力不受影响,依据该法律进行行为的国家机构和公民个人都不应当受到追究。

　　不过,宪法解释案、附随性宪法解释和宪法审查裁决不具有溯及力的情况应当允许存在一定的例外。例如,德国宪法法院就允许因后来被宣布违宪的刑法条文而被定罪判刑的当事人以此为由提请再审,目的是为了保护公民最重要的人身、财产和政治权利。我国也可以借鉴这一理念,对那些对公民权益具有重要影响的情况设定例外。

第七章

宪法解释方法比较

　　宪法解释方法是宪法解释机构对宪法文本进行解释时所依赖的路径。宪法解释的路径依赖并不单纯是方法的选择，其中还包含哲学方法论和政治哲学的相关问题。据此，本章分为三个部分：宪法解释的方法论、政治哲学和具体方法。本章第一部分侧重比较宪法解释的原意主义和非原意主义方法论，这些方法论主要是美国宪法学者提出的，对二者的讨论因而也以美国的理论为主。原意主义宪法解释方法论中又分为原初含义和原初意图两个基本分支，本节先比较原初含义和原初意图在基本观点和哲学预设上的区别，再将原意主义作为一个整体与非原意主义在解释依据、忠诚对象和解释效果上进行比较。对宪法解释政治哲学的比较是本章第二部分的内容。尽管该节可以分为能动主义和克制主义两个部分分别论述并进而进行比较，但是考虑到各个国家中的宪法解释机构在不同的历史时期会采取不同的政治哲学，本节因而采取了区分不同宪法解释机构及其所在不同国家的方式，重点比较同一宪法解释机构之解释政治哲学的历史性变化，以及同种类宪法解释机构在不同国家中解释政治哲学的差异。最后，本章第三部分重点探讨宪法解释的具体方法，分别为文本、目的、历史和体系。宪法解释的具体方法与方法论有所勾连，这一部分会对这一点有所涉及，但更重要的篇幅将放在对每种解释方法的优势和不足进行讨论。

　　本章各部分对宪法解释方法——包括方法论、政治哲学和具体方法——的讨论主要集中于普通法院、宪法法院和宪法委员会的宪法解释活动，几乎没有涉及立法机关的宪法解释方法。这样的考量主要是因为立法机关解释宪法的特殊性：在大多数国家，立法机关拥有和制宪者类似的权力——至少能够修改宪法或提出宪法修正案——如果在一个国家中立法机关是最权威的宪法解释机构，那么在宪法解释上，立法机关就不必受到各种方法论、政治哲学或具体方法的限制。在方法论上，立法机关既可以遵循制宪者的意图，也可以修改制宪者的意图——例如通过修宪程序——以及当下社会的需要对宪法进行解释；在具体方法上，立法机关既可采取文本或体系的方式解释宪法，亦可采取目的或历史方法。宪法解释的政治哲学所考察的是宪法解释机关在对宪法进行解释时所呈现出的对其他机关权力的态度，其中最重要的就是对立法机关的态度；如果是由立法机关自己进行宪法解释，那么就根本不存在态度的积极或消极的问题。

一、宪法解释方法论比较

宪法解释方法论，包括原意主义和非原意主义两个基本范畴。原意主义，英文为 originalism，也被译为"原旨主义"，主张从宪法制定之时的含义作为对其进行理解的基本依据。这一概念在宪法解释领域的运用，源自于美国学者保罗·布莱斯特 1980 年在《波士顿大学法律评论》上发表的《对原初理解的误解性探求》一文。[①] 非原意主义，即 nonoriginalism，是与原意主义相对的一个概念，包括所有反对从过去寻找宪法文本含义依据的观念。原意主义和非原意主义主要是存在与美国宪法解释语境之下的一个方法论争论，尽管对欧洲和其他国家也有影响，但争议性并不如美国本土如此激烈。例如德国曾经有过关于宪法解释应当采取客观方法还是主观方法的讨论，但更多的是关于对宪法的解释应当诉诸制定者意图还是文本的文义内容的争论；[②]虽然与美国的原意/非原意争论有所交叉——即制宪者意图就是原意主义的一个基本分支，但对文本文义的客观解释却可能既是原意主义的也是非原意主义的，而且德国学界已经基本上达成了采用客观解释方法的共识。本节对原意/非原意方法论的比较，因而集中于美国场域，尤其是美国联邦最高法院。

（一）原初意图与原初含义

原意主义包括两个基本分支，原初意图（original intent）和原初含义（original meaning），或称原初意图主义（original intentionalism）或原初文本主义（original textualism）。二者虽然都属于原意主义，即认同对宪法文本的解释应当诉诸其制定或通过时的含义，但是对于何为其制定或通过时的含义，二者从不同的地方进行找寻。原初意图强调制宪者意图，即宪法文本的含义应当按照宪法起草者或者批准通过者意欲其所表达的含义为准。原初意图的主要支持者是美国 20 世纪七八十年代的爱德文·米瑟（Edwin Meese）和罗伯特·博克

---

① 范进学：《法律原意主义解释方法论》，北京：法律出版社 2018 年版，第 1 页。
② 刘飞：《宪法解释的规则综合模式与结果取向———以德国联邦宪法法院为中心的宪法解释方法考察》，《中国法学》2011 年第 2 期。

（Robert Bork）。原初含义则强调文本在产生之时的普遍理解，即在当时的社会中，具有正常理智者对文本的合理解读。原初含义是作为原初意图的替代理论出现的，最初提出是为了抵御司法积极主义，[1]其支持者主要是曾任美国最高法院大法官的安东尼·斯卡利亚（Antonin G. Scalia）。

1. 基本观点之区别

原初意图与原初含义在基本观点上的区别在于，原初意图所强调的是文本作者的意图，而原初含义强调的是文本读者的认知。具体来说，原初意图是以宪法制定者或者批准通过者在宪法文本中所想要表达的意图作为对宪法的权威性解释。原初意图内部分为严格原初意图主义（strict intentionalism）和温和原初意图主义（moderate intentionalism）。[2] 严格原初意图主义认为对宪法文本进行解释时，应当诉诸制宪者或批准通过者的主观意图，即在各种制宪会议或者历史文件中，制宪者或批准通过者所明确表达出他们希望宪法所要表达的意思。例如曾任美国联邦最高法院大法官的乔治·萨瑟兰就在 home Bldg & Loan Assoc. v. Blaisdell 一案判决的反对意见中指出，解释的目的应当是确认和实施立法者的意图以及通过法律的人民的意图。[3]

温和原初意图主义则倾向于诉诸制宪者或批准通过者可能表达出来的意图，尤其是体现在宪法条文和结构中的一般目的。温和原初意图主义和严格原初意图主义之间的区别因而在于对"意图"的不同看法。严格原初意图主义强调的是制宪者所持有的真实的主观意图，而温和原初意图主义关注的是制宪者通过宪法文本所表现出来的客观意图。在对具体条文进行解释时，严格原初意图主义者会直接寻找制宪会议记录、制宪者公开发表的言论和文字等来确定制宪者当时所想；而温和原初意图主义者会主要通过宪法文本来理解制宪者所可能要表达的意思。当然，在温和原初意图主义者看来，制宪会议记录、制宪者公开发表的言论和文字等也是能够帮助他们确定制宪者意图的有效依据，但是制宪者意图并不止于此，即便制宪记录没有记载但是呈现在宪法文本中的，也应当是制宪者意图的一部分，只不过可能是隐含的意图。在这一点上，严格原初意图主义者又与温和原初意图主义者不同，因为他们对主观意图的强调，因而坚持如果是制宪者没有明确表达出的意图，即便宪法文本能够作此解释，这种未表达的意

---

[1] Mark Tushnet，'The United States: Eclecticism in the Service of Pragmatism'in Jeffrey Goldsworthy ed., *Interpreting Constitution: A Comparative Study*, Oxford University Press，2007,8,36.

[2] Paul Brest，'The Misconceived Quest for Original Understanding'(1980)60 *Boston University Law Review* 204.

[3] 209 U. S. 398,453(1934) (Sutherland，dissenting).

图也不应当是宪法文本含义的一部分。①

　　温和原初意图主义因而可能与原初文本主义存在一定的交叉,尤其在前者试图通过宪法文本来确定制宪者或批准通过者可能想表达的意图之时,或者后者诉诸制宪者时代的相关文件或社会状况以探寻对宪法文本的普遍理解之时。如果是这样,那么两种解释方法论所产生的解释结果很可能是一样的。但是二者仍然归属于不同的解释类型,因为温和原初意图主义所采取的仍然是制宪者立场,即对宪法含义的考察以寻找作者意图为主,原初文本主义所采取的则是与制宪者同时代的读者的立场——这是二者之间难以逾越的基本哲学预设上的区别。

　　与原初意图主义不同,坚持原初含义的学者认为,对宪法的解释,应当以该文本在产生之时既定社会对其的普遍理解为依据。大法官斯卡利亚称之为“一个理性的人能够从法律文本中所获知的意图”。② 对于美国 1787 年宪法来说,原初含义就是宪法在起草并经各州批准通过的 1787 年前后,当时的美国民众对宪法文本的认识。对于此后的修正案来说,其含义就是第一至第十条“权利法案”以及此后每一条宪法修正案起草和批准通过之时的美国民众对其所表达意思的理解。除前述所说制宪文件之外,原初含义的支持者还可能诉诸制宪或特定条文被接纳成为宪法之一部分之时的通行字典来判定语词的原初含义。例如在 Atwater v. City of Lago Vista 一案中,联邦最高法院就诉诸权利法案通过之时,即 1789 年通行的字典确定其中“逮捕”(arrest)的含义。③

　　原初含义内部也分为严格原初文本主义(strict textualism)和温和原初文本主义(moderate textualism)。严格原初文本主义坚持宪法制定之时社会对其条文的普遍理解,即便当时的理解在今天看来存在荒谬或不合理之处,也仍然遵循这种理解。例如美国联邦最高法院在 1857 年判决的斯科特诉桑福德案(Scott v. Sandford),就是以宪法制定之时社会对有色人种的普遍认识为依据解释宪法中的“公民”含义的:在首席大法官罗杰·特尼(Roger Taney)代表多数意见撰写的司法意见中,法院认为有色人种斯科特在宪法制定之时,被普遍“认为是从属性的低等生物”,《独立宣言》中所称“人人生而平等”并不包括此类生物,因此他们不属于美国宪法第 3 条和第 4 条所规定的能够在联邦法院提起诉讼的公民。尽管当时美国境内关于奴隶制合理性的争论已经十分激烈,最高法院还是

---

① Riggs v. Palmer, 115 N. Y. 506 - 07,22 N. E. 188 - 89(1889).

② Antonin Scalia, *A Matter of Interpretation：Federal Courts and the Law*, Princeton University Press, 1997, p. 17.

③ Atwater v. City of Lago Vista 532 US 318,330(2001).

选择坚持严格的原初文本含义,这在一定程度上甚至导致了美国内战的发生。当然,在美国最高法院行使宪法解释权的早期,大法官们经常诉诸严格原初本文主义和严格原初意图主义,表现出他们对制宪者和制宪时代的尊重和司法克制的政治立场。

随着时间的不断推移和社会价值观的剧烈变化,严格原初文本主义越来越无法适应民众的普遍观念,原初含义的坚持者更多的转向温和原初文本主义。温和原初文本主义也赞同对宪法的解释应当以其制定之时社会大众对其的一般理解为主要依据,但是对于其中的荒谬或不合理之处,允许进行一定的修正。在这个意义上,温和原初文本主义与非原意主义解释方法存在一定程度的相似性,即二者都允许对文本的含义进行一定的改变;但是二者的不同在于,温和原初文本主义仍然坚持宪法文本的原初含义,只是在确实遇到荒谬或不合理的解释时,方才对其进行修正,而非原意主义解释方法根本无需寻找民众对文本的原初理解,直接以当下的理解为准。① 还有学者提出了"翻译"(translation)理论,意图解决原初文本主义解释方法论无法顺应社会发展和价值观变动的问题。翻译理论认为,我们应当将 18 世纪宪法文本的语言翻译为现代人所能够理解的语言,既保留宪法的精神,同时又能为现代人所接受。② 但是正如涂施耐特所说,这是一种有名无实的原初含义——借着原初含义方法论的壳,放入了非原意主义的内容。③

此外,威廷顿还提出了"新原意主义"范畴,作为缓和原意主义和非原意主义之间龃龉的一个途径,其手段是弱化原意主义主张的尖锐性;④但实际上新原意主义与温和原初文本主义的基本观点基本类似,因而称不上是全新的宪法解释方法论。斯科特·道格拉斯·杰比尔也提出了"自由原意主义",认为真正的宪法原意应当是对公民自然权利的保护,原先的原意主义和非原意主义方法因而应当根据这一"最终原意"进行重新组合;⑤但是将保护公民权利作为宪法原意

① Jack N. Rakove (ed), *Interpreting the Constitution: the Debate over Original Intent* Northeastern University Press, 1990, p. 246.

② L. Lessig, 'Understanding Changed Readings: Fidelity and Theory' (1995) 47 Stanford Law Review 395 (1995); L Lessig, 'Translating Federalism: United States v. Lopez' (1995) Supreme Court Review 125.

③ Mark Tushnet, 'The United States: Eclecticism in the Service of Pragmatism' in Jeffrey Goldsworthy ed., *Interpreting Constitution: A Comparative Study*, Oxford University Press, 2007, p. 8, 38.

④ Keith E. Wittington, 'The New Originalism' (2004) 2 *Georgetown Journal of Law & Public Policy* 599.

⑤ Scott Douglas Gerber, *To Secure These Rights: The Declaration of Independence and Constitutional Interpretation*, New York University Press, 1995.

过于笼统,而且具有明显的实体指向,已经超出了方法论的范畴。因此本节对此两类原意主义不再展开讨论。

2. 哲学预设之差异

原初意图主义和原初文本主义之所以诉诸不同的地方寻找宪法文本的原初含义,是因为二者对文本的含义应当源自何处以及应当如何建构持有不同的哲学观点。原初意图主义坚持对制宪者意图的寻找,因此这一方法论背后的基本解释学理念是:文本是作者承载其思想的对象,对文本的解释因而应当以作者所要表达的意图为依据。对于表达个人思想和情感的专著如此,对于表达集体意愿的法律亦应当如此。原初意图主义所遵循的,因而是传统解释哲学的"作者中心主义"。

原初含义虽然与原初意图一样,也坚持文本产生之时的含义,但是原初含义采取的却是读者视角,即文本的理解应当以读者的认识为中心。原初含义所坚持的哲学预设因而将文本视为独立于作者意图之物,换句话说,宪法文本的含义源于自身,文本是一个自身能够承载意义的"活"的事物。[1] 尽管制宪者和批准通过者的权力让与和运作使得宪法草案成为正式宪法文本并获得权威性,但是一旦经过这一程度,宪法文本就获得了独立于制宪者和批准通过者的地位,拥有自己独立的权威和意义。宪法文本权威的独立性在于即便对于制宪者和批准者也具有毋庸置疑的拘束力,[2]其意义的独立性则在于文本的含义由文本自身承载,不取决于作者的意图,而是由读者通过理解文本进行建构。[3]

当然,如果将制宪者和批准通过者界定为当时的所有民众,那么事实上原初意图和原初含义就能够实现统一。但是困难在于原初意图——尤其是严格原初意图主义——更加倾向于制宪者和批准通过者的主观意图,这意味着采取此种方法对宪法进行解释的过程中,宪法解释者更加倾向于有文件证据留存下来的宪法起草者和作为批准者的各州代表的意图,而几乎不可能发现当时所有美国公民注入宪法文本中的意图。因此,从现实层面考虑,原初意图和原初含义对宪法文本的理解终究会从不同的角度或证据入手,而其结果也可能因此而呈现巨大差异。

在原初意图主义内部,对于如何能够获知制宪者的意图的问题,严格原初意图主义又与温和原初意图主义持有不同的哲学观点。严格原初意图主义所坚持的是主观意图,而温和原初意图主义坚持的是客观意图。坚持文本作者的主观意图是解释学早期的观点,这一观点强调创造文本的作者的主体性,文本作为作

---

① 张汝伦:《意义的探究——当代西方释义学》,沈阳:辽宁人民出版社1986年版,第70页。
② 范进学:《法律原意主义解释方法论》,北京:法律出版社2018年版,第73页。
③ 伍蠡甫:《西方文论选》(下卷),上海:上海译文出版社1986年版,第32页。

者创造的对象，其意义只能来自于主体的赋予；因此，对文本意义的探索只能以作者的意图为准。[①] 但是作者的主观意图往往是难以获得的——尤其在作者已故或是一个集体的情况下——在这种情况下，作者所创作的文本就是作者意图最忠实的呈现，因此对作者意图的探索应当以文本含义为准。例如鲍威尔就指出，在普通法传统中，法律文本制定者的意图与文本含义是一样的，意图并不依赖作者的主观性目的；换句话说，就是"意图"一般是指在法律文本中所使用的语言的普遍理解，而非作者的主观意图。[②]

在原初文本主义内部，严格原初文本主义和温和原初文本主义之间也存在哲学预设的分歧。严格原初文本主义认为宪法制定之时的民众对文本的普遍理解具有绝对权威性，即便这种理解有错误之处，后世的政府和民众也应当接受。这意味着严格原初文本主义虽然赞同文本的含义和权威独立于作者的意图和权力，却无法脱离其产生的时代。对于宪法文本来说，其权威性不能脱离将其批准通过并授予其效力的那个年代的人民，其含义也应当由当时民众的普遍理解来赋予。温和原初文本主义则认为对宪法文本的原初理解和原初权威只具有相对决定性：尽管宪法的最初权威来自于制宪时代人民权力的赋予，因而对宪法的解释应当以当时民众的理解为依据，但是当代民众的意志也具有民主正当性；而且社会的价值观会不断变化，曾经的价值观未必符合当下的价值观——尤其以民众对奴隶制、同性恋、双性恋和跨性别者的态度为典型。因此，对宪法的解释也需要将现代人民的意志纳入，使宪法在一定程序上适应社会的进步与变化。在这个层面上，温和原初文本主义实际上打开了通向非原意主义的大门。

（二）原意主义与非原意主义

非原意主义是反对原意主义方法论的观点的总称。非原意主义反对原意主义对宪法的解释每每必诉诸制宪时代的文件和历史的行为，认为宪法的含义应当随着时代的发展和价值观的改变而具有变化性。因此在美国，非原意主义经常与"活的宪法"（living constitution）概念相关联。从美国建国到20世纪早期，美国国内关于宪法解释的司法实践和宪法理论都以原意主义为主要观点，以洛克纳时代为典型代表，尽管原意主义从意图主义逐渐转向文本主义。但是在20世纪中后期，非原意主义方法论逐渐兴盛起来，尤其以大法官霍姆斯和沃伦时代的最高法院为突出代表。

[①] 张汝伦：《意义的探究——当代西方释义学》，沈阳：辽宁人民出版社1986年版，第40页。

[②] H. Jeffrson Powell, 'The Original Understanding of Original Intent' (1985) 98 *Harvard Law Review* 894.

根据学者的总结,原意主义的宪法解释学主张包括三个基本命题:第一,关于宪法的含义,原意主义认为其是客观存在的,无论是原初含义还是原初意图;第二,宪法解释的场域是原初的宪法,而不是当下的宪法;第三,法官应当表达出对宪法忠诚,体现在对宪法的解释应当坚持原意。[①] 非原意主义在这三点上均反对原意主义的主张。

1. 宪法解释依据之分歧

在非原意主义看来,原意主义的第一个基本命题就无法成立,即根本不存在客观的原初意图或原初含义,或者即便成立,法官也无法有效获知这一原意。首先来看严格原初意图主义,其所寻找的是制宪者或批准者在宪法中所注入的主观意图。以美国宪法为例,在宪法中注入意图的主体有很多,包括宪法起草者,即在美国历史上被称为制宪者(framers)的人们,宪法草案的签署者和批准通过者。无论是制宪者、签署者还是批准通过者都是一个群体而不是个体:制宪者的起草和提出是最初参加费城会议的 55 名代表,签署者为 38 名代表,批准通过者是 13 个州的代表,但实际上他们代表的是美国民众。此后的《权利法案》由麦迪逊起草,各个州通过,再此后的历部修正案则仍然是由不同的主体起草,由各州通过。如果是这样,那么严格原初意图主义就需要确定其所寻找的究竟是哪个群体或个体的意图。在民主国家,无论是个体意图还是某个群体的意图都不具有民主正当性,意图主义所寻找的因而应当是宪法文本通过时所有民众的意图。但是这一意图是无法确知的,因此严格原初意图主义所寻找的,几乎都是当时有公开文件记载的意图,这种意图更多的体现为制宪者的意图。这在民主正当性上首先存在问题。不仅如此,即便是制宪者,在当时也至少分为联邦党人和反联邦党人两个基本阵营,对于宪法某个条文的含义,他们之间大多存在意见分歧,那么在制宪时他们究竟将哪种意见注入作为宪法的意图是不得而知的。[②] 例如,在涉及对于非裔美国人的有利歧视或平权法案之时,制宪者的意图就在何谓"平等保护"的问题上出现了分歧——有的认为平等保护要求不以种族为立法或行为的依据即可,有的则认为平等保护所禁止的仅仅是对非裔美国人不利的立法或行为,有利的"歧视"不违背平等保护——因此究竟平权法案是否违背宪法第十四修正案的规定,很难从制宪者的意图获得确定的答案。[③] 事实

---

① 侯学宾:《含义、原初性与宪法忠诚——原旨主义的三种基本共识性命题》,《法制与社会发展》2010 年第 6 期。

② Max Farrand, *Records of the Federal Convention of* 1787, Yale University Press, 1911, p. 161.

③ Mark Tushnet, 'The United States: Eclecticism in the Service of Pragmatism'in Jeffrey Goldsworthy ed., *Interpreting Constitution: A Comparative Study* (Oxford University Press, 2007)8,39.

上,立法——包括制宪——是许多意见妥协的结果,已经是现在政治社会的共识,[①]也是民主的应有之义,因此最终文本所承载的是一种"集体的意图",[②]仅仅通过制宪者群体的意图来解释宪法的意图似乎也有不妥之处。即便制宪当时有关于某个条文制宪意图的文本记载——例如制宪会议记录——这一意图也未必就一定是制宪者集体的意图,因为制宪者所表达的意图可能是不确定的,[③]还可能存在多重面向。[④] 在制宪会议中所表达出来的可能只是制宪者的部分意图,其隐含的其他意图或已经表达出的意图对于其他条文的影射能力可能并没有表明。

由于严格原初意图主义所存在的意图找寻困难,原意主义因而转向温和原初意图主义和原初文本主义。二者都坚持在宪法的原初含义中寻找对宪法的解释,尽管一个坚持作者视角,一个坚持读者视角。尤其在文本主义者看来,真正具有宪法权威的是经过制定和批准程序通过的宪法文本,而不是意图,因而对宪法的解释必须从文本入手。[⑤] 温和原初意图主义和原初文本主义在一定程度上解决了意图寻找的困难问题,但是对文本原意的寻找,同样存在难以实施的问题。其中最重要的,就是现代人如何能够忠实的解释宪法在制宪时代民众对其的理解或者制宪者通过此类语言所表达出的客观意图。这事实上是一个人们如何能够忠实的解释历史的问题。当代历史学家已经普遍认同,历史一定是站在当代人的角度来解释的。[⑥] 因为,其一只有当代人有需求之时才会诉诸历史——正如当前案件需要美国联邦最高法院解释宪法之时,他们才有可能诉诸制宪史。这一解释的前提因而意味着解释本身也是为了解决当下问题所进行的,解释的结果并不会完全遵循原意这一点可想而知。其二,即便解释并未有如此的前提和过程,解释者仅仅为了寻找宪法的原初意图或原初含义,解释的作出也无法完全遵循宪法通过之时的理解逻辑。解释的进行需要解释者所在社会的语言习惯和价值观为其提供前见,这一前见是解释开始所必须的,没有前见就没

① William Landes, Richard Posner, 'The Dependent Judiciary in an Interest-Group Perspective'(1975) 18 *Journal of Law and Ecnomics* 875,877.

② Frank Easterbrook, "Text, History, and Structure in Statutory Interpretation" (1994)17 *Harvard Journal of Law and Public Policy* 61, 68; Antonin Scalia, 'Judicial Deference to Administrative Interpretations of Law'(1989) *Duke Law Journal* 511,517.

③ Ronald Dworkin, *A Matter of Principle*, Harvard University Press, 1985, pp. 38 – 39.

④ Pierre Schlag, 'Framers Intent: The Illegitimate Use of History'8 *University of Puget Sound Law Review* (1985)299.

⑤ Teitel Ruti, 'Original Intent, History, and Levy's Establishment Clause'15(1990) *Law and Social Inquiry* 595.

⑥ 范进学:《法律原意主义解释方法论》,北京:法律出版社 2018 年版,第 112 页。

有解释可能。① 宪法制定之时的制宪者或民众以当时社会的语言习惯和价值观为前见，而当下的解释者以现在社会的语言习惯和价值观为前见。当下的解释者无法进入制宪时的社会，因而无法获得当时的语言习惯和价值观，其作出的解释与当时的理解并不完全相符，也是情理之中。

有鉴于此，非原意主义认为原意主义——无论是原初意图主义还是原初文本主义——根本无法找到确切的原意为宪法提供解释，因而干脆放弃了这种寻找。非原意主义主张，对宪法的解释应当以当下的社会价值观和对文本的理解为准，使得宪法能够有效回应当前社会的需要。正如肯尼迪大法官所写，《宪法》及修正案的起草者可能想让这些文件能够随着时代变化："起草和批准《权利法案》和第十四修正案的那几代人并没有假装自己知道所有的权利和权利的所有面向，因此他们将保障所有个体享有自由权利的框架性文本留给后代，正如我们所看到的那样。当新的洞见导致《宪法》所保护的核心权利与法律的严格规定之间出现冲突时，人们可以主张自由之权利。"②

但是，在原意主义者看来，非原意主义的方法是不能接受的：因为尽管原意主义所诉诸的解释依据并不确切，但至少比非原意主义毫无依据的强。③ 非原意主义在摒弃了原初意图和原初含义之后，对宪法文本目的和文义的解释，实际上完全交给了法院的法官，在美国尤其是联邦最高法院的法官。法官可以凭借他们对社会需要的把握对宪法进行目的主义解释，也可以依据他们所接受的社会语言习惯和价值观构成的前见对宪法进行文本主义解释，但是无论他们依据何种事物进行解释，都没有客观的、看得见摸得着的标准可供检验。这使得法官如果想要随心所欲的造法，在很大程度上成为可能。④ 非原意主义因而经常被认为是反民主的，还与司法积极主义联系在一起，尽管非原意主义也有其民主主张，而且非原意主义未必就是积极的，而原意主义未必就是克制的（这一点将在下一节予以解释）。

2. 宪法解释忠诚对象之不同

原意主义坚持对宪法的权威解释应当以制宪时代的文本含义为依据，体现了原意主义对制宪时代人民意志的忠诚。在原意主义看来，1787 年的美国宪法

① ［德］汉斯-格奥尔格·伽达默尔：《真理与方法——哲学诠释学的基本特征》（上卷），洪汉鼎译，上海：上海译文出版社 1999 年版，第 420 页。

② Obergefell v. Hodges, 576 U. S. (2015).

③ 范进学：《法律原意主义解释方法论》，北京：法律出版社 2018 年版，第 157—158 页。

④ Earl Maltz, ' The Failure of Attacks on Constitutional Originalism ' (1987) 4 *Constitutional Commentary* 44.

以及此后《权利法案》和各条宪法修正案之所以采取成文形式，而没有承袭英国的不成文宪法传统，就是因为制宪者和修正案制定者希望将宪法和国家机构的基本原理固定下来，以此来指导国家后续的运转和政府各部门权力的运行。因此无论是立法机关、行政机关，还是以联邦最高法院为首的司法机关，都应当尊重制宪者和修正案制定者所固定在宪法文本中的这些原理。对于这些原理究竟是什么以及意欲何为，只能通过原意主义的方式进行找寻。如果司法机关不遵循宪法的原意，就是违背了制宪者制定宪法的根本目的。①

当然，对于制宪者和修正案制定者想要通过宪法文本所固定的原理及其内涵究竟应当从何处寻找，原初意图主义和原初文本主义之间的意见不尽相同。原初意图主义坚持寻找宪法制定、修改、签署和批准通过者的意图，而原初文本主义则倾向于宪法制定和通过时民众对其的一般理解。但是无论是制宪者意图还是民众的普遍理解，原意主义都体现出对制宪时代民主决策的尊重。如前所述，在实行民主制的国家，真正的制宪者是处于宪法及其修正案制定和通过年代的国家公民，在美国就是处于1787年前后和历部宪法修正案起草通过时期的美国公民。因此在理论上，制宪者意图与制宪时代民众对宪法的普遍理解是一致的，无论是对原初意图的找寻还是对原初含义的理解，都是对原初人民意志的诉诸——尽管在实践中，原初意图主义者不得不经常诉诸有文字记载的少数宪法起草者意图作为制宪者意图。

但是在非原意主义看来，对原意的寻找无非是将现代社会和现代公民置于"死人之手"（dead hand of the past）的统治之下，②让200多年前的、如今已经作古的人的意志来统治现代人的行为。在这个意义上，尽管原意主义尊重了制宪时代人民的意志，却对当代人民的意志置若罔闻。原意主义因而要么必须承认其是与现代民主体制不相符的——在其不顾当代人民意志的层面上——要么就必须解释为何制宪时代人民的意志应当对当代人的行为持续有效。威廷顿的解释是，当代人民通过接受制宪者的文本表现出对制宪者所认可的价值与准则的承认，从而实现当代民主与制宪时代民主的持续联系。③但是，这一解释仅仅是一种事实层面的叙述，仍然不具有规范意义，即没有解释为何当代人民应当接受

---

① Keith E. Whittington, *Constitutional Interpretation*: *Textual Meaning*, *Original Intent*, *and Judicial Review*, University Press of Kansas, 1999, pp. 47 - 47, 53.

② Richard Posner, *The problems of Jurisprudence*, Harvard University Press, 1990, pp. 137 - 138; David Strauss, 'Common Law Constitutional Interpretation' (1996) 63 *University of Chicago Law Review* 877, 885。

③ Keith E. Whittington, *Constitutional Interpretation*: *Textual Meaning*, *Original Intent*, *and Judicial Review*, University Press of Kansas, 1999, p. 151.

制宪时代的人民意志。非原意主义因而强调当代人的意志,认为当代的人民应当有权通过他们自己的意志对自己进行管理,这才是民主的应有之义。因此如果随着时间的经过和历史的变迁,当前社会民众的语言习惯和价值观已经与过去不同,那么就应当由当代人选择他们希望宪法文本所承载的含义。对当代人民意志的忠诚,要求宪法解释采用非原意主义的方法。

不仅如此,非原意主义者还认为,即便我们同时尊重制宪时代人民的意志——即追随原意主义——制宪者的意图也并非是通过宪法的成文化固定所有适用于后世的圭臬原理,而仅仅致力于提供关于权力和权利以及权力之间关系的抽象框架;[①]对于其中具体的细节问题,则交由此后民众所选举的各界立法机关或民众选举之总统任命的各界司法机关来决定。非原意主义者认为,制宪者对于自身知识水平和对未来情况的预见力是心中有数的,他们不会自大到宣称自己制定的宪法文本能够不断有效的解决美国此后历史发展中的任何问题。因此,对于当时的宪法文本所无法解决或解决方式明显荒谬的问题,就应当交由问题所处时代的人民意志予以解决。如果这一假设正确,那么即便是在制宪者的心中,他们相信也允许后世民众以自己的意志对宪法进行非原意主义的解释。

当然,无论是原意主义对制宪时代民众意志的忠诚还是非原意主义对当代民众意志的忠诚,都不是绝对的。原意主义所诉诸以寻找制宪时代民众意志的依据是以制宪会议记录为核心的制宪史文件资料,其中所记载的大多是宪法起草者和签署者的意见和考虑,究竟这些意见能够在多大程度上代表当时民众的意见——无论是民众注入宪法的意图还是他们对宪法含义的普遍认识——是难以确定的。[②] 非原意主义则是以最高法院的大法官所判断的当下社会语言习惯和价值观为依据对宪法进行解释,但是究竟9位——即便是博学的、经验丰富的——大法官能否准确把握当前社会民众对宪法的普遍理解和他们的整体诉求,同样是存疑的。[③] 如果在这些层面上来考虑,那么无论是原意主义还是非原意主义,在民主正当性上多少都存在可疑之处。

3. 宪法解释效果的差异

由于原意主义和非原意主义在对宪法进行解释时所诉诸的依据和忠诚的对

---

① McCulloch v. Maryland, 17 U. S. (4 Wheat.) 316,407(1819).

② Daniel A. Farber, 'The Originalism Debate: A Guide for the Perplexed'(1988)49 *Ohio State Law Journal* 1091.

③ Robert H. Bork, 'Neutral Principles and Some First Amendment Problem'(1971)47 *Indiana Law Review* 6; Robert H Bortk, *The Tempting of America: The Political Seduction of the Law*, The Free Press, 1990, p. 143.

象不同,也导致两种方法论在宪法解释的效果上有所差异。原意主义的宪法解释效果更加具有客观性和可预测性,而非原意主义宪法解释的客观性和可预测性则相比较弱,但是非原意主义宪法解释更加具有灵活性和适应性,相比之下,原意主义的宪法解释结果更加刻板。

先来看宪法解释效果的客观性和可预测性,原意主义宪法解释效果的客观性和可预测性源于两个方面,一个是解释方法的稳定性,另一个是诉诸依据的固定性。宪法解释的方法论在一定程度上是民众预测宪法解释结果的指向标,即如果美国联邦最高法院一贯使用原意主义的方法论指导其对宪法的解释,那么潜在的宪法诉讼当事人就能够以相同的方法来预判法院对案件的可能判决结果,并以此预判结果来指导其行为。[①] 不仅如此,原意主义宪法解释方法论将制宪史作为宪法解释的依据也增强了解释结果的可预测性。尽管在宪法解释过程中究竟哪些属于权威的制宪史文件因而可以用来解释宪法的问题仍然没有一个普遍接受的答案,但是至少制宪会议记录是公认的宪法解释依据之一。这一记录是真实的客观存在,不仅是法官和学者,相关案件的律师和当事人也能够进行查阅和引用。如果最高法院的法官所诉诸的宪法解释依据与案件当事人所诉诸的解释依据在很大范围内是一致的,那么当事人成功预测法官判决结果的可能性就又增加了一分。此外,制宪史文件的客观存在也为原意主义宪法解释结果的客观性增加了一份重量,因为法官对宪法条文的解释能够诉诸这一有据可查的文件进行证明,而不仅仅是法官本人的主观臆测。

但是,对于非原意主义来说,其既没有稳定的解释方法,也没有固定的解释依据,因而解释结果的客观性和可预测性难免大打折扣。非原意主义宪法解释方法论主要是作为对原意主义解释方法论的反对声音出现的,因而在摒弃了对原初意图或原初含义的寻找之后究竟应当采取何种方式解释宪法,非原意主义并没有一个统一的主张。当然,非原意主义宪法解释方法论并非宪法解释的现实主义甚至后现代主义,其仍然要求法官对宪法的解释必须有所依据和方法,而事实上法官也经常诉诸当前社会的价值观或文本的当下理解来对宪法文本进行解释,但是在对不同的案件进行解释时,法官究竟诉诸对文本的当下理解还是社会民众普遍秉持的价值观,却并没有有章可循的规律。与此同时,当前社会的价值观或对文本的当下理解往往并没有客观可以诉诸的材料予以佐证,潜在宪法案件的当事人想要预测宪法解释的结果变得困难。

---

① Stephen Breyer, 'On the Uses of Legislative History in Interpreting Statutes' (1992) 65 *South Carolina Law Review* 845, 859.

　　由于解释依据的不确定性，宪法解释的客观性也受到一定程度的影响：毕竟并非直接由选举产生、在被任命后就远离政治事务的 9 名大法官们在没有客观证据的情况下如何能够获得由 3 亿多美国民众组成的社会的价值观或对文本的普遍理解是存疑的。尤其在最高法院判断国会立法违宪的案件中，最高法院的法官如何能够确信自己对价值观和对宪法的理解的判断是具有代表性的，而立法中所呈现的价值观或理解却是不够普遍的——毕竟在此类案件中，当不存在其他可以诉诸的证据时，经过大多数民选议员通过的国会立法才是整个社会的价值观和对宪法的普遍理解的最有力证据。正是因为这样，非原意主义宪法解释方法论经常被原意主义者批评缺乏解释的可预测性和客观性。

　　不过，或许正是因为欠缺可预测性和客观性，在宪法解释的灵活性和适应性方面，非原意主义解释方法论比原意主义解释方法论更具优势。非原意主义之所以提出就是为了对宪法的解释能够随着社会的发展进步而变化，避免两百多年后的美国民众仍然受到制宪时代宪法目的或含义的统治。这一点在最高法院在种族隔离问题上的态度变化中体现的淋漓尽致。例如前述美国联邦最高法院在 1857 年判决的斯科特诉桑福德案，首席大法官特尼代表多数意见撰写的司法意见——即将有色人种排除在宪法所称"公民"范畴之外——就是原意主义方法论在宪法解释领域的典型运用。这一方法论指导法院在建国 70 年后仍然坚持建国之时制宪者们在奴隶制和有色人种问题上所达成的妥协。不过美国人——尤其是北方州——显然拒绝在这个问题上遵循原意，以废除奴隶制为核心诉求的内战随即爆发，其结果是从 1865 年到 1870 年，美国依次通过第 13、14 和 15 条修正案废除奴隶制、确认有色人种为美国公民受到法律的保护、正式确立有色人种的选举权并在美国的南方州建立起有色人种参与的政府。尽管如此，在 1896 年的普莱西诉弗格森案（Plessy v. Ferguson）仍然确立起"隔离但平等"的原则——当然这并非原意主义的结论，但是很难说作出判决的法官没有受到宪法原意的影响。这一境况直到厄尔·沃伦（Earl Warren）执掌最高法院之时才得到显著改善。在 1954 年的布朗诉托皮卡教育委员会案中，首席大法官沃伦代表整个法院撰写了判决意见。在这一判决中，沃伦大法官不仅承认了在奴隶制和有色人种问题上美国民众态度与观念的巨大变化，更提出了对宪法的解释和案件的裁决必须在这一社会背景中进行的主张。[①] 不仅如此，沃伦大法官还引用了多部社会学和心理学著作，通过对真实社会状况的考察佐证其判决结果的

---

① Brown v. Board of Education of Topeka（1954）347 US 483，492-495.

正当性。[1] 该判决开创性的废除了"隔离但平等"的原则,成为美国至今处理种族歧视问题的圭臬性判例。在涉及奴隶制和美国有色人种的问题上,非原意主义对宪法的灵活解释和据此作出的判决显然更加适应社会的发展和民众价值观的变化。

此外,对于宪法未曾处理的问题,非原意主义解释方法论也表现出比原意主义更强的适应性。如前所述,美国宪法的起草者并不会认为自己有能力预见未来发生的一切,因而也不会指望他们所制定的宪法能够处理此后发生的所有案件。换句话说,200多年前制定的宪法在面对今日的生活出现未予明确规定的漏洞是不可避免的。[2] 1973年美国联邦最高法院裁决的罗伊诉韦德案中出现的隐私权概念就可以视为宪法中的一个漏洞。尽管由大法官哈利·布莱克曼(Harry Blackmun)撰写的法庭多数意见认为,宪法第十四修正案形成了一个权利半影,这一半影将隐私权涵括在该修正案的保护范围内,[3]但是正如持反对意见的大法官威廉·伦奎斯特(William Rehnquist)所说,在制宪者的年代,隐私权的概念不可能出现在他们的脑海中。[4] 如果两种意见都是有道理的,那么对隐私权的确证就只能通过对宪法文本的符合当下社会价值观的解释方才能够实现。在这个意义上,罗伊案中非原意主义宪法解释方法论的运作,是现代社会中的民众极度珍视的隐私权得以脱胎的机缘路径。当然,罗伊案的判决结果并未在美国境内获得一致认可,此后出现了一些与该结果相悖的判决,近两年一些州也重新开始酝酿禁止堕胎的立法——这也体现出非原意主义解释方法论的风险所在。

尽管在方法论上分歧巨大,但是随着对文本的强调成为各种方法论的核心主张,原意主义与非原意主义在具体解释方法的运用上,二者之间的界限已经越来越模糊。[5] 原初意图主义已经从严格主义转向温和主义,后者更倾向于从宪法文本中寻找制宪者的意图;原初文本主义也从严格转向温和,后者允许随着时

---

[1] 北京大学法学院司法研究中心编:《宪法的精神:美国联邦最高法院200年经典判例选读》,北京:中国方正出版社2003年版,第334页。

[2] Cass R. Sunstein, *The Partial Constitution*, Harvard University Press, 1993, p. 121.

[3] Roe v. Wade (1973)410 US 113,153.

[4] Roe v. Wade (1973)410 US 113,175 – 78. 提出这一问题的还有 John Hart Ely, 'The Wages of Crying Wolf Archived'(1973)82 *Yale Law Journal* 920; Laurence Tribe, 'The Supreme Court, 1972 Term— Foreword: Toward a Model of Roles in the Due Process of Life and Law'(1973)87 *Harvard Law Review* 1; Alan Dershowitz, *Supreme Injustice: How the High Court Hijacked Election* 2000 (Oxford University Press, 2001)等。

[5] generally Jonathan Molot, 'The Rise and Fall of Textualism'(2006)1 *Columbia Law Review*.

代的发展对宪法文本原初的含义进行修正；非原意主义则更加注重解释结果在宪法文本中的可容纳性。可以说原意主义与非原意主义已在具体操作层面上形成了某种"重叠共识"：[①]以宪法文本为意义的最初来源，但在文本模糊时，在原初意图或社会价值观等文本以外的背景性线索中进一步探求文本含义。[②] 关于宪法解释的具体方法，将在本章第三节中详细讨论。

二、宪法解释政治哲学比较

宪法解释的政治哲学指宪法解释机关在解释宪法时，对自身机关性质和权力范围的定位，尤其是对机构权力的行使是否受到以及受到何种程度限制的理解。[③] 由于宪法解释总是与对其他国家机关或地区的行为和立法的审查联系在一起，宪法解释机关对宪法解释采取能动还是克制的态度，集中体现为其与其他国家机关和地区间的关系。例如在宪法解释机关通过解释宪法审查立法或行政机关条例之时，这种关系就体现为宪法解释机关与立法机关或行政机关之间的关系。[④]

宪法解释政治哲学包括能动主义（activism）和克制主义（restraint），有时也译为积极主义和消极主义。在大多数时候，"XX 主义"之前还会加上"司法"二字，形成我们熟悉的司法能动主义（judicial activism）或司法克制主义（judicial restraint）；但是能动与克制并不限于司法，德国和奥地利的宪法法院和法国的宪法委员会也可能存在能动或克制的解释哲学。当然，德国和奥地利的宪法法院仍然能够算作是"司法"，因为它们的职能和运作方式与普通法院更为类似；法国的宪法委员会界定为"司法"却不大恰当，因为其设立之初的定位是行政权力的合作者和维护者，而且直到最近才在一定程度上纳入个人诉愿制度。因此本节将宪法解释的政治哲学统称为能动或克制，不加"司法"这一前缀。

宪法解释机关的能动与克制与其解释理念的保守与激进不同。保守与激进的划分主要依据是宪法解释的作出是更倾向于维护既有的宪制秩序和价值观念，还是随着社会的变化和民众价值观的更迭而革新。如果对宪法的解释更倾

---

① ［美］阿德里安·沃缪勒：《不确定状态下的裁判——法律解释的制度理论》，梁迎修、孟庆友译，北京：北京大学出版社 2011 年版，第 78 页。

② John Manning，"What Divides Textualists from Purposivists？"，106 *Columbia Law Review* 70，75－76 (2006).

③ ［美］克里斯托弗·沃尔夫：《司法能动主义》，黄金荣译，北京：中国政法大学出版社 2004 年版，第 2 页。

④ 徐霄飞：《"司法能动主义"的兴起与扩散——以"司法能动主义"内涵的探寻与厘清为核心》，《政治与法律》2013 年第 4 期。

向于维护既有的宪制秩序和价值观念,那么就是保守的,这种保守既可能是能动的也可能是克制的。例如罗斯福新政初期美国联邦最高法院基于保护经济自由的保守理由连续推翻新政法律,就是对司法权力的能动运用。相反,主张宪法解释应当随着社会和民众价值观变化而变化的理念是激进主义的。激进主义同样可能是能动的也可能是克制的。

能动主义和克制主义在各个国家不同的历史时期有不同的表现,与不同的宪法解释机关的定位也有关系,本节以下分国家和机构分别进行论述。

(一)美国、日本最高法院的能动与克制

1. 美国最高法院的能动与克制

据考证,"司法能动主义"一词最早出在 1947 年美国《财富》杂志上的一篇文章中,但是这篇文章的撰写者是非法律界人士 Arthur Schlesinger。[①] 司法界最早提到"司法能动主义"概念的是大法官怀特,在 1968 年发表于《康奈尔法律评论》的《最高法院在民主社会中的作用:司法能动还是司法克制?》一文中。[②] 怀特法官这篇文章发表之时正好是大法官沃伦掌管最高法院时期的末尾,也正是司法能动主义最繁盛的时期,在此时,司法界和学界都关注到当前的法院政治哲学与既往不同是意料之中的。[③] 在"司法能动主义"这一概念出现之后,也同时出现了与之相对应的"司法克制主义",即是与沃伦法院在宪法解释中所秉承的政治哲学所不同的以往的或此后的法院。

在"司法能动主义"和"司法克制主义"等概念出现之后,关于司法能动与克制的讨论追溯到 1803 年马歇尔担任联邦最高法院首席大法官之时判决的马伯里诉麦迪逊案件。这一案件被视为司法审查和由最高法院对宪法作出最终解释制度的确立,也就是通过这一案件,联邦最高法院获得了对国会立法的审查权力。在最终判处《1789 年司法条例》无效的角度来看,马歇尔在此案中的宪法解释是能动的,因为他将最高法院的权力拓展至审查国会立法,是对司法权力的扩张,而且在此案中,司法权力的这一扩张着实导致了国会立法的无效——这是司法权运作对立法权进行制约的明确表现。但是在该案判决的司法意见中,马歇尔也坦诚"法院的职权范围仅仅是审理个人的权利问题,性质上属于政治问题或

---

① Keenan D. Kmiec, The Origin and Current Meaning of "Judicial Activism" (2004)92(5) *California Law Review* 1441.

② Cummerford, 'Judicial Jumble: Activism as Threat to Government of Laws and not of Men' (1968) *Wall Street Journal*.

③ 范进学、冯静:《司法能动主义在中国:司法哲学之可能走向》,《云南大学学报》2010 年第 2 期。

者按照宪法和法律属于行政机关的问题,从来不能由法院处理"。① 在这个意义上,马歇尔对司法与政治问题之间的关系采取一种克制的态度——无论是因为情势逼迫他不得不如此,还是他本人真的相信司法应当对政治问题采取克制态度。

无论马伯里案件中的司法解释是能动的还是克制的,在此案结束后的五十四年间,联邦最高法院都没有积极的使用司法审查的权力来宣布国会的法律无效,直到1857年的斯科特诉桑福德案(Scott v. Sandford)。在该案中,最高法院判处奴隶不属于美国宪法中规定的公民,而且其诉请所依据的将北纬36°30′再往北的范围规定为奴隶制禁止区域的1820年联邦政府颁布的《密苏里协约》(Missouri Compromise)也是违宪的,因为这一协约所涉及的内容应当是州立法的范围,联邦在该领域内立法就是僭越了州的权力。

斯科特案对黑人地位的不予承认成为了因奴隶制问题发生的美国内战的导火索,最后以北方州的胜利和奴隶制在美国全国范围内的废除为结局,并通过了宪法第十三、十四和十五修正案,认可美国境内有色人种的公民地位和各种权利。从内战结束到伯格法院(1969—1986)之间的这段时期,美国联邦最高法院大多数时候秉承着能动的司法政治哲学,经常动用司法审查和宪法解释的权力推翻国会的立法。在沃伦法院之前,最高法院的宪法解释呈现保守的能动,而在沃伦法院(1953—1969)期间,最高法院的宪法解释出现了著名的激进的能动。保守的能动以罗斯福新政初期最高法院频频推翻新政立法为典型。例如1905年的洛克纳诉纽约州案(Lochner v. New York),最高法院在此案中判决纽约州要求面包房减少工人工作时间的法律违背了宪法上的经济自由,因而是无效的;在1935年的施赫特家禽公司诉美利坚合众国案(Schechter Poultry Corp. v. United States)中,最高法院通过对贸易条款的限缩解释,推翻了经济复苏的核心计划《全国产业复兴法》(National Industrial Recovery Act)。最高法院的保守能动极大的阻碍了新政的施行和经济的复苏,迫使罗斯福总统提出了法院改组的计划。尽管这一计划最后并未获得国会通过,但是在1937年年中,一向坚持中间路线的大法官欧文·罗伯特(Owen Robert)变成了新政的坚定支持者。在此后的几年间,臭名昭著的保守派"四骑士"(Four Horsemen)(詹姆斯·麦克雷纳德(James McReynolds)、威利斯·凡·代芬特尔(Willis Van Devanter)、皮尔斯·巴特勒(Pierce Butler)和乔治·萨瑟兰(George Sutherland))相继退休,接替他们的大法官由罗斯福总统任命。很显然,总统任命的必然是对

---

① Marbury v. Madison (1803)5 U. S. 137,170.

新政持支持——至少是同情——态度的法官,最高法院在经济问题上的保守能动因而转变为克制。在新政改革之后的半个世纪,联邦最高法院几乎默许了联邦国会诉诸贸易条款所进行的所有立法,包括设定最低工资标准和最高工作时间、在贸易领域禁止种族歧视、规制食品销售以及将高利贷入罪等等。

　　但是在保障公民权利方面,最高法院在 20 世纪后半段却是激进能动的,尤其是沃伦法院和伯格法院时期。据统计,从 1963 年到 1969 年的 7 年间,沃伦法院就推翻了 33 个先例,其中有 7 个是在一个案件中同时推翻的,这一数据甚至超过了在 1937 至 1944 年间为新政实施而推翻 30 个先例的休斯法院。① 在 1962 到 1969 年间,沃伦法院推翻了 16 部联邦立法和 113 部州立法,这一数字也大大超过以往的数据。② 伯格法院也在保障公民权利方面表现出积极的态度。例如关于堕胎权的罗伊诉韦德案判决就产生于伯格法院。在此案中,大法官布莱克曼撰写的法庭意见从宪法中解读出隐私权的概念,并据此证成了妇女选择堕胎的自由是宪法上的一项基本权利此案中德克萨斯州在妊娠中早期禁止堕胎的法律因而是违宪所以无效的。有学者甚至称"伯格法院的整个记录就是司法能动主义的记录"。③ 伯格之后,即 20 世纪末期至今,美国联邦最高法院宪法解释的政治哲学一直在能动和克制之间摇摆。伯格的继任者伦奎斯特及其同僚斯卡利亚都坚持司法克制主义,但是在 2000 年的布什诉戈尔案(Bush v. Gore)中,却能动的介入到总统选举这一政治问题中,并最终判处小布什当选。2001 年 9 · 11 事件之后,最高法院也一贯尊重立法和行政机关因国家安全的需要对公民权利的一定限制,可是在 2004 年的拉苏尔诉布什案(Rasul v. Bush)、哈姆迪诉拉姆斯菲尔德案(Hamdi v. Rumsfeld)以及 2008 年的布麦丁诉布什案(Boumedienne v. Bush)中,总统的权力和国会的立法却遭到了法院积极的限制和撤销。当今美国联邦最高法院在具体个案中对宪法的解释究竟呈现出能动还是克制,似乎已经成了该个案判决意见多数如何组成的问题。

　　2. 日本最高法院的能动与克制

　　二战后的日本采取了同美国一样的普通法院进行宪法审查和解释的制度。1947 年施行的《日本宪法》赋予了最高法院审查一切法律、命令规章及处分是否

---

① [美]小卢卡斯·A. 鲍威:《沃伦法院与美国政治》,欧树军译,北京:中国政法大学出版社 2005 年版,第 387 页。

② Thomas M. Keck, *The Most Activist Supreme Court in History*, The University of Chicago Press, 2004, p. 40.

③ Herman Schwartz (ed), *The Burger Years: Rights and Wrongs in the Supreme Court 1969 - 1986*, Berkeley Electronic Press, 1987, p. 87.

符合宪法的权力。在 1952 年驳回的当事人请求确认作为自卫队前身的警察预备队违宪无效的诉讼中,最高法院将宪法审查的权力限缩为美国式的附带性审查;①在 1950 年驳回另一位涉嫌违反粮食管理法而被起诉的被告上诉声称的下级法院行使宪法审查权力不符合宪法第 81 条规定的案件中,最高法院将宪法审查和解释的权力下放至各级法院。② 通过这两个案件,日本最终形成了和美国一样的宪法解释和审查制度。

尽管制度框架相同,日本的最高法院却不如美国的最高法院那样积极。或者说,日本的宪法审查和宪法解释是极端的司法克制主义。③ 日本最高法院的克制体现在两个方面,一个是避免对法律进行违宪判断,换句话说,就是刻意回避关于宪法的讨论。④ 最高法院仍然坚守 20 世纪早期美国大法官路易斯·布兰代斯(Louis Brandeis)所提出的回避宪法判断准则——也被称为布兰代斯规则。这一规则要求对案件的处理应当主要通过其他法律进行,即便当事人提出了案件中涉及的宪法问题,但是只要是其他法律足以应对的,就不应当对宪法问题作出判断;此外,如果不可避免的需要对法律的合宪性问题予以回应,那么应当尽可能选择对法律的合宪性解释,避免宣布法律违宪。⑤ 日本最高法院对布兰代斯规则第一点的遵行,使得其极少对立法进行违宪判决,更多的涉及宪法的案件是依据民事或刑事法律作出裁判的。据园部逸夫的统计,日本的合宪性审查制度自创立至 1995 年,针对法律违宪的裁判只有 5 件,而同期基于刑事案件的宪法判例约 700 件,基于民事和行政的判例约 150 件。⑥ 日本最高法院之所以针对立法应当采取极端消极主义的态度,根据曾于 1960 年至 1966 年之间担任最高法院法官长的横田喜二郎的观点有三个理由:宪法审查的结果具有严重性,因而法院责任重大;法院所享有的宪法审查权力是传统三权之例外;宪法审查需要以尊重民主意志为前提。⑦ 鉴于日本最高法院的极端消极态度可以发

① 日本最高法院大法庭 1952 年 10 月 8 日判决,民集 6 卷 9 号 783 页。

② 日本最高法院大法庭 1950 年 2 月 1 日判决,刑集 4 卷 2 号 73 页。

③ [日]市川正人:《违宪审查制的活性化》,土井真一编,《岩波讲座 宪法 4 变化的统治体系》,岩波书店 2007 年版,第 287 页。转引自[日]阪口正二郎:《第二次世界大战后日本的违宪审查制》,于婷译,《中国宪法年刊(2009)》,第 151 页。

④ [日]阪口正二郎:《第二次世界大战后日本的违宪审查制》,于婷译,《中国宪法年刊(2009)》,第 150 页。

⑤ [日]芦部信喜:《宪法》,林来梵等译,北京:清华大学出版社,第 300—301 页。

⑥ [日]园部逸夫:《违宪审查制的法理》,《法曹时报》47 卷 11 号(1995 年),第 2787 页。转引自童之伟、姜光文:《日本的违宪审查制及其启示》,《法学评论》2005 年第 4 期。

⑦ [日]横田喜二郎:《违宪审查》,有斐阁 1968 年版,第 9 页。转引自童之伟、姜光文,《日本的违宪审查制及其启示》,《法学评论》2005 年第 4 期。

现,对于这三个民主国家所共通的原则,日本法院的观点比美国法院的要严肃的多。

日本最高法院的极端消极主义的第二个方面是回避对政治问题的审查。政治问题可以大概分为几个方面:第一,国家的统治行为。例如著名的苫米地案件,最高法院在 1960 年作出的判决指出,解散众议院的行为属于统治行为,法院因此没有审查的权力。[①] 其次,属于国会或各议院自主权范围之内的行为。最后,属于行政机关或国会自由裁量范围内的行为。在日本宪法学界看来,尽管上述行为在形式上涉及法律上的争诉,但其实质却是政治问题。[②] 正是此种对政治问题的看法,也使得日本最高法院极不情愿对立法作出违宪判决。在政治问题之中有一个特殊之处,就是在日本,涉及宪法的问题也被视为带有浓重的政治色彩。因为在日本的传统中,二战后的日本国宪法一向被视为"政治的经营",宪法第 9 条更是成为政治斗争的中心,因此无论是民众、政府还是法院,都倾向于将宪法与政治等同起来。[③] 日本最高法院之所以回避关于宪法的讨论,很大程度上就是因为宪法的这一政治预设。

但是,日本最高法院的司法克制与美国并不完全相同。尽管日本最高法院极其克制其宣布立法违宪的权力也尽量避免讨论宪法问题,但是却积极的对立法作出限缩解释,以使其符合宪法的精神和要求。[④] 很显然,这是日本最高法院严格遵守布兰代斯规则第二点的结果。例如在对《日本刑法》第 230 条之二关于侵犯他人名誉权的犯罪行为与言论自由之间的协调规定进行解释时,日本最高法院就对立法进行了修正。该条规定,损害他人名誉权的行为如果符合下列三个条件,就不视为侵权:第一,该言论涉及公共利益;第二,该言论的目的是为了公共利益;第三,该言论内容是真实的。在涉及该条款的一个刑事案件中,最高法院认为如果某言论符合前两条但是不符合第三条之时,还应当增加一个第四条件,即如果言论本身并非真实,但是言论者误信其言论是真实的。在作出这一修正之时,最高法院并对宪法的要求作出解释,仅仅指出需要考虑名誉权和宪法所规定之言论自由"之间的调和与均衡"。[⑤] 在这个案件中,尽管日本最高法院没有对该立法作出违宪的判断,但是却在很大程度上改变了立法的原初含义,事

① 日本最高法院大法庭 1960 年 6 月 8 日判决,民集 14 卷 7 号 1206 页。
② [日]芦部信喜:《宪法》,林来梵等译,北京:清华大学出版社,第 269—272 页。
③ [日]阪口正二郎:《第二次世界大战后日本的违宪审查制》,于婷译,《中国宪法年刊(2009)》,第 156 页。
④ [日]阪口正二郎:《第二次世界大战后日本的违宪审查制》,于婷译,《中国宪法年刊(2009)》,第 153 页。
⑤ 日本最高法院大法庭判决 1969 年 6 月 25 日,刑集 23 卷 7 号 975 页。

实上控制了立法的适用,也对立法机关以后的立法过程产生了一定的影响。在这个意义上,日本最高法院在宪法审查和宪法解释上的政治哲学无疑是克制的,但是在立法解释上,却是能动的;日本法院所回避的是与政治机关的直接冲突,却并没有因此放弃对宪法精神的坚守和对立法的实质性审查。[①]

尽管日本司法一直秉承克制主义,但是在不同的历史时期有着不同的表现。日本学者将本国法院宪法审查历史分为五个阶段,[②]第一阶段从 1947 年到 1966 年,这一阶段确立了在政治问题上统治行为不予审查和在公民权利方面以公共福祉为审查依据的基本理念,使得这一阶段未能出现一例违宪判决。第二阶段从 1966 年到 1973 年,比较衡量代替了对公共福祉的优先考量,在涉及权利的案件中审查变得严格,在 1973 年出现了第一例违宪判决——这一阶段可以视为日本宪法审查克制中的能动阶段。[③] 第三阶段从 1973 年到 1980 年,这一阶段日本最高法院广泛适用立法裁量理论,克制自身对立法作出合宪解释。第四阶段从 1980 年到 20 世纪 90 年代,最高法院开始较为积极的解释宪法,但是在对立法作出违宪判断时却十分谨慎——这一状况是 80 年代至今最高法院的情况,也就是前述"能动的克制主义"。关于第五阶段的起始时间,小林武并没有明确给出答案,但是根据阪口正二郎的统计,在 2002 年到 2008 年之间,日本最高法院曾经有 3 次作出立法违宪判决,其几率已经远远超出过去几十年;因而或许我们可以将 21 世纪开始作为日本宪法审查的第五个阶段的开端,预示着日本最高法院的角色向能动转变。当然值得注意的是,即便这几年违宪判决变多,但比起美国历史上的能动主义来看,数量仍然差距甚大;因此日本的宪法审查究竟能否向学者所呼吁的能动转变,还无法确定。[④]

(二)德国、奥地利宪法法院的能动与克制

1. 德国宪法法院的能动与克制

如果按照能动与克制这一讨论所源起的美国的理念来审视德国宪法法院,

---

① Ronald J. Krotoszynski, Jr. , *The First Amendment in Cross-Cultural Perspective*: *A Comparative Legal Analysis of the Freedom of Speech* (New York University Press, 2006)177.

② 小林武:《我国违宪审查的 50 年——总论的概观》,于宪法理论研究汇编,《宪法 50 年的人权与宪法裁判》,敬文堂 1997 年版。裴索也赞同这一阶段划分,参见裴索:《日本违宪审查制度》,北京:商务印书馆 2008 年版,第 127—131 页。杨建顺对日本宪法审查历史阶段的划分与此不同,参见杨建顺:《日本宪法诉讼理论与实践发展述评》,《法学家》1995 年第 5 期。

③ 此案判决杀害尊亲属者重罚的刑法条文是违宪的。日本最高法院大法庭判决 1973 年 4 月 4 日,刑集 27 卷 3 号 265 页。

④ 〔日〕阪口正二郎:《第二次世界大战后日本的违宪审查制》,于婷译,《中国宪法年刊(2009)》,第 156 页。

即宪法解释机关对宪法解释的能动与克制在于是否主动回避政治问题以及是否积极宣告立法或政府条例违宪,那么宪法法院在总体上是偏能动的。德国的宪法法院虽然也是法院——德文 Bundesverfassungsgericht 中的 Gericht 就是法院——也规定在基本法第九章"司法"之下,但是其职能设计却更像是处于立法、行政和司法权力之外的一个权力,其分解了传统的三权,并将三权集合在一起成为对三权的监督性权力。① 因此,德国宪法法院在对宪法进行解释的过程中,不仅仅不需要回避政治问题,也不需要克制宣告国会立法无效的冲动。

德国宪法法院的能动一方面体现在不回避政治问题。② 宪法法院不仅仅处理如美国普通法院所审理的个人提起的关于宪法问题的诉讼或上诉,或者更重要的不是处理个人诉讼问题,而是处理公权力运作的合宪性问题。例如,根据《德国联邦宪法法院法》宪法法院有权处理不同权力机关之间的权限争议、联邦与州之间的权利义务和权限争议、选举审查以及政党组织违宪等问题。③ 这些案件中所涉及的,无疑在很大程度上都是政治问题。近年来,德国还出现了将大量棘手的政治问题转交宪法法院处理的趋势,尤其是关于"欧洲统一是否符合基本法"、联邦政府参与北约空军禁飞活动的决定是否符合基本法等属于外交领域却与基本实施相关的问题,都会提交至宪法法院进行裁决,宪法法院也从来都不会拒绝。④ "在联邦德国的发展历史中,任何政治上有争议的领域都有联邦宪法法院参与其中"。⑤ 事实上,在德国的司法哲学中,宪法法院的目标是解决法律的合宪性问题和公权力运作的合宪性问题,因而不会出现类似美国因政治问题不审查的结论。⑥

第二个方面是德国宪法法院也积极承担对立法的审查职能。与美国最高法院不同,德国宪法法院不仅能够审查当事人在个案中提出的立法合宪性问题,也能够根据联邦政府、州政府、联众众议院四分之一议员或各级法院的提请抽象的审查法律是否违宪。⑦ 在对国会立法进行审查的过程中,宪法法院也经常采取积极的态度对立法进行审查并对违宪的法律进行宣告。凯尔森把宪法法院称为

---

① 马岭:《德国和美国违宪审查制度之比较》,《环球法律评论》2005 年第 2 期。

② 孙光宁:《宪法解释方法的两种传统及其启示》,《北方法学》2014 年第 4 期。

③ 《基本法》第 93 条 1、3、4、4a、4c 项,《德国联邦宪法法院法》第 36、43、63、64、65、68 条。

④ 刘兆兴:《德国联邦宪法法院总论》,北京:法律出版社 1998 年版,第 70—76 页。

⑤ Hassemer, Politik aus Karlsruhe? (2008) JZ 1. 转引自刘飞:《宪法解释的规则综合模式与结果取向——以德国联邦宪法法院为中心的宪法解释方法考察》,《中国法学》2011 年第 2 期。

⑥ Donald P. Kommers, 'Germany: Balancing Rights and Duties' in Jeffery Goldsworthy ed., *Interpreting Constitution: A Comparative Study*, Oxford University Press, 2007, pp. 161,175.

⑦ 《基本法》第 93 条 2、2a 项,《德国联邦宪法法院法》第 77、80 条。

"消极立法者",与此相对应的是"积极立法者"议院——议院宣称法律是什么,而宪法法院通过对法律进行审查,宣称法律不能是什么。[①] 尽管如此,宪法法院的法官对宪法的解释却从未能动到完全不顾立法机关的决定。这些法院自觉的对自身宪法解释的行为进行限制,以尽量尊重议院在宪法框架允许范围内所作出的判断和决定,"使宪法规定由其他宪法机构只有作出政治决定的空间得以保留",从而维护基本的国家分权模式。[②] 这在一定程度上是因为德国宪法法院的法官分别由联邦议院法官选任委员会和联邦参议院以三分之二多数意见推选产生,且法官的任期为一次性的 12 年,不得连任也更非终身制——[③]法官的产生途径和任期也为其在判决中更加倾向于维护立法机关的权威埋下了伏笔。

此外,通过前述内容可以发现,德国宪法法院所行使的所有职权——包括判定法律是否合宪和处理政治纠纷——都有基本法和《联邦宪法法院法》的明确规定。因此,如果我们将能动与克制的定义从是否回避政治问题以及积极宣告立法无效转为是否存在僭越其他政府机关的权限,那么德国宪法法院或许称不上能动。当然,在美国的权力体系中,普通法院不回避政治问题且积极宣告立法无效,与涉嫌僭越立法机关职权是同一个过程;但是,在德国的语境中,二者却并不必然一致。

2. 奥地利宪法法院的能动与克制

奥地利以宪法法院正式取代原先奥匈帝国法院在 1919 年 1 月 25 日,当天奥地利立法机构通过了由凯尔森主笔的《宪法法院法》。此后立法机构部分修改了《关于设立帝国法院的国家基本法》和《关于帝国法院组织、程序及其裁决执行的法律》,使得帝国法院平稳过渡为宪法法院。1920 年 11 月 10 日,奥地利联邦宪法正式生效,宪法法院的地位得以全面确立。

尽管奥地利联邦宪法设立了议会至上的理念,政府由议会产生,且所有政府行为必须以议会的立法为依据——被称为"合法律性原则",普通法院无权审查立法的有效性;可是脱胎于帝国法院的宪法法院不同,其设立就是为了处理奥地利横向和纵向的权力分配与冲突问题,解决普通法院无权审理立法的困顿。[④] 换句话说,奥地利宪法法院的设立并不存在美国式的约束宪法审查权

---

① [美]路易斯·亨金、阿尔伯特·J.罗森塔尔编:《宪政与权利》,郑戈等译,北京:生活·读书·新知三联书店 1996 年版,第 32 页。

② BVerfGE 34,1,14f. 转引自刘飞:《宪法解释的规则综合模式与结果取向——以德国联邦宪法法院为中心的宪法解释方法考察》,《中国法学》2011 年第 2 期。

③ 《德国基本法》第 94 条,《德国联邦宪法法院法》第 4、5 条。

④ [奥]特奥·约林格:《立法之宪政审查——奥地利模式研究》,王涛译,《研究生法学》2006 年第 4 期。

力的问题,而是为了赋予宪法审查的权力。有了宪法、法律和历史传统的支撑,奥地利宪法法院从设立之初就十分能动,远胜同时期采取美国模式的欧洲诸国。自 1921 年 6 月至 1932 年 5 月间,宪法法院宣布就 3 项联邦立法及 9 项地方立法无效,其中,联邦立法无效的案件皆源自于地方政府之诉愿,9 项地方立法无效的案件中甚至有 3 个是宪法法院依据职权自行审查的结果。[①] 当然,这一数据相较于美国最高法院积极能动的沃伦和伯格法院时期,甚至较奥地利宪法法院在二战后的表现并不算多,但是相较于同期其他欧洲国家而言,却已经具有相当的开创性。[②]

不仅如此,在 1929 年,奥地利还通过宪法修正案的形式将对立法进行审查的提请主体扩大至最高法院和行政法院,这使得几乎所有公民在所涉案件中遇到宪法问题,都可以通过法院体系提请宪法法院对立法进行审查。宪法法院的管辖范围扩大。此外该修正案还间接确认了宪法法院以基本权利为依据审查立法的权力。当时作为社会民主党核心报《劳动报》主编、并曾于 1920 至 1930 年期间担任宪法法院法官的 Friedrich Austerlitz 反对宪法法院以权利为由对立法进行实质审查,他认为这是法院对立法机关权利的篡夺。但是 1929 年修正案的通过却显示出整个国家都持有与其相反的态度——宪法法院的权力,因此不仅仅包括对立法进行形式和过程的审查,也包括对其实质内容合宪性的审查。

在这段时期,主笔《宪法法院法》、后来成为宪法法院法官的凯尔森极力主张宪法法院对宪法的解释和对立法的审查应当秉承克制主义,尤其是对宪法的解释应当以文本的客观含义为准,并尊重立法机关和行政机关的意志。[③] 例如在有关"豁免婚姻"系列案件中,当法院可以根据奥地利民法典宣布基督徒再婚无效的权力与行政机关可以依据"豁免婚姻"宣布基督徒再婚有效的权力相冲突之时,凯尔森坚持认为司法机关与行政机关权力平等,因此法院应当尊重行政机关的决定,克制为了宣示司法权威对已经经过行政机关宣告豁免的婚姻再次宣告无效的欲望。可是,凯尔森的意见只是宪法法院的极少数,与主流能动哲学相抵牾多年,并最终导致其在 1930 年 2 月 15 日任期届满之际拒绝再次出任宪法法院法官。

对于政治问题,宪法法院却表现出一定的克制。例如在 1928 年发生的一个关于租赁法的著名判决中,宪法法院认为对案件之中涉及的核心概念"公共利

---

① [奥]特奥·约林格:《立法之宪政审查——奥地利模式研究》,王涛译,《研究生法学》2006 年第 4 期。

② Theo Ohlinger, 'The Genesis of the Austrian Model of Constitutional Review of Legislation' (2003) 2 *Ratio Juris* 206.

③ [奥]罗伯特·瓦尔特:《宪法法院的守护者:汉斯·凯尔森法官研究》,王银宏译,北京:人民日报出版社 2016 年版,第 87 页。

益"进行界定并非法院的职责,而应当是立法者的权力。魏玛宪法确立的平等选举原则换言之,宪法中的模糊语句所涉及的政治问题,都属于立法裁量的范围,是宪法法院应当止步的界限。[①] 即便前述 1929 年宪法修正案间接赋予的公民个人通过最高法院和行政法院向宪法法院提出对立法的合宪性审查权力,也不得针对政治性问题或议会的讨论进行。在这一点上,宪法法院的其他法官和凯尔森保持了一致。不过由于宪法法院能够依据基本权利对议会立法的实质内容进行审查,而权利从来和社会价值观与政治判断纠缠不清,奥地利宪法法院在政治问题上的回避似乎并不够彻底。

凯尔森卸任之后,很快便发生了第二次世界大战,期间奥地利宪法法院被停止活动。直到二战结束,宪法法院才继续开始其工作——二战之后的宪法法院变得更加能动和积极。从 1946 到 1980 年期间,奥地利宪法法院共宣布 377 项立法无效,其中基于平等权原则宣布立法无效的有 127 项,基于其他基本权利的 19 项,基于联邦条款的 115 项,基于合法律性原则的 83 项,基于其他理由的 33 项。可以发现在这一阶段,奥地利联邦宪法和国际人权法中的基本权利规定并没有成为宪法审查的主要依据,宪法法院的角色仍然在很大程度上维持着其设立之初的宗旨,即解决国家权力在横向和纵向两个层面的模糊和冲突,而不是预防立法对公民权利的践踏。但是在 20 世纪 80 年代之后,宪法作为以基本权利为主要目标的价值观体系逐渐在奥地利流行起来,宪法法院更多的开始以权利为依据审查立法,以保障人权的宪法审查和宪法解释制度在奥地利生根发芽。[②] 这其中有两个推动因素,一个是 1958 年《欧洲人权公约》被纳入奥地利宪法,成为宪法法院裁判依据的重要组成部分,另一个是 1975 年的《奥地利联邦宪法性法律增补案》将提请对立法进行合宪性审查的主体扩展至所有个体,赋予了公民个人针对侵犯其权利的国家行为直接提起宪法诉愿的权利。

(三)法国宪法委员会的能动与克制

作为 1958 年戴高乐宪法重要组成部分的法国宪法委员会,是在议会的分裂和政府的无能导致法国内外交困的情境下设立的,宪法委员会的定位因而旨在限制立法机关的权力、维护政府决策的权威,避免立法机关对行政行为的过多干预,从而使行政机关能够发挥引领国内发展、镇压国外反抗的功效。因此,从设立之初,法国宪法委员会就是一个政府联盟机构。这一同盟地位本该使得宪法委员会对国会的立法审查从一开始就处于积极状态,例如宪法赋予其对已经经

---

① 胡骏:《奥地利宪法法院研究》,北京:法律出版社 2012 年版,第 110 页。

② [奥]特奥·约林格:《立法之宪政审查——奥地利模式研究》,王涛译,《研究生法学》2006 年第 4 期。

过议会投票通过、但尚未公布实施的法律进行审查：组织法公布前，涉及公权力组织、国家经济、社会或环境政策与促进公共服务的改革或授权批准国际条约等可能影响现行制度运行的法律草案在提交公民投票前，以及议会两院仪式规程在实施前，必须提交宪法委员会接受审查；[①]除此之外的其他法律，在已经过议会投票但未公布实施之前，也可以由总统、总理、国民议会议长、参议院议长提交至宪法委员会进行审查。

可是与宪法所赋予的权力相反，宪法委员会从设立到 20 世纪 60 年代末，基本都处于极端克制的状态。首先，在宪法委员会设立早期，对立法的审查主要是形式上的，即只判断议会立法所涉及的事项是否逾越了宪法第 34 条规定的界限，或者裁决其是否违反法定程序；对于其中的实质性问题，宪法委员会不予置喙。其次，在 1961 年 9 月 14 日的一份决定，宪法委员会承认自己没有超越宪法规定为国家权力运作提供咨询的权力，将自己的权力严格限制在宪法所赋予的范围内。[②] 该案件的源起是国民议会议长向宪法委员会咨询能否在国家处于紧急状态之下时提出对政府的不信任案，宪法委员会认为，宪法对宪法委员会职权范围进行了严格的规定，其中并没有授予其关于此类问题的咨询答复权，因此它并不能就议长提出的问题发表意见。此后，宪法委员会又通过一系列案件重申了这一立场。再次，在 1962 年的"全民公决法案"中，宪法委员会裁决自己无权审查经过全民公决的立法，对立法的审查仅仅限于议会通过的。[③] 当然，由于经过全民公决通过的立法是民意的直接体现，作为民主体制之中的宪法委员会同样要受到民意的直接限制，因此应当避免对全民公决的结果进行审查——这是宪法委员会面对民主所做的自我克制。[④] 不过此案中涉及戴高乐总统绕过议会通过全民公决的方式修改宪法是否违宪的实质问题，宪法委员会拒绝对这一问题表达意见被称为这一机构的"自杀"，换句话说，宪法委员会主动放弃了守护宪法的职责。最后，宪法委员会也仅仅对国会立法进行审查，对于行政法规和命令等合宪性问题的审查由法国境内的行政法院体系进行，由最高行政法院作为终审机构。因此，在针对行政法规和命令的问题上，宪法委员会呈现出克制的哲学。这一点也可以理解，这是由于宪法委员会的原初定位是政府联盟机构，因此由其审查自己同盟的行政机关之规范和决定无论在权力运作理论上还是实践上都不具有可行性。

不过在政治问题上，宪法委员会的运作却不能等同于美国法院式的克制，尽

---

① 法国 1958 年宪法第 11 条第 1 款、第 61 条第 1 款。

② 李晓兵：《论法国宪法委员会合宪性审查实践的创造性》，《东岳论丛》2008 年第 5 期。

③ 宪法委员会 62－20DC 号裁决。

④ ［法］安德烈·鲁：《新宪法委员会：法兰西例外之终结？》，王蔚译，《公法研究》2010 年卷。

管其极力避免超越宪法规定的职权范围。一方面是由于其定位是政府联盟机构,因而必然会承担一部分的政府工作,其中肯定涉及对政治问题的判断。另一方面,这些涉及政治问题的事宜也经由宪法和《宪法委员会组织法》的规定成为宪法委员会的固有职权。例如宪法委员会不仅审查国会的立法,对于经签署但尚未批准或认可的国际条约或协定,也可以经由特定主体提交至宪法委员会进行审查。此外,宪法委员会还有立法行政分权裁判委员会、选举委员会和咨询委员会的职责。例如对于在立法过程中——即在议会讨论过程中、尚未投票通过——的法律案,如果议会和政府对就其是否属于立法范围或立法授权政府以法令方式规定的范围意见不一致时,可以提请宪法委员会进行裁决。① 对于1958 年宪法生效以后制定的立法,如果政府欲通过政府条例的形式对其进行修改,必须先提交宪法委员会就其所涉事项属于立法还是行政范畴进行判断。② 对于总统、国民议院和参议院选举过程中所发生的争议,宪法委员会在经由特定主体提请后也可以进行裁决。此外,对于共和国总统行使宪法第 16 条规定的紧急权力的必要性,必须在行使之前由总统向宪法委员会寻求建议,并在该权力行使过程中和过程后接受宪法委员会的主动监督。③ 在宪法委员会所享有和行使所有这些职权中,对政治问题进行判断是不可避免的。

宪法委员会的克制态度为其争取了在第五共和国时期被普遍认同并因此得以保留的命运。此后,宪法委员会开始逐渐能动。这一转变中的里程碑式判决是 1971 年的"结社自由案"。该案件源于法国内政部想通过立法限制结社自由以防止国内再次发生 1968 年的学生运动的初衷。关于这一点,国民议院和参议院反复讨论没有结果,国民议院因而径直于 1901 年通过新立法,规定司法机关可以根据行政机关的提议来对公民的结社进行事先审查。参议院随即表示了对该法律的质疑,参议院议长阿兰·波埃(Alain Poher)于 1971 年 1 月 1 日根据宪法第 61 条第 2 款的规定向宪法委员会提请对该法律进行合宪性审查。在对这一法案审查的过程中,宪法委员会不再仅仅关注其通过的程序——程序当然没有问题——而是以宪法序言中所认可的结社自由原则审查其实质内容,并最终得出该法案因内容侵害公民的基本权利和自由因而违宪的判决。④ 此案被视为

---

① 法国 1958 年宪法第 41 条。

② 法国 1958 年宪法第 37 条。

③ 法国 1958 年宪法第 16 条第 6 款。

④ [法]杰哈·马库:《法国"违宪先决问题"之制度与实务》,李鍌澂译,《交大法学》2014 年第 1 期。具体案件和判决可参见李晓兵:《法国宪法委员会 1971 年"结社自由案"评析》,《厦门大学法律评论》2010 年第 1 期。

宪法委员会对法律进行实质审查的第一案,成就了宪法委员会的"重生"。① 自此之后,宪法委员会通过对法律案与公民基本权利之间冲突的审查,重新获得了守护宪法权威的职能定位。与此同时,宪法委员会还通过此案判决实际上形成对政府和议会的同时监督——该案中真正需要立法的是政府部门,对该立法宣布违宪事实上也限制了政府的权力——宪法委员会不再是行政机关的友好联盟,而采取了一种更加中立和独立的立场。此外,从此案开始,宪法委员会在裁决中对宪法的解释也逐渐丰满起来。早期的宪法委员会对立法主要限于形式审查,因而其裁决以罗列宪法和相关法律条文为主,裁决篇幅极短,甚至不足一页纸;从结社自由案涉及宪法所规定的公民基本权利之后,宪法委员会也逐渐意识到宪法解释的重要性,开始广泛采纳比例原则、保留解释等方法对宪法进行诠释。②

1974 年由季斯卡总统所发动的修宪活动,也促使宪法委员会的活动更加能动。此次修宪的核心在于增加能够向宪法委员会提请审查立法之合宪性的主体。在此次修宪后,不仅总统、总理、国民议会议长和参议院议长能够在法律未经公布实施之时提请宪法委员会对其进行审查,60 名参议员或 60 名国民议会议员也可以采取同样行为。增加主体范围的目的在政治上是为了维护在议会中持少数意见的群体的权利,但是随着提请主体要求的降低,此次修宪事实上造成了立法被提请审查的频率急剧攀升,宪法委员会的判决也大幅增加。据观察,此后几乎所有重要法律都经由修宪增加之主体提请宪法委员会进行审查。③

从 1982 年开始,宪法委员会的定位变得更加中立和独立,对立法机关制定法律和决定的审查也逐渐趋向克制。这一转变缘起于一个案件,1982 年 7 月,国民议会在其正在讨论的法律草案中规定了"冻结物价和收入"的内容,一些议员认为这些内容应当属于行政立法保留领域,因而通过议长向宪法委员会提请审查。根据法国 1958 年宪法的规定,处理国会立法和行政规定之间的权限范围,一向都是宪法委员会的职责。在此案中,宪法委员会也赞同关于冻结物价和收入的内容应当是行政立法的范围,但是却认为即便侵入行政立法领域,也不能就此判定立法违宪。④ 宪法委员会解释道,宪法第 61 条第 2 款的目的是对法律

---

① Pierre Avril et Jean Gicquel, *Le Conseil constitutionnel* (5ᵉ édition, Montchrestien 2005)36. 转引自李晓兵:法国宪法委员会 1971 年"结社自由案"评析》,《厦门大学法律评论》2010 年第 1 期。

② 王建学:《法国宪法解释机制的发展历史及基本趋势》,《人民法院报》(2015 年 12 月 4 日)。

③ [法]杰哈·马库,《法国"违宪先决问题"之制度与实务》,李鍏澂译,《交大法学》2014 年第 1 期。

④ 宪法委员会 82‐143DC 号裁决。

的合宪性进行控制,而不是对议会立法和行政规定进行分权,更不能用来为行政规定保留特定的权限范围。此外,宪法第 41 条和第 37 条第 2 款已经为议会立法僭越行政规定范围提供了救济方式——宪法第 41 条规定,在立法过程中如果行政机关和议会就法律提案或修正案应当属于立法还是行政范围存在不同意见时,可以提交宪法委员会进行裁决;宪法第 37 条第 2 款规定,国会立法若要规定行政规定范围内的事项,可以通过咨询行政法院的意见之后以命令进行。这些规定意味着国会有权就行政规定范围内的事项进行立法,只要遵循了这些条款列明的特定程序即可。① 因此,宪法委员会得出结论:仅仅因介入行政规定范围不能判定国会立法无效。通过将国会侵入行政范围的立法从违宪判决中排除,该案件呈现出宪法委员会对立法权的行使更多的尊重和让步,并且暗含着允许国会立法领域扩张的意涵。宪法委员会在面对国会立法之时的克制态度已经昭然若揭。在 1983 年 7 月 20 日和 1984 年 1 月 19 日的裁决中,②宪法委员会都重申了这一结论,对立法的克制态度得以确立下来。

2008 年修宪推动了宪法委员会在涉及公民权利问题上的能动。事实上,早在 20 世纪 60 年代,宪法委员会就开始诉诸 1789 年《人权和公民权利宣言》和 1946 年的宪法序言寻找公民权利的依据,但是当时主要是为了扩大立法权范围,并没有以权利本身为宪法审查和解释的关键。从宪法委员会设立到 2008 年之前很长的一段时间,普通公民是无权针对法律的合宪性问题提请宪法委员会审查的,例如在 1982 年和 1984 年,宪法委员会就两次拒绝了公民的审查要求。③ 在 2008 年和 2009 年,法国先后修改宪法和《组织法》,赋予了诉讼当事人得以法律侵犯其受到宪法保障的权利和自由向宪法委员会提出合宪性审查要求的权利,④只是这一申请必须通过审理案件的法院提交给最高行政法院或最高法院,由二者提交给宪法委员会,而不能由当事人直接提交。⑤ 私主体也仅能够就已生效立法中的部分条款提请审查,不能就整部法律要求审查。⑥《组织法》允许私主体在各种案件中提出合宪性审查要求,即民事、刑事、行政或其他专门法院的诉讼当事人,都可以通过这一程序开启宪法解释和宪法审查。尽管有诸

---

① 李晓兵:《论法国宪法委员会合宪性审查实践的创造性》,《东岳论丛》2008 年第 5 期。
② 宪法委员会 83 - 162DC 号裁决、宪法委员会 84 - 167DC 号裁决。
③ 宪法委员会 82 - 146DC 号、84 - 178DC 号裁决。
④ 法国宪法委员会通过先前裁判制度将"宪法所保护的权利和利益"拓展至一般法律原则和客观法律秩序所保障的各种权利和利益,并不限于宪法之明确规定。参见[法]杰哈·马库,《法国"违宪先决问题"之制度与实务》,李錝澂译,《交大法学》2014 年第 1 期。
⑤《法国 1958 年宪法》第 61 - 1 条。
⑥《法国宪法委员会组织法》第 23 - 2 条。

多限制,但此次修宪终归赋予了私主体在诉讼中以一定方式启动宪法审查和解释的权利,在保障公民权利方面,宪法委员会势必发挥更大的作用。根据杰哈·马库的统计,截止到 2012 年 3 月,基于违宪先决程序提请至宪法委员会的案件有 1520 个,其中 1206 件(79.3%)是驳回申请的通知,只有 314 件(20.7%)经由宪法委员会审理。在 2010 至 2010 年间经审理宣判的案件中,合宪判决占 53%,合宪但有保留的判决占 13.7%,涉案条文全部违宪占 16.4%,部分条文违宪占 10%;其余的 5.3%是不予判决或不予受理,0.8%是纯属程序性判决。在被宣告违宪的法条中,以刑法与刑事诉讼法规定居多。[①]

三、宪法解释具体方法比较

宪法解释的具体方法源自于法律解释的方法。在萨维尼那里,法律解释的方法被称为制定法解释的要素,在《萨维尼法学方法论讲义与格林笔记》中,萨维尼提出了逻辑、语法和历史三要素。[②] 在《当代罗马法体系》中,则进一步提出了体系要素,形成了文法、逻辑、历史和体系四种法律解释方法:其中文法解释的对象是语词,"它是从立法者思维走向我们的思维的通道";逻辑要素的对象是逻辑关系,在这种关系中,每一部分相依而存;历史要素关涉"法律制定时通过法律规则规定的情况适合现有法律关系";体系要素涉及"重要的内在关联,这种关联将一切法律制度和法律规则连成一个大的整体"。[③] 后世则以"目的"替代了萨维尼的"逻辑"要素,形成了公认的法律解释和宪法解释四大基本方法,即文义解释、目的解释、历史解释和体系解释。本节依次介绍这四种方法,并指出其优势和不足之处。

(一)文义解释

文义解释,一般情况下指按照文本的通常含义进行解释。例如杨仁寿先生认为:"文义解释,指依照法文用于之文义及通常使用方式而为解释,据以确定法律之意义而言。"[④]梁慧星教授使用了类似的措辞,"文义解释,又称语义解释,指按照法律条文用于之文义及通常使用方式,以阐释法律之意义内容。"[⑤]

---

① [法]杰哈·马库:《法国"违宪先决问题"之制度与实务》,李錤澂译,《交大法学》2014 年第 1 期。
② [德]萨维尼:《萨维尼法学方法论讲义与格林笔记》,杨代雄译,北京:法律出版社 2008 年版,第 78 页。
③ [德]萨维尼:《当代罗马法体系》(第一卷),朱虎译,北京:中国法制出版社 2010 年版,第 166—167 页。
④ 杨仁寿:《法学方法论》,北京:中国政法大学出版社 1999 年版,第 102 页。
⑤ 梁慧星:《民法解释学》,北京:中国政法大学出版社 1995 年版,第 214 页。

文义解释在美国与平义解释(plain meaning)、字面解释(literal meaning)相关。[1] 字面解释是文义解释的一个早期分支,可以说是严格的文义解释,坚持对文本的解释应当以文本的字面含义为准。换句话说,就是文本所使用的文字是什么意思,就应当解释为什么意思,不允许任何解释上的延伸和拓展。例如对美国《独立宣言》开头所提到的美国人民享有的平等、生命、自由和追求幸福的权利,就应当理解为只有这些权利,不能拓展至包括健康等权利。显然,字面解释过于严格,因此坚持这一方法的学者很少,大多数学者都更为认可温和的文义解释,即平义规则。对文义解释的最通常理解就是平义规则,即对文本的解释应当以其中所展现出来的最清晰明白的含义为准。如果是对前述《独立宣言》中的权利进行解释,那么平义规则的结论可能就与字面解释不同——平义规则可能会认为该条的意思是对美国公民以这四个权利为核心的各种相关权利的认可和保障。

王泽鉴先生认为,"文义解释是法律解释的开始,但也是法律解释的重点。易言之,即法律解释始于文义,不能超过可能文义,否则就超越法律解释之范畴,进而进入又一阶段之造法活动。"[2]在德国,在文义、目的、历史和体系这几种解释方法中,文义解释是公认的首要解释方法。[3] 德国法律界早已超越了原意主义和非原意主义的宪法方法论上的争论,坚持客观主义解释方法论,即以文本为中心对基本法进行解释。在此方法论之下更多的是关于宪法解释具体方法的争论——当然,更多的是关于目的、历史和体系解释之间适用顺序的争论;因为在客观解释方法论的指引下,所有这些方法事实上都以文本为理解展开的基本媒介——换句话说,就是无论是集中于文本本身的文义解释和体系解释方法,还是看似超越了文本的目的和历史解释方法,都不能毫无理由的超脱文本的含义。例如,德国联邦宪法法院的裁判即指出:"法官应同时运用体系解释和目的解释,……以作为文义解释的补充。"[4]"只有在具有排除文义解释的理由时,才可能放弃文义解释。文义解释具有优先性,即只要法律措词的语义清晰明白,且这种语义不会产生荒谬结果,就应当优先按照其语义进行解释。"[5]除了文义解释

---

① [加]杰夫·霍尔:《加拿大最高法院的法律解释:普通法方法的胜利》,李明倩译,《法律方法》第23卷,第38页。

② 王泽鉴:《法律思维与民法方法》,北京:中国政法大学出版社2001年版,第220页。

③ 孙光宁:《宪法解释方法的两种传统及其启示》,《北方法学》2014年第4期。

④ BVerfGE 35,263,279.转引自刘飞:《宪法解释的规则综合模式与结果取向——以德国联邦宪法法院为中心的宪法解释方法考察》,《中国法学》2011年第2期。

⑤ 孔祥俊:《法律解释方法与判解研究》,北京:人民法院出版社2004年版,第325页。

是公认的首要方法之外,其他各种解释方法之间并无严格的使用顺序。[1] 在几种解释方法确定之后,德国宪法法院又相继提出了一系列宪法解释原则,例如统一性原则、实际协调原则、功能正确性原则、整合效力原则、宪法的规范性效力原则、合宪解释原则等;其中规范性效力原则就类似于文义解释,这一原则强调宪法文本中条文语句的规范效力,即宪法条文所展现出来的含义对行为所具有的指引和拘束效力。[2]

文义解释方法在民主正当性和尊重立法程序上,具有独特的优势。在制宪和立法过程中,唯一历经整个的起草、通过和批准程序的只有文本本身,因而能够宣称具有权威性的也只有宪法文本或法律文本。[3] 相较于历史解释或目的解释所诉诸的制宪会议记录、制宪者公开发表的著作或议员和委员会提案与报告等立宪史或立法史文件——这些文件不但从未经过正式的立宪或立法程序,而且很可能的情况甚至是制宪者、批准通过者或参与立法的议员根本就没有见过这些文件——文义解释所诉诸的宪法或法律正式文本无疑具有更大的权威性和可信赖性。不仅如此,唯一历经立宪或立法过程的文本也是唯一能够宣称具有民主基础的文本,宪法或法律制定的历史或目的由于没有经历民主政治的投票或全民公决程序,因而在民主正当性上也逊于直接依赖文本的文义解释方法。正是因为这样,奥地利宪法法院在设立之后很长时间内都坚持对宪法的形式主义解释,或被称为"化石理论"(Versteinerungstheorie),直到近年来才在基本权利领域有所改变。[4]

但是作为解释方法,文义解释却无法自足。其一,语言总会出现词不达意的情况。正如麦迪逊所说:"词汇的用途是用以表达思想的。因此,语言的清楚明晰,不仅要求明确形成的思想,而且必须用完全符合这种思想的明确词汇来表达。但是没有一种语言是如此丰富,以致能为每一种复杂的思想提供词汇和成语,或者如此确切,以致不会包括许多含糊表达不同思想的词汇和成语。因此必然发生这样的现象:不管事物本身可能有多么精确的区别,也不管这种区别被认为是多么正确,由于用以表达的词汇不正确,就有可能使它们的定义不

---

① 刘飞:《宪法解释的规则综合模式与结果取向——以德国联邦宪法法院为中心的宪法解释方法考察》,《中国法学》2011 年第 2 期。

② So z. B. Sodan/Ziekow, *Grundkurs Oeffentliches Recht* (&·2 Rn, 2005)11. 转引自刘飞:《宪法解释的规则综合模式与结果取向——以德国联邦宪法法院为中心的宪法解释方法考察》,《中国法学》2011 年第 2 期。

③ John Manning, 'Justice Scalia and the Legislative Process' (2006)62 *New York University Annual Survey of American Law* 33,36.

④ 胡骏:《奥地利宪法法院研究》,北京:法律出版社 2012 年版,第 140—141 页。

正确。"①如果宪法或法律文本所使用过的语言不准确或甚至不正确，那么如果单单坚守文义解释，就必然产生荒谬的结果。

其二，随着历史的发展和社会价值观的变化，文本所承载的明确含义可能在当代变得无法接受，这一点对于历经多年较少修改的宪法尤其明显。例如美国宪法中的贸易条款，宪法第8条规定国会有权力"管理合众国与外国的、各州之间的以及与印第安部落的贸易"。从文义上来看，美国国会只能管辖州之间的贸易活动，对于生产活动，国会无权管辖。这就是为何在美利坚合众国诉 E. C. 奈特案中，美国联邦最高法院判决美国制糖公司对美国境内90％以上糖类制造业的垄断并不受国会反托拉斯立法的规制——因为制糖业是制造业，而不是贸易的一个部分。② 但是，在经济危机爆发之后，反垄断——包括制造业垄断——成为罗斯福总统挽救美国经济的必要措施之一，如果仍然坚持1859年判决中对"贸易"的文义解释方法，那么必然导致新政无法推行，在这个时候诉诸目的或体系解释以扩充文本含义，就是必须的。

其三，语言本身带有某种开放性和模糊性，在仅仅以文本为依据进行解释时很可能会出现多种合理的解释，究竟在具体案件中应当选择哪一种解释，文义解释方法并无法给出答案。比如解释学经典例子"公园内禁止车辆通行"，根据文义解释"车辆"必然包含私人轿车或公共汽车，"禁止通行"意味着禁止私人轿车或公共汽车在公园内行驶。但是"通行"是否包含"停放"的意思，因而"禁止通行"不仅禁止私人轿车或公共汽车在公园内行驶，也禁止它们在公园内停放，仅仅通过文义似乎就无法给出解释。此外，"车辆"是否包含消防车、救护车、警车等特殊车辆、为了护送危重病人借道公园的私人轿车、抑或是两轮电动车，也不能从这一条文的词句本身获得答案。因此即便在德国以文义为首要解释方法，也不得不以其他方法进行辅助，美国也出现了以文本为中心的不同主张。

例如温和文本主义就不完全遵循文义解释的方法。温和文本主义主张，在文本的字面意思会产生荒谬不合理的后果的时候，法官应当背离文义，通过目的、历史或体系等其他解释方法，对文本的含义进行修正——这被称为美国法律解释的"黄金规则"（golden rule）。③ 不过，温和文本主义仍然以文本为核心，如果文本通过一定的扩张或限缩就能够得到合理的解释，那么就不应当背离文本

---

① ［美］汉密尔顿，杰伊，麦迪逊：《联邦党人文集》，程逢如等译，北京：商务印书馆1980年版，第182页。
② United States v. E. C. Knight Co. 156 U. S. 1(1985).
③ 范进学：《认真对待宪法解释》，济南：山东人民出版社2007年版，第267页。

诉诸其他解释方法。美国的温和文本主义与前述德国对文义解释的适用方法较为类似,是美国法律解释领域的普遍规则;但是在宪法解释方面,由于原意主义和其他宪法解释方法主张的存在,温和文本主义在美国宪法领域并不如在德国那样能够获得几乎统一的共识。

在斯卡利亚和曼宁所主张的新文本主义理念中,文义解释也不仅仅限于从相关条文的语句中探寻其含义"仅与文字相关"的文字主义。[①] 斯卡利亚认为,"在文本解释中,背景就是一切"[②],换句话说,就是对文本的解释应当将其置于其语言和社会背景中进行理解。在这里,斯卡利亚和曼宁所强调的文本背景是文本的语义背景(semantic context),而非政策背景,即日常语言的社会用法和特定亚(尤法律)共同体(specialized sub-communities)的语言习惯。[③] 新文本主义认为,语言的含义总是包含着相关语言共同体所分享的约定俗称的用法,因此对文本含义的追寻应当以"一个熟悉相关社会和语言习惯的合理语言使用者"会如何理解给定文本为依据。[④] 例如,曼宁指出,在对特定术语(terms of art)的理解上,已获得承认的法律理念、诉讼程式、证据规则、举证责任和辩护理由等均是文本主义可利用的资源。[⑤] 新文本主义反对将立法史或立宪史作为法律文本含义的权威性证据,但是并未完全否定立法史或立宪史在法律解释中的作用——因为立法史或立宪史文件中所包含的内容可以帮助法官理解和权衡关于制定法含义的其他渊源与证据。[⑥] 不过立法史或立宪史的可信性和可适用性需要同其他解释渊源一道经过法官的衡量和考量,而且无论立法史或立宪史在某个问题上是否提供了明确的、统一的制定者意图,法官都应该坚持制定法文本的通常含义。此外,在文本包含多种合理解释时,新文本主义也允许法官将制定法的结构——即体系——明显的背景或促使其颁行的政策考量——即目的——等作为解释诉诸的依据;但是这些考虑也必须经过法官的全面权衡,并不得改变文本最

---

① William Eskridge Jr. , 'All About Words: Early Understanding of the 'Judicial Power' in Statutory Interpretation' (2001) 101 *Columbia Law Review* 990, 998.

② Antonin Scalia, 'Common-Law Courts in a Civil Law System: The Role of United States Federal Courts in Interpreting the Constitution and Laws', in *A Matter of Interpretation: Federal Courts and the Law* (Princeton University Press, 1998) 37.

③ John Manning, 'What Divides Textualists from Purposivists?' (2006) 106 *Columbia Law Review* 70; John Manning, 'The Absurdity Doctrine' (2003) 116 *Harvard Law Review* 2387.

④ John Manning, 'What Divides Textualists from Purposivists?' (2006) 106 *Columbia Law Review* 70, 83; 'Textualism and the Equity of the Statute' (2001) 101 *Columbia Law Review* 1, 109.

⑤ John Manning, 'The Absurdity Doctrine' (2003) 116 *Harvard Law Review* 2387.

⑥ John Manning, 'Textualism as a Nondelegation Doctrine' (1997) 97 *Columbia Law Review* 673, 734 - 735.

通常的含义。① 加拿大的勒赫迪贝法官所提出的"现代语境"解释方法也与新文本主义有异曲同工之妙，强调在语境中符合语法和通常含义、并且符合法律的目的和议会意图的解释法律。②

（二）目的解释

目的解释是以文本的目的为依据对其进行诠释的一种方法。作为法律解释方法的目的解释，就是运用法律的目的来确定条文的含义。目的解释方法源于16 世纪英国法律解释中的"除弊规则"（Mischief Rule），这一规则的提出是为了在对制定法进行解释时，能够有效弥补普通法体系中的矛盾和系统性缺乏问题，即曰"除弊"。根据柯克的论述，法官在运用除弊规则之时需要考虑以下几个因素：第一，成文法在制定之前普通法是如何规定的；第二，普通法规定的缺陷或弊端是什么；第三，议会制定该成文法是如何解决这些缺陷或弊端的；第四，该成文法解决这些缺陷或弊端的目的或理由。③ 其中，第四点明确要求法官在对制定法进行解释时考虑其目的。在 20 世纪 60 年代末期到 70 年代初期，目的解释方法已经广泛运用于美国、英国、加拿大、澳大利亚和新西兰等国家。④ 加拿大的联邦《解释法》第 12 条将目的解释规定为一种基本的解释方法，根据该条，"所有法律规定都被视为具有救济性，应该给予公正、广义和自由性解释，以最好地确保实现其目标。"加拿大国内的许多省份也有类似规定，例如安大略省《解释法》的第 10 条。

在解释制定法条文过程中，目的解释诉诸制定法的目的；在解释宪法条文过程中，目的解释应当诉诸宪法的目的。有时某个特定制定法的目的是比较明确的，例如我国的制定法甚至有在开篇第一条就明确立法目的的习惯性做法——《全国人民代表大会和地方各级人民代表大会代表法》第 1 条即规定，"为保证全国人民代表大会和地方各级人民代表大会代表依法行使代表的职权，履行代表的义务，发挥代表作用，根据宪法，制定本法。"但是有时法律并不会明确规定自己制定的目的，法律解释者就需要到法律条文的背后去探寻立法者制定该法时意欲达到的法律目的或目标，这些目标就是立法者希望通过该法的实施所欲达

---

① John Manning，'The Absurdity Doctrine'（2003）116 *Harvard Law Review* 2387，2408 - 2409. See John Manning，'What Divides Textualists from Purposivists?'（2006）106 *Columbia Law Review* 70，84.

② Ruth Sullivan，*Driedger on the Construction of Statutes*（3rd ed，Butterworths，1994）131.

③ 蒋惠岭：《目的解释法的理论及适用》，《法律适用》2002 年第 5 期。

④ Aharon Barak，*Purposive Interpretation*，Sari Bashi trans.，Princeton University Press，2005，p. 85.

成的社会目标或社会效果。① 此类目标同样不易寻找,例如在加拿大 R. v. Dawson 一案中,对于有监护权的家长将子女带走以避免不享有监护权的另一方家长探视的行为是否触犯刑法关于不能控制(take)子女、意图剥夺另一方家长对子女的权利的规定,法庭就分成了相反的意见:多数意见认为刑法规定的目的是保护子女的权益,故意干涉合法照顾子女的行为即属犯罪,因此罪名成立,但是少数意见认为该条的目的是禁止享有监护权的家长在未经另一方享有监护权家长的同意情况下控制子女,因此罪名不成立。② 对于宪法来说,确定其制定的目的甚至一个条文的目的要比确定制定法的目的困难的多——宪法是一国的根本法,这意味着其制定过程中会同时考虑许多不同的、甚至相互冲突的重要价值,这些冲突甚至可能体现在一个具体的条文中。例如前述美国宪法中的贸易条款,其中就至少存在着联邦主义和中央集权之间的理念冲突:一方面,该条款制定的目的必然包括减轻建国之时州与州之间的贸易壁垒、促进整个国家经济的发展和贸易的畅通——这也是 1787 年美国宪法加强中央集权的要求之一;但是另一方面,这一条款将联邦国会的权力仅仅限于州际贸易,这意味着各州内部的贸易管制权力仍然归属于各州享有——这是尊重各州原始权力的体现。在发生真实的案例之时,最高法院应当采取或倾向于这两种互相冲突价值中的哪一种作为宪法的目的,就是一道艰难的选择题。尽管最高法院对该条款的解释越来越倾向于联邦权力,但是两种价值之间的冲突仍然存在。

正是由于确定宪法条文目的的困难性,目的解释经常与历史解释联合,共同诉诸制宪者原意——这也是为何在美国,意图主义(intentionalism)经常被视为目的主义(purposivism)的同义词。③ 事实上,历史解释方法、原初意图和目的主义无法完全互相区分。例如历史解释就经常是通过历史文件寻找制宪者的原初意图,而通过这一意图解释当下案件所涉宪法条文的目的。同样的,寻找制宪者的原初意图必然会诉诸历史文件和背景,原初意图主义必然是一种历史解释的方法。判断某个宪法条文的目的为何时有几个方法,第一是根据条文本身所体现出的目的,换句话说就是根据解释者所理解的条文的一般含义,该条的目的可

---

① 蒋惠岭:《目的解释法的理论及适用》,《法律适用》2002 年第 5 期。

② [加]杰夫·霍尔:《加拿大最高法院的法律解释:普通法方法的胜利》,李明倩译,《法律方法》第 23 卷。

③ Thomas Merrill, 'Textualism and the Future of the Chevron Doctrine' (1994) 72 *Washington University Legal Quarterly* 351, 356 - 361; Patricia Wald, 'The Sizzling Sleeper: The Use of Legislative History in Construing Statutes in the 1988 - 1989 Term of the United States Supreme Court' (1990) 39 *American University Law Review* 277.

能为何；第二是根据条文所处的上下文语境，或者整部法律的情况，或者整个法律体系的情况来判断该条文的目的，这实际上是通过体系解释的方法进行目的解释。不过前两种方法所探求的，更加是条文的"当下目的"，即在当下的情境中条文的目的。第三种探求条文目的的方式所探求的是"历史目的"，即可以通过诉诸历史材料和背景发现条文在通过当时的目的，并将这一目的作为条文所应当秉承的目的——这种探求目的的方式则是目的解释与历史解释的结合，而且鉴于目的更多的体现在意图中，因此目的解释更容易与原初意图主义相结合。例如在德国，宪法法院尽管在大多数情况下会遵循文本明确而通行的含义，但是有时也会诉诸历史解释条文的目的。宪法法院会回到某条《基本法》具体条文起草、争论和通过的历史背景，探究其当时之所以进入宪法的缘由，并将这一缘由视为该条文的目的，根据这一目的再对所涉案件进行裁判。在大多数情况下，德国宪法法院诉诸制宪者的原初意图——尤其是体现在各种制宪争论和文件中的意图——发现条文的历史目的。例如在判断《基本法》第 13 条第 1 款中"住宅"是否包括商业办公室的问题时，宪法法院就参考了 1848 至 1949 年的《法兰克福宪法》、1850 年的《普鲁士宪法》和 1919 年的《魏玛宪法》在纳入类似条文时的争论——这些都是德国《基本法》在制定颁行之前曾经在德国范围内实施过的宪法性文件。[1]

　　但是，由于制宪者原意在权威性和正当性上存在瑕疵，目的解释也因此经常遭遇和历史解释一样的诘难。譬如，历史解释或目的解释所诉诸的制宪会议记录、制宪者公开发表的著作或议员和委员会提案与报告等立宪史或立法史文件不但从未经过正式的立宪或立法程序，而且很可能的情况甚至是制宪者、批准通过者或参与立法的议员根本就没有见过这些文件，更不可能就这些文件表达赞同或反对意见，因此，究竟这些文件是否能够为正式文本的解释提供可靠依据，是不确定的。[2]　不仅如此，无论是立法机关还是制宪者和批准者，都是一个集体而不是个体，除了制定法或宪法文本之外，在其他问题上他们可能存在统一的意图或目的；[3]即便制宪史或立法史中记载了某种目的，这也未必就是所有立法成

---

① Donald P. Kommers, 'Germany： Balancing Rights and Duties' in Jeffery Goldsworthy ed., *Interpreting Constitution： A Comparative Study*, Oxford University Press, 2007, pp. 161,192.

② John Manning, 'Textualism as a Nondelegation Doctrine'(1997)97 *Columbia Law Review* 673,685 - 687；'Textualism and the Role of *The Federalist* in Constitutional Adjudication'(1998)66 *George Washington Law Review* 1337,1340。

③ Kenneth Shepsle, 'Congress Is a "They", Not an "It"：Legislative Intent as Oxymoron'(1992)12 *International Review of Law & Economics* 239.

员或制宪者与批准者的一致意思。① 此外,无论是立法还是制宪过程,其中都充满了对自身利益强烈关注的不同团体之间的斗争与妥协,这也是为何宪法或制定法经常会呈现不同价值和目的的冲突。② 在这个意义上,要求法官通过立法史或制宪史重建制定法或宪法的目的,实际上是非常困难的。

不过,目的解释在众多解释方法中仍然是不可或缺的。目的解释首先能够帮助文义解释对文本含义进行确定。在前面文义解释部分我们已经发现,文义解释可能会产生多个能够被文本通常含义所容纳的结果,其中究竟应当以哪个解释结果为准,就可以以文本的目的为指引。当然,在进行文义解释时,如果法律或宪法有较为明确的目的,也可以以这一目的为方向指引文义解释对文本的解释。例如德国联邦宪法法院在解释《基本法》第 5 条第 1 款所保护的"观点"范畴时,就通过目的解释方法将其解释为既包括有价值的观点,也包括无价值的观点——因为尽管有价值的观点是民主政治生活的基础,但表达无价值的观点也是公民人性尊严的一个重要组成部分。③ 美国联邦最高法院大法官马歇尔在迈凯伦诉马里兰州一案中则诉诸宪法推崇民主这一目的,对宪法中授权联邦国会管理贸易的条款作出了符合代议制民主的解读,即国会对贸易的管理有助于推进代议制民主;如果某州的贸易立法影响了代议制民主,那么可以根据贸易条款宣布其无效。在此案中涉及的是马里兰州是否有权就国家银行在该州范围内的经营活动征税的问题,马歇尔就以马里兰州征税法案剥夺了其他州公民表达意见的权利这一理由,判处该法案违宪。④ 其次,目的解释能够协助修正文本中的荒谬之处。由于人类语言的不精确性,即便是精挑细选的法律语言也难免在面对真实的生活案件时产生荒谬的结果,如果严格遵守法律或宪法的文义,那么这一荒谬结果就无法避免;在这个时候,就需要诉诸法律或条文的目的对文义进行一定的修正,以产生正确的结果。再次,针对世易时移的民众价值观,目的解释也能够为僵硬的文义提供一定的修正。例如对平等的看法,在美国早期——尤其是南方州——是不包括有色人种的,普莱西案则创造了"隔离但平等"的平等观念,直到布朗案推翻这一原则才使有色人种和美国白人无差别、不隔离的平等

① John Manning, 'Textualism as a Nondelegation Doctrine' (1997) 97 *Columbia Law Review* 673, 686.

② John Manning, 'Competing Presumptions about Statutory Coherence' (2006) 74 *Fordham Law Review* 2009, 2033; 'Federalism and the Generality Problem in Constitutional Interpretation' (2009) 122 *Harvard Law Review* 1, 11–12. 也可参见[法]多米尼克·卢梭:《面对比较法和宪法司法理论的宪法委员会》,王建学译,《厦门大学法律评论》2010 年第 18 辑。

③ 谢立斌:《德国宪法解释方法与比较解释的可能性》,《法哲学与法社会学论丛》2009 年第 14 期。

④ M. Tushnet, 'Rethinking the Dormant Commerce Clause' (1975) Wisconsin Law Review 125.

观念获得认可。如果仅仅根据文义,美国最高法院对"平等"的解释不应当有如此剧烈的变化,换句话说,"平等"一词的含义应当是前后一致的;相反,是因为诉诸"平等"的目的——即"平等"被确立为宪法基本权利所要实现的价值或社会状况——使得不承认有色人种权利或将他们与白人隔离开来与这一价值或目的相悖,因而变得无法接受。"倘若我们只是简单直接地依照法律概念和规则表面的字意来适用法律,那无异于把纸面上的法律文字当作法,把法律规范变成了法律教条,结果将是为了规范而适用规范,把制定法律时的目的和价值抛到九霄云外。因此,法律的适用绝不是法律条文的运用,而是法律精神和法律价值的运用。"①最后,目的解释还能够弥补宪法条文未能作出规定的空隙之处。例如在1992年的纽约州诉美利坚合众国案和1997年的普林茨诉美利坚合众国案中,美国联邦最高法院就是依据传统实践和宪法维护州和联邦之间关系的目的作出联邦国会决定州核废料处置库位置和规定州行政官员应当尽量确保购枪者具备购枪资格的立法无效的裁决的,而不是依据宪法的具体条文。② 在后一个案件中,大法官斯卡利亚明确指出,"宪法文本中不存在任何与这一问题相关的规定。"③在著名的确立隐私权的格里斯伍德诉康涅狄格州一案中,大法官道格拉斯事实上也诉诸了这一方法。尽管他通过宪法第一、四和五修正案划定了一个关于隐私的"半影"范围,④但事实上支撑这一半影的主要是宪法限制国家权力保障公民权利这一基本目的。⑤ 美国将此种解释称为"宪法架构"(constitutional structure),⑥但其实际上是对宪法整体目的的一种把握。

(三)历史解释

历史解释是通过历史方法或历史材料对法律或宪法文本进行解释的方法。关于历史解释的含义,学界存在不同认识:一种是将历史解释视为以历史的态度和方法对法律和宪法文本进行解释。换句话说,就是对法律或宪法文本的理解或解释应当持有一种历史演进论的视角,在历史发展的过程中动态的理解文本的内涵,将其还原为不同历史时期中的不同涵义。"如果对一项或一组制定法的解释逐渐并最终演变成是按照对其要点和目的,或者对其所

---

① 舒国滢等:《法律方法论问题研究》,北京:中国政法大学出版社 2007 年版,第 350—351 页。

② New York v. United States 488 US 1041(1992), Printz v. United States 521 US 98(1997).

③ Printz v. United States 521 US 98(1997)905.

④ Griswold v. Connecticut 381 US 479(1965)484.

⑤ Mark Tushnet, 'The United States: Eclecticism in the Service of Pragmatism'in Jeffrey Goldsworthy ed., *Interpreting Constitution: A Comparative Study*, Oxford University Press, 2007, pp. 8,33.

⑥ Mark Tushnet, 'The United States: Eclecticism in the Service of Pragmatism'in Jeffrey Goldsworthy ed., *Interpreting Constitution: A Comparative Study*, Oxford University Press, 2007, pp. 8,30.

体现的正当性观念的业经演化了的历史理解,那么在个案中对制定法的解释适用应当与这种理解保持一致。"①这一观点与非原意主义方法论有着共通之处,即二者的哲学前提都是相信文本的含义并非由作者或者作者的时代所固定,而是由接触文本的当下读者决定的;对于文本的理解来说,起关键作用的是读者及其所处的时代。具体到宪法和法律,其含义就不应当由制宪者、立法者以及制宪史或立法史来决定,而应当由当下的解释者根据时代的特征和需要进行诠释。

关于历史解释的第二个观点是将历史解释与原意主义联系在一起,即历史解释不是对文本含义随着历史发展的解释,而是回到文本产生的时刻,由其作者或当时的时代赋予其的含义为文本解释的直接依据。大部分学者都将历史解释与原意主义联系在一起,例如梁慧星指出历史解释就是:"探求立法者或其批准者于制定法律时所作的价值判断及其所欲实现的目的,以推知立法者的意思。"②我国台湾地区学者杨仁寿也持这一观点。

不过正如非原意主义对当下理解的青睐一样,如果法院对宪法或法律文本的解释随着时代的进步和价值观的改变而改变,那么法治的稳定性和可预测性必然大打折扣。在美国、德国和法国等国家,对宪法的解释还是由非民主选举机构作出的,这些机构中的人员如何能够准确把握历史的进程和宪法条文在当下所应当具有的含义,既存在制度上的反民主问题,也存在现实中的可行性问题。美国联邦最高法院的法官由总统提名,经参议院同意后总统任免,这使得法官必然会带有党派、至少是政策倾向;罗斯福总统新政时期由其任命新法官前后最高法院针对新政立法态度的转变,就是很好的例子。法国宪法委员会的组成则是以政客和历届卸任总统为主要成员,其政治倾向就更加明显——当然,宪法委员会设立早期作为政府联盟机构,其组成和倾向并没有什么问题;但是在新时期其已经逐渐承担起宪法审查和保障公民权利等中立角色之后,委员会的这一成员模式的非专业性问题已经遭到了学界的一致批评。③

与原意主义相联系的历史解释可能呈现出三种样貌,第一种是与原初意图主义相关,解释的目的就是探求制宪者或立法者的意图,其依据主要是以制宪会议记录或国会记录为核心的制宪史或立法史文件——美国和加拿大法院对这一点都情有独钟;④第二种与原初文本主义相关,解释所要寻找的是宪法或法律在

① 张志铭:《法律解释操作分析》,北京:中国政法大学出版社1998年版,第116页。
② 梁慧星:《民法解释学》,北京:中国政法大学出版社1995年版,第219页。
③ [法]安德烈·鲁:《新宪法委员会:法兰西例外之终结?》,王蔚译,《公法研究》2010年卷。
④ [加]杰夫·霍尔:《加拿大最高法院的法律解释:普通法方法的胜利》,李明倩译,《法律方法》第23卷。

制定通过之时民众对其的普遍理解;第三种与目的解释相关,如前所述,宪法或法律的目的可以被解释为是制宪者、立法者的目的或是宪法或法律通过之时被赋予的目的;在这个模式中,目的解释与历史解释合二为一。可是既然历史解释可以呈现多种样貌,那么在对宪法或法律文本进行解释时,诉诸历史解释究竟采取的是哪种解释路径、诉诸的是哪些材料以及寻找的是哪些事物,就无法确知;这意味着在对宪法或法律进行解释时,历史解释方法并不能提供明确的指引。英国议会上议院在 Pepper v. Hart 一案的判决中,为法院使用议会会议记录作为法律解释的依据确立了一系列相对明确的指引规则,[①]但是这些规则并无法解决历史解释诉诸其他历史性文件的问题。不仅如此,历史解释所诉诸的制宪史或立法史文件等,还存在诸多其他问题。例如制宪史文件或立法史文件并不具有权威性,在制宪和立法过程中,唯一经过相关过程并获得权威性的只有宪法或法律文本本身,其他包括会议记录在内的所有其他历史性文件都不能宣称这一权威性。[②] 如果法官在解释宪法或法律过程中倾向于诉诸历史文件,那么立法者甚至可能为了迎合这一倾向而刻意"制造"出许多文件来,作为法官解释的依据。如果是这样,那么不仅历史文件的权威性存在疑问,连其真实性和可靠性也会大打折扣。[③] 历史解释的方法倾向甚至可能成为法律制定者控制法律解释者的手段之一,打破美国法律制定权与法律解释权相分离的传统理念。[④] 在这一点上,斯卡利亚可能是正确的,"并非是因为有立法史所以我们使用之,而是因为我们的使用所以有了立法史"。[⑤] 此外,制宪史或立法史可能卷帙浩繁,例如美国 1980 年的《难民法》,其正式记录下来的立法史有 2112 页,1992 年的《能源政策法》立法史有 4999 页,1990 年的《清洁空气法案修正案》立法史有 10878 页。[⑥] 随着法律的专业化和精细化提升,可以想象立法史的长度会越来越惊人。有学者指出,"仅将已经印刷的第 85 届国会(1957—1958)听证会记录摆在书架上,就几乎占据了 70 英尺长的空间。如果要去研究全部法律的正式完整立法

---

① Pepper v. Hart (1993) A. C. 593 (H. L.).

② John Manning, 'Justice Scalia and the Legislative Process' (2006) 62 *New York University Annual Survey of American Law* 33, 36.

③ John Manning, 'Textualism as a Nondelegation Doctrine' (1997) 97 *Columbia Law Review* 673, 688; 'Second-Generation Textualism' (2010) 98 *California Law Review* 1287, 1293.

④ John Manning, 'Constitutional Structure and Judicial Deference to Agency Interpretations of Agency Rules' (1996) 96 *Columbia Law Review* 612, 637.

⑤ Antonin Scalia & John Manning, 'Dialogue on Statutory and Constitutional Interpretation' (2012) 80 *George Washington Law Review* 1610, 1612.

⑥ 范进学:《法律原意主义解释方法论》,北京:法律出版社 2018 年版,第 252 页。

史,恐怕需要整个一届政府才能完成"。^① 或许正是因为这样,澳大利亚联邦高等法院禁止法官在解释宪法的时候诉诸制宪会议中,仅允许对正式宪法文本颁行之前的宪法草案进行参考。^② 历史解释也面临着"杰弗逊之问",即杰弗逊在1789 年 9 月 6 日于巴黎致信麦迪逊时所说,"地球属于活着的人,而不是死者。死者对其既无权力也无权利。同样的理由也可证明,没有一个社会能制定永恒的宪法,甚或永恒的法律,地球永远属于活着的一代人,他们在行使对地球的用益权中管理它,管理它的孳生物。他们自己便是主人,只要他们愿意,他们可以自己统治自己,这是理所当然的事。在自然进程中,那些依自己的意志生存的前辈们制定的宪法与法律压制了他们。只能将宪法和法律保留到他们的独立生存,不能生长。所以它们在第十九年年底失效就是很自然的事。"^③

尽管如此,历史解释对于我们理清宪法或法律文本仍然具有重要作用。首先,通过对宪法和法律发展与制定一般历史背景的考察,有助于对宪法或法律条文及概念的理解。语言的使用方式存在于以历史为载体的一代代人类传统中,词语和句段的含义无法脱离这些传统而存在,因而也无法与它们的发展历史相割裂。法律用语和法律语言也是一样。因此,对于法律文本的理解就需要诉诸其在历史上的含义和用法,历史解释能够为我们提供这一点。其次,对宪法或法律制定过程的具体考察,尤其是对该过程中积累下来的历史资料和语境材料的考察与辨析,有助于辨明具体条文中的语词和句段含义。如前所述,仅仅通过文义解释可能对文本解释出许多合理的含义,其中究竟哪个才是宪法或法律条文所应当具有的含义,文义解释无法给出答案,这就需要其他解释方法介入辅助。目的解释能够通过宪法或法律的目的为文本选择出合目的的解释方案,历史解释也能够为文本建议合传统的解释方案,通过对相关语词或句段在历史语境中的使用。例如德国联邦宪法法院通过对《魏玛宪法》的诉诸,指出《基本法》第 5条第 1 款第一句所规定的意见表达自由方式"语言、文字及图画"并不仅仅限于这几种形式,而是包括《魏玛宪法》第 118 条第 1 款所规定的"语言、文字、印刷品、图画或者其他方式";《基本法》未明确"其他方式"仅仅是为了行文的流畅和简洁,并不是为了限制表达的方式。^④ 美国最高法院也将历史解释与文义解释

---

① E. Finley, 'Crystal Gazing: The Problem of Legislative History' (1959) 45 *American Bar Association Journal* 1281, 1284.

② L. J. M. Cooray, *Conventions*, *The Australian Constitution and The Future*, Legal Books, 1979, p. 116.

③ [美]罗斯科·庞德:《法律史解释》,曹玉堂、杨知译,北京:华夏出版社 1989 年版,第 12 页。

④ 谢立斌:《德国宪法解释方法与比较解释的可能性》,《法哲学与法社会学论丛》2009 年第 14 期。

结合在一起产生出一种被称为"专业解释"（technical meaning）的解释方法，即对宪法条款作出专业性的解释——这一解释的结果可能限缩也可能扩张条款的通常含义。[1] 例如在卡尔达诉布尔案中，美国联邦最高法院就将美国宪法第2条第9款第2段"不得通过……溯及既往的法律"解释为仅仅适用于刑事立法，而不适用于涉及遗嘱中分配财产的规定。[2] 该条款并没有明确不得溯及既往的法律的领域，该案件的判决实际上限缩了这一条的适用范围。对于宪法中两个正当程序条款——第五修正案和第十四修正案——的解读，在美国境内也形成了较为统一的认识，即这两条不仅限制其中明确涉及的"程序"，也对立法机关和行政机关的立法或其他行为具有拘束力。这显然扩张了这两个条文的通常含义。最后，通过对宪法和法律修改历史过程及其产生的相关资料的考察，能够帮助我们了解法律发展变化的情况，对于理解和解释相关宪法和法律条款与概念提供指导。[3] 宪法和法律经过多年的适用之后，必然会随着时代的发展、价值观的改变、抑或新情况的出现进行修改废立，这其中必然会涉及相关条文含义的变化或调试。例如美国宪法第十四修正案原先并不包括隐私权的概念，但是随着人们对隐私越来越看重、侵犯隐私的手段也越来越多以及保障隐私的立法层出不穷，将这一条款解释为公民基本的隐私权的依据也变得越来越能够接受。

（四）体系解释

体系解释是根据宪法或法律条文在法律体系中的地位，联系相关文本或语境，对待解释条文或语词的含义进行阐明的方法。作为语言体系的一个组成部分，任何文本——语词或句段——都存在于特定的语境中，必须通过上下文才能够了解文本的含义。例如在美国臭名昭著的斯特克案中，联邦最高法院首席大法官罗杰·特尼（Roger Taney）在给出的司法意见中对美国宪法第3条和第4条中所规定的"公民"（citizens）概念的解释，就无法仅仅依靠这两个条文的规定给出，必须诉诸这些条文所赖以存在的语境以及对相关文本的参考——特尼法官所诉诸的是宪法起草之时的普遍理解，以及美国建国时的根本性文件《独立宣言》中"人人生而平等"等语句。尽管特尼法官认为依据宪法起草之时的理解，有色人种被认为是从属性的低等生物，而且《独立宣言》中所称"人人"并不包括此类生物，并据此作出了拒绝认可斯科特享有作为公民才享有的在联邦法院提起

---

① Mark Tushnet，'The United States: Eclecticism in the Service of Pragmatism'in Jeffrey Goldsworthy ed.，*Interpreting Constitution: A Comparative Study*，Oxford University Press，2007，pp.8,29.

② Calder v. Bull 3 US 386(1798).

③ 蒋惠岭：《历史解释法在司法裁判中的应用》，《法律适用》2002年第11期。

诉讼权利的判决,但是其对语境和相关文本的体系解释方法诉求却是值得肯定的。正如学者所说,"任何法律条文、法典乃至法律体系与制度,都由若干个具体成分构成,形成整体与部分的关系。两者互为依托,不可分割。从法律规范的意义上来说,每一个构成元素都表达着整个规范或制度的含义,而这些规范或制度又赋予每一个构成元素特有的含义。系统解释法则是正确把握元素与整体之间的关系,使法律文本的含义冲出了被解释的法律文本本身,并通过存在于周围的其他文字、规范、制度乃至事实背景,发现其最为合理的含义。"[①]在这个意义上,体系解释是确定文本恰当含义的必备解释方法。

体系解释也是文义解释方法的必要补充。在文义解释部分我们已经发现,仅仅根据条文、句段或语词的含义来对文本进行解释,就可能出现多种能够为文义所包含的解释。究竟文本所承载的是其中哪一种,需要诉诸其他解释方法予以确定。目的解释和历史解释都能够为文义解释所产生的多种含义提供指引,体系解释同样也可以。事实上,如果文本存在多种可能解释,那么首当其冲的应当是与文本所处语境相符合的解释:在对文本进行解释时,一个基本的假定就是作者会选择连贯的语言风格和概念含义进行行文,否则如果在文本不同的段落或句子中采用不同的语词含义,就难免造成理解的困难和交流的低效率。在对宪法或法律文本进行解释之时,法官也应当坚持这一假定,如果在通过文义解释方法对条文或法律概念进行解释时出现了多种合理方案,就应当首先诉诸宪法和法律整个文本以及整个法律体系确定其中最合体系的那种解释。法国学者保罗·利科也指出,"当脱离开语境来考虑我们的字词时,它们就有不止一种含义。字词的多义性要求确定某一信息中语词设定的当下价值时,要有语境的选择作用作为对应物"。[②]

对于目的解释和历史解释来说,体系解释也具有相当的重要性。例如布赖恩·比克斯就认为,体系解释与立法意图有相通之处,即"'立法意图'这个词大多数用法的关键是确定立法文本在特定的法律体系中应当怎样被解释"。[③]所谓"立法意图"就是对特定的法律体系整体的考量。萨维尼也认为,"只有当我们能够确定,某一法律与整个法律体系之间的关系为何,以及该法律是如何有效的在整个法律体系当中起作用的时候,我们才能够充分地理解立法者的思想"。[④]

---

① 致远:《系统解释法的理论与应用》(上),《法律适用》2002 年第 2 期。
② 〔法〕保罗·利科:《诠释学与人文科学:语言、行为、解释文集》,孔明安等译,北京:中国人民大学出版社 2012 年版,第 4—5 页。
③ 〔美〕布赖恩·比克斯:《法律解释中的问题》,安德雷·马默主编:《法律与解释——法哲学论文集》,张卓明、徐宗立译,北京:法律出版社 2006 年版,第 181 页。
④ 〔德〕齐佩利乌斯:《法学方法论》,金振豹译,北京:法律出版社 2009 年版,第 61 页。

体系解释还能够维护法律秩序的统一性。张明楷指出,体系解释方法的目的即在于避免断章取义,以便使法律整体协调,从而杜绝违背整部法律整体的不妥当的解释结论,进而有利于实现法律正义性。[1] 王泽鉴也认为,"体系解释的主要功能在于依法律体系上关联探求法律规范的意义,并维护法秩序的统一性。"[2]体系解释将特定的语词、句段或条文置于宪法或法律的上下条文、整个章节、整部宪法或法律、甚至整个法律体系中进行理解,就能够将不同的条文、章节和法律中所使用的概念含义和价值目标统一起来,实现法律体系内部的一致性,避免割裂理解所可能带来的不同法律中概念解释不同甚至法律之间相互冲突的情况出现。

鉴于体系解释的重要性,有些国家的法律解释规范还直接将体系解释规定为应当采取的解释方法,例如加拿大魁北克省的《法律解释法》第 41 条第 1 款就明确规定:"对一部法律的条款进行解释时,应当借助于其他条款的规定,同时从整个法律中得出每一个条款的含义。"德国宪法和法律解释中发展出的各种解释原则——例如统一性原则、实际协调原则、功能正确性原则、整合效力原则、宪法的规范性效力原则、合宪解释原则等等——也以体系解释方法为主,例如其中的统一性原则、实际协调原则、功能正确性原则和整合效力原则可以被视为宪法和法律解释中的体系解释的具体运用;合宪解释原则则是将法律置于以宪法为核心的法律体系中的解释方法,因而也可以被视为体系解释的运用。[3]

基于语境的不同,体系解释原则可以分为狭义、广义和最广义三个界域。[4] 最狭义的体系解释是从与待解释概念或条文在意义上紧密相关的款、条、节、章等法律规范的"群落"处寻找解释的可能性。这种情况的体系解释一般应用于当宪法或法律的某个条款为了表述的简明性而故意省略对某些概念或语词的界定、或者对某些概念或语词仅仅提供了模糊界定的情况下;此时就需要引入相关概念或条文对待解释文本的含义进行扩充或厘清。例如在解释我国《宪法》第 33 条第 2 款"中华人民共和国公民在法律面前一律平等"这一条款时,就需要对其中的"公民"概念进行解释,此时就需要诉诸该条第 1 款"凡具有中华人民共和国国籍的人都是中华人民共和国公民"来确定"公民"的含义。在迈凯伦诉马

---

[1] 张明楷:《注重体系解释实现刑法正义》,《法律适用》2005 年第 2 期。

[2] 王泽鉴:《法律思维与民法实例》,北京:中国政法大学出版社 2001 年版,第 241 页。

[3] Boeckenfoerde, 'Die Mothoden der Verfassungsinterpretation-Bestandaufnahme und kritik' (1976) *NJW* 2089, 2097. 转引自刘飞:《宪法解释的规则综合模式与结果取向——以德国联邦宪法法院为中心的宪法解释方法考察》,《中国法学》2011 年第 2 期。

[4] 致远:《系统解释法的理论与应用》(上),《法律适用》2002 年第 2 期。

里兰州一案中,美国联邦最高法院的大法官马歇尔就诉诸宪法第 1 条第 10 款第 2 段关于"无论何州,不经国会同意,不得对进出口货物征收进口税或间接税,但为执行该州检查法令所绝对必要者不在此限"的规定来解释授予联邦国会立法权的兜底条款——第 1 条第 8 款第 18 项"制定为执行以上各项权力和依据本宪法授予合众国政府或政府中任何机关或官员的其他一切权力所必要的和恰当的法律"——中"必要"(necessary)的含义。①

体系解释的广义系统是将整个法律体系作为一个整体为某个待解释的语词或句段提供解释依据的方法。在广义的体系解释中,体系就不再限于上下条文、章节或一部法律文件,可能也不限于一个法律部门,而是以整个法律体系为依据;广义体系解释的法律体系甚至也不限于一个国家或地区内部的法律体系,而可能包括国际条约和协定以及其他国家相关的规定和制度。例如在对"中华人民共和国公民在法律面前一律平等"这一条文中"平等"的解释,就不仅需要考察《宪法》的相关条款——例如第 34 条关于选举权和被选举权平等享有的规定和第 48 条、第 49 条对妇女权利特殊保障的规定等——也需要意识到《民法总则》第 4 条"民事主体在民事活动中的法律地位一律平等"、《刑法》第 4 条"对任何人犯罪,在适用法律上一律平等。不允许任何人有超越法律的特权"等条款的存在,甚至需要了解《国家赔偿法》和《侵权责任法》的相关规定;如果需要对"平等"有更深刻的认识,我们甚至需要对美国黑人、同性恋和跨性别者的权利斗争历史以及全球范围内的资产阶级革命有所认识,并了解因此而产生的《世界人权宣言》《公民权利和政治权利国际公约》《经济、社会及文化权利国际公约》和《欧洲人权公约》等文件的基本规定。

体系解释的最广义系统是指对宪法和法律条文的解释能够得以发生的所有相关背景。理解和解释某个既定法律文本,不仅仅需要对相关的法律规范和制度体系有所了解,也需要对文本的历史背景、政治环境、经济发展水平、时代特色、社会价值观、甚至共同体的语言习惯有所理解。所有的文本——包括宪法和法律文本——都是在一定的社会、经济和历史条件下产生,也必然在一定的社会、经济和历史条件下发挥作用;要了解文本的含义,就必须具有相关背景知识。"法律制度也是人创造的,但是由众人而不是由某个天才在具体的社会历史条件下共同创造的,法律制度不是一章法条,可以由某一个学者起草、某个机关颁布的。"②正如诠释学的基本观点所指出的,对任何文本的理解都需要有一个"前

---

① McCulloch v. Maryland 17 US 316(1819)414.
② 苏力:《语境论:一种法律制度研究的进路和方法》,《中外法学》2000 年第 1 期。

见"作为前提,如果没有对相关知识的基本了解,那么文本就呈现不出任何的意义——就如文字呈现在不识字的个体面前不能传达任何信息一样。伽达默尔认为,"前见未必都是不合理的、错误的,因此不可避免地会歪曲真理。实际上,我们经验的历史性使前见在其字面意义上构成了我们全部经验能力的最初方面。前见是我们对世界开放的倾向性。它是我们据以经验某事——我们赋予的东西据以对我们说什么的条件。"①在这个意义上,体系解释的最广义系统是所有理解和解释得以产生的最根本前提,也是个体存在于世界并成为世界一部分的基本方式。因此在宪法解释或法律解释的方法理论上,我们一般所说的体系解释仅指狭义系统和广义系统,不包括最广义系统。

四、小结

或许正如索蒂里奥斯·巴伯和詹姆斯·弗莱明在《宪法解释的基本问题》一书中对罗纳德·德沃金提出的宪法解释哲学进路的认同,所有的解释方法论、具体方法以及不同的政治哲学,都应当被理解为是为了寻求最佳的或最真实的宪法含义的努力。② 原意主义和非原意主义、司法克制主义和积极主义以及文义、历史、系统和目的之间的竞争和龃龉,实质上在于对究竟什么是对宪法最佳的或者最真实的理解看法不同。原意主义和历史解释方法坚持作者视角,即宪法文本通过当时制宪者、批准者或当时民众对宪法的普遍理解才是宪法的真义。非原意主义者则与此相对,认为当下民众对宪法文本的一般看法(与文义解释方法相关)、从宪法的整体格局和上下文中获得的宪法含义(与系统解释方法相关),或者从宪法文本中解读出的一般目的(与目的解释方法相关)才是对宪法的最佳理解。司法克制主义和积极主义也是如此,二者之间的分野其实并不完全在于法官的抱负或政治立场,更合理性的解释是,不同的法官对于何者是对宪法的最佳理解的态度不同——这也能够在一定程度上解释,为何在看起来类似的案件中,同一个法官会选择截然不同的阵营。

不过,由于共同目标——即最佳或最真实的解释——的存在,不同的解释方法论和解释方法之间已经开始出现不同程度的融合,形成一种以文本为核心关涉、以其他方法为辅助的大致共识。乔治城大学法学院教授乔纳森·莫洛特(Jonathan T. Molot)发现,在文义解释者更加关注背景,而新一代的目的主义

---

① ［德］伽达默尔:《真理与方法》,洪汉鼎译,上海:上海译文出版社 1999 年版,第 9 页。

② ［美］索蒂里奥斯·巴伯、詹姆斯·弗莱明:《宪法解释的基本问题》,徐爽、宦胜奎译,北京:北京大学出版社 2016 年版,第 13、84 页。

者将文本作为目的的最根本承载和首要来源、并尝试从文本中探求理想的而非实际的制宪者或立法者的意图的意义上,二者之间的界限已经十分模糊了。① 沃缪勒也指出,虽然在高层次的概念性、理论性和宪法性理由上仍有很大分歧,但是文义解释方法和目的—历史—意图主义解释方法已在具体操作层面上形成了某种"重叠共识":以颁布的文本为意义的最初来源,但在文本模糊时,在制定法目的等制定法外的背景性线索中进一步探求文本含义。②

德国也在实践层面上形成了四种方法的一般使用顺序:首先应当以文义解释确定立法者客观化了的立法意图,并以此解释结果确定解释所能够作出的框架范围;换句话说,就是无论通过其他解释方法得到何种结论,都不能超越文义所能涵括的范围。其次,在文义解释所确立的框架范围内,法官使用体系解释和目的解释对文义解释的结论进行选择、筛除和厘清,以形成较为确定的解释结论。再次,如果通过目的和体系解释方法仍然无法有效限定或确定文本的含义,那么就诉诸历史解释对结论进行进一步的修正和调整;在一定情况下,法官也可以通过历史材料来佐证依据文义、目的和体系所得出的解释结论。最后,法官应当以统一性原则、实际协调原则、功能正确性原则、整合效力原则、宪法的规范性效力原则、合宪解释原则等为标准进一步确定宪法和法律文本的最终含义。③ 正如沃缪勒所说,基于经验层面的考虑,价值层面上的差异可能对操作性方案并没有什么影响,不同的解释价值理论完全能够在具体决策程序的选择上达成一致意见。④

在各种解释方法论和方法在整体上互相融合的同时,各个国家宪法解释机构青睐的首要解释方法却不尽相同。因为何为宪法的最佳解释或真实含义,是一个需要宪法解释主体在具体历史境况中予以判断的问题。这意味着这个问题的答案必然受到宪法解释者所在的社会、政治、文化等背景的影响。例如,强调自由主义并潜在地倾向于精英政治——尽管表面上宣扬民主——的美国,就赋予了制宪史和原意主义方法论以超过其他国家的重要地位。尽管文本仍然是解释的核心,但是文本主义和原意主义经常一起出现,即文本的含义就是原意——这是联邦最高法院最经常诉诸的解释方法;体系解释和目的解释是次于文本和

---

① Generally Jonathan Molot,'The Rise and Fall of Textualism'(2006)106 *Columbia Law Review* 1.
② 〔美〕阿德里安·沃缪勒:《不确定状态下的裁判——法律解释的制度理论》,梁迎修,孟庆友译,北京:北京大学出版社 2011 年版,第 78 页。
③ 刘飞:《宪法解释的规则综合模式与结果取向》,《中国法学》2011 年第 2 期。
④ 〔美〕阿德里安·沃缪勒:《不确定状态下的裁判——法律解释的制度理论》,梁迎修,孟庆友译,北京:北京大学出版社 2011 年版,第 11 页。

原意的解释方法。[①] 而通过宪法法院的判例和解释将宪法塑造为一个为了某种善的目的而构建起来的有逻辑的整体的德国，就更倾向于诉诸体系解释的方法来解释《基本法》。目的解释方法虽然在德国曾经一度兴盛，但是近年来已经呈现逐渐式微的趋势。意图主义或者历史解释方法在德国更是一种辅助性的解释方法，而不像美国联邦最高法院的一些大法官一样，将其视为一种具有首要意义的解释方法。通常在通过其他解释方法已经获得结论之后，宪法法院才会诉诸制宪时期的文件佐证这一结论的正确性和历史上的可接受性。在涉及联邦和州之间或者国家机构之间权属争议之时，德国宪法法院可能更经常的诉诸制宪之时的各种争论或正式文件，但是在其他情况之下，如果历史解释的结果与以其他方法所得出的结论相抵触，那么宪法法院的法官可能会直接无视制宪者的意图。[②]

---

① Mark Tushnet，'The United States：Eclecticism in the Service of Pragmatism'in Jeffrey Goldsworthy ed.，*Interpreting Constitution：A Comparative Study*，Oxford University Press，2007，p. 8，pp. 48 - 49.

② Donald P. Kommers，'Germany：Balancing Rights and Duties' in Jeffery Goldsworthy ed.，*Interpreting Constitution：A Comparative Study*，Oxford University Press，2007，pp. 161，199.

第八章

比较视域下的中国宪法解释制度问题研究

由于政治体制与法律文化的差异,中国宪法解释制度与西方国家宪法解释的制度设计存在较大的不同。无论是美国普通法院式的宪法解释模式,还是欧洲国家宪法法院宪法解释模式或法国宪法委员会宪法解释模式,其宪法解释的性质均属于司法性宪法解释,尤其是法国宪法委员会经过 20 世纪 70 年代以来的历次改革,其性质已形同与欧洲"宪法法院",其宪法解释同样具有司法性解释之特征。其制度背后之因皆出于对立法权的限制,相信由"人民代表"组成的权力(立法)机关制定的"法律"并非总是"善法",也可能出现"恶法"或"坏法",极有可能与"宪法"的精神、原则或规范相背离,因此,需要以"合宪性"原则取代"合法性"原则,质言之,"合乎法律"本身也需要经得起"合乎宪法"的最终审查。我国宪法解释的制度设计是赋予"最高国家权力机关"的常设机关——全国人大常委会——"解释宪法"的权力,从而构成了具有中国特色的立法性宪法解释制度。我国的立法性宪法解释制度之背后是出于对"最高国家权力机关"——全国人民代表大会——及其常设机关立法权的信任,从而在制度上排除了对最高国家权力机关及其常设机关所制定的"基本法律"与"其他法律"的审查。[①] 这种制度设计是否合理,需要历史与现实实践的检验。然而,只要由最高国家权力机关及其常设机关"解释宪法",就无疑是将国家立法权的审查权交给了法律制定者自身。不过,有一点可以肯定,不管是由立法机关自己最终负责法律的合宪性审查,还

---

① 宪法第 5 条虽然规定:"一切法律、行政法规和地方性法规都不得同宪法相抵触",但是《立法法》第 99 条规定:国务院、中央军事委员会、最高人民法院、最高人民检察院和各省、自治区、直辖市的人民代表大会常务委员会或其他国家机关和社会团体、企业事业组织以及公民认为行政法规、地方性法规、自治条例和单行条例同宪法或者法律相抵触的,可以向全国人民代表大会常务委员会书面提出进行审查的要求或建议,然后由常务委员会工作机构分送有关的专门委员会进行审查、提出意见。宪法的规定也适合于国家最高权力机关及其常设机关自身,即制定的法律不得同宪法相抵触;而《立法法》规定的外部审查就排除了对"法律"的审查。

是由立法机关之外的其他机关负责法律的合宪性审查，无非都是保障法律的合宪性，因而，虽手段各异，但目的归一。本章以比较法为背景，探讨中国宪法解释制度的特色与基本内容。

一、"解释宪法"的规范解释

"解释宪法"作为全国人大常委会的一项职权源自 1978 年宪法，该宪法第 25 条第 3 款专门赋予全国人大常委会行使"解释宪法和法律"的职权，这是宪法首次授予全国人大常委会"解释宪法"的职权。1982 年宪法秉承 1978 年宪法规定，在第 67 条第 1 款中只赋予全国人大常委会"解释宪法"的职权。至此，我国宪法典完成了宪法解释权力的初次分配与权力分工。我国现行《宪法》第 67 条第 1 款将"解释宪法"的职权授予全国人大常委会，同一条款中，在"解释宪法"之后，全国人大常委会行使"监督宪法的实施"之职权。由此，提出的问题是：第一，这种授予是否意味着"解释宪法"的主体只能是全国人大常委会？第二，全国人大常委会"解释宪法"与"监督宪法的实施"之间有何关联？

关于第一个问题，是否意味着剥夺了其他机关"解释宪法"的资格？若未剥夺，则哪些国家机关将在何种程度上行使"解释宪法"的权力？因上述问题在宪法学界所引起的学术争议一直存在，其中大致存有两种截然对立的观点：一种观点认为解释宪法权专属于全国人大常委会，其他机关无权解释；另一种观点主张全国人大常委会所拥有的宪法解释权有特定的表现形式，将宪法解释视作审判权的一部分，宪法上的授权并不妨碍司法过程中的宪法解释。第一种观点是当下宪法学界主流观点，第二种观点并未获得学术共识。人们如何看待和评价学界关于宪法解释权的归属问题，直接关系我国宪法的实施问题，我们将结合1981 年全国人民代表大会常务委员会《关于加强法律解释工作的决议》（以下简称《决议》）以及 2018 年全国人大常委会《关于全国人民代表大会宪法和法律委员会职责问题的决定》（以下简称《决定》）的规定，立足于立宪者原意与宪法文本分析，就"解释宪法"在宪法中的含义及其权力分配进行探讨，并试图回答上述提出的问题。我们将在以下四个问题上展开讨论：一是"解释宪法"的基本含义及其属性；二是"解释宪法"与"监督宪法的实施"之间的关系；三是《决议》《决定》关于"解释宪法"职权的重新分配与功能区分；四是解释宪法与运用宪法的内在逻辑关联，并探究解释宪法之可能的路径。

（一）"解释宪法"的基本含义及其属性

现行《宪法》第 67 条第 1 款规定的"解释宪法"的基本含义，我们认为应从以下三个方面加以理解与阐释：

1."解释宪法"主体是全国人大常委会

"解释宪法"作为一项宪法授予的职权,宪法授予了全国人大常委会,按照国家机关职责法定原则,除了全国人大常委会,其他任何国家机关都不是、也不应当是宪法解释的主体,因而宪法的授权决定了全国人大常委会作为"解释宪法"主体的惟一性。这种惟一性意味着指除了全国人大常委会外,其他任何国家机关都不得成为解释宪法的主体。不过,应当明确的是,主体惟一性是指作为"立法性"解释主体的惟一性,因为全国人大常委会是国家立法机关,作为解释宪法主体,它的解释始终是一种立法性的宪法解释,在此意义上,解释宪法主体的惟一性才可成立,它并不排斥基于司法解释权的法院的司法适用性宪法解释之可能。宪法解释主体的惟一性决定"解释宪法"职权的专属性与绝对排他性,换言之,惟有全国人大常委会有权解释宪法,其他国家机关皆不得享有立法性"解释宪法"的职权,否则,不仅与宪法典的设计相冲突,而且也违背宪法典的立宪原意。我国宪法典的原意十分清楚,设置立法性宪法解释主体的惟一性目的就是避免其他机关包括司法机关对宪法进行最终解释,以免在解释过程中修正制宪者——人民的意志。主体的惟一性与职权的专属、排他性还体现在:宪法典并未明确规定全国人大常委会把"解释宪法"的职权可以授予其他机关行使。应当说,全国人大常委会"解释宪法"的权力直接源自宪法授权,全国人大常委会无权再将"解释宪法"的职权授予其他机关行使。可见,"解释宪法"的主体是惟一的,解释宪法职权对全国人大常委会而言是专属的、排他的,该职权既不得放弃,亦不得转让。放弃职权意味着失职,转让职权意味着越权,因为宪法典没有赋予其自行转让职权的权力。

"解释宪法"的惟一性与职权的专属性,决定了法院法官不得拥有"解释宪法"的最终职权,基于司法过程的本质而进行适用性解释,其解释需经得起全国人大常委会的合宪性审查。有学者基于司法过程的本质,将宪法解释视作审判权的一部分,主张宪法上的授权并不妨碍司法过程中的宪法解释。这种观点虽然未获得学界学者的普遍认同,但应当认真对待,原因在于:如果把宪法作为可以适用的法律,那么法院的审判权必然蕴涵着对宪法规范适用过程中的理解与解释。质言之,司法权的本质就在于解释。这一点已经早已被欧陆国家通过立法解释试图遏制法院的法律解释权的失败经验获得证明。然而,正如有学者所批评的:"欧陆法律传统的这段心路历程未能被我国立法者所体察,以至于在1982年的宪法修改中,仍然抱持着立法者解释法律的观念。"[1]正是抱着这种排

---

[1] 黄明涛:《两种"宪性解释"之概念分野》,载《中国法学》2014年第6期。

斥司法机关拥有解释法律与解释宪法的立法及立宪理念,才设计出了 1982 年宪制架构,即人民代表大会制是我国的根本政治制度,这一根本政治制度决定了我国宪法解释制度的立法性解释主体之惟一性与职权之专属性、排他性,因此,不管从司法过程的本质论证法院"解释宪法"具有多么的合理性,也不得改变我国宪法确立的宪法解释制度架构。正是在此意义上,有学者指出:"许多人、许多年来一再地脱离中国现行的宪法架构,强求没有适用宪法的主体资格的法院去违宪越权适用宪法。这种做法不仅注定毫无成效,还造成时间、机会等宝贵资源的浪费,还给人们带来了对宪法适用主体和宪法适用基本方式的认识的混乱、模糊等问题。"[①]这种理解有一定的片面性,我们强调的是,宪法确立的解释制度是一种立法性宪法解释,当然宪法解释的最终效力源于全国人大常委会,即基于司法性质的解释没有最终效力,其终极效力从属于全国人大常委会。

然而,需特别指出的是,目前我国宪法所确立的宪法解释制度在根本政治制度没有发生改变的情况下,人们必须服从与接受,而不能变相予以瓦解与抛弃,即使这种制度存在不尽如人意之处,也不能改变宪法已经确立的宪法秩序。边沁所言:"在一个法治的政府之下,善良公民的座右铭是什么? 那就是'严格地服从,自由地批判'"。[②] 任何人都可以在学理上对一项制度进行批判,一种制度如果不受到批判,就无法加以改进,但这种改进必须通过制度程序进行。哈佛大学马克·图什内特教授指出:"宪法重要,是因为它为我们的政治提供了一种结构。是政治而非'宪法'成为了保护我们的基本权利之机制的最终的来源。"[③]在我国,宪法重要,是因为它"以国家根本法的形式,确立了中国特色社会主义道路、中国特色社会主义理论体系、中国特色社会主义制度的发展成果,反映了我国各族人民的共同意志和根本利益,成为历史新时期党和国家的中心工作、基本原则、重大方针、重要政策在国家法制上的最高体现"。宪法高度的政治性与概括性、抽象性决定了解释主体的特定性,即不是哪一个国家机关都可以作出终极解释的。全国人大及其常委会是最高国家权力机关,惟有它才能最终解释宪法。

2.　"解释宪法"的性质属于立法解释

根据宪法,作为全国人大的常设机关的全国人大常委会行使国家立法权,

---

① 童之伟、刘松山:《论社会转型时期的宪法适用》,参见中国宪法学研究会 2007 年年会论文。

② [英]边沁:《政府片论》,沈叔平等译,北京:商务印书馆 1996 年版,第 99 页。

③ [美]马克·图什内特:《宪法为何重要》,田飞龙译,北京:中国政法大学出版社 2012 年版,第 1 页。

"由宪法规定的拥有立法权的机关对法律规范所作的解释",就是立法解释。解释宪法是由拥有国家立法权的全国人大常委会依据宪法授权进行的,这种对宪法规范的解释当属立法解释,并从属于国家立法权。严格说,全国人大常委会解释宪法权是一种立法性的宪法解释权。该性质具有三层含义:一是全国人大常委会对宪法含义的解释具有适用对象上的效力普遍性;二是宪法解释的程序是遵循全国人大常委会制定和颁布法律的程序进行的;三是宪法解释案的效力具有"法律"效力而不具有宪法效力。

全国人大常委会解释宪法的性质具有立法性,其宪法解释的目的在于明确宪法条文本身需要进一步明确界限或具体含义,使条款语词内容具有明确性,从而便于宪法的适用。通过立法性宪法解释,虽然阐明了期待需要解释的条款的界限与含义,但仍需再行解释才可直接适用。因此,在某种意义上说,立法性宪法解释性质仍然是立法,并不排斥司法过程中的解释,立法性宪法解释与司法性宪法解释可以同时并存。

3. 解释的对象是宪法文本

所谓文本就是话语结构,即"任何由书写所固定下来的话语"。在英语国家中,文本(text)主要表示作者的原文或本文、正文之意。成文宪法是以文字文本为存在方式,它以书写下来的话语而不是口头的话语而存在,任何解释都是基于对文字的解释,它既可对某一条文的文字进行解释,也可对文本中的某一概念、某一原则、某一规范的文字进行解释,一言以蔽之,解释就是对文本文字所表述或者表达不清楚的、模糊的意义进行阐明清楚。无论是宪法的序言、宪法概念、宪法规范、宪法原则,都以书面文本文字为载体,没有语言文本文字,宪法的序言、原则、概念、规范就失去了依存的载体,因此,对宪法的解释,事实上就是对文本的解释,是对宪法文本的意义的阐明。把解释宪法的对象限于宪法文本,其意义在于它具有极大的包容性,避免了其他表达(如把解释对象理解为宪法规范或宪法条文等)的不周延性与片面性;同时,也合乎解释学基于对文本文字解释之一般要求,通过解释,使文本文字的意义揭示符合宪法原则和宪法精神,从而达到解释之目的。

(二)"解释宪法"与"监督宪法的实施"的关系定位

"解释宪法"与"监督宪法的实施"同时出现在现行宪法第 67 条第 1 款之中,两者之间是由逗号(,)分开,一起作为全国人大常委会的职权。从语义学分析,二者之间到底是何种关系?是一种手段与目的的关系即"解释宪法"是"监督宪法的实施"的手段?还是一种并列平行关系?关于这一问题,笔者早在 2007 年由山东人民出版社出版的《认真对待宪法解释》一书中就提出过,并试图作出过分析解答。[①]

　　首先需阐明何谓"监督宪法的实施"？"监督"者，意指"监察督促"；[②]《新华字典》对"监督"的解释是："查看并督促"。[③] 所谓"宪法的实施"，意指宪法文本所规定的内容在现实中的运用与实现。[④] 从现行宪法内容看，包括"序言""总纲""公民的基本权利和义务""国家机构""国旗国歌国徽首都"五大部分，因此，宪法所规定的"宪法的实施"应当是宪法规定的上述全部内容都要在社会、政治、经济、文化、生态等各个现实生活中得到运用和落实，其中包括宪法的执行、宪法的运用和宪法的遵守等各个环节。因此，所谓"监督""宪法的实施"，就是指全国人大常委会监察并督促宪法规定的所有内容是否在现实生活中得以被运用和落实。

　　其次，"解释宪法"在前，"监督宪法的实施"在后，"解释宪法"与"监督宪法的实施"是何种关系？是否意味着"解释宪法"的目的是为了"监督宪法的实施"？应当说，任何对宪法的解释，都是基于更好的理解与实施宪法，在此意义上，解释宪法的目的是实施宪法，而非"监督"宪法的实施。按照《立法法》之规定，无论是提起宪法审查的"要求"主体还是"建议"主体，一旦进入解释宪法的阶段，最终是基于宪法的实施；在适用宪法中，遇到需要解释的情形，全国人大常委会对于宪法内容的解释，是出于更好地适用宪法；上述两种情形皆不是为了"监督"宪法的实施。监督宪法的实施属于主动性的，在宪法监督中发现需要对某一宪法内容进行解释时，那么这时候的解释就是主动性解释，通过"解释宪法"，进而"监督宪法的实施"，此时，二者之间才具有目的与手段的关系，解释宪法是手段，监督宪法的实施就是目的。而全国人大常委会在被动性解释宪法的情形下，往往是为

① 范进学：《认真对待宪法解释》，济南：山东人民出版社 2007 年版，第 31—39 页。

② 《古代汉语大辞典》，上海：上海辞书出版社 2000 年版，第 2030 页。

③ 《新华词典》，北京：商务印书馆 1980 年版，第 405 页。

④ 周叶中教授较早地提出了"宪法实施：宪法学研究的一个重要课题"的观点，并就"宪法实施"作出了一个定义："宪法实施是指宪法在实际生活中的贯彻执行，其内容即是将宪法文字上的、抽象的权利义务关系，转化为现实生活中生动的、具体的权利义务关系，并进而将体现在宪法规范中的人民意志转化为人们的行为（包括积极的作为和消极的不作为）"（《宪法实施：宪法学研究的一个重要课题》，《法学》1987 年第 5 期）；李龙教授对宪法实施的解释是："宪法实施就是指宪法规范在现实生活中的运用"（参见李龙：《宪法基础理论》，武汉：武汉大学出版社 1999 年版，第 248 页）；刘惊海关于宪法实施的解释是："宪法实施就是指宪法的实现，指各种宪法规范转化为现实的宪法关系，使社会活动依照统治阶级的整体意志展开，形成事实上的法制，落实具体化的民主"（刘惊海：《宪法实施的特点、条件、过程、结果》，《当代法学》1988 年第 2 期）；马克思主义理论研究和建设工程重点教材《宪法学》对"宪法实施的监督"阐释是："所谓宪法实施，是指宪法在国家现实生活中的贯彻落实，是使宪法规范的内容转化为具体社会关系中的人的行为。"（马克思主义理论研究和建设工程重点教材《宪法学》，由北京高等教育出版社、人民出版社 2011 年版）

了进一步阐明宪法文本的含义,这时的宪法解释仅仅是基于宪法的实施而作出的,因而与"监督"宪法的实施没有关联。因此,"解释宪法"与"监督宪法的实施"并非仅仅是一种手段与目的的关系,而是一种并列与交叉关系。解释宪法并非仅仅出于监督宪法的实施之目的,还具有阐明文字含义、便于宪法的实施之意味;监督宪法的实施过程也并非必然需要解释宪法,同时也具有督促或监察行宪或守宪行为的意蕴。譬如全国人大常委会依照宪法第 71 条规定组织对特定问题的调查活动,属于监督宪法的实施,然而却未必需要解释宪法。因此,对于全国人大常委会而言,解释宪法是其职权,但并非经常行使之;监督宪法的实施也是其职权,然而却是其经常性的活动。

二、"解释宪法"的中国实践探索与宪法解释主体论

"解释宪法"的职权是在《宪法》第 67 条第 1 款以明示的方式授予全国人大常委会行使的,然而,在宪法实施或立法实践探索中,其他负有"监督宪法的实施"或负有"维护宪法尊严、保证宪法实施的职责"的国家机关包括全国人大、国务院等,对宪法文本中的文字进行了或多或少的说明或阐释。这种说明或阐释是否也纳入"宪法解释"范畴之中? 如何看待和评价我国这种"解释宪法"主体多元性?

(一)"解释宪法"的实践探索

宪法学界多数学者认为中国是没有宪法解释的实践的,作为享有解释宪法权力的全国人大常委会从未行使过这一权力。然而,有些学者如胡锦光教授、周伟教授、余军教授等均对我国宪法解释实践进行过研究,归纳整理了包括全国人大常委会在内的其他机关如全国人大、全国人大常委会及其法工委、地方权力机关与人民法院关于解释宪法的实例,[①]从而触及到了我国宪法解释主体到底是一元抑或多元的问题。根据以上学者的归纳以及我国"解释宪法"之实践,在我国,实际上存在"解释宪法"的主体不止全国人大常委会,涵括了全国人大、国务院、人民法院等,它们关于宪法解释的情形归结如下:

1. 全国人民代表大会关于宪法的解释

全国人大作为最高国家权力机关,有无解释宪法的权力? 胡锦光教授认为,虽然宪法没有明确规定全国人大有权解释宪法,但从我国的实际出发考察,全国

[①] 胡锦光、王丛虎:《论我国宪法解释的实践》,《法商研究》2000 年第 2 期;周伟:《我国宪法解释之制度与学说》,《上海政法管理干部学院学报》2002 年第 3 期;周伟:《宪法解释案例实证问题研究》,《中国法学》2002 年第 2 期;周伟:《全国人民代表大会宪法解释案例研究》,《福建政法管理干部学院学报》2002年第 1 期;余军等:《中国宪法司法适用之实证研究》,北京:中国政法大学出版社 2017 年版。

人大拥有对宪法的解释权是肯定无疑的,其提出的理由有三点:第一,人民代表大会制度决定了全国人大的性质是最高国家权力机关,其不仅具有最高性,还具有全权性;宪法第 62 条最后一项规定,全国人大行使应当由最高国家权力机关行使的其他职权,解释宪法的权力就包含在"应当由最高国家权力机关行使的其他职权"之中。第二,从各国宪法监督制度看,凡是行使宪法监督权的机关(包括普通法院、宪法法院及立法机关)都同时拥有宪法解释权;根据我国宪法的规定,全国人大拥有宪法的监督权,而且是最高的监督权,其当然同时拥有宪法的解释权。第三,我国宪法第 62 条第 11 项规定,全国人大有权"改变或者撤销全国人民代表大会常务委员会不适当的决定",其中当然包括全国人大常委会对宪法进行的不适当的解释;如果全国人大改变或撤销全国人民代表大会常务委员会对宪法进行的不适当的解释,全国人大必然同时也要解释宪法。[1] 张庆福主编的《宪法基本理论》也认为:在我国宪政实践中,全国人大通过立法之形式解释宪法的基本精神和各项规则的含义。[2] 譬如以下全国人大作出的有关决议或立法可视为"解释宪法"的情形:

(1)关于 1954 年宪法第 31 条"其他职权"的解释。1954 年《宪法》第 31 条规定,全国人民代表大会常务委员会享有"解释法律"(第三款)、"制定法令"(第四款);《宪法》未规定解释宪法的具体机关。1955 年 7 月 31 日,第一届全国人大二次会议通过了《关于授权常务委员会制定单行法规的决议》,《决议》规定:"依照中华人民共和国宪法第三十一条第十九项的规定,授权常务委员会依照宪法的精神、根据实际的需要,适时地制定部分性质的法律,即单行法规"。[3] 1954 年宪法第 31 条第 19 款规定的内容是:全国人大常委会可以行使"全国人民代表大会授予的其他职权"。该条前 18 款都是明示性地列举了授予全国人大常委会行使的具体职权,第 19 款属于概括性条款,全国人大常委会除了应当行使的上述 18 项职权外,还行使全国人大授予的"其他职权",然而,这里的"其他职权"含义并不清楚,属于模糊性宪法条款。如何理解"其他职权"的含义? 或者"其他职权"应包括哪些职权? 全国人大作出的上述《决议》针对"其他职权"进行了授权性解释,非常具体、明确了全国人大常委会还应当行使的"其他职权"含义,因此它构成了对第 31 条第 19 款中的"其他职权"含义的解释。

(2)关于宪法修改程序的宪法解释。1980 年 9 月 10 日,第五届全国人大第

---

[1] 胡锦光、王丛虎:《论我国宪法解释的实践》,《法商研究》2000 年第 2 期,第 4 页。

[2] 张庆福主编:《宪法学基本理论》,北京:社会科学文献出版社 1999 年版,第 175 页。

[3] 中华人民共和国第一届全国人民代表大会第二次会议《关于授权常务委员会制定单行法规的决议》,《人民日报》1955 年 7 月 31 日,第 2 版。

三次会议通过的《关于修改宪法和成立宪法修改委员会的决议》，该决议决定："同意中国共产党中央委员会关于修改宪法和成立宪法修改委员会的建议，同意中国共产党中央委员会提出的中华人民共和国宪法修改委员会的名单，决定由宪法修改委员会主持修改 1978 年第五届全国人民代表大会第一次会议制定的《中华人民共和国宪法》，提出中华人民共和国宪法修改草案由全国人民代表大会常务委员会公布，交付全国各族人民讨论，再由宪法修改委员会根据意见修改后，提交本届人民代表大会第四次会议审议。"①该决议是对 1978 年宪法第 22 条关于全国人大"修改宪法"程序的解释。1978 年宪法第 22 条规定：全国人大行使"修改宪法"的职权，然而，该条款并未对如何进行宪法修改的程序如宪法修改的建议主体、宪法修改组织的建立、宪法修改的具体步骤等问题作出明确规定，而全国人大的上述决议则对修改宪法主体、修改具体程序作出了明确规定，从而构成了对 1978 年宪法第 22 条关于宪法修改程序的宪法解释。

（3）关于国家机构的解释。1982 年 12 月 4 日第五届全国人大五次会议通过了修改的宪法，并于当日由全国人大公告施行。《宪法》在国家机构的设置上，增加了国家主席、国家副主席、中央军事委员会，全国人大设立了民族委员会、法律委员会、财政经济委员会、教育科学文化卫生委员会、外事委员会、华侨委员会和其他需要设立的专门委员会。然而，通过修改的宪法时，全国人大会议并没有选举产生国家主席、国家副主席及中央军委和全国人大各专门委员会。②考虑到 1982 年《宪法》规定的国家机关还不能与修改后生效的宪法同时设立，在通过修改宪法的当日，五届全国人大五次会议通过了《关于本届全国人民代表大会常务委员会职权的决议》，决定在第六届全国人大第一次会议根据本次会议通过的《中华人民共和国宪法》选出中华人民共和国主席、副主席和下届全国人民代表大会常务委员会以前，本届全国人民代表大会常务委员会和全国人大常委会委员长、副委员长继续分别按照 1978 年本届全国人民代表大会第一次会议通过的《中华人民共和国宪法》第二十五和第二十六条的规定行使职权。由于 1982 年《宪法》规定，自公布之日即 1982 年 12 月 4 日起生效，而宪法关于新设立的国家机关及其职权，则由于该决议而不能实际施行，所以，"这一决议中止了新宪法关于国家主席、副主席、全国人大常委会及其委员长职权的效力，肯定了从整体上已经失效的 1978 年宪法关于全国人大常委会和全国人大常委会委员长、副委员长职权规定的效力。这一决议类似于一些国家宪法中的'过渡条款'，可以说是

① 《关于修改宪法和成立宪法修改委员会的决议》，《人民日报》1980 年 9 月 11 日，第 1 版。
② 1983 年 6 月 6 日召开的第六届全国人民代表大会第一次会议选举产生上述新国家机关。

在特定情况下基于特殊需要,全国人大对宪法进行的解释"。①

(4) 关于中央军事委员会职权的宪法解释。1982 年《宪法》第 93 条、第 94 条仅仅针对中央军事委员会的性质、组成、任期以及中央军事委员会主席与全国人大及其常委会的关系作出了规定,对其行使的职权未作出任何规定。2000 年全国人大制定的《立法法》第 93 条规定"中央军事委员会根据宪法和法律,制定军事法规。中央军事委员会各总部、军兵种、军区,可以根据法律和中央军事委员会的军事法规、决定、命令,在其权限范围内,制定军事规章。军事法规、军事规章在武装力量内部实施"。这一规定是对 1982 年宪法关于中央军事委员会职权的宪法解释。

2. 全国人大常委会关于宪法的解释

宪法上将"解释宪法"的职权赋予了全国人大常委会,绝大多数学者认为全国人大常委会解释宪法的职权从未行使过,然而从对宪法条款内涵的进一步阐明看,全国人大常委会在以下情形中似乎行使过解释宪法的实践,譬如:

(1) 关于国家安全机关行使职权的宪法解释。国家安全机关是第六届全国人大第一次会议决定设立的,它行使哪些宪法职权,在现行宪法规范中没有规定,在解释学上属于宪法规范漏洞。1983 年 9 月 2 日,全国人大常委会通过的《关于国家安全机关行使公安机关的侦查、拘留、预审和执行逮捕的职权的决定》中则明确规定:"第六届全国人民代表大会第一次会议决定设立的国家安全机关,承担原由公安机关主管的间谍、特务案件的侦查工作,是国家公安机关的性质,因而国家安全机关可以行使宪法和法律规定的公安机关的侦查、拘留、预审和执行逮捕的职权。"该决定即属于宪法解释,因为根据 1982 年宪法第 37 条与第 40 条规定,任何公民的逮捕是由人民检察院批准者由人民法院决定,并由公安机关执行;公民的通信自由和通信秘密,因国家安全或者追查刑事犯罪的需要,可以由公安机关或者检察机关依照法律规定的程序对通信进行检查。然而,根据全国人大常委会的上述《决定》,国家安全机关行使了本由宪法授予公安机关的某些职权,这种规定实际上消减了宪法的赋权范围,从而构成了对宪法上述条款的解释。

(2) 关于法制教育的宪法解释。我国现行宪法第 24 条第 1 款明确规定:"国家普及理想教育、道德教育、文化教育、纪律教育和法制教育,通过在城乡不同范围的群众中制定各种守则、公约,加强社会主义精神文明建设。"在此之前,虽然法制宣传教育已经进行了 10 年,但是,法制教育的对象、内容、方法、步骤等

---

① 胡锦光:《中国宪法问题研究》,北京:新华出版社 1998 年版,第 155 页。

问题并不十分明确,而且形势已经发生了变化。1996 年 5 月 15 日,第八届全国人民代表大会常务委员会第 19 次会议通过的《全国人民代表大会常务委员会关于继续开展法制宣传教育的决议》从法制教育的对象、教育内容、教育方式、教育方法等方面,对如何实施宪法规定的法制教育进行了明确的阐明,这种说明实际上构成了对宪法第 24 条第 1 款中的关于"法制教育"含义的宪法解释。

3. 国务院关于宪法的解释

宪法第 89 条规定,国务院可以行使"根据宪法和法律,规定行政措施,制定行政法规,发布决定和命令"的职权。国务院在行使宪法职权时,有义务保障宪法的实施,并对其职权范围内涉及与宪法是否相一致的有关问题作出解释,这类解释可能是宪法解释。譬如:1983 年 11 月 19 日,国务院发布了《关于制止买卖、租赁土地的通知》,该《通知》指出:"近年来,一些农村社队、国家企事业单位等,违反国家法律规定,买卖、租赁集体所有和国家所有土地的情况不断发生。在一些城市郊区,这个问题尤为突出。一些农村社队把土地当作商品买卖、租赁,捞取大量钱款和物资。有的土地租金每亩每年几百元、几千元、上万元,有的出卖土地每亩可得款几千元,甚至几万元。还有的私下议定条件,以租赁、买卖房屋的方式,租赁、买卖良田菜地,或者采取'联合建房''联合办厂''联合建造仓库'等方式,达到侵占土地的目的。这是严重违犯宪法的行为。《中华人民共和国宪法》规定:'任何组织或者个人不得侵占、买卖、出租或者以其他形式非法转让土地'。我国人口多、耕地少,必须十分珍惜每寸土地,切实保护现有耕地。对买卖、租赁土地的行为,必须坚决制止。"对此,《通知》要求:"各地要对买卖、租赁土地等非法活动,进行一次认真的检查、清理。对干部,特别是领导干部带头违法和指使违法的典型案件,要严肃处理,决不能迁就姑息。对那些一贯利用买卖、租赁土地进行贪污、受贿、非法谋取暴利的犯法分子,要依法追究刑事责任。"按照 1982 年《宪法》第 10 条第 3 款规定:"任何组织或者个人不得侵占、买卖、出租或者以其他形式非法转让土地。"该条款是对土地使用权的最严格的限制,拒绝一切形式的非法转让行为,然而,宪法并没有对违反该规范的后果作出规定,国务院的通知明确对各种非法转让土地的行为认定为"严重违反宪法的行为",对干部特别是领导干部带头违法和指使违法的行为要"严肃处理";对"那些一贯利用买卖、租赁土地进行贪污、受贿、非法谋取暴利的犯法分子要依法追究刑事责任"。这是对宪法关于买卖、租赁土地行为法律后果的解释。

4. 人民法院关于宪法的解释

在我国,根据宪法,包括最高人民法院在内的所有法院没有解释权力的权力,然而在我国的具体司法审判实践中,有学者收集了地方法院 47 份"解释"宪法的判决案例,并将其称之为"解释性适用";在此基础上,从文义解释、目的论解释、体系解释等三个方面进行了分类与解析。[①] 譬如:

(1) 关于宪法第 41 条公民监督权的解释

2015 年,江苏省南通市中级人民法院在"顾建兵、吴陈新等与南通市商务局二审行政裁定书"[②]中指出:"本院认为,我国宪法规定,公民享有广泛的权利,包括公民批评权、建议权、控告权、检举权等权利。举报权利是对检举权、控告权的进一步发展,是公民依法向有关专门机关检举揭发违纪、违法或犯罪行为的权利。检举、举报人的权利包括选择受理机关的权利、决定是否实名举报的权利、获得保护的权利、查询结果和申请复议的权利,等等。因此,检举、举报权利实际上是一种民主监督权利。本案中,从举报信的内容来看,虽然顾建兵、吴陈新要求南通市商务局予以受理,行使核实、查处等义务,但从举报信的形式以及顾建兵、吴陈新与被举报人之间的关系来看,可以确认顾建兵、吴陈新在举报信中行使的所谓举报权利仍然属于宪法规定的民主监督性质的权利,并非一种实体法上意义上的权利。"在该裁定书中,法院判决对宪法第 41 条中的检举权、控告权进行了含义说明与解释,将两种权利概括为举报权,并进一步说明了其权利内容即包括选择受理机关的权利、决定是否实名举报的权利、获得保护的权利、查询结果和申请复议的权利等四种具体权利;同时指出了举报权利的性质属于宪法规定的民主监督性质的权利,并非一种实体法上意义上的权利。法院显然是对宪法第 41 条检举、控告权利的宪法解释。

(2) 关于宪法第 39 条公民住宅权含义的宪法解释

1999 年,在"关菲诉天津福泰房地产开发公司侵犯著作权、隐私权纠纷案"[③]中,天津市高级法院的民事判决书指出:"根据我国宪法的规定,公民的住宅不受侵犯。上诉人的住宅是其个人领域,上诉人对其享有的、与公共利益无关的个人领域拥有保护、保密及利用的权利。上诉人住宅的私密性属于隐私权的范畴,应受法律保护。"判决书实际上是对宪法第 39 条关于公民"住宅权"含义解释,因为宪法仅仅规定了"公民的住宅不受侵犯",至于住宅权的含义未作出任何规定,全国人大常委会也没有对此进行宪法解释,而按照法院的解释,宪法上关于公民的住宅是指其个人领域,公民的住宅权是指公民享有的、与公共利益无关的个人领域拥有保护、保密及利用的权利,具有私密性,属于隐私权的范畴。显

---

① 余军等:《中国宪法司法适用之实证研究》,北京:中国政法大学出版社 2017 年版,第 22 页,第 106—146 页。

② 江苏省南通市中级人民法院行政裁定书(2015)通行终字第 00125 号。

③ 天津市高级法院的民事判决书(1999)高知终字第 33 号。

然，法院在判决书中对宪法的住宅权进行了宪法解释。

（二）"解释宪法"主体：一元抑或多元？

通过对我国"解释宪法"实践中存在的多元解释主体的考察，为我们提出了一个看似简单、实则复杂的问题，即我国"解释宪法"的主体到底是一元抑或多元？如何在理论上阐释宪法文本规范与司法实践之间的张力与悖论？如何看待我国宪法解释的性质？

在我国，目前存在着两种宪法解释的理论，一种是立法性宪法解释；一种是审判活动适用宪法解释。两种理论的性质与逻辑起点皆不同，决定了我国宪法解释的制度困惑与理论迷雾。只有深刻分析并揭示两种理论背后的法理与立法目的，才能正确认识我国宪法解释的制度设计与理论分歧。笔者的基本观点是，作为国家立法机关的全国人大常委会，它对宪法的解释属于"立法性"宪法解释，全国人大对宪法文本的解释亦属于"立法性"宪法解释，人民法院在适用宪法时之于文本只能作理解性适用性。上述两种不同的宪法解释与理解构成了中国特色的宪法解释制度。

1. 立法性宪法解释

所谓立法性宪法解释是指由国家立法机关关于宪法文本的解释和说明。由国家立法机关对于宪法文本的解释，必然构成"立法性"解释。笔者曾指出："立法者无论如何神圣，它至多是在创造法律，当然它自己可以解释自己创造的法律，但一旦它作为解释者时，它也是以'读者'的身份在解释，由于它是集立法者与读者双重身份，所以它以读者的身份理解或解释法律文本时，它的理解或者解释实际上仍然是重新制造法律规则即立法，原因在于它始终不是法律的具体适用者。"[1]我国宪法把"解释宪法"的职权明文赋予全国人大常委会行使，由于全国人大常委会是国家权力机关，行使国家立法权，因此，国家立法机关行使"解释宪法"的职权，其宪法解释具有法律效力，[2]其宪法解释的性质是针对宪法文本的内容进行"立法"，是宪法法律化的体现。全国人大及其常委会一般是以通过"决议""决定"和制定法律的形式对宪法文本相关内容进行解释，这些解释都是以立法形式对宪法相关内容的具体含义所作的解释，因而自然都属于立法性解释。1981年全国人大常委会《关于加强法律解释工作的决议》就对立法解释作

---

[1] 范进学：《认真对待宪法解释》，济南：山东人民出版社2007年版，第158页。

[2] 《宪法解释程序法》（专家建议稿）第22条第1款规定："全国人民代表大会常务委员会作出的宪法解释具有法律效力"（参见韩大元、张翔等：《宪法解释程序研究》，北京：中国人民大学出版社2016年版，第178页）。

出了明确规定,即:"凡关于法律、法令条文本身需要进一步明确界限或作补充规定的,由全国人民代表大会常务委员会进行解释或用法令加以规定。"换言之,由全国人大常委会关于法律、法令条文本身需要进一步明确界限或作补充规定的而所作的解释或以法令加以规定,就是立法解释。迄今为止,全国人大及其常委会关于宪法的解释案都是基于对宪法条文本身的含义或界限所作的立法性规定,属于立法性宪法解释,这种立法性解释宪法的权力属于国家最高立法机关,在我国就是全国人大及其常委会,全国人大享有隐含的解释宪法的权力,全国人大常委会享有明示的解释宪法的权力。①

然而,宪法学界普遍认为宪法赋予全国人大常委会以宪法专属解释权。② 大多数学者普遍认为,现行宪法规定由全国人大常委会行使宪法解释权,就排除了法院的释宪权。例如胡锦光教授就指出:"依据宪法规定,所有的法院包括最高人民法院并不具有宪法解释权。"③童之伟教授也认为:由法院行使宪法解释权,明显不符合我国宪法。④ 实际上,我国宪法确立的宪法解释体制是立法解释体制,由立法机关行使对宪法和法律的解释,本质上仍然是立法行为,⑤全国人大常委会的宪法解释权是立法性的解释权。⑥ 因此,把宪法确立的由全国人大常委会专属的宪法解释权视为立法性宪法解释权是适当的,然而,倘若把这种立法性宪法解释权视为独断性的、惟一性的宪法解释权,从而垄断了一切解释宪法的可能,恐怕是经不住推敲的。由于我国宪法上关于由全国人大常委会行使宪法解释的权力只是一种立法性宪法解释权,因而并未排除司法适用过程中的宪法解释权。当然人们可以把全国人大常委会的立法性宪法解释权定性为"最终解释权",蔡定剑曾指出:"不能把宪法规定的全国人大常委会行使宪法解释权理解为其他机构都不能对宪法进行解释,它只意味着全国人大常委会对宪法的最终解释权";⑦王振民也认为全国人大常委会拥有宪法和法律的最终

---

① 范进学:《认真对待宪法解释》,济南:山东人民出版社 2007 年版,第 74 页。
② 黄卉:《法学通说与法学方法》,北京:中国法制出版社 2015 年版,第 150 页;相关观点如胡锦光教授和韩大元教授认为,根据我国宪法解释体制,仅有全国人大常委会是有权解释主体(见胡锦光、韩大元:《中国宪法》,北京:法律出版社 2007 年版,第 125、163 页);张翔认为"宪法解释权按照我国宪法第六十七条的规定是明确而专属地授予全国人民代表大会常务委员会的"(参见张翔:《两种宪法案件———从合宪性解释看宪法对司法的可能影响》,《中国法学》2008 年第 4 期)等。
③ 胡锦光:《论我国法院适用宪法的空间》,《政法论丛》2019 年第 4 期,第 6 页。
④ 童之伟:《宪法适用应依循宪法本身规定的路径》,《中国法学》2008 年第 6 期,第 41 页。
⑤ 王勇:《宪法司法化涉及的有关问题》,《人大研究》2002 年第 4 期,第 33 页;韦宝平、李丰:《理论与现实的碰撞:当代中国宪法司法化的困境》,《江苏社会科学》2004 年第 3 期,第 115 页;
⑥ 张红:《民事裁判中的宪法适用》,《比较法研究》2009 年第 4 期,第 49 页。
⑦ 蔡定剑:《宪法实施的概念与宪法施行之道》,《中国法学》2004 年第 1 期,第 25 页。

解释权。① 而关于宪法解释制度，在我国，大多数学者只承认立法性宪法解释制度，而不承认或否认司法适用性宪法解释制度的存在。实际上，正如前文所述，在我国的具体司法审判中，人民法院在为数不少的判决中存在解释性宪法适用的实践，事实上解释了宪法文本的相关内容。这是司法过程中确实存在的客观事实，许多学者拘于"宪法司法化"的政治导向而不愿承认这种由法院在司法适用中解释宪法的客观现实，从而制约了宪法作为具有最高法律效力的法律在司法过程中的适用。我们认为，需要对"宪法司法化"正名，而不能对"宪法司法化"进行误解，宪法的司法化无非表明宪法在司法过程中的适用问题。

至于国务院以"通知"的形式对宪法某些内容的解释，也视为一种宪法解释，不过这种宪法解释属于行政性宪法解释，具体而言，是国务院对属于行政工作中涉及宪法内容如何具体应用的问题所作出的解释。

2. 审判活动适用性宪法理解

我国宪法第 67 条第 1 款关于解释宪法的职权规定只是属于立法性宪法解释，这种立宪体制并没有排除裁判过程中适用性宪法理解。笔者 2008 年就曾分析过我国宪法第 131 条关于"人民法院依照法律规定独立行使审判权"的含义，②认为该条款中的"法律"可以作广义的解释，作广义解释是合乎宪法原则与精神的：其一，宪法是"具有最高法律效力"的根本法，属于基础规范，我国的社会主义法律体系就是由宪法为统领的宪法及宪法相关法、民法商法等多个法律部门的法律为主干构成的③，因而，宪法应当是人民法院适用法律的重要内容。其二，依据宪法序言要求，人民法院有以宪法为根本的活动准则、负有维护宪法尊严与保证宪法实施的职责。以宪法为根本活动准则实际上意味着法院的审判活动不仅不得违反宪法，而且有义务实施落实宪法。其三，人民法院依照"法律"独立行使审判权，当然须依据在法律家族中地位最高的宪法。没有哪一部宪法或法律只是制定出来让人观赏而无须适用的，宪法也好，法律也好，只要制定出来，目的就是给人们的行为提供一种适用的标准，人们的行为符合其要求，就达到了宪法和法律制定的目的。人民法院适用宪法和法律是一个自然的、常态的

---

① 王振民：《中国违宪审查制度》，北京：中国政法大学出版社 2004 年版，第 308 页。

② 范进学：《人民法院的"审判权"是否蕴涵着宪法解释权》，《法律方法》2008 年第 7 卷，济南：山东人民出版社 2008 年版，第 45—54 页。

③ 时任全国人大常委会委员长的吴邦国同志在十一届全国人大四次会议上所作的工作报告中宣布："一个立足中国国情和实际、适应改革开放和社会主义现代化建设需要、集中体现党和人民意志的，以宪法为统帅、以宪法相关法、民法商法等多个法律部门的法律为主干、由法律、行政法规、地方性法规等多个层次的法律规范构成的中国特色社会主义法律体系已经形成。"（参见《十七大以来重要文献选编》（下），北京：中央文献出版社 2013 年版，第 262 页）

过程。① 因此,我国宪法所设计的由全国人大常委会行使的立法性宪法解释与法院在裁判实践活动中适用性宪法理解是可以同时并存的。

针对全国人大常委会行使专属的宪法解释权以及依据宪法法院无权适用宪法的学术通说,黄卉教授运用文意、历史、体系和目的四种解释方法专门对通说进行了反思性检讨与解构。② 她得出的结论是:所谓全国人大常委会基于《宪法》第 67 条第 1 款享有宪法专属解释权,以及人民法院基于《宪法》第 131 条规定不得解释宪法的说法,一旦将《宪法》第 5 条第 4 款包含的任何国家机关都需要遵守宪法的法治诉求纳入观察范围,就并不是无懈可击;相反,通过体系解释、尤其目的解释,完全有理由突破目前的通说,转而认定在现有宪法框架下人民法院是有权解释宪法,从而铺平了法官进行合宪性解释的道路。③ 应当说这一结论充分说明,我国法院在司法过程中适用宪法是合乎我国现有宪法框架设计的,与我国的人民代表大会制度是兼容的。面对相同的宪法文本条款,不同的学理解读,可能得出完全不同的结论。这其中的原因何在? 原因就在于,主张宪法解释权专属全国人大常委会的通说论忽略了"专属"解释权的性质,即这里的专属应当是立法性解释的专属,而不能包括司法过程适用性解释。立法性宪法解释没有也不能独断性垄断一切非立法性解释,就像不能垄断对宪法所作的学理解释一样。张志铭教授指出:"把解释法律这样一种在国外只要有权适用法律就有权解释法律却单独作为一种权力,只是少数的主体享有,这反映了什么? 反映了法律解释的垄断和控制,是在法律解释问题上的一种垄断。"④

上述论证都是基于我国宪法文本的学理论证,若从我国宪法的设计分析,立宪者的原意就是希望让最高国家权力机关行使宪法解释权,目的在于监督宪法的实施,这种立宪意图体现在宪法第 67 条第 1 款中,即全国人大常委会行使"解释宪法,监督宪法的实施"。事实上,宪法解释权与宪法监督权是合二为一的,哪一个机构行使宪法监督权,就由哪一个机构行使宪法解释权,世界各国的宪法解释制度模式无一例外地遵循这一基本原则与规律——美国普通法院行使宪法监督即司法司法权,其宪法解释权属于普通法院;欧洲宪法法院行使宪法审查权,其宪法解释权则属于宪法法院;法国宪法委员会行使宪法审查权,其宪法解释权属于宪法委员会——同理,我国全国人大及其常委会行使宪法监督权,其宪法解

① 范进学:《认真对待宪法解释》,济南:山东人民出版社 2007 年版,第 110 页。
② 黄卉:《法学通说与法学方法》,北京:中国法制出版社 2015 年版,第 151—161 页;或其论文《合宪性解释及其理论检讨》,《中国法学》2014 年第 1 期。
③ 黄卉:《法学通说与法学方法》,北京:中国法制出版社 2015 年版,第 160 页.
④ 张志铭:《法律解释原理(上)》,《国家检察官学院学报》2007 年第 6 期,第 56—57 页。

释权自然属于全国人大及其常委会。因此,不同的宪法解释制度模式,与不同的政治制度及其文化密不可分。我国人民代表大会的政治制度决定了我国宪法监督的模式只能是国家最高权力机关。曾参与1982年宪法修改的肖蔚云教授指出:由全国人大、全国人大常委会监督和保障宪法的实施比较好,因为最高国家权力机关和它的常设机关既是最有权威的机关,又可以经常性地监督宪法的实施,这样做比较适合我国的实际情况,也体现了全国人大统一行使最高国家权力的政治制度。① 主导1982年宪法修改工作的彭真同志指出:是不是搞一个有权威的机构来监督宪法的实施? 外国有的是宪法委员会,有的是大法官。我们是不是也采用这样的形式? 这个问题,在起草宪法的过程中反复考虑过。大家所想的,就是"文化大革命"把一九五四宪法仍到一边去了。实际上,在当时无论你搞什么样的组织,能不能解决这个问题呢? 不见得。恐怕很难设想再搞一个比全国人大常委会权力更大、威望更高的组织来管这件事。② 所以,1982年立宪原意就是让全国人大及其常委会作为行使监督宪法的机构,由此决定了宪法解释权属于全国人大及其常委会。由什么性质的国家机关行使宪法解释权,其解释权的性质就由这一解释机构决定,由行使司法权的法院解释宪法,其权力性质就是司法性解释;由行使立法权的权力机关解释宪法,其权力性质就是立法性解释。因此,在我国,全国人大常委会负责解释宪法,这一权力的性质就只能是立法性宪法解释,而不是司法性宪法解释。立法性宪法解释永远无法取代司法适用中的宪法解释。若是立法性宪法解释,其解释性质仍属于抽象性立法行为,其解释结果实际上制定新的法律,这种由立法机关解释性立法仍然像一切法律一样需要由法院通过适用得以实施。有学者就指出:"由全国人大常委会作出的宪法解释在形式上与立法是类似的,当进入司法程序后,终究要面对条文与个案事实之间的涵摄关系如何建立的问题。质言之,当涉及个案争议时,既有的全国人大常委会的宪法解释案也无法排除司法过程对该解释案作'再解释'。"③这种法院或法官的再"解释",实际上是一种宪法理解。立法解释是立法,裁判过程中的理解是适用。具体而言,这种差异是由司法过程的性质决定的。

司法过程的性质就是发现与适用法规范,并解释法规范。马克思针对司法的本质指出:"法律是普遍的。应当根据法律来确定的案件是个别的。要把个别的现象归结为普遍的现象,就需要判断。判断是件棘手的事情。要执行法律就

---

① 肖蔚云:《我国现行宪法的诞生》,北京:北京大学出版社1986年版,第65页。
② 《彭真传》编写组:《彭真传》第四卷,北京:中央文献出版社2012年版,第1484—1487页。
③ 黄明涛:《两种"宪法解释"的概念分野与合宪性解释的可能性》,《中国法学》2014年第6期,第295页。

需要法官。法官有义务在把法律运用于个别事件时,根据他在认真考察后的理解来解释法律。"①因此,法院或法官作为法规范的适用者,在司法过程中必然通过解释才能适用法规范,因为任何法规范都是抽象的,而每一个案件却是具体的,将抽象的法规范适用到具体的个案之中,就需要解释。在我国,由于人民法院遵守宪法是其宪法义务,其遵守宪法的主要表现就应当是在司法审判活动中不得违反宪法的规定,进行合宪性解释及其作为法律漏洞补充以及论证判决结论而适用或引用宪法规范。有学者指出:当个案中的系争法律条款存有不同理解,而有关宪法条款可能提供指引的时候(即作为冲突规则的合宪性解释)或者宪法条款有可能帮助阐发、澄清、填充某个含义尚不清晰的法律概念的时候(即作为单纯解释规则的合宪性解释),就出现了解释宪法的客观需要。② 这种司法过程中法院或法官为了运用宪法而理解宪法就是裁判活动中的宪法理解。

裁判活动适用性宪法理解是司法过程性质所必然要求,是司法权的本质所在。宪法理解与立法性宪法解释之共性在于都是对一般性、普遍性与模糊性的宪法文本内容的具体化,具有一定的可操作性。它们之间的区别在于,我国裁判适用性理解仅存在于个案裁判过程,在个案事实与宪法规范的适用中针对与案件相关的宪法规范作出的理解,而立法性解释则不是针对个案事实的适用,它的解释具有立法性,其解释文字具有法律的一般性、普遍性与抽象性,立法性宪法解释案中的条款内容在具体适用时仍然被法院进行司法性理解,因而司法过程中的适用性理解依然需要。不过,值得说明的是,法院虽然具有适用性宪法理解权,但不享有合宪性审查权,合宪性审查权由全国人大常委会所专属行使,倘若法院在适用宪法规范的过程中,遭遇规范性文件与宪法相抵触的情形,应当中止审理,并将待决的法律适用问题按照审级逐级上报至最高人民法院,再由最高人民法院依据《立法法》第 99 条之规定,向全国人大常委会书面提出进行审查的要求,然后等待全国人大常务委员会审查意见。

以上分析可见,我国宪法解释制度实际上是由立法性宪法解释制度与裁判活动适用性宪法理解制度共同构成,宪法第 67 条第 1 款确立的由全国人大常委会解释宪法的制度属于立法性宪法解释,宪法第 131 条确立的是人民法院在依照法律独立行使审判权的裁判活动中适用性宪法理解,因此我国宪法解释主体具有一元性,即只有全国人大常委会具有宪法解释的权力,这种解释具有最高性

---

① 《马克思恩格斯全集》(第 1 卷),北京:人民出版社年版,第页。
② 黄明涛:《两种"宪法解释"的概念分野与合宪性解释的可能性》,《中国法学》2014 年第 6 期,第 295 页。

与最具权威性,而裁判活动适用性理解主体则是法院,它的理解从属于立法性宪法解释,其解释效力受制于立法性宪法解释,并受到全国人大常委会合宪性审查的制约。

三、"解释宪法"权之重构与功能区分

上文分析了我国宪制关于"解释宪法"权力的分配结构所确立起来的宪法解释制度之基本格局。1981 年 6 月 10 日第五届全国人大常委会第十九次会议通过了《关于加强法律解释工作的决议》以及 2018 年 6 月 22 日第十三届全国人大常委会第三次会议通过了《关于全国人民代表大会宪法和法律委员会职责问题的决定》,《决议》仅仅对全国人大常委会"解释法律"的权力作出重新分配,事实上未触及"解释宪法"权力的分配与扩张,然而《决定》则在我国宪制史上初步完成了全国人大常委会"解释宪法"权力的分配与重构,为我国宪法的具体实施奠定了制度基础。

(一)法律解释权力格局的重构

我国第一部宪法即 1954 年《宪法》第 31 条第 3 款首次确立了全国人大常委会"解释法律"的职权;1955 年 6 月 23 日全国人大常委会第十七次会议通过了《关于解释法律问题的决议》,该《决议》规定:

一、凡关于法律、法令条文本身需要进一步明确界限或作补充规定的,由全国人民代表大会常务委员会分别进行解释或用法令加以规定。

二、凡关于审判过程中如何具体应用法律、法令的问题,由最高人民法院审判委员会进行解释。

1955 年《决议》也已就全国人大常委会"解释法律"的权力进行了初次分配,即把 1954 年《宪法》授予全国人大常委会"解释法律"独断权力一分为二:凡关于法律、法令条文本身需要进一步明确界限的由全国人民代表大会常务委员会进行解释;凡关于审判过程中如何具体应用法律、法令的问题,由最高人民法院审判委员会进行解释。前者属于立法性法律解释,后者属于司法性法律解释,这种解释法律权力的初次分配,在制度上承认了法律解释权是由全国人大常委会的立法解释权与最高人民法院的司法解释权共同构成。

1975 年《宪法》第 18 条和 1978 年《宪法》第 25 条第 3 款承继 1954 年《宪法》传统,均授予了全国人大常委会"解释法律"的职权。1981 年全国人大常委会《关于加强法律解释工作的决议》就是在 1955 年《决议》之基础上颁布的。时任全国人大常委会法制委员会副主任的王汉斌同志在作《关于加强法律解释工作的决议(草案)》的说明中指出:"对这个问题,1955 年 6 月全国人大常

委会曾通过关于解释法律问题的决议,同年 7 月彭真同志在向第一届全国人大二次会议所作的关于全国人大常委会的工作报告中,又对这个问题作了说明。现在提请全国人大常委会审议的决议(草案),除了重申 1955 年决议的规定外,并根据新的情况,做了一些补充。"尽管 1978 年《宪法》第一次赋予全国人大常委会"解释宪法"的职权,然而从 1981 年《决定》的制定者意图分析,该《决议》实际上是在 1955 年《决议》之基础上,对"法律解释"工作再次作出的权力分配,当时并未涉及 1978 年《宪法》关于全国人大常委会"解释宪法"权的分配问题。

根据 1981 年《决议》之规定,重新将我国法律解释权划分为立法解释、司法解释、行政解释、地方性法规解释与地方行政解释等五种权力格局:

(1)立法解释:凡关于法律、法令条文本身需要进一步明确界限,由全国人民代表大会常务委员会进行解释。

(2)司法解释:凡属于法院审判工作中具体应用法律、法令的问题,由最高人民法院进行解释。凡属于检察院检察工作中具体应用法律、法令的问题,由最高人民检察院进行解释。最高人民法院和最高人民检察院的解释如果有原则性的分歧,报请全国人民代表大会常务委员会解释或决定。

(3)行政解释:不属于审判和检察工作中的其他法律、法令如何具体应用的问题,由国务院及主管部门进行解释。

(4)地方性法规解释:凡属于地方性法规条文本身需要进一步明确界限或作补充规定的,由制定法规的省、自治区、直辖市人民代表大会常务委员会进行解释或作出规定。

(5)地方行政解释:凡属于地方性法规如何具体应用的问题,由省、自治区、直辖市人民政府主管部门进行解释

严格说,1981 年《决议》是"对法律、法规的解释"作出的规定,若仅仅从"法律"解释而刨除"法规"的解释,实际上确立了三种"法律解释"的权力格局,即全国人大常委会的立法解释、最高人民法院与最高人民检察院的司法解释以及国务院和各主管部门的行政解释。因此,1981 年《决议》中的"法律"解释仅是一种狭义上的法律解释,即为全国人大及其常委会制定颁布的"法律"的解释权所作出的划分,而 1978 年《宪法》与 1982 年《宪法》关于全国人大常委会"解释宪法"的权力仍然具有主体的唯一性与职权的专属性排他性。

(二)宪法解释权的初次分配

2018 年全国人大常委会通过的《关于全国人民代表大会宪法和法律委员会职责问题的决定》指出:"为了明确宪法和法律委员会的职责,全国人民代表大会

常务委员会作出决定,赋予其以下职责:

"宪法和法律委员会在继续承担统一审议法律草案等工作的基础上,增加推动宪法实施、开展宪法解释、推进合宪性审查、加强宪法监督、配合宪法宣传等工作职责。"

宪法和法律委员会是全国人大下设的专门委员会,是 2018 年宪法修正案将"法律委员会"更名后的产物。全国人大专门委员会依照法律规定履行职责。宪法和法律委员会除了继续承担原法律委员会承担的统一审议法律草案等工作外,党的十九届三中全会通过的《深化党和国家机构改革方案》明确增加了五项职责,即"推动宪法实施、开展宪法解释、推进合宪性审查、加强宪法监督、配合宪法宣传"等职责。这些新增加的宪法方面工作职责,全国人大常委会通过《决定》的立法形式把它们转化为宪法和法律委员会的法定职责。因此,《决定》赋予了全国人大宪法和法律委员会"开展宪法解释"的职权。《决定》赋予宪法和法律委员会"宪法解释"职权具有重大的实践意义与现实意义,它实现了对全国人大常委会"解释宪法"专属权力的初次分配。

宪法和法律委员会更名之前的法律委员会,根据 1982 年《全国人大组织法》的规定,其职责是统一审议向全国人大或者全国人大常委会提出的法律草案;审议全国人大常委会交付的被认为同宪法、法律相抵触的国务院的行政法规、决定和命令,国务院各部、各委员会的命令、指示和规章,省、自治区、直辖市的人民代表大会和它的常务委员会的地方性法规和决议,以及省、自治区、直辖市的人民政府的决定、命令和规章,提出报告。法律委员会的职责中缺乏"宪法解释"的职责,宪法解释权统一由全国人大常委会行使和垄断。然而《决定》明确将开展"宪法解释"的职责授予宪法和法律委员会,使宪法和法律委员会同样具有了"解释宪法"的权力,尽管宪法和法律委员会受全国人大和全国人大常委会的统一领导,但它毕竟是全国人大设立的独立的专门委员会,如此一来,全国人大常委会"解释宪法"主体的唯一性终被打破,使宪法解释的一元主体,演化为由全国人大常委会与全国人大宪法和法律委员会共同解释宪法的二元主体格局。

从法治实践看,宪法实施离不开宪法解释,甚至有学者指出:"实施宪法的过程也是解释宪法的过程",宪法解释是维护宪法生命和权威的必经路径和关键环节,是一切成文宪法关键所不可能回避的。我国宪法能否得到全面有效实施,很大程度上取决于能否充分发挥宪法解释的作用。由于长期以来只有全国人大常委会享有"解释宪法"的职权,其他机构无权对宪法进行解释,因而在缺乏全国人大常委会解释宪法的实践情形下,我国现行宪法解释机制一直未能获得启动与展开,2014 年《中共中央关于全面推进依法治国若干重大问题的决定》中就提出了"健全宪法解释程序机制"的要求,但作为解释宪法的程序法还处于缺位之中。在全国人大常委会缺乏开展宪法解释的历史背景下,《决定》将宪法解释权赋予了全国人大宪法和法律委员会,自然就具有了开启宪法解释之先河的愿望性意义与历史使命。因为宪法和法律委员会是全国人大的专门委员会,其职责之一就是"开展宪法解释",相较于全国人大常委会人数少、人员年龄偏大、会期短、任务重等特点,专门委员会具有专业性、专职性与经常性的优势,因此,宪法和法律委员会则能够有效地开展宪法解释工作,这对于把全面贯彻宪法实施提高到一个新水平具有重大的现实意义。

(三) 宪法解释机构的解释功能区分

既然《决定》将全国人大常委会"解释宪法"权力作出了划分,由此形成了两个机构(即全国人大常委会与宪法和法律委员会)并存的宪法解释权力架构,那么对两个机构的解释功能在学理上作出区分应当是十分必要的,对于正确认识它们之间的关系具有非常重要的意义。

作为"解释宪法"的唯一主体,全国人大常委会应当就宪法实施中出现的问题作出必要的解释和说明,使宪法的规定得以有效落实;然而,它却一直没有启动解释宪法的程序,未对宪法的内容作出任何解释,在改革开放四十年的社会变迁的过程中缺失了宪法解释对于宪法规范与宪法价值的整合、修补、引导、规制作用,宪法解释在中国社会千年之大变革时期缺席而未能发挥其应有的功能,不能不说是一种莫大的遗憾。全国人大常委会宪法解释功能的丧失可能原因很多,但全国人大常委会自身缺乏一个专门负责宪法解释的机构可能是一个核心因素。而宪法和法律委员会的确立,使全国人大常委会"解释宪法"的职权有了具有负责实施的平台与机制,对于今后开展宪法解释活动提供了有力的制度保障。

然而,我们应当看到,全国人大常委会的"解释宪法"职权是由宪法条款规定的,属于宪法授权,而宪法和法律委员会的宪法解释权则是由全国人大常委会以《决定》的立法形式授予的,属于法律授权。宪法和法律委员会作为全国人大一个专门委员会,虽受全国人大和全国人大常委会的双重领导,但其职责却是法定的,具有法律上的相对独立性。因此,两个宪法解释机关在解释的功能上不是服从、依附的隶属关系,而是各自独立的:宪法和法律委员会宪法解释的功能应当是独立负责宪法解释案的起草、拟定和修改;全国人大常委会宪法解释的功能则在于审议并通过宪法解释案。申言之,宪法解释案(草案)的起草、拟定与修改由宪法和法律委员会独立负责,而解释案(草案)的审议与通过由全国人民代表大会常务委员会负责,即宪法和法律委员会将宪法解释案(草案)交由全国人大常委会以会议的形式进行审议;宪法和法律委员会根据常务委员会会议的审议意见对宪法解释案修正后,可交付全国人大常委会付诸表决通过。

通过上述分析,笔者认为,我国宪法将"解释宪法"的职权授予全国人大常委会,体现了立宪者出于维护人民主权原则、捍卫人民代表大会制度作为我国的根本政治制度的意图,而"解释宪法"的基本含义在于:解释主体的惟一性、解释性质属于立法解释、解释对象是宪法文本。由解释主体的惟一性与职权的专属性,决定了法院法官不得基于司法过程的本质拥有;同时,宪法高度的政治性与概括性、抽象性也决定了解释主体的特定性,甚至在某种意义上说,立法性宪法解释排斥其他任何解释包括司法过程中的解释,只有在制度上堵塞立法性宪法解释之外的其他宪法解释路径,才能根本保证宪法解释主体的惟一性。《关于加强法律解释工作的决议》仅仅对全国人大常委会"解释法律"的权力作出重新分配,事实上未触及"解释宪法"权力的分配与扩张;然而《关于全国人民代表大会宪法和法律委员会职责问题的决定》则在我国宪制史上初步完成了全国人大常委会"解释宪法"权力的分配与重构,为我国宪法的具体实施奠定了制度基础。

四、合宪性解释:法律解释方法还是宪法解释方法?[1]

(一)何谓"合宪性解释"

"合宪性解释"全称为"对法律的合宪性解释",指的是德国宪法学理论与实践上的"对法律的合宪性解释原则"(Grundsatz der verfassungskonformen Auslegung von Gesetzen)。由于此项原则随着德国宪法基本权利的客观化演变成为法官普遍的宪法义务,因此也被称为"合宪性解释诫命"(das Gebot verfassungskonformer Auslegung)。[2] 台湾学者的译称有"法律合宪解释"(陈新民)、"符合宪法之法律解释"(王泽鉴)、"合宪法律解释"(苏永钦)、"法律解释之合宪性"(黄茂荣)等。受到拉伦茨及魏德士著作中文译法的影响,我国大多数学者如梁慧星等随后都以"合宪性解释"简而代之。德语中类似表述还有"宪法友好解释"(verfassungsfreundliche Auslegung)、"宪法导向解释"(verfassungsorientierte Auslegung)以及"符合宪法的解释"(verfassungsgemäße Auslegung)。这些术

---

① 本节由上海交通大学法学院博士后周育博士撰写,特此感谢!
② BVerfGE 32,373(383); Stern StaatsR III/2 1994, S. 1147.

语略有不同,但很难作出实质分别,至少在联邦宪法法院的裁判文书中经常互换使用。① 值得注意的是,英语中"合宪性解释"对应的词汇是 constitutional interpretation,它同时又指"宪法解释"。而"合宪性解释"(Verfassungskonforme Auslegung)与"宪法解释"(Verfassungsauslegung)在大陆法系的语境下是两个虽有关联但完全不同的范畴,分别具有特定的理论体系。

合宪性解释制度在德国通常认为是联邦宪法法院司法实践与理论构建的成果。从其历史沿革来看,20 世纪初帝国法院时期,已经出现了对法律作合于宪性解释的偏好。1953 年,德国联邦宪法法院成立伊始,在一项决议中创设了如下规则:"如果有一种解释可使一项法律与宪法相符,该项法律并不违宪,则此一法律便可依这一解释继续存在"。② 随后秉承此项宗旨作出的判决不胜枚举,遂在实践中最终形成制度共识:在思想和观念上按照宪法的价值设定解释和适用法律规范,藉此修改和更正法律规范,使得宪法的要求得以遵循,以表明人民的权利不仅是由法律,也是由宪法创设和宣告的。③

合宪性解释代表了宪法司法化国家的普遍模式。二战后以德奥为首,奥地利(1951)、德国巴伐利亚州宪法法院(1952)、意大利(1956)和瑞士(1957)都在宪法审查机构设立之初就自发形成了"尽量使法律合宪"的通行做法。即使是向来秉持实用主义风格、不讲求方法体系的美国司法体系,为了保持法律的安定性,也发展出了"支持法律有效"或"偏惠立法"(in fovour of the validity of statue, or in favorem legis),尽量使法律规范"与宪法相符"(in harmony with the Constitution)以得保全④的司法政策倾向。唯其特别之处在于,德国宪法学说凭借优异的研究旨趣与理论能力,将此种裁判方式结合经典法学方法论予以系统性阐发,为讨论合宪性解释的方法论与制度模型提供了主要语境。

1. 基本内涵

合宪性解释通常被理解为这样一种解释规则:依照依文义解释、体系解释、历史解释等方法对法律规范进行解释时,可能得出多个结果,其中有的导致违宪的结果,有的导致合宪的结果,应当优先选择那些与宪法相符的解释,以肯定法律的有效性,尽量避免法律因违宪而被宣告无效。法律规范只要依上述方法解

---

① Schlaich/Korioth, Das Bundesverfassungsgericht 11. Auflage 2018,Rn. 448.

② BverfGE2,266(282),相关内容援引了 1952 年巴伐利亚州宪法法院的一份判决(BayVerfGH, DÖV 1952,373)。

③ Vgl. K. A. Bettermann, *Die verfassungskonforme Auslegung*:*Grenzen u. Gefahren*, Heidelberg: Müller, Juristischer Verl. , 1986. S. 11.

④ 吴庚:《宪法的解释与适用》,台北:三民书局 2004 年版,第 585—587 页。

释仍能得出符合宪法的结论,该法律规范就不能被宣告违宪。[1]"法律规范只有在按照一般的解释原则无法得出合宪解释时才能宣告无效。如果文义解释、历史解释、体系解释以及目的解释能够得出多种含义,其中有一种能够导致合宪的结论,那就必须作出合乎宪法的解释。"[2]对法院而言,"不仅有作合宪性解释的义务,还要接受规范存续的结果。特别是对宪法法院来说,接受合宪性解释还出于宪法机构的忠诚义务。"[3]只有在法律规范的字面意思明显导致违宪的解释时,合宪性解释才被禁用,联邦宪法法院才能宣告该法律无效,普通法院才能提请宪法法院对此进行审查。[4]

第一,合宪性解释的内容。合宪性解释至少包含三个面向:一是作为单纯解释规则,是在解释法律规范的过程中,宪法的要求被直接援引作为判断因素;二是作为冲突解决规则,是指在对法律规范可作的数种解释中选择与宪法相符者;三是作为保全规则,是指存在违宪疑问时,尽量作出不违宪的解释,以保留法律规范的有效性。[5]从性质上看,合宪性解释既是手段,也是目的。前两项可以合并为某种手段,后一项属于目的。就其作为目的而言,合宪性解释旨在对被解释的法律规范的效力予以肯定并维持存在;就其作为手段而言,合宪性解释通过穷尽解释方法在多种解释方案中择其一以达成上述目的。因此,合宪性解释的内容至少具备两种不同的面向,一方面是作为单纯的解释方法,另一方面涉及与法律存废有关的违宪审查活动。

第二,合宪性解释的本质。合宪性解释面临的问题是,不仅存在不同的解释方案,而且其中至少有一种解释会导致法律规范违宪。在这种情况下如何进行选择通常没有太大的问题,因为显然不会使用违反基本法的解释。宪法解释的

---

① 相关判决甚多 BverfGE 32,373(383f)BVerfGE 64,229(242);69,1(55);74,297(299,345,347);88,203(331). 权威表述亦甚多;H. Bogs, Die verfassungskonforme Auslegung von Gesetzen, 1966, S. 15. K. A. Bettermann, Die verfassungskonforme Auslegung: Grenzen u. Gefahren, Heidelberg: Müller, Juristischer Verl. , 1986. S. 11. H. Spanner, Die verfassungskonforme Auslegung in der Rechtsprechung des Bundesverfassungsgerichts, Archiv des öffentlichen Rechts, 1966, Vol. 91, No. 4 (1966), pp. 503 - 536. K. Hesse, Grundzüge des Verfassungsrechts der Bundesrepublik Deutschland, 1999, Heidelberg: Müller, S. 30. [德]斯特凡·科里奥特:《对法律的合宪性解释》,《华东政法大学学报》2016 年第 3 期。

② Maunz/Schmidt-Bleibtreu/Klein/Bethge/Bethge, 58. EL Januar 2020, BVerfGG § 31 Rn. 263 - 266.

③ Maunz/Schmidt-Bleibtreu/Klein/Bethge/Bethge, 58. EL Januar 2020, BVerfGG § 31 Rn. 263 - 266.

④ [德]斯特凡·科里奥特:《对法律的合宪性解释》,《华东政法大学学报》2016 年第 3 期。

⑤ 苏永钦:《合宪性控制的理论与实际》,台北:台湾月旦出版社 1994 年版,第 84 页。

本质特征是维持法律规范诚命：如果根据传统的解释标准，对法律规范进行解释，除了违宪解释外，还包含与基本法兼容的解释，那么根据联邦宪法法院的判决，该规范在宪法上是一致的。[①] 只有完全不存在能够与宪法协调一致的解释时，合宪性解释才没有用武之处；也只有这时，法律规范才是违宪的。[②]

第三，合宪性解释的界限。合宪性解释首先发生在有可能产生歧义的法律条款中。在法律条文清楚无歧义的场合下排斥合宪性解释的适用，即面对清晰明确的立法者意图，而不能以合宪性解释僭越之。其次，法律规范的保留与存续不得成为隐蔽的法律更改其或法律制定。合宪性解释作为维护和保留法律规范原则，绝不能凌驾于立法意图之上，但不排除符合宪法的法律续造（eine verfassungskonforme Rechtsfortbildung）。简言之：禁止从根本上重新定义规范的内容，禁止通过合宪性解释伪造立法。审判机关和宪法法院都无权作出这样的事。因此，最高宪法法院通常是以彻底的、明确的方式废除（部分）法律，要求立法机关在限定的期限内进行修正，[③]而不是以拯救法律为名，潜在地、变相地进行立法。立法的权力始终属于立法者。在面对法律废止判决时（Nichtigerklärung des Gesetzes），立法者需要付出更多地考虑作出新的决定以完善立法，避免遭受曲解。最后，如果法律规范本身缺乏必要的清楚性和事实的确定性，合宪性解释也会发挥不了作用。[④]

第四，合宪性解释的制度价值。合宪性解释的基本预设是法律规范的有效性。在制度层面上，"合宪性解释"与"合宪性推定"承担着相同功能，可视为美国版本的"合宪性推定"（presumption of constitutionality）的另一种模版。两者在逻辑与价值设定上是相通的，它们都预设了法律规范的合宪性，都以类推的方式确立了法律规范的有效性，其目的都是维护法秩序的安定与统一，在制度功能本质上没有本质区别。"所谓合宪性推定，就是指法律适用者在解释某一法律规范时，必须首先假定该规范是合乎宪法的规范意旨和价值体系的。法律解释者必须在此框架基础上探寻解释的多种可能性，并优先选择最能符合宪法原则的规范解释。"[⑤]"推定"暗示了"法律与《基本法》兼容，并且按照该推定提出的要求作合宪性解释"。[⑥] "如果一个规范可以容纳多种解释，其中部分会导致合

---

① Grdl. BVerfGE 2,266(282) = NJW 1953,1057.

② Lüdemann：Die verfassungskonforme Auslegung von Gesetzen,JuS 2004, S. 27.

③ Schlaichl/Korioth：Das Bundesverfassungsgericht 7. Aufl. (2007), Rn. 394 ff.

④ Maunz/Schmidt-Bleibtreu/Klein/Bethge/Bethge, 58. EL Januar 2020, BVerfGG § 31.

⑤ 姜福东：《司法过程中的合宪性解释》，《国家检察官学院学报》2008 年第 4 期。

⑥ BVerfGE 2,266(282).

宪、而部分会导致违宪的结果,那么这一规范即是合宪的,而且必须对其进行合宪性解释。"①只要尚未证明宪法解释的不可能,宪法针对法律规范所作的关注就应该无关紧要。② "任何一项法律,只要它还能够同宪法之间协调一致的被解释时,它就不能被称为是无效法律。"③在此意义上,合宪性解释的结果就表现为法律规范有效性的尽力挽救。然而,对此也有反对意见,例如有学者提出,推定只是一种暂时状态,在任何情形下都不能作为充分的理由,否则违宪审查制度将毫无意义。④ 联邦宪法法院之所以建立规范审查制度,就体现了对立法的不信任,推定合宪只是暂时的和表面的,法律规范违反宪法的实例屡见不鲜就从事实上证明了这一点。根据德国联邦宪法法院的统计数据表明,以 2007 年为例,在审查的 13 条规范中,只有 5 项符合宪法。⑤ 而联邦宪法法院每周平均作出 2.1 部法律的违宪宣告。⑥ 但是,也有学者指出,正如刑事审判中的无罪推定、劳动法上对劳动关系的推定一样,推定制度的意义并不因刑事案件、劳动争议案件的频繁发生而遭到削弱。⑦ 显然,合宪性解释整体上作为一项伦理原则,从价值追求来看,与"合宪性推定"是完全一致的,它们都追求法律秩序稳定,其主旨都是尽可能通过解释寻求法律规范合宪的结果。因此首先预设法律与宪法之间的和谐关系,推定法律规范与宪法兼容,回避法律与宪法之间可能的龃龉,"回避法令本身的违宪判断"。⑧ 合宪性解释也采取了与美国同样的"回避宪法方法","当一个立法存在两种解释可能,其中一种解释将产生严重且带有疑虑的宪法问题,而另一种解释可以回避之,那么此时法院的职责是采纳后者",⑨从而防止因过

---

① [德]斯特凡·科里奥特:《对法律的合宪性解释》,《华东政法大学学报》2016 年第 3 期。

② Burmeister, *Die Verfassungsorientierung der Gesetzesauslegung*, Vahlen, 1966, S. 92.

③ [德]康拉德·黑塞:《联邦德国宪法纲要》,李辉译,北京:商务印书馆 2007 年版,第 55 页。

④ Lüdemann, Die verfassungskonforme Auslegung von Gesetzen JuS 2004, 27(29); Voßkuhle Theorie und Praxis der verfassungskonformen Auslegung von Gesetzen durch Fachgerichte AöR 125(2000),177 (182).

⑤ Statistik des BVerfG für 2007, A VII, abrufbar unter http://www.bverfg.de/organisation/statis-tik_ 2007.html (zuletzt besucht: 14.08.2009).

⑥ Canaris, Die verfassungskonforme Auslegung und Rechtsfortbildung im System der juristischen Methodenlehre in FS für Kramer, 2004, S. 141(147); Michel Die verfassungskonforme Auslegung JuS 1961,274 (ebd.); Stern, StaatsR III/2 1994, S. 1149.

⑦ Götz, Die verfassungskonforme Auslegung-zugleich ein Beitrag zu ihrer Stellung im System der juristischen Methodenlehre, in StudZR, 1/2020.

⑧ 阿部照哉、池田政章、初宿正典、户松秀典:《宪法——总论篇、统治机构篇》(上),周宗宪译,北京:中国政法大学出版社 2006 年版,第 404 页。

⑨ Michael L. Stokes, Judicial Restraint and the Presumption of Constitutionality, 35 U. Tol. L. Rev. 347. (Winter, 2003).

多的违宪宣告而引起的宪法秩序的混乱。

第五,合宪性解释的功能特征。合宪性解释位于违宪审查、替代立法和宪法解释三者的交叉点上。[①] 这是联邦宪法法官 Udo Steiner 对合宪性解释功能的精准描述。违宪审查与宪法解释是典型的宪法法院司法功能,替代立法则是备受争议的司法权与立法权之抗衡下的产物。因此,合宪性解释是以国家三大机构内在的权力竞争为背景,集合了违宪审查、替代立法和宪法解释等多项功能的宪法司法制度综合体。

从德国联邦宪法法院在合宪性解释时所作的判决类型来看,它一方面具备"不涉及规范修改的部分无效宣告"(Teilkassation ohne Normtextänderung)的特征,另一方面,它包含了为了保留规范而设置的"仍然合宪宣告"(Noch-Verfassungsmäßig-Erklärung)的要素,并且有时还伴随着要求立法者进行立法补正的申令判决(Appellentscheidung)。因此,人们也可将它视为一种位于"合宪认定与非合宪认定之间的混合形式"[②]。

由上可知,合宪性解释同时具备多重职能或属性,既是制度又是方法,因此对它的定义通常从多个角度开展,这也是目前学界定义较为混乱的主要原因。我们给出的界定是,合宪性解释是以法律规范合于宪法的结果为导向,以宪法的内在价值为标准解释法律规范,从而保留法律规范的有效性,维持法律体系的安定统一,以贯彻宪法精神、发挥宪法辐射力的一种综合性制度体。

(二) 合宪性解释的方法定位

合宪性解释的谱系,即合宪性解释在法律解释方法体系中的定位,历来受到重视且争议不断。战后德国基本法作为宪法通过联邦宪法法院得以司法化,宪法作为法律规范具备了专门的解释与适用机关,基本原则与决定具备了对第三人的效力,即所谓的"基本权利实证化",扩大了宪法价值的射程与保护力度,使得宪法进入普通司法环节,全体法官负有贯彻宪法精神、维护公民基本权利的义务,联邦宪法法院与各级部门法院也因此共同负有对法律作合宪性解释的义务。在此情形下,一方面,随着联邦宪法法院宪法实例的积累,宪法学与其他部门法一样,也发展出了专属自身的法律适用理论;另一方面,以部门法(主要是民法)的实际应用为主要研究对象的法学方法论以及法学的基础理论,基于部门法

[①] Canaris, Die verfassungskonforme Auslegung und Rechtsfortbildung im System der juristischen Methodenlehre in FS für Kramer, 2004, S. 141(147); Michel Die verfassungskonforme Auslegung JuS 1961,274 (ebd.); Stern,StaatsR III/2 1994, S. 1149.

[②] Maunz/Schmidt-Bleibtreu/Klein/Bethge/Bethge, 58. EL Januar 2020, BVerfGG § 31 Rn. 258 – 260.

的司法实践，也对此特殊的解释方式作出了回应。合宪性解释与传统解释方法的关系，同时受到公法学者、方法论学者和民法学者的关注。合宪性解释究竟属于法律解释抑或宪法解释之争亦由此而来。

从公法阵营来看，黑塞等主流公法学者都从实质层面主张合宪性解释属于"一种宪法解释的原则"①。贝特曼（Bettermann）更是直言："合宪性解释，不是一个全新的解释方法，而是规范审查的司宪（praeterkonstitutionelle）形式：避免废除按通常解释会导致违宪的法律条文，或者通过对法律条文以合宪的方式进行重新解释以替代之。"②而从魏德士、拉伦茨等法理学者及方法论学者视角来看，合宪性解释从形式上乃是多种法律解释标准中的一种。③ 拉伦茨明确指出，解释的标准应当包括："字义，法律的意义脉络，历史上的立法者之规定意向、目的及规范想法，客观的目的论的标准以及合宪性解释的要求。"台湾方法论学者杨仁寿归纳的六种"狭义的法律解释方法"中也包含合宪性解释。④ 民法学者王泽鉴、黄茂荣等皆认为它是与文义因素、历史因素、体系因素、目的因素并列的诸种影响法律解释的因素之一。⑤

其中，博格斯（H. Bogs）与贝特曼之间的交锋代表了两方阵营之间的主要对立。博格斯将支持合宪性解释作为法律解释方法的主要理由归纳为四点：（1）按照位阶较高的规范解释位阶较低的规范，解释法律规范的通则，按照位阶最高的宪法解释一切位阶较低的法律规范，也是基于同样的道理。（2）法律规范应当尽量予以保留。法律是立法机关的意志体现，尊重立法者等同于尊重民主正当性。因此法律应当推定为有效，因此必得作合宪性解释。（3）法律体系的统一性要求，主要体现在基本权利的间接效力，特别是民刑法律规定对宪法价值的概括性接受。当涉及此类伦理原则时，只能进行合宪性解释。合宪性解释还具有法律续造的功能，能够填补漏洞，维护法律体系完整。（4）法官行使司法职权直接受到基本权的约束，不允许在解释法律时，作出违宪的造法行为。

贝特曼作为公法学者的代表对此给出了一一对应的反对理由。按照他的见解，（1）所谓以位阶较高者解释位阶较低者，乃是一般法学理论中"法律阶层论"的要求，并不是一项既定原则，完全是对合宪性解释量身定做的正当性辩护。（2）合

---

① ［德］康拉德·黑塞：《联邦德国宪法纲要》，李辉译，北京：商务印书馆 2007 年版，第 55 页。

② K. A. Bettermann, *Die verfassungkonforme Auslegung：Grenzen u. Gefahren*, Heidelberg：Müller, Juristischer Verl. , 1986. S. 26.

③ ［德］魏德士：《法理学》，丁小春、吴越译，北京：法律出版社 2005 年版，第 326 页；拉伦茨：《法学方法论》，陈爱娥译，北京：商务印书馆 2003 年第 1 版，第 216 页及以下。

④ 杨仁寿：《法学方法论》，北京：中国政法大学出版社 1999 年版，第 101、102 页。

⑤ 黄茂荣：《法学方法与现代民法》，北京：中国政法大学出版社 2001 年版，第 286—287 页。

宪性解释的本质不在于解释法律规范,而在于变相地监督法律规范。法官使用合宪性解释,是在逃避违宪审查的职责。(3)合宪性解释为了避免法律被宣告违宪,必要时甚至转换文本的原意(umdeuten),几近扭曲立法者的意图,与它所标榜的尊重立法者意图相悖。(4)所谓法律必当推定合宪方能有效,以具体行政行为为例,具体行政行为作出后,只能作有效推定,而不能作合法推定,因为一旦被提出行政诉讼,该行政行为的有效性即被悬置,更不用说合法推定了。照此相推,法律规范颁布后可推定为有效,而非合宪,否则违宪审查便成为多余的事了。[①]

显而易见的是,合宪性解释作为一种同时包含了制度特征与方法特征的混合形式,从本质上决定了它很难被归为某个典型的法律方法,其结果就是分类上的模糊与混乱。例如台湾公法学者吴庚、陈新民等也试图将合宪性解释放在宪法解释的范畴下进行讨论,吴庚教授一方面将"合宪性解释规则"与"以宪法解释宪法""政治问题不予解释规则"一同置于"专用于解释宪法的规则"项下加以考察,另一方面又承认它"是符合宪法的法律解释"。[②] 这种分类上的模糊与其说是个例,不如说正是反映了合宪性解释的复杂性质。强行将其纳入经典法律解释方法范畴中的努力看起来不仅没有完全成功,而且几乎没有必要。

2. 性质归类

基于同样的理由,对合宪性解释的本质属性的归纳也呈现出复杂多样的结论。合宪性解释的品格首先受到质疑的是,它能否作为一项独立的解释准则或方法。根据萨维尼的定义,解释乃是"存在于法律中的思想之重构"。他阐发的经典解释方法包括四种要素,首先是语法解释,也称为语义解释、文义解释,它是以语词的字面含义为归依;其次是逻辑要素,它的要求是思想上的内在关联;第三是历史要素,它看重法律制定时具体的历史条件;第四是体系要素,它涉及将法律制度和法律规则连为整体的内在关联。在解释的实际过程中,上述四个要素是如何发挥作用呢? 萨维尼意识到这一问题所在,但他并没有给出四个要素的适用顺序,毋宁是指出这样的事实,即为了达到解释的目的,这四个解释要素是不能任意拣择的,而是要共同发挥作用。[③] 事实上,法院在实际的案件审理过程中,通常"视不同的案件,选择相应的导致满意结果的解释方法"[④],因此,合宪

[①] H. Bogs, Die verfassungskonforme Auslegung von Gesetzen, Stuttgart 1966, S. 25. K. A. Bettermann, Die verfassungkonforme Auslegung: Grenzen u. Gefahren, Heidelberg: Müller, Juristischer Verl., 1986. S. 20ff. 两者的对比归纳参见吴庚:《宪法的解释与适用》,第591—592页。

[②] 吴庚:《宪法的解释与适用》,北京:三民书局2004年版,第576页以下。

[③] [德]考夫曼:《当代法学哲学和法律理论导论》,郑永流译,北京:法律出版社2002年版,第160—162页。

[④] [德]考夫曼:《当代法学哲学和法律理论导论》,郑永流译,北京:法律出版社2002年版,第160—162页。

性解释符合萨维尼对解释的基本定义。

尽管就方法论上而言,多数学者承认合宪性解释作为解释方法,但具体属于哪种经典解释方法,仍然多有争议。比较主流的观点将合宪性解释视为"依宪法及阶位较高的法律规范,解释阶位较低的法律规范的一种法律方法"①,属于体系解释的一种情形,②至少属于扩张的、广义的体系解释。③ 理由是,它是以"法律秩序的统一性与层级结构,也就是各种法律渊源的顺序等级为出发点。根据层级结构理论,下层级规范的解释不能与上层级规范相抵触。"④具体而言,"在法秩序中,'宪法'位阶最高,其次为法律,再次为命令,因此关于法令之解释,位阶较低者,应依位阶较高之规范意旨为之,期能实践位阶较高之规范目的,使法秩序若金字塔,上下井然有序。"⑤

然而对此也有反对意见,例如杨仁寿教授认为体系解释是指以法律规范在法律体系上的地位,即其编章节条款之前后关连位置,或者相关法律的法意,阐明规范意旨的解释办法。这项解释在于维护单个法律体系内部的统一性与概念用语的一致性。然而合宪性解释发生在处于上下位的不同的法律体系之间,维护的是整个法律秩序的统一性。⑥ 因此,合宪性解释的实际运作超出了体系解释的范畴,虽然在原理上都是为了维护"体系",但体系解释的目的仅在于维持法律的体系统一,而合宪性解释的目的不仅在于维护整个法律体系的统一,更在于实现宪法的实质效力。因此,合宪性解释作为一种方法手段(Instrument)更接近一种混合了体系解释和目的解释特征的独立形态。

此外,学者对合宪性解释的性质提出了多种假说,主要有:

第一,冲突规则说。如斯特凡·科里奥特所说,"如果认真审视,我们可以发现,合宪性解释本身并不是一种独立的解释方法,也不是目的解释的一种类型。它毋宁是要求,对法律解释的多种可能结果进行相互比较,并排除其中与宪法和宪法的基本决定不符的部分。"⑦

第二,补充标准说。例如瑞士学者黑费林(U. Häfelin)认为,合宪性解释不

---

① 梁慧星:《民法解释学》,北京:中国政法大学出版社 1995 年版,第 230 页。

② [德]魏德士:《法理学》,丁小春、吴越译,北京:法律出版社 2005 年版,第 326 页。H. Bogs, Die verfassungskonforme Auslegung von Gesetzen, Stuttgart 1966, S. 25.

③ 台湾司法院释字第 437 号解释(王泽鉴大法官协同意见书),司法院公报,第 39 卷 11 期 15—29 页,总统府公报,第 6190 号 7—24 页。

④ 魏德士:《法理学》,丁小春、吴越译,北京:法律出版社 2005 年版,第 326 页。

⑤ [德]拉伦茨:《法学方法论》,陈爱娥译,北京:商务印书馆 2003 年版,第 129 页。

⑥ [德]拉伦茨:《法学方法论》,陈爱娥译,北京:商务印书馆 2003 年版,第 129 页。

⑦ [德]斯特凡·科里奥特:《对法律的合宪性解释》,《华东政法大学学报》2016 年第 3 期。

是一个独立的解释方法,而仅仅提供了一个对一般解释规则的补充标准。[1]

第三,规范保全说。斯特凡·科里奥特认为,如果该法律的文义、发生史、其与相关规范的整体关联以及其意义和目的能够容纳多种解释,而其中只有一种能够达致合宪的结果,那么就必须选择这种解释。这实际上是要求在多种解释可能的框架中优先选择合宪的解释,最终体现了体系解释的规范保全功能。[2] Lüdemann 也持同样的观点:"就合宪性解释的特性而言,其是一个规范保全原则:即在依据传统的解释方法对法律进行解释,在既有违宪的解释可能的同时也有合宪的解释可能时,始得对法律进行合宪性解释。换言之,其是在传统解释方法所提供的多种解释可能中进行选择。"[3]在此意义上,"合宪性解释始终同时是限缩解释(restriktive Auslegung),也就是目的限缩(teleologische Reduktion),同时消除宪法规范没有涵盖的解释可能性。"[4]

第四,功能综合说。以博格斯为代表,他认为合宪性解释本身同时包含了"选择"和"后援"两种功能。"前者即将合宪性解释视为在传统的解释方法所提供的解释可能中进行的一种选择方法;而后者则将其视为一种独立的法律解释方法。"[5]

第五,优先规则说。例如拉伦茨主张:"在多数可能的解释中,应始终优先选用最能符合宪法原则者。"[6]赫普夫纳(C. Höpfner)指出,合宪性解释的优先不是说它本身优先于其他的法律解释标准,而是说在多种可允许的法律解释结果中,合宪的法律解释结果优先于违宪的法律解释结果。"[7]博格斯则认为它指的是优先选择体系解释和目的解释。[8]

第六,选择策略说。例如 Göldner 把它视为"所有解释的调整原则";[9]台湾学者吴庚也认为合宪性解释正是以合宪性(Verfassungskonformität)标准,运用

---

① U. Häfelin, Die verfassungskonforme Auslegung und ihre Grenzen, in: Badura, Peter (Hrsg.), Recht als Prozess und Gefüge: Festschrift für Hans Huber zum 80. Geburtstag, Bern: Stämpfli, 1981, S. 244.

② [德]斯特凡·科里奥特:《对法律的合宪性解释》,《华东政法大学学报》2016年第3期。

③ Jörn Lüdemann: Die verfassungskonforme Auslegung von Gesetzen, in: JuS, 2004, 27.

④ Maunz/Schmidt-Bleibtreu/Klein/Bethge/Bethge, 58. EL Januar 2020, BVerfGG § 31 Rn. 261,262.

⑤ H. Bogs, Die verfassungskonforme Auslegung von Gesetzen, Stuttgart 1966, S. 34.

⑥ [德]拉伦茨:《法学方法论》,陈爱娥译,北京:商务印书馆2003年第1版,216页。

⑦ [德]斯特凡·科里奥特:《对法律的合宪性解释》,《华东政法大学学报》2016年第3期。

⑧ Jörn Lüdemann: Die verfassungskonforme Auslegung von Gesetzen, in: JuS, 2004, 27. 。

⑨ Göldner, Verfassungsprinzip und Privatrechtsnorm in der verfassungskonformen Auslegung und Rechtsfortbildung: Verfassungskonkretisierung als Methoden-und Kompetenzproblem. Duncker u. Humblot, 1969. S. 67.

各种不同解释规则以达成"基于目的的选择策略"。①

以上各说对合宪性解释特征的概括,有力地印证了考夫曼所指出的事实:"解释是一种结果。通常是在结果早已确定之后,才选择解释的方法。所谓的解释方法只不过是对文本的补充的事后的注脚而已。"②合宪性解释不仅参与决定了法律解释的内容,也控制了法律解释结果。③ 可见,合宪性解释并非一项纯粹的法律方法:一般的法律方法可以同时服务于多种目的,而合宪性解释的特殊之处在于,它是为了满足特定的目的而存在的,最终通向的是宪法最高价值的实现。因此,在中国语境下提出"合宪性解释究竟属于法律解释还是宪法解释"之问,其意义不仅在于概念区分,而且更在于对价值功用的追问。因此,无论它在学理上的分类如何,都不影响引入合宪性解释在普通案件审理中加以实际运用的正当性。

(三)合宪性解释的正当性基础

1. 统一的法秩序

高级规范与低级规范之间的效力等级不容忽视,④以法律秩序的统一性作为合宪性解释正当性的主要来源,是欧陆学界较为多见的认识。"整个法律秩序,也就是大量有效的具体规范与所有法律部门的法律的总和,形成一个统一体,一个体系。……这个法律秩序统一体系应该是由协调的并且规范的价值标准所组成的有序的规范结构。"⑤法律秩序的统一和完整,"其一方面是法学体系化工作的成果,另一方面则是一种先决规定。借此,(作为人类精神活动产物的)法秩序内的那些规范性及目的性关系,彼此不至于混沌一片。"⑥可见,法律秩序的一致性是预设的而并非现实的。事实上,"整个法律秩序包含了大量的非理智因素。因为它的诸多具体规范都来自不同时期并且通常不相一致。具体法律,特别是整个法律秩序并未形成协调的统一体,如果没有统一,就只能由法律适用者通过和谐化的、解决规范矛盾的解释来创造统一。"⑦

维护整个法律体系的统一,首先面临的是解决规范之间的冲突。就其"以较高或宪法规范之意旨,而为解释位阶较低法规之方法而言",它符合"以高位阶

---

① 吴庚:《宪法的解释与适用》,台湾:三民书局 2004 年版,第 589—590 页。

② A. Kaufmann, Rechtsphilosophie in Wandel, Frankfurt am Main 1972, S. 165.

③ 黄茂荣:《法学方法与现代民法》,北京:中国政法大学出版社 2001 年版,第 287 页。

④ Zippelius, Juristische Methodenlehre, 10. Aufl., 2006, S. 38 f.

⑤ 〔德〕魏德士:《法理学》,丁小春、吴越译,北京:法律出版社 2005 年版,第 328 页。

⑥ 〔德〕卡尔·拉伦茨:《法学方法论》,陈爱娥译,北京:商务印书馆 2003 年版,第 217—221 页。

⑦ 〔德〕魏德士:《法理学》,丁小春、吴越译,北京:法律出版社 2005 年版,第 338—339 页。

之规范,阐释低位阶法规之含义"的一般要求。① 可见,合宪性解释并不是主动调整同位阶之间以及上下位阶之间的规范冲突,而是它被动地顺应上下位阶之间天然的效力层级差异规则,以消极的方式保全法律秩序的形式统一,②尽可能维护以宪法为基础规范建立起来的整个法律体系的稳定性,尽可能避免因作出"违宪"判断与决定而引发法律体系的紊乱。受其影响,我国台湾地区也高度承认法秩序统一说的理论与实践价值。例如,台湾司法院 2001 年"释字第五二三号解释"中指出:"不惟普通法院负有依合宪解释原则解释法律之义务,释宪机关更可借此原则之运用达成规范控制之目的,期能在发现规范内容的过程中,调整下位规范与上位规范(如刑事法律与宪法)的互动关系及贯彻同位阶规范(如刑法与特别刑法)之价值判断。就释宪方法而言,若无害于人民权益之保障,合宪性解释应先行于违宪解释,以维持法秩序之和谐与运作。"③然而,法律制度的统一与等级结构虽有其价值所在,尚不足以构成合宪性解释的全部理由。因为确保法律秩序的统一并不一定需要借助于合宪性解释,还可以通过禁止违反宪法的解释,或者借助"符合法律的宪法解释"反过来得以实现。④ 因此,为何在认定违宪与避免无效宣告之间优先选择后者并形成一种惯例,显然需要更深入的理由才能得到说明。

2. 宪法至上

如前所述,单个的法律规范不仅同一部法律相关,而且与整个法律体系相关。因此,合宪性解释维护的法律体系的统一性不限于单个部门法法律体系,而是及于包括宪法在内的国家全部实在法。因此,法律秩序的统一性预设了宪法的至上性。在此意义上,有学者进一步引申出宪政主义说,提出在现代宪政国家,宪法与社会之间必须通过法律解释完成双向调节机制,一方面让宪法的理想注入社会,实现国家对社会的干预,另一方面也借由宪法的解释活动,容纳和反馈社会变迁,从而形成"活"的宪政态势,合宪性解释也因此受到现代宪政国家的重视。⑤

合宪性解释集中反映了宪法价值在整个法律体系中的优先性。就法律规范的一般解释方式而言,每一条法律规范的意义关系着整个法律秩序,都要求对纯"文义解释"辅之以"体系解释",而合宪性解释的其特殊之处在于,这种意义关联

---

① 杨仁寿:《法学方法论》,北京:中国政法大学出版社 1999 年版,第 129 页。
② 谢维雁:《论合宪性解释不是宪法的司法适用方式》,《中国法学》2009 年第 6 期。
③ 谢维雁:《论合宪性解释不是宪法的司法适用方式》,《中国法学》2009 年第 6 期,第 590—592 页。
④ Michel, Die verfassungskonforme Auslegung JuS, 1961, in FS für Kramer, 2004,274(275).
⑤ 苏永钦:《合宪性控制的理论与实践》,月旦出版社 1999 年版,第 120 页。

赋予了宪法的优先位次和强大的辐射力。[①] 在凯尔-默克尔层级理论的影响下，恩吉施认为高阶法律规范不仅是低阶法律规范的效力依据，而且还是目的依据和决定依据。[②] 这意味着在解释法律规范的过程中，宪法提供了终极目标指向和衡量标准。"正如德国联邦宪法法院的判决中所宣称的，宪法统一是"最崇高的解释原则"，"合宪的秩序形成了一个意义整体，必须在很大程度上根据基本法的价值秩序，并考虑这一基本价值体系的统一性来解决宪法所保护的利益之间的冲突。"[③] 因此，"为了更重要的宪法决策的内容能够尽可能地发挥作用（wirksam），特别是基本权利，解释者在面对多种解释可能性时，不能任意选择，而是给予"那些最能够符合基本法原则"的解释以优先地位。"[④]这也是作为高阶法律的宪法价值"照亮"低阶规范的确切含义。

综上，宪法至上说将法律体系统一性的维护范围，扩展到以宪法为首的整个法律体系之中，法律体系的统一性与宪法在法律体系层次结构中的至上性相结合，共同诠释了合宪性解释的体系性目的与任务。法秩序统一说与宪法至上说，客观上容易被直观地接受，但它们都是以结论反推原因，往往缺乏系统且有效论证，且在理论根基上面临着根基不足的问题。甚至有学者指出即便是法律体系的层级理论作为理由本身也不够充分，因为它显然更能够通过法律规范的违宪审查来得以保障。[⑤] 因此，维护法律秩序统一与宪法的崇高地位，尚不足以充分说明在解释法律规范时采用合宪性解释倾向的理由。

3. 尊重立法者意志

为合宪性解释提供的更有力辩护来自所谓立法者的意图。部分观点甚至认为只有通过尊重立法者意图和支持立法的准则才能得以说明合宪性解释体现出的保守色彩。[⑥] 作为规范审查结果的合宪性解释服膺于"偏爱立法者"（favor legis）诫命，意味着普遍法律立法者的意志应当给予尊重，他们的作品应当设法获得并保持有效性，立法者的意图应当最大程度地予以保留。立法者因民主正当性获得的优先权应当受到保护，避免遭受轻率的违宪假设以及严格的规范审查。[⑦] 魏德士

---

① ［德］恩吉施：《法律思维导论》，郑永流译，北京：法律出版社 2004 年出版，第 98 页。

② Engisch, *Die Einheit der Rechtsordnung*, Winter, 1935，S. 11.

③ ［德］魏德士：《法理学》，丁小春、吴越译，北京：法律出版社 2005 年版，第 332 页。

④ Jörn Lüdemann: Die verfassungskonforme Auslegung von Gesetzen, in: JuS, 2004,27.

⑤ Canaris, Gemeinsamkeiten zwischen verfassungs-und richtlinienkonformer Rechtsfindung in FS für Schmidt, 2006, 5. 41(43).

⑥ ［德］伯恩·魏德士：《法理学》，丁小春、吴越译，北京：法律出版社，第 332 页。

⑦ Maunz/Schmidt-Bleibtreu/Klein/Bethge/Bethge, 58. EL Januar 2020, BVerfGG § 31 Rn. 263 - 266.

明确指出,合宪性解释的目的就在于:"根据宪法的标准,尽量维护立法的调整目的意图。"①具体而言,"解释法律一般可使用文义、目的、体系、历史及综合解释等方式,只要由任何一种方式能够找出立法者符合宪法之依据,即可排除由其他方式可能导出的违宪结果,因此明显的是一种偏惠于立法者的解释方式。"②结合宪法至上说可以得出,"对宪法以下的法律规范作合宪性解释,是宪法效力的优先性与司法机关对形式上的立法者的尊敬义务之间的妥协。"③

4. 保全法律条文

尊重立法者意图,具体体现为要求在宪法允许的范围内尽可能保全法律条文。合宪性解释也因此"被视为宪法的规范审查用以保留法律的手段与结果"。④ 根据 Canaris 的看法,维持法律规范存在的理由主要在于,为了避免出现法律真空,也避免不断地通过立法修正来烦扰立法机关,因此,对法律规范可能包含的违宪含义,通过合宪性解释加以保留,而不是通过(部分)无效宣告来消除。⑤ 此外,法律规范的保全也是法律确定性内在要求。法律规定一旦受到违宪质疑,其存在将会受到不利影响,从而可能出现法律真空。⑥

保全法律条文的作法也是规范审查运作中权力制衡的产物。虽然规范审查是宪法法院的传统任务之一,但规范审查却是一项"微妙的任务"。作为规范控制的主体,宪法法院要与立法机关一起履行这项任务,以保护它不受司法机关的侵害。⑦ 因此,三者之间应当适用"禁止过度原则"(Übermaßverbot)⑧:如果一项规范允许合宪性解释,那么就不必宣布其违宪。此外,在实践中还需要维护规范,因为这样可以避免临时的规范真空,并且立法机构不会经常受到规范更正的困扰,而判例上也可以通过剔除违宪解释而成为判例法的一部分。⑨

显然,合宪性解释对法律的保全体现了国家权力之间的"自我克制和忠诚考虑"义务(Selbstbeschränkung und loyale Rücksichtnahme)。⑩ 学者陈新民指

---

① ［德］伯恩·魏德士:《法理学》,丁小春、吴越译,北京:法律出版社,第 335 页。

② 陈新民:《法治国家论》,台北:台湾学林文化事业有限公司 2001 年版,第 267 页。

③ Maunz/Schmidt-Bleibtreu/Klein/Bethge/Bethge, 58. EL Januar 2020, BVerfGG § 31 Rn. 258 – 260.

④ Maunz/Schmidt-Bleibtreu/Klein/Bethge/Bethge, 58. EL Januar 2020, BVerfGG § 31 Rn. 258 – 260.

⑤ Canaris(注 69),41(43);Voßkuhle(注 20),177(183);Zippelius(注 56), S. 427f.

⑥ Imboden: Normkontrolle und Norminterpretation in FS für Huber, 1961, S. 133(142); Ipsen: Richterrecht und Verfassung 1975, S. 172.

⑦ Canaris(注 22),141(149)。

⑧ Zippelius(注 56), S. 108(111); ders. (Fn. 8), S. 427。

⑨ Jörn Lüdemann: Die verfassungskonforme Auslegung von Gesetzen, in: JuS, 2004,27.

⑩ Sommermann in v. Mangoldt/Klein/Starck(Hrsg.), GG, Band 2,6. Auflage 2010, Art. 20 III Rn. 260.

出："基于权力分立的角色,属于个案且被动消极色彩的司法权及在其范围内之违宪审查权,宜尽量尊重立法者的判断,以免阻碍一个进步中的社会所需要的'具有活力的立法'。故除非释宪者能够极明确及自信地肯定立法者的决定已违宪,否则宁可尊重立法者的判断,故这是由'宪法的权威性'转变成对'具有民主正当性之阅示者的权威性'的尊重,此亦是'司法自制'的写照。"①此观点也受到部分大陆学者的认可,将合宪性解释视为权力分立与司法谦抑之表现。②

综上,对合宪性解释制度的研究,在其起源语境中主要是以教义学的形式展开的,例如对它的理论前设、正当性、运用方式、界限、与其他相近制度的区别与关联等。它的原初价值,在于以高阶的宪法价值与基本决定"照亮"低阶法律规范,将宪法的精神融入对法律规范的解释之中。然而,德国学者对价值与意义的点到即止,并没有过多深挖。即使在方法定位上有过特定的争议,但并没有形成能够推进合宪性解释概念的新见识,也没有体现出合宪性解释在民主宪政国家中的特殊价值,很难被视为一种具有独创性的制度设置,而更像是在德国特定语境下顺应基本权利客观化趋势而必然出现的结果,也属于广义的合宪性推定制度的表现形式之一。特别是在解释对基本权提出特定限制的一般法律时,仍然须注意到被限制的基本权本身崇高的价值位阶。③ 由此可见,合宪性解释与宪法的权威和影响力始终联系在一起,合宪性解释本身缺乏独立的方法论价值,它的制度价值主要是依附于宪法特别是基本权利的至高性而存在的。

(四)合宪性解释的宪法功能与借鉴意义

1. 合宪性解释的借鉴可能性之争

合宪性解释在国内的引介首先发端于部门法,首篇以"合宪性解释"为题的文章,是以行政案件论证过程中的实际情形为考察对象展开的,进而使得宪法学者打开了相关的问题视角。④ 该解释方法被我国宪法学者赋予了极高的价值,认为它有可能使我国宪法在现有的组织架构中开拓了丰富的运用空间,有助于提升我国宪法在司法活动中的影响力,涉及了宪法诠释的普通法律案件也因此被称为一种"非真正的宪法案件"。⑤ 关于合宪性解释引入中国司法实践的正当

---

① 陈新民:《法治国家论》,北京:学林文化事业有限公司2001年版,第268页。
② 柳建龙:《合宪性解释的本相与争论》,《清华法学》2011年第1期;刘练军:《何谓合宪性解释:性质、正当性、限制及运用》,《西南政法大学学报》2010年第4期。
③ [德]卡尔·拉伦茨:《法学方法论》,陈爱娥,北京:商务印书馆2003年版,第219页。
④ 系指2007年王旭教授发表于《行政法学研究》第1期的文章:《行政法律裁判中的合宪性解释与价值衡量方法——对一个行政案件法律推理过程的具体考察》。
⑤ 张翔:《两种宪法案件——从合宪性解释看宪法对司法的可能影响》,《中国法学》2008年第3期。

性与可行性讨论,广义上来看仍属于中国宪法司法化的讨论框架。自齐玉苓案件以来,宪法学者对宪法在司法实践中可能的应用方式展开了不遗余力的探索。鉴于合宪性解释的运用对于提高宪法在司法层面的潜在影响力,学者提出了合宪性解释作为宪法司法适用方式的假设,引起了广泛论争。[①] 该命题以现实体制下中国宪法司法化的具体实现途径为背景,围绕人民法院运用合宪性解释的正当性展开,形成了正反两种观点,其核心议题包括:1. 在主体问题上,合宪性解释应当由哪个或哪些司法机关行使;2. 在中国现有的宪法框架内,如何将合宪性解释的适用进行正当化;3. 合宪性解释作为实质的违宪审查活动,如何与中国现有的规范审查制度相整合。多数学者认为在我国既有的宪法框架下,合宪性解释的运用,不失为宪法司法化的替代方案,至少是可能路径之一。持反对意见的学者,试图对合宪性解释的本质与初衷加以澄清,或者对其可行性加以质疑,乃至明确反对合宪性解释作为真正意义上的宪法司法适用方式。肯定说的主要依据是,根据我国宪法序言,宪法是国家的根本法,具有最高的法律效力。一切国家机关都必须以宪法为根本的活动准则,并且负有维护宪法尊严、保证宪法实施的职责。[②] 从规范的角度而言,范进学教授认为《宪法》第 126 条"人民法院依照法律规定独立行使审判权"中的"法律"应作扩大理解,即不仅包括法律、行政法规、地方性法规等,也应当包括宪法在内。因此法院可以运用合宪性解释方法,使宪法规范进入司法审判实践中,因此合宪性解释方法是中国目前宪法司法化的一条有效途径。[③] 从意义上来看,张翔教授指出,合宪性解释的特殊之处在于它虽然不是宪法解释,也不是适用宪法,但能够在具体案件中对宪法所确立的价值加以贯彻。法官运用合宪性解释,不仅能够"将宪法的精神渗透于整个法律体系",也符合其所负之宪法义务。[④] 黄卉教授也认为,合宪性解释的理论和实践值得大力推广,因为它可以在法学方法论的框架内,为重新理解全国人大常委会享有专属宪法解释权以及法院不能解释宪法的问题提供新的认知。从主体的正当性上来看,学者黄明涛认为,合宪性解释有别于我国《宪法》第 67 条赋予全国人大常委会的专属"宪法解释"权,后者是对宪法条款的抽象式说明,并且有可能体现在以行政法规为主的规范性文件的审查活动过程中。而出现在普通案件

---

① 系指 2008 年张翔教授发表于《中国法学》第 3 期的文章:《两种宪法案件:从合宪性解释看宪法对司法的可能影响》。

② 范进学:《人民法院的"审判权"是否蕴含着宪法解释权》,陈金钊、谢晖:《法律方法》(第 8 卷),济南:山东人民出版社 2008 年版,第 51—54 页。

③ 范进学:《人民法院的"审判权"是否蕴含着宪法解释权》,陈金钊、谢晖:《法律方法》(第 8 卷),济南:山东人民出版社 2008 年版,第 51—54 页。

④ 张翔:《两种宪法案件——从合宪性解释看宪法对司法的可能影响》,《中国法学》2008 年第 3 期。

审理中的合宪性解释,在功能上起到了解释法律和辅助判决作出的作用,但并不会对法律的合宪性作出具有普遍约束力的决定。因此,人民法院不仅不会僭越专属于全国人大常委会的宪法解释权,也不会妨碍现有的合宪性审查制度,而且还会成为"提升宪法权威、整合法律秩序"的有效方法。① 同样的,朱福惠教授也认为,合宪性解释的基本功能是对所适用法律的合宪性进行审查和对法律是否以及为什么合宪的说明,如果与我国现有的宪法体制相结合,可以形成具有中国特色和制度逻辑的合宪性解释,具体而言,就是扩大合宪性解释的主体范围,不仅人民法院可以使用,全国人大常委会也可以将它作为宪法解释和法律的方法,借以行使《宪法》第 67 条规定的宪法解释权。②

从作用上看,学者姜福东则提出可以将合宪性解释看作一种法院和法官的有限度的司法-宪法解释权,"并不违反宪法和立法法的制度性框架,反而会有利于促进宪法、法律的实施"。③ 柳建龙教授表示,合宪性解释能够在法律与宪法之间提供"交互作用",从而促进宪法的发展,进一步巩固宪法的权威。④

否定说认为,合宪性解释不是宪法的司法适用方式,中国也不可能通过合宪性解释来实现宪法的司法适用。主要理由是,由法官或法律进行合宪性解释,必然使这种解释具有补充立法的性质,意味着法官不仅在行使着"立法权",而且还在行使着"违宪审查权"和"宪法解释权"。这些都与我国现代宪法体制所不容。我国《宪法》第 67 条的规定,解释宪法的职权归于全国人大常委会,以及《立法法》第 97 条,规范性文件的备案审查权属于全国人大常委会。合宪性解释所包含的违宪审查功能和解释宪法功能,有触及上述权限之虞。

持否定说的代表是谢维雁教授,合宪性解释在性质上属于法律解释,宪法是用来帮助确定法律规范含义的辅助工具,解释的目的是为了确定法律的含义从而适用法律,是排斥宪法或上位法适用的,因此,合宪性解释最多算是宪法遵守,不属于宪法适用,也不能取代宪法适用。⑤ 从司法实践的角度,有学者对此提出质疑,认为在宪法审查制度没有建立,宪法解释权没有落实的情况下,我国法院要进行合宪性解释在理论上是不可能的,在实践中也没有被全国人大常委会和最高人民法院真正运用过。⑥ 从方法论的角度,有学者认为,合宪性解释作为单

---

① 黄明涛:《两种"宪法解释"的概念分野与合宪性解释的可能性》,《中国法学》2014 年第 6 期。
② 朱福惠:《法律合宪性解释的中国语境与制度逻辑——兼论我国法院适用宪法的形式》,《现代法学》2017 年 1 月。
③ 姜福东:《司法过程中的合宪性解释》,《国家检察官学院学报》2008 年第 4 期。
④ 柳建龙:《合宪性解释的本相与争论》,《清华法学》2011 年第 1 期。
⑤ 谢维雁:《论合宪性解释不是宪法的司法适用方式》,《中国法学》2009 年第 6 期。
⑥ 刘练军:《何谓合宪性解释:性质、正当性、限制及运用》,《西南政法大学学报》2010 年第 4 期。

纯的解释规则在很大程度是对法律方法的一种辅助,只是作为一种形式的表面论据,并不具有实质性和常态性,法官通过此种解释规则,将宪法的精神渗透至一般法律规范之中,此种方式并不具有方法论上的可靠性,只不过是"宪法影响一切法律领域"理念的表现形态。①

"合宪性解释"议题在中国宪法司法化的讨论背景下逐步升温,体现了中国宪法学者对宪法司法化愿景的希冀与努力。合宪性解释对于宪法影响力的提升具有十分特殊意义,这一论断已被绝大多数观点所承认。因此,争论的焦点不在于合宪性解释具有的宪法制度价值是否存在,而在于其实现的方式和强度。宪法的规范效力不在于承认而在于实现,无论其实现方式如何都是值得肯定的,在宪法司法制度尚未形成的法治国家尤其如此。尽管对其是否能够成为宪法司法化路径的选项尚有争议,但是其在增强宪法权威方面的重要性已经得到了大多数学者的认可。深入研究合宪性解释对于宪法适用、宪法实施等议题的开展同样具有显著的重要性。

2. 合宪性解释的宪法功能

围绕合宪性解释价值展开的讨论,关键在于对其宪法规范功能的厘清。设立合宪性解释以及广义上的合宪推定制度的主要国家如美国、德国等,都具备完善的宪法司法审查制度、宪法解释以及规范的抽象审查模式,因此,合宪性解释并不承担主要的宪法司法功能,仅承担次要的、补充的作用;合宪性解释的宪法功能不是主动实现的,而是通过"尽量将法律规范解释为合宪"的方式而被动实现的。诚如魏德士所言,借助于合宪性解释,宪法的价值标准确实"对一般条款和不特定法律概念的相应解释产生了效力和影响"。② 这种"效力与影响"体现在,合宪性解释在对法律规范的内容进行具体化的过程中,"尚须对宪法加以诠释",这样能够一方面"保全法律",另一方面"亦在开展宪法,以实践宪法的规范功能"。③ 这三种作用:诠释宪法、实践宪法的规范功能以及开展宪法,构成了合宪性解释的宪法基本功能。

从"诠释宪法"的角度而言,在合宪性解释中,法律规范的内容是参照宪法及宪法性法律所确定的,在此过程中必然包含着对宪法规范的预先理解。虽然宪法规范天然地呈现高度的抽象性与纲领性,然而对宪法精神特别是基本权利的价值一般都能形成普通认同。因此这种理解不是对宪法具体条文的直接"解

---

① 王书成:《论合宪性解释方法》,《法学研究》2012年第5期。
② ［德］魏德士:《法理学》,丁小春、吴越译,北京:法律出版社2005年版,第324—325页。
③ 台湾司法院释字第437号解释(王泽鉴大法官协同意见书),司法院公报,第39卷11期15—29页;总统府公报,第6190号7—24页。

释",而且是对宪法精神、原则、价值的理解与确认。法官虽然没有被赋予宪法解释的权力,但是在将法律的可能文义与宪法内涵的比照过程中,必然要对宪法文本加以阐释,才能判断法律规范是否符合宪法的基本精神与价值诉求。因此,法官事实上不可避免地实施了诠释宪法的行为。

从"实践宪法的规范功能"的角度而言,在合宪性解释的运用过程中,宪法作为高级规范得到了某种程度的适用。魏德士认为,在传统法典化的法律制度中,"法律解释"是将规范条文适用于相关事实行为的活动,是"法的适用"的常态。[①] 合宪性解释遵循低级规范服从高级规范这一条"教科书上没有写明"但显而易见的规则,而"低级规范是否符合高级规范问题的决定,意味着高级规范的适用"。[②] 诚如施莱希教授所言,"对宪法问题作出判决,并不是独立的宪法法院(专门性违宪审查机构)的特权。实质意义上的宪法诉讼也可以在其他的法院进行,正如在不存在独立的宪法审判机构的情况下,宪法仅仅通过普通法院的适用也可以完全实现其效力一样。宪法,尤其是基本权利,在现今所有的法院审判中都是无所不在的。所有的法院在对案件作出裁判的过程中,都有权力和义务寻求宪法依据。"[③]在此,宪法作为高级规范,虽然没有得到像在宪法诉讼当中那种直接适用,但是仍然发挥了宪法作为判决依据的功能,[④]起到了正面补强说理功能或排除适用的功能,仍可视为某种意义上的适用。

从"开展宪法"的角度而言,通过合宪性解释,它所服务的终极目的即宪法的价值与基本权利的效力得到了最大程度的延展。合宪性解释作为法律方法,根本上决定了法律适用者自由裁量的限度。解释的服务对象有时应当受到限制,有时则应当得到扩大,取决于解释时必须迎合何种法律政策以及时代精神。[⑤] 合宪性解释为了满足宪法政策与时代精神需要,将宪法的影响力从宪法诉讼扩展到普通诉讼当中,从而极大地扩张了宪法效力射程。

可见,相较于主动的积极的违宪审查制度,合宪性解释的宪法功能显现出附带性和被动性的特征。尽管其本身的制度价值在上述国家不甚突出,但在缺失宪法司法制度的国家,虽然无法提供一个完整的、配套齐全的制度建构,但它仍然能够提供一条看似被动但更为广泛和深入的宪法价值实现路径,这正是合宪

---

① [德]魏德士:《法理学》,丁小春、吴越译,北京:法律出版社 2005 年版,第 304 页。

② 凯尔森:《法与国家的一般理论》,沈宗灵译,北京:中国大百科全书出版社 1996 年版,第 174 页。

③ 施莱希:《联邦宪法法院:地位、程序与裁判》,北京:法律出版社,第 22 页。

④ 冯健鹏:"我国司法判决中的宪法援引及其功能——基于已公开判决文书的实证研究",《法学研究》2017 年第 3 期,第 51—55 页。

⑤ [德]魏德士:《法理学》,丁小春、吴越译,北京:法律出版社 2005 年版,第 304 页。

性解释的制度意义所在。因此,在我国客观情境下,合宪性解释的存在及运用,不啻为提升宪法权威与影响力的一条特殊途径。

五、"运用宪法"的逻辑及其方法论

"运用宪法"是十八届中央委员会第三次会议通过的《中共中央关于全面深化改革若干重大问题的决定》针对宪法实施提出的重大举措,该《决定》明确指出:"建立健全全社会忠于、遵守、维护、运用宪法法律的制度"。习近平总书记针对"运用宪法"的宪法实施这一思想反复强调过,2018 年 2 月 24 日,习近平在中共中央政治局第四次集体学习时强调指出:领导干部要"带头尊崇宪法、学习宪法、遵守宪法、维护宪法、运用宪法,做尊法学法守法用法的模范";2018 年 12 月4 日,习近平在第五个国家宪法日之际作出的重要指示中再次要求:"要在全党全社会深入开展尊崇宪法、学习宪法、遵守宪法、维护宪法、运用宪法的宣传教育活动"。由此观之,"运用宪法"思想是十八届三中全会以来党中央关于宪法实施战略的最新深化与表达,它其实是对十七大以来党中央提出来的"用法"思想的进一步具体化与升华的结晶。如何科学理解与认识"运用宪法"的逻辑? 如何将"运用宪法"这一重大宪法实施思想落实到立法、执法及司法等法治实践各个环节,将是今后宪法实施的重要使命与根本转向。

(一)运用宪法:宪法实施从理论逻辑到实践逻辑的展开

在我国,一般理论学说将宪法实施等同于"法律实施",认为宪法本身规定的内容,其原则性、概括性比较强,不易具体实施,它需要转化为具体的法律,通过法律规范将宪法规定的内容具体化,从而加以实施。这种通过法律实施宪法的观点,早在 20 世纪 80 年代初期张友渔就提出过,他认为:宪法实施是通过制定法律以贯彻实施宪法。[①] 周叶中也曾明确主张:宪法实施是"将宪法文字上的、抽象的权利义务关系,转化为现实生活中生动的、具体的权利义务关系,并进而将体现在宪法规范中的人民意志转化为人们的行为(包括积极的作为和消极的不作为)"。[②] 马克思主义理论研究和建设工程重点教材《宪法学》也采取了相同的观点,认为"所谓宪法实施,是指宪法在国家现实生活中的贯彻落实,是使宪法规范的内容转化为具体社会关系中的人的行为。法律实施是宪法实施的重要环节,就国家机关而言,立法机关依据宪法制定法律,将宪法原则和规定予以具体化,行政机关依据法律作出行政行为,司法机关依据法律作出裁判,如果其行为

---

① 张友渔:《进一步研究宪法,实施新宪法》,载《中国法学》1984 年第 1 期。

② 周叶中:《宪法实施:宪法学研究的一个重要课题》,载《法学》1987 年第 5 期。

违反了法律,可以通过法律机制予以纠正并追究法律责任,使之严格依法行使职权。就社会组织和个人而言,如果其行为违反了法律,要承担相应的法律责任。法律得到实施,便意味着通过法律得到具体化的宪法实质上也得到了实施".① 即使部门法学界,也有学者主张宪法实施需要法律才能实施的观点,如民法学家王利明教授就指出:"在我国,由于宪法规范不具有可司法性,无法直接适用于案件裁判,所以,有必要通过部门法将宪法的原则、规范予以具体化,这也是我国宪法实施的重要方式。同时,宪法是国家的根本大法,其虽然规定了国家的政治经济体制和公民的基本权利,但其规定大多是抽象原则,难以直接适用于具体的经济社会生活事实。"②这种将宪法实施转化为法律实施的理论逻辑就在于法律是对宪法的具体化与精细化,凡是宪法上所确定的内容,只要全部具体化为可操作的法律规则,然后加以法律的实施,那么宪法自然而然的得以实施。按照这种宪法实施的理念与思路,宪法文本与宪法规范则无需运用,运用的只有法律。因此,长期以来,在我国立法、执法与司法等法治实践中,基本不强调如何运用宪法,在司法实践中甚或排斥宪法的运用。因此,即使党的十七大报告提出了"学法守法用法"的要求,但其中的"用法"之"法",往往被理解为"法律"而不是"宪法",虽然理论层面可将"用法"之"法"解释为包括了"宪法"在内的一切法律,但这里的"法"并没有明确指向"宪法"。这其中的原因或许在于长期以来人们一般不把宪法当作可以"运用"的法律看待,所谓"用法",实际上一直被理解为"运用法律"。

自 2013 年 11 月十八届三中全会通过的《中共中央关于全面深化改革若干重大问题的决定》在"用法"基础上明确提出了建立健全"运用宪法法律的制度"的要求之后,在理论层面才将"用法"之"法"明确确定为"宪法"与"法律",即不仅强调"运用法律",而且突出强调了"运用宪法"。因此,党的十八届三中全会提出的"运用宪法"的思想,实际上也是习近平新时代中国特色社会主义法治思想与宪法思想的重要内容,它具有深刻的划时代意义与强烈的现实价值,它是将我国宪法实施这一实践问题从理论逻辑还原为实践逻辑,即宪法实施本质上是运用宪法的实践问题,而不是纯粹的一种理论问题,理论逻辑再周全、再严密,也离不开宪法的运用,宪法作为具有最高的法律地位、法律权威、法律效力的法律规范,它"不仅是全体公民必须遵循的行为规范,而且是保障公民权利的法律武器"③。

---

① 《宪法学》编写组:《宪法学》,北京:高等教育出版社、人民出版社 2011 年版,第 296 页。

② 王利明:《何谓根据宪法制定民法?》,载《法治现代化研究》2017 年第 1 期(创刊号)。

③ 习近平:《习近平谈治国理政》(第一卷),北京:外文出版社 2014 年版,第 141 页。

作为公民的行为规范,宪法需具有可操作性;作为保障公民权利的法律武器,宪法需具有适用性。因此,十八届四中全会通过的《中共中央关于全面推进依法治国若干重大问题的决定》进而提出"完善国家工作人员学法用法制度"的要求。无论是宪法的可操作性与实践上的适用性,都必须要求能够让人们"运用宪法",理论上无论怎样阐释宪法实施的重要性都不过分,但是若是仅仅停留于法学理论上的论证,而忽视了法治实践中的具体运用,宪法实施仍是空中楼阁,难以从天上落地人间。因此,运用宪法是宪法实施从理论逻辑到实践逻辑的真正展开,这对于宪法实施具有极其重大的现实意义,宪法实施只有从宪法理论逻辑走向宪法实践逻辑,才能发挥宪法作为调整人们行为规范的应有价值。

　　然而,毋庸讳言,"运用宪法"的思想迄今在宪法治理实践中仍未引起足够的重视,司法界存在着普遍排斥宪法在司法中的运用就是最好的诠释与佐证,因而十八届三中全会提出的建立健全"运用宪法法律的制度"在我国法治实践中并未确立起来。这就不难理解为何习近平总书记分别于 2018 年 2 月与 12 月又两次再三强调"运用宪法"的思想,他不仅要求领导干部要带头"运用宪法"、做"用法"的模范,而且号召要在全党全社会深入开展"运用宪法"的宣传教育活动,以弘扬宪法精神、树立宪法权威。可见,"运用宪法"思想已经不简单地作为宪法实施的倡导性口号宣示,而且成为全党、全社会应当开展宪法实施的实践性宣言书。

　　从理论逻辑到实践逻辑、从宣言性倡导到建立健全运用宪法制度,这是中国宪法实施史上的一次巨大飞跃,它标志着中国宪法实施不再仅仅停留于口号式的宣扬,而是落实于运用宪法制度的构建与方法意义上的具体适用上,从而将会消除那种关于"宪法无用论"的错误观念。这种宪法实施的实质性进步,事实上突破了法律实施就是宪法实施或宪法实施等于法律实施这种简单的思维模式,它意识到了宪法实施与法律实施的根本差异并非在于内容上的实施与否,而是功能与对象上的差异。换言之,法律实施得再好,也不等于宪法实施得好,因为宪法实施的功能在于保障一切规范性法律文件不得与宪法相抵触,从而实现凡是与宪法相违背的抽象性文件予以撤销或废止、进而保障公民免遭国家规范性法律文件的立法性权利侵害之目的。

　　建立健全运用宪法制度强调的是宪法在整个中国法治实践中的运用,不仅体现在立法环节,也体现在执法与司法环节。宪法精神、宪法原则、宪法规范只有确实发挥其引导、规制、指引、保障的功能,宪法的权威与尊严才能真正树立起来,宪法实施才能真正落地。运用宪法的实践逻辑,注重的是如何运用,即方法论问题。它包括立法机关如何"运用宪法",也包括执法机关如何"运用宪法"以及司法机关如何运用宪法等等,只有解决了如何运用的方法论问题,才能使运用宪法的法治实践真正展开。

（二）"根据宪法"与"不得同宪法相抵触"：立法机关运用宪法的两种方法

法治实践的宪法运用首先体现在立法环节，建设中国特色社会主义法治体系，立法须先行，要充分发挥立法的引领和推动作用，始终抓住提高立法质量这个"牛鼻子"，《中共中央关于全面推进依法治国若干重大问题的决定》对此指出：法律是治国之重器，良法是善治之前提；要使每一项立法都符合宪法精神、反映人民意志、得到人民拥护。"使每一项立法都符合宪法精神"是党中央针对我国立法机关的立法工作提出的新要求，良法是善治的前提，也是社会主义法治的应有之义，而判断一部法律是否优良的标准可能很多，但世界各国普遍采用的标准，则是通过司法审查或宪法审查机制，以是否符合"宪法精神"为标准来评断立法或规范性文件是否良善。如果按照是否符合宪法精神作为判断标准，那么在我国宪法实践与立法实践中存在两种具体方法模式：一是"根据宪法"模式；二是"不得同宪法相抵触"模式。

1. "根据宪法"方法模式

"根据宪法"，首先需明确何谓"根据"。依照《汉语大词典》的解释，根据是指"依据""出处""来源"之义。[①]"根据宪法"之含义就是所立之法的内容是"依据"宪法，或者是来源于宪法，或者在宪法文本中找到"出处"。从我国现行宪法文本考察，宪法文本出现"根据"一词共计 17 次，但只有第 89 条第 1 款针对国务院行使的职权才白纸黑字出现了"根据宪法和法律，规定行政措施，制定行政法规，发布决定和命令"的立法要求，至于对全国人大以及地方立法机关的立法活动，宪法文本则未明确出现这种"根据宪法"制定规范性文件的字眼。然而，这是否意味着全国人大或地方立法机关可以不"根据宪法"制定法律规范性文件呢？从宪法文本语言中无论如何是解读不出这样的含义的，毕竟在现行宪法序言最后一个自然段中明确提出了一切国家机关都"必须以宪法为根本的活动准则"的宪法要求。对于这种宪法要求，我们可否作以下理解，即一切立法机关的立法活动都"必须以宪法为根本的活动准则"，而"以宪法为根本的活动准则"就是与"根据宪法"同义？换言之，所有国家机关当然包括一切立法机关，其活动都必须"根据宪法"，即有宪法上的依据或来源或出处，否则违背了宪法序言的这一要求。如果这一解读是正确的，那么所有立法机关在制定规范性文件时不会因宪法条款中没有写上"根据宪法"就可以自行其是。事实上，正如有学者指出：在西方法治国家或立宪国家，几乎所有重要法律都不作"根据宪法"之类的规定，如民事法典

---

① 《古汉语大词典》，上海：上海辞书出版社 2000 年版，第 1576 页。

包括《法国民法典》《法国民事诉讼法典》《日本民法典》《日本商法典》《日本民事诉讼法》《日本破产法》《美国统一买卖法》《美国统一商法典》《德国民法典》《德国民事诉讼法》；刑事法典包括《美国刑法典》《美国模范刑法典》《法国刑法典》《法国刑事诉讼法典》《德国刑法典》《德国刑事诉讼法典》《意大利刑法典》《日本刑法典》《日本刑事诉讼法》。[1] 然而，这些国家都有司法审查或违宪审查机制，他们通过特定的司法审查机构和程序，对违反宪法的所有法律规范性文件进行审查，以保障所有法律符合宪法精神。因此，宪法条款中是否明确写上"根据宪法"制定规范性文件，的确不能免除立法机关"必须以宪法为根本的活动准则"的宪法义务。因为我国现行宪制也确立了宪法审查制度，即中国特色社会主义合宪性审查制度，该机制由 2018 年宪法修正案所确立的全国人大宪法和法律委员会作为合宪性审查的专责机构协助全国人大常委会予以具体实施，从而保证《中共中央关于全面推进依法治国若干重大问题的决定》所提出的"把所有规范性文件纳入备案审查范围，依法撤销和纠正违宪违法的规范性文件"的要求。其中"违宪"指的就是所有规范性文件都有可能"违宪"，一旦违宪，就可以通过备案审查制度，依法撤销和纠正。因此，既然所有规范性文件皆有"违宪"的可能，就必须要求所有立法机关在制定规范性文件时应当"根据宪法"，以便维护社会主义法制的统一和尊严。

既然"根据宪法"制定法律、法规或规范性文件，那么在立法实践中，立法机关尤其是全国人大及其常委会在行使国家立法权时，是如何"根据宪法，制定本法"的？其遵循怎样的规律？笔者对此结合我国的现行法律规定进行初步的实证考察。

在由全国人大及其常委会制定的法律中，笔者共考察了 240 部现行法律，其中 84 部法律的第 1 条均写了"根据宪法，制定本法"的内容，占全部法律数量的 35％；另外 156 部法律未写"根据宪法，制定本法"，占全部法律数量的 65％。

在条款中载入"根据宪法，制定本法"的 84 部法律中，又细分三种情况：

（1）直接写入"根据宪法，制定本法"的共计 80 部法律；其中，《缔结条约程序法》《戒严法》《全民所有制工业企业法》《继承法》《民族区域自治法》和《全国人民代表大会组织法》载明"根据中华人民共和国宪法"制定本法。

（2）根据宪法和××法，制定本法。比如《高等教育法》《义务教育法》《民办教育促进法》的第一条都规定："根据宪法和教育法制定本法"；《中国人民解放军军官军衔条例》第 1 条规定："根据《中华人民共和国宪法》和《中华人民共和国兵

---

[1] 童之伟：《立法"依据宪法"无可非议》，载《中国法学》2007 年第 1 期。

役法》的有关规定,制定本条例";《驻外外交人员法》第 1 条规定:"根据宪法和公务员法,制定本法"。《全国人民代表大会常务委员会议事规则》第 1 条规定:根据宪法、全国人民代表大会组织法和全国人民代表大会常务委员会工作的实践经验,制定本规则。《科学技术普及法》第 1 条规定:根据宪法和有关法律,制定本法。

(3) 直接根据宪法第××条具体内容,制定本法。比如《兵役法》第 1 条规定:"根据中华人民共和国宪法第五十五条'保卫祖国、抵抗侵略是中华人民共和国每一个公民的神圣职责。依照法律服兵役和参加民兵组织是中华人民共和国公民的光荣义务'和其他有关条款的规定,制定本法。"

上述第一种情形写入"根据宪法,制定本法"的法律,其立法内容几乎都是现行《宪法》序言或具体条款所规定的内容,都能够直接在宪法条款中找到出处或来源。比如《反分裂国家法》是根据宪法序言第 9 自然段"台湾是中华人民共和国的神圣领土的一部分。完成统一祖国的大业是包括台湾同胞在内的全中国人民的神圣职责"制定的。《预算法》是根据宪法第 89 条关于国务院行使"编制和执行国民经济和社会发展计划和国家预算"的规定制定的;《社会保险法》是根据宪法第 45 条关于国家发展为公民享受在年老、疾病或者丧失劳动能力的情况下,有从国家和社会获得物质帮助的权利所需要的社会保险制定的;《劳动法》是根据宪法第 42 条关于"公民有劳动的权利和义务"以及第 43 条关于劳动者有休息的权利,国家发展劳动者休息和休养的设施,规定职工的工作时间和休假制度而制定的;《老年人权益保障法》是根据宪法第 45 条、第 49 条"禁止虐待老人"制定的;《农村土地承包法》是根据宪法第 8 条关于"农村集体经济组织实行家庭承包经营为基础、统分结合的双层经营体制"制定的;《文物保护法》是根据宪法第 22 条关于"国家保护名胜古迹、珍贵文物和其他重要历史文化遗产"制定的;等等。几乎所有写入"根据宪法,制定本法"的法律,其规定的内容均在《宪法》文本中找到具体出处与来源。因此,从上述写入"根据宪法,制定本法"的法律考察,所谓"根据宪法"立法,无非就是根据宪法文本的相应内容而制定。

不过,也有的法律虽然"根据宪法"制定的,但宪法文本中似乎找不到明确的规定,如《海关关衔条例》第 1 条规定:"为了加强海关队伍建设,增强海关工作人员的责任感、荣誉感和组织纪律性,有利于海关工作人员依法履行职责,根据宪法,制定本条例。"再比如:《人民警察警衔条例》第 1 条规定:"为了加强人民警察队伍的革命化、现代化、正规化建设,增强人民警察的责任心、荣誉感和组织纪律性,有利于人民警察的指挥、管理和执行职务,根据宪法,制定本条例。"上述两部法律都涉及国家行政工作人员的执法与管理行为,但具体到海关工作人员与警察职务行为,《宪法》文本中未具体规定相应内容,因而它们所"根据"宪法具体哪一个条款或内容制定的,并不明显。类似这种情形的法律,应当无需写入"根据宪法,制定本法"。

另外 156 部法律没有直接写入"根据宪法,制定本法",如《产品品质量法》《进出口商品检验法》《电力法》《港口法》《企业所得税法》《食品安全法》《民用航空法》《环境影响评价法》《车辆购置税法》《耕地占用税法》《节约能源法》《广告法》《船舶吨税法》《农产品质量安全法》《防沙治沙法》《野生动物保护法》《公共图书馆法》《循环经济促进法》《环境保护税法》《海洋环境保护法》《农业机械化促进法》等等。

直接写入"根据宪法"制定的法律与未直接写入"根据宪法"制定的法律,其差异主要在于是否在宪法文本中直接找到相应的条款作依据或来源、出处,凡是未写入"根据宪法"制定的法律,其规制的内容一般不会直接在宪法文本中直接找到,如《产品质量法》是"为了加强对产品质量的监督管理,提高产品质量水平,明确产品质量责任,保护消费者的合法权益,维护社会经济秩序,制定本法";《进出口商品检验法》是"为了加强进出口商品检验工作,规范进出口商品检验行为,维护社会公共利益和进出口贸易有关各方的合法权益,促进对外经济贸易关系的顺利发展,制定本法";《电力法》是"为了保障和促进电力事业的发展,维护电力投资者、经营者和使用者的合法权益,保障电力安全运行,制定本法";《港口法》"是为了加强港口管理,维护港口的安全与经营秩序,保护当事人的合法权益,促进港口的建设与发展,制定本法";《食品安全法》是"为了保证食品安全,保障公众身体健康和生命安全,制定本法";等等。关于产品质量责任、进出口商品检验行为、电力事业、港口管理等各项具体内容,《宪法》的确皆未有相应规定,因而这些法律就不会写入"根据宪法"而制定字样。其实,所有未写入"根据宪法"制定的法律,其规制的内容均在《宪法》文本中找不出具体的相应规定。由此可推知,凡是宪法文本中没有直接对应的相关内容的,一般不直接写入"根据宪法,制定本法"。

当然,也有例外,如《国籍法》虽然没有写入"根据宪法,制定本法",但显然该法律是应当写入的,因为《宪法》第 33 条明确规定"凡具有中华人民共和国国籍的人都是中华人民共和公民",国籍是现代社会中某一自然人作为一个特定国家成员法律上的资格或身份,它反映一个人同某一特定国家固定的法律关系[①];具有一国之国籍,才能成为一国之公民,从而承担公民义务,享受公民权利,按照我

---

① 蔡定剑:《宪法精解》,北京:法律出版社 2004 年版,第 210 页。

国宪法规定,具有中华人民共和国国籍的人,是成为中华人民共和国公民的唯一条件,因此,国籍问题必须通过具体法律加以规定,而《国籍法》则是直接根据该条款制定的。《香港特别行政区基本法》和《澳门特别行政区基本法》应当写入"根据宪法,制定本法",也同样没有写入。现行《宪法》第 31 条明确规定:"国家在必要时得设立特别行政区。在特别行政区内实行的制度按照具体情况由全国人民代表大会以法律规定"。两部基本法就是针对特别行政区实行的制度直接根据第 31 条之规定由全国人大制定的。再比如《婚姻法》,正如该法第 1 条规定:"本法是婚姻家庭关系的基本准则",而《宪法》第 49 条规定:"婚姻、家庭、母亲和儿童受国家的保护。夫妻双方有实行计划生育的义务。父母有抚养教育未成年子女的义务,成年子女有赡养扶助父母的义务。禁止破坏婚姻自由,禁止虐待老人、妇女和儿童"。我国《婚姻法》就是直接根据第 49 条制定的。总之,类似上述法律,其基本内容或规定的制度均在《宪法》条款中找到出处或依据,完全应当写入"根据宪法,制定本法"的法律,但事实上却未明确写入。

通过以上考察与分析,笔者认为存在着如下四个特点:

第一,一部法律是否写入"根据宪法,制定本法",并非像有学者所主张的那样,写入这八个字的就是"立法者的一种自我限权"[①],因为这种观点无法解释作为国家立法权的全国人大或全国人大常委会,何以在有的法律中写入,而有的法律则未写入? 如果是自我限权,最佳的选择应当是所有的法律皆写入"根据宪法,制定本法",从而始终保持相同的姿态。因而,写入与否并非是基于自我限权,而主要是依据宪法文本中有无相应的内容。

第二,一部法律是否写入"根据宪法,制定本法",也并非像有学者所主张的那样:"中国现阶段制定基本的法律时,在首条写进'根据宪法'的内容,为的是在宪法的至上性时常被人忽略、忘记或经常遭遇挑战的情况下强调宪法的根本法地位和至上性。"[②]事实上,法律写不写入"根据宪法,制定本法"字眼,并非是宣扬或强调宪法的至上性,因为无论是否写入,都不会影响宪法的至上性地位。

第三,无论是全国人大还是其常委会,制定的法律中,均存在同样的情形,即有的法律写入"根据宪法,制定本法",有的则不写。比如由全国人大制定的《预算法》《妇女权益保障法》《刑事诉讼法》等皆写入"根据宪法,制定本法",而由全国人大制定的《中外合作经营企业法》《企业所得税法》《中外合资经营企业所得税法》《外商投资企业和外国企业所得税法》《外资企业法》《中外合作经营企业

---

① 马岭:《宪法原理解读》,济南:山东人民出版社 2007 年版,第 246 页。
② 童之伟:《"依据宪法"无可非议》,载《中国法学》2007 年第 1 期。

法》《婚姻法》《国籍法》《合同法》《香港特别行政区基本法》《澳门特别行政区基本法》等多部法律却未写入；同样，由全国人大常委会制定的《老年人权益保障法》《劳动法》《社会保险法》等法律中写入"根据宪法，制定本法"，而同样由全国人大常委会制定的大量法律中却没有写入。可见，并非是全国人大制定的法律就写入"根据宪法，制定本法"，而全国人大常委会制定的法律就不写或少些写"根据宪法，制定本法"。

第四，本来在宪法文本中能够找到出处与来源的法律，在立法时应当写入"根据宪法，制定本法"，却事实上未写入；有的在宪法文本中找不到出处或依据的，却在立法中写入。但是，符合这两种情况的法律数量不多，均属例外情况。因此，不影响笔者所得出的结论的成立，即是否写入"根据宪法，制定本法"所依据的标准主要是看宪法文本中是否有相应的内容，而不是依据其他标准。有学者指出："凡是大型的、基本的、与宪法关系较密切的法律，其本身都做了内容为'根据宪法'的规定，只有不多的一些小型的、非基本的、与宪法关系较远的法律，没有规定'根据宪法'的内容"；[1]事实是，宪法本来就是规定国家的根本制度与基本制度的法律，自然基本制度的内容均可在宪法中找到，它们自然与宪法关系密切，所以皆在法律中写入"根据宪法，制定本法"；而那些小型的、非基本的制度不会在宪法作出规定，自然就在宪法文本中找不到出处，从而无需写入"根据宪法，制定本法"。因而，这一标准能够解释那些写入"根据宪法，制定本法"的法律何以写入以及那些未写入的法律何以未写的基本原因所在。

因此，只要依据是否在宪法文本中找到出处与来源来解释"根据宪法"之基本内涵，就能够把握立法机关如何运用宪法的方法问题；质言之，只要在宪法文本中能够直接找到所立之法的出处或来源，那么制定的法律就必须写入"根据宪法，制定本法"；若不能找到直接出处或来源，那么法律就无需写入"根据宪法，制定本法"。因而，据此笔者建议，像《国籍法》《婚姻法》《香港特别行政区基本法》等法律，其规制的基本制度和内容都可以在宪法文本中找到出处，那么就应当写上"根据宪法，制定本法"；像《海关关衔条例》《人民警察警衔条例》所规制的内容在《宪法》文本中找不到相应的出处的，就无需写入"根据宪法，制定本法"。当然，除了宪法第89条规定"根据宪法"制定行政法规作为国务院的宪法义务外，并没有明确将"根据宪法，制定本法"作为全国人大及其常委会的宪法义务，但不论全国人大还是全国人大常委会制定的法律，只要是对宪法规定的制度或内容的具体法律化，就应当写上"根据宪法，制定本法"，以此表明立法依据的正当性

---

[1] 童之伟：《"依据宪法"无可非议》，载《中国法学》2007年第1期。

与妥当性;韩大元指出:"根据"实际上表明法律的正当性与合法性,宪法是正当性的表达,以宪法为依据意味着获得民主的正当性与合法性。[①] 如果所制定的法律,并非是直接对宪法制度或内容的规制,则无需写入,只要遵循"不得同宪法相抵触"的宪法原则即可。

2. "不得同宪法相抵触"方法模式

"符合宪法精神"是对我国立法活动的总体要求。何谓"宪法精神"? 宪法精神就是保权与限权精神,保障公民个人权利和自由,限制国家政府一切公权力滥用,体现民主、共和、宽容、平等、自由、法治和人权精神[②]。韩大元也指出:"宪法精神就是人们对宪法的意识、思维与心理状态,体现国家的根基与'元气'。宪法精神以'人的尊严'作为宪法制度存在的基本哲学,以人为出发点,回到人本身,捍卫着人的神圣性与不可代替性,体现自由、民主、法治、宽容与和平等价值"。[③] 宪法精神凝结于宪法文本之中,约束着一切国家机关之所有行为,通过宪法精神,发挥宪法的价值引导、规范调整与共识凝聚的基本功能,宪法精神在立法活动中的体现,就是要求所有立法都遵守"不得同宪法相抵触"的宪法义务,以塑造立法的合宪性基础。

立法机关的立法活动如何才能做到"符合宪法精神"? 符合宪法精神的方式主要就是两种:一种是"根据宪法",另一种是"不得同宪法相抵触"。"根据宪法"由于是直接依据宪法的基本内容,因此,只要是"根据宪法"制定的所有规范性文件,毫无疑问是符合宪法精神的。然而,"根据宪法"立法却不是一切立法机关普遍的宪法义务,它只是我国宪法对最高国家行政机关即国务院的单独要求,对其他所有的享有立法权的立法机关没有像对待国务院一样特别强调"根据宪法"进行立法。

如果立法机关制定的法律或规范性文件在宪法文本中缺乏相应的制度或内容而没有直接写上"根据宪法,制定本法",那么其体现宪法精神的方式就是遵循"不得同宪法相抵触"的宪法义务与宪法原则。作为立法机关立法活动所必须遵循的一项合乎宪法精神的宪法义务则是"不得同宪法相抵触"。"不得同宪法相抵触"既是一项宪法义务,也是一项宪法原则。我国现行《宪法》第5条第三款明确规定:"一切法律、行政法规和地方性法规都不得同宪法相抵触";《立法法》第3条明确规定了"立法应当遵循宪法的基本原则";《宪法》第100条规定:"省、直

---

① 韩大元:《民法典编纂要体现宪法精神》,载《国家检察官学院学报》2016 年第 6 期。
② 范进学:《中国宪法实施与宪法方法》,上海:上海三联书店 2014 年版,第 71 页。
③ 韩大元:《民法典编纂要体现宪法精神》,载《国家检察官学院学报》2016 年第 6 期。

辖市的人民代表大会和它们的常务委员会,在不同宪法、法律、行政法规相抵触的前提下,可以制定地方性法规。设区的市的人民代表大会和它们的常务委员会,在不同宪法、法律、行政法规和本省、自治区的地方性法规相抵触的前提下,可以依照法律规定制定地方性法规"。可见,在立法过程中遵循"不得同宪法相抵触"的原则还是一项宪法义务。因此,无论是行使国家立法权的机关,还是行使部门或地方立法权的机关,在制定规范性文件过程中都必须遵循宪法原则,其所制定的规范性文件都不得同宪法相抵触,均须符合宪法精神。

一般说来,"根据宪法"方式包含着"不得同宪法相抵触"原则,即凡是"根据宪法"制定的规范性文件应当不会同宪法相抵触,但"不得同宪法相抵触"原则却未必包含着"根据宪法",虽然立法机关制定的规范性文件的内容在宪法文本中找不到直接依据或出处,无法直接在规范性文件中写入"根据宪法"制定本法,但并不表明立法机关就可以不根据宪法进行立法,而是遵循"不得同宪法相抵触"义务,其所立之法合乎宪法原则或宪法精神。宪法原则是宪法在调整社会关系时所采取的基本立场和准则,是宪法规则的基础性真理或原理,宪法原则在我国宪法中体现为党的领导、一切权力属于人民、尊重和保障人权、民主集中制、社会主义法治等,而宪法精神之精髓在于保障人权、约束公权。所有立法机关在制定规范性文件时,除了"根据宪法"制定外,更重要的是必须遵循宪法原则,符合宪法精神。正因为所有规范性文件的制定都必须首先合乎宪法精神,才有了党内法规关于"把所有规范性文件纳入备案审查范围,依法撤销和纠正违宪违法的规范性文件"的规范性要求[①]。由此可见,"不得同宪法相抵触"并非仅是对立法者依宪立法的形式要求,而是内含着立法者应当根据宪法原则与精神进行立法的价值判断,毕竟宪法是"国家一切法度之根源"[②]。在一个宪法至上的法秩序中,确立所有法律都必须与宪法相一致,显然是一个合理的方法论原则。

(三)理解性适用:司法机关运用宪法的方法

作为案件裁判者的法院,事实上担负着"运用宪法"的重要使命。按照我国宪法序言的规定,一切国家机关都"必须以宪法为根本的活动准则,并且负有维护宪法尊严、保证宪法实施的职责",作为国家机关的人民法院在审判活动中,则必须以宪法为裁判活动准则,履行保证宪法实施的职责。事实上,真正"运用宪法"的主体,最终是司法机关,只有司法者把宪法作为法源、并在疑难案件中将宪

[①] 中共中央办公厅法规局编:《中央党内法规和规范性文件汇编》(上册),北京:法律出版社 2016 年版,第 443 页。

[②] 梁启超:《政论选》,北京:新华出版社 1994 年版,第 26 页。

法作为裁判案件的依据,宪法才能成为活的宪法。应当说,作为司法机关的法院在应当"运用宪法"的认识上已经获得广泛共识,目前学界存在争论的问题是法院如何运用宪法?是纯粹的"适用"宪法,还是可以"解释"宪法?抑或通过合宪性解释方法即"按照宪法的精神对法律的内涵进行的解释"①间接发挥宪法的作用?

笔者主张,作为审判机关的法院,在我国现有宪法制度设计下,没有"解释宪法"的权力,它只能"适用"宪法,详言之,司法者运用宪法是把宪法原则、宪法规范作为裁判的法源,在法律层面穷尽了一切手段之后仍无法找到解决案件的办法时,可以寻求引用或援引宪法规范或宪法原则作为裁判的依据,这种司法运用宪法的方法,笔者把它定性为"理解性宪法适用",即法院或法官在援引宪法条款时,仅仅援引那些字义清楚、明白而无异议,并具有公理性,不必作字词含义的解释。换言之,法官在审理普通案件时,或为了增强判决结论的说服力,或为了补充法律之漏洞,直接援引宪法条文,而不作解释②。人民法院在"运用宪法"时为何不能解释宪法?因为我国宪法把"解释宪法"的职权赋予了全国人大常委会,只有全国人大常委会才可依据宪法上的职权对宪法进行解释,这就决定了全国人大常委会的"解释宪法"的权力的专属性和排他性,除了全国人大常委会之外,其他任何机关都不得行使"解释宪法"的权力,即使"隐含"的宪法解释权也有违立宪,如果其他机关譬如法院拥有了"隐含"的宪法解释权,就意味着法院事实上同样具有了宪法解释的权力,这与宪法典的设计是相冲突的,也违背宪法典的立宪原意。③ 所以,在我国目前这种宪法解释制度性结构下,法院只有采取一种对宪法只能作理解性裁判司法适用,才能与我国宪制相契合。

不过,也有部分年轻宪法学者出于运用宪法的强烈意识与时代责任感,试图将宪法适用的制度性结构问题转化为法律解释方法即合宪性解释问题寻求运用宪法的可能路径。例如张翔就指出:在法官没有宪法解释权的前提下,宪法依然有对司法发生影响的空间,即在普通的法律案件审理中,如果法官负有对法律作"合宪性解释"的义务,有将宪法的精神借由法律解释贯彻于法体系中的义务,则在普通法律案件中,就有作宪法层面分析的可能。④ 黄卉甚至乐观地指出:"通过体系解释、尤其目的解释,完全有理由突破目前的通说,转而认定在现有宪

---

① 张翔:《两种宪法案件:从合宪性解释看宪法对司法的可能影响》,载《中国法学》2008 年第 3 期。
② 范进学:《非解释性宪法适用论》,载《苏州大学学报》2016 年第 5 期。
③ 范进学:《认真对待宪法解释》,济南:山东人民出版社 2007 年版,第 15 页。
④ 张翔:《两种宪法案件:从合宪性解释看宪法对司法的可能影响》,载《中国法学》2008 年第 3 期。

法框架下人民法院是有权解释宪法,从而铺平了法官进行合宪性解释的道路"。① 这样就为我国宪法进入司法适用领域、发挥宪法对司法的某种影响,找到了某种路径。这种学术努力与学术贡献值得充分肯定。然而,在笔者看来,合宪性解释虽被视为法律解释的一种方法,但毕竟像德国慕尼黑大学斯特凡·科里奥特教授所指出的:"合宪性解释就是对法律——而非对宪法——的解释",他认为合宪性解释的概念仅适用于"法律"(Gesetz),而不包括国家的其他法律行为。如果认真审视,我们可以发现,合宪性解释本身并不是一种独立的解释方法,也不是目的解释的一种类型。它毋宁是要求,对法律解释的多种可能结果进行相互比较,并排除其中与宪法和宪法的基础决定不符的部分②。当然,科里奥特教授的观点在国内并非没有争议,有学者就明确指出:"合宪性解释作为一种法律解释方法,必然包含了对宪法的解释,我们不能掩耳盗铃地否认宪法解释曾经在解释法律的过程中出现过。"③其中涉及的核心在于:合宪性解释是否必然触及宪法概念的解释? 依照常理,在若干个法律解释结果中,判断哪一个法律解释结果合乎宪法精神,必然触及对宪法精神的理解与把握,根据"理解"而作出最终解释结果的取舍。问题在于,理解是否等同于解释? 伽达默尔曾指出:"理解总是解释,因而解释是理解的表现形式";他甚至说:"一切理解都是解释"④;倘若理解就是解释,那么合宪性解释必然触及对宪法的解释;然而,理解与解释虽然是诠释学的一对核心范畴,但二者并非相互直接包含或等同。《现代汉语词典》对"理解"的解释是:"懂;了解";对"解释"的解释是:"说明含义、原因、理由等"⑤。洪汉鼎指出:"理解与解释不同,理解是解释的基础和前提,解释则是理解的发展和说明。"⑥理解就是理解,并非总是解释,狄尔泰就把"理解"看作人以心灵力量的整体去认识自己及自己所创造的精神世界的能力;施莱尔马赫把理解视为是一种推理过程,即用已知比较未知,从已知推出未知⑦。赫什则认为理解在于原原本本地构造文本的意义,而解释则是解释者对文本的意义所作的阐释,掺杂有解释者附加的成分⑧。可见,理解是对文本精神、意义的内心认同与领会,了然于心;解释是对文本语词、含义的书面文字的说明与阐释。在某种意

① 黄卉:《合宪性解释及其理论检讨》,载《中国法学》2014 年第 1 期。

② [德]斯特凡·科里奥特:《对法律的合宪性解释》,田伟译,载《华东政法大学学报》2016 年第 3 期。

③ 黄明清:《两种"宪法解释"的概念分野与合宪性解释的可能性》,载《中国法学》2014 年第 6 期。

④ [德]伽达默尔:《真理与方法》,洪汉鼎译,上海:上海译文出版社 1999 年版,第 395 页、第 496 页。

⑤ 《现代汉语词典》,北京:商务印书馆 2000 年版,第 704 页。

⑥ 洪汉鼎:《诠释学——它的历史和当代发展》,北京:人民出版社 2001 年版,第 66 页。

⑦ 殷鼎:《理解的命运》,北京:生活·读书·新知书店 1988 年版,第 145 页。

⑧ 彭漪涟:《逻辑学大辞典》,上海:上海辞书出版社 2004 年版。

义上,只有在理解基础上才能解释,因而可以说没有理解就没有解释;然而,解释则是对不明确的含义或意义的说明或创造,理解"在于原原本本地构造文本的意义"。合宪性解释作为法律解释的一种方法或比较与选择性方法,其要求是:依字义及脉络关系可能的多数解释中,应优先选择符合宪法原则,因此得以维持的规范解释。在具体化宪法原则时,法官应尊重立法者对具体化的优先权①。在合宪性解释中,由于不触及宪法原则或精神的具体化解释,法官仅仅依其内心的"理解"或领会作为选择性解释结果的取舍标准,因而"合宪性解释的特别之处在于:它并不是宪法解释,当然也就不是依据宪法裁判具体个案,但却依然是在具体案件中对宪法所确立的价值的贯彻,这个贯彻所凭借的就是法律解释的方法"②。运用合宪性解释方法,多少体现出宪法规范在整个国家法秩序中的最高位阶性与权威性,使我国宪法能够发挥其价值指引的应有功能。

另外,有学者基于我国宪法在人民法院审判实践中的具体运用,归纳出了三种宪法解释方法意义上的"解释性适用"的情形,这就是文义解释、体系解释与目的解释③。然而,仔细审视之后,上述三种所谓的宪法解释,其实均可归为宪法"理解"而非宪法"解释",皆属于"非解释性宪法适用"的范畴。譬如:在"张嘉华案"中,法院指出:"公民的合法的所有财产不受侵犯,是宪法规定的权利。公民享有占有、使用、处分、收益的权利。"学者认为这种将宪法保护的"私有财产"解析为"占有、使用、处分、收益"之权利,就是对宪法上的"财产"一词所作的文义解释④。笔者认为,这并非为宪法上的"财产"一词进行解释,法院引用的两段话是分开的,前一句是宪法规定,后一句是从《民法通则》第71条摘录的一句话,即"所有人依法对自己的财产享有占有、使用、收益和处分的权利"。《物权法》第39条也规定:所有权人"依法享有占有、使用、收益和处分的权利"。这是法官将私有财产"理解"为"占有、使用、处分、收益的权利",没有针对宪法上的"财产"概念进行解释。这种形似"解释",实则"理解"。另外,学者将法院认为的举报权视为对宪法第41条关于公民控告权、检举权的文义解释,实际也是一种理解,因为汉语中的"举报"之意就是"检举报告"。再比如,将法院判决书中关于"我国从《宪法》《老年人权益保障法》《婚姻法》《刑法》等多个法律规定了子女对老人的赡养义务。而且法律规定完整的赡养义务不仅包括物质供养,还包括精神慰藉和

---

① [德]卡尔·拉伦茨:《法学方法论》,陈爱娥译,北京:中国政法大学出版社2017年版,第221页。
② 张翔:《两种宪法案件:从合宪性解释看宪法对司法的可能影响》,载《中国法学》2008年第3期。
③ 余军等:《中国宪法司法适用之实证研究》,北京:中国政法大学出版社2017年版,第104页。
④ 余军等:《中国宪法司法适用之实证研究》,北京:中国政法大学出版社2017年版,第109页。

生活照料"的一段话解释为宪法体系解释方法,并认为是将宪法义务的含义解析为物质供养、精神慰藉和生活照料三个层次。其实这三个赡养的层次并非是法院的解释,而是对2012年《老年人权益保障法》第11条规定的援引。另外,学者针对人民法院在"吉林科龙优质种(肉)牛繁育有限公司与九台市西营城街道办事处杨家岗村村民委员会合同纠纷案"中的裁判说理部分认为是对《宪法》第10条"征收征用"条款中的"土地征收""土地征用"概念进行了解释①。事实上,法院的裁判说理部分看似对上述两个概念的解释,实则仍是立法者的解释,譬如裁判书引用了王兆国在关于宪法修正案第十条修改说明中关于"征收"与"征用"的差异,这种引用中的解释仍是立法者的解释,而非法院法官的解释;裁判书对"公共利益"的界定,引用了《国有土地上房屋征收与补偿条例》第8条关于对"公共利益需要"的列举式规定,同样是立法者对"公共利益"的解释。诸如此类的裁判书中所涉猎的有关宪法条款的引用,皆属于法院对相关条款的理解而不是一种真正的宪法解释。

　　同时,还有学者基于审判权的本质,认为"事实上,只要承认法院在解决个案争议中适用法律的权力(也就是审判权),就不可能禁止其解释法律,如果宪法规范有可能在法律适用中发挥作用,则解释宪法条款是不可避免、不可禁止的。这是客观上、事实上不可能被禁止,而不是谁有权禁止的问题"。进而认为"考虑到宪法条文的特性,通常情况下,仅有'援引'条文的工作是不够的,而必须对被引之条文进行理解,方能把握其含义";"不论我们将法官对宪法文本的具体操作方式称之为'理解宪法''分析宪法''开展宪法''援引宪法'还是'贯彻宪法',这都只是用语上的差别,其本质都是对宪法的解释"。笔者认为,这种观点值得充分重视并认真对待。马克思曾说过:"法律是普遍的。应当根据法律来确定的案件是个别的。……法官有义务在把法律运用于个别事件时,根据他在认真考察后的理解来解释法律。"②法官在运用法律解决个案纠纷时,根据他对法律条款的理解来解释法律,这正是司法过程的本质。法国比较法学家达维德指出:"颁布法律或条例是权力机关的事。可是法律的实际效用决定于实施的方式。法律的实施以解释过程为前提。"③的确,只要存在法官,就存在着法律的解释。问题是,并非所有的法律条款都需要解释,解释之所以存在,就是因为存在着词义不明的情形,如《立法法》第45条就列举了两种解释的情形:一是法律的规定需要

① 余军等:《中国宪法司法适用之实证研究》,北京:中国政法大学出版社2017年版,第126—129页。
② 《马克思恩格斯全集》(第1卷),北京:人民出版社1995年版,第180页。
③ [法]勒内·达维德:《当代主要法律体系》,漆竹生译,上海:上海译文出版社1984年版,第109页。

进一步明确具体含义的;二是法律制定后出现新的情况,需要明确适用法律依据的。倘若制定的法律没有出现上述两种情形,自然就无需解释。换言之,凡是条款明确、含义清楚的就直接可以适用而无需解释。若把仅仅援引而无需进行解释的条款不加区分地一律视为"宪法解释"的观点无疑是一叶障目,作为我国宪制架构下的法院,必须恪守职权法定的法治原则与我国宪法根本制度,在自身缺乏宪法上明确赋权解释宪法的前提下,在裁判过程中只能理解性适用宪法,若遇到需要解释的情形,可中止裁判,把需要解释的宪法条款依照程序或规定提请有解释权的全国人大常委会进行宪法解释。

鉴于上述分析,笔者认为,在目前我国宪法制度构架中,法院运用宪法的主要方式就是理解性适用;至于借助合宪性解释方法,以体现宪法规范在整个国家法秩序中的价值引导与权利保障功能,应当提倡而非禁止,从而使法律的解释合乎宪法原则与宪法精神,保证解释法律的合宪法性。

(四)解释性适用:合宪性审查机关解释宪法的原则与方法

随着 2018 年宪法修正案将全国人大宪法和法律委员会作为辅助全国人大及其常委会进行合宪性审查的专责机构之后,我国合宪性审查工作渐进展开。宪法和法律委员会作为合宪性审查机构,根据《全国人大常委会关于全国人大宪法和法律委员会职责问题的决定》,增加了"推动宪法实施、开展宪法解释、推进合宪性审查、加强宪法监督、配合宪法宣传等工作职责",其中"开展宪法解释"将是宪法和法律委员会的核心工作。笔者认为,作为合宪性审查的专门机构,在进行合宪性审查过程中,必然遇到对宪法条文的理解与解释,这时,只有通过宪法解释,才能作出合宪性的判断,对合乎宪法的规范性文件予以维护,对与宪法相抵触的规范性文件予以改变、撤销或废止。

鉴于 2015 年修订的《立法法》并未在第五次宪法修改案之后作出相应修正,因而我国的合宪性审查机构不只是全国人大宪法和法律委员会,还包括全国人大常委会工作机构即法制工作委员会。全国人大常委会法工委是我国法规备案审查的主要承担者,它对报送备案的法规、司法解释进行审查,对与宪法法律相抵触的法规、司法解释有权向委员长会议提出予以撤销的议案、建议,由委员长会议决定提请常务委员会会议审议决定,予以撤销、纠正,因此备案审查制度是一种融合宪性审查与合法性审查的机构。

无论是宪法和法律委员会,还是全国人大常委会法工委,作为合宪性审查机构,在运用宪法时,其方法与司法机关运用宪法的方法的不同之处在于对宪法相关条款的解释性适用。我国的合宪性审查不是由普通法院或专门机构如宪法法院或宪法委员会进行的司法审查,而是采取由最高国家立法机关对法律的合宪法性进行立法审查模式。根据我国《立法法》规定,全国人民代表大会专门委员会、常务委员会工作机构在审查、研究中认为行政法规、地方性法规、自治条例和单行条例同宪法相抵触的,首先向制定机关提出书面审查意见、研究意见;其次制定机关应当在两个月内研究提出是否修改的意见,并向全国人民代表大会宪法和法律委员会及有关的专门委员会或者常务委员会工作机构反馈;再次,全国人民代表大会宪法和法律委员会、有关的专门委员会、常务委员会工作机构向制定机关提出审查意见、研究意见,制定机关按照所提意见对行政法规、地方性法规、自治条例和单行条例进行修改或者废止的,审查终止;最后,全国人民代表大会宪法和法律委员会、有关的专门委员会、常务委员会工作机构经审查、研究认为行政法规、地方性法规、自治条例和单行条例同宪法或者法律相抵触而制定机关不予修改的,应当向委员长会议提出予以撤销的议案、建议,由委员长会议决定提请常务委员会会议审议决定。在后两个阶段,均涉及对宪法相关条款的解释:第一,审查机构向制定机关提出意见,涉及对相关宪法条款的理解与解释;第二,向委员长会议提出予以撤销的议案、建议涉及对相关宪法条款的理解与解释。合宪性审查必须对宪法相应条款的含义的解释,以判断规范性文件是否与宪法相抵触。譬如全国人大常委会法工委主任沈春耀提到废止收容教育制度的问题,就需要合宪性审查机构对宪法第 37 条关于"公民的人身自由不受侵犯"的条款作出解释,从而说明 1991 年第七届全国人大常委会通过的《关于严禁卖淫嫖娼的决定》以及国务院制定了《卖淫嫖娼人员收容教育办法》是何以与宪法相抵触,以便从根本上废止收容教育制度。

解释宪法是一项神圣的使命,它关系宪法的至上权威与尊严,关系人权的尊重和保障,关系宪法的实施和法制的统一,所以根据我国宪法的根本法地位与其人权保障的目的价值,全国人大常委会解释宪法时必须遵循以下四项基本原则,即人民主权原则、法治原则、尊重和保障人权原则以及程序原则。

第一,解释宪法必须遵循人民主权原则。

人民主权原则表达的理念是人民是国家与政府权力的本源,是国家全部权力的所有者。人民主权是近现代以降思想家、政治家和法治国所共识、认知与确认的基本原则,是民主的精髓与实质,它粉碎了国家权力为本位的神话,颠覆了国家与人民之间的主仆关系,从而揭示了权力合法性的本原,揭示了人民权利与国家权力之目的与手段的关系。基于人民主权原则,人民以宪法的形式规制了政府权力的分离以及职权界限,确认了公民基本权利以及保障机制,换言之,宪法就是人民制定的、用以确认人民主权原则、规制政府权力和保障人权的基本规范。所以人民主权原则就成了各国宪法所确立的基石,我国宪法第 2 条也确认了人民主权原则,它规定"中华人民共和国的一切权力属于人民"。国家之一切权力属于人民的人民主权原则在我国宪法中的具体体现就是,宪法规定:人民代表大会是人民行使国家权力的机关,而全国人民代表大会是人民行使国家权力的最高机关,作为全国人民代表大会的常设机关的常务委员会行使国家立法权和"解释宪法"之职权。依据我国宪法规定,全国人大常委会是人民行使权力机关的常设机关,其权力的合法性源于人民,其权力则当然隶属于人民,其权力行为则必须对人民负责并受人民监督。由于宪法是人民制定的,制宪权主体是人民,所以作为人民行使权力的代言人,宪法规定的全国人大常委会解释宪法的职权也必然从属于人民。作为我国解释宪法主体的全国人大常委会在行使"解释宪法"的职权时必须遵从人民主权这一宪法基本原则就是其应有之义。

详言之,全国人大常委会解释宪法必须遵循人民主权原则之具体表现为什么呢?我认为,这主要表现为:解释宪法时必须以严格探求立宪者人民的意图为鹄的。作为人民行使权力的法定机关,全国人大常委会是人民的代表,其意志与行为必须皆以人民意志与利益为依归,当全国人大常委会解释由人民制定的宪法文本时,实际上是以代言人的身份以人民的名义实施解释宪法的法定职权,其解释行为就是代表着人民的行为,其解释活动须以捍卫人民意志、意愿和利益为准绳,以人民主权为其必须遵循的解释原则。因此,全国人大常委会解释宪法的动机与目的一旦脱离人民主权原则,就会背离人民的意志与利益,全国人民代表大会有权予以改变或撤销。所以,人民主权原则决定了全国人大常委会解释宪法的活动就是一种尊重和探求立宪者人民意图的活动。作为立法性宪法解释的机关与司法性宪法解释的机关,它们在解释中之最大区别就是是否以立宪者意图为其惟一的目标。法院或法官作宪法解释主体时,其解释目标除了要求原则上要探求立宪者意图外,还需要考虑变化了的社会与历史情形以及附加解释者的价值前见,因为司法权之不同于立法权特点在于:司法权是一种判断与解释权,它自身蕴涵着对宪法法律文本的理解与解释,而这种理解与解释又是以解释者的前见为前提的,但是这种解释者的主观性必须抑谦,并以立宪者意图为原则,事实上是一种将立宪者、文本自身与解释者之视阈不断融合的过程,凡是无视解释者的主观价值判断的宪法法律解释,实则是不承认司法性解释,宪法法律的司法解释不可能是没有解释者之前见的司法解释的。一旦解释宪法的主体为立法机关,那么其解释的目标则只能为立宪者意图。原因是:其一,全国人大常委会是立法机关,其对宪法的解释实际上是代表人民的立法活动,也就是说,它的解释宪法的职权本质上是一种立法权,这是由我国宪法第58条关于"全国人民代表大会常务委员会行使国家立法权"之规定而决定的。所以,全国人大常委会即使拥有解释宪法的职权,但是这一职权性质仍然属于立法权。既然是立法性解释活动,因而就必须以立法者的角色、站在立法者的立场上从事宪法的解释,所以必须探究立宪者人民的意图。其二,全国人大常委会是人民的代议机关,它所从事的一切活动、所行使的全部职权均以人民的名义进行,行使解释宪法的职权就必然以探求立宪者人民的意图为标准,否则即名实不符,有违人民的委托与信任。全国人大常委会解释宪法以立宪者人民之意图为解释目标,实际上就是尊重和遵循了人民主权的民主原则。

第二,解释宪法必须遵循法治原则。

法治表达的理念是法的统治,社会之每一成员无一例外地受制于法律。自古希腊亚里士多德最早给"法治"下定义时就把人人普遍地遵守已经制定出来的法律作为法治之必备之要件,14世纪的英国人就提炼出了法治之精髓:"国王不受制于人,但受制于上帝与法律。"在卢梭看来,"一个不顾正义、不顾法律而用暴力实行统治的国王"就是暴君,"一个把自己置于法律本身之上的人"则是专制主。[①] 无论暴君抑或专制主,皆为法治的死敌。所以,要法治的政府,不要人治的政府,是近现代法治国家的治国理念与宪政的根本原则。我国宪法第5条也确立了法治原则,它规定:"中华人民共和国实行依法治国,建设社会主义法治国家。"其基本的学理解释是:我国在治理国家中,实行法治,最终实现社会主义型的法治国家。依法治国首先是依宪治国,在实际政治社会生活中只要能够实现我国宪法第5条规定的"三个一切"和"一个任何"的规定要求,就必然会达成社会主义法治国家。所谓"三个一切"和"一个任何"是指:"一切法律、行政法规和地方性法规都不得同宪法相抵触。一切国家机关和武装力量、各政党和各社会团体、各企业事业组织都必须遵守宪法和法律。一切违反宪法和法律的行为,必须予以追究。任何组织或者个人都不得有超越宪法和法律的特权。""三个一切"和"一个任何"是对近现代以来法治理念、精神、原则的高度概括与总结,是对历史经验借鉴的结晶,它蕴涵了法治的实质。"一切法律、行政法规和地方性法规都不得同宪法相抵触",表达着宪法的至高无上性,孕育着司法审查制度的生发;"一切国家机关和武装力量、各政党和各社会团体、各企业事业组织都必须遵守宪法和法律",表达的是守法主体的普遍性和法定义务的强制性,尤其是"任何组织或者个人都不得有超越宪法和法律的特权"之规定把守法主体的普遍性从政府组织推及至个人,运用法律义务中最强烈的判断语言"必须"与"不得"表达了守法法定义务

---

① ［法］卢梭:《社会契约论》,何兆武译,北京:商务印书馆1982年版,第115—116页。

的强制性;"一切违反宪法和法律的行为,必须予以追究",表达了法律责任承担的无可逃避性,无论是谁,皆不能逃脱违宪和违法行为法律责任的追究。只有这样,才能"维护社会主义法制的统一和尊严"。这是一幅多么令人向往的法治理想之图景!

全国人大常委会作为行使国家立法权的机关,在行使解释宪法的职权中,同样守制于宪法和法律,遵守社会主义法治原则。其具体体现为:其一,忠诚于宪法,模范地遵守宪法。"解释宪法"是宪法赋予全国人大常委会的职权,忠诚于宪法和遵守宪法,就是要忠诚于自己的职责,恪尽职守。然而自该职权被授予之日起,全国人大常委会却很少行使解释宪法的职权,这是有违宪治原则和法治精神的。因为,权力授予的目的是要求合宪行使,对被授予机关而言,行使权力是一种职责,不行使即失职。实际上,在我国现实生活中存在经常性的和普遍性的违宪行为,譬如平等权的歧视:劳动就业中的性别歧视、血型歧视、身高歧视、身份歧视,受教育权的分数歧视、地域歧视、身体歧视、血统歧视、城乡歧视,社会保障权的城乡身份歧视;自由权的侵害:强制非法搜身、强制非法拘禁、强制非法侵入公民住宅;公民财产权的侵害:政府的强制性"三乱"等。类似这样的公民基本权利的侵害事件时有发生,不一而足,而这些涉及公民基本权利的侵权事件就需要在宪法条文的具体适用中得以解释,从而保证宪法的实施。全国人大常委会对现实中存在的上述大量侵权事件从未解释性的适用,这是权力的失职。所以,全国人大常委会应当积极行使职权,履行好宪法赋予的责任,这是解释宪法遵守法治原则的具体表现。其二,解释宪法要合乎法治的基本要求。法治对法律的要求是明确性、公开性、稳定性、统一性。由于全国大常委会"解释宪法"的立法性质决定了其对宪法的解释仍然是属于立法,所以,全国人大常委会通过"解释"而制定的宪法性法律必须合乎明确性、公开性、稳定性、统一性和不溯及既往之法治基本要求:对需要解释的宪法部分要针对特定的行为或者事件作出明确的解释,不得含糊其辞;宪法解释案通过公报的方式公开向社会公之于众,使社会成员知道;对解释的条款具有稳定性,避免对同一条款反复解释,使其基本内涵缺乏稳定性;解释的条款不得前后矛盾。其三,解释宪法,维护社会主义法制的统一与尊严。解释宪法实际上也是一个实施立法违宪审查的活动与过程,社会主义法制应当是一个有机统一的法律制度系统,法律之间符合位阶原则,下位的法不得与上位法相抵触矛盾,法律内部相协调一致。而这种统一是以宪法为原点的,这就是"一切法律、行政法规和地方性法规都不得同宪法相抵触"。而谁能保证这一目的的实现呢?惟有解释宪法的机关,因为它有"解释"何谓违宪、何谓合宪的权力。全国人大常委会既然拥有解释宪法的职权,因此在解释宪法中有担负着维护社会主义法制统一与尊严的职责。

第三,解释宪法必须遵循尊重和保障人权原则。

人权表达的理念是每个人仅仅基于人而享有的权利。宪法的精神就是人权的精神,无论宪法是否对人权作出确认,在宪法的理念中它就是为人权而生的。人民主权原则揭示着人民是国家全部权力的本原,那么只要对政府权力作了列举性界定,其剩余的其他权力仍然属于人民,为人民所保留和享有。政府的权力在法治中一定是有边界的,政府的疆域是有限而不是无限的,所以从理论上说除了政府拥有的权力,其余权力必然为人民所保留。而为人民所保留的权利,政府未经法律正当程序不得克减、剥夺或侵害。宪法就是规制政府权力的法,宪法不是为规制而规制,其目的是为了人权的保障实现。宪法确认人权,则更加强调人权保障的重要性,突出人权保障的价值,彰显宪法的人权精神。1789 年法国大革命中首先确认的就是《法国人的权利和公民权利宣言》,1776 年美国独立战争之《独立宣言》同样确认的是天赋的不可动摇和不可剥夺的生命、自由和追求幸福的权利。我国宪法也确认了人权原则,第 33 条规定:"国家尊重和保障人权";同时宪法确认了公民的政治权利、各类自由权利、社会经济权利和文化权利。人权的本质是公民个人的权利,换言之,人权是个人权利而不是集体性权利或人民权利。宪法中对人权的确认是保障人人的"人"权免遭政府权力非法或不正当的侵害,从该意义而言,宪法是保障个人权利的圣经,属于个人的"人"权,未经个人本人的同意,任何人包括政府国家也休想干预或侵害。这就是宪法中的人权理念观。所以,所有对宪法内容的解释都不应背离这一宪法人权观。

全国人大常委会在解释宪法时必须尊重和保障人权原则,具体体现为解释宪法的人权内容时,采取从宽解释。人权作为人的基本权利是一个内涵不断丰富和发展的体系,随着社会发展与进步,人权的内容不断扩展,而宪法文本是僵化的,这就需要解释者在解释人权内容时,必须采取从宽解释,以保护个人权利。从我国宪法文本确认的人权内容看,公民的基本权利的规定与国际人权公约的规定相比较,宪法未规定或规定得不全面或不明确的公民基本权利还存在较大差距,譬如自决权(自由决定自己的政治地位并自由谋求自己的经济、社会和文化的发展)、享受公正和良好的工作条件权(特别是安全卫生条件、晋升机会同等和带薪休假权)、组织和参加工会、罢工权、社会保障权、获得相当的生活水准权、免于饥饿权、达到最高的体质和心理健康标准权、受教育权(特别是初等教育一律免费,中等教育和高等教育逐渐免费)、享受科学进步及其应用所产生的利益权、科学、文学或艺术作品所产生的精神上和物质上的利益受保护权、生命权、免受酷刑或残忍的、不人道的或侮辱性的待遇或刑罚权、不被强迫奴役权、不被强迫或强制劳动权、人身安全权、被拘捕人在合理时间内受审判或被释放权、被剥夺自由人人道待遇权、不因无力还债而被监禁权、自由迁徙和选择住所权、在法庭和裁决面前一律平等权、无罪推定权、受刑事指控时最低限度司法保障权（包括迅速告知被指控的性质和原因、有相当时间和便利准备辩护并与自己选择的律师联络、受审时间不被无故拖延、出庭受审并进行辩护、讯问证人、免费获得程序援助、不被强迫认罪等）、上诉权、私生活不受非法干涉权、思想良心自由权、持有主张不受干涉权、寻求、接受和传递各种消息（即知情权）和思想自由权、直接或通过代表参与公共事务权等。这些基本权利应当都属于人权的内涵，尽管我国宪法根据社会政治经济文化发展的实际水平对应当属于人权内容的某些权利未作出列举式确认，但不能意味着国家政府可以忽视、否定未列举出来的权利的存在，因为宪法所规定的"国家尊重和保障人权"就是一种概括式的人权规定模式，它本身即意味着凡属于"人权"的所有权利，国家皆承担着"尊重和保障"的宪法义务。因此作为解释宪法主体的全国人大常委会在解释宪法中关于人权条款时，就必须在遵循尊重和保障人权原则的前提下，作从宽解释，从而最大程度地保护个人的基本权利实现。例如关于平等权的解释，凡是背离平等保护条款的行为或者法律规范性文件，尽可能向公民个人倾斜，向人权保护倾斜。

第四，解释宪法必须遵循程序原则。

程序表达的理念是公正，程序保证了政府权力行为的公开、有序，它是对权力恣意的限制，这种限制所获得的社会价值就是公正。法学就是一种讲究程序的法学，在法学上，往往是程序决定实质。法学一旦失去了程序，就可能成为伦理学与道德学。所以，法学的更重要的价值不是实体而是程序，是形式正义而非实质正义。法治在很大程度上说就是程序法治，没有对权力的程序限制，就是对权力的放任。美国法官威廉·道格拉斯指出："权利法案的大多数规定都是程序性条款，这一事实决不是无意义的。正是程序决定了法治与恣意的人治之间的基本区别。"[1]所以不论是立法程序，或者行政程序以及审判程序，无非就是对立法权、行政权或司法权的限制。政府权力的限制不仅仅体现在范围与边界上，更重要的是对权力行使或运行的方式、步骤、方法、程式的限制，也就是程序的限制上。作为行使立法权的全国人大常委会，在行使解释宪法的职权时，也必须遵循法定程序原则。任何政府权力，从权力启动、运行直至终了结束，皆须在法定的程序规制之中，以程序制约权力就是以制度制约权力，程序的设立就是制度的创

---

[1] United States Supreme Court Reports (95 Law. Ed. Oct. 1950), The Lawyers Cooperative Publishing Company, 1951, at 858.

设,以程序制度制约权力是对权利最有效的保护,全国人大常委会解释宪法是其权力的行使,当然必须遵循法定程序原则。

全国人大常委会解释宪法所要遵循的程序,笔者认为应当包括解释的提起程序、受理程序、审议程序、公布和通过程序。具体说,提起程序的主体应当主要有五种情形:(1)一切国家机关和武装力量、各政党和各社会团体、各企业事业单位组织,都可以向全国人民代表大会常务委员会提出解释宪法要求。(2)立法机关在制定法律、法规时,凡需要对宪法条文目的与含义进行解释的,可由立法机关向全国人民代表大会常务委员会提出解释宪法要求。(3)国家主席、国务院、中央军事委员会、最高人民法院、最高人民检察院和全国人民代表大会各专门委员会以及省、自治区、直辖市的人民代表大会常务委员会,30人以上全国人民代表大会的代表或者省、自治区、直辖市人民代表团,认为法律同宪法相抵触,或者认为行政法规同宪法或法律相抵触,可以向全国人大常委会提出书面审查要求;上述机关以外的其他国家机关和社会团体、企业事业组织以及公民认为法规同宪法或者法律相抵触,也可向全国人大常委会提出书面审查的建议。全国人民代表大会常务委员会法制工作委员会在会同全国人民代表大会有关专门委员会进行审查时,认为确有需要对宪法条文目的与含义进行解释的,可以向全国人民代表大会常务委员会提出解释宪法要求。(4)人民法院在其受理案件过程中,对所适用的法律、法规,确信有抵触宪法之疑义时,得以裁定中断诉讼程序,提请最高人民法院向全国人民代表大会常务委员会提出解释宪法要求;最高人民法院如遇相同问题,得依该程序直接向全国人民代表大会常务委员会提出解释宪法要求。(5)公民个人提起宪法诉愿后需要对宪法条文目的与含义进行解释的,受理其诉愿的人民法院根据具体情形并认为确有必要解释宪法者,可提请最高人民法院向全国人民代表大会常务委员会提出解释宪法要求。

全国人大常委会解释宪法案的受理程序应当依次是:(1)解释宪法案的受理机构是全国人民代表大会常务委员会法制工作委员会。凡向全国人民代表大会常务委员会提出的解释宪法要求,均由法制工作委员会负责接收、登记,并作初步审查。(2)全国人民代表大会常务委员会法制工作委员会审查解释宪法报告时,除不合本条例规定不予受理者外(哪个条例),一般情况下应在15日之内作出是否需要提请解释宪法的决定;需要延长时日的,可最多延迟七日。(3)全国人民代表大会常务委员会法制工作委员会审查认为确有必要作出解释的,应当提交全国人民代表大会常务委员会或者委员长会议讨论决定。

全国人大常委会解释宪法案的审议程序应当依次是:(1)经全国人民代表大会常务委员会或者委员长会议讨论决定需要解释的,由全国人民代表大会常务委员会法制工作委员会负责拟订解释宪法草案工作。全国人民代表大会常务委员会法制工作委员会应当设立宪法解释专家咨询委员会。凡需要对宪法文本进行解释的,必须首先经过宪法解释专家咨询委员会进行研究论证,对需要解释的部分提出咨询意见与建议;对确有必要举行听证的,由宪法解释专家咨询委员会负责主持,并由宪法解释专家咨询委员会提出解释宪法的草案初稿。(2)解释宪法草案由全国人民代表大会常务委员会法制工作委员会初步审议后,负责提交全国人民代表大会常务委员会,由委员长会议决定列入常务委员会会议审议议程。(3)解释宪法草案会前印送全体全国人民代表大会常务委员会成员,经常务委员会会议审议;全国人民代表大会常务委员会法制工作委员会会同宪法解释专家咨询委员会根据常务委员会会议审议意见作进一步讨论、修正,并提出解释宪法草案表决稿。

全国人大常委会解释宪法案的通过和公布程序应当是:(1)解释宪法草案表决稿由出席全国人民代表大会常务委员会会议的三分之二多数同意,方得通过。(2)解释宪法案以全国人民代表大会常务委员会公报的方式予以公布。

(五)"解释宪法"与"运用宪法"的内在逻辑

"运用宪法"是十八届三中全会通过的《中共中央关于全面深化改革若干重大问题的决定》针对宪法实施提出的重大举措,该《决定》明确指出:"建立健全全社会忠于、遵守、维护、运用宪法法律的制度"。习近平总书记针对"运用宪法"的思想也反复强调过。可以说,"运用宪法"思想是十八届三中全会以来党中央关于宪法实施战略的最新深化与表达,实际上也是习近平新时代中国特色社会主义法治思想与宪法思想的重要内容,它具有深刻的划时代意义与强烈的现实价值,它是将我国宪法实施这一实践问题从理论逻辑还原为实践逻辑,即宪法实施本质上是运用宪法的实践问题,而不是纯粹一种理论问题,理论逻辑再周全、再严密,也离不开宪法的运用。而运用宪法的过程,就是宪法规范适用的过程,就是运用宪法处理与宪法相抵触的规范性文件的过程,无论是宪法的具体适用,还是对规范性文件的合宪性审查,都必然涉及解释宪法的问题。"解释宪法"与"运用宪法"的内在逻辑关系可以作以下概括:

1. "运用宪法"是"解释宪法"的前提

宪法解释始终是一个与运用宪法相伴的概念与范畴,宪法之所以需要解释,是因为在适用宪法规范的过程中,遭遇到了宪法文本中的文字含义的不确定性与模糊性的情形,以至于无法将抽象的宪法规范适用于具体的个案事实之中,这时就需要对不明确的宪法条款或文字进行阐释与说明。所以,宪法解释的场合与运用宪法或宪法适用密不可分,没有宪法适用或运用的场合,就无需启动宪法解释程序。根据韩大元等专家组起草的《宪法解释程序法(专家建议稿)》第6条所确立的宪法解释的事由,只有出现下列情况之一的,全国人民代表大会常务委员会才可以解释宪法:一是宪法的规定需要进一步明确具体含义的;二是宪法实施中出现新的情况,需要明确适用宪法依据的;三是法律、行政法规、地方性法规、自治条例和单行条例、规章等规范性文件可能与宪法相抵触的。上述三种情形均是在宪法适用或运用宪法过程中出现的,没有宪法的运用,无需对宪法含义作出明确阐释;没有宪法实施中出现新的情况而明确适用刑法依据的,也无需解释;没有具体的备案审查或合宪性审查以判断规范性文件是否与宪法相抵触,也同样无需进行宪法解释。可见,运用宪法是解释宪法的前提,没有运用,就无需解释。反之,解释宪法也不是凭空提出,而是为了解决运用宪法的具体问题。

作为一种前提,宪法解释必须是出于运用宪法、实施宪法的需要。正如有学者所指出:"综观各国的宪法实践,宪法解释都是为了解决宪法实施中出现的争议,由宪法解释主体在宪法适用中进行的解释。"所谓运用宪法,无非就是宪法适用,即把宪法规范适用于具体的个案事实之中,而一切宪法适用或运用,都必然借助宪法解释的方式予以达成,换言之,宪法解释必须在运用宪法、适用宪法中发挥其功能与作用。

首先,通过宪法解释确定制宪者的意图,并准确把握宪法适用的条款的意图。运用宪法必须确定制宪者的意图何在,明了制宪者意图,才能准确把握宪法条款的原初意图,以便更准确地运用宪法、适用宪法。1874年,最高法院斯特朗法官宣称:"每一宪法条文的解释都须表达制宪者的意图。"1934年萨霍兰法官说:宪法解释全部目标在于"揭示字义,以确定和贯彻制宪者的意图。"

其次,宪法解释明确宪法文字的含义,保障宪法适用。依据宪法精神对宪法规定的内容、含义和界限作出解释,对于保证和监督宪法全面贯彻实施至关重要。运用宪法自然必须首先确定宪法文字的含义,通过理解和把握制宪者当时使用的文字,也能够确定制宪者的意图,从文本主义角度观察,文字的含义就是立宪者的意图,因为任何意图都必须以宪法文字为载体,确定宪法文字的真实含义,就能够确定制宪者的意图。同时,由于宪法文字的模糊性,在运用宪法过程中,对于同一条款的文字可能出现多种解释,宪法解释机关通过文本解释,可以准确把握宪法字词的含义,统一对宪法条款的认识,有助于实施宪法、运用宪法、适用宪法。尤其是当宪法对某些问题未作出明确的规定时,更需要解释宪法,寻找解决问题的答案,运用宪法解释,有助于消解宪法规范的漏洞,以应对现实挑战。因此,在某种意义上说,宪法文字的确切含义就是通过宪法解释发现的。

2."解释宪法"是"运用宪法"的基本方式

"运用宪法"并非只是一句空话,它包括一切国家机关对于宪法运用,譬如立法机关立法过程中的运用宪法、司法机关裁判过程中运用宪法、合宪性审查机构审查规范性文件是否违反宪法过程中运用宪法。但是,无论哪一个国家机关在运用宪法的过程中,都必然伴随着对宪法文本含义作出理解和说明的思维活动。国家立法机关在制定法律的过程中,基本采取两种运用宪法的方式:一是"根据宪法,制定本法";二是不得与宪法相抵触。"根据宪法,制定本法"的宪法运用是以立法的形式对宪法相关内容作出规定性解释;"不得与宪法相抵触"则是对相关宪法原则或宪法精神作出理解与说明;这两种方式都属于运用宪法中的解释宪法。司法机关在适用宪法的过程中,遇到需要宪法解释的情形,则先行中止裁判,将系待解释的条款提请具有宪法解释权的国家机关作出解释之后,再继续裁判,这其中的宪法解释也以运用宪法为前提。合宪性机关在进行合宪性审查时,首先需要对与宪法相抵触的条款作出理解与解释之后,方能判断待审查的规范性文件是否与宪法相抵触,这同样以运用宪法作前提。可见,运用宪法的方式或因不同的主体,或因不同的运用场合,所采用的方式可能有所不同,然而,最终均归结为解释宪法,换言之,解释宪法是运用宪法的基本方式。

综上所述,运用宪法的过程,就是宪法规范适用的过程,无论是宪法的具体适用,还是对规范性文件的合宪性审查,都必然涉及解释宪法的问题。"解释宪法"与"运用宪法"的内在逻辑关系是:"运用宪法"是"解释宪法"的前提,"解释宪法"是"运用宪法"的基本方式。

六、健全和落实我国宪法解释程序机制论

众所周知,全国人大常委会享有"解释宪法"的职权是由 1978 年宪法第 25 条第 3 款首次赋予的,1982 年宪法第 67 条第 1 款予以确认。全国人大常委会享有的这一职权如何行使? 在解释宪法时,应当遵循怎样的步骤、程式与方法? 我国长期以来缺乏一部专门规范宪法解释程序的法律;加之,全国人大常委会近 40 年来从未有以"宪法解释案"的形式正式解释宪法的实践,因此,我国宪法解释程序机制建设自现行宪法实施以来就为学者所诟病,被视为我国宪法实施中的"阿喀琉斯之踵"。鉴于此,一些宪法学家呼吁应当制定宪法解释程序;①亦有

---

① 2007 年韩大元教授以司法部课题"宪法解释制度研究"为基础,成立了《宪法解释程序法》课题组,于 2009 年草拟并公布了《宪法解释程序法》(初稿);2011 年向国家有关部门提交了上述专家建(转下页)

人大代表向全国人大提交"关于制定宪法解释程序法的议案"①;还有学者结合《宪法》及相关法律所涉及的宪法解释程序规则,提出了如何完善宪法解释程序机制的建议。② 关于宪法解释程序机制的建设问题,党的十八届四中全会首次提出了"健全宪法解释程序机制"的要求,为了贯彻落实健全宪法解释程序机制要求,全国人大常委会党组认真研究制定了有关健全宪法解释程序的意见。③ 有关部门也对宪法解释问题进行了比较充分的研究,并制定了相应的程序规则。④ 习近平同志在中共十九届二中全会第二次全体会议上的讲话中指出:"党中央二〇一七年三月转发了《中共全国人大常委会党组关于健全宪法解释工作程序的意见》,提出了明确要求,规定了工作规范,有关方面要认真贯彻实施。"⑤然而,有关健全宪法解释程序机制的问题,笔者查阅了 2015—2020 年全国人大常委会工作报告,对此均未提及,至于全国人大常委会党组制定的有关健全宪法解释程序的意见,作为内部文件从未向社会公开,其内容是什么,人们不得而知。党的十九届四中全会为完善中国特色社会主义法治体系、健全保证宪法全面实施的体制机制,又一次提出了"落实宪法解释程序机制"的新要求。按照中央部署,我国宪法解释程序机制不仅"健全",而且要进入"落实"阶段。从"健全"到"落实",⑥显然意味着我国宪法解释程序已经完备且需要贯彻执行。

鉴于全国人大常委会党组讨论制定的有关健全宪法解释程序的意见属于"红头"文件而无从查阅,但从已有的与宪法解释程序相关的规则考察与分析,或可勾勒出我国宪法解释程序的基本框架及其内涵。因此,在学理上探讨我国法治实践中可能存在的宪法解释程序机制以及如何完善与落实等问题,将具有强

（接上页）议稿（参见韩大元、张翔等:《宪法解释程序研究》,北京:中国人民大学出版社 2016 年版,第 174—181 页;另参见韩大元:《〈宪法解释程序法〉的意义、框架与思路》,《浙江社会科学》2009 年第 9 期;《论当代宪法解释程序的价值》,《吉林大学社会科学学报》2017 年第 4 期);秦前红教授提出"建议尽快制定《宪法解释程序法》"(《社会科学报》2015 年 4 月 2 日第 3 版)等。

① 2012 年 3 月,梁慧星等 35 名代表向第十一届全国人大第五次会议提交了《关于制定宪法解释程序法的议案》(第 181 号),并附有韩大元教授课题组完成的《宪法解释程序法》(草案),请参见中国人大网 http://www.npc.gov.cn/wxzl/gongbao/2012-05/29/content_1728277.htm,2020 年 8 月 4 日访问。

② 秦前红教授针对制定《宪法解释程序法》所涉及的主要内容提出了建设性意见(参见秦前红:《〈宪法解释程序法〉的制定思路和若干问题探究》,《中国高校社会科学》2015 年第 3 期);王旭教授在已有的制度的基础上就宪法解释程序机制的细节提出了完善的建议(参见王旭:《论我国宪法解释程序机制:规范、实践与完善》,《中国高校社会科学》2015 年第 4 期)。

③ 乔晓阳:《党的十八大以来立法工作新突破》,《求是》2017 年第 11 期,第 8 页。

④ 本书编写组编著:《党的十九大报告辅导读本》,北京:人民出版社 2017 年版,第 269 页。

⑤ 习近平:《论全面依法治国》,北京:中央文献出版社 2020 年版,第 206 页。

⑥ 《新华词典》关于"健全"与"落实"的解释是:"健全"者,"使完备"也;"落实"者,意指"使(计划、措施、政策等)得以贯彻执行"(商务印书馆 2003 年版,第 480 页、第 652 页)。

烈的现实意义与深远的学术价值。

（一）我国宪法解释程序机制之评估

任何文本一旦成为语言文字，其规范意蕴必须借助解释方可揭示。宪法文本缘于其高度抽象与概括，因而必须通过解释其文字含义，才能领略与把握立宪者之意图或意旨。从阐释文本的含义而言，任何对宪法文本内容的具体化立法都可视为是一种对宪法的解释，因为宪法文本本身具有高度的原则性、抽象性、概括性与模糊性，任何条款都需要明确其含义，而根据宪法制定的所有法律法规都必然是对宪法某一规范含义的具体化阐释，在该意义上说，根据宪法制定的法律皆为立法性的宪法解释。譬如新制定的《民法典》就是对宪法上的民事基本权利的立法解释，其中关于宪法上对私有财产进行征收征用的补偿问题，民法典第117条、第243条、第245条作出了具体规定：第117条的规定是"应当给予公平、合理的补偿"；第243条针对征收集体所有的土地和组织、个人的房屋以及其他不动产的补偿，作出更加具体规定，征收集体所有的土地，应当依法及时足额支付土地补偿费、安置补助费以及农村村民住宅、其他地上附着物和青苗等的补偿费用，并安排被征地农民的社会保障费用，保障被征地农民的生活，维护被征地农民的合法权益；征收组织、个人的房屋以及其他不动产，应当依法给予征收补偿，维护被征收人的合法权益；征收个人住宅的，还应当保障被征收人的居住条件。第245条针对因抢险救灾、疫情防控等紧急需要而依法征用组织、个人的不动产或者动产的补偿问题作出了规定，被征用的不动产或者动产使用后，不仅应当返还被征用人，而且在组织、个人的不动产或者动产被征用或者征用后毁损、灭失的，还应当给予补偿。民法典的上述立法性规定，应当视为是全国人大以立法的形式对宪法关于征收征用条款的宪法解释，即通过立法而对宪法征收征用条款作出了更明确的解释，尤其是对宪法文本中的"补偿"进行了具体解释，使补偿条款的含义更加明确，具有可操作性。这种立法型宪法解释的结果就是法律文本的诞生，而法律文本同样具有概括性、抽象性与模糊性，因而对法律文本的解释就成为法官适用法律的职责所在。由于立法型宪法解释本质上属于立法活动，其行为遵守立法程序，因此，立法型宪法解释不属于笔者所指称的"宪法解释"[①]，除了少数学者主张立法型宪法解释外，宪法主流学术界皆不予

---

① 也有学者对立法性宪法解释提出了批评，认为在我国目前的解释体制下，立法机关和解释机关是同一机关，而细化宪法的任务一般来说是通过立法实现的；如果宪法解释的任务由非立法机关承担，则可以起到拾遗补缺的作用，但如果由立法机关自己承担，则可能屏蔽掉这一功能，因为立法（包括法律的废立改）更直接、更方便，从而使宪法解释显得多余（参见马岭：《我国宪法解释的切入口探析》，《中国社会科学院研究生院学报》2020年第2期，第23页）。

认可。

实践中存在的另一种宪法解释模式却应当予以重视，即全国人大常委会以"决议"或者"决定"的形式行使解释宪法的职权，由于该解释模式不针对具体的案件事由，故学者们将其称之为抽象解释，抽象型解释宪法模式在我国已有若干个案。王振民梳理了 6 个；[①]周伟也梳理了 6 个；[②]胡锦光、王丛虎则总结了 8 个。[③] 值得注意的是，没有一个为他们所共同认可的宪法解释例，其中《关于本届全国人民代表大会常务委员会职权的决议》《关于国家安全机关行使公安机关的侦查、拘留、预审和执行逮捕的职权的决定》以及《关于加强法律解释工作的决议》均分别为两位学者所承认，其他列举的宪法解释例均为一人之见。不过，宪法学界基本认同的宪法解释例如 1983 年 9 月 2 日第六届全国人大常委会二次会议通过《全国人民代表大会常务委员会关于国家安全机关行使公安机关的侦查、拘留、预审和执行逮捕的职权的决定》和 1993 年 12 月 29 日第八届全

---

① 6 个解释例是：1982 年 12 月 4 日全国人大通过的《关于本届全国人民代表大会常务委员会职权的决议》、1983 年 9 月 2 日第六届全国人大常委会二次会议通过《关于国家安全机关行使公安机关的侦查、拘留、预审和执行逮捕的职权的决定》、1998 年 12 月 29 日第九届全国人大常委会第六次会议通过《关于新疆维吾尔自治区生产建设兵团设置人民法院和人民检察院的决定》、1996 年 5 月 15 日第八届全国人大常委会第十九次会议通过《〈中华人民共和国国籍法〉在香港特别行政区实施的几个问题的解释》、1998 年 12 月 29 日第九届全国人大常委会第六次会议通过《关于〈中华人民共和国国籍法〉在澳门特别行政区实施的几个问题的解释》、1996 年第九届全国人大常委会第十次会议通过《关于〈中华人民共和国香港特别行政区基本法〉第二十二条第四款和第二十四条第二款第（三）项的解释》（参见王振民：《中国违宪审查制度》，北京：中国政法大学出版社 2004 年版，第 290—300 页）。

② 6 个解释例是：1981 年 6 月 10 日全国人大常委会通过的《关于加强法律解释工作的决议》、1986 年 12 月 2 日第六届全国人大常委会第 18 次会议通过对地方组织法的修改案、1993 年 9 月 2 日全国人大常委会通过的《关于加强对法律实施情况检查监督的若干规定》、1993 年 12 月 29 日第八届全国人大常委会五次会议通过《关于中国人民解放军保卫部门对军队内部发生的刑事案件行使公安机关的侦查、拘留、预审和执行逮捕的职权的决定》、1998 年 12 月 29 日第九届全国人大常委会第六次会议通过《关于新疆维吾尔自治区生产建设兵团设置人民法院和人民检察院的决定》、对全国人大常委会立法权限的一系列立法性解释（参见周伟：《宪法解释方法与案例研究》，北京：法律出版社 2007 年版，第 95—102 页）。

③ 8 个解释案是：1979 年 9 月 13 日全国人大常委会通过的《关于省、自治区、直辖市可以在一九七九年设立人民代表大会常务委员会和将革命委员会改为人民政府的决议》、1980 年 9 月 10 日全国人大通过的《关于修改宪法和成立宪法修改委员会的决议》、1981 年 6 月 10 日全国人大常委会通过的《关于加强法律解释工作的决议》、1982 年 12 月 4 日全国人大通过的《关于本届全国人民代表大会常务委员会职权的决议》、1983 年 9 月 2 日全国人大常委会通过的《关于国家安全机关行使公安机关的侦查、拘留、预审和执行逮捕的职权的决定》、1987 年 1 月 22 日全国人大常委会通过的《关于加强法制教育维护安定团结的决定》、1990 年 4 月 4 日全国人大通过的《关于〈中华人民共和国香港特别行政区基本法〉的决定》、1993 年 9 月 2 日全国人大常委会通过的《关于加强对法律实施情况检查监督的若干规定》（参见胡锦光、王丛虎：《论我国宪法解释的实践》，《法商研究》2000 年第 2 期，第 4—7 页）。

国人大常委会五次会议通过《关于中国人民解放军保卫部门对军队内部发生的刑事案件行使公安机关的侦查、拘留、预审和执行逮捕的职权的决定》，以及2018年6月22日第十三届全国人大常委会第三次会议通过的《关于全国人民代表大会宪法和法律委员会职责问题的决定》等，笔者认为实际上就是极典型的宪法解释例。前两个"决定"是对宪法第37条、第40条关于公安机关、国家安全机关职权的扩大解释；而第三个"决定"是对宪法第70条关于"宪法和法律委员会"职责的扩大解释，它除了赋予宪法和法律委员会继续承担统一审议法律草案等工作职责外，还增加了推动宪法实施、开展宪法解释、推进合宪性审查、加强宪法监督、配合宪法宣传等工作职责。这种决定型宪法解释就是落实宪法解释程序机制的体现与表达，它起到积极回应了社会关切、实现宪法的稳定性和适应性的统一的作用。

此外，第三种宪法解释模式是附随型宪法解释，即依附于合宪性审查，并在合宪性审查程序中进行宪法解释。一般而言，包括宪法在内的法解释对具体案件必须具有关联性，即在具体案件中需要对宪法条文的含义需要进一步明确时才可能具备解释的可能，因为对于适用者而言，"恰恰就是在讨论该规范对此类案件事实得否适用时，规范文字变得有疑义"。① 我国台湾学者黄茂荣借用德国学者的话指出："真正的法律解释的问题与其说是从法律条文自身，毋宁说是从应去或拟去成立的案件所引起。"②可见，宪法解释案需伴随法规范的具体适用方可发生。在我国，宪法文本的具体适用之情形主要是备案审查过程中的合宪性审查③，曾担任全国人大常委会秘书长、法工委主任的王汉斌指出："宪法解释主要是针对是否符合宪法作出的具有法律效力的解释。在对违宪活动的审查过程中，往往由于对宪法条款的含义有不同理解，发生争执。为解决这种争执，就需要全国人大常委会作出宪法解释。"④有学者对此指出，宪法解释一般是在合宪性审查中启动的，脱离合宪性审查的单独解释较为少见。⑤ 因为只有在合宪性审查过程中，才可能遇到被审查的规范性文件与宪法相抵触的问题，从而会出现需要对相应的宪法条文作出解释的时机。可见，合宪性审查将伴随着宪法解

① ［德］卡尔·拉伦茨：《法学方法论》，陈爱娥译，北京：商务印书馆2003年版，第193页。
② 黄茂荣：《法学方法与现代民法》，北京：中国政法大学出版社2001年版，第252页。
③ 其中包括党内备案审查中的合宪性审查与国家意义上的备案审查中的合宪性审查，党内法规和规范性文件备案审查中的合宪性审查即使涉及宪法的解释，亦仍需提交有权机关进行解释，故本文集讨论全国人大常委会解释宪法的程序问题，党的机关关于宪法的理解与解释在本文中不予涉及。
④ 王汉斌：《王汉斌访谈录——亲历新时期社会主义民主法制建设》，北京：中国民主法制出版社2012年版，第133页。
⑤ 马岭：《我国宪法解释的切入口探析》，《中国社会科学院研究生院学报》2020年第2期，第24页。

释,甚至可以说宪法解释是合宪性审查的必然结果,没有宪法解释,合宪性审查结论就无从得出。全国人大常委会法工委法规备案审查室主任梁鹰指出,可以说,每一次合宪性审查实践,都可能涉及对宪法相关问题的研究,都会涉及对宪法相关内容的理解和把握。启动合宪性审查,就必然要涉及对宪法精神、宪法原则、宪法规定等的理解、认识和把握。推进合宪性审查工作,对正式启动宪法解释程序提出了要求。[①] 因此,合宪性审查程序几乎与宪法解释程序合二为一,在某种意义上说,合宪性审查程序与宪法解释程序具有高度的契合性,甚至可以说,作出合宪性审查意见的过程其实就是解释宪法的过程,合宪性审查需要以宪法解释为前提,没有有权机关对宪法条文的解释,就难以确认相关的规范性文件是否与宪法相抵触。因此,笔者认为,考察我国宪法解释程序机制首先从考察合宪性审查程序入手。

事实上,我国合宪性审查程序已由《立法法》[②]所规定。笔者依照现行《立法法》第99—101条之规定,将我国备案审查中的合宪性审查程序归结为以下步骤:

第一,提出审查(要求与建议)主体。提起审查要求的主体是国务院、中央军委、最高法院、最高检察院和省级人大常委会等五大机关;提起审查建议的主体则包括上述五大机关以外的其他国家机关、社会团体、企事业组织和公民个人。

第二,提起的事由。只要认为行政法规、地方性法规、自治条例和单行条例(以下统称"规范性文件")同宪法或法律相抵触的,即可提起合宪性审查的要求或建议。

第三,提起请求的受理形式与受理机关。提起请求的主体必须以书面形式提起,受理机关是全国人大常委会。

第四,审查并提出审查意见。对审查要求,由全国人大常委会工作机构分送有关的全国人大专门委员会进行审查、提出意见;对审查建议,由全国人大常委会工作机构进行研究,必要时,送有关的全国人大专门委员会进行审查、提出意见。全国人大专门委员会、全国人大常委会工作机构在审查、研究中认为规范性

[①]《落实宪法解释程序机制推进合宪性审查工作》,中国人大网：www. npc. gov. cn/npc/c30834/201912/819bcd512b704530bf245f91a8aefaed. shtml,2020 年 8 月 6 日访问。

[②] 2000 年第九届全国人大第三次会议通过的《立法法》第五章以"适用与备案"为标题初步规定了我国合宪性与合法性审查的程序;2015 年修改后的《立法法》第五章则以"适用与备案审查"为标题,合宪性与合法性审查的程序设计未作变动。

文件同宪法或法律相抵触的,可以向制定机关提出书面审查意见、研究意见;也可以由法律委员会与有关的专门委员会、常务委员会工作机构召开联合审查会议,要求制定机关到会说明情况,再向制定机关提出书面审查意见。

第五,审查意见的反馈。规范性文件制定机关针对审查主体提出的审查意见,应当在60天内研究提出是否修改的意见,并向审查主体反馈。制定机关按照所提意见对规范性文件进行修改或者废止的,审查终止。

第六,向全国人大常委会委员长会议提出撤销议案。审查机关经审查、研究认为规范性文件同宪法或法律相抵触而制定机关不予修改的,应当向委员长会议提出予以撤销的议案、建议。

第七,委员长会议提请审议。由审查主体向委员长会议提出的撤销议案,由委员长会议决定,提请常务委员会会议审议。

第八,全国人大常委会审议并决定。全国人大常委会对于委员长会议提请的审查意见进行审议并作出决定。

第九,反馈并公开公布。全国人大有关的专门委员会和常务委员会工作机构将审查、研究情况向提出审查建议的国家机关、社会团体、企业事业组织以及公民反馈,并可以向社会公开。

从上述《立法法》规定的合宪性审查程序可以发现,这是一种集合宪性与合法性审查程序和宪法解释程序于一体的复合式程序,依照该程序,它既进行合法性审查,也可进行合宪性审查,同时还可以进行宪法解释。这一特点为《法规、司法解释备案审查工作办法》(以下简称《工作办法》)[1]所确认。实际上,《工作办法》是在《立法法》基础上,将备案审查中的合宪性、合政策性、合法性、适当性四大审查程序[2]合而为一,同时也可视为是宪法解释程序。

依据《工作办法》之规定,备案审查分为依职权审查、依申请审查、移送审查、专项审查等四种方式[3],而每一种审查方式的审查主体、受理方式等不尽相同,

---

[1] 《法规、司法解释备案审查工作办法》于2019年12月16日由第十三届全国人大常委会第四十四次委员长会议通过,它将原有的《行政法规、地方性法规、自治条例和单行条例、经济特区法规备案审查工作程序》和《司法解释备案审查工作程序》合并进行修改完善,形成了统一的备案审查工作制度性规范。

[2] 《法规、司法解释备案审查工作办法》第36条至第39条分别规定了合宪性、合政策性、合法性、适当性等四种情形的审查。

[3] 备案审查方式主要有:依职权审查,即审查机关主动进行审查;依申请审查,即审查机关根据有关国家机关或者公民、组织提出的审查建议进行审查;专项审查,即审查机关对特定领域规范性文件进行集中清理和审查(参见沈春耀2019年12月25日在第十三届全国人民代表大会常务委员会第十五次会议上所作的《全国人民代表大会常务委员会法制工作委员会关于2019年备案审查工作情况的报告》)。

故将四种审查中的合宪性审查程序分别归纳如下：

（一）依职权审查程序

1. 审查主体。全国人大宪法和法律委员会、全国人大常委会法工委是依职权审查主体。

2. 审查事由。对规范性文件中涉及宪法的问题，由审查主体主动进行合宪性审查。

3. 经审查主体研究，提出书面审查研究意见。

4. 及时反馈制定机关。

（二）依申请审查程序

1. 提起审查（要求或建议）主体。提起审查要求的主体是五大机关；提起审查建议的主体是国家机关、社会团体、企业事业组织以及公民。

2. 受理主体。审查要求的受理主体是常委会办公厅（接收、登记）；审查建议的受理主体是全国人大常委会法制工作委员会。

3. 审查主体及其审查。审查要求报秘书长批转有关宪法和法律委员会会同法工委进行审查；审查建议由法工委依法进行审查研究，必要时，送有关专门委员会进行审查、提出意见。

4. 告知制定机关。审查中若发现规范性文件的规定可能存在违背宪法规定、宪法原则或宪法精神问题的情形的，应当函告制定机关，要求制定机关在30天内作出说明并反馈意见。

5. 沟通或询问。审查主体在审查研究中发现规范性文件可能存在问题的，可以与制定机关沟通，或者采取书面形式对制定机关进行询问。需要予以纠正的，在提出书面审查研究意见前，可以与制定机关沟通，要求制定机关及时修改或者废止。

6. 沟通式审查中止。经沟通，制定机关同意对规范性文件予以修改或者废止，并书面提出明确处理计划和时限的，可以不再向其提出书面审查研究意见，审查中止。

7. 提出书面审查意见。经沟通没有结果的，应当依照立法法第100条规定，向制定机关提出书面审查研究意见，要求制定机关在60天内提出书面处理意见。

8. 督促或约谈。制定机关收到审查研究意见后逾期未报送书面处理意见的，专门委员会、法工委可以向制定机关发函督促或者约谈制定机关有关负责人，要求制定机关限期报送处理意见。

9. 审查中止。制定机关按照书面审查研究意见对规范性文件进行修改、废止的，审查终止。

10. 提出撤销议案。制定机关未按照书面审查研究意见对规范性文件及时予以修改、废止的，专门委员会、法工委可以依法向委员长会议提出予以撤销的议案、建议。

11. 委员长会议审议。委员长会议对撤销议案进行审议，并决定提请常委会会议审议。

12. 全国人大常委会审议并作出决定。

13. 反馈与公开。在审查工作结束后，由常委会办公厅向提出审查要求的机关进行反馈；法工委向提出审查建议的公民、组织进行反馈。对通过备案审查信息平台提出的审查建议，可以通过备案审查信息平台进行反馈。同时，专门委员会、常委会工作机构应当将开展备案审查工作的情况以适当方式向社会公开。

（三）移送审查程序

全国人大常委会法工委对有关机关通过备案审查衔接联动机制移送过来的法规、司法解释进行审查。

（四）专项审查程序

法工委结合贯彻党中央决策部署和落实常委会工作重点，对事关重大改革和政策调整、涉及法律重要修改、关系公众切身利益、引发社会广泛关注等方面的法规、司法解释进行专项审查。在开展依职权审查、依申请审查、移送审查过程中，发现可能存在共性问题的，可以一并对相关法规、司法解释进行专项审查。

在全国人大常委会依职权审查、专项审查、移送审查中，一旦发现规范性文件规定可能存在合法性、合政策性、适当性问题的，可以函告制定机关在 30 天内作出说明并反馈意见；其他审查程序与"依申请审查程序"第 5 步程序以下内容相同。

若就《立法法》与《工作办法》所规定的我国合宪性审查程序相比较，那么可以看出，二者所规定的程序基本相同，只不过《工作办法》比《立法法》更加细化，甚至可将《工作办法》视为《立法法》关于备案审查、合宪性审查等程序的实施细则。二者相较，第一，《工作办法》增加并区分了四种审查方式；《立法法》仅有依申请审查与主动审查，而《工作办法》增加了专项审查与移送审查，并就不同审查方式的程序作出了可操作性规定。第二，《工作办法》增加了制定机关反馈时间是 30 天，该期限在《立法法》中未作规定。第三，《工作办法》增加了沟通或询问程序。第四，《工作办法》增加了督促或约谈程序。因此，《工作办法》实质上是对

《立法法》关于备案审查、合宪性审查等程序的完善与补充，也是一种使之完备与健全的具体体现。

《工作办法》所规定的合宪性审查程序，实则亦可作宪法解释程序适用。第7步审查主体提出审查意见、第10步提出撤销案均涉及宪法条文的理解与解释，如果规范性文件存在违背宪法规定、宪法原则或宪法精神的问题，审查主体就必须对相应的宪法条文规范作出理解与解释，方可判断并认定涉案的规范性文件是否存在违宪的问题，因此，审查主体的审查意见或撤销案本身就必然是一种关于宪法的解释案。该解释案经委员长会议审议，可以提请全国人大常委会会议审议并决定通过与否。从该意义上说，我国宪法解释程序机制已经蕴含其中。

（二）如何健全完善我国宪法解释程序机制？

尽管我国《立法法》与《工作办法》均涉及对宪法解释程序的规定，但这些规定毕竟是对我国备案审查机制的规定：《立法法》关于合宪性审查程序的规定是在第五章"适用和备案审查"中确立的；《工作办法》本身就是针对法规、司法解释备案审查工作规定的办法，严格说是对《立法法》备案审查机制的实施细化。可见，在我国目前现存的立法中，既没有专门关于宪法解释程序的明文规定，也没有在合宪性审查程序中出现带有"宪法解释"字眼的规范，所谓"宪法解释程序"机制均是以学理"推定"而来，因此，不管全国人大常委会内部是否制定了有关健全宪法解释程序的意见，但是从现有的法规范看，附随型宪法解释程序蕴含于备案审查与合宪性审查程序之中，无论是依职权审查、依申请审查、专项审查或移送审查，只要在审查中发现规范性文件存在违背宪法规定、宪法原则或宪法精神的问题，皆有可能针对制定机关，由宪法和法律委员会与法工委提出审查意见；或针对存在问题的规范性文件，向全国人大常委会委员长会议提出撤销案。而审查意见或撤销案则必然包含着对宪法规定、宪法原则或宪法精神的理解与解释，因为在判断宪法外的一条规范或规则或原则是否合乎宪法，则必须对相关宪法内容的含义作出理解与解释，只有如此，才能判断其他规范文件是否与宪法相契合，才能对规范性文件的合宪性问题作出有效的判断与效力认定，若没有对宪法的解释，就难以证成规范性文件是否合宪性问题，因此，从某种意义上说，这种审查意见或撤销案实际上就是一种宪法解释案。所以，假如说目前我国现实中存在宪法解释程序机制的话，那就是附随型宪法解释程序机制。或许正是这种附随型宪法解释程序机制，才是具有中国特色的宪法解释程序机制。

当然，附随型宪法解释程序与独立型宪法解释程序有所不同。所谓独立型宪法解释程序，也就是解释程序的启动是独立的，只要满足解释的事由或要件，即可提起解释要求或建议，然后渐次依照解释程序进行到底；它不依附于备案审查或合宪性审查，不以提起合宪性审查为前提，它自身具有独立的提请事由。韩大元教授领衔的课题组起草的《宪法解释程序法》(专家建议稿)[1]就属于独立型宪法解释程序。从《建议稿》所设置的内容看，宪法解释程序包括宪法解释的主体与事由、提起解释请求的主体、请求的受理、宪法解释案的起草与审议、宪法解释案的通过等事项。如果将该《建议稿》所设计的宪法解释程序与《立法法》《工作办法》所规定的合宪性审查程序相比较，就会发现除了提起事由不同外，解释或审查主体、请求提起主体、请求受理主体以及起草审议主体都基本一致。《建议稿》第 6 条规定的提请事由是宪法的规定需要进一步明确具体含义的；宪法实施中需要明确适用依据的；规范性文件与宪法相抵触，需要明确宪法的规定的含义等；而《立法法》与《工作办法》规定的审查事由则是规范性文件是否与宪法相抵触，或是否存在规范性文件违背宪法规定、宪法原则或宪法精神的问题。具体相同或相似之处在于：(1)解释或审查主体都是全国人大常委会，具体而言是全国人大宪法和法律委员会、法制工作委员会；(2)请求提起主体均指国家机关、社会团体、企事业组织和公民个人，《建议稿》中将请求解释的主体划分为预防性解释的请求主体、抽象审查性解释的请求主体、具体审查性解释的请求主体和个人请求解释四种，《立法法》与《工作办法》规定的提起主体只有抽象审查请求主体一种；(3)受理主体在《建议稿》《立法法》和《工作办法》中所规定的都是全国人大常委会，而具体负责机构有所不同，《建议稿》和《立法法》都规定由法工委或工作机构(即法工委)负责，而《工作办法》作出了区分，审查要求的受理主体是常委会办公厅，而审查建议的受理主体则是法工委；(4)审查意见或撤销案和解释案的起草，《立法法》与《工作办法》规定的审查意见或撤销案是由审查主体即宪法和法律委员会与法工委负责提出，而《建议稿》规定的解释案则是由新设立的宪法解释咨询委员会负责；(5)审议主体的规定则相同，即都是由全国人大常委会委员长会议审议并决定提交常委会审议与决定；(6)宪法解释案的通过，《建议稿》明确规定由全国人大常委会全与会委员三分之二以上多数通过；而《立法法》与《工作办法》均未规定。从上述两种宪法解释的模式比较看，专家建议稿所设计的独立型宪法解释程序与《立法法》和《工作办法》所规定的附随型宪法解释程序几乎重合，并无实质性差异，只是提请的事由不同，导致解释主体或审查主体所承担的任务有所偏重而已(请见下表)。

---

[1]《中华人民共和国宪法解释程序法》(专家建议稿)，韩大元、张翔等：《宪法解释程序研究》，北京：中国人民大学出版社 2016 年版，第 174—178 页。

	《法规、司法解释备案审查工作办法》	《立法法》	《宪法解释程序法》（专家建议稿）
提起事由	对法规、司法解释进行审查研究,发现法规、司法解释存在违背宪法规定、宪法原则或宪法精神问题的,应当提出意见(第36条)	同宪法相抵触的(第99条)	同宪法相抵触的(第9条)
提起主体	国家机关、社会团体、企业事业组织以及公民	国务院、中央军委、最高院、最高检和省级人大常委会;其他国家机关和社会团体、企业事业组织以及公民	国务院、中央军委、最高院、最高检、省级人大及其常委会,60人以上全国人大代表或一个代表团;其他国家机关和社会团体、企业事业组织以及公民
受理主体	全国人大常委会办公厅	全国人大常委会法工委	全国人大常委会法工委
审理主体	全国人大有关专门委员会、法制工作委员会	全国人大宪法和法律委员会、专门委员会、常务委员会工作机构	全国人民代表大会宪法委员会提出意见,全国人民代表大会常务委员会委员长会议决定
草案起草主体	专门委员会、法制工作委员会(第34条)	全国人大宪法和法律委员会、专门委员会、常务委员会工作机构	全国人民代表大会法律委员会
审议与决定主体	全国人大常委会委员长会议	全国人大常委会委员长会议审议并决定提请全国人大常委会审议	全国人民代表大会常务委员会
通过主体	全国人大常委会	全国人大常委会	全国人大常委会

从我国宪法解释程序实践出发,笔者认为,附随型宪法解释是我国宪法解释的主要模式之一,其优势在于:第一,《立法法》与《工作办法》均作出了具体规定,有法可依;第二,提起请求的事由单一,仅通过合宪性审查而自然启动对宪法的解释,不会引起社会关系的急剧变动;第三,与独立型宪法解释模式相比,没有本质的差别。而独立型宪法解释模式提起解释的事由较为复杂,除了抽象审查性解释的请求外,还有预防性解释的请求、具体审查性解释的请求主体以及个人请求解释的请求,实际上在合宪性审查实践中,这些问题或许可以解决,譬如预防性解释的请求实际上是立法过程中合宪性审查,对此全国人大常委会委员长栗战书指出:"严格执行立法法、监督法和常委会议事规则,确保每一次会议、每一项议程、每一件议案都符合宪法法律规定和法定程序"。① 这就意味着,在立

---

① 栗战书在中华人民共和国第十三届全国人民代表大会第三次会议第二次全体会议上所作的《2020年全国人民代表大会常务委员会工作报告》。

法活动中,立法者已经事先意识到了立法内容的合宪性问题,并确保在立法过程中事前避免规范性文件的违宪问题。事实上,若是全国人大常委会的立法活动则无需提出解释请求,因为它自己就是宪法解释者;若是其他机关的立法如行政立法或地方性立法,则一般是依据"法律"立法,而无需提出宪法解释的请求。具体审查性解释是指法院在审理案件过程中,认为所适用的规范性文件同宪法相抵触而裁定中止诉讼程序,由最高人民法院决定向全国人大常委会提出解释宪法的请求,这一解释请求其实可由提起合宪性审查要求的主体所涵摄,即最高法院认为规范性文件同宪法相抵触即可提起合宪性审查要求。至于个人请求解释的事由,其实质是一种宪法诉愿,由于我国宪法制度或诉讼制度中未规定公民宪法诉愿制度,若仅由宪法解释程序法予以规定,则可能缺乏实体性合法依据而无法提起宪法解释的要求。可见,独立型宪法解释模式相较于附随型宪法解释模式并不具有明显的优势,甚至可能带来更多的制度安排性变动。因此,中央文件提出的"健全"或"落实宪法解释程序机制"的要求,实则针对的是抽象型宪法解释程序机制与附随型宪法解释程序机制。

由于我国宪法解释程序隐含在合宪性审查实践之中,因此,当下健全完善宪法解释程序机制的方案除了考虑制定专门的《宪法解释程序法》之外,最可行的方法是在合宪性审查中提出审查意见或撤销案中,充分考虑到宪法解释的价值,并对相关宪法条款的含义作出规范性解释,将这种宪法解释的审查意见或撤销案,依照《立法法》《工作办法》和《全国人大常委会议事规则》程序,由全国人大常委会以"宪法解释案"之名予以公布。因此,以现有的有关宪法解释程序的规则为基础和出发点,针对宪法解释程序机制,专门就议案的起草、审议与决定通过提出完善建议。

第一,完善宪法解释案起草机制。

通过宪法解释作为判断规范性文件违宪的审查意见或撤销案,其起草工作必须采取党内备案审查机关与国家层面的审查机关共同参与的方式。以往的方案都是将党的机关排斥在宪法解释之外,仅由国家层面的审查机构拟定宪法解释草案,《专家建议稿》还提出在全国人大常委会设立"宪法解释咨询委员会"作为宪法解释案起草的咨询机关,具体负责对需要解释的宪法条文依据、含义进行学理论证,然后由宪法和法律委员会负责起草。这种方式固然可行,但却忽视了党内备案审查机构关于宪法解释的审核意见。党的机关参与宪法解释案的起草,并非无足轻重或可有可无,而是缺一不可,它体现的是党的意志或主张,是党的领导在宪法解释工作中的具体表现。因此,凡是有关宪法解释案的起草,必须由宪法和法律委员会与党内备案审查机构共同参与,或由宪法和法律委员会先行起草，然后交由党内备案审查机构予以政治性把关，最后由党内机构与国家层面的审查机构共同向委员长会议提出宪法解释案，由委员长会议决定列入常委会会议议程。

第二，完善宪法解释案的审议与通过程序。

《宪法》《立法法》《全国人大组织法》和《全国人大常委会议事规则》都规定了全国人大常委会的审议与决定（议决）程序。《立法法》关于法律解释的审议是规定法律解释案经常务委员会会议审议，由宪法和法律委员会根据审议意见进行审议、修改，最后提出法律解释案草案的表决稿。《全国人大组织法》和《全国人大常委会议事规则》关于议案审议的规定，则是先由全国人大常委会委员长会议审议，然后决定提交常委会审议；或先交有关的专门委员会审议、提出报告，再决定是否提请常务委员会会议审议。关于宪法解释案的审议，因为是基于合宪性审查而进行的宪法解释，应当直接由委员长会议审议并决定提交常委会审议；同时，宪法解释案的表决应由常务委员会全体组成人员的三分之二多数通过，并由常委会发布公告予以公布。

第三，对于提起合宪性审查要求或建议的审查主体必须统一由宪法和法律委员会负责进行。

《工作办法》审查要求是由宪法和法律委员会会同法工委进行审查，而审查建议由法工委依法进行审查或由有关专门委员会进行审查。《全国人大组织法》规定专门委员会有权审议全国人大常委会交付的被认为同宪法相抵触的规范性文件，对审查建议事先审查未作规定。笔者认为，无论要求或建议，只要涉及宪法问题，都应当由宪法和法律委员会具体负责审查，法工委与专门委员会协同审查，因为只有宪法和法律委员会是全国人大常委会特别授权"推进合宪性审查"与"开展宪法解释"职责的机构，从组织结构上说，宪法和法律委员会才是专责审查主体。

值得注意的是，依据《工作办法》，我国合宪性审查程序比《立法法》中的规定增加了"沟通或询问"与"督促或约谈"两道程序，这可能使合宪性审查程序难以进行到底，从而无需提出书面审查意见甚或提出撤销案而程序戛然而止。按照《工作办法》规定，审查主体在审查研究中发现规范性文件可能存在问题的，可以与制定机关沟通，或采取书面形式对制定机关进行询问，要求制定机关及时修改或者废止；经沟通，制定机关同意对规范性文件予以修改或者废止，就可以不再向其提出书面审查研究意见，审查中止。经沟通没有结果的，才依照立法法第100条规定，向制定机关提出书面审查研究意见。制定机关收到审查研究意见后逾期未报送书面处理意见的，专门委员会、法工委可以向制定机关发函督促或者约谈制定机关有关负责人,要求制定机关限期报送处理意见。制定机关按照书面审查研究意见对规范性文件进行修改、废止的,审查终止。上述程序涉及制度安排,在我国政治体制与组织架构之下,制定机关一经审查机关沟通或询问,即会对可能违宪规范性文件予以修改或废止,更何况之后紧接着督促或约谈程序之保障。因此,理论上可能会进入到提出审查意见或撤销案程序阶段,但现实中可能因程序阻隔而难以达致。这是研究我国合宪性审查程序与宪法解释程序必须注意的问题。

(三)如何开启我国宪法解释程序机制之门?

全国人大常委会委员长栗战书在第五个国家宪法日座谈会上的讲话中指出:要健全宪法解释机制,加强宪法解释工作,积极回应社会关切,努力实现宪法的稳定性和适应性的统一。[①] 王晨副委员长在第六个国家宪法日座谈会上的讲话中进一步强调:按照党中央统一部署,全国人大常委会要行使好解释宪法的职权,落实宪法解释程序机制,积极回应涉及宪法有关问题的关切,努力实现宪法的稳定性和适应性的统一。[②] 从党的十九届四中全会提出"落实宪法解释程序机制"的新要求,到栗战书委员长和王晨副委员长的讲话,都表明,在我国宪法解释程序机制日益健全与完善的新时代,落实宪法解释程序机制成为健全保证宪法全面实施的体制机制与加强宪法监督和维护宪法尊严的首要任务,因此,如何落实宪法解释程序机制,则成为最关键的问题。笔者认为,在当下,全国人大常委会如何尽快启动以及何时启动我国宪法解释程序则显得尤为重要,换言之,选择启动我国宪法解释程序的时机与方法是最核心的问题。

关于如何启动我国宪法解释程序机制,笔者注意到,近来一些中青年宪法学者已经关注并提出了极具启迪性与建设性方案。第一,马岭主张,在宪法解释的启动方面,作为突破口,建议引入民间的力量,即考虑由全国人大常委会接受某项民间建议而启动审查程序并在审查过程中进行宪法解释,或将《立法法》第99条规定的审查建议权扩大解释为对法律解释和宪法解释的建议权进而单独适用宪法解释。[③] 第二,翟国强主张,启动我国宪法解释的推进策略,应当从三个方面推进宪法解释工作,即从非正式解释到正式解释、从附带性解释宪法到围绕宪法的解释以及从单一主体宪法解释到协调性的宪法解释。[④] 第三,林彦主张,将

---

① 栗战书:《在第五个国家宪法日座谈会上的讲话》,《中国人大》2018年第23期,第9页。

② 王晨:《弘扬宪法精神,推进国家治理体系和治理能力现代化——在第六个国家宪法日座谈会上的讲话》,《中国人大》第24期,第15页。

③ 马玲:《我国宪法解释的切入口探析》,《中国社会科学院研究生院学报》2020年第2期,第24页。

④ 翟国强:《宪法解释的启动策略》,《中国社会科学院研究生院学报》2020年第2期,第16页。

宪法解释纳入立法程序,即立法中嵌入宪法解释的具体方案,是当下最佳途径和最稳妥的方案,并强调指出这一解释路径是目前最可取且最值得推行的一种路径。[①] 第四,郑磊主张,我国宪法解释程序机制的"落实"途径,应当在具体宪法解释与抽象宪法解释"双重"路径中实现,全国人大及其常委会是具体宪法解释权的主体,而独立于合宪性审查活动的抽象宪法解释权则由全国人大常委会享有,因此,宪法解释权,既可体现为合宪性审查活动中的具体宪法解释,又可体现为独立于合宪性审查活动的抽象宪法解释。[②] 上述四种方案各具特色,然皆有可商榷之处:首先,马岭方案是希望借助民间力量,通过提起合宪性审查建议而由全国人大常委会通过启动合宪性审查程序,进而启动附随性宪法解释。这一方案不失为一条比较稳妥并可能实现的捷径。但可能存在的问题在于,合宪性审查程序未必进行到底,一旦规范性文件制定机关接受了审查主体的修改或废止的审议意见,审查即可中止,换言之,未等到宪法解释案出台就"夭折"了。其次,翟国强方案注意到了我国宪制实践中存在的非正式宪法解释的问题,试图将"鸭子浮水"式的非正式解释变成"鸭子上岸"的正式解释,从而开启我国宪法解释程序之门。然而,有关部门的"法律咨询"式的非正式宪法解释,与其说称之为"解释",毋宁说是一种"宪法理解",这种"宪法理解"倘若成为"宪法解释",则必须通过全国人大常委会会议审议并作出决定,予以正式公布,才可能成为正式宪法解释。翟国强方案所提出的"从附带性解释宪法到围绕宪法的解释"的主张,是企图在援引宪法进行法律解释时,让宪法来"唱主角",其他法律规范"做配角",以此实现宪法解释,其初衷是可以理解的,但却把本来意义的法律解释人为地变成了"宪法解释",就可能颠倒了事物的本质。至于第三种方式即从单一主体宪法解释到协调性的宪法解释,该主张本身就存在较大的学术争议,故以此作为启动宪法解释机制之方的妥当性值得慎思。再次,林彦方案是希望在全国人大常委会的立法程序中,通过释明立法的宪法依据,而达致宪法解释之目的。此方案与翟国强主张的第一种方案异曲同工,问题在于,这种依附于立法之宪法依据的"宪法解释",在实质内容上可能属于对宪法的解释,但却缺乏宪法解释的形式要件,即缺乏以全国人大常委会的名义通过并公布的形式要件。最后,郑磊的方案意图很明显,期望"东方不亮西方亮",如果具体性宪法解释之路走不通,就选择抽象性宪法解释之道。郑磊实际上已经注意到,通过合宪性审查实现宪法

---

① 林彦:《宪法解释应嵌入立法程序》,《中国社会科学院研究生院学报》2020 年第 2 期,第 10—13 页。

② 郑磊:《宪法解释与合宪性审查的关系——基于法解释二元结构的勾勒》,《中国社会科学院研究生院学报》2020 年第 2 期,第 22—23 页。

解释的可能存在着障碍，尤其是关于收容教育制度的废止，就是以"不见先法"的方式落幕，从而错失了通过个案的合宪性审查而出台宪法解释案的良机，所以，他才遗憾地承认，有合宪性审查必含宪法解释，宪法解释未出场，则未有典型的合宪性审查，只能是一次关于宪法案件的一般性备案审查实践。因此，他把打开宪法解释大门的可能寄托于抽象性宪法解释。然而，这种希望也许会落空，全国人大常委会之所以未在合宪性审查中开启宪法解释程序，就已经暴露了其意图，怎样可能还指望它自身再通过抽象性解释启动宪法解释程序呢？毕竟具体解释与抽象解释的主体均为同一个机关，实现"东方不亮西方亮"的宪法解释策略必须是两个不同的解释主体。以上四种方案虽有其之弊，但仍不失为迄今为止所能提出的最佳良策。

笔者以为，上述方案均忽略了前文提到的决定型宪法解释的具体实践。全国人大常委会以常委会会议的形式通过有关宪法条款内容解释的"决定"，这种"决定"本身就是全国人大常委会行使"解释宪法"的职权而作出的典型的宪法解释案。其依据是：第一，全国人大常委会是宪法授权"解释宪法"的惟一主体，这一职权的行使必须以事实上解释了宪法内容为依据；第二，它对宪法条文部分内容作出了解释，这是宪法解释的实质性要件，如果全国人大常委会没有针对宪法条文内容作任何解释，也就意味着它没有行使"解释宪法"的职权，所以，即使以"决定"的名义通过公布，也不能称之为宪法解释案；第三，这种解释案以常委会会议的形式通过了"决定"并予以正式公布。因此，笔者认为，只要合乎上述三个基本要件，全国人大常委会的"决定"就属于宪法解释案，也意味着它行使了"解释宪法"的宪定职权。所以，所谓启动我国宪法解释程序机制，事实上已经由全国人大常委会早以"决定"的形式开启了我国宪法解释之门。当下需要开启的是附随型宪法解释程序机制，上述马岭方案、翟国强方案以及郑磊方案均有所涉猎。因此，党的十九届四中全会提出的"落实宪法解释程序机制"，除了进一步落实全国人大常委会以"决定"的形式解释宪法的模式外，还需尽快落实附随型宪法解释程序机制。

笔者认为，在备案审查和由公民、组织提出的审查建议中，全国人大常委会择机将与宪法的规定和精神相抵触的规范性文件，通过审查，对相关宪法条款的内容作出解释，就可能以此启动附随型宪法解释程序之门，这不仅有其必要性，而且有其可能性，也更能够回应社会现实的要求，满足人民群众对于宪法价值的期待。根据全国人大常委会委员长栗战书 2019 年与 2020 年所作的工作报告，2018 年度，常委会认真审查报送备案的行政法规 40 件、地方性法规 1180 件、司法解释 18 件，认真研究公民、组织提出的审查建议 1229 件，督促有关方面依法撤销和纠正与宪法法律相抵触的规范性文件。① 2019 年度,报送备案的行政法规、地方性法规、司法解释 1995 件,报送备案的特别行政区本地法律 33 件,研究处理公民、组织提出的审查建议 138 件。经审查,督促制定机关纠正与宪法法律规定和精神相抵触、不符合、不适应的规范性文件 506 件。② 全国人大常委会法工委主任沈春耀在第十三届全国人大常委会第十五次会议上所作的《关于 2019 年备案审查工作情况的报告》中也提到:督促制定机关纠正与宪法法律规定有抵触、不符合的规范性文件。其中就包括一起与宪法规定相抵触的地方性法规个案:有的地方性法规规定,公安机关交通管理部门调查交通事故时可以查阅、复制当事人通讯记录。经审查认为,该规定不符合保护公民通信自由和通信秘密的原则和精神;对公民通信自由和通信秘密保护的例外只能是在特定情形下由法律作出规定,有关地方性法规所作的规定已超越立法权限。经向制定机关指出后,有关规定已经修改。③ 上述统计的缺陷在于,全国人大常委会工作报告仅是笼统地提到了与宪法法律规定和精神相抵触的文件数量,而没有将与宪法和法律相抵触的文件数量分别作出统计,从而使公众无法了解那些违宪的规范性文件的具体件数,更没有将那些为什么认定为违宪的规范性文件的原因作出详尽的说明与解释。即使沈春耀主任提到的那起典型的案件,尽管已经认定地方性法规的规定"不符合保护公民通信自由和通信秘密的原则和精神",最终也不了了之,未能上升为宪法解释案。事实上,如果全国人大常委会选择此案,结合规范性文件授权公安交通部门在调查交通事故时可以查阅、复制当事人通讯记录的具体规定,把为什么不符合保护公民通信自由和通信秘密的原则和精神的理由加以释明与解释,就是一例典型的宪法解释案,在解释中,就会围绕宪法第 40 条关于公民通信自由和通信秘密条款中的"通信自由"和"通信秘密"的概念、公民的通讯记录包括微信等是否属于"通信"的范畴以及有权查阅的条件和法律依据等作出理解与说明,从而解释了宪法第 40 条的含义。因此,宪法解释并未高不可攀,而是触手可及,关键是全国人大常委会要积极地行使并履行宪法赋予其解释宪法的职权,有学者就指出:"只有在制度上积极行使宪法解释权,才能'激活'合宪性审查机制,从而形成良性宪法实施的制度循环"。④ 因此,在我

---

① 栗战书:《2019 年全国人民代表大会常务委员会工作报告》。

② 栗战书:《2020 年全国人民代表大会常务委员会工作报告》。

③ 沈春耀 2019 年 12 月 25 日在第十三届全国人民代表大会常务委员会第十五次会议上所作的《全国人民代表大会常务委员会法制工作委员会关于 2019 年备案审查工作情况的报告》,参见中国人大网,http://www.npc.gov.cn/npc/c30834/201912/24cac1938ec44552b285f0708f78c944.shtml。

④ 任喜荣:《合宪性审查的"破题"与"激活"——以宪法解释为内核的制度发展》,韩大元、莫纪宏主编:《中国宪法年刊》(2018)第十四卷,北京:法律出版社 2019 年版,第 17 页。

国备案审查与合宪性审查的实践中,需要警惕的是,在合宪性审查中所遇到的一切违宪情形,审查主体不是积极回应社会生活对于宪法解释的普遍需求,而是极力规避对宪法的解释。其实,只要拥有解释宪法职权的全国人大常委会积极行使这一宪法赋予的权力,而不是逃避宪法的解释,我国宪法解释的未来才大有希望。

(四)结语

从党中央提出"健全宪法解释程序机制"到"落实宪法解释程序机制",意味着启动我国解释程序机制的现实要求已经成为社会共识,因此,学理上探讨我国立法实践中可能存在的宪法解释程序机制以及如何完善与落实等问题就具有强烈的现实意义与学术价值。笔者总结并分析了四种宪法解释模式:立法型宪法解释、决定型宪法解释、附随型宪法解释与独立型宪法解释。立法型宪法解释本质上属于立法活动,其遵守立法程序,因此,立法性宪法解释不属于典型意义上的宪法解释。决定型宪法解释是全国人大常委会以正式常委会会议的形式通过有关宪法条款内容解释的"决定",这种"决定"本身就是全国人大常委会行使"解释宪法"的职权而作出的典型的宪法解释案,因而事实上,决定型宪法解释本身就已启动了我国宪法解释之门。附随型宪法解释附随于备案审查与合宪性审查程序,它以合宪性审查为前置要件,合宪性审查程序与宪法解释程序具有高度的契合性,从某种意义上说,作出合宪性审查意见的过程就是解释宪法的过程。如果规范性文件存在违背宪法规定、宪法原则或宪法精神的问题,审查主体就必须对相应的宪法条文规范作出理解与解释,方可判断并认定涉案的规范性文件是否存在违宪的问题,因此,审查主体的审查意见或撤销案本身就必然是一种关于宪法的解释案。该解释案经委员长会议审议,可以提请全国人大常委会会议审议并决定通过与否。从该意义上说,我国宪法解释程序机制已经蕴含其中。与独立型宪法解释相比,它们具有极大的契合性,无实质性差异,只是提请的事由有所不同,因而,从我国宪法解释实际出发,决定型与附随型宪法解释是我国宪法解释的两种主要模式。独立型宪法解释程序,意味着解释程序的启动是独立的,只要满足解释的事由或要件,即可提起解释要求或建议,然后渐次依照解释程序进行到底;它不依附于备案审查或合宪性审查,不以提起合宪性审查为前提,它自身具有独立的提请事由。独立型宪法解释模式相较于附随型宪法解释模式并不具有明显的优势,甚至可能带来更多的社会关系的不确定性。因此,中央文件所提出的"健全"或"落实宪法解释程序机制",实质就是决定型宪法解释程序机制与附随型宪法解释程序机制。鉴于决定型宪法解释已经开启了我国解释之门,所以,当下需要开启的是附随型宪法解释程序机制,该机制可在备案审查和由公民、组织提出的审查建议中,由全国人大常委会将专门对与宪法的规定和精神相抵触的规范性文件,通过审查,对相应宪法条款的内容作出解释,从而以此启动附随型宪法解释程序机制。

参考文献

1. 中文著作

[1] 《十八大以来重要文献选编》(上),北京:中央文献出版社 2014 年版。

[2] 《马克思恩格斯全集》(第 1 卷),北京:人民出版社 1995 年版。

[3] 《毛泽东文集》(第 6 卷),北京:人民出版社 1999 年版。

[4] 《彭真传》编写组:《彭真传》第四卷,北京:中央文献出版社 2012 年版。

[5] 《世界各国宪法》编委会:《世界各国宪法》(四卷本),北京:中国检察出版社 2012 年版。

[6] 《中华人民共和国宪法解释程序法》(专家建议稿),韩大元、张翔等:《宪法解释程序研究》,北京:中国人民大学出版社 2016 年版。

[7] 北京大学法学院司法研究中心编:《宪法的精神:美国联邦最高法院 200 年经典判例选读》,北京:中国方正出版社 2003 年版。

[8] 本书编写组编著:《党的十九大报告辅导读本》,北京:人民出版社 2017 年版。

[9] 蔡定剑:《国家监督制度》,北京:中国法制出版社 1991 年版。

[10] 陈来:《古代宗教与伦理——儒家思想的根源》,北京:生活·读书·新知三联书店 1996 年版。

[11] 陈新民:《法治国公法学原理与实践》(上),北京:中国政法大学出版社 2007 年版。

[12] 陈新民:《法治国家论》,北京:学林文化事业有限公司 2001 年版。

[13] 陈云生:《民主宪政新潮》,北京:人民出版社 1988 年版。

[14] 陈云生:《违宪审查的原理与体制》,北京:北京师范大学出版社 2010 年版。

[15] 董和平、韩大元、李树忠:《宪法学》,北京:法律出版社 2000 年版。

[16] 董建华:《英国违宪审查》,北京:中国政法大学出版社 2011 年版。

[17] 范进学:《法律原意主义解释方法论》,北京:法律出版社 2018 年版。

[18] 范进学:《美国司法审查制度》,北京:中国政法大学出版社 2011 年版。

[19] 范进学:《认真对待宪法解释》,济南:山东人民出版社 2007 年版。

[20] 范进学:《宪法解释的理论建构》,济南:山东人民出版社 2004 年版。

[21] 方建中:《超越主权理论的宪法审查:以法国为中心的考察》,北京:法律出版社 2010 年版。

[22] 傅思明:《中国司法审查制度》,北京:中国民主法制出版社 2002 年版。

[23] 龚祥瑞：《比较宪法与行政法》，北京：法律出版社 2003 年版。

[24] 郭华榕：《法国政治制度史》，北京：人民出版社 2005 年版。

[25] 韩大元、莫纪宏主编.《外国宪法判例》，北京：中国人民大学出版社 2005 年版。

[26] 韩大元、张翔等：《宪法解释程序研究》，北京：中国人民大学出版社 2016 年版。

[27] 韩大元：《1954 年宪法与新中国宪政》，长沙：湖南人民出版社 2004 年版。

[28] 韩大元主编：《比较宪法学》，北京：高等教育出版社 2003 年版。

[29] 胡建淼、杜仪方编：《世界宪法法院法选编》，杭州：浙江大学出版社 2007 年版。

[30] 胡建淼：《比较行政法：20 国行政法评析》，北京：法律出版社 1998 年版。

[31] 胡建淼主编：《世界宪法法院制度研究》，杭州：浙江大学出版社 2007 年版。

[32] 胡锦光：《宪法监督与宪法保障研究》，张庆福主编《宪政论丛》（第 2 卷），北京：法律出版社 1999 年版。

[33] 胡锦光：《中国宪法问题研究》，北京：新华出版社 1998 年版。

[34] 胡锦光主编：《违宪审查比较研究》，北京：中国人民大学出版社 2006 年版。

[35] 胡骏：《奥地利宪法法院研究》，北京：法律出版社 2012 年版。

[36] 胡肖华：《宪法诉讼原论》，北京：法律出版社 2002 年版。

[37] 黄卉：《法学通说与法学方法》，北京：中国法制出版社 2015 年版。

[38] 黄茂荣：《法学方法与现代民法》，北京：中国政法大学出版社 2001 年版。

[39] 姜明安主编：《外国行政法教程》，北京：法律出版社 1993 年版。

[40] 蒋碧昆主编：《宪法学》（修订本），北京：中国政法大学出版社 1997 年版。

[41] 荆知仁：《宪政论衡》，台北：台湾商务印书馆 1983 年版。

[42] 考夫曼：《当代法学哲学和法律理论导论》，郑永流译，北京：法律出版社 2002 年版。

[43] 孔祥俊：《法律解释方法与判解研究》，北京：人民法院出版社 2004 年版。

[44] 李步云主编：《宪法比较研究》，北京：法律出版社 1998 年版。

[45] 李鸿禧：《违宪审查论》，台北：东升美术印刷有限公司 1990 年版。

[46] 李建良：《宪法理论与实践》（一），台北：台北学林文化事业有限公司 2003 年版。

[47] 李龙：《宪法基础理论》，武汉：武汉大学出版社 1999 年版。

[48] 李晓兵：《法国第五共和国宪法与宪法委员会》，北京：知识出版社 2008 年版。

[49] 李忠：《宪法监督论》，北京：社会科学文献出版社 1999 年版。

[50] 梁慧星：《民法解释学》，北京：中国政法大学出版社 1995 年版。

[51] 林广华：《违宪审查制度比较研究》，北京：社会科学出版社 2004 年版。

[52] 林来梵：《从宪法规范到规范宪法》，北京：法律出版社 2001 年版。

[53] 刘向文、宋雅芳：《俄罗斯联邦宪政制度》，北京：法律出版社 1999 年版。

[54] 刘向文：《俄国政府与政治》，台北：台湾五南图书出版公司 2002 年版。

[55] 刘向文等：《俄罗斯联邦宪法司法制度研究》，北京：法律出版社 2012 年版。

[56] 刘兆兴：《德国联邦宪法法院总论》，北京：法律出版社 1998 年版。

[57] 罗豪才、吴颉英：《资本主义国家的宪法和政治制度》，北京：北京大学出版社 1997 年版。

[58] 罗豪才主编：《中国司法审查制度》，北京：北京大学出版社 1993 年版。

［59］ 莫纪宏：《违宪审查的理论与实践》，北京：法律出版社 2006 年版。

［60］ 莫纪宏：《宪法审判制度概要》，北京：中国人民公安大学出版社 1998 年版。

［61］ 莫纪宏：《宪政新论》，北京：中国方正出版社 1997 年版。

［62］ 裘索：《日本违宪审查制度》，北京：商务印书馆 2008 年版。

［63］ 全国人大常委会法工委法规备案审查室审定：《规范性文件备案审查制度理论与实务》，北京：中国民主法制出版社 2011 年版。

［64］ 阮毅成：《比较宪法》，北京：商务印书馆 1933 年版。

［65］ 沈宗灵：《比较宪法——对八国宪法的比较研究》，北京：北京大学出版社 2002 年版。

［66］ 舒国滢等：《法律方法论问题研究》，北京：中国政法大学出版社 2007 年版。

［67］ 苏永钦：《合宪性控制的理论与实际》，台北：台湾月旦出版社 1994 年版。

［68］ 童建华：《英国违宪审查》，北京：中国政法大学出版社 2011 年版。

［69］ 王汉斌：《王汉斌访谈录——亲历新时期社会主义民主法制建设》，北京：中国民主法制出版社 2012 年版。

［70］ 王建学：《法国式合宪性审查的历史变迁》，北京：法律出版社 2018 年版。

［71］ 王泽鉴：《法律思维与民法实例》，北京：中国政法大学出版社 2001 年版。

［72］ 王振民：《中国违宪审查制度》，北京：中国政法大学出版社 2004 年版。

［73］ 吴庚：《宪法的解释与适用》，台北：三民书局 2004 年版。

［74］ 吴庚：《政法理论与法学方法》，北京：中国人民大学出版社 2007 年版。

［75］ 吴天昊：《法国违宪审查制度》，北京：中国政法大学出版社 2011 年版。

［76］ 吴志光：《比较违宪审查制度》，神州图书出版有限公司 2003 年版。

［77］ 伍蠡甫：《西方文论选》（下卷），上海：上海译文出版社 1986 年版。

［78］ 肖蔚云：《论各国对宪法实施的保障》，北京：法律出版社 1984 年版。

［79］ 肖蔚云：《我国现行宪法的诞生》，北京：北京大学出版社 1986 年版。

［80］ 萧蔚云、魏定仁：《宪法学概论》，北京：北京大学出版社 1982 年版。

［81］ 徐秀义、韩大元主编：《现代宪法学基本原理》，北京：中国人民公安大学出版社 2001 年版。

［82］ 许崇德主编：《宪法》，北京：中国人民大学出版社 1999 年版。

［83］ 许崇德主编：《宪法学》，北京：高等教育出版社 2000 年版。

［84］ 杨泉明：《宪法保障论》，重庆：四川大学出版社 1990 年版。

［85］ 杨仁寿：《法学方法论》，北京：中国政法大学出版社 1999 年版。

［86］ 尤晓红：《俄罗斯宪法法院研究》，北京：社会科学文献出版社 2009 年版。

［87］ 余军等：《中国宪法司法适用之实证研究》，北京：中国政法大学出版社 2017 年版。

［88］ 俞子清主编：《宪法学》，北京：中国政法大学出版社 1999 年版。

［89］ 张丽：《试论法国宪法委员会的司法性》，《欧洲法通讯》（第 1 辑），北京：法律出版社 2001 年版。

［90］ 张千帆、包万超、王卫明：《司法审查制度比较研究》，南京：译林出版社 2012 年版。

［91］ 张千帆：《法国与德国宪政》，北京：法律出版社 2011 年版。

［92］ 张千帆：《西方宪政体系》（下册），北京：中国政法大学出版社 2001 年版。

［93］张千帆主编：《宪法学》，北京：法律出版社 2004 年版。

［94］张庆福主编：《宪法学基本理论》，北京：社会科学文献出版社 1999 年版。

［95］张汝伦：《意义的探究——当代西方释义学》，沈阳：辽宁人民出版社 1986 年版。

［96］张翔：《宪法释义学：原理·技术·实践》，北京：法律出版社 2013 年版。

［97］张翔主编：《德国宪法案例选释》，北京：法律出版社 2012 年版。

［98］张延玲、隆仁主编：《世界通史》（第 3 卷、第 6 卷），海口：南方出版社 2000 年版。

［99］张志铭：《法律解释操作分析》，北京：中国政法大学出版社 1998 年版。

［100］赵宝云：《西方五国宪法通论》，北京：中国人民公安大学出版社 1994 年版。

［101］赵立新：《日本违宪审查制度》，北京：中国法制出版社 2008 年版。

［102］中国法学会编：《宪法论文集》，北京：法律出版社 1983 年版。

［103］周叶中主编：《宪法》，北京：高等教育出版社、北京大学出版社 2005 年版。

［104］周叶中主编：《宪法学》，北京：法律出版社 1998 年版。

［105］朱福惠主编：《宪法学新编》，北京：法律出版社 1999 年版。

［106］王建学主编：《1789 年人权和公民权宣言的思想渊源之争》，北京：法律出版社 2013 年版。

2. 中文期刊论文

［1］蔡定剑、刘星红：《论立法解释》，《中国法学》1993 年第 6 期。

［2］蔡定剑：《宪法实施的概念与宪法施行之道》，《中国法学》2004 年第 1 期。

［3］范进学、冯静：《司法能动主义在中国：司法哲学之可能走向》，《云南大学学报》2010 年第 2 期。

［4］范进学：《非解释性宪法适用论》，《苏州大学学报》2016 年第 5 期。

［5］费善诚：《试论我国违宪审查制度的模式选择》，人大复印资料《宪法学与行政法学》1999 年第 5 期。

［6］冯健鹏：《我国司法判决中的宪法援引及其功能——基于已公开判决文书的实证研究》，《法学研究》2017 年第 3 期。

［7］韩大元、刘志刚：《试论当代宪法诉讼制度的基本功能》，《法学家》1998 年第 2 期。

［8］韩大元：《关于推进合宪性审查工作的几点思考》，《法律科学》2018 年第 3 期。

［9］韩大元：《论合宪性推定的原则》，《山西大学学报》2004 年第 3 期。

［10］侯学宾：《含义、原初性与宪法忠诚——原旨主义的三种基本共识性命题》，《法制与社会发展》2010 年第 6 期。

［11］胡锦光、王丛虎：《论我国宪法解释的实践》，《法商研究》2000 年第 2 期。

［12］胡锦光：《论我国法院适用宪法的空间》，《政法论丛》2019 年第 4 期。

［13］胡锦光：《违宪审查与相关概念辨析》，《法学杂志》2006 年第 4 期。

［14］胡锦光：《在必然与巧合之间——马伯里诉麦迪逊案解读》，《法学家》2006 年第 4 期。

［15］黄明涛：《两种〈宪法解释〉的概念分野与合宪性解释的可能性》，《中国法学》2014 年第 6 期。

［16］姜福东：《司法过程中的合宪性解释》，《国家检察官学院学报》2008 年第 4 期。

[17] 蒋惠岭：《历史解释法在司法裁判中的应用》，《法律适用》2002 年第 11 期。

[18] 蒋惠岭：《目的解释法的理论及适用》，《法律适用》2002 年第 5 期。

[19] 李滨：《法国违宪审查制度探析》，《北方法学》2008 年第 3 期。

[20] 李念祖：《美国宪法上"政治问题"理论与释字第 328 号解释》，《律师通讯》（1994 年 6 月号）第 177 期。

[21] 李念祖：《再论"政治问题"理论在我国宪法解释上之运用》，《台大法学论丛》（第 29 卷）2000 年第 2 期。

[22] 李晓兵：《论法国宪法委员会合宪性审查实践的创造性》，《东岳论丛》2008 年第 5 期。

[23] 李晓兵：《法国宪法委员会 1971 年〈结社自由案〉评析》，《厦门大学法律评论》2010 年第 1 期。

[24] 李毅：《美国联邦最高法院的司法审查权》，《法学杂志》1999 年第 1 期。

[25] 林来梵：《合宪性审查的宪法政策论思考》，《法律科学》2018 年第 3 期。

[26] 刘飞：《宪法解释的规则综合模式与结果取向》，《中国法学》2011 年第 2 期。

[27] 刘练军：《何谓合宪性解释：性质、正当性、限制及运用》，《西南政法大学学报》2010 年第 4 期。

[28] 刘向文：《俄罗斯联邦宪法司法制度的历史发展》，《黑龙江省政法管理干部学院学报》2006 年第 1 期。

[29] 刘向文：《苏联宪法监督制度的发展变化》，《郑州大学学报》2003 年第 1 期。

[30] 刘云龙：《也论宪法诉讼及其在我国的应用》，《法学评论》2002 年第 3 期。

[31] 柳建龙：《合宪性解释原则的本相与争论》，《清华法学》2011 年第 1 期。

[32] 吕国平：《论欧洲联邦的先决裁决制度》，《中外法学》1996 年第 1 期。

[33] 马岭：《"违宪审查"相关概念之分析》，《法学杂志》2006 年第 3 期。

[34] 马岭：《德国和美国违宪审查制度之比较》，《环球法律评论》2005 年第 2 期。

[35] 马岭：《我国宪法解释的程序设计》，《法学评论》2015 年第 4 期。

[36] 欧爱民：《聚众淫乱罪的合宪性分析——以制度性保障理论为视角》，《法商研究》2011 年第 1 期。

[37] 苏力：《语境论：一种法律制度研究的进路和方法》，《中外法学》2000 年第 1 期。

[38] 孙光宁：《宪法解释方法的两种传统及其启示》，《北方法学》2014 年第 4 期。

[39] 田伟：《规范合宪性审查决定的类型与效力》，《中国法律评论》2020 年第 1 期。

[40] 田伟：《宪法和法律委员会规范合宪性审查的程序类型》，《华东政法大学学报》2018 年第 4 期。

[41] 童之伟、姜光文：《日本的违宪审查制及其启示》，《法学评论》2005 年第 4 期。

[42] 童之伟：《宪法适用应依循宪法本身规定的路径》，《中国法学》2008 年第 6 期。

[43] 王建学：《法国宪法解释机制的发展历史及基本趋势》，《人民法院报》（2015 年 12 月 4 日）。

[44] 王书成：《论合宪性解释方法》，《法学研究》2012 年第 5 期。

[45] 王旭：《行政法律裁判中的合宪性解释与价值衡量方法——对一个行政案件法律推理过程的具体考察》，《行政法学研究》2008 年第 1 期。

[46] 王旭：《论我国宪法解释程序机制：规范、实践与完善》，《中国高校社会科学》2015 年第

4 期。

[47] 王勇：《宪法司法化涉及的有关问题》，《人大研究》2002 年第 4 期。

[48] 王玉明：《论宪法解释》，《现代法学》1990 年第 4 期。

[49] 韦宝平、李丰：《理论与现实的碰撞：当代中国宪法司法化的困境》，《江苏社会科学》2004 年第 3 期。

[50] 谢立斌：《德国宪法解释方法与比较解释的可能性》，《法哲学与法社会学论丛》2009 年第 14 期。

[51] 谢维雁：《论合宪性解释不是宪法的司法适用方式》，《中国法学》2009 年第 6 期。

[52] 谢维雁：《论宪法进入诉讼的方式——兼论宪法诉讼的概念》，《政治与法律》2010 年第 5 期。

[53] 徐炳：《美国司法审查制度的起源——马伯里诉麦迪逊案述评》，《外国法译评》1995 年第 1 期。

[54] 徐霄飞：《司法能动主义的兴起与扩散——以司法能动主义内涵的探寻与厘清为核心》，《政治与法律》2013 年第 4 期。

[55] 杨春磊：《聚众淫乱罪的违宪性分析》，《湖北警官学院学报》2013 年第 2 期。

[56] 杨国栋：《欧盟反危机措施的司法审查研究——兼论后危机时代欧洲一体化模式的博弈》，《欧洲研究》2019 年第 2 期。

[57] 杨建顺：《日本宪法诉讼理论与实践发展述评》，《法学家》1995 年第 5 期。

[58] 杨合理：《关于建立宪法诉讼制度若干问题的思考》，《政治与法律》1997 年第 6 期。

[59] 于文豪：《我国宪法解释的效力三题》，《中国社会科学院研究生院学报》2020 年第 2 期。

[60] 张红：《民事裁判中的宪法适用》，《比较法研究》2009 年第 4 期。

[61] 张明揩：《注重体系解释实现刑法正义》，《法律适用》2005 年第 2 期。

[62] 张千帆：《法国宪政院与人权的宪法保护》，《公法研究》2002 年第 1 辑。

[63] 张翔：《两种宪法案件——从合宪性解释看宪法对司法的可能影响》，《中国法学》2008 年第 3 期。

[64] 张英：《论欧洲法院的初步裁决程序》，《法商研究》2001 年第 4 期。

[65] 张志铭：《法律解释原理》（上），《国家检察官学院学报》2007 年第 6 期。

[66] 郑强、傅思明：《让宪法诉讼"活起来"——从新闻官司看宪法诉讼权利保护》，《公法评论》2001 年 8 月 17 日。

[67] 致远：《系统解释法的理论与应用》（上），《法律适用》2002 年第 2 期。

[68] 钟国允：《论法国宪法委员会之组织及其合宪审查程序》，《宪政时代》，第 28 卷第 1 期。

[69] 周伟：《全国人民代表大会宪法解释案例研究》，《福建政法管理干部学院学报》2002 年第 1 期。

[70] 周伟：《我国宪法解释之制度与学说》，《上海政法管理干部学院学报》2002 年第 3 期。

[71] 周伟：《宪法解释案例实证问题研究》，《中国法学》2002 年第 2 期。

[72] 周叶中：《宪法实施：宪法学研究的一个重要课题》，《法学》1987 年第 5 期。

[73] 朱福惠：《法律合宪性解释的中国语境与制度逻辑——兼论我国法院适用宪法的形

式》,《现代法学》2017 年 1 月。

[74] 朱国斌:《法国的宪法监督与宪法诉讼制度》,《比较法研究》1996 年第 3 期。

[75] 范进学:《人民法院的〈审判权〉是否蕴含着宪法解释权》,陈金钊、谢晖:《法律方法》第
　　　 8 卷,济南:山东人民出版社 2008 年版。

[76] 韩大元:《"十六大"后须强化宪法解释制度的功能》,韩大元等:《现代宪法解释基本理
　　　 论》,北京:中国民主法制出版社 2006 年版。

[77] 韩大元:《论宪法诉愿制度的基本功能》,《宪政与行政法治评论》2007 年第三卷,北京:
　　　 中国人民大学出版社 2007 年版。

[78] 胡锦光:《论法国宪法监督体制》,张庆福主编:《宪政论丛》,北京:法律出版社 1998
　　　 年版。

[79] 刘向文:《论苏联宪法监督委员会的成立与实践》,《宪政论丛》第 1 卷,北京:法律出版
　　　 社 1998 年版。

[80] 上官丕亮:《什么是合宪解释》,《法律方法》(第九卷),济南:山东人民出版社 2009
　　　 年版。

[81] 苏永钦:《合宪法律解释原则——从功能法上考量其运用界限与效力问题》,苏永钦:
　　　 《合宪性控制的理论与实际》,台北:月旦出版社股份有限公司 1994 年版。

[82] 王玉芳:《先决裁判制度:欧洲一体化进程中的一张王牌》,赵海峰、金邦贵编,《欧洲法
　　　 通讯》(第四辑),北京:法律出版社 2003 年版。

[83] 小林武:《我国违宪审查的 50 年——总论的概观》,宪法理论研究汇编,《宪法 50 年的
　　　 人权与宪法裁判》,敬文堂 1997 年版。

[84] 张莉:《法国违宪审查制度的历史发展与特征》,莫纪宏主编,《违宪审查的理论与实
　　　 践》,北京:法律出版社 2006 年版。

3. 中文译著与论文

[1] [奥]凯尔森:《法与国家的一般理论》,沈宗灵译,北京:中国大百科全书出版社 1996
　　　 年版。

[2] [奥]罗伯特·瓦尔特:《宪法法院的守护者:汉斯·凯尔森法官研究》,王银宏译,北京:
　　　 人民日报出版社 2016 年版。

[3] [奥]特奥·约林格:《立法之宪政审查——奥地利模式研究》,王涛译,《研究生法学》
　　　 2006 年第 4 期。

[4] [德]K. 茨维格特、H. 克茨:《比较法总论》,潘汉典等译,北京:法律出版社 2003 年版。

[5] [德]伯恩·魏德士:《法理学》,丁小春、吴越译,北京:法律出版社 2005 年版。

[6] [德]迪特尔·拉夫:《德意志史——从古老帝国到第二共和国》,波恩 InterNation 出版
　　　 社 1987 年版。

[7] [德]恩吉施:《法律思维导论》,郑永流译,北京:法律出版社 2004 年版。

[8] [德]伽达默尔:《真理与方法》,洪汉鼎译,上海:上海译文出版社 1999 年版。

[9] [德]汉斯·格奥尔格·伽达默尔:《真理与方法——哲学诠释学的基本特征》(上卷),
　　　 洪汉鼎译,上海:上海译文出版社 1999 年版。

[10] [德]黑格尔:《法哲学原理》,范扬、张企泰译,北京:商务印书馆1996年版。

[11] [德]卡尔·拉伦茨:《法学方法论》,陈爱娥译,北京:商务印书馆2003年版。

[12] [德]卡尔·施密特:《宪法的守护者》,李君韬、苏慧婕译,北京:商务印书馆2008年版。

[13] [德]卡尔·施密特:《宪法学说》,刘锋译,上海:上海人民出版社2005年版。

[14] [德]康拉德·黑塞:《联邦德国宪法纲要》,李辉译,北京:商务印书馆2007年版。

[15] [德]克劳斯·施莱希、斯特凡·科里奥特:《联邦宪法法院:地位、程序与裁判》,刘飞译,北京:法律出版社2007年版。

[16] [德]齐佩利乌斯:《法学方法论》,金振豹译,北京:法律出版社2009年版。

[17] [德]萨维尼:《当代罗马法体系》(第一卷),朱虎译,北京:中国法制出版社2010年版。

[18] [德]萨维尼:《萨维尼法学方法论讲义与格林笔记》,杨代雄译,北京:法律出版社2008年版。

[19] [俄]安德兰尼克·米格拉尼扬:《俄罗斯现代化与公民社会》,徐葵等译,北京:新华出版社2003年版。

[20] [法]保罗·利科:《诠释学与人文科学:语言、行为、解释文集》,孔明安等译,北京:中国人民大学出版社2012年版。

[21] [法]勒内·达维德:《当代主要法律体系》,漆竹生译,上海:上海译文出版社1984年版。

[22] [法]勒内·达维德:《英国法与法国法:一种实质性比较》,潘华仿、高鸿钧、贺卫方译,北京:清华大学出版社2002年版。

[23] [法]利科尔:《解释学与人文科学》,陶远华等译,石家庄:河北人民出版社1987年版。

[24] [法]卢梭:《社会契约论》,何兆武译,北京:商务印书馆1980年版。

[25] [美]路易斯·亨金、阿尔伯特·J.罗森塔尔编:《宪政与权利》,郑戈等译,北京:生活·读书·新知三联书店1996年版。

[26] [法]孟德斯鸠:《论法的精神》(上册),张雁深译,北京:商务印书馆1961年版。

[27] [法]皮埃尔·特鲁仕:《法国司法制度》,丁伟译,北京:北京大学出版社2012年版。

[28] [法]托克维尔:《论美国的民主》(上卷),董国良译,北京:商务印书馆1997年版。

[29] [法]夏尔·戴高乐:《战争回忆录》,陈焕章译,北京:中国人民大学出版社2005年版。

[30] [古希腊]亚里士多德:《政治学》,吴寿彭译,北京:商务印书馆1965年版。

[31] [美]C. H. 麦基文:《宪政古今》,翟小波译,贵阳:贵州人民出版社2004年版。

[32] [美]阿德里安·沃缪勒:《不确定状态下的裁判——法律解释的制度理论》,梁迎修、孟庆友译,北京:北京大学出版社2011年版。

[33] [美]阿奇博尔德·考克斯:《法院与宪法》,田雷译,北京:北京大学出版社2006年版。

[34] [美]伯尔吉斯:《政治学及比较宪法学》,朱学鲁译,北京:商务印书馆1911年版。

[35] [美]伯纳德·施瓦茨:《美国最高法院史》,毕洪海等译,北京:中国政法大学出版社2005年版。

[36] [美]汉密尔顿、杰伊、麦迪逊:《联邦党人文集》,程逢如等译,北京:商务印书馆1980年版。

[37] [美]杰罗姆·巴伦、托马斯·迪恩斯:《美国宪法概论》,刘瑞祥等译,北京:中国社会科

学出版社 1995 年版。

[38] 〔美〕克里斯托弗·沃尔夫：《司法能动主义》，黄金荣译，北京：中国政法大学出版社 2004 年版。

[39] 〔美〕罗伯斯·比尔：《革命法制和审判》，赵涵舆译，北京：商务印书馆 1965 年版。

[40] 〔美〕罗伯特·达尔：《美国宪法的民主批判》，佟德志译，北京：东方出版社 2007 年版。

[41] 〔美〕罗伯特·麦克洛斯基：《美国最高法院》，任东来等译，北京：中国政法大学出版社 2005 年版。

[42] 〔美〕罗纳德·德沃金：《认真对待权利》，信春鹰、吴玉章译，北京：中国大百科出版社 1998 年版。

[43] 〔美〕罗斯科·庞德：《法律史解释》，曹玉堂、杨知译，北京：华夏出版社 1989 年版。

[44] 〔美〕索蒂里奥斯·巴伯、詹姆斯·弗莱明：《宪法解释的基本问题》，徐爽、宦胜奎译，北京：北京大学出版社 2016 年版。

[45] 〔美〕西尔维亚·斯诺维斯：《司法审查与宪法》，湛洪果译，北京：北京大学出版社 2005 年版。

[46] 〔美〕小卢卡斯·A. 鲍威：《沃伦法院与美国政治》，欧树军译，北京：中国政法大学出版社 2005 年版。

[47] 〔美〕亚历山大·M. 比克尔：《最小危险部门》，姚中秋译，北京：北京大学出版社 2007 年版。

[48] 〔美〕约翰·亨利·梅利曼：《大陆法系》，顾培东、禄正平译，北京：知识出版社 1984 年版。

[49] 〔日〕阿部照哉、池田政章、初宿正典、户松秀典：《宪法——总论篇·统治机构篇》（上），周宗宪译，北京：中国政法大学出版社 2006 年版。

[50] 〔日〕芦部信喜：《宪法》（第六版），林来梵等译，北京：清华大学出版社 2018 年版。

[51] 〔日〕松尾浩也：《日本刑事诉讼法》（下册），张凌译，北京：中国人民大学出版社 2005 年版。

[52] 〔日〕佐藤功：《比较政治制度》，刘庆林、张光博译，北京：法律出版社 1984 年版。

[53] 〔英〕W. Ivor·詹宁斯：《法与宪法》，龚祥瑞、侯健译，北京：生活·读书·新知三联书店 1997 年版。

[54] 〔英〕戴雪：《英宪精义》，雷宾南译，北京：中国法制出版社 2001 年版。

[55] 〔英〕霍布斯：《利维坦》，黎思复、黎廷弼译，北京：商务印书馆 1985 年版。

[56] 〔英〕洛克：《政府论》下篇，叶启芳、翟菊农译，北京：商务印书馆 1964 年版。

[57] 〔英〕威廉·布莱克斯通：《英国法释义》，游云庭、缪苗译，上海：上海人民出版社 2006 年版。

[58] 《美国联邦刑事诉讼规则和证据规则》，卞建林译，北京：中国政法大学出版社 1998 年版。

[59] 〔美〕伯纳德·施瓦茨：《美国最高法院史》，毕洪海等译，北京：中国政法大学出版社 2005 年版。

[60] 〔德〕Christian Slak：《宪法解释》，李建良译，1997 年 7 月《台大法学论丛》第 26 卷第

4 期。

[61] [德]迪特·格林：《论凯尔森的解释学说、宪法法院机制与民主原则之间的关系》，张龑编译：《法治国作为中道：汉斯·凯尔森法哲学与公法学论集》，北京：中国法制出版社2017 年版。

[62] [德]斯特凡·科里奥特：《对法律的合宪性解释：正当的解释规则抑或对立法者的不当监护？》，田伟译，《华东政法大学学报》2016 年第 3 期。

[63] [俄]格里岑科·叶琳娜·弗拉基米罗芙娜：《俄罗斯联邦的宪法司法制度》，刘向文译，《河南省政法管理干部学院学报》2005 年第 6 期。

[64] [法]安德烈·鲁：《新宪法委员会：法兰西例外之终结？》，王蔚译，《公法研究》2010年卷。

[65] [法]米歇尔·弗罗蒙：《欧洲宪法司法的多样性——兼及法国之例外》，金邦贵，施鹏鹏译，《厦门大学法律评论》2010 年第 18 辑。

[66] [韩]丁泰镐：《宪法诉愿的概念与历史的发展》，《宪法研究》，韩国宪法学研究会，1996年第 4 集。

[67] [韩]朴日唤：《奥地利的宪法诉愿制度》，《宪法研究》（第一卷），韩国公法学会(1989)。

[68] [加]杰夫·霍尔：《加拿大最高法院的法律解释：普通法方法的胜利》，李明倩译，《法律方法》第 23 卷。

[69] [美]伯顿·凯恩：《美国的违宪审查——坏设计，好结果？》，王鑫译，《清华法律评论》第六卷第二辑。

[70] [美]布赖恩·比克斯：《法律解释中的问题》，安德雷·马默主编：《法律与解释——法哲学论文集》，张卓明、徐宗立译，北京：法律出版社 2006 年版。

[71] [美]欧文·M. 费斯：《客观性与解释》，夏泽祥译，韩大元主编《比较宪法——宪法文本与宪法解释》，北京：中国人民大学出版社 2008 年版。

[72] [日]阪口正二郎：《第二次世界大战后日本的违宪审查制》，于婷译，《中国宪法年刊(2009)》。

[73] [日]中村义孝编：《法国的"法治国家论"与宪法法院——路易·法布奥罗与多米尼克·卢梭的理论》，莫纪宏译，张庆福主编：《宪政论丛》，北京：法律出版社 1988 年版。

[74] [前苏联]伊里伊斯基：《社会主义国家的宪法监督和宪法保障》，《苏维埃国家与法》1969 年第 5 期。

[75] [奥]特奥·约林格：《立法之宪政审查——奥地利模式研究》，王涛译，《研究生法学》2006 年第 4 期。

[76] [法]杰哈·马库：《法国"违宪先决问题"之制度与实务》，李鋅澂译，《交大法学》2014 年第 1 期。

[77] [日]芦部信喜：《日本违宪判断的方法》，于敏译，《环球法律评论》1985 年第 1 期。

[78] [苏]拉扎列夫、A. H. 斯利瓦：《苏联宪法改革的第一阶段》，安平译，《法学评论》1989 年第 4 期。

[79] [苏]《苏联宪法监督法》，王向明译，《环球法律评论》1990 年第 6 期。

4. 外文著作与论文

〔1〕 A. J. Beveridge, *Life of John Marshall*, Houghton Mifflin, 1919.

〔2〕 Aharon Barak, *Purposive Interpretation*, Sari Bashi trans, Princeton University Press, 2005.

〔3〕 Albert J. Beveridge, *The Life of John Marshall*, vol. 3.

〔4〕 Alexander Bikckel, *The least Dangerous Branch: The Supreme Court at the Bar of Politics*, Indianapolis: Bobbs-Merrill, 1962.

〔5〕 Alexander Hamilton, James Madison, John Jay, *The Federalist Papers*, 影印本, 北京: 中国社会文献出版社 1999 年。

〔6〕 *American Constitutional Interpretation*, by Walter F. Murphy, James E. Fleming, Sotirios A. Barber, The Foundation Press, INC, 1995.

〔7〕 Antonin Scalia & John Manning, *Dialogue on Statutory and Constitutional Interpretation*, 80 George Washington Law Review, 2012.

〔8〕 Antonin Scalia, *A Matter of Interpretation: Federal Courts and the Law*, Princeton University Press, 1997.

〔9〕 Antonin Scalia, *Common-Law Courts in a Civil Law System: The Role of United States Federal Courts in Interpreting the Constitution and Laws*, in A Matter of Interpretation: Federal Courts and the Law, Princeton University Press, 1998.

〔10〕 Archives parlementaires Assemblee Nationale, séance du 27 juillet, 1789.

〔11〕 Bernard Schwartz, *A History of Supreme Court*, Oxford University Press, 1993.

〔12〕 Bernqrd Chqntebout, *Driot Constitutionel*; 22e eition, Armand Colin, 2005.

〔13〕 Burmeister, *Die Verfassungsorientierung der Gesetzesauslegung*, Vahlen, 1966.

〔14〕 C. N. Tate and T. Vallinder, eds., *The Global Expansion Of Judicial Power*, New York University Press 1995.

〔15〕 Canaris, Die verfassungskonforme Auslegung und Rechtsfortbildung im System der juristischen Methodenlehre in FS für Kramer, 2004.

〔16〕 Canaris, Gemeinsamkeiten zwischen verfassungs-und richtlinienkonformer Rechtsfindung in FS für Schmidt, 2006.

〔17〕 Cass R. Sunstein, *The Partial Constitution*, Harvard University Press, 1993.

〔18〕 Charles Hyneman, *The Supreme Court on Trial*, Atherton Press, 1963.

〔19〕 Cummerford, Judicial Jumble: Activism as Threat to Government of Laws and not of Men, *Wall Street Journal*, 1968.

〔20〕 Daniel A. Farber, The Originalism Debate: A Guide for the Perplexed, *49 Ohio State Law Journal*, 1988.

〔21〕 David M. O'Brien, *Constitutional Law and Politics*, volume two, Sec. Ed., W. W. Norton & Company, 1991.

〔22〕 Dominique Rousseau, *Droit du contentieux constitutionnel*, 7e ed, Montchrestien, 2006.

［23］ Donald O. Dewey, *Marshall versus Jefferson: The Political Background of Marbury v. Madison*, New York: Alfred A. Knopf, 1970.

［24］ Donald P. Kommers, *Germany: Balancing Rights and Duties' in Jeffrey Goldsworthy ed.*, Interpreting Constitution: A Comparative Study, Oxford University Press, 2007.

［25］ E. S. Corwin, The Doctrine of Supreme Court, 12 Sergeant and Rawle, 1852.

［26］ George Duby, *Histoire de la France*, Larousse, 1987.

［27］ George Haskins and Herbert Johnson, *Foundations of Power: John Marshall 1801 - 1815*, New York: Macmillan, 1981.

［28］ Göldner, Verfassungsprinzip und Privatrechtsnorm in der verfassungskonformen Auslegung und Rechtsfortbildung: Verfassungskonkretisierung als Methoden-und Kompetenzproblem. Duncker u. Humblot, 1969.

［29］ H. Bogs, Die verfassungskonforme Auslegung von Gesetzen, Stuttgart 1966.

［30］ Hans Kelsen, *General Theory of Law and State*, Harvard University press 1949.

［31］ Herman Schwartz (ed), *The Burger Years: Rights and Wrongs in the Supreme Court 1969 - 1986*, Berkeley Electronic Press, 1987.

［32］ Imboden, Normkontrolle und Norminterpretation in FS für Huber, 1961.

［33］ Ipsen, Richterrecht und Verfassung, 1975.

［34］ Jack N. Rakove (ed), *Interpreting the Constitution: the Debate over Original Intent*, Northeastern University Press, 1990.

［35］ James Madison, vol. 11, University Chicago Press, 1961.

［36］ Jörn Lüdemann, *Die verfassungskonforme Auslegung von Gesetzen*, JuS, 2004.

［37］ Julian P. Boyd, eds., *The Papers of Thomas Jefferson*, vol. 14, Princeton University Press, 1950.

［38］ K. A. Bettermann, *Die verfassungkonforme Auslegung: Grenzen u. Gefahren*, Heidelberg: Müller, Juristischer Verl., 1986.

［39］ Keith E. Wittington, The New Originalism, 2 Georgetown Journal of Law & Public Policy 599, 2004.

［40］ Keith E. Whittington, *Constitutional Interpretation: Textual Meaning, Original Intent, and Judicial Review*, University Press of Kansas, 1999.

［41］ Keith E. Wittington, The New Originalism, Georgetown Journal Of Law & Public Policy, 2004.

［42］ Kenneth F. Ripple, *Constitutional Litigation*, Michie Co., 1984.

［43］ Konrad Lachmayer, 'Austria', in: Allan R. Brewer-Carias (ed), Constitutional Courts as Positive Legislators: A Comparative Law Study, Cambridge University Press, 2011.

［44］ L. J. M. Cooray, *Conventions, The Australian Constitution and The Future*, Legal Books, 1979.

［45］ L. Neville Brown, *The Court of Justice of the European Communities* (3rd ed), Sweet

&. Maxwell, 1977.

[46] Learned hand, *The Bill of Rights*, Harvard University Press, 1958.

[47] Louis Fisher, *Constitutional Dialogues*, Princeton University Press, 1988.

[48] Lüdemann, *Die verfassungskonforme Auslegung von Gesetzen*, JuS, 2004.

[49] M. Tushnet, Rethinking the Dormant Commerce Clause, *Wisconsin Law Review* 125, 1975.

[50] Jeffrey Goldsworthy ed. , *Interpreting Constitution: A Comparative Study*, Oxford University Press, 2007.

[51] Max Farrand, *Records of the Federal Convention of 1787*, Yale University Press, 1911.

[52] Melvin I. Urofsky, *A March of Liberty: A Constitutional History of the United States*, McGraw-Hill, Inc. , 1988.

[53] Michel, *Die verfassungskonforme Auslegung JuS*, 1961, in FS für Kramer, 2004.

[54] Pierre Avril et Jean Gicquel, Le Conseil constitutionel, 5e editon, Montchrestien, 2005.

[55] Ran Hirschl, *Towards Juristocracy: The Origins and Consequences of the new Constitutionalism*, Harvard University Press 2004 &. 2007.

[56] Randy E. Barnett, *Restoring the Lost Constitution*, Princeton University Press, 2004.

[57] Richard Posner, *The problems of Jurisprudence*, Harvard University Press, 1990.

[58] Robert H Bortk, *The Tempting of America: The Political Seduction of the Law*, The Free Press, 1990.

[59] Ronald Dworkin, *A Bill of Rights for Britain*, London: Chatto and Windus, 1990.

[60] Ronald Dworkin, *A Matter of Principle*, Harvard University Press, 1985.

[61] Ronald J. Krotoszynski, Jr. , *The First Amendment in Cross-Cultural Perspective: A Comparative Legal Analysis of the Freedom of Speech*, New York University Press, 2006.

[62] Ruth Sullivan, *Driedger on the Construction of Statutes*, 3rd ed, Butterworths, 1994.

[63] Scott Douglas Gerber, *To Secure These Rights: The Declaration of Independence and Constitutional Interpretation*, New York University Press, 1995.

[64] Stephen L. Wasby, *The Supreme Court in the federal judicial System*, Fourth Ed. , Nelson-Hall Inc, 1993.

[65] Steven D. Smith, *What Does Constitutional Interpretation Interpret? Expounding the Constitution: Essays in Constitutional Theory*, Edited by Grant Huscroft, Cambridge University Press, 2008.

[66] Steven H. Gifis, *Law of Dictionary*, Barron's Educational Series, Inc. Sixth Edition, 2010.

[67] Teitel Ruti, Original Intent, History, and Levy's Establishment Clause, 15 *Law and Social Inquiry* 595, 1990.

［68］ Thomas Ginsburg,*Judicial Review in New Democracies*,Cambridge University Press, 2003.

［69］ Thomas J. Higgins, *Judicial Review Unmasked*, The Christopher Publishing House west Hanover, 1981.

［70］ Thomas M. Keck, *The Most Activist Supreme Court in History*, The University of Chicago Press, 2004.

［71］ Thomas Merrill, *Textualism and the Future of the Chevron Doctrine*, 72 Washington University Legal Quarterly, 1994.

［72］ Zippelius, *Juristische Methodenlehre*, 10. Aufl. , 2006.

［73］ Bruce A. Ackerman, Constitutional Politics/ Constitutional Law, 99 Yale L. J. 453 at 525,1989.

［74］ Bruce A. Ackerman,The Rise of World Constitutionalism,83 *Virginia Law Review*,1997.

［75］ Court of Justice of the European Union, https：//curia. europa. eu/jcms/jcms/Jo2_7024/en/, latest visit on August 14,2019.

［76］ David Strauss, Common Law Constitutional Interpretation, 63 *University of Chicago Law Review* 877,885,1996.

［77］ Earl Maltz, The Failure of Attacks on Constitutional Originalism, 4 *Constitutional Commentary* 44,1987.

［78］ E. Finley, Crystal Gazing：The Problem of Legislative History, 45 *American Bar Association Journal*, 1959.

［79］ Ermacora Felix, ed. *Buchbesprechung*. Osterreichische Juristen-Zeitung 16：1992.

［80］ Federico Fabbrini, Kelsen in Paris：France's Constitutional Reform and the Introduction od A Posteriori Constitutional Review Of Legislation, in *German Law Journal*.

［81］ Georg Schmitz, The Constitutional Court of the Republic of Austria 1918－1920, *Ratio Juris*, Vol. 16 No. 2 June 2003.

［82］ H. Jeffrson Powell, The Original Understanding of Original Intent, 98 *Harvard Law Review* 894,1985.

［83］ Henry G Shermers, The French Monetary Compensatory Amounts Case, 23 *CML Rev*, 1996.

［84］ James B. Thayer, The origin and scope of the American doctrine of Constitutional law, *Harvard Law Review* vol. vii, October 25,1893.

［85］ John Manning, Justice Scalia and the Legislative Process, 62 *New York University Annual Survey of American Law* 33,2006.

［86］ John Manning, Textualism as a Nondelegation Doctrine, 97 *Columbia Law Review* 673,1997.

［87］ John Manning, The Absurdity Doctrine, 116 *Harvard Law Review* 2387,2408－2409, 2003.

［88］ John Manning, What Divides Textualists from Purposivists?, 106 *Columbia Law*

Review 70,84,2006.

[89] Jonathan Molot, The Rise and Fall of Textualism, 1 *Columbia Law Review*, 2006.

[90] Keenan D. Kmiec, The Origin and Current Meaning of 'Judicial Activism', 92(5) *California Law Review* 1441,2004.

[91] Kenneth Shepsle, Congress Is a 'They', Not an 'It': Legislative Intent as Oxymoron, 12 *International Review of Law & Economics* 239,1992.

[92] L Lessig, Translating Federalism: United States v. Lopez, *Supreme Court Review* 125,1995.

[93] L Lessig, Understanding Changed Readings: Fidelity and Theory, 47 *Stanford Law Review* 395,1995.

[94] Louis Boudin, Lord Coke and the American Doctrine of Judicial Review, *New York University Law Review*, 6: 223,1929.

[95] Michael L. Stokes, Judicial Restraint and the Presumption of Constitutionality, 35 U. Tol. L. Rev. 347,2003.

[96] Patricia Wald, The Sizzling Sleeper: The Use of Legislative History in Construing Statutes in the 1988 - 1989 Term of the United States Supreme Court, 39 *American University Law Review* 277,1990.

[97] Paul Brest, The Misconceived Quest for Original Understanding, 60 *Boston University Law Review* 204,1980.

[98] Pierre Schlag, Framers Intent: The Illegitimate Use of History, 8 *University of Puget Sound Law Review*, 1985.

[99] Robert H. Bork, Neutral Principles and Some First Amendment Problem, 47 *Indiana Law Review* 6,1971.

[100] Robert Wyness Millar, New Allegations and Proof on Anglo-American Civil Procedure, 47 *New York University Law Review* 427,1952.

[101] Roscoe Pound, Common Law and Legislation, 21 *Harvard Law Review*, 1908.

[102] Stephen Breyer, On the Uses of Legislative History in Interpreting Statutes, 65 *South Carolina Law Review* 845,859,1992.

[103] Theo Ohlinger, The Genesis of the Austrian Model of Constitutional Review of Legislation, 2 *Ratio Juris* 206,2003.

[104] U. Häfelin, *Die verfassungskonforme Auslegung und ihre Grenzen*, in: Badura, Peter (Hrsg.), Recht als Prozess und Gefüge: Festschrift für Hans Huber zum 80. Geburtstag, Bern: Stämpfli, 1981.

[105] Vgl. K. A. Bettermann, *Die verfassungskonforme Auslegung: Grenzen u. Gefahren*, Heidelberg: Müller, Juristischer Verl. , 1986.

[106] Voßkuhle Theorie und Praxis der verfassungskonformen Auslegung von Gesetzen durch Fachgerichte AöR 125,2000.

[107] William Eskridge Jr. , All About Words: Early Understanding of the 'Judicial Power'

in Statutory Interpretation，101 *Columbia Law Review* 990,998,2001.

［108］William Landes & Richard Posner，The Dependent Judiciary in an Interest-Group Perspective，18 *Journal of Law and Ecnomics* 875,877,1975.

［109］［日］芦部信喜：《統治行為と行政事件诉讼》，田中二郎、雄川一郎编：《行政法演習》（第二卷），有斐閣 1963 年版。

［110］［日］小林直树：《憲法講義》（下），東京大學出版會 1968 年版。

［111］［日］横田喜三郎：《違憲審查》，有斐閣 1968 年版。

后　记

　　笔者自攻读博士学位开始关注和研究宪法解释理论与制度算起业已 20 余载,期间完成了自己定下的宪法解释理论研究之"三部曲":《宪法解释理论的建构》(山东人民出版社 2004 年)、《认真对待宪法解释》(山东人民出版社 2007 年)和《美国宪法解释方法论》(法律出版社 2010 年)。之后,笔者转向宪法审查、宪法原意主义以及我国合宪性审查制度的研究,这些研究分别以《美国司法审查》(中国政法大学出版社 2011 年)、《法律原意主义解释方法论》(法律出版社 2018年)、《完善我国合宪性审查制度与机制研究》(译文出版社 2021)著作出版。从最初的理论研究到今日宪法学界同仁们关于具体宪法条文的解释与实践方法的研究,宪法解释问题已蔚然成为宪法学界学术研究的热点与焦点,笔者相信,随着我国备案审查制度以合宪性审查工作的推进,宪法解释理论与实践的学术研究将会更加贴近中国实际,研究成果将会更加深入、精致与丰富,以期待建构和完善中国宪法教义学体系。

　　《宪法解释制度比较研究》是笔者承担的国家社科基金重点项目"宪法解释制度比较研究"的最终成果,历经四年,初步对世界各国的宪法解释模式、宪法解释机关的组织与职权、宪法解释程序、宪法解释效力、宪法解释方法等问题作出了整体的比较性研究,并重点结合党的十八大以来我国宪法理论与实践的最新发展,对我国的宪法解释主体、解释权的重构与功能区分、合宪性解释方法、宪法运用以及如何落实宪法解释程序等问题进行了深入的专题性研究。本课题是笔者与夏泽祥教授、张玉洁博士共同完成,夏泽祥教授承担了第 3—4 章的写作,张玉洁博士承担了第 5—7 章的写作,最后由笔者统一定稿。感谢两位学者的出色贡献,他们的研究成果使本课题研究更加全面细致与精彩!

　　本课题研究自始至终都得到了韩大元教授、胡锦光教授、焦洪昌教授、李树中教授、秦前红教授、莫纪宏教授、童之伟教授、马岭教授、任喜荣教授、胡弘弘教授、上官丕亮教授、刘志刚教授、刘松山教授、邓世豹教授、孙培福教授、赵运锋教授等一如既往的大力支持,在此深表谢意!

　　本书的出版得到了国家社科基金的资助以及上海三联书店郑秀艳责编的精心策划与校正,对此一并表示诚挚的感谢。

范进学

2021 年 7 月于闵原

图书在版编目(CIP)数据

宪法解释制度比较研究/范进学,张玉洁,夏泽祥著.—上海:
上海三联书店,2021.11
ISBN 978-7-5426-7461-6

Ⅰ.①宪… Ⅱ.①范…②张…③夏… Ⅲ.①宪法－解释程
序－研究－中国 Ⅳ.①D921.04

中国版本图书馆 CIP 数据核字(2021)第 120904 号

宪法解释制度比较研究

著 者 / 范进学 张玉洁 夏泽祥

责任编辑 / 郑秀艳
装帧设计 / 一本好书
监 制 / 姚 军
责任校对 / 王凌霄

出版发行 / 上海三联书店
 (200030)中国上海市漕溪北路 331 号 A 座 6 楼
邮购电话 / 021-22895540
印 刷 / 上海惠敦印务科技有限公司

版 次 / 2021 年 11 月第 1 版
印 次 / 2021 年 11 月第 1 次印刷
开 本 / 710mm×1000mm 1/16
字 数 / 400 千字
印 张 / 27.5
书 号 / ISBN 978-7-5426-7461-6/D·503
定 价 / 118.00 元

敬启读者,如发现本书有印装质量问题,请与印刷厂联系 021-63779028